Grundzüge des Arbeitsrechts

Band I
Arbeitsvertragsrecht

Von

Professor Dr. Hilmar Götz

3., völlig neubearbeitete und erweiterte Auflage

R. Oldenbourg Verlag München Wien

Die Deutsche Bibliothek - CIP-Einheitsaufnahme

Götz, Hilmar:
Grundzüge des Arbeitsrechts / von Hilmar Götz. - München ; Wien : Oldenbourg.

Bd. 1. Arbeitsvertragsrecht. - 3., völlig neubearb. und erw. Aufl. - 1996
ISBN 3-486-23246-0

Rosenheimer Straße 145, D-81671 München
Telefon: (089) 45051-0, Internet: http://www.oldenbourg.de

Gedruckt auf säure- und chlorfreiem Papier
Satz: Falkner GmbH, Inning/A.
Bindung: R. Oldenbourg Graphische Betriebe GmbH, München

ISBN 3-486-23246-0

Inhaltsverzeichnis

Vorwort zur 3. Auflage

Die 3. Auflage entspricht in Gliederung und Inhalt weitgehend den früheren Auflagen. Hinzugekommen ist das 5. Kapitel über das Recht am Arbeitsergebnis. Die übrigen Kapitel sind gründlich überarbeitet, an vielen Stellen auch erweitert worden. Gesetzgebung und Rechtsprechung sind bis Mai 1996 berücksichtigt.

Die 3. Auflage gibt wie die Vorauflagen einen Überblick über die Grundzüge des Arbeitsvertragsrechtes. Sie informiert über die Begründung des Arbeitsverhältnisses, über die Rechte und Pflichten der Vertragsparteien, über die Haftung im Arbeitsverhältnis, über das Recht am Arbeitsergebnis und über die Beendigung des Arbeitsverhältnisses. Das Arbeitnehmerschutzrecht ist nur soweit berücksichtigt, wie es dem Arbeitgeber nicht nur öffentlichrechtliche Schutzpflichten, sondern auch entsprechende Vertragspflichten gegenüber dem Arbeitnehmer auferlegt.

Kapitel 1: Parteien des Arbeitsvertrages

1. Arbeitnehmer

1.1 Begriff des Arbeitnehmers

1 **Begriffsbestimmung in Rechtsprechung und Schrifttum.** Eine gesetzliche Definition des Arbeitnehmerbegriffes im Arbeitsrecht fehlt. Die arbeitsrechtlichen Einzelgesetze setzen den Arbeitnehmerbegriff voraus; auch die einschlägigen Bestimmungen des Bürgerlichen Gesetzbuches über den Dienstvertrag verwenden den Arbeitnehmerbegriff, ohne ihn zu erläutern (so in den §§ 611a Abs. 1, 612 Abs. 3, 612a, 613a Abs. 1 und Abs. 4 BGB).

Der Begriff des Arbeitnehmers mußte deshalb von der Rechtswissenschaft und der Rechtsprechung entwickelt und abgegrenzt werden; über Inhalt und Umfang besteht heute weitgehend Einigkeit (1.01).

2 **Begriffsmerkmale.** Arbeitnehmer im Sinne des Arbeitsrechts sind nach herrschender Ansicht Personen, die

- aufgrund eines privatrechtlichen Vertrages (oder eines ihm gleichgestellten Rechtsverhältnisses)
- zur Leistung von Arbeit
- im Dienste eines anderen

verpflichtet sind. Arbeitnehmer können nur natürliche Personen sein, nicht juristische Personen.

3 **Privatrechtlicher Vertrag.** Arbeitnehmer ist, wer aufgrund eines privatrechtlichen Vertrages tätig wird. Der Vertrag ist konstitutiver Tatbestand für die Arbeitnehmereigenschaft. Der Hinweis auf den privatrechtlichen Vertrag soll verdeutlichen, daß der Arbeitnehmer sich freiwillig in den Dienst eines anderen begeben hat und daß auch der Arbeitgeber den Willen zur Beschäftigung haben muß (1.02). Wegen dieses Merkmals fallen die Beamten nicht unter das Arbeitsrecht, weil sie in einem öffentlichrechtlichen Dienst- und Treueverhältnis stehen, das den besonderen Regeln des Beamtenrechts unterliegt. Ihr Dienstverhältnis beruht zudem nicht auf einem Vertrag, sondern auf einem Verwaltungsakt. Auch Soldaten sind keine Arbeitnehmer; sie stehen in einem Wehrdienstverhältnis (§ 1 Abs. 1 SoldatenG), das durch einen Hoheitsakt begründet wird. Entsprechendes gilt für Kriegsdienstverweigerer, die statt des Wehrdienstes einen Zivildienst außerhalb der Bundeswehr leisten (§§ 19, 25, 42 ZDG). Weil die vertragliche Grundlage fehlt, zählen ferner folgende Personen nicht zu den Arbeitnehmern, obwohl sie Arbeit leisten: die im Strafvollzug beschäftigten Strafgefangenen; die Insassen von Heil- und Pflegeanstalten; Fürsorgezöglinge. Aus dem gleichen Grunde ist derjenige, der für einen anderen ohne oder gegen dessen Willen tätig wird, kein Arbeitnehmer (dann aber u.U. Ansprüche aus Geschäftsführung ohne Auftrag gem. §§ 677ff. BGB). Schließlich werden i.d.R. auch die mitarbeitenden

Familienangehörigen (= Ehegatten, Kinder) nicht zu den Arbeitnehmern gerechnet, weil für diesen Personenkreis nach den Vorschriften des Familienrechts eine besondere gesetzliche Regelung der Mitarbeit in den §§ 1353 Abs. 1 Satz 2 und 1619 BGB besteht (doch kann zwischen Ehegatten bzw. Eltern und Kindern auch ein Arbeitsvertrag abgeschlossen werden; die steuerrechtliche Anerkennung eines solchen Vertrages setzt klare und eindeutige Vereinbarungen über das Arbeitsverhältnis sowie den tatsächlichen Vollzug des Arbeitsverhältnisses entsprechend den Vereinbarungen voraus, insbesondere die Einrichtung eines Lohnkontos, die Vornahme des Steuerabzuges vom Arbeitslohn, die Abführung der einbehaltenen Lohnsteuer an das Finanzamt).

In der Regel wird das Arbeitsverhältnis durch Vertrag begründet. Der Hinweis „auf dem Arbeitsvertrag gleichgestellte Rechtsverhältnisse" besagt, daß auch dann die Arbeitnehmereigenschaft zu bejahen ist, wenn der Arbeitsvertrag zwar nichtig ist, weil er z.B. gegen eine Formvorschrift verstößt, aber tatsächlich Arbeit geleistet worden ist (sog. faktisches Arbeitsverhältnis, siehe hierzu Rz 34).

4 **Leistung von Arbeit.** Arbeitnehmer ist, wer sich verpflichtet hat, Arbeit zu leisten. Gegenstand des Arbeitsvertrages ist eine bestimmte Tätigkeit, z.B. die Arbeit als Schlosser, als Buchhalter usw., die während der vereinbarten Arbeitszeit in Person (höchstpersönlich) auszuüben ist. Entscheidend ist die Leistung von Arbeit, nicht der Arbeitserfolg. Dadurch unterscheidet sich der Arbeitsvertrag vom Werkvertrag, bei dem die Pflicht zur Herbeiführung eines bestimmten Erfolges, eines bestimmten Arbeitsergebnisses, im Vordergrund steht.

Der Begriff der Arbeit ist nicht im physikalischen Sinne, sondern wirtschaftlich zu verstehen. Es gehört jede Art von Tätigkeit dazu, die im Wirtschaftsleben als Arbeit bezeichnet oder anerkannt wird. Geistige Betätigung ist ebenso Arbeit wie das rein passive Verhalten eines Malermodells (1.03). Auch Arbeitsbereitschaft ist Arbeit, weil die Verpflichtung besteht, ständig am Arbeitsplatz anwesend zu sein und den Arbeitsablauf zu beobachten, um im Bedarfsfall sofort eingreifen zu können. Immer muß es sich um menschliche Arbeit handeln; die Arbeit eines Industrieroboters fällt nicht unter das Arbeitsrecht.

Nicht als Arbeit wird die spielerische und sportliche Betätigung angesehen, sofern sie um ihrer selbst willen erfolgt. Anders ist es, wenn die sportliche Betätigung, wie die eines Profi-Fußballspielers oder Trainers, im Rahmen eines Vertragsverhältnisses ausgeübt wird (1.04).

5 **Arbeit im Dienste eines anderen.** Arbeitnehmer ist, wer nicht selbst als Unternehmer oder im Rahmen eines freien Berufes Dienstleistungen auf dem Markt anbietet, sondern seine Arbeitskraft einem anderen zur Verfügung stellt, der sie als Arbeitgeber für seine Zwecke einsetzt. Der Arbeitnehmer leistet also unselbständige Arbeit. Man spricht in diesem Zusammenhang von der persönlichen Abhängigkeit des Arbeitnehmers.

Die persönliche Abhängigkeit des Arbeitnehmers ist nicht zu verwechseln mit der wirtschaftlichen Abhängigkeit. In der Regel wird der Arbeitnehmer auch wirtschaftlich vom Arbeitgeber abhängig sein, doch ist dieser Umstand nicht für die Arbeitnehmereigenschaft entscheidend. Ein Arbeitnehmer, der über eigenes Vermögen verfügt oder aber nur eine Nebenbeschäftigung ausübt, ist nicht notwendigerweise von seinem Arbeitgeber wirtschaftlich abhängig.

Die persönliche Abhängigkeit des Arbeitnehmers ist kein festumrissener Tatbestand, sondern ein Sachverhalt, der durch eine Reihe von Merkmalen bestimmt wird, die jedoch nicht sämtlich vorzuliegen brauchen (1.05). Zu diesen Merkmalen gehören:

- die Eingliederung in den Betrieb (oder Haushalt) des Arbeitgebers. Anhaltspunkte hierfür sind u.a. die Unterordnung unter einen vorgegebenen Produktions- bzw. Arbeitsplan, die Bindung an feste Arbeitszeiten und an einen bestimmten Arbeitsplatz, die ausgeübte Arbeitskontrolle (durch den Arbeitgeber oder einen Vorgesetzten), die Notwendigkeit, mit anderen Arbeitnehmern zusammenarbeiten zu müssen, die Arbeit mit Werkstoffen und Betriebsmitteln, die vom Arbeitgeber zur Verfügung gestellt werden (1.06).
- die Weisungsgebundenheit. Sie ergibt sich aus dem Recht des Arbeitgebers, Art, Zeit und Ort der zu leistenden Arbeit zu bestimmen. Weisungsgebundenheit liegt nicht nur vor, wenn der Arbeitgeber sämtliche Einzelheiten der Arbeit festlegt. Es kann die fachliche Weisungsgebundenheit fehlen (Beispiele: Chefarzt, angestellter Lehrer) und dennoch die Arbeitnehmereigenschaft zu bejahen sein (1.07); selbst wenn eine Weisungsgebundenheit nach Zeit und Ort der Arbeit nicht besteht (Beispiel: Mitarbeiter von Rundfunk und Fernsehen im geistigen und künstlerischen Bereich), kann der Status eines Arbeitnehmers vorliegen (1.07).
- die nicht vorhandene Dispositionsmöglichkeit über die eigene Arbeitskraft (während der vereinbarten Arbeitszeit) und die daraus resultierende soziale Schutzbedürftigkeit (1.08).

Durch das Merkmal der persönlichen Abhängigkeit unterscheiden sich die Arbeitnehmer von den Personen, die zwar auch verpflichtet sind, Dienste zu leisten, die aber im wesentlichen ihre Tätigkeit frei gestalten und ihre Arbeitszeit selbst bestimmen können, wie z.B. die freien Mitarbeiter; diese werden im Rahmen eines freien Dienstvertrages tätig. Auch Ärzte, Architekten und Rechtsanwälte, soweit sie zur Leistung von Diensten verpflichtet sind (z.B. Bauleitung und Bauaufsicht beim Architekten, Prozeßführung beim Anwalt), stehen in keinem Arbeitsverhältnis, sondern in einem freien Dienstverhältnis. Weil sie nicht Arbeit im Dienste eines anderen leisten, sondern als gleichberechtigte Partner zur Erreichung eines gemeinschaftlichen Zweckes zusammenarbeiten, zählen auch folgende Personen nicht zu den Arbeitnehmern: die Gesellschafter einer Offenen Handelsgesellschaft; die Komplementäre einer Kommanditgesellschaft; die Gesellschafter einer Gesellschaft des bürgerlichen Rechts. (Dies schließt nicht aus, daß ein Gesellschafter einer OHG oder einer Gesellschaft des BGB mit seiner Gesellschaft neben dem Gesellschaftsvertrag einen Arbeitsvertrag vereinbart). Auch die Vorstandsmitglieder einer Aktiengesellschaft oder einer Genossenschaft sind keine Arbeitnehmer (1.09); sie üben das Weisungsrecht gegenüber den Arbeitnehmern der Gesellschaft aus, vertreten die Gesellschaft gerichtlich und außergerichtlich (§ 78 Abs. 1 AktG, § 24 Abs. 1 GenG) und haben die Gesellschaft unter eigener Verantwortung zu leiten (§ 76 Abs. 1 AktG, § 27 Abs. 1 Satz 1 GenG). Gleiches gilt für die Geschäftsführer einer Gesellschaft mit beschränkter Haftung (§ 35 Abs. 1 GmbHG); sie sind zwar nach dem Gesetz – anders als die Vorstandsmitglieder einer Aktiengesellschaft oder einer Genossenschaft – gegenüber den Gesellschaftern weisungsgebunden (§ 37 Abs. 1 GmbHG), doch besteht eine Weisungsgebundenheit nur bei Fremdgeschäftsführern, die nicht am Kapital der Gesellschaft beteiligt sind. Ist der Geschäftsführer hingegen gleichzeitig Gesellschafter und beträgt sein Anteil am Stammkapital mindestens 50%, oder ist für die Beschlußfassung eine qualifizierte Mehrheit erforderlich und besitzt der Geschäftsführer eine Sperrminorität, liegt grundsätzlich keine persönliche Abhängigkeit vor. Selbst der Fremdgeschäftsführer einer GmbH kann persönlich unabhängig sein, wenn ihm tatsächlich keine Weisungen von der Gesellschafterversammlung hinsichtlich der Geschäftspolitik erteilt werden oder wenn er aufgrund seiner Branchenkenntnisse die Gesellschaft praktisch alleine leitet. Möglich ist allerdings, daß Vorstandsmitglieder einer konzernabhängigen Aktiengesellschaft oder Geschäftsführer einer konzernabhängigen GmbH Arbeitnehmer eines anderen Konzernunternehmens sind, weil konzernrechtlich eine Weisungsgebundenheit besteht (§§ 308, 323 AktG).

6 **Weitere Anhaltspunkte.** Neben den Begriffsmerkmalen privatrechtlicher Vertrag, Leistung von Arbeit und persönliche Abhängigkeit können im Zweifelsfall folgende Umstände als Anhaltspunkte dafür dienen, daß ein Arbeitsverhältnis vorliegt:

- Es werden Tätigkeiten ausgeführt, die üblicherweise Arbeitnehmern übertragen werden.
- Es werden die typischen Arbeitgeberleistungen gewährt: Zeitlohn oder Leistungslohn, Überstundenvergütung, Entgeltfortzahlung im Krankheitsfall, Urlaub.
- Die Bezahlung erfolgt nach Tarif bzw. nach den ortsüblichen Sätzen.
- Der Betrieb führt Steuern und Sozialabgaben ab.
- Die Vergütung wird als Aufwand bzw. Betriebsausgabe verbucht.
- Es sind Betriebs- und Disziplinarstrafen vereinbart.

Aus diesen Umständen sind aber keine zwingenden Schlußfolgerungen auf ein Arbeitsverhältnis möglich.

Demgegenüber ist es ohne Bedeutung für den Begriff des Arbeitnehmers, daß die Arbeit gegen Entgelt geleistet wird (1.10). Die meisten Arbeitnehmer arbeiten zwar gegen Entgelt, es kann aber auch jemand ohne Entgelt als Arbeitnehmer beschäftigt werden, z.B. als Volontär. Ferner ist nicht erforderlich, daß die Arbeit berufsmäßig ausgeübt wird (1.11); auch der Werkstudent, der sich die Mittel zu seiner Ausbildung in einem anderen Beruf verdient, oder die nebenberuflich Tätigen sind Arbeitnehmer. Keine Rolle spielt außerdem die Dauer der Tätigkeit; es gibt Eintags-Arbeitsverhältnisse, z.B. der für einen Feiertag im Ausflugslokal beschäftigte Aushilfskellner (1.12). Erst recht sind Teilzeitarbeitsverhältnisse echte Arbeitsverhältnisse (1.13). Unerheblich ist auch, ob die Arbeit innerhalb oder außerhalb der Betriebsstätte geleistet wird; auch Handlungsreisende, Zeitungsausträger sind Arbeitnehmer (1.14). Gleichgültig ist schließlich die Art der Tätigkeit, ob eine körperliche oder geistige Tätigkeit ausgeübt wird; auch ein Chefarzt kann Arbeitnehmer sein (1.15).

7 **Arbeitnehmerähnliche Personen.** Keine Arbeitnehmer sind die arbeitnehmerähnlichen Personen. Das sind Personen, die eine persönliche Leistung erbringen, dabei Zeit und Art der Ausführung selbst bestimmen können, wirtschaftlich jedoch von einem Auftraggeber abhängig sind und deshalb des sozialen Schutzes bedürfen. Arbeitnehmerähnliche Personen werden im allgemeinen aufgrund von Dienst- oder Werkverträgen tätig. Anders als die Arbeitnehmer sind die arbeitnehmerähnlichen Personen nicht persönlich abhängig von einer anderen Person (keine Bindung an feste Arbeitszeiten und an einen bestimmten Arbeitsplatz, freie Gestaltung der Tätigkeit). Von den freien Mitarbeitern unterscheiden sie sich durch ihre wirtschaftliche Abhängigkeit und Schutzbedürftigkeit.

Eine persönliche Leistung liegt vor, wenn die geschuldete Leistung im wesentlichen durch den Einsatz der eigenen Arbeitskraft erbracht wird. Die gelegentliche Mitarbeit von Arbeitnehmern ist unbeachtlich.

Wirtschaftliche Abhängigkeit besteht, wenn die Tätigkeit – zeitlich gesehen – überwiegend für eine Person erfolgt oder wenn im Durchschnitt mehr als die Hälfte der Erwerbseinkünfte von nur einer Person stammt.

Soziale Schutzbedürftigkeit ist gegeben, wenn die wirtschaftliche Existenz einer Person ausschließlich vom Einsatz der eigenen Arbeitskraft abhängt, d.h. wenn außer dem Arbeitseinkommen keine anderen Einkünfte (z.B. Vermögenserträge) zur Daseinsvorsorge zur Verfügung stehen.

Zu den arbeitnehmerähnlichen Personen gehören beispielsweise: Heimarbeiter, Hausgewerbetreibende und ihnen gleichgestellte Personen (siehe hierzu § 1 HAG); Handelsvertreter, wenn sie vertraglich nicht für weitere Unternehmer tätig werden dürfen oder wenn dies nach Art und Umfang ihrer Tätigkeit nicht möglich ist (sog. Einfirmenvertreter, § 92a Abs. 1 HGB); Versicherungsvertreter unter den Voraussetzungen des § 92a Abs. 2 HGB. Das Tarifvertragsgesetz zählt zu den arbeitnehmerähnlichen Personen auch Künstler, Schriftsteller und Journalisten sowie Personen, die an der technischen Gestaltung künstlerischer, schriftstellerischer oder journalistischer Leitungen unmittelbar mitwirken (z.B. technische Mitarbeiter bei Rundfunk und Fernsehen), vorausgesetzt, daß mindestens ein Drittel der Erwerbseinkünfte von nur einer Person stammt (§ 12a Abs. 3 TVG).

Grundsätzlich ist, abgesehen vom Heimarbeitsgesetz für Heimarbeiter, Hausgewerbetreibende und ihnen gleichgestellte Personen, das Arbeitsrecht auf arbeitnehmerähnliche Personen nicht anwendbar, es sei denn, daß einzelne Gesetze ausdrücklich die arbeitnehmerähnlichen Personen in ihren Geltungsbereich einbeziehen.

So haben nach § 2 Satz 2 i.V. mit § 1 BUrlG arbeitnehmerähnliche Personen einen gesetzlichen Anspruch auf bezahlten Erholungsurlaub. Bei Rechtsstreitigkeiten zwischen arbeitnehmerähnlichen Personen und ihren Vertragspartnern sind die Gerichte für Arbeitssachen zuständig (§ 5 Abs. 1 Satz 2 und Abs. 3 ArbGG). Heimarbeiter, Hausgewerbetreibende und ihnen gleichgestellte Personen gelten als Arbeiter i.S. des Betriebsverfassungsgesetzes, sofern sie in der Hauptsache für den Betrieb arbeiten (§ 6 Abs. 1 Satz 2 BetrVG). Sie haben im Krankheitsfall gegen ihren Auftraggeber einen Anspruch auf Zahlung eines Zuschlags zum Arbeitsentgelt (§ 10 EFZG); für Feiertage besteht ein Anspruch auf Feiertagsbezahlung (§ 11 EFZG). Die Ansprüche der in Heimarbeit Beschäftigten und der ihnen gleichgestellten Personen auf Vergütung sind im Fall der Eröffnung des Konkursverfahrens über das Vermögen des Auftraggebers Masseschulden bzw. bevorrechtigte Konkursforderungen (§§ 59 Abs. 1 Nr. 3a, 61 Abs. 1 Nr. 1a KO).

Wegen der sozialen Schutzbedürftigkeit der arbeitnehmerähnlichen Personen können aber einzelne arbeitsrechtliche Vorschriften entsprechend angewendet werden (1.16).

Beispielsweise haben arbeitnehmerähnliche Personen, wenn sie im Rahmen eines Dienstvertrages tätig sind, Anspruch auf Fortzahlung der Vergütung, wenn sie vorübergehend und ohne eigenes Verschulden aus persönlichen Gründen die versprochenen Dienste nicht leisten können (§ 616 BGB, siehe Rz 147ff.); sie behalten ihren Vergütungsanspruch, wenn der Vertragspartner mit der Annahme der Dienste in Verzug gerät (§ 615 BGB, siehe Rz 127ff.); sie können bei Beendigung des Dienstverhältnisses ein Zeugnis verlangen (§ 630 BGB, siehe Rz 340ff.). Allerdings finden die allgemeinen Kündigungsschutzbestimmungen (siehe Rz 275ff.) auf sie keine Anwendung.

Ferner besteht die Möglichkeit, die Arbeitsbedingungen für arbeitnehmerähnliche Personen (ausgenommen Handelsvertreter) durch Tarifvertrag zu regeln (§ 12a TVG). Für den Einfirmenvertreter und für den Versicherungsvertreter i.S. des § 92a Abs. 2 HGB kann durch Rechtsverordnung die untere Grenze der vertraglichen Leistungen des Unternehmers festgesetzt werden, um die notwendigen sozialen und wirtschaftlichen Bedürfnisse dieser Personen sicherzustellen (§ 92a Abs. 1 und Abs. 2 HGB).

1.2 Einteilung der Arbeitnehmer

1.21 Arbeiter und Angestellte

8 **Bedeutung.** Die Einteilung der Arbeitnehmer in Arbeiter und Angestellte ist historisch begründet, heute aber weitgehend überholt. Sie ist nur noch von Bedeutung

- für die Wahlen zum Betriebsrat sowie für die Zusammensetzung des Betriebsrates und des Gesamtbetriebsrates

  Grundsätzlich wählen die Arbeiter und die Angestellten ihre Vertreter im Betriebsrat in getrennten Wahlgängen, es sei denn, die wahlberechtigten Angehörigen beider Gruppen beschließen die gemeinsame Wahl (§ 14 Abs. 2 BetrVG). Arbeiter und Angestellte müssen entsprechend ihrem zahlenmäßigen Verhältnis im Betriebsrat vertreten sein, wenn beide Gruppen keine abweichende Regelung beschließen (§§ 10, 12 BetrVG). In den Gesamtbetriebsrat entsendet jeder Betriebsrat je einen Vertreter der Arbeiter und der Angestellten (§ 47 Abs. 2 BetrVG).

  Einzelheiten siehe Band 2 Kapitel 3

- für die Wahlen zum Aufsichtsrat und für die Verteilung der Sitze im Aufsichtsrat von Unternehmen, die den Mitbestimmungsgesetzen unterliegen

  Nach dem Mitbestimmungsgesetz von 1976 müssen sich unter den Aufsichtsratsmitgliedern der Arbeitnehmer (soweit sie dem Unternehmen angehören) Arbeiter, Angestellte und leitende Angestellte entsprechend ihrem zahlenmäßigen Verhältnis befinden; jede Gruppe muß im Aufsichtsrat mit mindestens einem Mitglied vertreten sein (§ 15 Abs. 2 MitbestG). Die Wahl der Aufsichtsratsmitglieder der Arbeiter erfolgt unmittelbar durch die Arbeiter der Gesellschaft bzw. – in Unternehmen mit in der Regel mehr als 8000 Arbeitnehmern – durch Delegierte der Arbeiter; entsprechend werden die Aufsichtsratsmitglieder der Angestellten und der leitenden Angestellten durch die Angestellten unmittelbar bzw. durch Delegierte der Angestellten gewählt (§§ 9, 15 Abs. 3 MitbestG).

  Nach dem Montan-Mitbestimmungsgesetz von 1951 muß dem Aufsichtsrat als Vertreter der Arbeitnehmer ein Arbeiter und ein Angestellter aus dem Unternehmen angehören (§ 6 Abs. 1 Satz 1 Montan-MitbestG). Die Wahl erfolgt zwar durch die Hauptversammlung, diese ist aber an Wahlvorschläge der Betriebsräte der Betriebe des Unternehmens gebunden (§ 6 Abs. 1 Satz 2 i.V. mit § 6 Abs. 6 Montan-MitbestG). Zur Aufstellung dieser Vorschläge bilden die Arbeitermitglieder und die Angestelltenmitglieder der Betriebsräte je einen Wahlkörper, der das auf ihn entfallende Mitglied wählt (§ 6 Abs. 1 Satz 3 und 4 Montan-MitbestG).

  Auch das Betriebsverfassungsgesetz von 1952 sieht vor, daß, wenn mehr als zwei Vertreter der Arbeitnehmer in den Aufsichtsrat zu wählen sind, sich unter diesen mindestens ein Arbeiter und ein Angestellter aus dem Unternehmen befinden muß (§ 76 Abs. 2 Satz 3 BetrVG 1952). Die Wahl erfolgt hier nicht getrennt nach Arbeitern und Angestellten, sondern als Gemeinschaftswahl (§ 76 Abs. 2 Satz 1 BetrVG 1952).

  Einzelheiten siehe Band 2, Kapitel 4

- für die Abführung der Rentenversicherungsbeiträge

  Die Erfüllung der Aufgaben der Rentenversicherung obliegt verschiedenen Versicherungsträgern (§§ 125f. SGB VI). Zuständige Versicherungsträger für Arbeiter sind die

Landes-Versicherungsanstalten (LVA), die Bahnversicherungsanstalt und die Seekasse; für Angestellte ist die Bundesversicherungsanstalt für Angestellte (BfA) zuständig. Die Abführung der Rentenversicherungsbeiträge erfolgt durch die Krankenkassen als Einzugstellen.

- für die Art der Vergütung.

  Der Lohn des Arbeiters wird im allgemeinen nach den geleisteten Arbeitsstunden (= Zeitlohn) oder nach der mengenmäßigen Leistung (= Akkordlohn) oder nach sonstigen leistungsbezogenen Faktoren (= Prämienlohn) bemessen; Angestellte erhalten i.d.R. ein festes Monatsgehalt. Bei Angestellten ist die Abhängigkeit von der Arbeitsleistung also nicht so stark wie bei Arbeitern. In der Praxis können sich die Unterschiede allerdings verwischen, z.B. wenn Angestellte bei der Leistung von Überstunden eine gesonderte Vergütung erhalten.

Auch in Tarifverträgen wird häufig zwischen Arbeitern und Angestellten differenziert; beispielsweise werden getrennte Lohn- und Gehaltstarifverträge abgeschlossen.

9 **Abgrenzungskriterien.** Einen eigenen arbeitsrechtlichen Begriff des Arbeiters und des Angestellten gibt es nicht. Zwar findet sich in einigen Gesetzen eine Festlegung, wer Arbeiter und wer Angestellter im Sinne des Gesetzes ist, so im Betriebsverfassungsgesetz, im Bundespersonalvertretungsgesetz und im Mitbestimmungsgesetz. Die Gesetze enthalten aber keine Legaldefinition. Das Betriebsverfassungsgesetz stellt in § 6 Abs. 1 und 2 darauf ab, ob eine Beschäftigung ausgeübt wird, die nach den Vorschriften über die soziale Rentenversicherung als Arbeiter- oder Angestelltentätigkeit bezeichnet wird. Das Bundespersonalvertretungsgesetz legt durch Verweisung auf den für die Dienststelle maßgebenden Tarifvertrag fest, wer Arbeiter und wer Angestellter ist (§ 4 Abs. 3 und 4 BPersVG); da die für den öffentlichen Dienst maßgeblichen Tarifverträge sich auf die Arbeiterrenten- und Angestelltenrentenversicherung beziehen (§ 1 Abs. 1 BAT, § 1 MTB II), ist letztlich auch hier die sozialversicherungsrechtliche Abgrenzung maßgebend. Das Mitbestimmungsgesetz von 1976 definiert in § 3 Abs. 2 und 3 Arbeiter und Angestellte durch Verweisung auf § 6 BetrVG, legt also indirekt ebenfalls die Gruppenzugehörigkeit der sozialen Rentenversicherung zugrunde.

Maßgebend ist der Begriff des Angestellten. Als Grundsatz gilt: Wer nicht Angestellter ist, gehört zu den Arbeitern (1.17).

Bei der Prüfung der Frage, ob es sich bei einer bestimmten Tätigkeit um die Tätigkeit eines Angestellten handelt, ist wie folgt zu verfahren (1.18):

- Zunächst ist zu prüfen, ob die betreffende Tätigkeit zu den nach den rentenversicherungsrechtlichen Vorschriften typischen Angestelltentätigkeiten gehört. Einschlägige Vorschrift ist § 133 Abs. 2 SGB VI.

  Die Vorschrift nennt beispielhaft acht Berufsgruppen: Angestellte in leitender Stellung; technische Angestellte in Betrieb, Büro und Verwaltung, Werkmeister und andere Angestellte in einer ähnlichen gehobenen oder höheren Stellung; Büroangestellte, soweit sie nicht ausschließlich mit Botengängen, Reinigen, Aufräumen oder ähnlichen Arbeiten beschäftigt werden, einschließlich Werkstattschreibern; Handlungsgehilfen und andere Angestellte für kaufmännische Dienste, auch wenn der Gegenstand des Unternehmens kein Handelsgewerbe ist, Gehilfen und Praktikanten in Apotheken; Bühnenmitglieder und Musiker ohne Rücksicht auf den künstlerischen Wert ihrer Leistungen; Angestellte in Berufen der Erziehung, des Unterrichts, der Fürsorge, der Krankenpflege und Wohlfahrtspflege; Schiffsführer, Offiziere des Decksdienstes und Maschinendienstes, Schiffsärzte, Funkoffiziere, Zahlmeister, Verwalter und Verwaltungsassistenten sowie die in einer ähnlich gehobenen oder höheren Stellung befindlichen Mitglieder der Schiffsbesatzung von Binnenschiffen oder deutschen Seeschiffen; Bordpersonal der Zivilluftfahrt.

- Da die Aufzählung in § 133 Abs. 2 SGB VI nicht erschöpfend ist, ist ergänzend das durch eine Rechtsverordnung des Reichsarbeitsministers erlassene Berufsgruppenverzeichnis von 1924, abgeändert 1927, heranzuziehen. Aber auch dieser Berufsgruppenkatalog, der weiterhin gültig ist, regelt nicht abschließend, wer zu den Angestellten gehört.
- Entspricht die Tätigkeit nicht den in § 133 Abs. 2 SGB VI aufgeführten Angestelltentätigkeiten, ist sie auch nicht im Berufsgruppenverzeichnis enthalten, so ist die Verkehrsanschauung maßgebend. Es ist zu prüfen, wie die betreffende Tätigkeit nach der Anschauung der beteiligten Berufskreise und der interessierten Öffentlichkeit beurteilt wird.

  Aufschlußreich für die Verkehrsanschauung ist vor allem die Tarifpraxis, sofern Tarifverträge unterschiedliche Regelungen für Arbeiter und Angestellte vorsehen. Legt ein Tarifvertrag fest, daß eine bestimmte Tätigkeit Angestelltentätigkeit sei, so ist dies ein starkes Indiz dafür, wie Arbeitgeber und Gewerkschaften die Tätigkeit im konkreten Fall einordnen wollen.
- Hat sich eine feste Verkehrsanschauung noch nicht gebildet, so hängt die Beurteilung davon ab, ob es sich um eine überwiegend körperliche oder um eine überwiegend geistige Tätigkeit handelt. Bei einer überwiegend manuellen oder mechanischen Arbeit liegt eine Arbeitertätigkeit vor; als Angestellter ist anzusehen, wer eine überwiegend leitende oder beaufsichtigende oder eine vergleichbare Tätigkeit ausübt.

Die Einteilung in Arbeiter und Angestellte ist nicht immer überzeugend. Der Werkstattschreiber ist z.B. Angestellter, während der in der gleichen Werkstatt tätige hochqualifizierte Facharbeiter nicht zu den Angestellten zählt. Die Verkäuferin in einem Zeitungs- und Süßwarenkiosk ist Arbeiterin, während die Verkäuferin im Warenhaus kaufmännische Angestellte ist.

Für die Einordnung einer Tätigkeit als Arbeiter- und Angestelltentätigkeit ist allein § 133 Abs. 2 SGB VI bzw. das Berufsgruppenverzeichnis oder die Verkehrsanschauung maßgebend. Die Gruppenzugehörigkeit unterliegt nicht der Disposition der Parteien des Arbeitsvertrages. Ein Arbeitgeber kann Arbeitnehmern, die eine arbeiterrrentenversicherungspflichtige Tätigkeit ausüben, nicht durch Vertrag die Angestellteneigenschaft verleihen. Er kann zwar Arbeiter arbeitsrechtlich den Angestellten gleichstellen (z.B. hinsichtlich des Lohnzahlungszeitraumes), sie bleiben aber sozialversicherungsrechtlich und betriebsverfassungsrechtlich Arbeiter. Auch in Tarifverträgen kann nicht festgelegt werden, wer Arbeiter und wer Angestellter ist; die Regelung, daß eine bestimmte Tätigkeit Angestelltentätigkeit sei, hat lediglich die Bedeutung eines Indizes für eine bestimmte Verkehrsanschauung.

10 **Leitende Angestellte.** Innerhalb der Gruppe der Angestellten bilden die leitenden Angestellten eine besondere Gruppe. Der Kreis der leitenden Angestellten wird, sofern in Gesetzen eine Abgrenzung vorgenommen wird, unterschiedlich umschrieben (vgl. § 5 Abs. 3 Satz 2 BetrVG, § 14 Abs. 1 und 2 KSchG, § 22 Abs. 2 Nr. 2 ArbGG, § 16 Abs. 4 Nr. 4 SGG). Von besonderer Bedeutung ist die Abgrenzung in § 5 Abs. 3 Satz 2 BetrVG; hierauf nimmt auch das Mitbestimmungsgesetz von 1976 und das Sprecherausschußgesetz von 1988 Bezug (§ 3 Abs. 3 Nr. 2 MitbestG, § 1 Abs. 1 SprAuG).

Nach § 5 Abs. 3 Satz 2 BetrVG ist leitender Angestellter, wer nach Arbeitsvertrag und Stellung im Unternehmen oder im Betrieb

1. zur selbständigen Einstellung und Entlassung von im Betrieb oder in der Betriebsabteilung beschäftigten Arbeitnehmern berechtigt ist oder
2. Generalvollmacht oder Prokura hat und die Prokura auch im Verhältnis zum Arbeitgeber nicht unbedeutend ist oder
3. regelmäßig sonstige Aufgaben wahrnimmt, die für den Bestand und die Entwicklung des Unternehmens oder eines Betriebes von Bedeutung sind und deren Erfüllung besondere Erfahrungen und Kenntnisse voraussetzt, wenn er dabei entweder die Entscheidungen im wesentlichen frei von Weisungen trifft oder sie maßgeblich beeinflußt; dies kann auch bei Vorgaben insbesondere aufgrund von Rechtsvorschriften, Plänen oder Richtlinien sowie bei Zusammenarbeit mit anderen leitenden Angestellten gegeben sein.

§ 5 Abs. 3 Satz 2 BetrVG enthält eine Legaldefinition, die allerdings nur für den Bereich des Betriebsverfassungsgesetzes, des Mitbestimmungsgesetzes und des Sprecherausschußgesetzes Bedeutung hat. Die gesetzlichen Tatbestandsmerkmale erfassen abschließend und erschöpfend den Begriff des leitenden Angestellten für diesen Bereich. Im einzelnen ist auf folgendes hinzuweisen (1.19):

- Der Angestellte muß die in § 5 Abs. 3 Satz 2 Nr. 1 bis 3 BetrVG genannten Funktionen nicht nur pro forma zugewiesen bekommen, er muß sie auch tatsächlich ausüben. Umgekehrt muß der Angestellte, um leitender Angestellter zu sein, die genannten Funktionen nicht nur tatsächlich wahrnehmen, sondern er muß sie aufgrund seines Arbeitsvertrages auch ausüben dürfen. Es reicht aus, wenn sich die Funktionen auf nur einen Betrieb beschränken.
- Die selbständige Entscheidung über Einstellungen und Entlassungen i.S. von § 5 Abs. 3 Satz 2 Nr. 1 BetrVG setzt voraus, daß der Angestellte nicht nur im Außenverhältnis befugt ist, Einstellungen und Entlassungen vorzunehmen, sondern daß auch im Innenverhältnis gegenüber dem Arbeitgeber die Entscheidung nicht an dessen Zustimmung oder an die Zustimmung einer anderen über- oder gleichgeordneten Stelle gebunden ist. Die Einstellungs- oder Entlassungsbefugnis muß sich darüber hinaus auf den ganzen Betrieb oder eine Betriebsabteilung erstrecken, also auf einen größeren Kreis von Arbeitnehmern. Ein Polier, der auf einer einzelnen Baustelle eine bestimmte Gruppe von Arbeitnehmern (z.B. Hilfskräfte) einstellen und entlassen darf, wird dadurch nicht zum leitenden Angestellten.
- Der Prokurist i.S. von § 5 Abs. 3 Satz 2 Nr. 2 BetrVG muß im Unternehmen oder im Betrieb einen nicht unbedeutenden Aufgabenbereich wahrnehmen; die ihm übertragenen Aufgaben müssen den in § 5 Abs. 3 Satz 2 Nr. 3 BetrVG beschriebenen Aufgaben in etwa nahekommen. Ein „Titularprokurist", dem die Prokura lediglich als Titel verliehen worden ist, wird von Nr. 2 nicht erfaßt.
- Die Umschreibung der Tätigkeit des leitenden Angestellten in § 5 Abs. 3 Satz 2 Nr. 3 BetrVG enthält vier Begriffsmerkmale. Erstens müssen die wahrgenommenen Aufgaben für den Bestand und für die Entwicklung des Unternehmens oder eines Betriebes von Bedeutung sein. Es genügt also nicht eine bloß den Bestand sichernde Tätigkeit; wer nur die arbeitstechnische Organisation eines Arbeitsablaufes sicherstellt, ist kein leitender Angestellter. Auch eine Tätigkeit, die nur für die Entwicklung des Unternehmens oder eines Betriebes von Bedeutung ist (z.B. Forschungstätigkeit), reicht nicht aus. Zweitens muß die Erfüllung der Aufgaben besondere Erfahrungen und Kenntnisse voraussetzen. Daraus darf aber nicht abgeleitet werden, daß bereits jede Tätigkeit, die eine hochqualifizierte Ausbildung voraussetzt, zum leitenden Angestellten macht, wie auch umgekehrt nicht Voraussetzung ist, daß jemand eine hochqualifizierte Ausbildung erhalten hat, um leitender Angestellter zu sein. Drittens muß der Angestellte bei der Wahrnehmung sei-

ner Aufgaben die Entscheidung im wesentlichen frei von Weisungen treffen oder sie zumindest maßgeblich beeinflussen; er muß also allein entscheiden oder aufgrund seiner Position Fakten schaffen, die bei der Entscheidungsfindung nicht unbeachtet gelassen werden können. Schließlich verlangt das Gesetz, daß der Angestellte die Aufgaben regelmäßig wahrnimmt, also nicht nur gelegentlich oder vorübergehend. Die Wahrnehmung der Aufgaben muß die Gesamttätigkeit des Angestellten prägen.

Keine Rolle spielt bei § 5 Abs. 3 Satz 2 Nr. 3 BetrVG, welcher Natur die Leitungsaufgaben sind, ob es sich um technische, kaufmännische, organisatorische oder personelle Funktionen handelt. Unbeachtlich ist auch, ob die Aufgaben in einer Leitungsstelle oder in einer Stabsstelle wahrgenommen werden.

Bleiben bei der Einordnung der Tätigkeit eines Angestellten nach den Kriterien des § 5 Abs. 3 Satz 2 Nr. 3 BetrVG noch Zweifel offen, ist auf die Entscheidungshilfen zurückzugreifen, die in § 5 Abs. 4 BetrVG aufgeführt sind. Danach ist im Zweifel leitender Angestellter nach § 5 Abs. 3 Satz 2 Nr. 3 BetrVG, wer

1. aus Anlaß der letzten Wahl des Betriebsrates, des Sprecherausschusses oder von Aufsichtsratmitglieder der Arbeitnehmer oder durch rechtskräftige gerichtliche Entscheidung den leitenden Angestellten zugeordnet worden ist, oder
2. einer Leitungsebene angehört, auf der in dem Unternehmen überwiegend (d.h. zu mehr als 50%) leitende Angestellte vertreten sind, oder
3. ein regelmäßiges Jahresentgelt erhält, das für leitende Angestellte in dem Unternehmen üblich ist, oder
4. falls auch bei der Anwendung der Nummer 3 noch Zweifel bleiben, ein regelmäßiges Jahresentgelt erhält, das das Dreifache der Jahresbemessungsgrenze nach § 18 des Vierten Buches Sozialgesetzbuch überschreitet (in 1994 rd. 141 000 DM).

Für leitende Angestellte bestehen einige gesetzliche Sonderregelungen: Das Betriebsverfassungsgesetz findet, sofern in ihm nicht ausdrücklich etwas anderes bestimmt ist, auf sie keine Anwendung (§ 5 Abs. 3 Satz 1 BetrVG); auch das Arbeitszeitgesetz ist auf sie nicht anzuwenden (§ 18 Abs. 1 Nr. 1 ArbZG); die Vorschriften des Kündigungsschutzgesetzes gelten zwar auch für sie, doch kann der Arbeitgeber, wenn das Arbeitsgericht feststellt, daß das Arbeitsverhältnis durch die arbeitgeberseitige Kündigung nicht aufgelöst ist, einen Antrag auf Auflösung des Arbeitsverhältnisses durch das Gericht stellen, ohne daß er den Antrag zu begründen braucht (§ 14 Abs. 2 KSchG). Soweit leitende Angestellte Generalvollmacht haben oder Prokura, die sich auf sämtliche Geschäftsbereiche des Unternehmens erstreckt, können sie nicht zugleich Mitglied des Aufsichtsrates der Gesellschaft sein (§ 105 Abs. 1 AktG); in Unternehmen, die dem Mitbestimmungsgesetz von 1976 unterliegen, steht den leitenden Angestellten (soweit sie nicht unter § 105 Abs. 1 AktG fallen) mindestens ein Sitz im Aufsichtsrat zu (§ 15 Abs. 2 Satz 3 MitbestG).

Auch die Rechtsprechung räumt den leitenden Angestellten eine Sonderstellung ein (1.20). Beispielsweise ist ihre Treuepflicht erheblich erweitert (siehe auch Rz 107f.); bei ihnen werden an den wichtigen Grund für eine außerordentliche Kündigung (Rz 302) und an die personen- oder verhaltensbedingte Gründe für eine ordentliche Kündigung (Rz 278 und 279) nur geringe Anforderungen gestellt; es treffen sie erhöhte Rechenschafts-, Prüf- und Überwachungspflichten; von ihnen wird ein erhöhtes Maß an Arbeitsleistung erwartet, weshalb sie i.d.R. eine Vergütung von Überstunden nicht erwarten können; sie können keine Ansprüche aus Sozialplänen geltend machen.

1.22 Berufliche Gliederung

11 **Bedeutung.** Die berufliche Gliederung der Arbeitnehmer ist – wie die Einteilung in Arbeiter und Angestellte – historisch begründet. Ihre Bedeutung liegt darin, daß für einige Berufszweige arbeitsrechtliche Sonderregelungen bestehen, die Vorrang haben vor den sonstigen Rechtsvorschriften. Die Bedeutung geht jedoch zurück. Die meisten arbeitsrechtlichen Vorschriften gelten heute ohne Rücksicht auf die Zugehörigkeit zu einem bestimmten Berufszweig für alle Gruppen von Arbeitnehmern.

12 **Berufsgruppen.** Zu unterscheiden sind

- gewerbliche Arbeitnehmer. Hierzu zählen alle Arbeitnehmer, die in einem unter die Gewerbeordnung fallenden Betrieb arbeiten als gewerbliche Arbeiter (= Gesellen, Gehilfen, Fabrikarbeiter), als gewerbliche Angestellte oder als gewerbliche Auszubildende. Für diese Arbeitnehmer gelten die arbeitsrechtlichen Vorschriften der Gewerbeordnung (§§ 105-139aa GewO), die jedoch keine erschöpfende Darstellung des Rechts der gewerblichen Arbeitnehmer, sondern nur ergänzende Regelungen enthalten.

  Welche Betriebe im einzelnen der Gewerbeordnung unterliegen, richtet sich nach dem Gewerberecht. Zu nennen sind insbesondere die Betriebe des Handels, des Handwerks und der Industrie. Nicht der Gewerbeordnung unterliegen unter anderem gem. § 6 Satz 1 GewO: die Fischerei; die Eisenbahnunternehmungen; die Seeschiffahrt; die freien Berufe (= Rechtsanwälte und Notare, Wirtschaftsprüfer, Buchprüfer, Steuerberater). Kein Gewerbe ist ferner nach der von Rechtsprechung und Literatur entwickelten Abgrenzung die Urproduktion (= Land- und Forstwirtschaft, Bergbau) und die Ausübung der ärztlichen und anderer Heilberufe; jedoch findet die Gewerbeordnung auf das Bergwesen und auf die ärztlichen und anderen Heilberufe insoweit Anwendung, als sie ausdrückliche Bestimmungen enthält (§ 6 Satz 2 GewO).

- kaumännische Angestellte. Aus der Gruppe der gewerblichen Arbeitnehmer sind die kaufmännischen Angestellten (= Handlungsgehilfen) ausgegliedert. Auf sie finden die Bestimmungen der Gewerbeordnung keine Anwendung (§ 154 Abs. 1 Nr. 2 GewO); sie fallen vielmehr unter die Vorschriften des Handelsgesetzbuches über Handlungsgehilfen (§§ 59-75d HGB). Soweit die Vorschriften der §§ 59ff. HGB Anwendung finden, haben sie Vorrang vor den Regelungen des BGB.

  Kaufmännischer Angestellter ist, wer in einem Handelsgewerbe zur Leistung kaufmännischer Dienste gegen Entgelt angestellt ist (§ 59 HGB). Was kaufmännische Dienste sind, bestimmt sich nach der Verkehrsauffassung. Beispiele: Büroarbeit (z.B. in der Buchhaltung); Tätigkeit im Einkauf oder im Verkauf. Es darf sich nicht um Tätigkeiten mechanischer oder technischer Art handeln. Die Abgrenzung zwischen kaufmännischer und nichtkaufmännischer Tätigkeit kann im Einzelfall schwierig sein. Der Arbeitgeber muß Kaufmann i.S. der §§ 1ff. HGB sein; keine Rolle spielt, ob es sich um einen Vollkaufmann oder um einen Minderkaufmann handelt.

  Zu beachten ist, daß nicht alle Arbeitnehmer eines Kaufmannes kaufmännische Angestellte sind. Für Arbeitnehmer, die andere als kaufmännische Dienste leisten, bleibt es bei den für das Arbeitsverhältnis dieser Personen geltenden Vorschriften (§ 83 HGB), z.B. für die Arbeiter und für die technischen Angestellten in einem Handelsgewerbe.

- Arbeitnehmer des Bergbaues. Die Angestellten, Arbeiter und Auszubildenden des Bergbaues gehören nicht zu den gewerblichen Arbeitnehmern, es finden aber einzelne Bestimmungen der Gewerbeordnung auf sie Anwendung (§ 154a

GewO). Im übrigen gilt das Bundesberggesetz von 1980, das allerdings keine Regelungen zum Arbeitsverhältnis der Arbeitnehmer des Bergbaues enthält, sondern sich auf die Fragen des Arbeitsschutzes und der Betriebssicherheit beschränkt (§§ 51f., 58f. BBergG).

- land- und forstwirtschaftliche Arbeitnehmer. Für diesen Personenkreis (= Angestellte, Arbeiter und Auszubildende) gelten die Vorschriften der §§ 611ff. BGB, weil die Land- und Forstwirtschaft nicht unter die Gewerbeordnung fällt. Möglich ist, daß die Vorschriften des Handelsgesetzbuches (§§ 59ff. HGB) Anwendung finden, wenn der Betrieb durch Eintragung in das Handelsregister die Kaufmannseigenschaft erworben hat und kaufmännische Dienste geleistet werden.

Sonderregelungen für land- und forstwirtschaftliche Arbeitnehmer bestehen im Arbeitszeitschutzrecht. So können in einem Tarifvertrag (oder aufgrund eines Tarifvertrages in einer Betriebsvereinbarung) die gesetzlichen Regelungen über die Dauer der werktäglichen Arbeitszeit, der Ruhezeit und der werktäglichen Nachtarbeitszeit in der Landwirtschaft der Bestellungs- und Erntezeit sowie den Witterungseinflüssen angepaßt werden (§ 7 Abs. 2 Nr. 2 ArbZG); die Arbeit an Sonn- und Feiertagen ist nicht beschränkt (§ 10 Abs. 1 Nr. 12 ArbZG). Auch im Jugendarbeitsschutzrecht wird den Besonderheiten der Landwirtschaft Rechnung getragen (vgl. §§ 8 Abs. 3, 12, 14 Abs. 2 Nr. 3, 16 Abs. 2 Nr. 4, 17 Abs. 2 Nr. 2 JArbSchG).

- Schiffsbesatzungen. Hier ist zu unterscheiden zwischen Seeschiffen und Binnenschiffen. Für die Besatzung von Seeschiffen, d.h. von Kauffahrteischiffen, die die Bundesflagge führen, ist das Seemannsgesetz maßgebend (§§ 23ff. SeemG). Zur Besatzung gehören: der Kapitän, die Schiffsoffiziere (= Angestellte des nautischen und des technischen Dienstes, Schiffsärzte, Seefunker, Zahlmeister), die sonstigen Angestellten und die Schiffsleute (= Arbeiter). Für die Besatzung von Binnenschiffen auf Flüssen und sonstigen Binnengewässern gilt das Binnenschiffahrtsgesetz und das Gesetz über die Schiffsdienstbücher. Ergänzend ist für Schiffsbesatzungen das BGB heranzuziehen.

- Hausangestellte. Dies sind Arbeitnehmer, die für einen fremden Haushalt Dienste leisten, z.B. Aufwartefrauen, Putzfrauen. Keine Rolle spielt, ob Dienste niederer oder höherer Art geleistet werden; ohne Bedeutung ist auch, ob der Arbeitnehmer in die häusliche Gemeinschaft aufgenommen wird. Die Arbeit muß ganz oder überwiegend für einen Haushalt geleistet werden. Keine Hausangestellten sind deshalb Kellner, Köche, Zimmermädchen, Hausburschen in einem Hotel; sie fallen unter die Gewerbeordnung.

Für Hausangestellte gelten die Vorschriften des BGB. Folgende Besonderheiten sind zu beachten: Da der Haushalt kein Betrieb ist, findet das Kündigungsschutzgesetz keine Anwendung (§ 23 KSchG); aus dem gleichen Grunde ist auch das Betriebsverfassungsgesetz nicht anzuwenden (§ 1 BetrVG); Sonn- und Feiertagsarbeit ist zulässig (§ 10 Abs. 1 Nr. 4 ArbZG); der besondere Kündigungsschutz während der Schwangerschaft entfällt nach Ablauf des fünften Monats der Schwangerschaft (§ 9 Abs. 1 Satz 2 erster Halbsatz MuSchG); dafür erhält die Hausangestellte, wenn ihr Arbeitsverhältnis vom Arbeitgeber nach Ablauf des fünften Monats der Schwangerschaft durch Kündigung aufgelöst worden ist, vom Zeitpunkt der Auflösung des Arbeitsverhältnisses an bis zum Einsetzen der Leistungen des Mutterschaftsgeldes eine Sonderunterstützung zu Lasten des Bundes (§ 12 MuSchG).

- Arbeitnehmer des öffentlichen Dienstes. Hierzu zählen alle Arbeiter und Angestellte, die in einem Arbeitsverhältnis zu einer öffentlichrechtlichen Körperschaft (= Bund, Länder, Gemeinden, Gemeindeverbände) oder zu einer öffentlichrechtlichen Anstalt oder Stiftung stehen. Grundsätzlich ist auf diese Arbeitnehmer das BGB anwendbar. Es bestehen jedoch zahlreiche Sondervorschriften in Form von Tarifverträgen. Wichtige Tarifverträge sind: der Bundes-Angestelltentarifvertrag (BAT); die Manteltarifverträge für Arbeiter des Bundes (MTB II) und der Länder (MTL II) sowie der Bundesmanteltarifvertrag für Arbeiter der Gemeinden (BMTG II). Zwar gelten diese Tarifverträge nur für die gewerkschaftsangehörigen Arbeitnehmer, es ist jedoch üblich, ihre Geltung – aus haushaltsrechtlichen Gründen – auch für alle anderen Arbeitnehmer bei der Einstellung einzelvertraglich zu vereinbaren.

- sonstige Arbeitnehmer. In diese Gruppe fallen alle Arbeitnehmer, die sich keiner der vorgenannten Gruppen zuordnen lassen. Für sie gilt, weil Sonderregelungen nicht bestehen, das Dienstvertragsrecht des BGB (§§ 611ff. BGB). Hierzu zählen beispielsweise die Mitarbeiter der freien Berufe (= Rechtsanwälte, Ärzte, Architekten), die Gehilfen und Auszubildenden in Apotheken, die Arbeiter und Angestellten der Eisenbahnen u.a. (1.21).

2. Arbeitgeber

13 **Begriff.** Arbeitgeber im Sinne des Arbeitsrechts ist, wer mindestens einen Arbeitnehmer beschäftigt (1.22). Der arbeitsrechtliche Begriff des Arbeitgebers wird also durch den Arbeitnehmerbegriff bestimmt (1.23). Merkmale des Arbeitnehmerbegriffes sind die Leistung von Arbeit und die persönliche Abhängigkeit bzw. Weisungsgebundenheit (Rz 4 und 5); kennzeichnend für den Arbeitgeber-Status sind dementsprechend der Anspruch auf die Leistung von Arbeit und das Weisungsrecht.

Nicht erforderlich für die Arbeitgebereigenschaft ist, daß der Arbeitgeber ein Gewerbe betreibt oder einen Betrieb bzw. ein Unternehmen hat. Auch der Haushaltsvorstand ist Arbeitgeber, wenn er eine Hausangestellte beschäftigt.

Möglich ist, daß ein und dieselbe Person sowohl Arbeitnehmer als auch Arbeitgeber ist. Beispiel: Ein Angestellter oder Arbeiter beschäftigt in seinem Privathaushalt eine Hausangestellte. Die Unterscheidung zwischen Arbeitgeber und Arbeitnehmer ist deshalb stets auf den konkreten Arbeitsvertrag zu beziehen; bezogen auf einen bestimmten Arbeitsvertrag kann jemand nicht zugleich Arbeitgeber und Arbeitnehmer sein.

14 **Rechtsform.** Auf die Rechtsform des Arbeitgebers kommt es nicht an. Arbeitgeber kann eine natürliche Person (z.B. ein Einzelunternehmer, ein Haushaltsvorstand) oder eine juristische Person des privaten Rechts (z.B. eine AG, eine GmbH, ein rechtsfähiger Verein) oder eine juristische Person des öffentlichen Rechts sein (z.B. eine Gebietskörperschaft wie Bund, Land, Gemeinde, oder eine Anstalt oder Stiftung des öffentlichen Rechts). Auch eine Personenhandelsgesellschaft (z.B. eine OHG oder eine KG) kann Arbeitgeber sein; zwar sind OHG und KG keine juristischen Personen, sie können aber unter ihrer Firma Rechtsgeschäfte abschließen (§§ 124 Abs. 1, 161 Abs. 2 HGB). Wird ein Vertrag im Namen der Gesellschaft und mit Vertretungsmacht abgeschlossen, so werden daraus nicht die Gesellschafter als Vertragspartner berechtigt und verpflichtet, sondern

die Vertragswirkungen treffen die Gesellschaft als solche (1.24). Anders ist es bei der Gesellschaft des bürgerlichen Rechts; hier sind die einzelnen Gesellschafter Arbeitgeber (1.25).

Ist der Arbeitgeber eine natürliche Person, so liegen der Anspruch auf die Arbeitsleistung und das Weisungsrecht bei ein und derselben Person. Bei einer Gesellschaft des bürgerlichen Rechts sind die einzelnen Gesellschafter Träger des Anspruches auf die Leistung von Arbeit und des Weisungsrechtes (sofern der Gesellschaftsvertrag nichts anderes bestimmt). Bei juristischen Personen steht der Anspruch auf die Arbeitsleistung der juristischen Person zu; das Weisungsrecht gegenüber den Arbeitnehmern wird hier von dem zur Vertretung der juristischen Person berufenen Organ (= Vorstand, Geschäftsführung, Leitung) ausgeübt. Die Organmitglieder als Träger der obersten Leitungsbefugnis üben insoweit Arbeitgeberfunktionen aus (weshalb sie nicht zu den Arbeitnehmern zählen, siehe Rz 5), sie handeln im Namen der juristischen Person und mit Wirkung für die juristische Person. Bei der OHG und der KG steht der Anspruch auf die Leistung von Arbeit der Gesellschaft zu, während das Weisungsrecht bei den Gesellschaftern der OHG bzw. – bei der KG – beim Komplementär liegt (sofern nicht einzelne Gesellschafter von der Geschäftsführung und Vertretung kraft Gesellschaftsvertrag ausgeschlossen sind).

15 **Unternehmer.** Vom Arbeitgeber ist der Unternehmer zu unterscheiden. Unternehmer ist derjenige, der als Inhaber oder verantwortlicher Leiter an der Spitze des Unternehmens steht (1.26). Unter einem Unternehmen ist eine organisatorische Einheit zu verstehen, die bestimmt wird durch die wirtschaftlichen (oder ideellen) Ziele, die unter Einsatz von Sachmitteln, immateriellen Werten und Personal verfolgt werden.

Bei einer Einzelfirma ist der Inhaber der Unternehmer. Bei einer juristischen Person sind die Mitglieder des Organs, das zur gesetzlichen Vertretung berufen ist, als Unternehmer anzusehen. Bei der OHG und KG sind Unternehmer diejenigen Personen, denen die Geschäftsführung obliegt (1.27).

Nicht jeder Unternehmer ist Arbeitgeber. Für die Tätigkeit als Unternehmer ist nicht Voraussetzung, daß Arbeitnehmer beschäftigt werden. Der selbständige Handwerker, der allein ohne Hilfskräfte seinen Betrieb führt, ist Unternehmer, nicht Arbeitgeber. Andererseits kann jemand Arbeitgeber sein, auch wenn er nicht Unternehmer ist. Wer als Arzt oder als Rechtsanwalt einen freien Beruf ausübt und zu diesem Zweck Hilfspersonal beschäftigt, ist Arbeitgeber, nicht Unternehmer.

Kapitel 2: Begründung des Arbeitsverhältnisses

1. Abschluß des Arbeitsvertrages

16 **Angebot und Annahme.** Das Arbeitsverhältnis wird in der Regel durch Abschluß eines Arbeitsvertrages begründet. Erforderlich sind zwei sich inhaltlich entsprechende Willenserklärungen: Vertragsangebot und Vertragsannahme. Das Angebot kann vom Arbeitnehmer ausgehen (Beispiel: ein Arbeiter bewirbt sich um eine Stelle) oder vom Arbeitgeber.

Ein Stellenangebot in der Zeitung ist kein Vertragsangebot, sondern lediglich eine Aufforderung an den Leser, dem Inserenten ein Angebot zu machen.

Die sich inhaltlich entsprechenden Willenserklärungen können mündlich, schriftlich oder durch schlüssiges Verhalten abgegeben werden (siehe auch Rz 22 und 23).

Das Vertragsangebot kann unter Anwesenden nur sofort, unter Abwesenden nur bis zu dem Zeitpunkt angenommen werden, zu dem der Anbietende den Eingang der Antwort unter regelmäßigen Umständen erwarten kann (§ 147 BGB). Ein Arbeitnehmer, der sich auf mehrere Stellenausschreibungen bewerben will, sollte deshalb sein Angebot befristen oder sich ein Rücktrittsrecht ausbedingen.

Das bloße Schweigen auf ein Angebot stellt keine Annahme dar. Erklärt der Bewerber beispielsweise, er sei nur zu einem um 200 DM/Monat höheren Gehalt zur Aufnahme der Arbeit bereit und äußert sich hierzu der Verhandlungspartner nicht, so kommt kein Arbeitsvertrag zustande. Die verspätete Annahme eines Angebotes oder die Annahme unter Erweiterungen, Einschränkungen oder sonstigen Änderungen gilt als neues Angebot (§ 150 BGB). Ein Bewerber, der sich mit dem angebotenen Entgelt von 5000 DM/Monat nicht zufrieden gibt und stattdessen 5200 DM/Monat fordert, legt also dem Verhandlungspartner ein neues Angebot über 5200 DM/Monat vor; ob ein Vertrag zustande kommt, hängt von der Entscheidung des Verhandlungspartners ab.

Vertragsabschluß und Beginn des Arbeitsverhältnisses können zeitlich auseinanderfallen. Nicht erforderlich für den Beginn des Arbeitsverhältnisses ist, daß die Arbeit auch tatsächlich aufgenommen wird.

Beispiel: Am 03.08. wird ein Arbeitsvertrag abgeschlossen, wonach die Arbeit am 01.09. aufgenommen werden soll. Das Arbeitsverhältnis beginnt am 01.09., auch wenn der Arbeitnehmer aus irgendwelchen Gründen, z.B. Krankheit, die Arbeit tatsächlich erst am 10.09. aufnimmt.

Ausnahmsweise kann ein Arbeitsverhältnis auch bestehen, wenn der zugrundeliegende Arbeitsvertrag nichtig ist oder angefochten wurde. Voraussetzung ist, daß bereits Arbeit geleistet worden ist (sog. faktisches Arbeitsverhältnis, siehe Rz 34 und 38).

17 Parteien. Als Vertragspartner kommt auf Arbeitgeberseite jede natürliche oder juristische Person in Betracht, auf Arbeitnehmerseite nur eine natürliche Person.

Voraussetzung für den rechtswirksamen Abschluß des Arbeitsvertrages ist bei natürlichen Personen die volle Geschäftsfähigkeit. Minderjährige (§ 106 BGB) bedürfen zum Abschluß eines Arbeitsvertrages der Einwilligung ihres gesetzlichen Vertreters (§ 107 BGB).

Schließt ein Minderjähriger einen Arbeitsvertrag ohne die erforderliche Einwilligung des gesetzlichen Vertreters ab, so ist der Vertrag schwebend unwirksam (§ 108 Abs. 1 BGB). Erteilt der gesetzliche Vertreter nachträglich die Genehmigung, so wird der Vertrag rückwirkend wirksam; verweigert er die Genehmigung, so wird der Vertrag endgültig unwirksam.

Der gesetzliche Vertreter kann den Minderjährigen ermächtigen, in Dienst oder Arbeit zu treten (§ 113 BGB). In diesem Falle ist der Minderjährige für alle Rechtsgeschäfte, welche die Eingehung oder Aufhebung oder die Erfüllung des Arbeitsverhältnisses betreffen, unbeschränkt geschäftsfähig, vorausgesetzt, seine Willenserklärungen halten sich im Rahmen der Ermächtigung. Wird die Ermächtigung überschritten, so ist der Vertrag zunächst schwebend, nach Verweigerung der Genehmigung durch den gesetzlichen Vertreter endgültig unwirksam (§ 108 Abs. 1 BGB).

18 Benachteiligungsverbot. Nach § 611a Abs. 1 Satz 1 BGB darf der Arbeitgeber einen Arbeitnehmer bei der Begründung des Arbeitsverhältnisses nicht wegen seines Geschlechts benachteiligen. Eine unterschiedliche Behandlung wegen des Geschlechts ist nur zulässig, wenn ein bestimmtes Geschlecht unverzichtbare Voraussetzungen für die auszuübende Tätigkeit ist (Beispiel: männliche oder weibliche Schauspielerrolle). Hat der Arbeitgeber bei der Begründung des Arbeitsverhältnisses vorsätzlich oder fahrlässig gegen das Benachteiligungsverbot verstoßen, so kann der hierdurch benachteiligte Bewerber eine angemessene Entschädigung in Geld in Höhe von höchstens drei Monatsverdiensten verlangen (§ 611a Abs. 2 Satz 1 BGB). Als Monatsverdienst gilt, was dem Bewerber bei regelmäßiger Arbeitszeit in dem Monat, in dem das Arbeitsverhältnis hätte begründet werden sollen, an Geld- und Sachbezügen zugestanden hätte. Der Anspruch auf Entschädigung muß innerhalb einer Frist von zwei Monaten nach Zugang der Ablehnung der Bewerbung geltend gemacht werden, und zwar schriftlich (§ 611a Abs. 4 BGB). Ein Anspruch auf Begründung eines Arbeitsverhältnisses besteht bei einem Verstoß gegen das Benachteiligungsverbot nicht (§ 611a Abs. 3 BGB).

19 Auskunftspflicht des Bewerbers. Ungefragt ist der Bewerber im Regelfall nicht verpflichtet, seine persönlichen Verhältnisse, wie z.B. Krankheiten, Schwangerschaft usw., während des Einstellungsgespräches zu offenbaren. Anders ist die Situation, wenn der Bewerber bereits während der Verhandlungen erkennt oder erkennen kann, daß er infolge besonderer, nur ihm bekannter persönlicher Umstände nicht in der Lage sein wird, den Arbeitsvertrag zu erfüllen (2.01).

Beispiele: bereits bestehende Krankheiten oder Behinderungen, die die Arbeitsaufnahme im Zeitpunkt des Beginns des Arbeitsverhältnisses unmöglich machen; noch zu verbüßende Strafen; unmittelbar bevorstehendes Heilverfahren; Wettbewerbsverbot, an das der Bewerber (noch) gebunden ist.

In diesen Fällen ist der Bewerber gehalten, von sich aus auf die besonderen persönlichen Umstände hinzuweisen. Tut er dies nicht, so kann der Arbeitgeber den Arbeitsvertrag nachträglich wegen arglistiger Täuschung (= Verschweigen wesentlicher Tatsachen) anfechten (siehe hierzu Rz 37).

Befragt der Arbeitgeber den Bewerber während der Einstellungsverhandlungen (z.B. mündlich oder mittels eines Einstellungsfragebogens), so ist der Bewerber auskunftspflichtig, soweit es sich um Fragen handelt, die sachlich notwendig sind, um die Eignung des Bewerbers für den in Aussicht genommenen Arbeitsplatz beurteilen zu können. Besteht ein sachlicher Zusammenhang zwischen der Frage und der zu leistenden Arbeit, so muß die Frage wahrheitsgemäß beantwortet werden. Andernfalls kann der Arbeitgeber den Arbeitsvertrag nachträglich wegen arglistiger Täuschung (= Vorspiegelung falscher Tatsachen) anfechten (siehe Rz 37).

Beantwortet werden müssen z.B. Fragen des Arbeitgebers nach Ausbildung (einschl. Prüfungs- und Zeugnisnoten), Berufsweg, letzter Arbeitsstelle, nach einer bestehenden Wettbewerbsvereinbarung, nach Wehr- bzw. Ersatzdienstzeiten, nach einer bereits erfolgten oder bevorstehenden Einberufung zum Wehr-bzw. Ersatzdienst, nach den Gründen für den geplanten Wechsel des Arbeitsplatzes. Uneingeschränkt zu beantworten ist auch die Frage nach einer bestehenden Schwerbehinderung (bzw. danach, ob der Bewerber einem Schwerbehinderten gleichgestellt ist i.S. von § 2 SchwbG): dieses weitgehende Fragerecht des Arbeitgebers ergibt sich aus den umfangreichen gesetzlichen Verpflichtungen, die mit der Beschäftigung eines Schwerbehinderten verbunden sind (2.02). Der Arbeitgeber darf ferner fragen, ob ein Antrag auf Anerkennung als Schwerbehinderter gestellt worden ist; die Frage, ob die Absicht besteht, einen entsprechenden Antrag zu stellen, ist hingegen unzulässig (2.03).

Ein eingeschränktes Fragerecht des Arbeitgebers während des Einstellungsgespräches besteht in bezug auf Unterhaltsverpflichtungen und auf Lohn- bzw. Gehaltspfändungen. Nach überwiegender Meinung ist diese Frage nur bei leitenden Angestellten und bei Angestellten zulässig, bei denen der Arbeitgeber wegen der vorgesehenen Tätigkeit ein berechtigtes Interesse daran hat, daß die Vermögensverhältnisse des Arbeitnehmers geordnet sind, z.B. bei Filialleitern, Bankkassierern usw. (2.04). Entsprechendes gilt für die Frage, ob der Bewerber eine eidesstattliche Versicherung über seine Vermögensverhältnisse abgegeben hat (2.05).

Die Frage nach der zuletzt bezogenen Vergütung ist nach der Rechtsprechung des BAG nur dann zulässig, wenn sich aus der Höhe der bisherigen Vergütung Rückschlüsse auf die Eignung des Bewerbers für die angestrebtePosition ziehen lassen (z.B. bei einer erfolgsabhängigen Entlohnung) oder wenn der Stellenbewerber sein bisheriges Gehalt als Mindestvergütung verlangt (2.06).

Bei Fragen nach dem Gesundheitszustand des Bewerbers (hierzu zählt das BAG auch die Frage nach einer Körperbehinderung) ist zu differenzieren. Zulässig ist die Frage nach körperlichen Leiden, die mit großer Sicherheit die Eignung für den vorgesehenen Arbeitsplatz beeinträchtigen oder gar ausschließen (Beispiel: Hirn- oder Kreislaufschäden, die den Einsatz auf Hoch- oder Tiefbauten einschränken können) oder die die Leistungsfähigkeit bzw. Belastbarkeit des Bewerbers herabsetzen (Beispiel: Allergien) oder die eine Zusammenarbeit mit anderen Arbeitnehmern des Betriebes unzumutbar machen (Beispiel: ansteckende Krankheiten). Demgegenüber braucht der Bewerber keine Angaben zu machen über einwandfrei ausgeheilte oder lange zurückliegende oder nur vorübergehende leichte Erkrankungen (Beispiel: Erkältungen). Das so eingeschränkte Fragerecht des Arbeitgebers kann durch eine ärztliche Einstellungsuntersuchung nicht erweitert werden; der Arzt ist auch bei einer Einstellungsuntersuchung an die ärztliche Schweigepflicht gebunden. Er darf nur über die Eignung für die beabsichtigte Tätigkeit Auskunft erteilen (2.07). Bei AIDS ist zu unterscheiden, ob nach einer akuten AIDS-Erkrankung oder nach einer Aids-Infektion gefragt ist, da beide Krankheitsstadien höchst unterschiedliche Wirkungen auf die Leistungsfähigkeit des Bewerbers haben. Die Frage nach einer AIDS-Erkrankung ist uneingeschränkt zulässig, weil der Bewerber – bedingt durch den Krankheitsverlauf – regelmäßig nicht oder nur in eingeschränktem Umfang zur Leistung der geforderten Arbeit imstande sein wird (2.08). Demgegenüber ist die Frage nach einer HIV-Infektion unzulässig; angesichts der u.U. langen Inkubationszeit muß die Fähigkeit eines HIV-infizierten Bewerbers, die geschuldete Arbeitsleistung zu erbringen, nicht von vornherein beeinträchtigt sein, d.h. eine AIDS-Infektion unterscheidet sich insoweit aus der Sicht des Arbeitgebers nicht von anderen verborgenen bzw. erst später auftretenden Krankheiten. Etwas anderes gilt, wenn durch die Art der Tätigkeit nicht auszuschließen ist, daß die Krankheit auf Kollegen oder Dritte übertragen wird (= Ansteckungsgefahr), z.B. bei einer Beschäftigung im Bereich des Gesundheitswesens oder in der Nahrungsmittelherstellung. Hier darf nicht nur nach einer AIDS-Infektion gefragt werden, sondern es kann auch die Einstellungsuntersuchung auf diese Frage ausgedehnt werden (2.08).

Ein eingeschränktes Fragerecht des Arbeitgebers besteht in bezug auf Vorstrafen (2.09). Der Arbeitgeber muß seine Fragen auf solche Vorstrafen begrenzen, die für den betreffenden Arbeitsplatz einschlägig sind (Beispiele: Unterschlagung bei Kassierern; Diebstahl oder Hehlerei bei Lagerverwaltern; Verkehrsdelikte bei Kraftfahrern). Einschlägige Vorstrafen müssen vom Bewerber nur offenbart werden, wenn sie nach dem Bundeszentralregister-Gesetz in das Zentralregister einzutragen oder in das Führungszeugnis aufzunehmen sind; der Bewerber darf sich als nicht vorbestraft bezeichnen, wenn die Verurteilung inzwischen nach Ablauf der vorgesehenen Fristen (§§ 46 BZRG) im Zentralregister getilgt worden ist (§§ 51, 53 BZRG). Nach getilgten Verurteilungen darf nicht gefragt werden, auch nicht nach laufenden Ermittlungs- oder Strafverfahren. Etwas anderes gilt nur bei Angestellten, die für eine besondere Vertrauensposition vorgesehen sind. Die Vorlage eines Führungszeugnisses (§§ 30f. BZRG) kann nicht verlangt werden (2.10); dies wird damit begründet, daß in einem Führungszeugnis nicht zwischen einschlägigen und sonstigen Strafen unterschieden wird, so daß das Führungszeugnis u.U. mehr Verurteilungen enthält als der Bewerber anzugeben verpflichtet ist.

Einigkeit besteht darüber, daß im Verteidigungs- und Rüstungssektor, aber auch außerhalb dieses Bereiches (z.B. in Energieversorgungsbetrieben) die Erfüllung der sicherheitsmäßigen Anforderungen überprüft werden darf und daß von den Bewerbern die hierfür erforderlichen Auskünfte verlangt werden dürfen (2.11). Dabei kann es sich um Fragen handeln, die weit in den privaten Lebensbereich hineinreichen. Da sich der Arbeitgeber bezüglich der Sicherheitsaspekte auf die Angaben der Stellenbewerber nicht durchgängig verlassen kann und er selbst zur Überprüfung der Daten nicht hinreichend in der Lage ist, kann er sich der in den Verfassungsschutzgesetzen vorgesehenen behördlichen Hilfe bedienen (2.11); zum Teil muß der Arbeitgeber sogar die Verfassungsschutzorgane bei der Einstellung einschalten (so beispielsweise die Richtlinie der Bundesregierung für die Sicherheitsüberprüfung von Bundesbediensteten von 1971). Das Einverständnis des Bewerbers für eine solche Anfrage ist nicht erforderlich.

Die Frage nach dem Bestehen einer Schwangerschaft ist grundsätzlich unzulässig. Die Frage enthält in der Regel eine Benachteiligung der Bewerberin wegen des Geschlechts und verstößt damit gegen das Diskriminierungsverbot des § 611a Abs. 1 BGB, gleichgültig ob sich nur Frauen oder auch Männer um den Arbeitsplatz bewerben (2.12). Die frühere Rechtsprechung, wonach die Frage zulässig war, wenn nur Frauen für den Arbeitsplatz in Betracht kommen, wurde aufgegeben (2.13). Das BAG hält die Frage nach der Schwangerschaft ausnahmsweise dann für sachlich gerechtfertigt, wenn sie objektiv dem gesundheitlichen Schutz der Bewerberin und des ungeborenen Kindes dient (2.14). Beispiel: Ein Facharzt für Mikrobiologie und Infektionsepidemiologie sucht eine Mitarbeiterin für sein Labor; die Tätigkeit im Labor umfaßt u.a. den Umgang mit Proben, die infektiöses Material enthalten.

Grundsätzlich unzulässig ist schließlich die Frage nach der Parteizugehörigkeit. Eine Ausnahme gilt nur für die Tätigkeit in einem parteipolitisch gebundenen Betrieb, z.B. in einem Parteiverlag. Eine zweite Ausnahme wird bei der Einstellung von Arbeitnehmern in den öffentlichen Dienst gemacht. Zwar sind die Anforderungen an die politische Treuepflicht bei Arbeitnehmern des öffentlichen Dienstes geringer anzusetzen als bei Beamten; auch richtet sich der Umfang der Treuepflicht nach der zu besetzenden Position. Doch darf der öffentliche Arbeitgeber nach einer Mitgliedschaft und Funktion in verfassungsfeindlichen Parteien und Organisationen fragen (2.15). Dabei dürfen nur solche Umstände herangezogen werden, die von Gewicht und objektiv geeignet sind, Zweifel an der künftigen Erfüllung der politischen Treuepflicht zu begründen

(2.16); dem Bewerber muß Gelegenheit gegeben werden, bestehende Zweifel an seiner Eignung auszuräumen (2.17).

Besteht kein sachlicher Zusammenhang zwischen der Frage und der in Aussicht genommenen Beschäftigung des Bewerbers, so ist die Frage unzulässig und braucht deshalb nicht beantwortet zu werden. Eine unzulässige Frage kann wahrheitswidrig beantwortet werden. Wird eine unzulässige Frage wahrheitswidrig beantwortet, so ist dies im allgemeinen unbeachtlich; der Arbeitgeber kann nicht vortragen, er sei arglistig getäuscht worden (2.18).

Unzulässig ist beispielsweise im Einstellungsgespräch bzw. im Einstellungsfragebogen die Frage nach der Gewerkschaftszugehörigkeit sowie die Frage nach dem Religionsbekenntnis. Die Frage nach der Gewerkschaftszugehörigkeit ist ausnahmsweise nur in Gewerkschaftsverwaltungen u.ä. zulässig, die nach der Religionszugehörigkeit nur in Kirchenverwaltungen, konfessionellen Krankenhäusern u.ä. Unzulässig ist auch die Frage nach Familienstand, Kindern, Hobbys, Freizeitgestaltung, Ehrenämtern.

Anders ist die Rechtslage, nachdem der Bewerber eingestellt worden ist. Nach Abschluß des Arbeitsvertrages darf der Arbeitgeber beispielsweise nach der Gewerkschaftszugehörigkeit fragen, weil er nur auf diese Weise seine Verpflichtung zur Anwendung tariflicher Normen auf das Arbeitsverhältnis feststellen kann (sofern er selbst tarifgebunden ist). Nach erfolgter Einstellung darf der Arbeitgeber auch nach der Religionszugehörigkeit fragen, weil er sonst die Kirchensteuer nicht ordnungsgemäß abführen kann. Gefragt werden darf ferner, nachdem ein Arbeitsvertrag zustande gekommen ist, nach Lohn- und Gehaltsabtretungen bzw. Lohn- und Gehaltspfändungen sowie nach dem Familienstand und nach der Kinderzahl, weil diese Angaben zur ordnungsgemäßen Lohnabrechnung erforderlich sind. Das Fragerecht des Arbeitgebers ist also nach Abschluß des Arbeitsvertrages umfassender als während der Zeit des Einstellungsgespräches. Gegen eine spätere Erhebung persönlicher Daten bestehen keine Bedenken, weil die Angaben nicht mehr zum Nachteil des Arbeitnehmers verwendet werden können.

20 Auskunftspflicht des Arbeitgebers. Grundsätzlich wird man die Auskunftspflicht des Arbeitgebers ähnlich abgrenzen müssen wie die Auskunftspflicht des Arbeitnehmers. Nach Auffassung des BAG braucht der Arbeitgeber den Bewerber bei den Einstellungsverhandlungen von sich aus nicht über solche Umstände zu unterrichten, die sich aus der Sachlage von selbst ergeben (2.19). Selbstverständlich hat der Bewerber ein Fragerecht.

Anders ist es, wenn Umstände vorliegen, die sich nicht aus der Sachlage von selbst ergeben, die aber erkennbar für den Entschluß des Bewerbers von Bedeutung sind, nach denen der Bewerber jedoch nicht fragt, weil ihm die Anhaltspunkte fehlen. Hier hat der Arbeitgeber eine Aufklärungspflicht (2.20).

Das ist beispielsweise der Fall, wenn seitens des Arbeitgebers an die Tätigkeit ganz besonders aus dem Rahmen fallende Anforderungen gestellt werden, die dem Arbeitnehmer nicht ohne weiteres erkennbar sind, die weder aus der Stellenanzeige noch aus dem späteren Schriftwechsel ersichtlich sind, z.B. wenn der Arbeitgeber den Bewerber im Ausland einsetzen will (2.19). Aufklärungspflicht für den Arbeitgeber besteht auch dann, wenn er während der Vorverhandlungen erkennt, daß der Bewerber besondere Wünsche und Erwartungen hegt (z.B. bezüglich Beförderung, Altersversorgung), die sich nicht erfüllen lassen (2.21). Der Arbeitgeber muß dem Bewerber auch einen entsprechenden Hinweis geben, wenn schon eine Entscheidung darüber getroffen ist, daß die dem Bewerber angebotene Position in Kürze ersatzlos wegfallen wird. Schließlich ist der Arbeitgeber verpflichtet, in den Einstellungsverhandlungen den Bewerber, der im Regelfall davon ausgeht, daß die Lohn- und Gehaltszahlung pünktlich und zuverlässig erfolgt, zu informieren, wenn dies in Frage gestellt ist (2.22).

Nach dem Betriebsverfassungsgesetz hat der Arbeitgeber ferner von sich aus den Arbeitnehmer über dessen Aufgabe und Verantwortung sowie über die Art seiner Tätigkeit und ihre Einordnung in den Arbeitsablauf des Betriebes zu unterrichten (§ 81 Abs. 1 Satz 1 BetrVG). Zu erläutern ist der Arbeitsauftrag, die Belastung, mit der der Arbeitnehmer zu rechnen hat, die Bedeutung seiner Arbeit für den Betrieb und die Verantwortung, die der Arbeitnehmer für den Arbeitsablauf trägt. Die Erläuterungen müssen individuell auf den einzelnen Arbeitnehmer und seinen Arbeitsplatz abgestimmt sein. Die Unterrichtungspflicht greift nicht erst ein, wenn der Arbeitnehmer nach Abschluß des Arbeitsvertrages seine Arbeit im Betrieb aufnimmt, sondern sie besteht schon bei der Vertragsanbahnung (2.23); allerdings wird eine Unterrichtung während des Vorstellungsgespräches nicht ausreichen, sie muß vor Aufnahme der Beschäftigung wiederholt werden (2.24).

Strittig ist, ob die Unterrichtungspflicht gem. § 81 Abs. 1 Satz 1 BetrVG in allen Betrieben gilt (2.25) oder nur in Betrieben, die betriebsratsfähig sind, auch wenn kein Betriebsrat besteht (2.26).

Eine besondere Aufklärungspflicht des Arbeitgebers besteht, wenn er den Bewerber vorläufig einstellen will, bevor der Betriebsrat seine nach § 99 BetrVG erforderliche Zustimmung erteilt hat (zur Beteiligung des Betriebsrates bei Einstellungen siehe Rz 27ff.). Zu denken ist an den Fall, daß der Betriebsrat vor der Einstellung ordnungsgemäß unterrichtet wurde und die Äußerungsfrist von einer Woche noch nicht abgelaufen ist, ein sofortiger Vertragsabschluß aber aus sachlichen Gründen dringend erforderlich erscheint, weil sich sonst der Bewerber für einen anderen Arbeitgeber entscheiden könnte. Denkbar ist auch, daß der Betriebsrat von der geplanten Einstellung noch gar nicht unterrichtet wurde, die Sachlage aber gleichwohl eine sofortige Entscheidung erfordert. In diesen Fällen muß der Arbeitgeber den Arbeitnehmer über die Sach- und Rechtslage aufklären (§ 100 Abs. 1 Satz 2 BetrVG); er hat den Arbeitnehmer über die Vorläufigkeit der Einstellung sowie darüber zu informieren, daß die Maßnahme möglicherweise wieder rückgängig gemacht werden muß. Verletzt der Arbeitgeber seine Aufklärungspflicht, so ist er dem Arbeitnehmer zum Ersatz des Schadens verpflichtet, den dieser dadurch erleidet, daß er auf die Endgültigkeit der Einstellung vertrat (2.27).

21 **Vorstellungskosten.** Hat der Arbeitgeber den Bewerber zu einer persönlichen Vorstellung aufgefordert, so muß er dem Bewerber die entstehenden Kosten erstatten (2.28). Dabei ist unerheblich, ob es zu einem Vertragsabschluß kommt. Ein Erstattungsanspruch besteht auch, wenn die Vorstellung ohne Aufforderung, aber mit Wissen des Arbeitgebers erfolgt. Rechtsgrundlage für den Erstattungsanspruch ist § 670 BGB.

Zu den Vorstellungskosten gehören die Fahrt-, Verpflegungs- und Übernachtungskosten, soweit sie notwendig sind und einen angemessenen Umfang nicht überschreiten. Nicht zu erstatten ist der Verdienstausfall, auch nicht der in Anspruch genommene Urlaub. Bei Benutzung eines eigenen Pkw richtet sich die Erstattung, sofern nichts anderes vereinbart ist, nach den steuerrechtlichen Bestimmungen.

Will der Arbeitgeber die Kostenerstattung ausschließen, so muß er dies rechtzeitig und deutlich dem Bewerber mitteilen (2.29). Wird dem Bewerber anheimgestellt, sich vorzustellen, oder wird der Bewerber zu unverbindlicher

Rücksprache aufgefordert, so bedeutet dies nicht, daß die Vorstellungskosten nicht übernommen werden (2.29).

Kein Erstattungsanspruch besteht, wenn der Bewerber sich unaufgefordert vorstellt, z.B. aufgrund einer Zeitungsanzeige.

2. Form des Arbeitsvertrages

22 **Formfreiheit.** Grundsätzlich besteht Formfreiheit, d.h. der Arbeitsvertrag kann in jeder dazu geeigneten Form abgeschlossen werden, also schriftlich, mündlich, u.U. sogar durch schlüssiges Verhalten.

Beispiel: Auf einer Baustelle werden mittels einer Tafel Hilfsarbeiter gesucht. Ein Arbeitsloser ergreift die Schaufel und arbeitet während des ganzen Tages (= Angebot). Der zu Einstellungen berechtigte Polier läßt ihn gewähren (= Annahme). Durch schlüssiges Handeln ist ein Arbeitsvertrag zustande gekommen.

Entgegen weitverbreiteter Ansicht ist die Schriftform also nicht erforderlich. Trotzdem empfiehlt es sich, wenn irgend möglich, den Arbeitsvertrag schriftlich abzuschließen. Bei schriftlichen Vereinbarungen wird vermutet, daß alle wesentlichen Punkte erfaßt sind und daß der Vertragsinhalt dem Willen der Parteien entspricht. Wer behauptet, es seien über die schriftlichen Vereinbarungen hinaus mündliche Nebenabreden getroffen worden, muß dieses beweisen, wenn er daraus Rechte herleiten will (2.30).

Bei mündlichem Vertragsabschluß sollte, um spätere Meinungsverschiedenheiten auszuschließen, der Inhalt der Absprachen anschließend schriftlich bestätigt werden. Widerspricht der Vertragspartner diesem Schreiben nicht, so ist sein Inhalt im Streitfall ein entscheidender Beweis für die mündlich getroffenen Abmachungen.

23 **Einschränkungen.** Der Grundsatz der Formfreiheit gilt nicht uneingeschränkt. Zu beachten sind folgende Einschränkungen:

- Durch Gesetz ist für bestimmte Verträge die Schriftform verbindlich vorgeschrieben. Die Einhaltung der Schriftform ist Voraussetzung für die Gültigkeit des Vertrages (= konstitutive Wirkung).

  Beispiele: Die Verträge mit den Angestellten der gesetzlichen Krankenkassen und der Berufsgenossenschaften, soweit sie der Dienstordnung unterstehen sollen, müssen schriftlich abgeschlossen werden (§§ 354 Abs. 1, 692 RVO). Das nachvertragliche Wettbewerbsverbot, durch das der Arbeitnehmer für die Zeit nach Beendigung des Arbeitsverhältnisses in seiner gewerblichen Tätigkeit beschränkt wird, bedarf der Schriftform und der Aushändigung einer entsprechenden Urkunde (§ 74 Abs. 1 HGB, siehe auch Rz 353).

  Auch durch Tarifvertrag kann die Schriftform für den Abschluß des Arbeitsvertrages und seine Änderung verbindlich vorgeschrieben werden (so z.B. § 4 BAT).

  Tarifliche Formvorschriften sind allerdings nur für tarifgebundene Arbeitnehmer und Arbeitgeber bindend (§ 4 Abs. 1 Satz 1 TVG); der Arbeitnehmer muß Mitglied der vertragschließenden Gewerkschaft sein, der Arbeitgeber muß dem Arbeitgeberverband angehören oder selbst Partei des Tarifvertrages sein (§ 3 Abs. 1 TVG). Eine

Ausnahme besteht, wenn der Tarifvertrag für allgemeinverbindlich erklärt worden ist; dann erfassen die Formvorschriften auch die nicht tarifgebundenen Arbeitnehmer und Arbeitgeber (§ 5 Abs. 4 TVG).

Schließlich kann im Arbeitsvertrag selbst eine Formvorschrift mit konstitutiver Wirkung vereinbart werden, z.B. für die Änderung oder die Beendigung des Arbeitsvertrages (sog. gewillkürte Schriftform). Die Parteien können diesen Formzwang jederzeit durch Vereinbarung, auch formlos, wieder aufheben (2.31).

Ist durch Gesetz oder Tarifvertrag die Schriftform vorgeschrieben, so müssen beide Parteien den Vertrag eigenhändig durch Namensunterschrift auf derselben Urkunde unterzeichnen; mehrere Blätter müssen zu einer Urkunde zusammengefaßt werden. Werden über den Vertrag mehrere gleichlautende Urkunden aufgenommen, so genügt es, wenn jede Partei die für die andere Partei bestimmte Urkunde unterzeichnet (§ 126 BGB). Bei gewillkürter Schriftform genügt i.d.R. ein Briefwechsel (§ 127 Satz 2 BGB).

Wird gegen eine gesetzliche oder tarifliche Formvorschrift mit konstitutiver Wirkung verstoßen, ist der ganze Vertrag nichtig (§ 125 Satz 1 BGB). Entsprechendes gilt im Zweifel auch, wenn gegen eine einzelvertraglich vereinbarte Formvorschrift verstoßen wird (§ 125 Satz 2 BGB). Siehe hierzu Rz 33.

- Soweit gesetzliche oder tarifliche Formvorschriften mit konstitutiver Wirkung nicht bestehen, können die Parteien den Arbeitsvertrag zwar mündlich abschließen, doch muß der Arbeitgeber spätestens einen Monat nach dem vereinbarten Beginn des Arbeitsverhältnisses die wesentlichen Vertragsbedingungen schriftlich niederlegen, die Niederschrift unterzeichnen und sie dem Arbeitnehmer aushändigen (§ 2 Abs. 1 Satz 1 NachwG). Zu den wesentlichen Vertragsbedingungen siehe Rz 24. Arbeitnehmern, die ihre Arbeitsleistung länger als einen Monat außerhalb der Bundesrepublik Deutschland zu erbringen haben, die von ihrem Betrieb vorübergehend ins Ausland entsandt werden, muß die Niederschrift vor der Abreise ausgehändigt werden (§ 2 Abs. 2 NachwG). Auch Änderungen des Vertrages sind dem Arbeitnehmer spätestens einen Monat nach der Änderung schriftlich mitzuteilen (§ 3 NachwG); dies gilt nicht bei der Änderung von gesetzlichen Vorschriften, Tarifverträgen, Betriebs- oder Dienstvereinbarungen oder ähnlichen Regelungen, die für das Arbeitsverhältnis gelten.

Die Verpflichtung zur Aushändigung eines Nachweises entfällt, wenn dem Arbeitnehmer bereits ein schriftlicher Arbeitsvertrag ausgehändigt ist (§ 2 Abs. 4 NachwG); enthält der schriftliche Vertrag nicht alle wesentlichen Vertragsbedingungen (Rz 24), ist über die fehlenden Angaben eine Niederschrift anzufertigen und dem Arbeitnehmer zu übergeben.

Der schriftliche Nachweis nach §§ 2 und 3 NachwG hat keinen konstitutiven Charakter; er hat lediglich deklaratorische Wirkung. Er dient der Dokumentation des Vertragsinhaltes, d.h. der Information des Arbeitgebers und des Arbeitnehmers über ihre Rechte und Pflichten. Der Arbeitsvertrag ist auch ohne die Niederschrift gültig. Erstellt der Arbeitgeber die Niederschrift nicht, kann der Arbeitnehmer sie vor dem Arbeitsgericht einklagen.

3. Inhalt des Arbeitsvertrages

24 **Wesentlicher Inhalt.** Die Mindestangaben, die ein Arbeitsvertrag enthalten muß, sind aus dem Nachweisgesetz ersichtlich. Nach § 2 Abs. 1 Satz 2 NachwG sind in die vom Arbeitgeber zu erstellende Niederschrift (Rz 23) mindestens aufzunehmen:

1. der Name und die Anschrift der Vertragsparteien
2. der Zeitpunkt des Beginnes des Arbeitsverhältnisses

   Anzugeben ist der vereinbarte, nicht der tatsächliche Beginn. Beides kann auseinanderfallen, z.B. wenn das Arbeitsverhältnis am Ersten eines Monats beginnt, dieser aber ein Sonn- oder Feiertag ist, oder wenn der Arbeitnehmer erkrankt.
3. bei befristeten Arbeitsverträgen: die vorhersehbare Dauer des Arbeitsverhältnisses

   Dies kann in Form einer konkreten Zeitbestimmung erfolgen oder durch Angabe des Zweckes.
4. der Arbeitsort oder, falls der Arbeitnehmer nicht nur an einem bestimmten Arbeitsort tätig sein soll, ein Hinweis darauf, daß der Arbeitnehmer an verschiedenen Orten beschäftigt werden kann

   Die Angabe des konkreten Arbeitsplatzes ist nicht erforderlich, es reicht aus, wenn der Standort des Betriebes, in dem der Arbeitnehmer beschäftigt werden soll, bezeichnet wird.
5. die Bezeichnung oder allgemeine Beschreibung der vom Arbeitnehmer zu leistenden Tätigkeit

   Detaillierte Ausführungen, etwa im Sinne einer Stellenbeschreibung, werden nicht verlangt: es genügt die Angabe des Berufsbildes (z.B. Schlosser, Kraftfahrer) oder die Angabe des Aufgabenbereiches (z.B. Schlosserarbeiten).
6. die Zusammensetzung und die Höhe des Arbeitsentgeltes einschließlich der Zuschläge, Zulagen, Prämien, Sonderzahlungen und anderer Bestandteile des Arbeitsentgeltes, sowie deren Fälligkeit

   Auszuweisen sind z.B. die Grundvergütung (= Stundenlohn, Monatsgehalt), die Zuschläge für Nachtarbeit, für Sonn- und Feiertagsarbeit, für Wechselschicht, ferner die Sonderzahlungen wie Weihnachts- und Urlaubsgeld, vermögenswirksame Leistungen usw. Ist das Arbeitsentgelt nicht im voraus bestimmbar (z.B. beim Akkordlohn- oder Prämienlohn), so sind die Berechnungsgrundlagen anzugeben.
7. die vereinbarte Arbeitszeit

   Damit ist die regelmäßige wöchentliche Arbeitszeit gemeint. Ist eine regelmäßige Wochenarbeitszeit nicht vereinbart, so ist die regelmäßige Arbeitszeit maßgeblich, die im Jahresdurchschnitt auf eine Woche entfällt.
8. die Dauer des jährlichen Erholungsurlaubes

   Errechnet sich die Länge des Jahresurlaubes aus der Dauer der Betriebszugehörigkeit und dem Alter des Arbeitnehmers, genügt die Angabe der Berechnungsmodalitäten.
9. die Fristen für die Kündigung des Arbeitsverhältnisses

10. ein in allgemeiner Form gehaltener Hinweis auf die Tarifverträge und Betriebs- und Dienstvereinbarungen, die auf das Arbeitsverhältnis anzuwenden sind.

Die Angaben nach Nr. 6-9 können ersetzt werden durch einen Hinweis auf die einschlägigen Tarifverträge und Betriebs- bzw. Dienstvereinbarungen; ist in den Fällen der Nr. 8 und 9 die jeweilige gesetzliche Regelung maßgebend, so kann hierauf verwiesen werden.

Weitere Angaben sind im Arbeitsvertrag erforderlich, wenn der Arbeitnehmer im Ausland beschäftigt wird. Nach § 2 Abs. 2 NachwG muß die Vertragsniederschrift dann folgende Zusatzangaben enthalten:

1. die Dauer der im Ausland auszuübenden Tätigkeit
2. die Währung, in der das Arbeitsentgelt ausgezahlt werden soll
3. das mit dem Auslandsaufenthalt verbundene zusätzliche Arbeitsentgelt sowie die zusätzlichen Sachleistungen (z.B. kostenfreie Unterkunft im Ausland, Geschäftswagen)
4. die vereinbarten Bedingungen für die Rückkehr des Arbeitnehmers (z.B. Ersatz der Reise- und Umzugskosten, Modalitäten der Weiterbeschäftigung im Betrieb nach der Rückkehr aus dem Ausland).

Fehlt eine der in § 2 Abs. 1 und Abs. 2 NachwG aufgeführten Mindestangaben, ist der Vertrag gleichwohl gültig.

Die Vertragsparteien können über die in § 2 Abs. 1 und Abs. 2 NachwG geforderten Angaben hinaus weitere Vereinbarungen treffen, z.B. über die Probezeit, über die Dienstbefreiung bei außergewöhnlichen Anlässen, über die Zulässigkeit von Nebentätigkeit, über ein Wettbewerbsverbot, über Ausschlußfristen u.a.m.

25 **Mindestarbeitsbedingungen.** Bei der Festlegung der Arbeitsbedingungen sind die Vertragsparteien nicht völlig frei. Die Gestaltungsfreiheit wird eingeschränkt

- durch zwingende gesetzliche Vorschriften zum Schutz des Arbeitnehmers, z.B. hinsichtlich der höchstzulässigen werktäglichen Arbeitszeit (im ArbZG), der Mindesturlaubsdauer (im BUrlG), der Mindestkündigungsfristen (im BGB), der Entgeltfortzahlung im Krankheitsfall (im EFZG) u.a.m. Was durch Gesetz zwingend vorgeschrieben ist, kann durch Arbeitsvertrag nicht zuungunsten des Arbeitnehmers abgeändert werden. Siehe hierzu auch Rz 40.
- durch tarifvertragliche Regelungen. Was in Tarifverträgen verbindlich festgelegt ist, kann durch Arbeitsvertrag nicht ungünstiger für die Arbeitnehmer geregelt werden, es sei denn, der Tarifvertrag läßt eine Abweichung zuungunsten der Arbeitnehmer ausdrücklich zu. Die Arbeitsbedingungen des Tarifvertrages sind also Mindestarbeitsbedingungen für die betroffenen Arbeitnehmer. Voraussetzung: Beide Vertragsparteien sind tarifgebunden, oder der Tarifvertrag ist für allgemeinverbindlich erklärt, oder die Parteien übernehmen ausdrücklich oder tatsächlich die tarifliche Regelung.
- durch Betriebsvereinbarungen. Die Regelungen einer Betriebsvereinbarung haben die gleiche zwingende Wirkung wie tarifvertragliche Normen. Sie gelten für alle Arbeitnehmer des Betriebes (mit Ausnahme der leitenden Angestellten), ohne Rücksicht auf die Gewerkschaftszugehörigkeit.

Weicht der Arbeitsvertrag an einzelnen Stellen von zwingenden gesetzlichen Vorschriften oder von einer in einem Tarifvertrag oder in einer Betriebsvereinbarung vorgeschriebenen Regelung zum Nachteil des Arbeitnehmers ab, so sind die betreffenden Vertragsbestimmungen nichtig (§ 134 BGB). In Abweichung von der Regel des § 139 BGB ist in diesem Falle aber nicht der ganze Arbeitsvertrag nichtig, weil dann die Vorschriften zum Schutz des Arbeitnehmers nicht zur Anwendung kämen (2.32); vielmehr werden die nichtigen Klauseln durch die gesetzliche oder tarifliche Regelung ersetzt. Die übrigen Vertragsbestimmungen bleiben von der Teilnichtigkeit unberührt. Siehe hierzu auch Rz 34.

Anders ist es, wenn die arbeitsvertragliche Vereinbarung für den Arbeitnehmer günstiger ist. Sagt der Arbeitgeber beispielsweise dem Arbeitnehmer mehr Urlaub, als das Bundesurlaubsgesetz vorsieht, oder mehr Lohn, als der Tarifvertrag vorschreibt, zu, so ist die einzelvertragliche Zusage maßgebend (sog. Günstigkeitsprinzip, siehe auch Rz 40 und 41).

26 **Probezeit.** Eine Probezeit ist für Arbeitsverhältnisse gesetzlich nicht vorgeschrieben. Sie muß von den Parteien besonders vereinbart werden (anders bei Berufsausbildungsverhältnissen, die nach § 13 BBiG mit einer Probezeit von mindestens einem Monat und höchstens drei Monaten beginnen müssen).

Die Probezeit soll dem Arbeitgeber die Möglichkeit geben, sich ein Urteil darüber zu bilden, ob der Arbeitnehmer sich für die ihm zugedachte Tätigkeit eignet; der Arbeitnehmer soll in die Lage versetzt werden zu prüfen, ob ihm der vorgesehene Tätigkeitsbereich zusagt. Dieser Zweck ist bei der Festlegung der Dauer der Probezeit zu berücksichtigen. Eine bestimmte Mindest- und Höchstdauer gibt es nicht. Im allgemeinen wird es als sachlich gerechtfertigt angesehen, wenn die Probezeit für einen Arbeiter auf ein bis drei Monate, die Probezeit für einen Angestellten auf drei bis sechs Monate festgesetzt wird. Längere Probezeiten sind nur in Ausnahmefällen gerechtfertigt, z.B. für künstlerische und wissenschaftliche Tätigkeiten (2.33).

Für die Gestaltung des Probearbeitsverhältnisses bestehen zwei Möglichkeiten. Zum einen kann das Probearbeitsverhältnis als befristetes Arbeitsverhältnis ausgestaltet sein (siehe auch Rz 322ff.). Zum anderen kann ein unbefristeter Arbeitsvertrag mit vorgeschalteter Probezeit vereinbart werden.

Beispiel für ein befristetes Probearbeitsverhältnis: „Der Arbeitnehmer wird für die Zeit vom ... bis ... zur Probe eingestellt." Beispiel für ein unbefristetes Arbeitsverhältnis mit vorgeschalteter Probezeit: „Der Arbeitnehmer wird ab ... eingestellt. Die ersten drei Monate gelten als Probezeit."

Die Unterschiede zwischen beiden Vereinbarungen sind bedeutsam. Das befristete Probearbeitsverhältnis endet mit Ablauf der vereinbarten Zeit (§ 620 Abs. 1 BGB); eine Kündigung ist nicht erforderlich. Wollen die Parteien die Zusammenarbeit fortsetzen, müssen sie für die Zeit nach Ablauf der Probezeit einen neuen Vertrag abschließen. Andererseits kann das befristetete Probearbeitsverhältnis während der Probezeit – sofern nichts anderes vereinbart ist – nicht ordentlich gekündigt werden (= Umkehrschluß aus § 620 Abs. 2 BGB); möglich ist nur die außerordentliche Kündigung aus wichtigem Grund (§ 626 BGB). Das befristete Probearbeitsverhältnis ist also bestandsfest.

Das unbefristete Arbeitsverhältnis mit vorgeschalteter Probezeit geht nach Ablauf der Probezeit in ein normales Arbeitsverhältnis über, wenn es nicht zuvor gekündigt wird. Von Beginn des Arbeitsverhältnisses an bestehen für beide Vertragsparteien die vollen vertraglichen Rechte und Pflichten. Der einzige Unterschied zwischen der Probezeit und der Zeit nach Ablauf der Probezeit besteht darin, daß das Arbeitsverhältnis während der Probezeit jederzeit mit verkürzter Frist gekündigt werden kann. Die gesetzliche Kündigungsfrist während der Probezeit beträgt zwei Wochen ohne Endtermin (§ 622 Abs. 3 BGB); durch Tarifvertrag kann die Frist noch weiter verkürzt werden (§ 622 Abs. 4 BGB). Mit der verkürzten Frist ist eine Kündigung noch am letzten Tag der Probezeit möglich, auch wenn die Kündigungsfrist dann erst nach der vereinbarten Probezeit abläuft (2.34). Neben der Kündigung mit verkürzter Frist ist während der vorgeschalteten Probezeit jederzeit die fristlose Kündigung aus wichtigem Grund gem. § 626 BGB zulässig.

Zu beachten ist, daß der Arbeitnehmer bei der üblicherweise vereinbarten Probezeit von bis zu sechs Monaten gegen eine Kündigung durch den Arbeitgeber nicht die Kündigungsschutzklage erheben kann, weil das Kündigungsschutzgesetz nur für Arbeitsverhältnisse gilt, die bei Zugang der Kündigung länger als sechs Monate bestanden haben (§ 1 Abs. 1 KSchG). Andererseits kommen die gesetzlichen Kündigungsverbote (z.B. § 9 MuSchG, § 2 ArbPlSchG) und die gesetzlichen Kündigungsbeschränkungen (z.B. §§ 15, 21 SchwbG) während der Probezeit voll zur Anwendung.

Ob im Einzelfall ein befristetes Probearbeitsverhältnis oder ein unbefristetes Arbeitsverhältnis mit vorgeschalteter Probezeit vorliegt, hängt von den Vereinbarungen ab. Im Zweifel ist die Probezeit als Beginn eines Arbeitsverhältnisses auf unbestimmte Zeit anzusehen (2.35).

4. Beteiligung des Betriebsrates bei der Einstellung und Eingruppierung

Ist im Betrieb ein Betriebsrat vorhanden und werden mehr als zwanzig wahlberechtigte Arbeitnehmer im Betrieb beschäftigt, so ist der Betriebsrat bei der Einstellung und Eingruppierung eines neuen Mitarbeiters zu beteiligen.

27 **Unterrichtung des Betriebsrates, Einholung der Zustimmung.** Gem. § 99 Abs. 1 BetrVG hat der Arbeitgeber den Betriebsrat vor jeder Einstellung und vor jeder Eingruppierung zu unterrichten, ihm die erforderlichen Bewerbungsunterlagen vorzulegen und Auskunft über die Person des Beteiligten zu geben; er hat den Betriebsrat über die Auswirkungen der geplanten Maßnahme zu informieren und die Zustimmung des Betriebsrates einzuholen. Insbesondere hat der Arbeitgeber den in Aussicht genommenen Arbeitsplatz und die vorgesehene Eingruppierung mitzuteilen.

Unter Einstellung i.S. von § 99 BetrVG ist der Abschluß des Arbeitsvertrages zu verstehen, der der tatsächlichen Aufnahme der Beschäftigung vorausgehen, aber auch mit ihr zusammenfallen kann. Eingruppierung i.S. von § 99 BetrVG ist die Zuordnung des Arbeitnehmers zu einer bestimmten Vergütungsgruppe einer im Betrieb geltenden Vergütungsordnung aufgrund der vom Arbeitnehmer vertragsgemäß auszuübenden Tätigkeit.

Die wahrheitswidrige, unvollständige oder verspätete Unterrichtung des Betriebsrates kann nach § 121 BetrVG als Ordnungswidrigkeit geahndet werden.

Eine bestimmte Form für die Unterrichtung des Betriebsrates ist nicht vorgeschrieben, doch empfiehlt sich die Schriftform, weil dann der Arbeitgeber nachweisen kann, daß er den Betriebsrat rechtzeitig und umfassend informiert hat. Die Mitteilung ist an den Vorsitzenden des Betriebsrates bzw. im Verhinderungsfall an dessen Stellvertreter zu richten.

Zweck der Unterrichtung ist es, dem Betriebsrat eine rechtzeitige und umfassende Prüfung der Zustimmungsverweigerungsgründe nach § 99 Abs. 2 BetrVG zu ermöglichen (siehe hierzu Rz 28). Hieran ist der Umfang der Unterrichtungspflicht zu messen. Ist die Unterrichtung des Betriebsrates offensichtlich unvollständig oder fehlerhaft, so wird das Zustimmungsverfahren nach § 99 Abs. 1 BetrVG und damit die Frist für die Stellungnahme des Betriebsrates (siehe Rz 28) nicht in Gang gesetzt. Der Betriebsrat ist nicht gehalten, die unzureichende Unterrichtung zu rügen; aus dem Schweigen des Betriebsrates folgt nicht, daß seine Zustimmung als erteilt gilt (2.36). Stellt der Arbeitgeber dennoch den von ihm ausgesuchten Bewerber ein, so ist der Betriebsrat berechtigt, die Aufhebung dieser Einstellung nach § 101 BetrVG zu verlangen und gerichtlich durchzusetzen (siehe Rz 31). Ist die Unterrichtung nur in einigen Punkten unvollständig, so muß der Betriebsrat den Arbeitgeber innerhalb der Wochenfrist, in der der Arbeitgeber die Stellungnahme des Betriebsrates erwartet, schriftlich um Ergänzung bzw. Vervollständigung der Auskünfte bitten, wenn er meint, noch weitere Informationen zu benötigen (2.36). Bittet der Betriebsrat nicht um weitere Auskünfte, so gilt mit Ablauf der Wochenfrist seine Zustimmung als erteilt. Rügt der Betriebsrat die unvollständige Unterrichtung, so muß der Arbeitgeber die fehlenden Einzelangaben nachliefern; die Wochenfrist für die Stellungnahme des Betriebsrates beginnt dann erst vom Zeitpunkt der Nachlieferung an zu laufen.

Die Unterrichtungspflicht des Arbeitgebers erstreckt sich auf folgende Angaben: Namen und Personalien der Bewerber; persönliche und fachliche Eignung; sonstige persönliche Umstände (z.B. Schwerbehinderung, einschlägige Vorstrafen). Die Angaben sind für sämtliche Bewerber vorzulegen, auch für die Bewerber, die nicht in die engere Wahl gelangt sind (2.37). Vorzulegen sind die gesamten Bewerbungsunterlagen (= Bewerbungsschreiben, Zeugnisse etc.) und die sonstigen Unterlagen (z.B. Personalfragebogen, Ergebnisse von Eignungstests, ärztliche Untersuchungsergebnisse, erteilte oder eingeholte Auskünfte). Die Unterlagen sind dem Betriebsrat zu überlassen (2.37); nicht ausreichend ist die Möglichkeit der Einsichtnahme im Personalbüro. Anzugeben ist ferner der beabsichtigte Einstellungstermin sowie der vorgesehene Arbeitsplatz (= Arbeitsort, organisatorische Eingliederung, Aufgabenbereich); auch ist mitzuteilen, ob die Einstellung befristet oder unbefristet erfolgen soll (2.38). Schließlich hat der Arbeitgeber dem Betriebsrat über mögliche Auswirkungen der geplanten Einstellung auf die im Betrieb beschäftigten Arbeitnehmer aus seiner Sicht zu berichten (z.B. indem er darauf hinweist, daß für die Belegschaft keine Kündigungen oder sonstigen Nachteile zu erwarten sind). Einzelheiten über den Inhalt des mit dem in Aussicht genommenen Bewerber abzuschließenden Arbeitsvertrages müssen dem Betriebsrat jedoch nicht mitgeteilt werden (solange sie nicht den vorgesehenen Einsatz des Bewerbers im Betrieb betreffen). Insbesondere besteht keine Verpflichtung des Arbeitgebers, dem Betriebsrat die Höhe des vereinbarten Arbeitsentgeltes mitzuteilen (2.39); es genügt ein Hinweis auf die vorgesehene Eingruppierung. Insoweit besteht auch kein Anspruch auf Vorlage des Arbeitsvertrages (2.40).

Aus § 99 Abs. 1 BetrVG ergibt sich, daß der Betriebsrat nicht verlangen kann, zu den Einstellungsgesprächen hinzugezogen zu werden. Ebensowenig kann der Betriebsrat nach § 99 Abs. 1 BetrVG verlangen, daß sich die Stellenbewerber bei ihm persönlich vorstellen. Auch die Auswahl der Bewerber ist allein Sache des Arbeitgebers (2.41).

Ohne vorherige Zustimmung des Betriebsrates zur Einstellung und Eingruppierung darf der Arbeitgeber den neuen Arbeitnehmer nicht im Betrieb beschäftigen. Ein ohne vorherige Zustimmung des Betriebsrates mit einem Bewerber abgeschlossener Arbeitsvertrag ist zwar voll wirksam (2.42). Die Verletzung des Mitbestimmungsrechtes des Betriebsrates durch den Arbeitgeber wirkt sich nach der Rechtsprechung des BAG auf das Vertragsverhältnis des betreffenden Arbeitnehmers nicht aus. Die Interessen der Belegschaft werden erst tangiert, wenn der neu eingestellte Arbeitnehmer im Betrieb beschäftigt wird. Deshalb kann der

Betriebsrat bei einer ohne vorherige Zustimmung erfolgten Einstellung oder Eingruppierung verlangen, daß der neue Mitarbeiter nicht im Betrieb eingesetzt wird. Der Arbeitgeber muß also den Lohn zahlen, darf den neuen Mitarbeiter aber nicht beschäftigen (2.42). Entsprechendes soll nach Auffassung des BAG gelten, wenn der Arbeitgeber die Zustimmung des Betriebsrates zur Einstellung und Eingruppierung gar nicht beantragt hat (2.42).

28 **Verweigerung der Zustimmung.** Will der Betriebsrat einer geplanten Einstellung und/oder Eingruppierung nicht zustimmen, so hat er dies unter Angabe von Gründen innerhalb einer Woche nach der Unterrichtung durch den Arbeitgeber diesem schriftlich mitzuteilen (§ 99 Abs. 3 Satz 1 BetrVG). Voraussetzung ist ein entsprechender Beschluß des Betriebsrates. Der Widerspruch muß dem Arbeitgeber innerhalb der Wochenfrist zugehen. Der Widerspruch und die Widerspruchsbegründung müssen schriftlich niedergelegt und handschriftlich unterzeichnet sein.

Teilt der Betriebsrat dem Arbeitgeber die Verweigerung der Zustimmung nicht innerhalb einer Woche schriftlich mit, so gilt die Zustimmung als erteilt (§ 99 Abs. 3 Satz 2 BetrVG). Der Arbeitgeber kann dann die Einstellung und Eingruppierung wie geplant durchführen.

Zu beachten ist, daß der Betriebsrat seine Zustimmung nur verweigern kann, wenn einer der in § 99 Abs. 2 BetrVG genannten Gründe vorliegt. Es reicht nicht aus, wenn der Betriebsrat den Wortlaut des Gesetzes wiederholt oder gar nur auf § 99 Abs. 2 BetrVG verweist (2.43). Vielmehr muß der Betriebsrat konkrete, auf den Einzelfall bezogene Verweigerungsgründe angeben. Es genügt, wenn die vom Betriebsrat vorgetragene Begründung hinreichende Tatsachenangaben enthält und einen deutlichen Bezug zu den gesetzlichen Verweigerungsgründen aufweist. Die Begründung muß es als möglich erscheinen lassen, daß einer der im Gesetz genannten Verweigerungsgründe geltend gemacht wird (2.44). Der Betriebsrat braucht aber keine im juristischen Sinne schlüssige tatsächliche und rechtliche Begründung für die Verweigerung der Zustimmung vorzutragen. Ob die vorgetragenen Gründe die Zustimmungsverweigerung tatsächlich rechtfertigen, wird im Zustimmungsersetzungsverfahren nach § 99 Abs. 4 BetrVG vom Arbeitsgericht geprüft (siehe Rz 29). Weist die Zustimmungsverweigerung keinen Bezug zu den gesetzlichen Verweigerungsgründen auf oder fehlen hinreichende Tatsachenangaben, so ist die Zustimmungsverweigerung unbeachtlich; die Zustimmung des Betriebsrates gilt dann als erteilt.

Als Verweigerungsgründe kommen in Betracht (abschließende Aufzählung in § 99 Abs. 2 BetrVG):

1) Verstoß gegen Gesetz, Verordnung, Unfallverhütungsvorschrift oder gegen Tarifvertrag oder Betriebsvereinbarung oder gegen eine gerichtliche Entscheidung oder eine behördliche Anordnung

   Beispiele: Die geplante Einstellung verstößt gegen gesetzliche Einstellungs- oder Beschäftigungsverbote (wie sie z.B. in § 4 MuSchG, in §§ 22ff. JArbSchG oder in § 19 AFG enthalten sind); die vorgesehene Eingruppierung verstößt gegen die tarifliche Vergütungsordnung; die in einer Betriebsvereinbarung enthaltene Zusage auf bevorzugte Wiedereinstellung früherer Mitarbeiter wird nicht eingehalten; das Arbeitsgericht hat den Arbeitgeber zu einer bestimmten Eingruppierung verurteilt, der Arbeitgeber beabsichtigt gleichwohl, die Maßnahme anders durchzuführen.

2) Verstoß gegen eine Richtlinie nach § 95 BetrVG

Beispiel: Entgegen einer mit dem Betriebsrat vereinbarten Auswahlrichtlinie wird ein aus dem Betrieb stammender Bewerber bei der Besetzung der Stelle nicht berücksichtigt.

3) Nachteile für die im Betrieb beschäftigten Arbeitnehmer, ohne daß dies aus betrieblichen oder persönlichen Gründen gerechtfertigt ist

Beispiele: Es ist zu befürchten, daß als Folge der geplanten Einstellung einem anderen Arbeitnehmer gekündigt wird; eine verbindliche Beförderungszusage wird nicht eingehalten.

4) Nachteile für den betroffenen Arbeitnehmer, ohne daß dies aus betrieblichen oder in der Person des Arbeitnehmers liegenden Gründen gerechtfertigt ist. Dieser Zustimmungsverweigerungsgrund greift allerdings nicht bei Einstellungen und Eingruppierungen, weil der Betriebsrat kein Mitbestimmungsrecht hat bei der Gestaltung der Arbeitsbedingungen.

5) unterbliebene Stellenausschreibung im Betrieb

6) Störung des Betriebsfriedens durch den in Aussicht genommenen Bewerber.

Beispiel: Es soll ein Bewerber eingestellt werden, der bereits mehrfach wegen Körperverletzung vorbestraft ist. Die religiöse, politische oder gewerkschaftliche Einstellung ist kein Verweigerungsgrund.

§ 99 Abs. 2 BetrVG gibt dem Betriebsrat also lediglich ein Zustimmungsverweigerungsrecht bei Einstellungen und Eingruppierungen, das zudem an die im Gesetz genannten Voraussetzungen gebunden ist.

Hat der Betriebsrat der vom Arbeitgeber geplanten Einstellung fristgerecht, formgerecht und mit hinreichender Begründung seine Zustimmung verweigert, so hat der Arbeitgeber folgende Möglichkeiten:

- Er kann von der geplanten Maßnahme absehen oder dem Betriebsrat neue Vorschläge unterbreiten.
- Er kann das Zustimmungsersetzungsverfahren nach § 99 Abs. 4 BetrVG beim Arbeitsgericht einleiten (siehe Rz 29).
- Er kann, wenn dies aus sachlichen Gründen dringend erforderlich ist, die Maßnahme vorläufig durchführen nach § 100 BetrVG (siehe Rz 30).

Führt der Arbeitgeber die Maßnahme durch, obwohl der Betriebsrat die Zustimmung wirksam verweigert hat, kann der Betriebsrat die in § 101 BetrVG vorgesehene Aufhebung der Maßnahme und die Festsetzung eines Zwangsgeldes beim Arbeitsgericht beantragen (siehe Rz 31).

29 Antrag auf Ersetzung der Zustimmung. Hat der Betriebsrat wirksam seine Zustimmung zu der geplanten Einstellung und Eingruppierung verweigert, so kann der Arbeitgeber gem. §§ 99 Abs. 4 BetrVG beim Arbeitsgericht beantragen, die Zustimmung zu ersetzen. Das Arbeitsgericht hat die Zustimmung zu ersetzen, wenn die Zustimmungsverweigerung zwar frist- und formgerecht dem Arbeitgeber mitgeteilt wurde, die vom Betriebsrat vorgetragenen Gründe aber eine Verweigerung der Zustimmung nicht rechtfertigen. Die Darlegungs- und Beweislast dafür, daß kein Verweigerungsgrund besteht, trägt der Arbeitgeber (2.45). Neue Gründe für die Zustimmungsverweigerung kann der Betriebsrat im Zustimmungsersetzungsverfahren grundsätzlich nicht nachreichen. Gibt das Arbeitsgericht dem Antrag des Arbeitgebers statt, so ist mit Rechtskraft des Beschlusses die verweigerte Zustimmung des Betriebsrates ersetzt, der Arbeitgeber kann dann die Einstellung und Eingruppierung wie geplant durchführen.

Nach Auffassung des BAG handelt es sich bei der Einstellung um eine nach außen wirkende konstitutive Maßnahme des Arbeitgebers, um einen Gestaltungsakt. Es besteht eine Wahlfreiheit derart, daß der Arbeitgeber von der Einstellung absehen kann. Deshalb ist der Arbeitgeber auch nicht in jedem Fall verpflichtet, das Zustimmungsersetzungsverfahren einzuleiten; eine entsprechende Verpflichtung besteht nur, wenn er an seiner Einstellungsentscheidung trotz Verweigerung der Zustimmung durch den Betriebsrat festhalten will (2.46). Anders ist es bei der Eingruppierung. Sie hängt nicht von einer Eingruppierungserklärung des Arbeitgebers ab, sondern ergibt sich automatisch aus der vom Arbeitnehmer überwiegend ausgeübten Tätigkeit. Der Arbeitnehmer wird nicht eingruppiert, er ist eingruppiert. Der Arbeitgeber kann von einer Eingruppierung schon deshalb nicht absehen, weil er dem Arbeitnehmer eine Vergütung zahlt, damit aber zumindest faktisch eine Zuordnung zu der im Betrieb geltenden Lohn- oder Vergütungsordnung vornimmt. Das BAG sieht deshalb die Eingruppierung nicht als Gestaltungsakt, sondern als Beurteilungsakt an; entsprechend ist auch das Mitbestimmungsrecht des Betriebsrates nicht als Mitgestaltungs-, sondern als Mitbeurteilungsrecht zu verstehen. Der Arbeitgeber darf dieses Mitbeurteilungsrecht nicht dadurch unterlaufen, daß er im Falle der Verweigerung der Zustimmung durch den Betriebsrat auf das Zustimmungsersetzungsverfahren verzichtet. Vielmehr ist er verpflichtet, bei einer formgerechten, fristgerechten und ordnungsgemäßen Zustimmungsverweigerung das Zustimmungsersetzungsverfahren zu betreiben (2.46), es sei denn, er ändert die Eingruppierung entsprechend den Vorstellungen des Betriebsrates.

30 **Vorläufige personelle Maßnahmen.** Falls dies aus sachlichen Gründen dringend erforderlich ist, kann der Arbeitgeber die Einstellung und Eingruppierung vorläufig durchführen, bevor der Betriebsrat sich geäußert hat, oder wenn der Betriebsrat die Zustimmung verweigert hat (§ 100 Abs. 1 Satz 1 BetrVG). Er muß dann den betroffenen Arbeitnehmer über die Sach- und Rechtslage aufklären (§ 100 Abs. 1 Satz 2 BetrVG); tut er dies nicht, so ist er dem Arbeitnehmer zum Ersatz des Schadens verpflichtet, den dieser dadurch erleidet, daß er auf die Endgültigkeit der Maßnahme vertraut (siehe auch Rz 20).

Beispiel: Der Arbeitgeber hat die Möglichkeit, eine dringend benötigte, im Betrieb nicht vorhandene Fachkraft einzustellen, und muß sich angesichts der Arbeitsmarktlage sofort entscheiden.

Der Arbeitgeber hat den Betriebsrat unverzüglich von der vorläufigen Maßnahme zu unterrichten. Bestreitet der Betriebsrat, daß die Maßnahme dringend erforderlich ist, so hat er dies dem Arbeitgeber unverzüglich mitzuteilen. In diesem Falle darf der Arbeitgeber die vorläufige Einstellung nur aufrechterhalten, wenn er innerhalb von drei Tagen beim Arbeitsgericht die Ersetzung der Zustimmung des Betriebsrates und die Feststellung beantragt, daß die Einstellung aus sachlichen Gründen dringend erforderlich war (§ 100 Abs. 2 BetrVG).

Lehnt das Gericht die Ersetzung der Zustimmung des Betriebsrates ab oder stellt es fest, daß offensichtlich die Maßnahme aus sachlichen Gründen nicht dringend erforderlich war, so endet die vorläufige Einstellung und Eingruppierung mit Ablauf von zwei Wochen nach Rechtskraft der Entscheidung. Von diesem Zeitpunkt an darf die Maßnahme nicht mehr aufrechterhalten werden (§ 100 Abs. 3 BetrVG).

31 **Aufhebungsanspruch, Zwangsgeldverfahren.** Nach § 101 Satz 1 BetrVG kann der Betriebsrat beim Arbeitsgericht beantragen, dem Arbeitgeber aufzugeben, die Einstellung und Eingruppierung aufzuheben

- wenn der Arbeitgeber die Maßnahmen ohne Zustimmung des Betriebsrates durchführt

- wenn der Arbeitgeber eine vorläufige personelle Maßnahme aufrechterhält, obwohl der Betriebsrat ihr unverzüglich widersprochen hat, und der Arbeitgeber nicht innerhalb von drei Tagen das Arbeitsgericht anruft
- wenn der Arbeitgeber die vorläufige personelle Maßnahme auch noch nach Ablauf von zwei Wochen nach Rechtskraft der arbeitsgerichtlichen Entscheidung aufrechterhält, durch die festgestellt ist, daß die vorläufige Durchführung der Maßnahme offensichtlich nicht dringend erforderlich war.

Mit Aufhebung der Maßnahme ist die Beseitigung der tatsächlichen Situation gemeint. Bezüglich der Einstellung bedeutet dies, daß der Arbeitgeber den Arbeitnehmer nicht mehr beschäftigen darf (2.47). Bei der Eingruppierung ist zu beachten, daß es sich dabei nicht um eine nach außen wirksame Maßnahme des Arbeitgebers handelt, sondern nur um einen Akt der Rechtsanwendung (siehe auch Rz 29). Das Arbeitsgericht kann deshalb – auf Antrag des Betriebsrates – dem Arbeitgeber nur aufgeben, nachträglich die Zustimmung des Betriebsrates zur geplanten Eingruppierung einzuholen und, falls der Betriebsrat seine Zustimmung verweigert, das Zustimmungsersetzungsverfahren nach § 99 Abs. 4 BetrVG zu betreiben (2.48). Bleibt der Arbeitgeber erfolglos, darf er es hierbei nicht bewenden lassen, sondern muß eine andere als die ursprünglich beabsichtigte Eingruppierung vorschlagen und hierfür erneut die Zustimmung des Betriebsrates einholen (2.49). Das Beteiligungsverfahren nach § 99 BetrVG bei Eingruppierungen ist erst dann abgeschlossen, wenn es zu einer Eingruppierung geführt hat, für die entweder eine vom Betriebsrat erteilte oder eine vom Arbeitsgericht ersetzte Zustimmung vorliegt (2.49).

Hebt der Arbeitgeber entgegen einer rechtskräftigen gerichtlichen Entscheidung die Maßnahme nicht auf, so ist auf Antrag des Betriebsrates vom Arbeitsgericht zu erkennen, daß der Arbeitgeber zur Aufhebung der Maßnahme durch Zwangsgeld anzuhalten sei (§ 101 Satz 2 BetrVG). Das Höchstmaß des Zwangsgeldes beträgt für jeden Tag der Zuwiderhandlung 500 DM.

5. Nichtigkeit und Anfechtbarkeit des Arbeitsvertrages

32 **Nichtigkeit.** Ein Arbeitsvertrag kann ganz oder teilweise nichtig sein. Nichtigkeit bedeutet Unwirksamkeit von Anfang an; die mit dem Arbeitsvertrag bzw. mit der Vertragsklausel beabsichtigten Rechtswirkungen treten nicht ein. Dies gilt unabhängig vom Parteiwillen. Eine besondere Erklärung ist nicht erforderlich.

33 **Nichtigkeitsgründe.** Für Arbeitsverträge gelten die gleichen Nichtigkeitsgründe wie für sonstige Rechtsgeschäfte. Zu nennen sind insbesondere:

- Geschäftsunfähigkeit oder Verweigerung der Genehmigung durch den gesetzlichen Vertreter bei beschränkter Geschäftsfähigkeit einer Partei (§§ 104ff. BGB)
- Verstoß gegen gesetzliche oder tarifliche Formvorschriften mit konstitutiver Wirkung (§ 125 BGB). Siehe hierzu auch Rz 23.
- Verstoß gegen ein gesetzliches Verbot (§ 134 BGB)

Gesetzliche Verbote sind beispielsweise die Beschäftigungsverbote des Jugendarbeitsschutzgesetzes und des Mutterschutzgesetzes (siehe Rz 71 und Rz 72), das Verbot der Sonn- und Feiertagsbeschäftigung im Arbeitszeitgesetz (siehe Rz 60ff.), die Kündigungsverbote des Mutterschutzgesetzes, des Arbeitsplatzschutzgesetzes und des Zivildienstgesetzes (siehe Rz 291), das Benachteiligungsverbot des § 611a BGB (siehe Rz 18). Das Verbot muß im Gesetz nicht ausdrücklich angesprochen sein; es genügt, daß es im Gesetz zum Ausdruck kommt, z.B. in einer Unabdingbarkeitsklausel (so in § 12 EFZG, in § 13 BUrlG, siehe Rz 91f. und Rz 142).

- Verstoß gegen die guten Sitten (§ 138 Abs. 1 BGB), insbesondere Wucher (§ 138 Abs. 2 BGB)

  Ein Verstoß gegen die guten Sitten liegt vor, wenn der Arbeitsvertrag nach Inhalt, Zweck und Beweggrund der Beteiligten gegen das Anstandsgefühl aller gerecht und billig Denkenden verstößt und den Vertragsparteien (wenigstens einem Beteiligten) die Sittenwidrigkeit ihres Tuns bewußt ist, zumindest die Tatsachen bekannt sind, aus denen sich die Sittenwidrigkeit ergibt. Zu dem objektiven Sittenverstoß muß also ein persönliches Verhalten hinzukommen, das den Beteiligten zum Vorwurf gemacht werden kann. Beispiele: Dem Arbeitnehmer werden hohe Vertragsstrafen für jeden Fall der Vertragsverletzung auferlegt; der Arbeitnehmer soll für die Zahlungsfähigkeit der Kunden haften; der Arbeitnehmer wird mit dem Betriebs- und Wirtschaftsrisiko belastet (siehe Rz 156 und 157); der Arbeitnehmer soll für jeden Warenfehlbestand haften, ohne daß ihm ein angemessener wirtschaftlicher Ausgleich gewährt wird (siehe Rz 217).

- ursprüngliche objektive Unmöglichkeit der Arbeit (§ 306 BGB).

  Die Arbeit ist objektiv unmöglich, wenn niemand die vereinbarte Arbeit leisten kann. Liegt die objektive Unmöglichkeit der Arbeit bereits bei Vertragsabschluß vor, ist ursprüngliche objektive Unmöglichkeit gegeben (siehe auch Rz 130).

34 **Nichtigkeitsfolgen.** Der Grundsatz, daß bei Vorliegen eines Nichtigkeitsgrundes der Arbeitsvertrag ganz oder teilweise als von Anfang an unwirksam anzusehen ist, gilt uneingeschränkt im Falle der ursprünglichen objektiven Unmöglichkeit. Bei den anderen Nichtigkeitsgründen ist folgendes zu beachten:

- Geschäftsunfähigkeit, beschränkte Geschäftsfähigkeit: Ist der Arbeitnehmer geschäftsunfähig (oder verweigert bei einem beschränkt geschäftsfähigen Arbeitnehmer der gesetzliche Vertreter die Genehmigung), so ist dem Arbeitnehmer gleichwohl eine Vergütung zu zahlen, wenn er tatsächlich eine Arbeitsleistung erbracht hat. Der Arbeitnehmer hat in diesem Falle Anspruch auf die Vergütung, die nach dem (nichtigen) Vertrag zu zahlen wäre (2.50). Er kann für die Zeit der tatsächlichen Beschäftigung auch alle sonstigen Rechte aus dem Arbeitsverhältnis geltend machen, beispielsweise einen (Teil-) Urlaubsanspruch. Dagegen treffen ihn keine Pflichten für die Zukunft, weil er sich wegen des Mangels der Geschäftsfähigkeit (bzw. wegen fehlender Genehmigung des gesetzlichen Vertreters) nicht wirksam verpflichten konnte (2.50).

  Ist der Arbeitgeber geschäftsunfähig (oder fehlt bei einem in der Geschäftsfähigkeit beschränkten minderjährigen Arbeitgeber die Ermächtigung des gesetzlichen Vertreters nach § 112 BGB), so besteht keine Vergütungspflicht, auch wenn der Arbeitnehmer tatsächlich Arbeit geleistet hat, weil der Arbeitgeber keine Verpflichtungen begründen konnte (2.50). Der Arbeitnehmer ist in diesem Falle auf Bereicherungsansprüche (§§ 812ff. BGB) angewiesen.

- Verstoß gegen Formvorschriften mit konstitutiver Wirkung: Haben beide Vertragsparteien den Formfehler gekannt, also bewußt gegen die Formvorschriften verstoßen, so ist der Arbeitsvertrag von Anfang an nichtig. Hat der Arbeitnehmer trotzdem Arbeit geleistet, hat er einen Bereicherungsanspruch gegen den Arbeitgeber aus §§ 812ff. BGB

Haben beide Vertragsparteien den Formfehler nicht erkannt und ist das Arbeitsverhältnis in Funktion gesetzt worden, so ist für die Zeit, in der der Arbeitnehmer Arbeit geleistet hat, von einem sog. faktischen Arbeitsverhältnis auszugehen, das wie ein fehlerfrei zustandegekommenes Arbeitsverhältnis zu behandeln ist (2.51). Der Arbeitnehmer hat also einen Vergütungsanspruch für die geleistete Arbeit, er hat einen (Teil-) Urlaubsanspruch für jeden vollen Beschäftigungsmonat usw. Die Nichtigkeit des Arbeitsverhältnisses kann in diesem Fall nur mit Wirkung für die Zukunft (= ex nunc) geltend gemacht werden.

Hat eine Partei bewußt gegen die Formvorschriften verstoßen, um sich später, falls dies in ihrem Interesse liegen sollte, auf die Nichtigkeit des Vertrages berufen zu können, so ist der Arbeitsvertrag als von Anfang an wirksam anzusehen; für beide Parteien gelten die vereinbarten Rechte und Pflichten. Die Geltendmachung der Nichtigkeit des Vertrages wäre in diesem Falle rechtsmißbräuchlich und würde gegen Treu und Glauben (§ 242 BGB) verstoßen.

- Verstoß gegen ein gesetzliches Verbot: Verstoßen nur einzelne Vertragsbestimmungen gegen ein gesetzliches Verbot, so sind nur diese Bestimmungen nichtig. In Abweichung von dem Grundsatz des § 139 BGB, wonach Teilnichtigkeit im Zweifel die Nichtigkeit des ganzen Vertrages zur Folge hat, führt die Teilnichtigkeit also nicht zur Gesamtnichtigkeit, wenn Arbeitnehmerschutzbestimmungen verletzt werden. Die nichtigen Vertragsbestimmungen werden, um den mit den gesetzlichen Verboten angestrebten Arbeitnehmerschutz zu gewährleisten, durch die gesetzlichen oder tariflichen Regelungen ersetzt (2.52), und zwar von Anfang an.

  Beispiele: Die gesetzliche Urlaubsdauer tritt an die Stelle der vereinbarten nichtigen Urlaubsregelung; an die Stelle der nichtigen Lohnvereinbarung tritt der Tariflohn oder die übliche Vergütung gem. § 612 Abs. 2 BGB.

  Verstößt der ganze Arbeitsvertrg gegen ein gesetzliches Verbot (Beispiel: Schwarzarbeit), ist der Vertrag von Anfang an nichtig. Ist trotzdem Arbeit geleistet worden, hat der Arbeitnehmer gegen den Arbeitgeber einen Bereicherungsanspruch gem. §§ 812ff. BGB.

- Verstoß gegen die guten Sitten, insbesondere Wucher: Hier ist die Rechtslage die gleiche wie bei einem Verstoß gegen ein gesetzliches Verbot. Sind nur einzelne Vertragsbestimmungen sittenwidrig, so werden sie durch die gesetzlichen oder tariflichen Regelungen ersetzt; die übrigen Vertragsbestimmungen werden von der Teilnichtigkeit nicht berührt. Verstößt der ganze Vertrag gegen die guten Sitten, ist er nichtig von Anfang an (2.53); ist trotzdem Arbeit geleistet worden, hat der Arbeitnehmer einen Bereicherungsanspruch gegen den Arbeitgeber aus §§ 812ff. BGB.

35 **Anfechtbarkeit.** Arbeitsverträge können wie jedes Rechtsgeschäft angefochten werden, wenn sie auf einem Irrtum beruhen oder durch arglistige Täuschung zustandegekommen sind. Während Nichtigkeit bedeutet, daß der Vertrag ganz oder teilweise unwirksam ist, unabhängig vom Parteiwillen, entscheidet bei der Anfechtbarkeit der Anfechtungsberechtigte darüber, ob das Rechtsgeschäft gelten soll. Er kann anfechten, er muß es aber nicht. Ohne Anfechtung ist der Vertrag wirksam.

Zu beachten ist, daß die Anfechtungsmöglichkeit durch § 9 MuSchG nicht ausgeschlossen wird, d.h. auch der Arbeitsvertrag mit einer schwangeren Arbeitnehmerin ist grundsätzlich anfechtbar.

36 **Eigenschaftsirrtum.** Eine Anfechung wegen Irrtums kommt bei einem Arbeitsvertrag insbesondere in Betracht, wenn ein Eigenschaftsirrtum vorliegt, wenn also der Arbeitgeber oder der Arbeitnehmer bei Abschluß des Vertrages im Irrtum war über solche Eigenschaften des Vertragspartners, die im Arbeitsleben („im Verkehr") als wesentlich angesehen werden (§ 119 Abs. 2 BGB). Es genügt nicht, daß der Arbeitgeber (oder der Arbeitnehmer) sich bei der Vertragsanbahnung unrichtige Vorstellungen über die Person des Vertragspartners gemacht hat und dieser den Erwartungen nicht entspricht; Anfechtungsgrund ist vielmehr die dem Anfechtungsberechtigten nicht bewußte Unkenntnis in bezug auf bestimmte Eigenschaften, die gerade für den in Frage stehenden Arbeitsvertrag von Bedeutung sind (2.54). Welche Eigenschaft als wesentlich anzusehen ist, ist stets nach Lage des Einzelfalles zu beurteilen.

Beispiele für wesentliche Eigenschaften: Fachliche Eignung, Vertrauenswürdigkeit, Zuverlässigkeit (beim Arbeitnehmer); Vermögens- und Ertragslage, Zahlungsfähigkeit (beim Arbeitgeber). Eine Krankheit kann eine wesentliche Eigenschaft sein, wenn der Arbeitnehmer nicht in der Lage ist, die zu leistende Arbeit auszuführen (2.55); entsprechendes gilt für eine Schwerbehinderung. Keine wesentliche Eigenschaft ist die Gewerkschaftszugehörigkeit; auch die Schwangerschaft ist keine wesentliche Eigenschaft. Eine Ausnahme besteht, wenn das Nichtbestehen einer Schwangerschaft Voraussetzung für die Ausübung der Tätigkeit ist, z.B. bei einer Tätigkeit als Mannequin oder Tänzerin, oder wenn – bei einem befristeten Arbeitsverhältnis – Beschäftigungsverbote nach dem Mutterschutzgesetz einer Beschäftigung der Arbeitnehmerin während der vorgesehenen Zeit entgegenstehen (2.56).

Voraussetzung für die Anfechtung wegen Eigenschaftsirrtums ist, daß der Irrtum ursächlich für die abgegebene Willenserklärung war. Der Anfechtende hat die Beweislast, daß ein Eigenschaftsirrtum vorliegt und daß er die Willenserklärung bei Kenntnis der Sachlage und bei verständiger Würdigung des Falles nicht oder nicht so abgegeben haben würde.

Die Anfechtung wegen Eigenschaftsirrtums muß nach § 121 Abs. 1 BGB unverzüglich, d.h. ohne schuldhaftes Zögern, erfolgen, nachdem der Anfechtungsberechtigte von dem Anfechtungsgrund Kenntnis erlangt hat. Nach Auffassung des BAG ist die Anfechtung wegen Eigenschaftsirrtums nur dann unverzüglich erklärt, wenn sie spätestens innerhalb einer Frist von zwei Wochen nach Kenntnis der für die Anfechtung maßgebenden Tatsachen erfolgt (2.57).

37 **Arglistige Täuschung.** Ein Arbeitsvertrag kann wegen arglistiger Täuschung (§ 123 Abs. 1 BGB) angefochten werden

- wenn eine Vertragspartei im Einstellungsgespräch zulässige Fragen wahrheitswidrig beantwortet hat oder – ohne Befragung – Tatsachen verschwiegen hat, obwohl eine Auskunftspflicht bestand (siehe hierzu Rz 19)
- wenn die Vertragspartei die Fragen bewußt falsch beantwortet bzw. die nicht offenbarten Tatsachen bewußt verschwiegen hat

Erforderlich ist der Vorsatz, auf den Willen des Vertragspartners einzuwirken. Fahrlässiges Verhalten, z.B. das Verschweigen eines wesentlichen Umstandes in der Annahme, er sei dem anderen bekannt, ist nicht arglistig.

- wenn die wahrheitswidrige Beantwortung der Fragen bzw. das Verschweigen der Tatsachen ursächlich für die Willenserklärung des Vertragspartners war.

Es muß nachweisbar sein, daß ohne die Täuschung der Arbeitsvertrag gar nicht oder nicht so wie geschehen abgeschlossen worden wäre.

Die Beweislast für das Vorliegen der Anfechtungsvoraussetzungen hat der Anfechtende. Die Anfechtung kann nur binnen Jahresfrist erfolgen (§ 124 Abs. 1 BGB); die Frist beginnt mit dem Zeitpunkt, in welchem der Antragsberechtigte die Täuschung entdeckt.

38 **Wirkung der Anfechtung.** Hinsichtlich der Anfechtungsfolgen ist zu unterscheiden zwischen den Fällen, in denen der Arbeitsvertrag abgeschlossen, aber noch nicht in Vollzug gesetzt worden ist, und den Fällen, in denen bereits Arbeit geleistet wurde. Ist zu dem Zeitpunkt, zu dem der Arbeitsvertrag wegen Eigenschaftsirrtums oder arglistiger Täuschung angefochten wird, noch gar nicht gearbeitet worden, so gelten die allgemeinen Regeln des Bürgerlichen Gesetzbuches über die Anfechtung, d.h. der Arbeitsvertrag ist als von Anfang an nichtig anzusehen (§ 142 Abs. 1 BGB). Die Anfechtung hat in diesem Falle rückwirkende Kraft (= Wirkung ex tunc). Der Arbeitnehmer ist nach erfolgter Anfechtung nicht zur Leistung der vereinbarten Arbeit, der Arbeitgeber nicht zur Zahlung der vereinbarten Vergütung verpflichtet.

Anders ist die Situation, wenn bereits Arbeit geleistet worden ist, bevor der Arbeitsvertrag angefochten wird. Hier ist so zu verfahren, als läge für die Zeit vor der Anfechtung ein fehlerfrei begründetes Arbeitsverhältnis vor (2.58). Es ist von einem sog. faktischen Arbeitsverhältnis auszugehen, aus dem sich quasi-vertragliche Ansprüche ergeben. Der Arbeitnehmer hat also einen Anspruch auf Vergütung der tatsächlich geleisteten Arbeit für die Zeit bis zur Anfechtung; er kann für jeden vollen Monat des Bestehens des faktischen Arbeitsverhältnisses einen Teilurlaubsanspruch geltend machen u.a.m. Die Anfechtung hat in diesem Fall keine rückwirkende Kraft, wie in § 142 Abs. 1 BGB vorgesehen, sondern sie wirkt nur in die Zukunft (= Wirkung ex nunc). Diese Regelung gilt nach Auffassung des BAG auch für die Anfechtung wegen arglistiger Täuschung, obwohl sich der Vertragspartner hier unlauter verhalten hat (2.59).

39 **Anfechtung einzelner Vertragsbedingungen.** Grundsätzlich ist auch die Anfechtung einzelner Arbeitsbedingungen zulässig, wenn lediglich der angefochtene Teil des Arbeitsvertrages auf Irrtum oder Täuschung beruht. Findet die Anfechtung statt, so wird der restliche Teil des Arbeitsvertrages davon nicht berührt; nur der angefochtene Teil des Vertrages entfällt rückwirkend (2.60). Auch wenn bereits Arbeit geleistet worden ist, hat die Anfechtung rückwirkende Kraft, vorausgesetzt, daß auch nach Wegfall des angefochtenen Teils noch ein in sich sinnvoller Arbeitsvertrag verbleibt (2.60).

Kapitel 3: Rechte und Pflichten des Arbeitnehmers und des Arbeitgebers

1. Rechtliche Grundlagen

40 **Gestaltungsfaktoren.** Die Rechte und Pflichten des Arbeitnehmers und des Arbeitgebers werden nicht nur durch den Arbeitsvertrag bestimmt. Neben dem Arbeitsvertrag gibt es noch einige andere Faktoren, die die Arbeitsbedingungen gestalten. Es sind dies

- die im Grundgesetz aufgeführten Grundrechte, z.B. Art. 1 Abs. 1 GG (= Schutz der Würde des Menschen), Art. 2 Abs. 1 GG (= Recht auf freie Entfaltung der Persönlichkeit), Art. 3 GG (= Gleichheit vor dem Gesetz, Gleichberechtigung von Mann und Frau, Verbot der Benachteiligung oder Bevorzugung wegen des Geschlechts, der Abstammung, der Rasse usw.), Art. 5 Abs. 1 GG (= Recht auf freie Meinungsäußerung), Art. 9 Abs. 3 GG (= Koalitionsfreiheit), Art. 12 Abs. 1 GG (= freie Wahl von Beruf, Arbeitsplatz und Ausbildungsstätte), Art. 14 Abs. 1 GG (= Schutz des Eigentums)

  Die Grundrechte der Verfassung sind nicht nur als Freiheitsrechte des Bürgers gegenüber dem Staat, sondern auch als Ordnungs- bzw. Wertungsprinzipien für bestimmte von ihnen geschützte Lebensbereiche anzusehen. Als Freiheitsrechte, die bestimmte Rechtsgüter gegen die Bedrohung durch die Staatsmacht absichern sollen, haben die Grundrechte keine unmittelbare Bedeutung für das Arbeitsverhältnis zwischen Arbeitgeber und Arbeitnehmer (3.01). Als Ordnungs- und Wertungsprinzipien wirken sie sich jedoch mittelbar auf die Beziehungen zwischen Arbeitgeber und Arbeitnehmer aus, indem sie als Auslegungsmaßstab für arbeitsrechtliche Gesetze, bei der Konkretisierung von Generalklauseln und bei der Rechtsfortbildung herangezogen werden (3.01).

- die einschlägigen arbeitsrechtlichen Gesetze, z.B. das Bundesurlaubsgesetz, das Mutterschutzgesetz, das Schwerbehindertengesetz, das Arbeitsplatzschutzgesetz, das Arbeitszeitgesetz, das Entgeltfortzahlungsgesetz u.a.m.

  Die arbeitsrechtlichen Gesetze dienen dem Schutz des Arbeitnehmers; sie haben deshalb grundsätzlich zwingende Wirkung. Eine Abweichung zuungunsten des Arbeitnehmers ist unzulässig, eine entsprechende Vereinbarung ist gem. § 134 BGB nichtig (siehe hierzu auch Rz 25 und 34).

  Die zwingende Wirkung wird allerdings durch einige Ausnahmen aufgelockert. So ist eine Besserstellung des Arbeitnehmers nicht ausgeschlossen, d.h. günstigere Regelungen durch Tarifvertrag, Betriebsvereinbarung oder Arbeitsvertrag sind zulässig (sog. Günstigkeitsprinzip). In einigen Fällen kann von der gesetzlichen Regelung auch zuungunsten des Arbeitnehmers abgewichen werden. Beispiele: § 616 BGB (siehe Rz 151); § 622 Abs. 4 BGB (siehe Rz 272); § 7 Abs. 1 und Abs. 2 ArbZG (siehe Rz 59); § 13 Abs. 1 BUrlG (siehe Rz 91).

- die in den Tarifverträgen vereinbarten Inhaltsnormen, Abschlußnormen und Betriebsnormen

Von den normativen Bestimmungen des Tarifvertrages kann nur zugunsten des Arbeitnehmers abgewichen werden (= Günstigkeitsprinzip); Abweichungen zuungunsten des Arbeitnehmers sind nur wirksam, wenn sie durch den Tarifvertrag gestattet sind (§ 4 Abs. 3 TVG).

Zu beachten ist, daß die normativen Bestimmungen des Tarifvertrages nur zwischen tarifgebundenen Arbeitnehmern und Arbeitgebern gelten, die unter den Geltungsbereich des Tarifvertrages fallen (§ 4 Abs. 1 TVG). Tarifgebunden sind grundsätzlich nur die Mitglieder der Tarifvertragsparteien, d.h. die Arbeitnehmer, die der Gewerkschaft angehören und die Arbeitgeber, die sich dem Arbeitgeberverband angeschlossen haben, außerdem der Arbeitgeber, der selbst Partei des Tarifvertrages ist (§ 3 Abs. 1 TVG). Rechtlich gesehen werden deshalb die sog. Außenseiter von den Tarifnormen unmittelbar nicht erfaßt. Eine Ausnahme besteht, wenn der Tarifvertrag für allgemeinverbindlich erklärt worden ist (§ 5 Abs. 4 TVG). Tatsächlich behandeln aber zumindest die tarifgebundenen Arbeitgeber alle Arbeitnehmer, die bei ihnen beschäftigt sind, nach dem Tarifvertrag, ohne Rücksicht darauf, ob sie der Gewerkschaft angehören.

Einzelheiten zum Tarifvertragrecht siehe Band 2, Kapitel 1

- die in den Betriebsvereinbarungen zwischen Betriebsrat und Arbeitgeber vereinbarten Regelungen, z.B. über die Lage der Arbeitszeit, über Zeit, Ort und Art der Auszahlung des Arbeitsentgeltes, über Einführung von Überstunden oder Kurzarbeit usw.

Auch die Betriebsvereinbarungen sind nur einseitig zwingend, d.h. Abweichungen zugunsten des Arbeitnehmers durch Arbeitsvertrag sind zulässig (3.02). Die Normen der Betriebsvereinbarung gelten für alle Arbeitnehmer des Betriebes mit Ausnahme der leitenden Angestellten; die Zugehörigkeit zu einer Gewerkschaft spielt keine Rolle.

Einzelheiten siehe Band 2 Kapitel 3

- die Betriebsübung, d.h. die mehrmalige Wiederholung gleichartiger Verhaltensweisenim Betrieb ohne jeden Vorbehalt, wodurch bei den Betroffenen der Eindruck eines Brauches oder einer Gewohnheit mit bindender Wirkung für die Zukunft erweckt wird (3.03)

Von Bedeutung ist die Betriebsübung vor allem für die Ausfüllung von Lücken im Arbeitsvertrag und für die Vertragsauslegung. Die Betriebsübung kann sich zugunsten der Arbeitnehmer auswirken (Beispiel: Zahlung von Gratifikationen), aber auch zu ihren Lasten (Beispiel: Arbeitsruhe zwischen Weihnachten und Neujahr ohne Weiterzahlung der Vergütung).

Wird eine bestimmte Verhaltensweise zwar mehrfach wiederholt, dabei aber jedes Mal der Vorbehalt der Freiwilligkeit gemacht, entsteht keine Betriebsübung (3.04). Ferner entsteht keine Betriebsübung, wenn für Vertragsabreden eine konstitutive Formvorschrift besteht, so daß eine verbindliche Regelung nur bei Wahrung der Schriftform möglich ist (3.05).

- die Weisungen des Arbeitgebers, insbesondere die Bestimmung der konkret zu leistenden Arbeit und die Festlegung des Ortes der Arbeit durch einseitige Erklärung des Arbeitgebers (= Weisungs- bzw. Direktionsrecht des Arbeitgebers).

Sofern die Weisungen des Arbeitgebers (bzw. die seiner Beauftragten, z.B. der Abteilungsleiter, Meister) sich im Rahmen der Gesetze und des Arbeitsvertrages halten und für den Arbeitnehmer zumutbar sind, ist der Arbeitnehmer verpflichtet, ihnen Folge zu leisten.

Zur Weisungsgebundenheit als Merkmal des Arbeitnehmerbegriffes siehe Rz 5.

Welche Bedeutung die Gestaltungsfaktoren im Einzelfall haben, hängt von den Umständen ab. Beispielsweise spielt die Arbeitgeberweisung bei der Bestimmung der Art der zu leistenden Arbeit eine große Rolle (siehe hierzu Rz 46), während sie bei der Festsetzung der Vergütung bedeutungslos ist.

41 **Rangordnung.** Die Gestaltungsfaktoren, die die Rechte und Pflichten der Arbeitsvertragsparteien bestimmen, stehen in einer festen Rangordnung zueinander. Vom ranghöchsten zum rangniedrigsten Gestaltungsfaktor absteigend lautet die Rangfolge:

- Verfassung
- Gesetz
- Tarifvertrag
- Betriebsvereinbarung
- Arbeitsvertrag
- Betriebsübung
- Arbeitgeberweisung

Grundsätzlich geht die ranghöhere Regelung der rangniederen vor (sog. Rangprinzip). Ein Tarifvertrag, der gegen Gesetz verstößt, ein Arbeitsvertrag, der gegen Tarifvertrag verstößt, eine Arbeitgeberweisung, die gegen eine einzelvertragliche Vereinbarung verstößt, ist unwirksam (3.06).

Das Rangprinzip wird durch zwei Ausnahmen durchbrochen (siehe auch Rz 40):

- Die rangniedere Regelung geht der ranghöheren vor, wenn sie für den Arbeitnehmer günstiger ist (= Günstigkeitsprinzip).

  Beispiele: Sieht der Arbeitsvertrag mehr Urlaub vor als die im Bundesurlaubsgesetz vorgeschriebenen vierundzwanzig Werktage, so ist die vertragliche Zusage maßgebend. Das gleiche gilt, wenn der Arbeitgeber dem Arbeitnehmer arbeitsvertraglich mehr Lohn zusagt als der Tarifvertrag vorschreibt.

- Die rangniedere Regelung geht der ranghöheren vor, wenn die ranghöhere Regelung abdingbar (= dispositiv) ist.

  Beispiele: Der in § 616 BGB geregelte Vergütungsanspruch des Arbeitnehmers bei vorübergehender Arbeitsverhinderung kann durch Arbeitsvertrag und Tarifvertrag eingeschränkt, sogar ganz ausgeschlossen werden. Von den Vorschriften des Bundesurlaubsgesetzes kann in Tarifverträgen abgewichen werden, auch zuungunsten des Arbeitnehmers (ausgenommen sind der Anspruch auf bezahlten Erholungsurlaub in jedem Kalenderjahr und die Mindestdauer des Urlaubs).

Innerhalb der gleichen Rangstufe gelten zwei Prinzipien: das Ordnungsprinzip und das Spezialitätsprinzip (3.06):

- Nach dem Ordnungsprinzip geht die jüngere Regelung der älteren vor. Beispielsweise löst ein neuer Tarifvertrag den vorhergehenden Tarifvertrag ab, auch wenn der ältere Tarifvertrag für die Arbeitnehmer günstiger war.
- Nach dem Spezialitätsprinzip geht die speziellere Regelung der allgemeinen vor, auch wenn sie für die Arbeitnehmer ungünstiger ist. So tritt z.B. der Verbandstarifvertrag als allgemeine Regelung hinter einem Firmentarifvertrag zurück:

2. Pflichten des Arbeitnehmers aus dem Arbeitsvertrag

Hauptpflicht des Arbeitnehmers ist die Arbeitspflicht (siehe hierzu Rz 42ff.). Daneben bestehen zahlreiche Handlungs- und Unterlassungspflichten; diese werden als Nebenpflichten bezeichnet (siehe Rz 107ff.).

2.1 Arbeitspflicht des Arbeitnehmers

2.11 Persönliche Verpflichtung des Arbeitnehmers

42 **Grundsatz.** Der Arbeitnehmer ist nicht dazu verpflichtet, einen bestimmten Erfolg – wie beim Werkvertrag – herbeizuführen, sondern nur dazu, dem Arbeitgeber seine Arbeitskraft zu bestimmten Zeiten zur Verfügung zu stellen und die versprochene Arbeit zu leisten (§ 611 Abs. 1 BGB). Nach der Auslegungsregel des § 613 Satz 1 BGB hat der Arbeitnehmer die Arbeit im Zweifel persönlich auszuführen (Ausnahmen siehe Rz 43). Dies bedeutet, daß der Arbeitnehmer die Erfüllung der Arbeitspflicht nicht einem Ersatzmann oder Gehilfen übertragen kann. Kommt der Arbeitnehmer nach Abschluß des Vertrages nicht selbst der Pflicht zur Leistung der Arbeit nach, so liegt, da die Arbeit innerhalb bestimmter Zeiten geschuldet wird, nachträgliche, vom Arbeitnehmer zu vertretende subjektive Unmöglichkeit vor; der Arbeitgeber kann in diesem Falle Schadensersatz wegen Nichterfüllung verlangen (§ 325 Abs. 1 Satz 1 BGB). Andererseits ist der Arbeitnehmer aber auch im Zweifel nicht verpflichtet, im Falle seiner Verhinderung, z.B. bei Krankheit und Urlaub, einen Ersatzmann zu stellen. Aus dem Grundsatz der persönlichen Verpflichtung des Arbeitnehmers folgt ferner, daß das Arbeitsverhältnis mit dem Tod des Arbeitnehmers erlischt (siehe auch Rz 332). Die Erben sind weder verpflichtet noch berechtigt, in den Arbeitsvertrag einzutreten; auf sie gehen aber die bereits erwachsenen Ansprüche über, soweit diese nicht höchstpersönlicher Natur sind (z.B. der Anspruch auf das bereits erarbeitete, aber noch nicht ausgezahlte Arbeitsentgelt; der Urlaubsanspruch und der Urlaubsabgeltungsanspruch sind demgegenüber unvererblich).

43 **Ausnahmen.** Von der Auslegungsregel des § 613 Satz 1 BGB kann vertraglich abgewichen werden. Es kann ausdrücklich oder stillschweigend vereinbart werden, daß der Arbeitnehmer berechtigt ist, zur Erfüllung der Arbeitspflicht Dritte hinzuzuziehen. Entscheidend ist dabei, ob der Arbeitnehmer den Vertrag mit dem Dritten im Namen des Arbeitgebers oder im eigenen Namen abschließt. Im ersten Fall kommt ein Arbeitsvertrag zwischen dem Arbeitgeber und dem Dritten zustande, aufgrund dessen der Arbeitgeber alle Rechte und Pflichten gegenüber dem Dritten erwirbt; Rechtsbeziehungen zwischen dem Arbeitnehmer und dem Dritten entstehen nicht. Im zweiten Fall beschäftigt der Arbeitnehmer seinerseits den Dritten als Arbeitnehmer. Er tritt als Mittelsmann auf. Zwischen ihm und dem Dritten besteht ein Arbeitsverhältnis. Die Arbeit wird hier von dem Dritten mit Wissen des Arbeitgebers unmittelbar für diesen geleistet, ohne daß ein Arbeitsverhältnis zwischen dem Arbeitgeber und dem Dritten zustandekommt (sog. mittelbares Arbeitsverhältnis).

2.12 Art, Umfang und Ort der Arbeit

2.121 Art der zu leistenden Arbeit

44 **Arbeitsvertrag.** Maßgebend für die Art der zu leistenden Arbeit sind in erster Linie die Vereinbarungen der Parteien im Arbeitsvertrag. Die Arbeitspflicht muß zumindest in groben Umrissen festgelegt sein; ohne eine Umschreibung der Arbeitspflicht ist der Arbeitsvertrag mangels Bestimmbarkeit des Leistungsgegenstandes unwirksam.

Die Art der Tätigkeit kann im Arbeitsvertrag nur allgemein umschrieben oder auch konkret vereinbart werden. Wird der Arbeitnehmer für eine bestimmte Tätigkeit eingestellt (z.B. als Exportkaufmann, als Reparaturschlosser, als Kundenberater, als Verkäufer in der Lebensmittelabteilung), so muß er nur diese Art von Arbeit leisten. Ein Wechsel der vertraglich vereinbarten Tätigkeit ohne eine Änderung des Arbeitsvertrages, d.h. ohne eine dahingehende Vereinbarung mit dem Arbeitnehmer, ist nicht möglich (§ 305 BGB). Ist die Art der Tätigkeit – wie allgemein üblich – nur fachlich umschrieben (z.B. Einstellung als Schlosser, Maurer, Verkäufer), so muß der Arbeitnehmer alle Tätigkeiten übernehmen, die sich innerhalb der fachlich umschriebenen Verwendung halten. Bei einem Schlosser gehört dazu beispielsweise die Tätigkeit als Reparaturschlosser genauso wie die Arbeit in einer Wartungskolonne. Wird die Art der Arbeit nur ganz allgemein umschrieben, wie bei Hilfsarbeitern (Beispiel: Arbeitnehmer erklärt sich bereit, jede ihm innerhalb des Betriebes übertragene Arbeit zu übernehmen), so muß der Arbeitnehmer jede Arbeit verrichten, die billigem Ermessen entspricht (§ 315 Abs. 1 BGB) und bei Vertragsabschluß vorhersehbar war. Zum billigen Ermessen siehe Rz 46.

Die genaue Umschreibung des Tätigkeitsgebietes im Arbeitsvertrag hat Vorteile, aber auch Nachteile für den Arbeitnehmer. Je allgemeiner das Tätigkeitsgebiet umschrieben ist, umso größer ist der Bereich, in dem der Arbeitnehmer eingesetzt werden kann. Andererseits wirkt sich diese Flexibilität zu seinen Gunsten aus, wenn es um eine betriebsbedingte Kündigung geht (siehe hierzu Rz 280). Ist der Arbeitnehmer beispielsweise als Exportkaufmann eingestellt und fällt diese Position wegen Rückganges des Auslandsgeschäftes fort, so ist eine Kündigung des Arbeitsverhältnisses aus dringenden betrieblichen Gründen ohne weiteres möglich. Liegt hingegen eine Einstellung als kaufmännischer Angestellter im Verkauf vor, so führt der Wegfall der Position im Export nicht automatisch zum Verlust des Arbeitsplatzes; vielmehr ist hier eine Sozialauswahl mit den anderen vergleichbaren Arbeitnehmern im Verkauf vorzunehmen (siehe Rz 281).

Zu den vom Arbeitnehmer zu übernehmenden Tätigkeiten gehören auch Nebenarbeiten, selbst wenn dies nicht ausdrücklich vereinbart worden ist. Voraussetzung ist, daß die Nebenarbeiten in einem unmittelbaren Zusammenhang mit der Haupttätigkeit stehen (3.07).

Beispiele: Der Fahrer eines LKW oder PKW ist verpflichtet, kleinere Reparaturen sowie Wartungs- und Pflegearbeiten durchzuführen; die Verkäuferin in einem Textilgeschäft muß die Verkaufsauslagen in Ordnung halten; der Schlosser ist verpflichtet, seinen Arbeitsplatz aufzuräumen, Material heranzuschaffen u.a.m.

In Zweifelsfällen ist auf das Berufsbild und auf die Branchenüblichkeit abzustellen. Von einer Chefsekretärin können umfangreichere Nebentätigkeiten verlangt werden als von einer im Schreibbüro tätigen Sekretärin; ein angestellter Lehrer ist auch ohne ausdrückliche Vereinbarung verpflichtet, Klassenfahrten durchzuführen, weil das dem herkömmlichen Berufsbild entspricht.

45 **Weitere Anhaltspunkte.** Soweit die Art der zu leistenden Arbeit vertraglich nicht genau festgelegt ist, sind ergänzend heranzuziehen: das jeweilige Berufsbild (z.B. Kraftfahrzeugmechaniker, Energieelektroniker); die tarifvertragliche Eingruppierung in Lohn- bzw. Gehaltsgruppen mit den zugehörigen Tätigkeitsmerkmalen; Arbeits- und Stellenbeschreibungen; Organisationspläne; Dienstanweisungen u.a.m. Weitere Anhaltspunkte können sich aus der Betriebsübung ergeben.

46 **Weisungen des Arbeitgebers.** Ist die Art der zu leistenden Arbeit nicht aus dem Arbeitsvertrag oder aus den Umständen ersichtlich, kann der Arbeitgeber einseitig durch Weisung eine Leistungsbestimmung vornehmen (3.08). Der Weisungsspielraum wird durch den Arbeitsvertrag und durch die Umstände bestimmt. Je eindeutiger das Tätigkeitsgebiet und damit die einzelnen Arbeitspflichten gefaßt sind, umso weniger Raum ist für das Weisungsrecht.

Beispiele: Wer als Konstrukteur in der Konstruktionsabteilung eines Industriebetriebes eingestellt worden ist, ist nicht verpflichtet, als Fertigungs- oder Vertriebsingenieur zu arbeiten. Enthält der Arbeitsvertrag dagegen nur eine fachliche Umschreibung des Tätigkeitsgebietes (z.B. Maschinenbauingenieur), so kann der Arbeitgeber grundsätzlich alle Tätigkeiten zuweisen, die dem Berufsbild entsprechen.

Die dem Arbeitnehmer durch Weisung zugewiesenen Tätigkeiten müssen zu dem Tätigkeitsgebiet gehören, das die Parteien im Arbeitsvertrag vereinbart haben. Der Arbeitnehmer kann nicht zu Tätigkeiten verpflichtet werden, die außerhalb des vereinbarten Arbeitsgebietes liegen. Anders ist die Rechtslage nur, wenn der Arbeitsvertrag (oder der einschlägige Tarifvertrag) vorsieht, daß der Arbeitnehmer neben der vereinbarten Tätigkeit jede andere zumutbare Arbeit auszuführen hat, die nach den betrieblichen Erfordernissen notwendig ist.

Die Zuweisung der Tätigkeit durch Arbeitgeberweisung muß ferner billigem Ermessen entsprechen (§ 315 Abs. 1 BGB). Die Weisung entspricht billigem Ermessen, wenn der Arbeitgeber die wesentlichen Umstände des Falles abgewogen und die beiderseitigen Interessen, die des Arbeitnehmers ebenso wie die des Betriebes, angemessen berücksichtigt hat (3.09).

Beispielsweise darf der Arbeitgeber keine Arbeit zuweisen, die den Arbeitnehmer in Gewissenskonflikte stürzt, wenn die Möglichkeit besteht, andere Arbeitnehmer mit der Aufgabe zu betrauen. Ein Kriegsdienstverweigerer darf nicht verpflichtet werden, kriegsverherrlichende Schriften zu drucken (3.10), ein Arzt darf nicht mit der Entwicklung von Medikamenten beauftragt werden, die im Falle eines Nuklearkrieges Verwendung finden können (3.10). Andererseits ist zu berücksichtigen, ob der Gewissenskonflikt für den Arbeitnehmer schon bei der Einstellung vorhersehbar war und ob eine Möglichkeit besteht, dem Arbeitnehmer in Zukunft einen Arbeitsplatz anzubieten, an dem Gewissenskonflikte nicht auftreten. Siehe hierzu auch Rz 278.

Schließlich muß die zugewiesene Tätigkeit für den Arbeitnehmer zumutbar sein. Dies muß nach den Umständen des Einzelfalles beurteilt werden. Dabei spielen u.a. folgende Gesichtspunkte eine Rolle: Ausbildung, körperlicher Zustand, Alter, bisherige Tätigkeit, betriebliche Notwendigkeit.

Beispiele: Durch Erkrankung sind Gabelstapler-Fahrer ausgefallen; in Ermangelung anderer Hilfskräfte kann der Arbeitgeber auch von einem Dreher verlangen, daß er für einige Zeit als Gabelstapler-Fahrer aushilft. Andererseits: Einem nicht schwindelfreien Hilfsarbeiter wird man nicht zumuten können, Arbeiten in größerer Höhe auszuführen.

47 **Notfälle.** Eine Ausnahmesituation besteht in Notfällen. Hier ist der Arbeitnehmer verpflichtet, auf Verlangen des Arbeitgebers auch andere Arbeiten zu übernehmen, die nicht in den vertraglich vereinbarten Tätigkeitsbereich fallen, soweit er hierzu fachlich und persönlich in der Lage ist und die Arbeit ihm zugemutet werden kann (3.11). Begründet wird dies mit der Treuepflicht, die den Arbeitnehmer verpflichtet, Schaden vom Arbeitgeber abzuwenden (siehe hierzu Rz 109).

Ein Notfall liegt vor, wenn die Arbeit durch ungewöhnliche (unvorhersehbare) und vom Arbeitgeber nicht beeinflußbare Ereignisse veranlaßt ist, wenn die Arbeit nicht aufgeschoben werden kann, weil sonst Schaden droht, und wenn andere Arbeitskräfte, die für die betreffende Arbeit herangezogen werden können, im Betrieb nicht verfügbar sind, so daß der Arbeitgeber gezwungen ist, alle vorhandenen Arbeitskräfte zur schnellen Erledigung der Arbeit einzusetzen. Die Arbeit muß vorübergehender Natur sein.

Beispiele: Bei Katastrophen (Feuer, Hochwasser) kann der Arbeitgeber verlangen, daß alle Arbeitnehmer bei den Rettungs- und Aufräumungsarbeiten mit anfassen; bei starkem Schneefall können mangels ausreichender Hilfskräfte vorübergehend auch Angestellte zum Schneeschippen eingesetzt werden; bei Erkrankungen oder sonstigen unvorhersehbaren Ausfällen von Kollegen müssen die übrigen Arbeitnehmer die anfallenden Arbeiten mit erledigen (im allgemeinen haben Angestellte aber keine Arbeitertätigkeiten zu übernehmen). Der drohende Verlust eines Auftrages oder die mögliche Zahlung von Standgeldern für nicht rechtzeitig entladene Waggons sind keine Notfälle, desgleichen nicht Eilaufträge. auch nicht Arbeitskräftemangel wegen Urlaubs.

Wird einem Arbeitnehmer in einem Notfall auf einseitige Anordnung des Arbeitgebers eine andersartige Tätigkeit zugewiesen, so wird sein Vergütungsanspruch davon nicht berührt. Der Arbeitnehmer erhält also die gleiche Vergütung wie für seine normale Tätigkeit, auch wenn er vorübergehend zu einer geringerwertigen oder höherwertigen Tätigkeit eingesetzt wird (3.12). Anders ist es nur, wenn vorher eine andere Vergütung vereinbart wurde.

2.122 Umfang der zu leistenden Arbeit

2.122.1 Grundbegriffe

48 **Arbeitszeit.** Unter Arbeitszeit ist die Zeitspanne zu verstehen, während der der Arbeitnehmer seine Arbeitskraft dem Arbeitgeber zur Verfügung stellen muß (3.13). Ohne Bedeutung ist, ob der Arbeitnehmer während dieser Zeit tatsächlich tätig ist; maßgebend ist allein, ob er sich zum Zwecke der Erfüllung seiner Arbeitspflicht den Weisungen des Arbeitgebers zur Verfügung hält (3.13).

In der Regel wird die tägliche Arbeitszeit nicht vom Beginn des kalendermäßigen Tages (0^{00} Uhr), sondern vom Beginn der betriebsüblichen Arbeitszeit (z.B. von 7^{00} Uhr) an gerechnet. Bestimmend für Beginn und Ende der Arbeitszeit sind die betrieblichen oder tariflichen Regelungen. Diese können auf das Betreten bzw. Verlassen des Betriebes, auf das Betreten bzw. Verlassen des Arbeitsplatzes, auf das An- bzw. Abschalten der Maschinen, auf ein akustisches Signal u.a.m. abstellen. Von der jeweils getroffenen Regelung hängt ab, ob das Umkleiden vor und nach der Arbeit, die Entgegennahme und Abgabe von Werkzeug, das Aufräumen und Säubern des Arbeitsplatzes zur Arbeitszeit zählt oder nicht.

Beispiel: Nach § 15 Abs. 7 BAT beginnt und endet die Arbeitszeit der Angestellten im öffentlichen Dienst an der Arbeitsstelle; dabei ist Arbeitsstelle die Dienststelle oder der Betrieb, nicht der Arbeitsplatz des Angestellten.

Nicht zur Arbeitszeit gehört der Weg von der Wohnung des Arbeitnehmers zum Betrieb (3.14). Hingegen sind Wege im Betrieb Teil der Arbeitszeit. Auch Wege vom Betrieb zu außerhalb gelegenen Arbeitsstätten rechnen zur Arbeitszeit, sofern sie länger sind als der Weg von der Wohnung zum Betrieb (3.14).

49 **Arbeitsbereitschaft.** Als Arbeitsbereitschaft ist die Zeit anzusehen, in der der Arbeitnehmer nicht ständig angestrengt tätig ist, sondern lediglich am Arbeitsplatz anwesend sein muß, um den Arbeitsablauf zu beobachten, aber verpflichtet ist, im Bedarfsfalle, wenn Vollarbeit erforderlich ist, sofort die Arbeit aufzunehmen. Typisch für die Arbeitsbereitschaft ist der nicht im voraus festliegende Wechsel zwischen bloßer Bereitschaft und vollem Arbeitseinsatz. Gegenüber der Vollarbeit liegt eine geringere Beanspruchung des Arbeitnehmers vor, so daß eine zwischenzeitliche Entspannung bzw. Erholung möglich ist (3.15). Arbeitszeitrechtlich zählt die Arbeitsbereitschaft als Arbeitszeit.

Die Arbeitsbereitschaft ist nicht zu verwechseln mit Bereitschaftsdienst und Rufbereitschaft. Bereitschaftsdienst liegt vor, wenn der Arbeitnehmer sich an einer vom Arbeitgeber bestimmten Stelle innerhalb oder außerhalb des Betriebes aufzuhalten hat, um, sobald er gerufen wird, seine Arbeit aufzunehmen, ohne daß jedoch der Arbeitnehmer den Arbeitsablauf ständig verfolgen muß. Vielmehr ist er in der Verwendung der Zeit frei (3.16), er kann lesen, schlafen u.a.m. Rufbereitschaft ist die Verpflichtung des Arbeitnehmers, sich an einem selbst bestimmten, aber dem Arbeitgeber anzugebenden Ort auf Abruf zur Arbeit bereitzuhalten (3.16). Auch hier kann der Arbeitnehmer über die Verwendung der Zeit selbst entscheiden. Bereitschaftsdienst und Rufbereitschaft zählen deshalb nicht als Arbeitszeit.

Beispiele: Ein Verkäufer leistet Vollarbeit, solange er bedient, auf- und einräumt; Arbeitsbereitschaft liegt vor, wenn er auf Kundschaft wartet. Ein Arbeiter, der eine Anlage dauernd beobachtet und darauf zu achten hat, daß die Anlage reibungslos funktioniert, leistet Vollarbeit; wenn er lediglich anwesend sein muß, um auf ein Signal tätig zu werden, handelt es sich um Arbeitsbereitschaft. Ein Feuerwehrman, der beobachtet, ob Feuer ausbricht (= Turmposten bei Gefahr von Waldbränden), leistet schon bei der Beobachtung Arbeit; ein Feuerwehrmann, der in der Feuerwache wartet, ob Feueralarm gegeben wird und der nicht zur Gerätepflege o.ä. eingesetzt ist, leistet Bereitschaftsdienst.

50 **Ruhepausen.** Als Ruhepausen werden die im voraus festliegenden Unterbrechungen der täglichen Arbeitszeit für eine bestimmte Zeit bezeichnet. Während der Ruhepausen darf der Arbeitnehmer nicht zur Leistung von Arbeit herangezogen werden (abgesehen von Notfällen und außergewöhnlichen Fällen); er braucht sich auch nicht zur Arbeitsleistung bereitzuhalten, sondern kann frei darüber verfügen, wie und wo er die Ruhepausen verbringen will (3.17). Ruhepausen zählen deshalb nicht zur Arbeitszeit (anders nur im Bergbau). Dem Zweck und dem Wesen der Ruhepause entspricht es, daß der Arbeitnehmer während der Pause den Arbeitsplatz verläßt, sich im Freien oder in einem besonderen Raum zur Erholung aufhält (3.17).

Sog. Betriebspausen, d.h. Unterbrechungen der Arbeit aus technischen Gründen (z.B. Erhitzen, Abkühlen, Trocknen eines Werkstückes) sind keine Ruhepausen, mögen sie auch regelmäßig wiederkehren und im voraus festliegen, weil der Arbeitnehmer während dieser Zeit dem Arbeitgeber weiter zur Verfügung steht. Sie gehören zur Arbeitszeit.

51 **Ruhezeit.** Als Ruhezeit gilt die Zeit zwischen dem Ende der täglichen Arbeitszeit und dem Wiederbeginn der Arbeit. Die Ruhezeit soll es dem Arbeitneh-

mer ermöglichen, sich von der geleisteten Arbeit zu erholen und neue Kräfte für den nächsten Arbeitstag zu sammeln. Der Arbeitnehmer darf deshalb in dieser Zeit zu keinerlei Arbeit, auch nicht zu kurzen Zwischenarbeiten, herangezogen werden; auch freiwillige Arbeit darf der Arbeitgeber nicht zulassen (3.18). Eine evtl. vom Arbeitgeber geforderte Arbeitsleistung kann der Arbeitnehmer verweigern.

Bereitschaftsdienst und Rufbereitschaft sind keine Ruhezeit (3.19). Zwar kann der Arbeitnehmer während des Bereitschaftsdienstes und der Rufbereitschaft über die Verwendung der Zeit frei entscheiden, er steht aber während dieser Zeit dem Betrieb weiterhin zur Verfügung. Demgegenüber ist die Ruhezeit echte Freizeit ohne Verpflichtung gegenüber dem Betrieb.

2.122.2 Arbeitszeitschutz

52 Rechtsgrundlagen. Das wichtigste Gesetz auf dem Gebiet des Arbeitszeitschutzes ist das Arbeitszeitgesetz (ArbZG), das am 01.07.94 als Art. 1 des Gesetzes zur Vereinheitlichung und Flexibilisierung des Arbeitszeitrechtes (Arbeitszeitrechtsgesetz - ArbZRG) in Kraft getreten ist. Sonderregelungen finden sich im Jugendarbeitsschutzgesetz (§§ 8-18, 20-21b JArbSchG), im Mutterschutzgesetz (§§ 3, 6, 7, 8 MuSchG), im Seemannsgesetz (§§ 84-91, 96-100a, 103, 104, 140 SeemG), im Gesetz über den Ladenschluß und im Gesetz über die Arbeitszeit in Bäckereien und Konditoreien.

Das Arbeitszeitgesetz ist an die Stelle der bis zum 30.06.1994 geltenden Arbeitszeitordnung (AZO) aus dem Jahre 1938 getreten; es ersetzt gleichzeitig die bis dahin gültigen Vorschriften der §§ 105a-105i der Gewerbeordnung über die Arbeit an Sonn- und Feiertagen sowie eine Reihe weiterer älterer Arbeitszeit-, Ruhezeit- und Pausenvorschriften. Eine Aufzählung der mit Inkrafttreten des Arbeitszeitrechtsgesetzes aufgehobenen Vorschriften findet sich in Art. 21 ArbZRG.

53 Zweck. Das Arbeitszeitgesetz regelt den öffentlichrechtlichen Arbeitszeitschutz (= Höchstarbeitszeiten, Mindestruhepausen, Mindestruhezeiten, Nachtarbeitsbeschränkungen) sowie das Verbot der Sonn- und Feiertagsarbeit (mit Ausnahmen). Es soll die Sicherheit und den Gesundheitsschutz der Arbeitnehmer bei der Arbeitszeitgestaltung gewährleisten und die Rahmenbedingungen für flexible Arbeitszeiten verbessern; außerdem sollen der Sonntag und die staatlich anerkannten Feiertage als Tage der Arbeitsruhe geschützt werden (§ 1 ArbZG).

Verstöße gegen das Gesetz werden durch Geldbußen oder Strafen geahndet (siehe Rz 64). Vereinbarungen, die gegen das Gesetz verstoßen, sind gem. § 134 BGB nichtig (siehe Rz 25 und 34). Der Arbeitnehmer kann die Arbeit verweigern, wenn der Arbeitgeber ihn über die zulässige Höchstdauer hinaus oder an Sonn- und Feiertagen beschäftigen will.

Das Gesetz begründet keine privatrechtliche Verpflichtung für den Arbeitnehmer, während der gesetzlich zulässigen Arbeitszeit zu arbeiten. Die Dauer der täglichen Arbeitszeit (innerhalb des gesetzlichen Rahmens) ist vielmehr Sache der Vereinbarung zwischen den Parteien des Arbeitsvertrages, oder sie wird - bei beiderseitiger Tarifgebundenheit - durch den Tarifvertrag bestimmt.

54 Geltungsbereich. Das Arbeitszeitgesetz gilt für alle Arbeitnehmer über 18 Jahre. Für die Beschäftigung von Personen unter 18 Jahre (= Kinder, Jugendliche) gilt anstelle des Arbeitszeitgesetzes das Jugendarbeitsschutzgesetz (§ 18 Abs. 2 ArbZG).

Arbeitnehmer i.S. des Arbeitszeitgesetzes sind Arbeiter und Angestellte sowie die zu ihrer Berufsbildung Beschäftigten (§ 2 Abs. 2 ArbZG). Das Gesetz ist nicht anzuwenden auf leitende Angestellte (i.S. von § 5 Abs. 3 BetrVG, siehe hierzu Rz 10) und auf Chefärzte (§ 18 Abs. 1 Nr. 1 ArbZG). Es gilt auch nicht für Leiter von öffentlichen Dienststellen und deren Vertreter sowie für Arbeitnehmer im öffentlichen Dienst, die zu selbständigen Entscheidungen in Personalangelegenheiten befugt sind (§ 18 Abs. 1 Nr. 2 ArbZG). Ausgenommen ist ferner der liturgische Bereich der Kirchen (§ 18 Abs. 1 Nr. 4 ArbZG).

Sonderschutzbestimmungen für weibliche Arbeitnehmer gibt es nicht. Die in der früheren Arbeitszeitordnung enthaltenen Beschäftigungsverbote und -beschränkungen für Frauen, auch das Nachtarbeitsverbot für Arbeiterinnen und die Hausarbeitstagsregelungen, wurden aus Gründen der Gleichbehandlung von Frauen und Männern aufgehoben (Art. 21 Nr. 1, 2, Art. 19 ArbZRG) und durch einen für Frauen und Männer einheitlichen Arbeitsschutz ersetzt.

Unter das Gesetz fallen Betriebe und Verwaltungen aller Art in allen Beschäftigungsbereichen. Ausgenommen sind lediglich Kauffahrteischiffe, für die anstelle des Arbeitszeitgesetzes das Seemannsgesetz gilt (§ 18 Abs. 3 ArbZG), und Bäckereien und Konditoreien, auf die anstelle des Arbeitszeitgesetzes das Gesetz über die Arbeitszeit in Bäckereien und Konditoreien Anwendung findet (§ 18 Abs. 4 ArbZG). Sonderregelungen bestehen ferner für Besatzungsmitglieder von Flugzeugen und Binnenschiffen (§§ 20, 21 ArbZG).

55 **Gesetzliche Arbeitszeit.** Die werktägliche Arbeitszeit der Arbeitnehmer darf acht Stunden nicht überschreiten (§ 3 Satz 1 ArbZG); dies bedeutet bei maximal sechs Werktagen einer Woche eine höchstzulässige wöchentliche Arbeitszeit von 48 Stunden.

Der 8-Stunden-Tag ist jedoch nicht die gesetzliche Regelarbeitszeit (3.20). Vielmehr kann die gesetzlich zulässige werktägliche Arbeitszeit von acht Stunden kraft Gesetz von jedem Betrieb bzw. von jeder Verwaltung auf bis zu zehn Stunden verlängert werden (§ 3 Satz 2 ArbZG). Die Verlängerung ist aus jedem Grund möglich. Voraussetzung ist nur, daß innerhalb von sechs Kalendermonaten oder innerhalb von 24 Wochen im Durchschnitt eine Arbeitszeit von acht Stunden werktäglich nicht überschritten wird. Es darf also die Summe der von einem einzelnen Arbeitnehmer geleisteten Arbeitsstunden nicht größer als 6×8×24 = 1 152 Stunden sein (bei einem Ausgleichszeitraum von 24 Wochen). Das Arbeitszeitgesetz legt nicht fest, an wievielen Werktagen in der Woche der Arbeitnehmer zu arbeiten hat; die Verteilung der 1 152 Stunden auf die Werktage ist den Betrieben überlassen. Möglich ist eine Verteilung auf 24×6 = 144 Werktage oder auf 24×5 = 120 Werktage. Der Extremfall wäre die Verteilung auf nur 116 Werktage: 115 Werktage zu je zehn Stunden, 1 Werktag zu zwei Stunden, die restlichen 28 Werktage arbeitsfrei.

Mit dem langen Ausgleichszeitraum von sechs Kalendermonaten oder 24 Wochen wird den Betrieben und Verwaltungen ausreichend Spielraum für flexible Arbeitszeiten und für die Entwicklung neuer Arbeitszeitmodelle eingeräumt. Der Arbeitgeber kann einen kürzeren Ausgleichszeitraum wählen, nicht dagegen einen längeren; ein längerer Ausgleichszeitraum kann nur in einem Tarifvertrag oder in einer Betriebsvereinbarung festgelegt werden (siehe Rz 59). Der Wechsel von einem Ausgleichszeitraum zu einem anderen ist zulässig. Ohne Bedeutung ist, ob die Werktage mit einer längeren oder kürzeren Arbeitszeit am Anfang, am Ende oder in der Mitte des Ausgleichszeitraumes liegen (3.20). Bei der Wahl des Ausgleichszeitraumes bestimmt der Betriebsrat nach § 87 Abs. 1 Nr. 2 BetrVG mit.

56 **Gesetzliche Ruhepausen.** Die tägliche Arbeit ist durch im voraus feststehende Ruhepausen zu unterbrechen (§ 4 Satz 1 ArbZG). Dies bedeutet, daß zu Beginn der täglichen Arbeit zumindest ein bestimmter zeitlicher Rahmen feststehen muß (3.21). Die Mindestdauer der Ruhepausen ist nach der Dauer der Arbeitszeit gestaffelt; sie beträgt für männliche und weibliche Arbeitnehmer bei einer Arbeitszeit von mehr als sechs und weniger als neun Stunden 30 Minuten, bei einer Arbeitszeit von mehr als neun Stunden 45 Minuten. Die Ruhepausen können in Zeitabschnitte von jeweils 15 Minuten aufgeteilt werden (§ 4 Satz 2 ArbZG). In Schichtbetrieben und Verkehrsbetrieben können durch Tarifvertrag Kurzpausen von angemessener Dauer eingeführt werden (siehe Rz 59). Länger als sechs Stunden hintereinander darf ein Arbeitnehmer nicht ohne Ruhepause beschäftigt werden (§ 4 Satz 3 ArbZG).

57 **Gesetzliche Ruhezeiten.** Die Arbeitnehmer müssen nach Beendigung der täglichen Arbeitszeit eine ununterbrochene Ruhezeit von mindestens elf Stunden haben (§ 5 Abs. 1 ArbZG). Es muß gewährleistet sein, daß der Arbeitnehmer in dieser Zeit zu keiner Arbeitsleistung herangezogen wird. Jede Unterbrechung der Ruhezeit durch Arbeitsleistung setzt eine neue, zusammenhängende Ruhezeit von elf Stunden in Gang.

Unter täglicher Arbeitszeit ist nicht die Arbeitszeit eines Kalendertages, sondern die Arbeitszeit eines Arbeitstages des betreffenden Arbeitnehmers zu verstehen. Dieser individuelle Arbeitstag hat zwar auch 24 Stunden, er wird jedoch nicht wie der Kalendertag ab 0^{00} Uhr, sondern von Beginn der Arbeitszeit des betreffenden Arbeitnehmers ab gezählt und endet 24 Stunden später (3.20). Dauert beispielsweise die Arbeitszeit an einem Arbeitstag von 8^{00} bis 17^{00} Uhr, so beginnt die Ruhezeit um 17^{00} Uhr; dauert die Arbeitszeit z.B. aufgrund einer abweichenden Regelung im Tarifvertrag (siehe Rz 59) im Extremfall 24 Stunden, dann ist die Ruhezeit nach Ablauf dieser 24 Stunden zu gewähren (3.20). Die Ruhezeit läuft auch in arbeitsfreien Zeiten durch Sonntage oder Feiertage; endet beispielsweise die Arbeitszeit am Samstag um 24^{00} Uhr, so beginnt die Ruhezeit am Sonntag 0^{00} Uhr, nicht erst am Montag 0^{00} Uhr.

In Krankenhäusern und anderen Einrichtungen des Pflegebereiches, in Gaststätten und verwandten Betrieben, in Verkehrsbetrieben, beim Rundfunk sowie in der Landwirtschaft und in der Tierhaltung kann die Dauer der Ruhezeit bis auf 10 Stunden verkürzt werden (§ 5 Abs. 2 ArbZG). Eine Verkürzung ist jedoch nur zulässig, wenn sie innerhalb eines Kalendermonats oder innerhalb von vier Wochen durch Verlängerung einer anderen Ruhezeit auf mindestens zwölf Stunden ausgeglichen wird. Soweit Vorschriften der Europäischen Gemeinschaften für Kraftfahrer und Beifahrer geringere Mindestruhezeiten zulassen, gelten diese Vorschriften (§ 5 Abs. 4 ArbZG)

Für Krankenhäuser und andere Einrichtungen des Pflegebereiches besteht eine weitere Sonderregelung. Wird hier während des Bereitschaftsdienstes oder der Rufbereitschaft Arbeit geleistet und dadurch die Ruhezeit verkürzt, so kann die geleistete Arbeitszeit zu anderen Zeiten als unmittelbar im Anschluß an den Bereitschaftsdienst oder die Rufbereitschaft ausgeglichen werden (§ 5 Abs. 3 ArbZG). Das Gesetz sieht hier keinen bestimmten Zeitraum vor, innerhalb dessen der Ausgleich zu erfolgen hat. Mit dieser Regelung soll sichergestellt werden, daß trotz Arbeitsleistung während des Bereitschaftsdienstes oder während der Rufbereitschaft die dort beschäftigten Personen planmäßig im Anschluß an den Bereitschaftsdienst bzw. an die Rufbereitschaft sofort ihre Tätigkeit aufnehmen können, ohne daß zunächst eine (mindestens) zehnstündige Ruhezeit erforderlich ist. Voraussetzung ist, daß die geleistete Arbeitszeit während des Bereitschaftsdienstes oder während der Rufbereitschaft nicht mehr als die Hälfte der Ruhezeit beträgt. Umfaßt die geleistete Arbeitszeit mehr als die Hälfte der Ruhezeit (also bei einer verbleibenden Ruhezeit von weniger als fünf Stunden), so darf nach Beendigung des Bereitschaftsdienstes bzw. der Rufbereitschaft der planmäßige Dienst nicht angetreten werden. Es ist dann eine erneute Ruhezeit erforderlich.

58 **Nacht- und Schichtarbeit.** Die werktägliche Arbeitszeit der Nachtarbeitnehmer entspricht der Arbeitszeit der anderen Arbeitnehmer; sie darf acht Stunden nicht überschreiten (§ 6 Abs. 2 Satz 1 ArbZG). Wegen der durch die Nachtarbeit hervorgerufenen erheblichen Störungen im Befinden des Arbeitnehmers ist eine Verlängerung der werktäglichen Nachtarbeitszeit nur unter engen Voraussetzungen möglich. Eine Verlängerung auf bis zu zehn Stunden je Werktag ist nur zulässig, wenn innerhalb eines Kalendermonates oder innerhalb von vier Wochen ein Ausgleich derart geschaffen wird, daß im Durchschnitt acht Stunden werktäglich nicht überschritten werden (§ 6 Abs. 2 Satz 2 ArbZG). Maximal sind demnach für einen Nachtarbeitnehmer 6×8×4 = 192 Stunden zulässig (bei einem angenommenen Ausgleichszeitraum von vier Wochen). Durch Tarifvertrag oder Betriebsvereinbarung kann der Ausgleichszeitraum verlängert werden (siehe Rz 59).

Nachtarbeitnehmer ist, wer aufgrund seiner Arbeitszeitgestaltung normalerweise (also nicht nur ein- oder zweimal im Monat) Nachtarbeit in Wechselschicht zu leisten hat oder Nachtarbeit an mindestens 48 Tagen im Kalenderjahr leistet (§ 2 Abs. 5 ArbZG). Als Nachtarbeit gilt jede Arbeit, die mehr als zwei Stunden der Nachtzeit, d.h. der Zeit von 23^{00} Uhr bis 6^{00} Uhr umfaßt (§ 2 Abs. 3 und Abs. 4 ArbZG). In einem Tarifvertrag oder in einer Betriebsvereinbarung kann der Beginn der siebenstündigen Nachtzeit auf die Zeit zwischen 22^{00} und 24^{00} Uhr festgelegt werden (siehe Rz 59).

59 **Abweichende Regelungen.** Das Arbeitszeitgesetz sieht in § 7 Abs. 1 und Abs. 2 die Möglichkeit vor, in einem Tarifvertrag oder in einer Betriebsvereinbarung von den in den §§ 3 bis 5 ArbZG festgelegten Grundnormen sowie von § 6 Abs. 2 ArbZG in einem bestimmten Umfang abzuweichen. Der Regelungsspielraum des § 7 Abs. 1 und Abs. 2 ArbZG ermöglicht es den Tarifvertragsparteien und Betriebspartnern, unter Ausnutzung ihrer größeren Sachnähe eigenständige Regelungen zu vereinbaren, die praxisnäher, sachgerechter und effektiver sind als die gesetzlichen.

Beispielsweise kann abweichend von § 3 ArbZG die Arbeitszeit über zehn Stunden werktäglich auch ohne Ausgleich verlängert werden, wenn in die Arbeitszeit regelmäßig und in erheblichem Umfang Arbeitsbereitschaft fällt (§ 7 Abs. 1 Nr. 1a ArbZG); es kann ein anderer (= kürzerer oder längerer) Ausgleichszeitraum festgelegt werden (§ 7 Abs. 1 Nr. 1b ArbZG), wobei das Gesetz den Tarifvertragsparteien und Betriebspartnern keine Unter- und Obergrenzen vorschreibt, so daß auch Ausgleichszeiträume von 52 Wochen und mehr möglich sind; es kann ohne Ausgleich die Arbeitszeit auf bis zu zehn Stunden werktäglich an höchstens 60 Tagen im Jahr verlängert werden (§ 7 Abs. 1 Nr. 1c ArbZG). Abweichend von § 4 Satz 2 ArbZG kann die Gesamtdauer der Ruhepausen in Schichtbetrieben und Verkehrsbetrieben auf Kurzpausen von angemessener Dauer aufgeteilt werden (§ 7 Abs. 1 Nr. 2 ArbZG). Die Ruhezeit kann abweichend von § 5 Abs. 1 ArbZG um bis zu zwei Stunden gekürzt werden, wenn die Art der Arbeit dies erfordert und die Kürzung innerhalb eines festzulegenden Zeitraumes ausgeglichen wird (§ 7 Abs. 1 Nr. 3 ArbZG). Abweichend von § 6 Abs. 2 ArbZG kann die Nachtarbeitszeit über zehn Stunden je Werktag hinaus ohne Ausgleich verlängert werden, wenn in die Arbeitszeit regelmäßig und in erheblichem Umfang Arbeitsbereitschaft fällt (§ 7 Abs. 1 Nr. 4a ArbZG); auch kann ein anderer Ausgleichszeitraum als in § 6 Abs. 2 Satz 2 vorgesehen vereinbart werden (§ 7 Abs. 1 Nr. 4b ArbZG). Schließlich kann der Beginn der siebenstündigen Nachtarbeitszeit abweichend von § 2 Abs. 4 ArbZG auf die Zeit zwischen 22^{00} und 24^{00} Uhr festgelegt werden (§ 7 Abs. 1 Nr. 5 ArbZG).

Abweichende tarifvertragliche Regelungen gelten nur zwischen tarifgebundenen Arbeitgebern und Arbeitnehmern, die unter den Geltungsbereich des Tarifvertrages fallen, es sei denn, der Tarifvertrag ist für allgemeinverbindlich erklärt worden (§§ 4 Abs. 1, 5 Abs. 4 TVG).

Abweichende Regelungen in einer Betriebsvereinbarung setzen voraus, daß ein Tarifvertrag vorliegt und aus diesem eindeutig hervorgeht, daß die Tarifvertragsparteien ihre Befugnis zur Vereinbarung von Abweichungen auf die Betriebspartner (= Arbeitgeber und Betriebsrat) übertragen haben (3.22). Liegt eine solche Öffnungsklausel vor, so können auch nichttarifgebundene Arbeitgeber mit ihren Betriebsräten eine Betriebsvereinbarung im Rahmen des § 7 Abs. 1 und Abs. 2 ArbZG abschließen. Eine Betriebsvereinbarung gilt unmittelbar und zwingend für den Betrieb, für den sie abgeschlossen wird (§§ 77 Abs. 4 Satz 1 BetrVG).

Das Arbeitszeitgesetz sieht ferner die Möglichkeit vor, daß im Geltungsbereich eines Tarifvertrages abweichende tarifvertragliche Regelungen im Betrieb eines nicht tarifgebundenen Arbeitgebers durch Betriebsvereinbarung übernommen werden können (§ 7 Abs. 3 Satz 1 ArbZG). Die Übernahme abweichender tariflicher Regelungen kann auch, wenn ein Betriebsrat nicht besteht, durch schriftliche Vereinbarung im Arbeitsvertrag zwischen dem Arbeitgeber und dem Arbeitnehmer erfolgen (§ 7 Abs. 3 Satz 1 ArbZG).

60 **Sonn- und Feiertagsruhe.** Die Beschäftigung von Arbeitnehmerm an Sonntagen und an gesetzlichen Feiertagen von 0^{00} bis 24^{00} Uhr ist grundsätzlich untersagt (§ 9 Abs. 1 ArbZG). Die beschäftigungsfreie Zeit des einzelnen Arbeitnehmers muß sich mit dem Kalendersonntag bzw. Kalenderfeiertag decken.

In mehrschichtigen Betrieben mit regelmäßiger Tag- und Nachtschicht kann der Beginn oder das Ende der Sonn- und Feiertagsruhe um bis zu sechs Stunden vor- oder zurückverlegt werden (§ 9 Abs. 2 ArbZG), z.B. auf Samstag 22^{00} Uhr bis Sonntag 22^{00} Uhr oder auf Sonntag 6^{00} Uhr bis Montag 6^{00} Uhr entsprechend den Schichtwechselzeiten 6^{00} Uhr, 14^{00} Uhr, 22^{00} Uhr. Bei der Vor- oder Zurückverlegung muß aber eine beschäftigungsfreie Zeit von 24 Stunden eingehalten werden.

Für Kraftfahrer und Beifahrer kann der Beginn der 24-stündigen Sonn- und Feiertagsruhe entsprechend dem bis 22^{00} Uhr dauernden Fahrverbot in § 30 Abs. 3 StVO um bis zu zwei Stunden vorverlegt werden (§ 9 Abs. 3 ArbZG).

Zu beachten ist, daß gem. § 11 Abs. 4 ArbZG die Sonn- oder Feiertagsruhe unmittelbar in Verbindung mit der mindestens elfstündigen Ruhezeit (Rz 57) zu gewähren ist, soweit dem technische oder arbeitsorganisatorische Gründe nicht entgegenstehen. Das bedeutet, daß zwischen dem Ende der Arbeitszeit vor einem Sonn- oder Feiertag und dem Beginn der Arbeit nach dem Sonn- oder Feiertag mindestens 35 Stunden liegen müssen.

Zulässig wäre also eine Arbeitszeit von 6^{00} bis 14^{00} Uhr vor dem Sonn- oder Feiertag, Arbeitsbeginn nach dem Sonn- oder Feiertag um 6^{00} Uhr. Nicht zulässig wäre eine Arbeitszeit von 14^{00} bis 22^{00} Uhr vor dem Sonn- oder Feiertag, Arbeitsbeginn nach dem Sonn- oder Feiertag um 6^{00} Uhr.

61 **Sonn- und Feiertagsbeschäftigung.** Das grundsätzliche Verbot der Beschäftigung an Sonntagen und an gesetzlichen Feiertagen wird durch gesetzlich geregelte Ausnahmen durchbrochen, die in einem Katalog von 17 Generalklauseln zusammengefaßt sind (§ 10 Abs. 1 und 2 ArbZG).

Der Ausnahmekatalog des § 10 ArbZG umfaßt u.a. Not- und Rettungsdienste, Feuerwehr, Polizei, Gerichte, Behörden, Krankenhäuser, Gaststätten, Hotels, Theater, Museen, Messen, Ausstellungen, Sporteinrichtungen, Rundfunk, Presse, Verkehrsbetriebe, Energie- und Versorgungsbetriebe, Abfall- und Abwasserentsorgungsbetriebe, Landwirtschaft und Tierhaltung, Bewachungsgewerbe, Reinigungs- und Instandhaltungsarbeiten, Rechenanlagen (zur Aufrechterhaltung der Funktionsfähigkeit von Datennetzen und Rechnersystemen).

Außerdem ermächtigt das Arbeitszeitgesetz die Bundesregierung bzw. die Landesregierungen, über die in § 10 ArbZG genannten Ausnahmen hinaus durch Rechtsverordnung weitere Ausnahmen zuzulassen (§ 13 Abs. 1 und Abs. 2 ArbZG). Auch können bzw. sollen die Aufsichtsbehörden (i.d.R. die Gewerbeaufsichtsämter) unter bestimmten Voraussetzungen die Beschäftigung von Arbeitnehmern an Sonn- und Feiertagen bewilligen (§ 13 Abs. 3, 4 und 5 ArbZG).

Gem. § 13 Abs. 4 ArbZG sollen die Aufsichtsbehörden die Beschäftigung an Sonn- und Feiertagen genehmigen, wenn die Arbeit aus chemischen, biologischen, technischen oder physikalischen Gründen einen ununterbrochenen Fortgang auch an Sonn- und Feiertagen erfordert. Gem. § 13 Abs. 5 ArbZG haben die Aufsichtsbehörden Sonn- und Feiertagsarbeit zu bewilligen, wenn bei einer weitgehenden Ausnutzung der gesetzlich zulässigen wöchentlichen Betriebszeiten und bei längeren Betriebszeiten im Ausland die Konkurrenzfähigkeit eines Betriebes unzumutbar beeinträchtigt ist und durch die Genehmigung der Sonn- und Feiertagsarbeit die Beschäftigung gesichert werden kann. Die Erteilung einer Ausnahmegenehmigung nach § 13 Abs. 5 ArbZG setzt also die Feststellung der Aufsichtsbehörde voraus, daß das antragstellende Unternehmen die gesetzlich zulässige Betriebszeit von 6×24 Stunden = 144 Stunden/Woche weitgehend ausschöpft und daß die ausländischen Konkurrenten des Unternehmens mehr als 144 Stunden in der Woche produzieren; ferner, daß die Konkurrenzfähigkeit des Unternehmens zumutbar beeinträchtigt ist und daß ohne Genehmigung der Sonn- und Feiertagsarbeit Arbeitsplätze verlorengehen.

Schließlich kann bei vorübergehenden Arbeiten in Notfällen und in außergewöhnlichen Fällen vom Verbot der Sonn- und Feiertagsarbeit abgewichen werden (siehe Rz 63).

62 **Ausgleich für Sonn- und Feiertagsbeschäftigung.** Für die Beschäftigung an einem Sonntag oder an einem gesetzlichen Feiertag ist dem Arbeitnehmer jeweils ein Ersatzruhetag einzuräumen. Der Ersatzruhetag für einen Sonntag muß innerhalb eines den Beschäftigungstag einschließenden Zeitraumes von zwei Wochen gewährt werden; der Ersatzruhetag für einen auf einen Werktag fallenden Feiertag muß innerhalb eines den Beschäftigungstag einschließenden Zeitraumes von acht Wochen liegen (§ 11 Abs. 3 ArbZG). Mindestens 15 Sonntage im Jahr müssen beschäftigungsfrei bleiben (§ 11 Abs. 1 ArbZG). Abweichende Regelungen von § 11 Abs. 1 und Abs. 3 in einem Tarifvertrag oder in einer Betriebsvereinbarung sind zulässig (§ 12 ArbZG).

Auch der Ersatzruhetag muß unmittelbar in Verbindung mit der elfstündigen Ruhezeit gewährt werden (§ 11 Abs. 4 ArbZG).

63 **Außergewöhnliche Fälle.** Von den §§ 3 (= gesetzliche Arbeitszeit), 4 (= gesetzliche Ruhepausen), 5 (= gesetzliche Ruhezeit), 6 Abs. 2 (= Nachtarbeitszeit), 7 (= abweichende Regelung in Tarifvertrag oder Betriebsvereinbarung), 9 (= Sonn- und Feiertagsruhe), 10 (= Sonn- und Feiertagsbeschäftigung) und 11 (= Ausgleich für Sonn- und Feiertagsbeschäftigung) darf abgewichen werden

- bei vorübergehenden Arbeiten in Notfällen (z.B. Brand, Explosion) und in außergewöhnlichen Fällen, die unabhängig vom Willen der Betroffenen eintreten und deren Folgen nicht auf andere Weise zu beseitigen sind, besonders wenn Rohstoffe oder Lebensmittel zu verderben oder Arbeitsergebnisse zu mißlingen drohen (§ 14 Abs. 1 ArbZG)

- wenn nur eine verhältnismäßig geringe Zahl von Arbeitnehmern vorübergehend mit Arbeiten beschäftigt wird, deren Nichterledigung das Ergebnis der Arbeiten gefährden oder einen unverhältnismäßigen Schaden zur Folge haben würden (§ 14 Abs. 2 Nr. 1 ArbZG)
- ferner bei unaufschiebbaren Vor- und Abschlußarbeiten (z.B. Anfeuern von Öfen, Ingangsetzen der Maschinen) und bei unaufschiebbaren Arbeiten zur Behandlung und Pflege von Menschen oder Tieren an einzelnen Tagen (§ 14 Abs. 2 Nr. 2 ArbZG).

Eine besondere Bewilligung seitens der Aufsichtsbehörde ist in den genannten Fällen nicht erforderlich.

Weitere Ausnahmen sind möglich, wenn sie von der Aufsichtsbehörde bewilligt werden. Die hierfür erforderliche Ermächtigung der Aufsichtsbehörden findet sich in § 15 ArbZG.

64 **Bußgeld- und Strafvorschriften.** Ein Arbeitgeber, der vorsätzlich oder fahrlässig entgegen § 3 oder § 6 Abs. 2 ArbZG einen Arbeitnehmer über die Grenzen der Arbeitszeit hinaus beschäftigt oder entgegen § 4 ArbZG Ruhepausen nicht oder nicht mit der vorgeschriebenen Mindestdauer gewährt oder entgegen § 5 Abs. 1 ArbZG die Mindestruhezeit nicht einhält, handelt ordnungswidrig. Eine Ordnungswidrigkeit liegt auch vor, wenn der Arbeitgeber entgegen § 9 Abs. 1 ArbZG einen Arbeitnehmer an Sonn- oder Feiertagen beschäftigt oder entgegen § 11 Abs. 3 ArbZG einen Ersatzruhetag nicht gewährt. Die Ordnungswidrigkeit kann mit einer Geldbuße bis zu 30 000 DM geahndet werden (§ 22 ArbZG).

Wer eine der genannten Handlungen vorsätzlich begeht und dadurch die Gesundheit oder die Arbeitskraft eines Arbeitnehmers gefährdet, macht sich strafbar und wird mit Freiheitsstrafe bis zu einem Jahr oder mit Geldstrafe bestraft; wer die Gefahr fahrlässig verursacht, wird mit Freiheitsstrafe bis zu sechs Monaten oder mit Geldstrafe bis zu 180 Tagessätzen bestraft (§ 23 ArbZG). Strafbar macht sich ferner, wer eine der genannten Handlungen beharrlich wiederholt.

2.123.3 Arbeitszeitgestaltung

65 **Feste Arbeitszeit.** Die feste Arbeitszeitregelung ist dadurch gekennzeichnet, daß alle Arbeitnehmer eines Betriebes nach einem festen Plan für Beginn und Ende der täglichen Arbeitszeit einschließlich der Pausen arbeiten (3.23). Individuelle oder gruppenbezogene besondere Arbeitszeitregelungen sind nicht möglich.

66 **Gleitende Arbeitszeit.** Von gleitender Arbeitszeit wird gesprochen, wenn Beginn und Ende der täglichen Arbeitszeit des Arbeitnehmers nicht genau festgelegt sind, sondern vom Arbeitnehmer innerhalb einer gewissen Zeitspanne selbst bestimmt werden können. Bei der einfachen Gleitarbeitszeit kann der Arbeitnehmer früher oder später als sonst üblich mit der Arbeit beginnen, z.B. zwischen 7^{00} und 9^{00} Uhr, arbeitet aber an jedem Arbeitstag die vereinbarte Arbeitszeit von z.B. 8 Stunden. Bei der qualifizierten Gleitarbeitszeit (= gleitende Arbeitszeit mit Zeitausgleich) kann der Arbeitnehmer auch das Ende der täglichen Arbeitszeit in gewissen Grenzen bestimmen; er kann an einem Arbeitstag mehr,

an einem anderen Arbeitstag weniger als vereinbart arbeiten, also Arbeitszeit ansparen oder nachholen.

Bei der Einführung der gleitenden Arbeitszeit sind zu regeln (3.24): die Normalarbeitszeit; die Zeitspanne, innerhalb der die Arbeit begonnen und beendet werden kann; die Kernarbeitszeit, innerhalb der alle Arbeitnehmer an ihrem Arbeitsplatz sein müssen; das Zeitguthaben bzw. der Zeitrückstand, der bei der qualifizierten Gleitarbeitszeit innerhalb eines bestimmten Zeitraumes für einen Arbeitnehmer höchstens bestehen darf; der Ausgleichszeitraum, innerhalb dessen bei der qualifizierten Gleitarbeitszeit Zeitguthaben und Zeitrückstand auszugleichen sind.

Bei der gleitenden Arbeitszeit mit Zeitausgleich ist darauf zu achten, daß die werktägliche Arbeitszeit der Arbeitnehmer maximal zehn Stunden nicht übersteigen darf und daß innerhalb von sechs Kalendermonaten oder innerhalb von 24 Wochen ein Ausgleich derart herbeigeführt werden muß, daß im Durchschnitt acht Stunden werktäglich nicht überschritten werden (siehe Rz 55). Der Ausgleichszeitraum kann verkürzt, aber auch verlängert werden (Rz 59). Sowohl bei der einfachen wie bei der qualifizierten Gleitzeitarbeit ist ferner zu beachten, daß den Arbeitnehmern Ruhepausen zu gewähren sind, deren Zahl, Dauer und Länge im voraus feststehen muß (siehe Rz 56). Jedoch ist nicht erforderlich, daß die Pausen uhrzeitmäßig von vornherein genau bestimmt werden; es genügt festzulegen, daß z.B. drei Stunden nach Arbeitsbeginn eine Pause von z.B. 15 Minuten einzulegen ist und daß die Mittagspause von 12^{00} bis 12^{30} Uhr liegt (3.25).

67 **Teilzeitarbeit.** Teilzeitbeschäftigt sind die Arbeitnehmer, deren regelmäßige Wochenarbeitszeit kürzer ist als die regelmäßige Wochenarbeitszeit vergleichbarer vollzeitbeschäftigter Arbeitnehmer des Betriebes; ist eine regelmäßige Wochenarbeitszeit nicht vereinbart, so ist die regelmäßige Arbeitszeit maßgeblich, die im Jahresdurchschnitt auf eine Woche entfällt (§ 2 Abs. 2 BeschFG). Die verkürzte Wochenarbeitszeit muß für die Dauer des Arbeitsverhältnisses gelten; Teilzeitarbeit liegt mithin nicht vor bei vorübergehender Kurzarbeit. Die Dauer der Teilzeitbeschäftigung kann befristet werden (zur Zulässigkeit befristeter Verträge siehe Rz 323ff.). Die Gründe für die Verkürzung der Wochenarbeitszeit sind unbeachtlich (z.B. begrenzter Arbeitsbedarf, Wunsch des Arbeitnehmers).

Teilzeitarbeit ist in verschiedenen Formen möglich: als Halbtagsarbeit, bei der an jedem Arbeitstag der Woche verkürzt gearbeitet wird; als ganztägige Arbeit nur an einigen Tagen der Woche; als Arbeitsplatzteilung (= Job Sharing), bei der sich zwei oder mehrere Arbeitnehmer die Arbeitszeit an einem Arbeitsplatz stunden-, tage-, wochen- oder monatsweise teilen; als Abrufarbeit (= bedarfsabhängige variable Arbeitszeit), bei der die Lage und die Dauer der wöchentlichen Arbeitszeit vom Arbeitsanfall im Betrieb abhängt.

Das Beschäftigungsförderungsgesetz läßt die Arbeitsplatzteilung und die Abrufarbeit nur in bestimmten Grenzen zu. So können beim Job Sharing die beteiligten Arbeitnehmer nicht im voraus generell verpflichtet werden, sich bei Ausfall eines Kollegen wechselseitig zu vertreten; vielmehr bedarf es dazu in jedem Vertretungsfall einer besonderen Vereinbarung (§ 5 Abs. 1 Satz 1 BeschFG). Eine Vertretungspflicht kann im voraus nur für den Fall eines dringenden betrieblichen Erfordernisses (Beispiele: drohender Verderb von Erzeugnissen, Gefahr von Störungen im Betriebsablauf) vereinbart werden; jedoch ist auch dann der Arbeitnehmer zur Vertretung nur verpflichtet, soweit sie ihm im Einzelfall zumutbar ist (§ 5 Abs. 1 Satz 2 BeschFG).

Bei der Abrufarbeit schreibt das Beschäftigungsförderungsgesetz vor, daß Arbeitgeber und Arbeitnehmer bei Abschluß des Vertrages eine bestimmte Dauer der Arbeitszeit vereinbaren; ist eine bestimmte Dauer der Arbeitszeit nicht festgelegt, so gilt eine wöchentliche Arbeitszeit von zehn Stunden als vereinbart (§ 4 Abs. 1 BeschFG). Die Lage der Arbeitszeit muß dem Arbeitnehmer mindestens vier Tage im voraus mitgeteilt werden; wird die Ankündigungsfrist nicht eingehalten, ist der Arbeitnehmer nicht zur Arbeitsleistung verpflichtet (§ 4 Abs. 2 BeschFG). Ist die Dauer der täglichen Arbeitszeit nicht im Arbeitsvertrag festgelegt, so ist der Arbeitgeber verpflichtet, den Arbeitnehmer jeweils für mindestens drei aufeinanderfolgende Stunden zur Arbeitsleistung in Anspruch zu nehmen (§ 4 Abs. 3 BeschFG).

Grundsätzlich sind mehrere Teilzeitbeschäftigungen nebeneinander oder eine Teilzeitbeschäftigung neben einer Hauptbeschäftigung zulässig. Zu beachten ist lediglich, daß die gesetzlich zulässige werktägliche Arbeitszeit von maximal zehn Stunden und die gesetzlich zulässige Gesamtarbeitszeit von 1 152 Stunden (bei einem Ausgleichszeitraum von 24 Wochen) nicht überschritten werden darf (siehe Rz 55).

Auf Teilzeitarbeitsverhältnisse ist das Arbeitsrecht in vollem Umfang anzuwenden, soweit nicht die Besonderheiten der Teilzeitarbeit Abweichungen erfordern. Teilzeitbeschäftigte Arbeitnehmer dürfen vom Arbeitgeber wegen der Teilzeitarbeit nicht anders behandelt werden als vollzeitbeschäftigte Arbeitnehmer, es sei denn, daß sachliche Gründe eine unterschiedliche Behandlung rechtfertigen (§ 2 Abs. 1 BeschFG).

- Für die Arbeitsvergütung und für die Gewährung von Zulagen, Prämien usw. gelten die gleichen Grundsätze wie bei vollzeitbeschäftigten Arbeitnehmern; die Bemessung der Vergütung knüpft entweder an die pro Zeiteinheit geleistete Arbeit an (= Stundenlohn, Monatsgehalt) oder sie richtet sich nach der Stückzahl pro Zeiteinheit (= Akkord). Wegen des Gleichbehandlungsgebotes des § 2 Abs. 1 BeschFG sind Differenzierungen im Vergütungsbereich zum Nachteil der Teilzeitbeschäftigten nur zulässig, wenn hierfür sachliche Gründe vorliegen. Beispiele: unterschiedliche Arbeitsplatzanforderungen, unterschiedliche Qualifikationen.
- Aus der Vereinbarung einer Teilzeitbeschäftigung folgt regelmäßig, daß der Arbeitnehmer nicht verpflichtet ist, Überstunden zu leisten (3.26). Mit der Vereinbarung hat der Arbeitnehmer deutlich zu verstehen gegeben, daß er dem Arbeitgeber nur für eine begrenzte Zeit zur Verfügung stehen will. Etwas anderes gilt, wenn die Verpflichtung zur Leistung von Überstunden ausdrücklich vereinbart wurde, oder wenn sich aus den Umständen ergibt, daß die Teilzeit allein aus betrieblichen Gründung (z.B. zwecks Arbeitsstreckung) eingeführt wurde, oder wenn ein Notfall vorliegt. Leistet der Teilzeitbeschäftigte über die betriebsübliche Arbeitszeit hinaus Arbeit, so hat er einen Anspruch auf Überstundenvergütung; leistet er hingegen über seine individuelle Arbeitszeit hinaus Arbeit, ohne daß dabei die betriebliche Arbeitszeit überschritten wird, hat er nach herrschenden Meinung keinen Anspruch auf Überstundenvergütung (3.26).
- Wird ein Teilzeitbeschäftigter durch Arbeitsunfähigkeit infolge Krankheit an seiner Arbeitsleistung verhindert, ohne daß ihn ein Verschulden trifft, so hat er einen Anspruch auf Lohn- bzw. Gehaltsfortzahlung gegen den Arbeitgeber für die Zeit der Arbeitsunfähigkeit, längstens bis zur Dauer von sechs Wochen. Einzelheiten siehe Rz 133ff. Bei mehreren nebeneinander bestehenden Teilzeitarbeitsverhältnissen besteht ein Entgeltfortzahlungsanspruch gegen jeden Arbeitgeber. Im Falle einer unverschuldeten vorübergehenden Arbeitsverhinderung aus anderen persönlichen Gründen besteht ein Anspruch auf Fortzah-

lung der Vergütung gem. § 616 BGB (siehe Rz 147ff.); jedoch ist der Teilzeitbeschäftigte gehalten, Termine, die zu einer persönlichen Verhinderung führen können, möglichst in die Freizeit zu legen (Beispiel: geplanter Arztbesuch) (3.27).

- Soweit Teilzeitbeschäftigte mit einer Wochenarbeitszeit von nicht mehr als 19 Wochenstunden Erziehungsgeld beanspruchen, können sie ihre bisherige Tätigkeit fortsetzen, ohne den Anspruch auf das Erziehungsgeld zu verlieren. Einzelheiten siehe Rz 103.
- Teilzeitbeschäftigte haben Anspruch auf Erholungsurlaub wie Vollzeitbeschäftigte (siehe Rz 78). Zur Berechnung der Urlaubsdauer siehe Rz 80.
- Für Teilzeitbeschäftigte gelten die gleichen Kündigungsfristen wie für Vollzeitbeschäftigte (siehe Rz 268ff.). Es gelten auch die allgemeinen Kündigungsschutzbestimmungen (zu den Voraussetzungen siehe Rz 275 und 276), d.h. die Kündigung eines Teilzeitbeschäftigten durch den Arbeitgeber muß sozial gerechtfertigt sein. Einzelheiten siehe Rz 277ff.

Bei der Kündigung von Teilzeitbeschäftigten aus personen- oder verhaltensbedingten Gründen bestehen keine Besonderheiten. Bei einer betriebsbedingten Kündigung ist zu beachten, daß das Gleichbehandlungsgebot des § 2 Abs. 1 BeschFG eine Eingrenzung des zu kündigenden Personenkreises nach der Arbeitszeitdauer verbietet; eine Ausnahme ist nur denkbar, wenn dringende betriebliche Erfordernisse gerade der Weiterbeschäftigung von Teilzeitkräften entgegenstehen. Beispiel: Eine Maschine kann nur von Vollzeitarbeitskräften bedient werden, weil die Einarbeitung von Teilzeitbeschäftigten zu hohe Kosten verursacht.

68 **Mitbestimmung des Betriebsrates.** Bei der Regelung des Beginns und des Endes der täglichen Arbeitszeit einschließlich der Pausen hat der Betriebsrat ein erzwingbares Mitbestimmungsrecht (§ 87 Abs. 1 Nr. 2 BetrVG). Der Arbeitgeber kann diese Fragen nicht einseitig regeln, wenn ein Betriebsrat besteht; er braucht dazu die Zustimmung des Betriebsrates. Es muß eine Betriebsvereinbarung mit dem Betriebsrat geschlossen werden. Kommt keine Einigung über eine Betriebsvereinbarung zustande, so entscheidet die Einigungsstelle (§§ 76, 76a BetrVG) auf Antrag einer Seite. Der Spruch der Einigungsstelle ist für Arbeitgeber und Betriebsrat verbindlich (§ 87 Abs. 2 BetrVG). Nur wenn ein Betriebsrat nicht besteht, kann der Arbeitgeber allein die Lage der täglichen Arbeitszeit und der Pausen bestimmen.

Ein weitreichendes Mitbestimmungsrecht des Betriebsrates gem. § 87 Abs. 1 Nr. 2 BetrVG besteht bei der Regelung der Gleitzeitarbeit. Da die Lage der täglichen Arbeitszeit betroffen ist, bedarf sowohl die Einführung (und Änderung) der gleitenden Arbeitszeit als auch die Festlegung ihrer Modalitäten der Zustimmung des Betriebsrates.

Bei der Regelung der Teilzeitarbeit ist zu differenzieren. Soweit es sich um Halbtagsarbeit oder um die Arbeit an einzelnen Wochentagen handelt, hat der Betriebsrat mitzubestimmen bei der generellen Festlegung der Lage der Arbeitszeit der Teilzeitbeschäftigten (= Verteilung der Arbeitszeit auf die einzelnen Wochentage, Mindestdauer der täglichen Arbeitszeit usw.); mitbestimmungsfrei ist jedoch die Entscheidung, ob Teilzeitarbeit im Betrieb eingeführt (oder beibehalten) werden soll und mit welchen Arbeitnehmern entsprechende Verträge abgeschlossen werden. Auch die Einführung des Job Sharing ist mitbestimmungsfrei, da die betriebliche Arbeitszeit beim Job Sharing nicht verändert wird. Der Arbeitgeber kann also allein mit den beteiligten Arbeitnehmern vereinbaren, welchen Arbeitszeitanteil jeder von ihnen zu erbringen hat. Davon zu unterscheiden ist die Lage des Arbeitszeitanteiles, die täglich, wöchentlich oder monatlich unterschiedlich sein kann. Unterliegt die Entscheidung hierüber allein den beteiligten Arbeitnehmern und werden andere Arbeitsverhältnisse davon nicht berührt, so ist kein Raum für die Mitbestimmung des Betriebsrates; liegt jedoch im Falle der Nichteinigung der Arbeitnehmer die Entscheidungsbefugnis beim Arbeitgeber, so hat der Betriebsrat ein Mitbestimmungsrecht. Für die Abrufarbeit gilt, daß durch die Einführung dieses Arbeitszeitsystems die Lage der täglichen Arbeitszeit noch nicht festgelegt wird; deshalb ist die Einführung der Abrufarbeit und der Abschluß entsprechender Verträge mitbestimmungsfrei. Die Lage der Arbeitszeit wird erst durch den einzelnen Abruf bestimmt; dabei handelt es sich jedoch um eine Individualmaßnahme, über die der Betriebsrat nicht mitzubestimmen hat. Anders verhält es sich mit generellen Regelungen, mit denen die Dauer des jeweiligen Arbeitseinsatzes, die Verteilung auf die Wochentage, die Mindest- und die Höchstzahl der Arbeitstage je Woche u.a.m. festgelegt wird; hier besteht ein Mitbestimmungsrecht des Betriebsrates gem. § 87 Abs. 1 Nr. 2 BetrVG.

2.122.4 Vorübergehende Änderung der Arbeitszeit

69 **Überstunden.** Wird über die vertraglich vereinbarte Arbeitszeit hinaus gearbeitet, spricht man von Überstunden (auch Überarbeit genannt).

In der Regel müssen Überstunden vom Arbeitgeber ausdrücklich (mündlich oder schriftlich) angeordnet werden. Im öffentlichen Dienst sind Überstunden schriftlich, und zwar spätestens am Vortage, anzuordnen (§ 17 Abs. 1 BAT). Die Anordnung von Überstunden kann sich aber auch aus den Umständen ergeben, wenn der Arbeitgeber dem Arbeitnehmer Arbeit zuweist, die nur unter Überschreitung der vereinbarten Arbeitszeit geleistet werden kann, und gleichzeitig die Erwartung ihrer baldigen Erledigung zum Ausdruck bringt (3.28).

Besteht ein Betriebsrat, so können Überstunden nur angeordnet werden, wenn der Betriebsrat zustimmt (§ 87 Abs. 1 Nr. 3 BetrVG). Es muß über diese Frage eine Betriebsvereinbarung mit dem Arbeitgeber abgeschlossen werden. Kann hierüber keine Einigung erzielt werden, entscheidet die Einigungsstelle auf Antrag einer Seite mit verbindlicher Wirkung (§ 87 Abs. 2 BetrVG).

Das Mitbestimmungsrecht des Betriebsrates gem. § 87 Abs. 1 Nr. 3 BetrVG erstreckt sich nicht nur auf die Frage, wie die verlängerte Arbeitszeit auf die einzelnen Wochentage verteilt werden soll und welche Arbeitnehmer Überstunden leisten sollen, sondern auch auf die grundsätzliche Entscheidung, ob und in welchem Umfang Überstunden eingeführt werden sollen. Allerdings ist streitig, ob dem Betriebsrat hinsichtlich der Einführung von Überstunden ein Initiativrecht zusteht, d.h. ob der Betriebsrat über die Einigungsstelle die Einführung von Überstunden erzwingen kann. Die überwiegende Meinung lehnt ein Initiativrecht des Betriebsrates ab mit Hinweis auf die vom Gesetzgeber gewollte Mitbestimmungsfreiheit der unternehmerischen Entscheidung; durch die Mitbestimmung bei der Einführung von Überstunden dürfe dem Betriebsrat nicht zugleich die Mitbestimmung über den Umfang der Produktion ermöglicht werden (3.29). Hingegen soll die Mitbestimmung des Betriebsrates in vollem Umfang gewahrt bleiben, wenn die Initiative vom Arbeitgeber ausgeht, d.h. wenn der Arbeitgeber aufgrund einer von ihm getroffenen unternehmerischen Entscheidung die Einführung von Überstunden wünscht (3.29).

Zu beachten ist, daß der Arbeitnehmer zur Leistung von Überstunden nur dann verpflichtet ist, wenn dies vertraglich (im Tarifvertrag oder Arbeitsvertrag) vereinbart worden ist. Unter Umständen kann eine Verpflichtung zu Überstunden auch stillschweigend vereinbart sein, wenn Überstunden betriebsüblich sind. Eine Ausnahme besteht für Notfälle und diesen gleichgestellte außergewöhnliche Fälle, wo es gilt, drohende Schäden vom Betrieb, insbesondere von den Betriebsanlagen, abzuwenden; hier ist der Arbeitnehmer auf Grund seiner Treuepflicht (siehe hierzu Rz 109) auch ohne vertragliche Vereinbarung zur Leistung von Überstunden verpflichtet.

Die Bezahlung der geleisteten Überstunden richtet sich nach den Vereinbarungen im Tarifvertrag oder im Arbeitsvertrag; eine gesetzliche Regelung der Bezahlung für Überstunden besteht nicht (einzige Ausnahme: § 10 Abs. 3 BBiG für Auszubildende). Gibt es keine tarifvertragliche oder einzelvertragliche Vergütungsregelung, so ist ein besonderer Überstundenzuschlagt nur zu zahlen, wenn dieser betriebs- oder branchenüblich ist (was i.d.R. der Fall sein dürfte). Zulässig ist auch die pauschale Abgeltung von Überstunden durch einen festen Geldbetrag. Ebenso kann vereinbart werden, daß etwaige Überstunden bereits im Gehalt abgegolten sein sollen.

Statt in Geld können Überstunden durch Gewährung von Freizeit (bei Fortzahlung der Vergütung) ausgeglichen werden. In diesem Fall muß die zum Ausgleich gewährte Freizeit um die tariflichen oder einzelvertraglichen Zuschläge für Überstunden erhöht werden.

70 **Kurzarbeit.** Als Kurzarbeit wird die vorübergehende Verkürzung der vertraglich vereinbarten Arbeitszeit bezeichnet. Kurzarbeit bedeutet, daß für die ausfallende Arbeitszeit die Arbeitspflicht des Arbeitnehmers und die Vergütungspflicht des Arbeitgebers suspendiert werden; die Treue- und Fürsorgepflichten (Rz 107ff. und Rz 168ff.) bleiben hingegen bestehen, soweit sie sich nicht auf die Arbeitsleistung als solche beziehen (3.30). Auch erwächst während der Zeit der Kurzarbeit ein Urlaubsanspruch (siehe Rz 77ff.); bei der Berechnung des Urlaubsentgeltes bleiben Verdienstkürzungen infolge Kurzarbeit außer Betracht (Rz 87).

Für die durch Kurzarbeit ausfallende Arbeitszeit zahlt das Arbeitsamt auf Antrag ein Kurzarbeitergeld (§§ 63ff. AFG). Dieses bemißt sich nach dem Arbeitsentgelt, das der Arbeitnehmer ohne den Arbeitsausfall in der Arbeitsstunde erzielt hätte, und nach der Zahl der Arbeitsstunden, die der Arbeitnehmer am Ausfalltag innerhalb der regelmäßigen betriebsüblichen wöchentlichen Arbeitszeit geleistet hätte (§ 68 Abs. 1 AFG). Es beträgt für Arbeitnehmer mit mindestens einem Kind 67%, für die übrigen Arbeitnehmer 60% des um die gesetzlichen Abzüge verminderten Arbeitsentgeltes (§ 68 Abs. 4 AFG).

Die Einführung von Kurzarbeit mit entsprechender Kürzung der Vergütung des Arbeitnehmers bedarf einer besonderen Rechtsgrundlage; der Arbeitgeber würde in Annahmeverzug geraten, wenn er die vereinbarte Arbeitszeit einseitig verkürzen würde (siehe hierzu Rz 127ff.). Als Rechtsgrundlage kommen in Betracht: ein Tarifvertrag (sofern Arbeitgeber und Arbeitnehmer tarifgebunden sind und unter den Geltungsbereich des Tarifvertrages fallen) oder eine Vereinbarung im Arbeitsvertrag. Fehlt es an einer besonderen Rechtsgrundlage, so kann der Arbeitgeber vergütungsfreie Kurzarbeit nur einführen, wenn der Arbeitnehmer dem zustimmt. Wird die Zustimmung nicht erteilt, bleibt dem Arbeitgeber nur die Möglichkeit der Änderungskündigung (Rz 309ff.). Diese könnte aber vom Arbeitnehmer im Wege der Kündigungsschutzklage angefochten werden (siehe Rz 313). Auch könnte der Arbeitgeber wegen der unterschiedlichen Kündigungsfristen (siehe Rz 270) die Kurzarbeit nicht für alle Arbeitnehmer zum selben Zeitpunkt einführen. Außerdem besteht die Gefahr, daß der Arbeitnehmer die Änderung ablehnt und das Arbeitsverhältnis mit Fristablauf sein Ende findet.

Die Entscheidung über die Einführung von Kurzarbeit liegt beim Arbeitgeber allein, wenn kein Betriebsrat im Betrieb besteht. Ist ein Betriebsrat vorhanden, so hat dieser mitzubestimmen, wenn die betriebsübliche Arbeitszeit vorübergehend gekürzt werden soll (§ 87 Abs. 1 Nr. 3 BetrVG). Der Arbeitgeber braucht hierzu die Zustimmung des Betriebsrates. Verweigert der Betriebsrat die Zustimmung, kann der Arbeitgeber die Einigungsstelle anrufen, die dann mit verbindlicher Wirkung für Arbeitgeber und Betriebsrat entscheidet (§ 87 Abs. 2 BetrVG). Hinsichtlich des Umfanges des Mitbestimmungsrechtes gelten die Ausführungen zum Mitbestimmungsrecht des Betriebsrates bei der Einführung von Überstunden entsprechend (siehe Rz 69).

2.122.5 Besondere Arbeitszeitvorschriften für einzelne Personengruppen

71 Jugendliche. Nach dem Jugendarbeitsschutzgesetz dürfen Jugendliche (d.h. Personen, die 14, aber noch nicht 18 Jahre alt sind) nicht mehr als acht Stunden täglich und nicht mehr als 40 Stunden wöchentlich beschäftigt werden (§ 8 Abs. 1 JArbSchG); es gilt die Fünf-Tage-Woche (§ 15 JArbSchG). Vom 8-Stunden-Tag kann unter bestimmten Voraussetzungen abgewichen werden (§ 8 Abs. 2, 2a, 3 JArbSchG). Der Arbeitgeber hat die Jugendlichen für die Teilnahme am Berufsschulunterricht sowie für die Teilnahme an Prüfungen und außerbetrieblichen Ausbildungsmaßnahmen freizustellen (§§ 9, 10 JArbSchG). Jugendliche haben gem. § 11 JArbSchG Anspruch auf eine Ruhepause von mindestens 30 Minuten (bei einer Arbeitszeit von mehr als viereinhalb bis zu sechs Stunden) bzw. von mindestens 60 Minuten (bei einer Arbeitszeit von mehr als sechs Stunden); die Pausen müssen im voraus feststehen. Nach Beendigung der täglichen Arbeitszeit muß eine ununterbrochene Freizeit von mindestens 12 Stunden gewährt werden (§ 13 JArbSchG). Grundsätzlich dürfen Jugendliche nur in der Zeit von 6^{00} bis 20^{00} Uhr beschäftigt werden (§ 14 Abs. 1 JArbSchG); wegen Ausnahmen siehe § 14 Abs. 2 bis 7 JArbSchG. Die Beschäftigung von Jugendlichen an Samstagen, Sonntagen und Feiertagen ist grundsätzlich verboten, jedoch läßt das Gesetz Ausnahmen zu (§§ 16, 17, 18 JArbSchG). Werden Jugendliche an Samstagen, Sonntagen oder Feiertagen beschäftigt, sind sie an einem anderen berufsschulfreien Arbeitstag von der Arbeit freizustellen.

72 Werdende Mütter und Wöchnerinnen. Für werdende Mütter und Wöchnerinnen sieht das Mutterschutzgesetz eine Reihe von zeitlichen Beschäftigungsverboten vor. So dürfen werdende Mütter nicht beschäftigt werden, wenn nach ärztlichem Zeugnis Leben oder Gesundheit von Mutter oder Kind bei Fortdauer der Beschäftigung gefährdet ist (§ 3 Abs. 1 MuSchG). In den letzten sechs Wochen vor der Entbindung sollen werdende Mütter nicht beschäftigt werden, es sei denn, daß sie sich zur Arbeit ausdrücklich bereit erklären; die Erklärung kann jederzeit widerrufen werden (§ 3 Abs. 2 MuSchG). Nach der Entbindung darf die Wöchnerin bis zum Ablauf von acht Wochen (bei Früh- und Mehrlingsgeburten bis zum Ablauf von zwölf Wochen) nicht beschäftigt werden (§ 6 Abs. 1 MuSchG); es handelt sich hierbei um ein absolutes Beschäftigungsverbot, das nicht aufgehoben werden kann. Stillenden Müttern ist auf ihr Verlangen die zum Stillen erforderliche Zeit, mindestens aber zweimal täglich eine halbe Stunde oder einmal täglich eine Stunde freizugeben (§ 7 Abs. 1 MuSchG). Werdende und stillende Mütter dürfen nicht mit Mehrarbeit (= über 8 1/2 Stunden täglich oder 90 Stunden innerhalb von zwei Wochen), nicht in der Nacht zwischen 20^{00} und 6^{00} Uhr und nicht an Sonn- und Feiertagen beschäftigt werden (§ 8 Abs. 1 MuSchG); Abweichungen sind in bestimmten Fällen zugelassen (§ 8 Abs. 3 bis 6 MuSchG).

2.123 Ort der Arbeit

73 **Bestimmung des Leistungsortes.** Im Regelfall wird im Arbeitsvertrag vereinbart, wo die Arbeit zu leisten ist (§ 269 Abs. 1 BGB). Leistungsort ist üblicherweise der Betrieb des Arbeitgebers, nicht eine bestimmte Stelle im Betrieb. Innerhalb dieses Betriebes hat der Arbeitnehmer seine Arbeitspflicht zu erfüllen. Bezüglich Wechsel in einen anderen Betrieb des Arbeitgebers siehe Rz 74.

Ist ein Leistungsort nicht vereinbart, so ist den Umständen zu entnehmen, wo die Arbeit zu leisten ist (§ 269 Abs. 1 BGB). Für die Ermittlung der Umstände ist vor allem der Vertragszweck maßgebend; er bestimmt die Art der Tätigkeit, die ihrerseits Rückschlüsse auf den Leistungsort erlaubt (3.31). Wer für den Kundendienst eingestellt wurde, hat seine Arbeit nicht im Betrieb des Arbeitgebers, sondern bei den Kunden des Arbeitgebers zu leisten; Gleiches gilt für Außenmonteure, Bauarbeiter, Verkaufsfahrer (3.31).

Innerhalb des Rahmens, der durch den Arbeitsvertrag oder durch die Umstände gezogen wird, kann der Arbeitgeber den Leistungsort durch Weisung bestimmen. Ist der Betrieb des Arbeitgebers der Leistungsort, so kann der Arbeitgeber dem Arbeitnehmer die Stelle im Betrieb zuweisen, wo die Arbeit zu verrichten ist, z.B. eine bestimmte Maschine, einen bestimmten Raum. Der Arbeitgeber kann dem Arbeitnehmer auch kraft Weisungsrecht jederzeit innerhalb des Betriebes einen anderen gleichartigen Arbeitsplatz zuweisen (sog. Umsetzung), ihn beispielsweise von einem Gebäude in ein anderes Gebäude umsetzen. Liegt der Leistungsort außerhalb des Betriebes, wie bei Bauarbeitern, Außenmonteuren üblich, so kann der Arbeitgeber im Rahmen seines Weisungsspielraumes entscheiden, wo er seine Arbeitnehmer von Fall zu Fall einsetzen will (sog. Entsendung).

Weisungen des Arbeitgebers, die über den durch den Arbeitsvertrag oder die Umstände gesetzten Rahmen hinausgehen, sind unwirksam. So ist eine Umsetzung innerhalb eines Betriebes, die mit einer Änderung des Tätigkeitsbereiches oder einer Minderung der Vergütung verbunden ist, nicht durch das Weisungsrecht gedeckt. Ändert sich mit der Umsetzung auch das Tätigkeitsgebiet des Arbeitnehmers oder die Vergütung, so ist das Einverständnis des Arbeitnehmers, also eine Vertragsänderung, erforderlich, oder es muß eine Änderungskündigung erfolgen (siehe hierzu Rz 309ff.). Liegt der Leistungsort außerhalb des Betriebes (= Bauarbeiter, Außenmonteure), so muß die Zuweisung des Arbeitsortes billigem Ermessen entsprechen (§ 315 Abs. 1 BGB); zu berücksichtigen sind u.a. die Verkehrsbedingungen, die Wegezeiten und die Reisekosten. Ein Bauarbeiter darf z.B. nicht an einen kaum erreichbaren Arbeitsort geschickt werden, bei einem Montagearbeiter kommt eine Entsendung ins Ausland nur in Betracht, wenn dies vertraglich vereinbart worden ist (3.32).

74 **Wechsel in einen anderen Betrieb.** Grundsätzlich ist der Arbeitnehmer nicht verpflichtet, Arbeit in einem anderen Betrieb des Arbeitgebers zu leisten, auch wenn der andere Betrieb am selben Ort liegt. Der Arbeitnehmer muß nur dann in einen anderen Betrieb am selben oder einem anderen Ort wechseln, wenn die Versetzungsmöglichkeit ausdrücklich oder konkludent vorbehalten worden ist oder wenn der Arbeitnehmer nachträglich zustimmt (3.33).

Beispiel: Ein Arbeitnehmer wurde für einen Betrieb in X eingestellt. Hat der Arbeitgeber noch einen weiteren Betrieb in Y, und will er den Arbeitnehmer dorthin versetzen, so bedeutet dies eine Vertragsänderung, zu der das Einverständnis des Arbeitnehmers erforderlich ist.

75 **Verlegung des Betriebes.** Da die Arbeitspflicht i.d.R. an einen bestimmten Betrieb und nicht an einen bestimmten geographischen Ort gebunden ist, muß der Arbeitnehmer eine Betriebsverlegung mitvollziehen, soweit sie für ihn zumutbar ist (3.34). Dies wird stets der Fall sein, wenn der Betrieb am selben Ort verlegt wird, desgleichen, wenn die Verlegung in einen eng benachbarten Ort erfolgt. Ausschlaggebend sind die Verkehrsverbindungen. Anders ist es, wenn eine Verlegung an einen weiter entfernten Ort vorgesehen ist, so daß mit besonderen Schwierigkeiten für den Arbeitnehmer zu rechnen ist (z.B. besonders lange Wegezeiten, Aufgabe des bisherigen Lebensbereiches). Hier muß der Arbeitgeber das Einverständnis des Arbeitnehmers einholen, oder eine Änderungskündigung aussprechen; der Arbeitnehmer kann seinerseits das Arbeitsverhältnis ordentlich kündigen, wenn er nicht bereit ist, an den neuen Standort zu folgen.

76 **Beteiligung des Betriebsrates.** Die Umsetzung innerhalb eines Betriebes, bei der dem Arbeitnehmer ein neuer Arbeitsbereich zugewiesen wird, so daß der Inhalt der Arbeitsaufgabe ein anderer wird und sich damit das Gesamtbild der Tätigkeit ändert, ist eine mitbestimmungspflichtige Versetzung i.S. von § 95 Abs. 3 Satz 1 BetrVG, wenn sie die Dauer von einem Monat überschreitet (3.35). Beispiel: Einem kaufmännischen Angestellten, der bisher im Einkauf tätig war, wird für zwei Jahre eine Tätigkeit im Verkauf zugewiesen. Der Betriebsrat, sofern vorhanden, muß dieser Versetzung zustimmen (§ 99 Abs. 1 BetrVG). Zu Einzelheiten des Verfahrens siehe Rz 27ff. Wird dem Arbeitnehmer ein anderer Arbeitsort innerhalb des Betriebes zugewiesen, ohne daß sich der Tätigkeitsbereich ändert, liegt im allgemeinen keine mitbestimmungspflichtige Versetzung vor, auch wenn die Maßnahme länger als einen Monat dauert (3.36). Beispiel: Zuweisung eines anderen Arbeitszimmers. Mitbestimmungspflichtig wäre eine solche Umsetzung innerhalb des Betriebes nur, wenn mit der Ortsveränderung eine Änderung der Stellung des Arbeitnehmers in der betrieblichen Organisation verbunden wäre (3.36). Beispiel: Eine Schreibkraft, die bisher in der Verkaufsabteilung tätig war, soll in Zukunft als Schreibkraft im Büro des Fertigungsleiters beschäftigt werden.

Ein Wechsel des Arbeitnehmers in einen anderen Betrieb des Arbeitgebers ist eine mitbestimmungspflichtige „Versetzung" i.S. von § 95 Abs. 3 Satz 1 BetrVG, wenn sich die Umstände erheblich ändern, unter denen die Arbeit zu leisten ist. Beispiel: Der Arbeitnehmer muß wesentlich längere Fahrzeiten für die An- und Rückfahrt in Kauf nehmen. Mitbestimmungsfrei ist hingegen gem. § 95 Abs. 3 Satz 2 BetrVG die Bestimmung des jeweiligen Arbeitsplatzes bei Arbeitnehmern, die nach der Eigenart ihres Arbeitsverhältnisses üblicherweise nicht ständig an einem bestimmten Arbeitsplatz beschäftigt werden. Beispiel: Entsendung eines Bauarbeiters auf eine bestimmte Baustelle.

Wird der ganze Betrieb (oder ein wesentlicher Betriebsteil) an einen anderen Ort verlegt, so liegt eine Betriebsänderung vor (§ 111 Satz 2 Nr. 2 BetrVG). Zwischen dem Betriebsrat, sofern vorhanden, und dem Unternehmer ist ein Interessenausgleich herbeizuführen, außerdem ist ein Sozialplan aufzustellen (§ 112 Abs. 1-4 BetrVG). Zu Einzelheiten siehe Band 2 Kapitel 3.

2.13 Befreiung des Arbeitnehmers von der Arbeitspflicht

Die Arbeitspflicht des Arbeitnehmers kann – bei Fortbestehen des Arbeitsverhältnisses – vorübergehend eingeschränkt werden; möglich ist auch, daß der Arbeitnehmer für eine bestimmte Zeit ganz von der Arbeitspflicht befreit wird. Zu nennen sind folgende Fälle:

- Vorübergehende Einschränkung der Arbeitspflicht oder völlige Befreiung des Arbeitnehmers von der Arbeitspflicht durch Vertrag, z.B. durch Arbeitsvertrag, Tarifvertrag oder Betriebsvereinbarung. Beispiele: Vereinbarung von Kurzarbeit oder Feierschichten (Rz 70); Gewährung von unbezahltem Urlaub.
- Vorübergehende Befreiung des Arbeitnehmers von der Arbeitspflicht auf Initiative des Arbeitnehmers. Voraussetzung ist eine entsprechende Willenserklärung oder ein konkludentes Verhalten des Arbeitnehmerns. Beispiele: Geltendmachung des Urlaubsanspruches (Rz 77ff.); Geltendmachung des Anspruches auf Freizeit zur Stellungssuche (Rz 359); Geltendmachung des Anspruches auf Arbeitsbefreiung bei Betriebsratstätigkeit; Ausübung des Zurückbehaltungsrechtes bei Zahlungsverzug des Arbeitgebers (Rz 163); Teilnahme an Betriebsversammlungen (Rz 126); Teilnahme an einem legitimen Streik.
- Vorübergehende Befreiung des Arbeitnehmers von der Arbeitspflicht auf Initiative des Arbeitgebers. Beispiel: Aussperrung des Arbeitnehmers durch den Arbeitgeber.
- Vorübergehende Befreiung des Arbeitnehmers von der Arbeitspflicht kraft Gesetz. Die Befreiung von der Arbeitspflicht tritt hier bei Vorliegen der gesetzlichen Voraussetzungen von selbst ein. Beispiele: Nachträgliche Unmöglichkeit der Arbeit (Rz 130ff.); Arbeitsunfähigkeit des Arbeitnehmers infolge Krankheit (Rz 133ff.); vorübergehende Verhinderung des Arbeitnehmers aus sonstigen persönlichen Gründen (Rz 147ff.); Annahmeverzug des Arbeitgebers (Rz 127ff.); gesetzliche Feiertage (Rz 125).

2.131 Erholungsurlaub

2.131.1 Gesetzliche Regelung

77 **Rechtsgrundlagen.** Die wichtigste Rechtsgrundlage auf dem Gebiet des Urlaubsrechts ist das Bundesurlaubsgesetz (BUrlG). Daneben finden sich Sonderbestimmungen für bestimmte Arbeitnehmergruppen im Schwerbehindertengesetz (§ 47 SchwbG), im Jugendarbeitsschutzgesetz (§ 19 JarbSchG), im Seemannsgesetz (§ 53 SeemG) und im Arbeitsplatzschutzgesetz (§ 4 ArbPlSchG).

78 **Urlaubsanspruch.** Anspruch auf bezahlten Erholungsurlaub haben alle Arbeitnehmer (§ 1 BUrlG). Arbeitnehmer i.S. des Bundesurlaubsgesetzes sind Arbeiter und Angestellte sowie die zu ihrer Berufsausbildung Beschäftigten (§ 2 BUrlG). Als Arbeitnehmer gelten auch Personen, die wegen ihrer wirtschaftlichen Abhängigkeit als arbeitnehmerähnliche Personen (siehe Rz 7) anzusehen sind. Unerheblich ist, ob die Tätigkeit als Arbeitnehmer haupt- oder nebenberuflich, ganz- oder halbtätig, ständig oder gelegentlich, zur Probe oder zur Aushilfe erfolgt.

Inhalt des Urlaubsanspruches ist die Freistellung des Arbeitnehmers von der Arbeitspflicht für eine bestimmte Zeit zum Zwecke der Erholung, bei Fortbestehen des Anspruches auf Vergütung (3.37). Der Anspruch ist unabdingbar (§ 13 Abs. 1 Satz 1 BUrlG). Da die Arbeitspflicht nach § 613 Satz 1 BGB regelmäßig an die Person des Arbeitnehmers gebunden ist (siehe Rz 42), ist der Urlaubsanspruch höchstpersönlicher Natur. Er kann nicht abgetreten werden und ist unveräußerlich und unvererblich. Er erlischt mit dem Tod des Arbeitnehmers; ein Abgeltungsanspruch der Hinterbliebenen besteht nicht, es sei denn, eine Abgeltung ist betrieblich oder tariflich vereinbart (3.38).

Der Urlaubsanspruch entsteht in jedem Kalenderjahr neu (§ 1 BUrlG), d.h. der Anspruch erwächst – sofern die Wartezeit zurückgelegt ist (siehe Rz 81) – mit Beginn des Kalenderjahres. Hiervon zu unterscheiden ist die Frage, wann der Urlaub gewährt wird (siehe Rz 84).

Ohne Bedeutung ist, ob und in welchem Umfang der Arbeitnehmer während des Kalenderjahres gearbeitet hat. Auch während der Zeit der Kurzarbeit erwächst ein Urlaubsanspruch (3.39). Der zu gewährende Mindesturlaub ist keine Gegenleistung des Arbeitgebers für erbrachte oder noch zu erbringende Arbeitsleistungen des Arbeitnehmers, sondern eine gesetzliche Verpflichtung des Arbeitgebers aus dem Arbeitsverhältnis (3.40). Der Urlaubsanspruch ist auch nicht an ein Erholungsbedürfnis des Arbeitnehmers gebunden (3.40). Nach dem Bundesurlaubsgesetz ist der Urlaubsanspruch lediglich an die Erfüllung der Wartezeit geknüpft. Ist die Wartezeit erfüllt (siehe hierzu Rz 81) und ist das Urlaubsjahr bzw. der Übertragungszeitraum (siehe Rz 85) noch nicht abgelaufen, so kann der Arbeitnehmer den gesetzlichen Mindesturlaub verlangen.

Ein Urlaubsanspruch entsteht und besteht auch dann, wenn der Arbeitnehmer arbeitsunfähig oder erwerbsunfähig ist (3.41). Eine andere Frage ist, ob der Urlaubsanspruch eines Arbeitnehmers, der arbeitsunfähig krank oder erwerbsunfähig ist, auch erfüllt werden kann. Für arbeitsunfähige Arbeitnehmer ist dies für die Dauer der Arbeitsunfähigkeit zu verneinen, weil während dieser Zeit keine Arbeitspflichten entstehen können, von denen der Arbeitnehmer durch Urlaubsgewährung befreit werden könnte (3.41). Anders kann es bei Erwerbsunfähigkeit sein. Erwerbsunfähigkeit setzt nicht notwendigerweise voraus, daß der Arbeitnehmer eine bisher vertraglich geschuldete Tätigkeit nicht mehr ausüben kann, d.h. ein Arbeitnehmer kann erwerbsunfähig, aber dennoch zugleich arbeitsfähig sein. Die Erwerbsunfähigkeit steht deshalb der Erfüllbarkeit des Urlaubsanspruches nicht unbedingt entgegen (3.41). Gegebenenfalls ist durch ärztliches Gutachten zu prüfen, ob die zu Erwerbsunfähigkeit führenden Krankheiten gleichzeitig die dauernde Arbeitsunfähigkeit des Arbeitnehmers verursachen.

79 **Urlaubsjahr.** Als Urlaubsjahr gilt das Kalenderjahr (§ 1 BUrlG). Abweichungen bestehen für die Seeschiffahrt, wo das Urlaubsjahr auf das Beschäftigungsjahr beim Reeder abgestellt ist (§ 53 Abs. 1 SeemG), und für den Bereich der Deutschen Bahn AG und der Deutschen Bundespost, wo die tarifvertragliche Abweichung vom Kalenderjahr als Urlaubsjahr ausdrücklich zugelassen ist (§ 13 Abs. 3 BUrlG).

80 **Dauer.** Nach dem Bundesurlaubsgesetz beträgt die Mindestdauer des Urlaubs für erwachsene Arbeitnehmer 24 Werktage im Jahr (§ 3 Abs. 1 BUrlG). Als Werktage gelten alle Kalendertage, die nicht Sonn- oder gesetzliche Feiertage sind. Jugendlichen steht nach dem Jugendarbeitsschutzgesetz je nach Alter ein Mindesturlaub zwischen 25 bis 30 Werktagen im Jahr zu (§ 19 JarbSchG). Schwerbehinderte erhalten nach dem Schwerbehindertengesetz einen bezahlten zusätzlichen Urlaub von 5 Arbeitstagen im Urlaubsjahr; verteilt sich die regelmäßige Arbeitszeit des Schwerbehinderten auf mehr oder weniger als 5 Arbeitstage in der Kalenderwoche, erhöht oder vermindert sich der Zusatzurlaub entsprechend (§ 47 Satz 1 SchwbG).

Für Teilzeitbeschäftigte (Rz 67) gilt folgende Regelung: Wird an jedem Arbeitstag der Woche verkürzt gearbeitet, besteht ein Urlaubsanspruch für den gleichen Zeitraum wie bei einem Vollzeitbeschäftigten, weil der Urlaubsanspruch ein Anspruch auf Freistellung von der

Arbeitspflicht ist und die Arbeitspflicht in diesem Fall an jedem Arbeitstag der Woche zu erfüllen ist. Bei Teilzeitbeschäftigten, die nicht an allen Werk- bzw. Arbeitstagen arbeiten, werden die arbeitsfreien Tage auf den Urlaub angerechnet; die Urlaubsberechnung erfolgt nach der Formel: Urlaubsanspruch in Werktagen geteilt durch 6 mal Zahl der Arbeitstage pro Woche (3.42). Bei ungleichmäßig verteilter Arbeitszeit (sog. Abrufarbeit) ist nach folgender Umrechnungsformel zu verfahren: Anzahl der arbeitspflichtigen Arbeitstage pro Jahr dividiert durch die Zahl der Werktage pro Jahr mal Urlaubsanspruch in Werktagen (3.43). Ergeben sich bei der Berechnung der Urlaubstage Bruchteile eines Tages, so darf weder aufgerundet noch abgerundet werden (3.44).

Bei Arbeitnehmern, die Grundwehrdienst leisten, kann der Arbeitgeber den Erholungsurlaub für jeden vollen Kalendermonat des Grundwehrdienstes um ein Zwölftel kürzen (§ 4 Abs. 1 ArbPlSchG). Entsprechendes gilt für Zivildienstleistende (§ 78 Abs. 1 Nr. 1 ZDG) und Arbeitnehmer, die Erziehungsurlaub in Anspruch nehmen (§ 17 Abs. 1 BErzGG). Erkrankt der Arbeitnehmer während des Urlaubs, so dürfen die durch ärztliches Zeugnis nachgewiesenen Tage der Arbeitsunfähigkeit nicht auf den Jahresurlaub angerechnet werden (§ 9 BUrlG). Das gleiche gilt gem. § 10 BUrlG für Maßnahmen der medizinischen Vorsorge oder Rehabilitation, soweit ein Anspruch auf Fortzahlung des Arbeitsentgeltes nach dem Entgeltfortzahlungsgesetz besteht (siehe hierzu Rz 141). Krankheitstage sollen jedoch nach herrschender Meinung nur dann nicht auf den Jahresurlaub angerechnet werden, wenn die Arbeitsunfähigkeit den Erholungszweck des Urlaubs vereitelt, was in aller Regel anzunehmen ist, aber nicht immer der Fall sein muß. Der Urlaub verlängert sich jedoch nicht automatisch um die Tage der Arbeitsunfähigkeit; vielmehr muß der Arbeitnehmer nach Urlaubsende, sofern er dann wieder arbeitsfähig ist, zurückkehren. Der Resturlaub ist dann neu festzusetzen. War der Arbeitnehmer aus sonstigen in seiner Person liegenden Gründen während des Urlaubs verhindert (z.B. durch Familienereignisse), so werden diese Tage gleichwohl auf den Urlaub angerechnet (3.45).

Hat der Arbeitnehmer zuviel bezahlten Urlaub erhalten, so ist ein Bereicherungsanspruch des Arbeitgebers gegen den Arbeitnehmer (gem. § 812ff. BGB) nicht möglich. Zuviel gewährte Freizeit ist kein Vermögensvorteil. Auch das Urlaubsentgelt kann nicht zurückgefordert werden, weil der Arbeitnehmer dann, wenn ihm Urlaub nicht gewährt worden wäre, gearbeitet hätte. Er ist insoweit nicht bereichert (3.46). Jedoch kann durch Tarifvertrag bestimmt werden, daß bei zuviel gewährtem Urlaub das überzahlte tarifliche Urlaubsgeld zurückzuzahlen ist.

81 Wartezeit. Voraussetzung für die Inanspruchnahme des vollen Jahresurlaubs ist, daß das Arbeitsverhältnis mit dem Arbeitgeber mindestens sechs Monate (auch bei Jugendlichen) besteht (§ 4 BUrlG). Die Wartezeit gilt allerdings nur für den ersten Urlaub in einem bestimmten Arbeitsverhältnis, d.h. sie ist nur einmal zurückzulegen; in den nachfolgenden Jahren entsteht der Urlaubsanspruch ohne weitere Wartezeit mit dem Beginn des neuen Urlaubsjahres. Die Wartezeit kann auch auf zwei Kalenderjahre verteilt sein.

Beispiel: Beginn des Arbeitsverhältnisses am 01.12.; Anspruch auf vollen Jahresurlaub ab 01.06. des folgenden Jahres.

82 Teilurlaub. Erfüllt der Arbeitnehmer die Wartezeit im Eintrittsjahr nicht mehr (z.B. wenn das Arbeitsverhältnis am 01.09. beginnt), so erhält er einen Teilurlaub in Höhe von 1/12 des Jahresurlaubs für jeden vollen Monat des Bestehens des Arbeitsverhältnisses (§ 5 Abs. 1 Buchstabe a BUrlG).

Beispiel: Beginn des Arbeitsverhältnisses am 01.10., Urlaubsanspruch am Jahresende = 3/12 von 24 Werktagen = 6 Werktage.

Der Teilurlaub kann auf das nächste Urlaubsjahr übertragen werden (§ 7 Abs. 3 Satz 4 BUrlG). Voraussetzung ist ein entsprechender Antrag des Arbeitnehmers.

Teilurlaub ist außerdem zu gewähren, wenn der Arbeitnehmer vor Ablauf der Wartezeit wieder aus dem Arbeitsverhältnis ausscheidet (§ 5 Abs. 1 Buchstabe b BUrlG).

Beispiel: Beginn des Arbeitsverhältnisses am 01.02., Beendigung des Arbeitsverhältnisses am 01.05., Teilurlaubsanspruch 3/12 von 18 Werktagen = 6 Tage

Schließlich besteht Anspruch auf Teilurlaub, wenn der Arbeitnehmer nach erfüllter Wartezeit in der ersten Hälfte eines Kalenderjahres aus dem Arbeitsverhältnis ausscheidet (§ 5 Abs. 1 Buchstabe c BUrlG); dabei ist unerheblich, ob die Wartezeit im Vorjahr oder in den davor liegenden Jahren erfüllt wurde, da sie nur einmal zurückzulegen ist.

Beispiel: Beginn des Arbeitsverhältnisses am 01.08., Beendigung des Arbeitsverhältnisses am 01.04. des darauffolgenden Jahres. Urlaubsanspruch: 8/12. Zwar ist hier mit dem 01.02. der volle Urlaubsanspruch erwachsen, er wird aber gekürzt, weil der Arbeitnehmer in der ersten Jahreshälfte ausscheidet.

Endet das Arbeitsverhältnis dagegen erst in der zweiten Jahreshälfte, so hat der Arbeitnehmer Anspruch auf den vollen Jahresurlaub.

Beispiel: Beginn des Arbeitsverhältnisses am 01.01., Beendigung am 01.08. desselben Jahres. Urlaubsanspruch 12/12.

Beginnt das Arbeitsverhältnis mit dem Tag des Beginnes der zweiten Jahreshälfte (d.h. am 01.07.), kann die Wartezeit noch im selben Jahr erfüllt werden. Das ergibt sich aus § 187 Abs. 2 i.V.m. § 188 Abs. 2 BGB. In diesem Falle endet zwar das Urlaubsjahr gleichzeitig mit der Wartezeit (31.12.), der Arbeitnehmer erwirbt aber trotzdem den vollen Urlaubsanspruch.

Zu beachten ist, daß der maßgebliche Zeitraum für die Bemessung des Teilurlaubsanspruches nicht der Kalendermonat, sondern der Monat des Bestehens des Arbeitsverhältnisses ist.

Beispiel: Beginn des Arbeitsverhältnisses am 01.08., Beendigung des Arbeitsverhältnisses durch fristlose Kündigung am 28.09. Das Arbeitsverhältnis hat in diesem Fall nur einen vollen Monat bestanden, an einem zweiten Monat fehlen zwei Tage.

Fehlen an einem vollen Monat einige Tage, so entsteht für diesen Monat selbst dann kein Teilurlaubsanspruch, wenn der Arbeitnehmer – bei Fortbestehen des Arbeitsverhältnisses – an den fehlenden Tagen gar nicht zur Arbeit verpflichtet gewesen wäre (3.47).

An der rechtlichen Beurteilung ändert sich also im obigen Beispiel nichts, wenn der 29.09. ein arbeitsfreier Samstag und der 30.09. ein Sonntag gewesen wäre.

Ergeben sich bei der Berechnung des Teilurlaubs Bruchteile von Urlaubstagen, so sind diese auf volle Urlaubstage aufzurunden, wenn sie mindestens einen halben Tag betragen (§ 5 Abs. 2 BUrlG). Bruchteile von Urlaubstagen, die weniger als einen halben Tag umfassen, sind entsprechend ihrem Umfang dem Arbeitnehmer durch Freistellung von der Arbeitspflicht zu gewähren oder, wenn dies wegen Beendigung des Arbeitsverhältnisses nicht mehr möglich ist, abzugelten (3.47).

83 **Ausschluß von Doppelansprüchen.** Wechselt der Arbeitnehmer den Arbeitsplatz, so besteht kein Anspruch auf Urlaub gegen den neuen Arbeitgeber, soweit der frühere Arbeitgeber dem Arbeitnehmer bereits Urlaub für das laufende Kalenderjahr gewährt hat, sei es in natura, sei es durch Abgeltung (§ 6 Abs. 1 BUrlG). Bereits erhaltene oder abgegoltene Urlaubstage werden also auf den neuen Urlaub angerechnet, so daß der Arbeitnehmer im Urlaubsjahr einen Urlaub in der ihm insgesamt zustehenden Höhe erhält, aber auch nicht mehr. Hat der frühere Arbeitgeber den Urlaub dagegen noch nicht oder nur teilweise gewährt, so hat der Arbeitnehmer zwei Ansprüche: einen Abgeltungsanspruch gegen den früheren Arbeitgeber gem. § 7 Abs. 4 BUrlG (siehe hierzu Rz 89) und einen (Teil-) Urlaubsanspruch gegen den neuen Arbeitgeber gem. §§ 4, 5 Abs. 1 Buchstabe a BUrlG. Dabei geht jedoch der Freizeitanspruch dem Abgeltungsanspruch vor (3.48). Der auf Abgeltung in Anspruch genommene frühere Arbeitgeber kann also den Arbeitnehmer auf den Urlaubsanspruch gegen den neuen Arbeitgeber verweisen und eine Abgeltung in Geld verweigern, wenn ein Urlaubsanspruch gegen den neuen Arbeitgeber entstanden ist. Selbst ein Teilurlaubsanspruch gegen den neuen Arbeitgeber hat Vorrang vor dem Abgeltungsanspruch (3.49). Durch Tarifvertrag kann eine andere Regelung getroffen werden (siehe Rz 91).

Der Arbeitgeber hat bei Beendigung des Arbeitsverhältnisses dem Arbeitnehmer eine Bescheinigung über den gewährten oder abgegoltenen Urlaub auszuhändigen (§ 6 Abs. 2 BUrlG), damit der neue Arbeitgeber feststellen kann, wieviel Urlaub sich der Arbeitnehmer anrechnen lassen muß.

84 **Zeitliche Festlegung des Urlaubs.** Von der Entstehung des Urlaubsanspruches (Rz 78 und 82) zu unterscheiden ist die Erfüllung des Anspruches durch Urlaubserteilung. Die Urlaubserteilung erfolgt durch zeitliche Festlegung des Urlaubs und ist grundsätzlich Sache des Arbeitgebers. Keinesfalls darf sich der Arbeitnehmer selbst beurlauben und zu dem von ihm gewünschten Termin ohne Absprache in Urlaub gehen; ein eigenmächtig angetretener Urlaub kann eine außerordentliche Kündigung aus wichtigem Grund rechtfertigen (3.50).

Bei der zeitlichen Festlegung des Urlaubs darf der Arbeitgeber nicht willkürlich verfahren. Er hat die Urlaubswünsche des Arbeitnehmers zu berücksichtigen, d.h. den Urlaub für den vom Arbeitnehmer gewünschten Termin vorzusehen, es sei denn, daß den Urlaubswünschen des Arbeitnehmers dringende betriebliche Belange oder Urlaubswünsche anderer Arbeitnehmer, die unter sozialen Gesichtspunkten den Vorrang verdienen, entgegenstehen (§ 7 Abs. 1 Satz 1 BUrlG). Die Beweislast dafür, daß die Urlaubswünsche des Arbeitnehmers hinter anderen Gesichtspunkten zurücktreten müssen, hat der Arbeitgeber.

Beispiele für dringende betriebliche Belange: Personelle Engpässe durch Erkrankung von Mitarbeitern; unaufschiebbare Reparaturarbeiten; besonders hoher Arbeitsanfall während der Saison. Beispiele für soziale Gesichtspunkte, die Vorrang verdienen: Alter; Dauer der Betriebszugehörigkeit; Familienstand; schulpflichtige Kinder (= Berücksichtigung der Schulferien); Berufstätigkeit des Ehepartners mit der Notwendigkeit, den Urlaub untereinander abzustimmen; Notwendigkeit, aus gesundheitlichen Gründen den Urlaub in einer bestimmten Jahreszeit nehmen zu müssen.

Eine Ausnahme besteht, wenn der Arbeitnehmer an einer Maßnahme der medizinischen Vorsorge oder Rehabilitation teilgenommen hat. Hier hat der Arbeitgeber den Urlaub zu gewähren, wenn der Arbeitnehmer dies im Anschluß an die Maßnahme verlangt (§ 7 Abs. 1 Satz 2 BUrlG).

Kann zwischen dem Arbeitnehmer und dem Arbeitgeber kein Einverständnis über die Festsetzung der zeitlichen Lage des Urlaubs erzielt werden, so muß der Arbeitnehmer eine gerichtliche Klärung vor dem Arbeitsgericht anstreben (3.51). Ist im Betrieb ein Betriebsrat vorhanden, so kann sich der Arbeitnehmer auch an den Betriebsrat wenden. Der Betriebsrat hat nach § 87 Abs. 1 Nr. 5 BetrVG ein Mitbestimmungsrecht bei der Festsetzung des Urlaubszeitpunktes für einzelne Arbeitnehmer, wenn zwischen Arbeitgeber und Arbeitnehmer keine Einigung erreichbar ist. Können sich auch Betriebsrat und Arbeitgeber nicht einigen, kann die Einigungsstelle (§§ 76, 76a BetrVG) vom Betriebsrat oder vom Arbeitgeber angerufen werden; der Spruch der Einigungsstelle ist bindend für den Betriebsrat und für den Arbeitgeber (§ 87 Abs. 2 BetrVG), aber nicht für den Arbeitnehmer.

Die Festlegung des Urlaubs hat so rechtzeitig zu erfolgen, daß sich der Arbeitnehmer hierauf einrichten kann.

Ist der Urlaubszeitpunkt festgelegt, so kann hiervon nur durch Vereinbarung zwischen Arbeitgeber und Arbeitnehmer abgewichen werden. Zu beachten sind folgende Ausnahmen: In Notfällen kann der Arbeitgeber einseitig vom festgelegten Urlaubszeitpunkt abweichen (3.52); er muß dann aber die dem Arbeitnehmer durch die Urlaubsverlegung erwachsenden Kosten übernehmen (z.B. die Rücktrittskosten bei einer bereits gebuchten Urlaubsreise). Eine weitere Ausnahme ist gegeben, wenn unvorhergesehene dringende Gründe auf Arbeitnehmerseite eine Verschiebung des Urlaubszeitpunktes erfordern. Beispiele: Erkrankung des Arbeitnehmers vor Antritt des Urlaubs; Sterbefall in der Familie des Arbeitnehmers. In diesen Fällen ist der Arbeitgeber zu einer Urlaubsverlegung verpflichtet.

Der Urlaub ist zusammenhängend zu gewähren, es sei denn, daß dringende betriebliche oder in der Person des Arbeitnehmers liegende Gründe eine Teilung des Urlaubs erforderlich machen (§ 7 Abs. 2 Satz 1 BUrlG). Kann der Urlaub aus diesen Gründen nicht zusammenhängend gewährt werden, und hat der Arbeitnehmer Anspruch auf Urlaub von mehr als zwölf Werktagen, so muß einer der Urlaubsteile mindestens zwölf aufeinanderfolgende Werktage umfassen (§ 7 Abs. 2 Satz 2 BUrlG).

85 **Übertragbarkeit.** Der Urlaub muß im laufenden Kalenderjahr gewährt und genommen werden (§ 7 Abs. 3 Satz 1 BUrlG). Ein Ansammeln von Urlaubsansprüchen ist also unzulässig. Eine Übertragung des Urlaubs auf das nächste Kalenderjahr ist nur statthaft

- wenn dringende betriebliche oder in der Person des Arbeitnehmers liegende Gründe dies rechtfertigen (§ 7 Abs. 3 Satz 2 BUrlG)
- wenn der Arbeitnehmer als Neueingestellter im laufenden Kalenderjahr die Wartezeit von sechs Monaten nicht erfüllt und deshalb lediglich einen Anspruch auf Teilurlaub hat (§ 7 Abs. 3 Satz 4 BUrlG).

Im ersten Fall bedarf die Übertragung keiner besonderen Vereinbarung (3.53); sie tritt kraft Gesetzes ein.

Beispiele für dringende betriebliche Gründe, die eine Urlaubsübertragung rechtfertigen: Unvorhersehbare, unaufschiebbare Reparaturarbeiten; Krankheitsvertretung. Als Gründe in der Person des Arbeitnehmers gelten: Erkrankung des Arbeitnehmers; Krankheitsfall in der Familie des Arbeitnehmers, der ihn daran hindert, den Urlaub wie vorgesehen anzutreten. Der bloße Wunsch des Arbeitnehmers, z.B. aus finanziellen Gründen den Urlaub erst im nächsten Jahr zu nehmen, genügt allerdings nicht.

Im Falle der Übertragung aus betrieblichen und persönlichen Gründen muß der Urlaub in den ersten drei Monaten des folgenden Kalenderjahres gewährt und genommen werden (§ 7 Abs. 3 Satz 3 BUrlG). Ist das nicht möglich, z.B. wegen fortdauernder Erkrankung oder aus betrieblichen Gründen, so verfällt der Urlaub (3.54). Durch Tarifvertrag kann ein längerer Übertragungszeitraum vereinbart werden (siehe Rz 91). Die Vorschrift des § 7 Abs. 3 Satz 3 BUrlG bedeutet, daß der Urlaub bis zum 31. März des folgenden Kalenderjahres abgewickelt sein muß; der 31. März ist der letzte mögliche Urlaubstag.

Sonderregelungen, die dem § 7 Abs. 3 Satz 3 BUrlG vorgehen, bestehen für Arbeitnehmer, die zum Grundwehrdienst einberufen werden (§ 4 Abs. 2 ArbPlSchG), und für Arbeitnehmer, die Erziehungsurlaub in Anspruch nehmen (§ 17 Abs. 2 BErzGG). Hat der Arbeitnehmer den ihm zustehenden Erholungsurlaub vor seiner Einberufung bzw. vor dem Beginn des Erziehungsurlaubs nicht oder nicht vollständig erhalten, so hat der Arbeitgeber den Resturlaub nach dem Grundwehrdienst bzw. nach dem Erziehungsurlaub zu gewähren. Noch nicht oder nicht vollständig erhaltener Erholungsurlaub kann in diesen Fällen also auch über den 31. März des folgenden Jahres hinaus übertragen werden.

Im zweiten Fall, bei der Übertragung von Teilurlaub, ist ein entsprechender Antrag des Arbeitnehmers erforderlich (§ 7 Abs. 3 Satz 4 BUrlG). Hier kann der auf das nächste Kalenderjahr übertragene Teilurlaub auch noch nach dem 31. März gewährt und genommen werden (3.55).

86 **Urlaubsanspruch als Schadensersatzanspruch.** Hat der Arbeitnehmer den Urlaub rechtzeitig beantragt und weigert sich der Arbeitgeber ohne rechtlichen Grund, den Urlaubsanspruch zu erfüllen, so erlischt zwar der Anspruch mit dem Ende des Übertragungszeitraumes. Dennoch steht dem Arbeitnehmer als Schadensersatzanspruch ein Urlaubsanspruch in gleichem Umfang zu (3.56). Der Arbeitgeber befindet sich nach Ablehnung des Urlaubsverlangens in Verzug. Die ursprünglich geschuldete Leistung (= Freistellung) kann wegen Zeitablaufes nicht mehr erbracht werden. Ihre Erfüllung ist unmöglich geworden. Diese Unmöglichkeit hat der Arbeitgeber zu vertreten (§ 286 Abs. 1, § 287 Satz 2, § 280 Abs. 1, § 249 BGB), so daß an die Stelle des ursprünglichen Urlaubsanspruches als Schadensersatzanspruch ein Ersatzurlaubsanspruch in gleicher Höhe tritt (3.56). Dieser Ersatzurlaubsanspruch unterliegt nicht den allgemeinen Regelungen bezüglich Urlaubsübertragung und Urlaubsverfall, d.h. der Ersatzurlaubsanspruch kann auch nach dem 31. März geltend gemacht werden. Kann der Urlaubsanspruch, der als Schadensersatz für verfallenen Urlaub geschuldet wird, wegen Beendigung des Arbeitsverhältnisses nicht mehr erfüllt werden, so ist der Arbeitnehmer in Geld zu entschädigen (3.57).

87 **Urlaubsentgelt.** Der Arbeitnehmer hat Anspruch auf ein Urlaubsentgelt, dessen Höhe sich nach dem durchschnittlichen Arbeitsverdienst richtet, das der Arbeitnehmer in den letzten dreizehn Wochen vor Beginn des Urlaubs erhalten hat (§ 11 BUrlG). Es ist vor Urlaubsbeginn zu zahlen. Bei Verdiensterhöhungen nicht nur vorübergehender Natur, die während des Berechnungszeitraumes oder während des Urlaubs eintreten, ist von dem erhöhten Verdienst auszugehen. Verdienstkürzungen, die im Berechnungszeitraum infolge von Kurzarbeit, Arbeitsausfällen oder unverschuldeter Arbeitsversäumnis eintreten, bleiben für die Berechnung des Urlaubsentgeltes außer Betracht.

Das Urlaubsentgelt (ebenso die Urlaubsabgeltung, siehe Rz 89) ist unpfändbar (3.58).

88 **Unbezahlter Urlaub.** Grundsätzlich ist der Arbeitnehmer zur Leistung der vereinbarten Arbeit während der vereinbarten Arbeitszeit verpflichtet (§ 611 Abs. 1 BGB). Will er für einige Stunden oder Tage von dieser Pflicht befreit werden, so muß er sich an den Arbeitgeber wenden. Ein Rechtsanspruch auf Freistellung von der Arbeit besteht nicht, vielmehr ist die Freistellung in das Ermessen des Arbeitgebers gestellt.

Der Arbeitnehmer hat also keinen Anspruch auf unbezahlten Urlaub. Er kann sich auch nicht einfach selbst beurlauben. Vielmehr muß er einen unbezahlten Sonderurlaub beim Arbeitgeber beantragen und ihn bewilligt erhalten. Eine Ausnahme besteht nur, wenn eine gesetzliche oder tarifliche Grundlage für die Arbeitsfreistellung vorhanden ist, z.B. § 616 BGB (siehe Rz 147ff.).

89 **Abgeltungsverbot.** Der Erholungsurlaub dient dazu, die Arbeitskraft des Arbeitnehmers aufzufrischen bzw. wiederherzustellen. Dieses Ziel kann nur durch Freistellung des Arbeitnehmers von der Arbeitspflicht erreicht werden. Deshalb darf der Urlaubsanspruch nicht durch einen Geldbetrag abgegolten werden. Ist die Erfüllung des Urlaubsanspruches während des Urlaubsjahres aus betrieblichen oder in der Person des Arbeitnehmers liegenden Gründen nicht möglich, so wird der Urlaub auf das nächste Kalenderjahr übertragen (siehe Rz 85).

Vom Abgeltungsverbot gibt es nur eine Ausnahme. Kann der Urlaub wegen Beendigung des Arbeitsverhältnisses ganz oder teilweise nicht mehr gewährt werden, so ist er gem. § 7 Abs. 4 BUrlG abzugelten. Mit der Beendigung des Arbeitsverhältnisses wandelt sich somit der noch nicht erfüllte Urlaubsanspruch des Arbeitnehmers in einen Anspruch auf Zahlung eines bestimmten Geldbetrages um, ohne daß es dafür weiterer Handlungen des Arbeitgebers oder des Arbeitnehmers bedarf.

Nach der Rechtsprechung des BAG (3.59) ist der Abgeltungsanspruch kein Abfindungsanspruch, sondern ein Surrogat (Ersatz) für den wegen Beendigung des Arbeitsverhältnisses nicht mehr erfüllbaren Urlaubsanspruch. Durch § 7 Abs. 4 BUrlG soll der Arbeitnehmer so gestellt werden, als würde weiterhin bis zum Ende des Urlaubsjahres (oder gegebenenfalls des Übertragungszeitraumes) die Arbeitspflicht durch Gewährung von Urlaub suspendiert werden können und weiterhin ein Urlaubsentgelt möglich sein. Der Abgeltungsanspruch ist deshalb an die gleichen Voraussetzungen gebunden wie zuvor der Urlaubsanspruch. Der aufgrund des § 7 Abs. 4 BUrlG zu zahlende Geldbetrag steht dem Arbeitnehmer nur zu, wenn der Arbeitnehmer bei Fortdauer des Arbeitsverhältnisses auch die vertraglich geschuldete Arbeitsleistung hätte erbringen können (3.59). Daran fehlt es, wenn der Arbeitnehmer arbeitsunfähig krank ist. Bei Arbeitsunfähigkeit ist deshalb der Abgeltungsanspruch (ebenso wie der Urlaubsanspruch bei Fortbestehen des Arbeitsverhältnisses) nicht erfüllbar; er erlischt, wenn er nicht vorher erfüllt wird, mit Ablauf des Kalenderjahres, in dem der Urlaubsanspruch entstanden ist bzw. – im Falle der Übertragung – spätestens mit Ablauf des Übertragungszeitraumes am 31.03. des folgenden Jahres (3.59).

Beispiel: Ein Arbeitnehmer erkrankt vom 15.02.1993 bis zum 18.03.1994. Das Arbeitsverhältnis endet am 31.03.1994. Urlaubsanspruch für 1993 = 24 Werktage, die gem. § 7 Abs. 3 Satz 2 BUrlG auf 1994 übertragen werden. Urlaubsanspruch für 1994 = 3/12 von 24 Werktagen = 6 Werktage (§ 5 Abs. 1 Buchstabe c BUrlG), insgesamt 30 Werktage. Hiervon gewährt der Arbeitgeber 9 Tage vom 21.03. bis zum 31.03.1994. Der Arbeitnehmer verlangt Abgeltung des Resturlaubsanspruches von 21 Werktagen. Der Arbeitgeber braucht diesen Anspruch nicht zu erfüllen, weil der Urlaubsanspruch am 31.03.1994 erloschen ist. Damit entfällt auch der Abgeltungsanspruch.

Der Urlaubsabgeltungsanspruch muß ebenso wie der Urlaubsanspruch bis zum Ende des Kalenderjahres geltend gemacht werden. Ein nicht rechtzeitig geltend gemachter Urlaubsabgeltungsanspruch geht ebenso wie ein nicht rechtzeitig geltend gemachter Urlaubsanspruch mit Ablauf des Kalenderjahres ersatzlos unter. Zur Geltendmachung des Abgeltungsanspruches bedarf es eines besonderen Antrages; die Erhebung der Kündigungsschutzklage (Rz 284ff.) reicht nicht aus.

90 **Arbeitsverbot.** Weil der Urlaub der Erholung dienen soll, ist es dem Arbeitnehmer verboten, während des Urlaubs eine Erwerbstätigkeit auszuüben, die dem Urlaubszweck widerspricht (§ 8 BUrlG). Das Verbot gilt selbst dann, wenn der Arbeitnehmer gekündigt und den Urlaub während der Kündigungsfrist genommen hat, also gar nicht die Absicht hat, in das frühere Arbeitsverhältnis zurückzukehren.

Verboten ist jede unselbständige oder selbständige Tätigkeit, die auf einen Erwerb abzielt (wobei die Vergütung nicht nur in Geld, sondern auch in anderen Gegenleistungen bestehen kann) und durch die die Arbeitskraft des Arbeitnehmers überwiegend in Anspruch genommen wird (3.60) Nicht untersagt sind sog. Ausgleichstätigkeiten, auch wenn damit ein Entgelt erzielt wird (z.B. körperliche Betätigung für Geistesarbeiter), ferner Nebentätigkeiten, die der Arbeitnehmer auch ohne Urlaub verrichtet oder verrichten könnte (z.B. Tätigkeit im eigenen Haus oder Garten, Eigenleistung oder Nachbarschaftshilfe bei Hausbau). Entscheidend ist, daß die Tätigkeit nicht in erster Linie dem Erwerb dient und daß dem Arbeitnehmer noch die Möglichkeit verbleibt, die restlichen Urlaubstage in einem urlaubsmäßigen Zuschnitt zu verbringen.

Das BAG hat seine bisherige Rechtsprechung (3.61) aufgegeben, wonach ein Verstoß gegen § 8 BUrlG den Anspruch des Arbeitnehmers auf Zahlung von Urlaubsentgelt aufhebt bzw. einen Anspruch des Arbeitgebers auf Rückzahlung von bereits gezahltem Urlaubsentgelt auslöst. Nach neuerer Auffassung des BAG (3.62) kann der mit § 8 BUrlG verfolgte gesetzgeberische Zweck nur darin gesehen werden, den Arbeitnehmer dazu anzuhalten, die durch die Befreiung von der Arbeitspflicht erlangte Freizeit nicht zu einer anderweitigen Erwerbstätigkeit zu nutzen. Dieses Ziel kann nicht mit dem Wegfall des Anspruches auf Urlaubsentgelt oder mit einer Rückzahlungsverpflichtung erreicht werden. In Betracht kommen vielmehr Ansprüche des Arbeitgebers auf Schadensersatz, auf Unterlassung der Erwerbstätigkeit sowie die Möglichkeit, gegebenenfalls wegen der Erwerbstätigkeit das Arbeitsverhältnis durch Kündigung zu beenden (3.62). Der Anspruch auf Urlaubsentgelt bleibt bestehen.

Daß bei einem Verstoß gegen § 8 BUrlG der Anspruch auf Urlaubsentgelt erhalten bleibt, gilt nur für den gesetzlichen Urlaub. Die Tarifparteien sind nicht gehindert, für einen tariflichen Urlaubsanspruch, der über den gesetzlichen Urlaub hinausgeht, den Wegfall des Entgeltanspruches vorzusehen für den Fall, daß der Arbeitnehmer ohne Zustimmung des Arbeitgebers während des Urlaubs erwerbstätig wird (3.62).

2.131.2 Vertragliche Regelung

91 **Tarifliche Urlaubsregelungen.** Von den Vorschriften des Bundesurlaubsgesetzes kann in Tarifverträgen abgewichen werden (§ 13 Abs. 1 Satz 1 BUrlG). Ausgenommen sind lediglich § 1 (= Urlaubsanspruch für jeden Arbeitnehmer), § 2 (= Kreis der anspruchsberechtigten Arbeitnehmer) und § 3 Abs. 1 (= Urlaubsdauer mindestens 24 Werktage/Jahr), die unabdingbar sind. Die Unabdingbarkeit erstreckt sich allerdings nur auf die gesetzlichen Mindesturlaubsbedingungen; sie gilt nicht für tarifliche Regelungen, die über die gesetzlichen Mindestbedingungen hinausgehen.

Beispiel: Ein Tarifvertrag sieht einen Urlaubsanspruch von 36 Werktagen/Jahr vor; bei Beendigung des Arbeitsverhältnisses im Laufe des Kalenderjahres soll der Urlaub gezwölftet werden. Ein Arbeitnehmer, der zum 30.09. aus dem Arbeitsverhältnis ausscheidet, hätte demnach einen Urlaubsanspruch von 9/12 von 36 Werktage – 27 Tagen. Das Bundesurlaubsgesetz sieht demgegenüber für den Fall der Beendigung des Arbeitsverhältnisses in der 2. Jahreshälfte vor, daß der volle Urlaubsanspruch zu erfüllen ist. Dies bedeutet jedoch lediglich, daß der Arbeitnehmer unabdingbar den gesetzlichen Jahresurlaub von 24 Werktagen beanspruchen kann, nicht, daß er den vollen tariflichen Urlaubsanspruch erworben hat. Gewährt der Arbeitgeber somit den tariflichen Teilurlaubsanspruch von 27 Werktagen, so erfüllt er damit gleichzeitig auch den gesetzlich abgesicherten Mindesturlaubsanspruch von 24 Werktagen.

Abgesehen von den §§ 1,2 und 3 Abs. 1 BUrlG können alle anderen Bestimmungen des Bundesurlaubsgesetzes, z.B. über die Wartezeit, über den Teilurlaubsanspruch, über die Übertragung des Urlaubs und dessen Abgeltung, über die Berechnung der Urlaubsdauer und des Urlaubsentgeltes, über die Anrechnung von Krankheiten, von Vorsorge- und Rehabilitationsmaßnahmen durch Tarifvertrag zugunsten, aber auch zuungunsten des Arbeitnehmers abgeändert werden.

In der Regel sind die tariflichen Urlaubsregelungen günstiger für den Arbeitnehmer als die gesetzlichen Regelungen. So sehen fast alle einschlägigen Tarifverträge einen längeren Jahresurlaub vor als das Bundesurlaubsgesetz, wobei der Urlaub nach dem Alter oder nach der Dauer der Betriebszugehörigkeit gestaffelt wird. Regelmäßig wird auch der Übertragungszeitraum verlängert (in § 47 Abs. 7 BAT z.B. bis zum 30.04., in besonderen Fällen noch darüber hinaus). Vielfach wird vereinbart, daß der nicht gewährte Urlaub bei Beendigung des Arbeitsverhältnisses unabhängig vom Vorliegen der Arbeitsfähigkeit abzugelten ist (3.63). Oder es wird bestimmt, daß ein Urlaubsanspruch, der wegen Krankheit im Urlaubsjahr und im Übertragungszeitraum nicht genommen werden konnte, auch bei fortbestehendem Arbeitsverhältnis abzugelten ist (3.64). Auch kommt es vor, daß tarifvertraglich für alle Arbeitnehmer oder für bestimmte Arbeitnehmer verkürzte Wartezeiten vereinbart werden (im öffentlichen Dienst beträgt die Wartezeit z.B. nur drei Monate für Jugendliche, § 47 Abs. 3 BAT).

Abweichungen zuungunsten des Arbeitnehmers sind seltener. Zulässig ist beispielsweise eine Vereinbarung im Tarifvertrag, die eine Kürzungsmöglichkeit für den über den gesetzlichen Mindesturlaub hinausgehenden tariflichen Urlaub für den Fall vorsieht, daß der Arbeitnehmer während des Kalenderjahres nicht voll gearbeitet hat. Auch kann der Tarifvertrag für Bruchteile unterhalb eines halben Urlaubstages eine Abrundung vorschreiben, und zwar sowohl für den Teilurlaubsanspruch als auch für den Vollurlaubsanspruch (3.65). Das BAG hat ferner eine Tarifklausel akzeptiert, die den Arbeitnehmer zur Rückzahlung der Urlaubsvergütung für den über den gesetzlichen Mindesturlaub hinaus gewährten Tarifurlaub verpflichtet, falls er eine dem Urlaubszweck widersprechende Erwerbstätigkeit ausübt (3.66). Schließlich kann tarifvertraglich der Anspruch des vor erfüllter Wartezeit aus dem Arbeitsverhältnis ausscheidenden Arbeitnehmers auf Teilurlaub wirksam ausgeschlossen werden (3.67).

Zu beachten ist, daß tarifliche Urlaubsregelungen nur dann Vorrang vor den gesetzlichen Regelungen haben, wenn Arbeitnehmer und Arbeitgeber tarifgebunden sind, also Mitglied der vertragschließenden Gewerkschaft bzw. des vertragschließenden Arbeitgeberverbandes sind, oder wenn der Tarifvertrag für allgemeinverbindlich erklärt worden ist, oder wenn die (nicht tarifgebundenen) Parteien vertraglich vereinbart haben, daß die tarifliche Urlaubsregelung Anwendung finden soll.

92 **Einzelvertragliche Urlaubsregelungen.** Im Einzelarbeitsvertrag kann von den Bestimmungen des Bundesurlaubsgesetzes nur zugunsten des Arbeitnehmers abgewichen werden (§ 13 Abs. 1 Satz 3 BUrlG); ungünstigere Regelungen

als die im Gesetz vorgesehenen Bestimmungen sind nichtig. Einzige Ausnahme ist die Regelung des § 7 Abs. 2 Satz 2 BUrlG (= zusammenhängender Urlaub von mindestens 12 Werktagen).

Zu beachten ist auch hier, daß nur die gesetzlichen Mindestansprüche erhalten bleiben müssen. Die über das gesetzliche Mindestmaß hinaus vereinbarten Urlaubsbedingungen können einzelvertraglich durchaus ungünstiger als die gesetzlichen Mindestbedingungen geregelt werden.

So ist eine gegenüber § 11 BUrlG ungünstigere Berechnung des Urlaubsentgeltes für den vertraglich vereinbarten Mehrurlaub zulässig (3.68). Ebenfalls zulässig ist eine Vereinbarung im Arbeitsvertrag, wonach Fehltage auf den zugesagten Mehrurlaub angerechnet werden können. Sieht der Arbeitsvertrag vor, daß der im Zeitpunkt der Kündigung des Arbeitsverhältnisses noch nicht erfüllte Urlaubsanspruch während der Kündigungsfrist zu gewähren und zu nehmen ist, so ist diese Regelung wirksam für den einzelvertraglich vereinbarten Mehrurlaub, nicht jedoch für den gesetzlichen Mindesturlaub, bei dem gem. § 7 Abs. 1 Satz 1 BUrlG bei der zeitlichen Festlegung des Urlaubs die Urlaubswünschte des Arbeitnehmers zu berücksichtigen sind (3.69).

93 **Betriebsvereinbarungen.** Auch Betriebsvereinbarungen unterliegen voll dem Prinzip der Unabdingbarkeit und können nur für den Arbeitnehmer günstigere Vorschriften vorsehen (§ 13 Abs. 1 Satz 3 BUrlG). Eine Übernahme der tariflichen Urlaubsregelung durch Betriebsvereinbarung ist nicht möglich, es sei denn, der Tarifvertrag enthält ausdrücklich eine entsprechende Öffnungsklausel (§ 77 Abs. 3 BetrVG).

2.132 Erziehungsurlaub

94 **Rechtsgrundlagen.** Der Erziehungsurlaub wurde durch das Gesetz über die Gewährung von Erziehungsgeld und Erziehungsurlaub (Bundeserziehungsgeldgesetz – BErzGG) in 1985 eingeführt. Mit Inkrafttreten des Gesetzes wurden die Vorschriften des Mutterschutzgesetzes über den Mutterschaftsurlaub aufgehoben. Soweit das Bundeserziehungsgeldgesetz keine Sonderregelungen enthält, sind die allgemeinen Vorschriften über den Urlaub (siehe Rz 77ff.) entsprechend anzuwenden.

95 **Zweck.** Mit der Gewährung von Erziehungsgeld und Erziehungsurlaub soll die Betreuung und Erziehung eines Kindes in den ersten Lebensjahren gefördert werden. Der Mutter und/oder dem Vater soll der Entschluß erleichtert werden, in den ersten Jahren nach der Geburt des Kindes auf eine Erwerbstätigkeit zu verzichten und sich dem Kind zu widmen.

96 **Anspruchsberechtigte.** Anspruch auf Erziehungsurlaub haben alle männlichen und weiblichen Arbeitnehmer (§ 15 Abs. 1 BErzGG), ferner die in Heimarbeit Beschäftigten (§ 20 Abs. 2 BErzGG). Der Begriff des Arbeitnehmers bestimmt sich nach den allgemeinen arbeitsrechtlichen Kriterien (siehe Rz 2ff.); unerheblich ist, ob das Arbeitsverhältnis auf Dauer oder befristet abgeschlossen wurde, ob ein Vollzeit- oder ein Teilzeitarbeitsverhältnis vorliegt. Als Arbeitnehmer i.S. des Bundeserziehungsgeldgesetzes gelten auch die zu ihrer Berufsbildung Beschäftigten (§ 20 Abs. 1 BErzGG).

97 **Anspruchsvoraussetzungen.** Die in Rz 96 genannten männlichen und weiblichen Personen haben Anspruch auf Erziehungsurlaub, wenn sie mit einem

Kind, für das ihnen die Personensorge zusteht (§§ 1631ff. BGB), oder als Nichtsorgeberechtigte mit ihrem leiblichen Kind in einem Haushalt leben und das Kind selbst betreuen und erziehen (§ 15 Abs. 1 BErzGG). Ein Anspruch auf Erziehungsurlaub besteht nicht, solange die Mutter als Wöchnerin bis zum Ablauf von acht Wochen nicht beschäftigt werden darf (§ 15 Abs. 2 Satz 1 Nr. 1 BErzGG). Dieser Ausschlußtatbestand knüpft an das Beschäftigungsverbot des § 6 Abs. 1 MuSchG für Arbeitnehmerinnen an (siehe hierzu Rz 72); das Gesetz geht davon aus, daß die Mutter das Kind während der Schutzfrist versorgt. Ferner besteht kein Anspruch auf Erziehungsurlaub, solange der mit dem Anspruchsberechtigten in einem Haushalt lebende andere Elternteil nicht erwerbstätig ist, es sei denn, dieser ist arbeitslos oder befindet sich in Ausbildung (§ 15 Abs. 2 Satz 1 Nr. 2 BErzGG). Mit dem zweiten Ausschlußtatbestand soll dem Umstand Rechnung getragen werden, daß der nicht erwerbstätige Elternteil die Betreuung des Kindes übernehmen kann.

98 **Beginn und Dauer des Erziehungsurlaubes.** Der Anspruch auf Erziehungsurlaub beginnt frühestens an dem Tag, der unmittelbar auf den letzten Tag der achtwöchigen Schutzfrist des Mutterschutzgesetzes nach der Entbindung folgt. Jedoch besteht keine Verpflichtung, den Erziehungsurlaub unmittelbar im Anschluß an das Ende der Mutterschutzfrist nach § 6 Abs. 1 MuSchG anzutreten.

Die gesetzliche Dauer des Erziehungsurlaubs beträgt drei Jahre, gerechnet vom Tag der Geburt an (§ 15 Abs. 1 Satz 1 BErzGG). Die Vereinbarung eines längeren Erziehungsurlaubs ist zulässig. Die Anspruchsdauer muß nicht voll ausgeschöpft werden; auch ist der Anspruch nicht an einen bestimmten Berechtigten gebunden. Innerhalb des Anspruchszeitraumes ist eine Inanspruchnahme von Erziehungsurlaub oder ein Wechsel unter den Berechtigten dreimal zulässig (§ 16 Abs. 1 Satz 2 BErzGG).

Beispiel: Geburt des Kindes am 15.08.94. Erste Inanspruchnahme des Erziehungsurlaubs durch die Mutter vom 11.10.94 bis 31.07.95. Am 01.01.96 erster Wechsel: Inanspruchnahme des Erziehungslaubs durch den Vater vom 01.01.96 bis 30.06.96 (= zweite Inanspruchnahme). Am 01.03.97 zweiter Wechsel: dritte Inanspruchnahme des Erziehungsurlaubs durch die Mutter vom 01.03.97 bis 14.08.97.

Auch kann der Erziehungsurlaub vorzeitig beendet werden (§ 16 Abs. 3 BErzGG). Stirbt das Kind während des Erziehungsurlaubs, endet der Urlaub spätestens drei Wochen nach dem Tod des Kindes (§ 16 Abs. 4 BErzGG).

99 **Inanspruchnahme.** Der Anspruchsberechtigte muß den Erziehungsurlaub spätestens vier Wochen vor dem Zeitpunkt, von dem ab er ihn in Anspruch nehmen will, vom Arbeitgeber verlangen und gleichzeitig erklären, für welchen Zeitraum oder für welche Zeiträume er Erziehungsurlaub in Anspruch nehmen will (§ 16 Abs. 1 Satz 1 BErzGG). Das Verlangen kann mündlich oder schriftlich erklärt werden. Mit dem Zugang beim Arbeitgeber ist das Verlangen wirksam, d.h. der Anspruchsberechtigte kann zu dem angegebenen Zeitpunkt der Arbeit fernbleiben; einer Zustimmung des Arbeitgebers bedarf es hierzu nicht. Andererseits ist das Urlaubsverlangen unwiderruflich; der Anspruchsberechtigte muß zum angegebenen Zeitpunkt den Erziehungsurlaub antreten (3.70).

Auch der Wechsel unter den Anspruchsberechtigten muß spätestens vier Wochen vorher verlangt werden; gleichzeitig ist anzugeben, zu welchem Zeitpunkt und für welchen Zeitraum der Wechsel erfolgen soll. Nimmt der eine Elternteil den Erziehungsurlaub in Anspruch, besteht solange für den anderen Elternteil kein Anspruch auf Erziehungsurlaub (§ 15 Abs. 2 Satz 1 Nr. 3 BErzGG).

100 **Erziehungsurlaub und Erholungsurlaub.** Nach § 17 Abs. 1 BErzGG kann der Arbeitgeber den Erholungsurlaub, der dem Arbeitnehmer für das Urlaubsjahr aus dem Arbeitsverhältnis zusteht, für jeden vollen Kalendermonat, für den der Arbeitnehmer Erziehungsurlaub nimmt, um ein Zwölftel kürzen. Die Kürzung setzt eine entsprechende Erklärung des Arbeitgebers voraus. Er kann auf die Kürzung verzichten (3.71). Bei der Kürzung ist auf volle Kalendermonate abzustellen; dauert der Erziehungsurlaub z.B. vom 02.06. bis zum 30.07., kommt überhaupt keine Kürzung in Betracht.

Hat der Arbeitnehmer vor Beginn des Erziehungsurlaubs bereits mehr Urlaub erhalten, als ihm nach § 17 Abs. 1 BErzGG zusteht, so kann der Arbeitgeber den Urlaub, der dem Arbeitnehmer nach dem Ende des Erziehungsurlaubs zusteht, um die zuviel gewährten Tage kürzen. Auch hier ist eine entsprechende Erklärung des Arbeitgebers erforderlich.

Hat der Arbeitnehmer den ihm zustehenden Erholungsurlaub vor dem Beginn des Erziehungsurlaubs noch nicht oder nicht vollständig erhalten, so hat der Arbeitgeber den Resturlaub nach dem Erziehungsurlaub im laufenden oder im nächsten Urlaubsjahr zu gewähren (§ 17 Abs. 2 BErzGG). Diese Regelung ist eine Sonderregelung, die der allgemeinen Übertragungs- und Verfallvorschrift des § 7 Abs. 3 Satz 3 BErzGG vorgeht (siehe Rz 85); sie soll sicherstellen, daß die Inanspruchnahme des Erziehungsurlaubs nicht zum Verfall des Anspruches auf Erholungsurlaub führt. Das BAG vertritt deshalb die Auffassung, daß der vor Beginn des Erziehungsurlaubs noch nicht oder nicht vollständig erhaltene Erholungsurlaub auch über den 31. März des folgenden Jahres hinaus übertragen werden kann (3.72).

Endet das Arbeitsverhältnis während des Erziehungsurlaubs, oder setzt der Arbeitnehmer im Anschluß an den Erziehungsurlaub das Arbeitsverhältnis nicht fort, so hat der Arbeitgeber den noch nicht gewährten Urlaub abzugelten (§ 17 Abs. 3 BErzGG).

101 **Erziehungsurlaub und Erwerbstätigkeit.** Nach § 15 Abs. 4 Satz 1 BErzGG ist eine Erwerbstätigkeit während des Erziehungsurlaubs in beschränktem Umfang zulässig, sofern die wöchentliche Arbeitszeit 19 Stunden nicht übersteigt. Zulässig ist sowohl eine Teilzeitbeschäftigung beim bisherigen Arbeitgeber wie auch eine Teilerwerbstätigkeit bei einem anderen Arbeitgeber oder als Selbständiger. Die Teilerwerbstätigkeit bei einem anderen Arbeitgeber oder als Selbständiger bedarf der Zustimmung des Arbeitgebers (§ 15 Abs. 4 Satz 2 BErzGG); dieser kann die Ablehnung der Zustimmung nur mit entgegenstehenden betrieblichen Interessen innerhalb einer Frist von vier Wochen begründen, z. B. mit Hinweis auf die Wahrung von Betriebs- oder Geschäftsgeheimnissen (§ 15 Abs. 4 Satz 3 BErzGG).

Ein Anspruch auf Teilzeitbeschäftigung beim Arbeitgeber besteht nicht. Ist der Arbeitgeber mit einer Teilzeitbeschäftigung in seinem Betrieb nicht einverstanden und erlaubt er auch eine von einem anderen Arbeitgeber angebotene Teilzeitbeschäftigung nicht, bleibt dem Arbeitnehmer nur die Wahl, entweder auf die Teilzeitbeschäftigung oder auf den Erziehungsurlaub zu verzichten.

Die Höhe der bei der Teilerwerbstätigkeit erzielten Einkünfte ist ohne Bedeutung. Bei einer Tätigkeit als Arbeitnehmer erwächst dem Beschäftigten nicht nur ein Vergütungsanspruch, sondern im Falle der Arbeitsunfähigkeit infolge Krankheit auch ein Entgeltfortzahlungsanspruch gegen den Arbeitgeber und – bei längerer Krankheit – ein Krankengeldanspruch gegen die Krankenkasse (siehe hierzu Rz 133ff. und Rz 143). Vergütungsanspruch, Entgeltfortzahlungsanspruch und Krankengeldanspruch bei Teilzeitbeschäftigung bis zu 19 Stunden wöchentlich hindern also nicht den Bezug von Erziehungsgeld.

102 **Arbeitsrechtliche Auswirkungen.** Die Inanspruchnahme des Erziehungsurlaubs bewirkt, daß der Arbeitnehmer von der Arbeitspflicht und der Arbeitgeber – anders als beim Erholungsurlaub – von der Pflicht zur Zahlung des Arbeitsentgelts befreit wird (soweit nicht eine Teilzeitbeschäftigung im erlaubten Rahmen stattfindet). Die wechselseitigen Nebenpflichten bestehen hingegen weiter, insbesondere die Verschwiegenheitspflicht und die Pflicht zur Unterlassung von Wettbewerb (siehe hierzu Rz 108). Ebenso bleiben die Betriebszugehörigkeit (z.B. für die Wartezeit des § 1 Abs. 1 KSchG und des § 4 BUrlG) und die betriebsverfassungsrechtliche Rechtsstellung des Arbeitnehmers während der Zeit des Erziehungsurlaubs erhalten.

Erkrankt der Arbeitnehmer während des Erziehungsurlaubs, so wird der Erziehungsurlaub – anders als der Erholungsurlaub (siehe Rz 80) – durch die Arbeitsunfähigkeit nicht unterbrochen (3.73). Da der Arbeitgeber von der Vergütungspflicht befreit ist, besteht bei Arbeitsunfähigkeit kein Anspruch auf Entgeltfortzahlung gegen den Arbeitgeber (3.74); etwas anderes gilt nur, wenn der Arbeitnehmer während des Erziehungsurlaubs eine zulässige Teilzeitbeschäftigung ausübt (Rz 101). Es besteht auch kein Anspruch auf Krankengeld gegen die Krankenkasse. Zwar bleibt die Mitgliedschaft in der Krankenversicherung erhalten, solange der Erziehungsurlaub in Anspruch genommen wird (§ 192 Abs. 1 Nr. 2 SGB V), der Anspruch ruht aber, solange der Arbeitnehmer Erziehungsurlaub erhält (§ 49 Abs. 1 Nr. 2 erster Halbsatz SGB V). Zu beachten sind zwei Ausnahmen: Während des Erziehungsurlaubs wird ein Krankengeld gezahlt, wenn die Arbeitsunfähigkeit bereits vor Beginn des Erziehungsurlaubs eingetreten ist (§ 49 Abs. 1 Nr. 2 zweiter Halbsatz SGB V), mit der sich dann aus § 2 Abs. 2 Nr. 2 BErzGG für den Anspruch auf Erziehungsgeld ergebenden Folge (siehe Rz 103). Zweitens kann ein Krankengeldanspruch bestehen, wenn der Arbeitnehmer während des Erziehungsurlaubs eine zulässige Teilzeitbeschäftigung ausübt (siehe Rz 101).

103 **Erziehungsgeld.** Das Erziehungsgeld ist keine Leistung des Arbeitgebers, sondern eine Sozialleistung (Art. II § 1 Nr. 20 SGB I, Art. I § 25 Abs. 2 SGB I). Die Anspruchsvoraussetzungen sind in § 1 BErzGG geregelt. Sie unterscheiden sich von den Voraussetzungen, die für die Inanspruchnahme des Erziehungsurlaubs erfüllt sein müssen; insbesondere ist das Bestehen eines Arbeitsverhältnisses nicht Voraussetzung für den Bezug von Erziehungsgeld. Anspruch auf Erziehungsgeld haben nach § 1 Abs. 1 BErzGG alle (männlichen und weiblichen) Personen, die ihren Wohnsitz in der Bundesrepublik Deutschland haben, mit einem Kind, für das ihnen die Personensorge zusteht, in einem Haushalt leben, dieses Kind selbst betreuen und erziehen und keine oder keine volle Erwerbstätigkeit ausüben. Weitere Einzelheiten siehe § 1 Abs. 1a bis 7 BErzGG. Anspruchsberechtigt sind demnach auch (männliche und weibliche) Arbeitnehmer, die den Erzie-

hungsurlaub in Anspruch nehmen, denn sie üben während dieser Zeit keine oder keine volle Erwerbstätigkeit aus.

Keine volle Erwerbstätigkeit wird ausgeübt, wenn die wöchentliche Arbeitszeit 19 Stunden nicht übersteigt (§ 2 Abs. 1 Nr. 1 BErzGG). Die Höhe der dabei erzielten Einkünfte ist ohne Bedeutung. Eine Teilzeitbeschäftigung bis zu 19 Stunden wöchentlich ist also mit dem Bezug von Erziehungsgeld vereinbar. Einer vollen Erwerbstätigkeit stehen gleich: der Bezug von Arbeitslosengeld und Arbeitslosenhilfe (bei Arbeitslosigkeit muß sich die Arbeitnehmerin/der Arbeitnehmer deshalb entscheiden, ob sie/er weiterhin Arbeitslosengeld oder Erziehungsgeld in Anspruch nehmen will); der Bezug von Krankengeld, Verletztengeld, Übergangsgeld und Unterhaltsgeld, wenn der Bemessung dieser Leistungen ein Arbeitsentgelt für eine Beschäftigung von mehr als 19 Stunden wöchentlich zugrunde liegt (§ 2 Abs. 2 Nr. 1 und 2 BErzGG). Auch die Zahlung von Krankengeld, Verletztengeld usw. für eine Teilzeitbeschäftigung von bis zu 19 Stunden/Woche steht demnach dem Bezug von Erziehungsgeld nicht entgegen.

Erziehungsgeld wird vom Tag der Geburt bis zur Vollendung des vierundzwanzigsten Lebensmonats gewährt (§ 4 Abs. 1 Satz 2 BEerGG).

Das Erziehungsgeld beträgt je Kind 600 DM monatlich (§ 5 Abs. 1 BErzGG). Es wird in den ersten sechs Lebensmonaten des Kindes praktisch einkommensunabhängig gewährt; es wird nur dann gemindert, wenn das Einkommen bei Verheirateten 100 000, bei Alleinerziehenden 75 000 DM jährlich übersteigt (§ 5 Abs. 2 Satz 1 BErzGG). Vom Beginn des siebten Lebensmonats an wird das Erziehungsgeld gemindert, wenn das Einkommen bei Verheirateten 29 400 DM, bei Alleinerziehenden 23 700 DM jährlich übersteigt. Die Einkommensgrenzen erhöhen sich um 4 200 DM/Jahr für jedes weitere Kind (§ 5 Abs. 2 Satz 2 und 3 BErzGG). Von dem die Einkommensgrenzen übersteigenden Betrag werden 40% auf das Erziehungsgeld angerechnet (§ 5 Abs. 3 BErzGG).

Beispiel: Ein Ehepaar mit einem Kind verfügt über ein steuerpflichtiges Einkommen von 48 000 DM/Jahr. Es ist ein Freibetrag von 29 400 DM + 4 200 DM = 33 600 DM/Jahr in Rechnung zu stellen. Hieraus ergibt sich ein Überhang von 14 400 DM/Jahr. Von diesem Überhang sind 40% anzurechnen, also 5 760 DM/Jahr. Monatlich sind deshalb 480 DM abzuziehen, so daß das Erziehungsgeld ab dem siebten Monat 120 DM beträgt.

Auf das Erziehungsgeld wird das Mutterschaftsgeld, das der Mutter für die Dauer von acht Wochen nach der Geburt gewährt wird (siehe Rz 144), angerechnet. Die Anrechnung ist auf 20 DM/Kalendertag begrenzt (§ 7 BErzGG). Dies bedeutet, daß in der Regel der Anspruch auf Erziehungsgeld erst ab Beginn der neunten Woche nach der Geburt des Kindes zum Tragen kommt. Nur wenn das Mutterschaftsgeld niedriger ist als das Erziehungsgeld, wird der Differenzbetrag vom Tag der Geburt an ausgezahlt.

Voraussetzung für den Bezug von Erziehungsgeld ist ein schriftlicher Antrag für jeweils ein Lebensjahr (§ 4 Abs. 2 BErzGG). Die Bundesländer bestimmen, welche Behörde für das Erziehungsgeld zuständig ist (§ 10 BErzGG). Die Ausgaben für das Erziehungsgeld trägt der Bund (§ 11 BErzGG).

2.14 Verletzung der Arbeitspflicht

104 **Begriff.** Von einer Verletzung der Arbeitspflicht spricht man in zwei Fällen: bei Nichtleistung der Arbeit und bei Schlechtleistung der Arbeit.

Der Begriff der Nichtleistung der Arbeit umfaßt alle Fälle der vertragswidrigen Nichterfüllung der Arbeitspflicht durch den Arbeitnehmer.

Beispiele: Der Arbeitnehmer erscheint nicht zur Arbeit; er erscheint mit Verspätung am Arbeitsplatz, er verläßt unerlaubt den Arbeitsplatz; er beendet vorzeitig die Arbeit.

Entscheidend ist, daß die Arbeit vertragswidrig unterbleibt; ausgenommen sind also die Fälle der Befreiung des Arbeitnehmers von der Arbeitspflicht durch Vertrag, auf Initiative einer Vertragspartei oder kraft Gesetz (siehe Überblick vor Rz 77).

Bei Nichtleistung liegt i.d.R. Unmöglichkeit der Arbeit vor, weil die Arbeit innerhalb der vereinbarten Zeit geleistet werden muß und nicht nachgeholt werden kann. Nur in Ausnahmefällen ist die geschuldete Arbeitsleistung nachholbar; hier gerät der Arbeitnehmer bei Nichtleistung in Schuldnerverzug. Beispiele: Die Konkretisierung des Arbeitstermines ist dem Arbeitnehmer überlassen (= Gleitzeitarbeit, Arbeitnehmer hat Verfügungsspielraum über sein Arbeitszeit-Konto); der Arbeitgeber ist nicht unbedingt an einem bestimmten Arbeitsbeginn interessiert (= Teilzeitarbeit, die nur einem Arbeitnehmer übertragen wurde).

Schlechtleistung (oder positive Forderungsverletzung) liegt vor, wenn der Arbeitnehmer zwar seiner Arbeitspflicht nachkommt, die geleistete Arbeit aber nicht den qualitativen Anforderungen entspricht (= qualitative Schlechtleistung) oder in quantitativer Hinsicht unzureichend ist (= quantitative Schlechtleistung).

Beispiele: Der Dreher liefert Werkstücke ab, die nicht den Qualitätsstandards genügen; der Lohnbuchhalter verrechnet sich; der Schalterangestellte erteilt falsche Auskünfte; der Maurer arbeitet zu langsam (= Bummelei), er schafft das vertraglich vorausgesetzte Arbeitspensum nicht.

Als Schlechtleistung gilt ferner jede Verletzung fremder Rechtsgüter durch den Arbeitnehmer, z.B. die Beschädigung von Maschinen und Werkzeugen des Arbeitgebers.

105 Rechtsfolgen der Nichtleistung. Die Rechtsfolgen der Nichtleistung der Arbeit hängen davon ab, wer die Nichtleistung zu vertreten hat. Zu vertreten sind Vorsatz und Fahrlässigkeit (§ 276 Abs. 1 Satz 1 BGB); Einzelheiten hierzu siehe Rz 131 und Rz 198. Im Regelfall wird die Nichtleistung vom Arbeitnehmer zu vertreten sein. Ist das der Fall, so stehen dem Arbeitgeber folgende Möglichkeiten offen:

- Der Arbeitgeber kann Klage auf Leistung der vereinbarten Arbeit beim zuständigen Arbeitsgericht erheben. Doch kann ein entsprechendes Urteil weder durch Geldstrafe noch durch Haft vollstreckt werden (§ 62 Abs. 2 Satz 1 ArbGG i.V.m. § 888 Abs. 2 ZPO). Möglich ist allerdings ein indirekter Zwang (3.75): Verurteilt das Arbeitsgericht den Arbeitnehmer zur Leistung von Arbeit, so ist der Arbeitnehmer auf Antrag des Arbeitgebers zugleich für den Fall, daß die Arbeit nicht binnen einer bestimmten Frist geleistet ist, zur Zahlung einer vom Arbeitsgeericht nach freiem Ermessen festzusetzenden Entschädigung zu verurteilen (§ 61 Abs. 2 ArbGG).
- Der Arbeitgeber kann die Lohnzahlung verweigern (§§ 614, 320 Abs. 1 Satz 1, 325 Abs. 1 Satz 3 i.V.m. § 323 Abs. 1 BGB).
- Der Arbeitgeber kann das Arbeitsverhältnis kündigen. Wiegt die Nichtleistung der Arbeit so schwer, daß dem Arbeitgeber die Fortsetzung des Arbeitsverhältnisses bis zum Ablauf der gesetzlichen oder vereinbarten Kündigungsfrist unzumutbar ist, kann der Arbeitgeber die fristlose Kündigung aussprechen (§ 626 Abs. 1 BGB). Einzelheiten hierzu siehe Rz 299ff.

Zu beachten ist, daß eine fristlose Kündigung nur in besonders schwerwiegenden Fällen zulässig ist. Vorausgehen muß eine sorgfältige Berücksichtigung aller Umstände des Einzelfalles und eine Abwägung der Interessen beider Vertragsteile. Einmalige oder gelegentlich vorkommende unbedeutende Verletzungen der Arbeitspflicht stellen i.d.R. keinen wichtigen Grund für eine fristlose Kündigung dar.

Ist eine fristlose Kündigung nicht möglich, so wird im allgemeinen im Falle der Nichtleistung der Arbeit eine ordentliche (= fristgemäße) Kündigung gerechtfertigt sein. Die Nichtleistung der Arbeit stellt einen Grund im Verhalten des Arbeitnehmers dar, weil der Leistungswille fehlt; die Kündigung ist insoweit sozial gerechtfertigt (§ 1 Abs. 1 KSchG). Allerdings muß hier der verhaltensbedingten Kündigung eine Abmahnung vorausgehen. Einzelheiten hierzu siehe Rz 279.

- Der Arbeitgeber kann Schadensersatz wegen Nichterfüllung verlangen. Ist die Arbeitsleistung – wie im Regelfall – nicht nachholbar, besteht ein Schadensersatzanspruch aus § 325 Abs. 1 Satz 1 und 2 BGB; ist die Arbeitsleistung nachholbar, ist ein Schadensersatzanspruch aus § 326 Abs. 1 Satz 2 BGB möglich. Jedoch muß im Fall des Schuldnerverzuges zuvor vom Arbeitgeber eine angemessene Frist zur Nachholung der Arbeit gesetzt werden; erst wenn diese Frist erfolglos verstrichen ist, kann Schadensersatz verlangt werden (§ 326 Abs. 1 Satz 1 BGB). Anders ist es, wenn die Nachholung der Arbeit infolge des Verzuges kein Interesse für den Arbeitgeber hat; in diesem Falle kann er sofort Schadensersatz wegen Nichterfüllung verlangen (§ 326 Abs. 2 BGB).

Zu ersetzen sind (3.76): der entgangene Gewinn, wenn Aufträge nicht oder verspätet ausgeführt werden; die zusätzliche Arbeitsvergütung an die Arbeitnehmer, die durch Überstunden den Ausfall des Arbeitnehmers ausgleichen; die durch den Stillstand von Maschinen verursachten Kosten; evtl. Konventionalstrafen des Arbeitgebers wegen verspäteter Lieferung; die Kosten für die Anwerbung einer Ersatzkraft (einschließlich der Vorstellungskosten der Bewerber).

Voraussetzung für den Schadensersatzanspruch ist, daß dem Arbeitgeber infolge der Nichtleistung bzw. verspäteten Leistung ein Schaden entstanden ist. Hierfür ist der Arbeitgeber darlegungs- und beweispflichtig.

Der Nachweis eines Schadens stößt oft auf Schwierigkeiten. Die früher in § 124b GewO vorgesehene Möglichkeit der Schadenspauschalierung (ohne Bindung an den Nachweis eines Schadens) ist vom BAG für verfassungswidrig erklärt und durch das 3. Arbeitsrechtsbereinigungsgesetz vom 28.06.1990 aufgehoben worden (3.77).

106 **Rechtsfolgen der Schlechtleistung.** Ist die Schlechtleistung vom Arbeitnehmer zu vertreten, so gilt folgendes:

- Da der Arbeitnehmer zur Leistung von Arbeit, aber nicht zur Herbeiführung eines bestimmten Erfolges verpflichtet ist, bleibt der Lohnanspruch des Arbeitnehmers grundsätzlich erhalten (3.78). Gewährleistungsansprüche wie beim Kaufvertrag (§§ 459ff. BGB) oder beim Werkvertrag (§§ 631ff. BGB) gibt es im Arbeitsvertragsrecht nicht. Fehlerhafte Arbeit berechtigt den Arbeitgeber nicht zur Lohnminderung.
- Der Arbeitgeber kann aber Schadensersatz vom Arbeitnehmer verlangen, sofern ein Schaden nachweisbar ist (3.78). Der Schadensersatzanspruch kann gegen den Lohnanspruch des Arbeitnehmers aufgerechnet werden; dabei sind die bestehenden Pfändungsschutzbestimmungen zu beachten. Zur Aufrechnung siehe Rz 165.

Bei qualitativer Schlechtleistung kann der Schaden bestehen: aus Ausschußkosten (= Material- und Fertigungskosten der Teile, die aufgrund von Qualitätsmängeln nicht weiterverwendet werden können und verschrottet werden müssen), aus Nacharbeitskosten (= Kosten der Arbeitsgänge, die zusätzlich zu den normalen Arbeitsgängen durchgeführt werden müssen, um die festgelegten Qualitätsstandards zu erreichen), aus Gewährleistungskosten (= Kosten, die bei der Erfüllung der Gewährleistungsansprüche der Kunden anfallen). Zu berücksichtigen sind ferner die Mindereinnahmen, die beim Verkauf der mangelhaften Erzeugnisse hingenommen werden müssen. Bei der Beschädigung von Maschinen und Werkzeugen besteht der Schaden aus den Reparaturkosten. Hat die Schlechtleistung nicht zu einem Schaden des Arbeitgebers geführt, entspricht also nur die Arbeit als solche nicht den Anforderungen (Beispiel: Arbeitnehmer führt Aufräumungsarbeiten nachlässig durch), so ist mangels Schaden ein Schadensersatzanspruch nicht begründet (3.79).

- In schwerwiegenden Fällen, z.B. bei wiederholter Schlechtleistung oder bei Vorliegen eines größeren Schadens, kann der Arbeitgeber das Arbeitsverhältnis nach vorheriger Abmahnung fristgemäß kündigen, u.U. sogar fristlos (siehe Rz 279).

2.2 Nebenpflichten des Arbeitnehmers

107 **Abgrenzung.** Neben der Hauptleistungspflicht des Arbeitnehmers, der Arbeitspflicht, stehen weitere Arbeitnehmerpflichten, die unter dem Oberbegriff Nebenpflichten zusammengefaßt werden. Inhalt und Umfang dieser Nebenpflichten lassen sich nicht abstrakt bestimmen; maßgebend sind vielmehr die jeweiligen Umstände des Einzelfalles und die Verkehrsanschauung.

Die arbeitsvertraglichen Nebenpflichten des Arbeitnehmers wurden früher als Treuepflichten bezeichnet. Abgeleitet wurden die Treuepflichten aus der Vorstellung, daß sich die Rechtsbeziehungen der Arbeitsvertragsparteien nicht in einem Austausch von Leistungen erschöpfen, sondern daß der Charakter des Arbeitsverhältnisses auch durch den persönlichen Kontakt zwischen Arbeitnehmer und Arbeitgeber bestimmt wird (= Arbeitsverhältnis als personenrechtliches Gemeinschaftsverhältnis). Der Begriff der Treuepflicht gilt heute als antiquiert. Nach neuerer Auffassung werden die Nebenpflichten aus den §§ 157, 242 BGB abgeleitet, also aus dem Grundsatz von Treu und Glauben.

Inhaltlich handelt es sich bei den Nebenpflichten des Arbeitnehmers um Verhaltenspflichten, die vom Arbeitnehmer bestimmte Handlungen oder Unterlassungen verlangen (siehe Rz 108 und Rz 109). Hinsichtlich der Rechtsfolgen einer Verletzung der Nebenpflichten ist zu unterscheiden zwischen unselbständigen und selbständigen Nebenpflichten. Unselbständige Nebenpflichten (sog. Nebenleistungspflichten) sind eng mit der Hauptleistungspflicht verknüpft; ihre Erfüllung ist nicht einklagbar. Die selbständigen Nebenpflichten sind unabhängig von der Hauptleistungspflicht; sie dienen dem Schutz sonstiger Rechtsgüter des Arbeitgebers. Der Arbeitgeber kann ihre Erfüllung unabhängig von der Arbeitspflicht verlangen (siehe Rz 111).

108 **Unterlassungspflichten.** Die Unterlassungspflichten sind selbständige Nebenpflichten. Sie zwingen den Arbeitnehmer, mit Rücksicht auf die Interessen des Arbeitgebers bestimmte Handlungen zu unterlassen. Die wichtigsten Unterlassungspflichten sind (keine abschließende Aufzählung):

- Pflicht zur Wahrung des Betriebsfriedens. Der Arbeitnehmer hat alles zu unterlassen, was den Betriebsablauf stören könnte, z.B. Hänseleien, Streitereien.

Politische Gespräche am Arbeitsplatz sind zulässig, es darf aber dabei nicht zu Differenzen zwischen den Arbeitnehmern und dadurch zu einer Störung des Betriebsablaufes kommen; insoweit wird das Grundrecht der freien Meinungsäußerung (Art. 5 Abs. 1 Satz 1 GG) eingeschränkt (3.80). Parteipolitische Propaganda im Betrieb ist unzulässig (3.81).

- Verschwiegenheitspflicht. Sie verbietet dem Arbeitnehmer, Geschäfts- und Betriebsgeheimnisse, die er als solche erkennt oder als solche erkennen mußte, Dritten mitzuteilen. Diese aus Treu und Glauben abzuleitende Verschwiegenheitspflicht geht weiter als die Strafbestimmung des § 17 Abs. 1 UWG. Nach § 17 Abs. 1 UWG wird nur bestraft, wer Betriebs- oder Geschäftsgeheimnisse zu Zwecken des Wettbewerbs oder aus Eigennutz oder in der Absicht, dem Inhaber des Betriebes Schaden zuzufügen, mitteilt, während es bei der arbeitsvertraglichen Verschwiegenheitspflicht auf das Motiv nicht ankommt.

  Beispiele für Betriebs- und Geschäftsgeheimnisse: Warenbezugsquellen; Kunden- und Preislisten; technisches know-how; Kreditwürdigkeit des Arbeitgebers; Bilanzen, Inventurlisten.

- Pflicht zur Unterlassung ruf- und kreditschädigender Mitteilungen. Mit der Verschwiegenheitspflicht eng verwandt ist die Verpflichtung des Arbeitnehmers, ruf- und kreditschädigende Mitteilungen an Dritte zu unterlassen, und zwar auch dann, wenn die mitgeteilten Tatsachen nachweislich wahr sind (3.82). Die Pflicht endet dort, wo berechtigte Interessen des Arbeitnehmers, dritter Personen oder der Allgemeinheit die Mitteilung notwendig machen, z.B. bei strafbaren Handlungen, bei Verstoß gegen Arbeitsschutzbestimmungen u.ä. (3.82). Allerdings soll auch hier der Arbeitnehmer den für den Arbeitgeber schonendsten Weg gehen, z.B. bei Mißständen im Betrieb zuerst versuchen, über den Betriebsrat Abhilfe zu schaffen, bevor Anzeige bei der zuständigen Behörde erstattet oder die Presse informiert wird. Die Anzeige bei der zuständigen Behörde gilt als milderes Mittel im Vergleich zur Information der Öffentlichkeit.

- Verbot der Annahme von Schmiergeldern: Treu und Glauben verbieten es dem Arbeitnehmer, Geld oder andere Vorteile anzunehmen oder sich versprechen zu lassen, die ihn zu pflichtwidrigem Handeln zum Nachteil des Arbeitgebers veranlassen sollen. Trinkgelder und die üblichen kleinen Geschenke (z.B. Kalender, Feuerzeug) sind keine Schmiergelder. Es kommt nicht darauf an, ob der Arbeitnehmer tatsächlich pflichtwidrig gehandelt hat (3.83); insoweit geht die arbeitsvertragliche Unterlassungspflicht über die Strafbestimmung des § 12 Abs. 2 UWG hinaus, der eine Bevorzugung im Wettbewerb verlangt (§ 12 UWG spricht im übrigen nur von Angestellten). Umstritten ist, ob der Arbeitnehmer verpflichtet ist, ein empfangenes Schmiergeld an den Arbeitgeber herauszugeben (3.84).

- Pflicht zur Unterlassung von Wettbewerb. Eine ausdrückliche gesetzliche Verpflichtung zur Unterlassung von Wettbewerb während der Dauer des Arbeitsverhältnisses besteht nur für Handlungsgehilfen (= kaufmännische Angestellte). Nach § 60 Abs. 1 HGB darf ein Handlungsgehilfe ohne Einwilligung des Arbeitgebers weder ein Handelsgewerbe (im Geschäftszweig des Arbeitgebers) betreiben noch im Geschäftszweig des Arbeitgebers für eigene oder fremde Rechnung Geschäfte machen. Für die übrigen Arbeitnehmergruppen gibt es eine entsprechende gesetzliche Verpflichtung nicht; nach der Rechtsprechung des BAG soll jedoch das Wettbewerbsverbot des § 60 Abs.1 HGB auch auf andere Arbeitnehmer Anwendung finden (3.85). Beispiel: Der in einem Architekturbüro angestellte Architekt darf nicht auf eigene Rechnung Entwurfsarbeiten übernehmen. Die Verpflichtung zur Unterlassung von Wettbewerb endet mit der Beendigung des Arbeitsverhältnisses. Wegen des Wettbewerbsverbots nach Beendigung des Arbeitsverhältnisses siehe Rz 351ff.

109 **Handlungspflichten.** Die Handlungspflichten verpflichten den Arbeitnehmer, alles zu tun, was von ihm billigerweise verlangt werden kann, um den vertraglich vereinbarten Leistungszweck zu erreichen, und auch sonst alles zu unternehmen, was ihm möglich und zumutbar ist, um Störungen oder Schäden in seinem Arbeitsbereich zu verhindern bzw. zu beseitigen. Die Handlungspflichten sind teils unselbständige, teils selbständige Nebenpflichten. Zu nennen sind vor allem folgende Pflichten:

- Anzeigepflicht bei Veränderungen im persönlichen Bereich. Der Arbeitnehmer ist verpflichtet, dem Arbeitgeber unverzüglich Mitteilung zu machen, wenn aufgrund geänderter persönlicher Verhältnisse die Erfüllung der Arbeitspflicht erschwert oder unmöglich gemacht wird.

  Beispiele: Arbeiter, Angestellte und die zu ihrer Berufsbildung Beschäftigten müssen ihre Arbeitsunfähigkeit und deren voraussichtliche Dauer dem Arbeitgeber unverzüglich anzeigen (§ 5 Abs. 1 EFZG). Schwangere Arbeitnehmerinnen sollen dem Arbeitgeber ihre Schwangerschaft und den mutmaßlichen Tag der Entbindung mitteilen, sobald ihnen ihr Zustand bekannt ist (§ 5 Abs. 1 MuSchG); eine Mitteilungspflicht besteht insbesondere dann, wenn die Einarbeitung einer Vertretungskraft erhebliche Zeit erfordert oder wenn das Arbeitsverhältnis nach Eintritt der Schwangerschaft sinnvoll nicht mehr durchgeführt werden kann, z.B. bei einer Sportlehrerin oder einer Artistin (3.86). Arbeitnehmer, die von der Erfassungsbehörde oder einer Wehrersatzbehörde aufgefordert werden, sich persönlich zu melden oder vorzustellen, haben die Ladung unverzüglich ihrem Arbeitgeber vorzulegen (§ 14 Abs. 1 ArbPlSchG). Wird ein Arbeitnehmer zum Grundwehrdienst oder zu einer Wehrübung einberufen, so ist der Einberufungsbescheid ebenfalls unverzüglich vorzulegen (§ 1 Abs. 3 ArbPlSchG). Wird ein Arbeitnehmer nach Abschluß des Arbeitsvertrages als Schwerbehinderter anerkannt, so hat er dies dem Arbeitgeber mitzuteilen, wenn durch die veränderte Situation wichtige Rechtsfolgen für den Arbeitgeber eintreten (z.B. zusätzliche Pflichten aus dem Schwerbehindertengesetz, andererseits evtl. Verminderung der Ausgleichsabgabe nach § 11 SchwBG).

- Anzeigepflicht bei Störungen und Schäden im Betrieb. Der Arbeitnehmer hat dem Arbeitgeber eingetretene Störungen und Schäden in seinem Arbeitsbereich anzuzeigen, z.B. Materialfehler, Maschinenschäden, Stockungen des Materialflusses; dies gilt nicht, wenn die Störungen oder Schäden unerheblich oder dem Arbeitgeber bereits bekannt sind. Desgleichen besteht eine Anzeigepflicht bei drohenden Störungen und Schäden.

  Eine Anzeigepflicht besteht nur, soweit der eigene Pflichtenkreis betroffen ist. Dagegen ist der Arbeitnehmer nicht ohne weiteres zur Anzeige verpflichtet, wenn Schäden in fremdem Pflichtenkreis auftreten, z.B. bei Nachlässigkeiten oder strafbaren Handlungen von Arbeitskollegen (Beispiele: Diebstähle, Veruntreuungen). Eine Anzeigepflicht besteht hier nur für Arbeitnehmer, die mit Aufsichts- und Kontrollaufgaben betraut sind (z.B. Werkmeister, Werkschutzangehörige), ferner in den Fällen (für alle Arbeitnehmer), wo ein Personenschaden oder ein unverhältnismäßig hoher Sachschaden droht oder Wiederholungsgefahr gegeben ist (3.87).

- Mitteilungspflicht nach Fertigstellung von Erfindungen, Mustern und Modellen und Verbesserungsvorschlägen. Einzelheiten siehe Rz 226, 234, 250 und 253.

Bei urheberrechtsfähigen Werken ist der Arbeitnehmer verpflichtet, dem Arbeitgeber Nutzungsrechte zu übertragen (siehe Rz 241, 244, 247 und 250).

- Schadensverhinderungspflicht. Der Arbeitnehmer muß in dringenden Fällen selbst Hand anlegen, um drohende Schäden vom Betrieb, insbesondere von den Betriebsanlagen, abzuwenden, z.B. bei Unwetterkatastrophen, bei Störungen der Energieversorgung, ferner in Notfällen (siehe hierzu auch Rz 47). Hier muß der Arbeitnehmer vorübergehend auch andere Arbeiten übernehmen, die nicht in seinen vertraglich vereinbarten Tätigkeitsbereich fallen, soweit er hierzu fachlich und persönlich in der Lage ist und die Arbeit ihm zugemutet werden kann. Falls dies zur Abwendung des Schadens notwendig ist, muß der Arbeitnehmer Überstunden leisten (siehe Rz 69).

110 Umfang der Nebenpflichten. Der Umfang der Nebenpflichten des Arbeitnehmers wird weitgehend durch die Stellung des Arbeitnehmers im Betrieb bestimmt (3.88). Von leitenden Angestellten, die das erhöhte Vertrauen des Arbeitgebers besitzen und einen umfassenden Überblick über den Betrieb haben, kann ein höheres Maß an Rücksichtnahme und Eintreten für den Arbeitgeber erwartet werden als von Arbeitnehmern, die in untergeordneten Positionen beschäftigt sind. Auch die Art der Tätigkeit kann den Umfang der Nebenpflichten beeinflussen (3.88). Kaufmännische Angestellte haben weitergehende Pflichten als z.B. gewerbliche Arbeiter; Angestellte, die im Außendienst tätig sind, müssen bestimmten Repräsentationspflichten genügen; die in Tendenzbetrieben beschäftigten Arbeitnehmer sind verpflichtet, ihr Verhalten auch außerhalb des Betriebes nach den betrieblichen Interessen auszurichten. Schließlich ist auch die Dauer der Betriebszugehörigkeit von Bedeutung (3.88). So geht bei Arbeitnehmern, die bereits längere Zeit dem Betrieb angehören, die Pflicht, sich für die Interessen des Arbeitgebers und die Entwicklung des Betriebes einzusetzen, weiter als bei Aushilfs- und Eintagsarbeitskräften.

111 Verletzung der Nebenpflichten. Verletzt der Arbeitnehmer seine Nebenleistungspflichten, z.B. die Anzeigepflicht bei Veränderungen im persönlichen Bereich oder bei Störungen im Betrieb, so hat er seine Hauptleistungspflicht nicht so erfüllt, wie sie nach Treu und Glauben zu bewirken war. Dem Arbeitgeber steht in diesem Falle ein Schadensersatzanspruch gegen den Arbeitnehmer wegen Schlechterfüllung der Arbeitspflicht zu, sofern ein Schaden vorliegt und ein Verschulden des Arbeitnehmers nachweisbar ist (siehe Rz 106). Wegen der engen Verknüpfung mit der Hauptleistungspflicht ist ein Anspruch auf Erfüllung der Nebenpflicht jedoch nicht gegeben.

Anders ist es, wenn der Arbeitnehmer schuldhaft eine der selbständigen Nebenpflichten verletzt, z.B. eine der Unterlassungspflichten oder die Schadensverhinderungspflicht. Bei Verletzung dieser Nebenpflichten ist nicht nur ein Schadensersatzanspruch möglich, wenn ein Schaden entstanden ist. Wegen der Unabhängigkeit von der Hauptleistungspflicht ist hier auch ein Erfüllungsanspruch gegeben.

Ein entsprechendes Urteil könnte, soweit es sich um die Einhaltung von Unterlassungspflichten handelt, mit den einschlägigen Vollstreckungsmitteln auch durchgesetzt werden; hingegen könnte ein Urteil, das den Arbeitnehmer zur Übernahme von Notarbeiten oder zur Leistung von Überstunden verpflichtet, weder durch Geldstrafe noch durch Haft vollstreckt werden (§ 62 Abs. 2 Satz 1 i.V.m. § 888 Abs. 2 ZPO). Möglich wäre allerdings ein indirekter Zwang: Verurteilt das Arbeitsgericht den Arbeitnehmer zur Leistung von Notarbeit oder Überstunden, so könnte der Arbeitnehmer auf Antrag des Arbeitgebers zugleich für den Fall, daß die Arbeit nicht binnen einer bestimmten Frist geleistet ist, zur Zahlung einer Entschädigung verurteilt werden (§ 62 Abs. 2 ArbGG).

Bei einer Verletzung der selbständigen Nebenpflichten kann der Arbeitgeber außerdem – nach vorheriger Abmahnung – das Arbeitsverhältnis fristgemäß kündigen, insbesondere bei schweren oder wiederholten Pflichtverletzungen (siehe Rz 279); unter Umständen wird sogar eine fristlose Kündigung möglich sein, sofern die Verletzung der Nebenpflichten einen wichtigen Grund darstellt (siehe Rz 299ff.).

3. Pflichten des Arbeitgebers aus dem Arbeitsvertrag

3.1 Beschäftigungspflicht des Arbeitgebers

112 **Begriff.** Unter Beschäftigungspflicht ist die Pflicht des Arbeitgebers zu verstehen, den Arbeitnehmer entsprechend den Vereinbarungen im Arbeitsvertrag tatsächlich zu beschäftigen.

113 **Grundlagen.** Das Dienstvertragsrecht des BGB sieht zwar einen Vergütungsanspruch des Arbeitnehmers vor für den Fall, daß der Arbeitnehmer arbeiten will und kann, der Arbeitgeber ihn aber nicht beschäftigt (= Annahmeverzug des Arbeitgebers, siehe Rz 127ff.), es kennt aber keinen Anspruch des Arbeitnehmers auf Beschäftigung. Deshalb hat die Rechtsprechung zunächst eine Beschäftigungspflicht des Arbeitgebers verneint (3.89). Eine Ausnahme wurde nur gemacht, wenn die Beschäftigung ausdrücklich oder stillschweigend vereinbart war, d.h. wenn der Arbeitnehmer ein besonderes Interesse an der Ausübung der vereinbarten Tätigkeit hatte und dies dem Arbeitgeber bei Vertragsabschluß auch bekannt war, z.B. bei Ausbildungsverträgen, bei Verträgen mit Schauspielern und Sängern.

Allgemeine Anerkennung hat die Beschäftigungspflicht in der Rechtsprechung erst ab 1955 gefunden (3.90). Das BAG begründete seinerzeit den Beschäftigungsanspruch des Arbeitnehmers mit der Rechtsnatur des Arbeitsverhältnisses als personenrechtliches Gemeinschaftsverhältnis, mit der Fürsorgepflicht des Arbeitgebers (siehe Rz 168) und mit den grundgesetzlich geschützten Persönlichkeitsrechten des Arbeitnehmers (insbesondere Art. 1 Abs. 1 GG = Achtung der Würde des Arbeitnehmers und Art. 2 Abs. 1 GG = Recht auf freie Entfaltung der Persönlichkeit). Diese Rechtsauffassung wurde vom BAG in zahlreichen Entscheidungen weiter ausgebaut, wobei besonders der Aspekt des Persönlichkeitsschutzes hervorgehoben wurde (3.91). Die Literatur ist der Rechtsprechung weitgehend gefolgt (3.92).

114 **Voraussetzungen.** Allerdings besteht die Beschäftigungspflicht des Arbeitgebers nicht uneingeschränkt. Vielmehr muß neben dem Interesse des Arbeitnehmers, in dem erwählten Beruf tätig zu sein, auch geprüft werden, ob eine derartige Beschäftigung nach Art der Tätigkeit und der Person des Arbeitnehmers dem Arbeitgeber zumutbar ist (3.93). Das Recht des Arbeitnehmers auf freie Entfaltung der Persönlichkeit muß also gegen die schutzwürdigen Interes-

sen des Arbeitgebers abgewogen werden. Stehen der Beschäftigung des Arbeitnehmers starke Gründe auf Seiten des Arbeitgebers entgegen, kann eine Beschäftigung nicht verlangt werden.

Beispiele: Die Vertrauensgrundlage für eine Beschäftigung des Arbeitnehmers ist entfallen, z.B. weil der Verdacht einer strafbaren Handlung vorliegt; es besteht die Gefahr, daß Geschäftsgeheimnisse verraten werden; die Beschäftigung ist dem Arbeitgeber wirtschaftlich unzumutbar, weil Aufträge fehlen.

Zu beachten ist ferner, daß die Beschäftigungspflicht an den Zeitraum zwischen Beginn und Ende des Arbeitsverhältnisses gebunden ist. Deshalb besteht keine Beschäftigungspflicht, solange das Arbeitsverhältnis noch nicht rechtswirksam zustandegekommen ist; auf der anderen Seite hat der Arbeitnehmer einen Beschäftigungsanspruch bei einer ordentlichen Kündigung auch während der Kündigungsfrist, bei einer außerordentlichen Kündigung bis zum Zugang der Kündigungserklärung (3.94). Zum Beschäftigungsanspruch des Arbeitnehmers nach Ablauf der Kündigungsfrist bzw. nach Zugang der fristlosen Kündigung siehe Rz 289f. und Rz 307.

115 Rechtsfolgen einer Verletzung der Beschäftigungspflicht. Wird der Arbeitnehmer vom Arbeitgeber nicht beschäftigt, obwohl eine Beschäftigungspflicht besteht, so hat der Arbeitnehmer folgende Rechte:

- Er kann seinen Beschäftigungsanspruch im Wege der Klage geltend machen. Um die Beschäftigung durchzusetzen, kann er zugleich für den Fall, daß die Beschäftigung nicht binnen einer bestimmten Frist erfolgt ist, verlangen, daß der Arbeitgeber zur Zahlung einer vom Arbeitsgericht festzusetzenden Entschädigung zu verurteilen ist (§ 61 Abs. 2 ArbGG).
- Er kann die vereinbarte Vergütung verlangen, nachdem er seine Arbeit ordnungsgemäß angeboten hat, ohne zur Nachleistung verpflichtet zu sein (§ 615 Satz 1 BGB). Einzelheiten hierzu siehe Rz 127f.
- Er kann das Arbeitsverhältnis fristlos kündigen, wenn ihm die Fortsetzung des Arbeitsverhältnisses bis zum Ablauf der gesetzlichen oder vereinbarten Kündigungsfrist wegen der Ablehnung der Beschäftigung unzumutbar geworden ist (§ 626 Abs. 1 BGB), und Ersatz des durch die vorzeitige Beendigung des Arbeitsverhältnisses entstehenden Schadens verlangen (§ 628 Abs. 2 BGB). Andernfalls ist eine fristgemäße Kündigung möglich.

3.2 Vergütungspflicht des Arbeitgebers

3.21 Grundlagen

116 Vergütungsformen. Unter Arbeitsvergütung oder Arbeitsentgelt ist die vertragliche Gegenleistung des Arbeitgebers für die vom Arbeitnehmer geleistete Arbeit zu verstehen. Die Vergütung kann aus einem Geldbetrag (sog. Geldlohn) oder aus Sachleistungen (sog. Naturallohn) bestehen.

Die Praxis kennt unterschiedliche Formen des Geldlohnes. Zu nennen sind insbesondere: Zeitlohn; Leistungslohn (z.B. Akkordlohn, Prämienlohn); Gehalt. Hinzu treten: Zuschläge für besondere Leistungen oder Belastungen (z.B. Überstundenzuschlag; Nachtarbeitszuschlag; Sonn- und Feiertagszuschlag; Erschwerniszuschlag); Sozialzulagen (z.B. Alters-, Verheirateten- und Kinderzulage). Zu erwähnen sind ferner: Gewinnbeteiligung (z.B. Tantieme); Sonderzuwendungen aus bestimmten Anlässen (z.B. zu Weihnachten, zum Urlaub, bei Geschäfts- und Dienstjubiläen).

Beim Naturallohn kommen u.a. folgende Formen in Betracht: Lieferung von Lebensmitteln oder Brennmaterial (sog. Deputate); Überlassung einer Dienstwohnung; Bereitstellung eines Kraftfahrzeuges zur privaten Benutzung; Gewährung von Kost, Wohnung, Heizung, Beleuchtung.

117 **Anspruchsgrundlage.** Als Anspruchsgrundlage für den Vergütungsanspruch sind zu nennen:

- der Arbeitsvertrag zwischen Arbeitnehmer und Arbeitgeber
- der jeweils gültige Tarifvertrag

  Voraussetzung ist, daß sowohl der Arbeitnehmer als auch der Arbeitgeber tarifgebunden ist oder daß der Tarifvertrag für allgemeinverbindlich erklärt worden ist oder daß die (nicht tarifgebundenen) Vertragsparteien vereinbart haben, daß der jeweils gültige Tarifvertrag auf das Arbeitsverhältnis Anwendung finden soll.
- eine evtl. bestehende Betriebsvereinbarung zwischen Arbeitgeber und Betriebsrat

  Zu beachten ist jedoch, daß Arbeitsentgelte, die durch Tarifvertrag geregelt sind oder üblicherweise geregelt werden, nicht Gegenstand einer Betriebsvereinbarung sein können (§ 77 Abs. 3 BetrVG). Eine Betriebsvereinbarung als Anspruchsgrundlage für Vergütungsansprüche kommt deshalb nur begrenzt in Betracht, z.B. bei außertariflichen Angestellten, ferner bei Sonderleistungen wie Gratifikationen, betrieblichen Ruhegeldern, vermögenswirksamen Leistungen u.ä.
- die im Gesetz vorgesehene Regelung, wenn sich die Höhe der Vergütung weder aus Arbeitsvertrag noch Betriebsvereinbarung noch Tarifvertrag ersehen läßt. In diesem Falle gilt § 612 Abs. 2 BGB, wonach die übliche Vergütung zu zahlen ist.

  Übliche Vergütung ist diejenige Vergütung, die im Betrieb für eine vergleichbare Tätigkeit oder – sofern eine vergleichbare Tätigkeit im Betrieb nicht vorliegt – im gleichen Gewerbe am selben Ort für eine vergleichbare Tätigkeit gewährt wird. Die übliche Vergütung i.S. von § 612 Abs. 2 BGB muß nicht die tarifliche Vergütung sein; das ist nur dann der Fall, wenn an einem bestimmten Ort in einem bestimmten Gewerbezweig die Mehrzahl der Arbeitgeber eine Vergütung nach Tarif zahlt. Ebenso ist möglich, daß die übliche Vergütung über oder unter der tariflichen Vergütung liegt.

Neben den oben genannten Anspruchsgrundlagen sind ferner zu beachten:

- der Gleichbehandlungsgrundsatz. Dieser Grundsatz verbietet die willkürliche, d.h. sachfremde Schlechterstellung einzelner Arbeitnehmer oder Arbeitnehmergruppen gegenüber anderen Arbeitnehmern, die sich in vergleichbarer Lage befinden. Er bedeutet nicht, daß der Arbeitgeber stets alle Arbeitnehmer gleich behandeln muß; nur was sachlich gleich liegt, muß gleich behandelt werden (3.95). Grundlage des Gleichbehandlungsgrundsatzes ist der Grundsatz von Treu und Glauben (§ 242 BGB).

  Zu beachten ist, daß der Gleichbehandlungsgrundsatz nur Anwendung findet, wenn es sich um zusätzliche, freiwillige Leistungen des Arbeitgebers handelt, z.B. um Gratifikationen oder Ruhegelder. Sieht der Arbeitsvertrag (oder der Tarifvertrag) eine ungleiche Behandlung der Arbeitnehmer vor, so ist die vertragliche (oder tarifliche) Regelung maßgebend. Der Gleichbehandlungsgrundsatz ist also nur subsidiärer Natur, wenn andere Anspruchsgrundlagen nicht gegeben sind (3.95). Ferner muß es sich um eine gemeinschafts- bzw. betriebsbezogene Leistung des Arbeitgebers handeln, d.h. es müssen mehrere oder alle Arbeitnehmer eines Betriebes betroffen sein (3.96). Die individuelle Besser- oder Schlechterstellung des einzelnen Arbeitnehmers wird durch den Gleichbehandlungsgrundsatz nicht ausgeschlossen. Die Betriebsbezogenheit bezieht sich nur auf die Arbeitnehmer eines Betriebes, nicht auf die Arbeitnehmer verschiedener Betriebe eines Unternehmens.

- eine evtl. bestehende betriebliche Übung. Hat der Arbeitgeber eine bestimmte Leistung bereits mehrfach gewährt, ohne daß die Leistung als freiwillig gekennzeichnet oder ein Rechtsanspruch ausgeschlossen wurde, so kann aus dieser Tatsache ein Anspruch des Arbeitnehmers auf weitere Leistungen abgeleitet werden (siehe auch Rz 40).

118 **Fälligkeit.** Die Fälligkeit der Vergütung ergibt sich aus den getroffenen Vereinbarungen (= Tarifvertrag, Arbeitsvertrag) oder aus den Umständen (= Branchenüblichkeit, Ortsüblichkeit).

Beispiel: Im öffentlichen Dienst sind die Bezüge der Angestellten für den Kalendermonat zu berechnen und am 15. eines jeden Monats (= Zahltag) für den laufenden Monat auszuzahlen (§ 36 Abs. 1 BAT).

Ist eine Vereinbarung nicht getroffen worden und läßt sich auch aus den Umständen nichts entnehmen, so gilt § 614 BGB. Danach ist die Vergütung fällig nach Leistung der Arbeit (§ 614 Satz 1 BGB), d.h. es gilt der Grundsatz: erst die Arbeit, dann der Lohn. Ist die Vergütung nach Zeitabschnitten bemessen (z.B. bei wöchentlicher oder monatlicher Vergütung), so ist sie nach Ablauf der einzelnen Zeitabschnitte fällig (§ 614 Satz 2 BGB), d.h. am letzten Arbeitstag der Woche bzw. am letzten Arbeitstag des Monats. Nach § 614 BGB ist der Arbeitnehmer also vorleistungspflichtig.

Bezüglich Ausnahmen vom Grundsatz des § 614 BGB siehe Rz 124ff. Bezüglich Rechtsfolgen bei verspäteter Zahlung siehe Rz 162f.

Sachleistungen wie z.B. die Gewährung von Kost, Wohnung, Heizung, Beleuchtung oder die Überlassung einer Dienstwohnung oder eines Kraftfahrzeuges sind wegen der Natur der Sache bereits bei Arbeitsbeginn zur Verfügung zu stellen. Bei Deputaten ist der Fälligkeitstermin aus den jeweiligen Umständen zu ermitteln.

119 **Auszahlung.** Der Ort, an dem die Vergütung auszuzahlen ist, ergibt sich i.d.R. aus den getroffenen Vereinbarungen. Meistens wird vereinbart, daß der Arbeitgeber dem Arbeitnehmer die Vergütung zu überweisen hat (= bargeldlose Lohn- und Gehaltszahlung). In diesem Falle ist der Arbeitgeber gehalten, die Vergütung auf seine Kosten und Gefahr zu überweisen (§ 270 Abs. 1 BGB); er trägt das Risiko, wenn die Überweisung den Empfänger nicht erreicht (3.97). Mit der Gutschrift auf dem Konto des Arbeitnehmers ist der Vergütungsanspruch erfüllt.

Beispiel: Gem. § 36 Abs. 1 BAT sind die Bezüge der Angestellten im öffentlichen Dienst auf ein von dem Angestellten eingerichtetes Giro- oder Postscheckkonto zu zahlen. Sie sind so rechtzeitig zu überweisen, daß der Angestellte am Zahltag über sie verfügen kann.

Wird nichts vereinbart, so ist Zahlungsort der Ort, an dem der Betrieb des Arbeitgebers seinen Sitz hat (§ 269 Abs. 2 BGB); der Arbeitnehmer hat dann die Vergütung im Betrieb abzuholen (= Holschuld). Etwas anderes gilt für Sachleistungen. Kost und Wohnung sind dem Arbeitnehmer am vereinbarten Aufenthaltsort, Dienstwohnung, Deputate usw. am Wohnsitz des Arbeitnehmers zur Verfügung zu stellen.

Zu beachten ist, daß in den Betrieben, in denen ein Betriebsrat besteht, der Betriebsrat bei der Festlegung von Zeit, Ort und Art der Auszahlung des Arbeitsentgeltes mitzubestimmen hat (§ 87 Abs. 1 Nr. 4 BetrVG). Der Arbeitgeber kann diese Frage nicht einseitig regeln. Können sich Betriebsrat und Arbeitgeber nicht einigen, entscheidet die Einigungsstelle auf Antrag einer Seite mit verbindlicher Wirkung für Arbeitgeber und Betriebsrat (§ 87 Abs. 2 BetrVG).

120 **Überzahlung.** Hat der Arbeitgeber irrtümlich eine zu hohe Arbeitsvergütung gezahlt, so ist der Arbeitnehmer nach den Vorschriften über die ungerechtfertigte Bereicherung (§§ 812ff. BGB) zur Rückzahlung verpflichtet.

Beispiele: Der Arbeitgeber hat den Lohn falsch berechnet, z.B. Abzüge zu niedrig bemessen, einen Rechenfehler gemacht; der Arbeitgeber hat den Arbeitnehmer irrtümlich in eine zu hohe Lohn- oder Gehaltsgruppe eingruppiert.

Die Rückzahlungspflicht setzt voraus, daß ein Rechtsgrund für die Zahlung des Arbeitgebers fehlt (§ 812 Abs. 1 Satz 1 BGB). Das ist stets der Fall, wenn die Leistung irrtümlich gewährt wurde. Voraussetzung ist ferner, daß der Arbeitnehmer noch bereichert ist; erkannte der Arbeitnehmer den Irrtum des Arbeitgebers und damit das Fehlen des Rechtsgrundes nicht, und hat er den überzahlten Betrag bereits ausgegeben, ohne daß hierfür noch ein Gegenwert in seinem Vermögen vorhanden ist, so ist eine Rückzahlung ausgeschlossen (§ 818 Abs. 3 BGB). Die Beweislast hierfür hat der Arbeitnehmer.

Nach Auffassung des BAG ist ein Arbeitnehmer, auch ohne daß er dies konkret nachweist, nicht mehr als bereichert anzusehen, wenn die monatliche Überzahlung geringfügig ist (= nicht mehr als 10% des Monatseinkommens) und der betroffene Arbeitnehmer den unteren und mittleren Einkommensgruppen angehört (3.98). Hinzukommen muß, daß die Lebenssituation des Arbeitnehmers so beschaffen ist, daß erfahrungsgemäß ein alsbaldiger Verbrauch der Überzahlung anzunehmen ist (3.98). Anders ist es in den höheren Einkommensgruppen (= mehr als 100000 DM/Jahr); hier kann nicht unterstellt werden, daß steigende Einkünfte in der Regel auch ausgegeben werden. Deshalb können die für die unteren und mittleren Einkommensgruppen entwickelten Darlegungs- und Beweiserleichterungen nicht auf die oberen Einkommensgruppen übertragen werden; dieser Personenkreis muß also im Einzelfall den Wegfall der Bereicherung konkret darlegen und beweisen (3.99).

Hat der Arbeitnehmer allerdings Kenntnis davon gehabt, daß irrtümlich eine zu hohe Vergütung gezahlt wurde, so kann er sich nicht auf den Wegfall der Bereicherung berufen (§ 819 Abs. 1 BGB); er ist vielmehr verpflichtet, den Arbeitgeber auf den Irrtum hinzuweisen und den zuviel gezahlten Betrag zu erstatten. Die Darlegungs- und Beweislast dafür, daß der Arbeitnehmer den Irrtum erkannt hat, trifft den Arbeitgeber.

Im übrigen kann durch Tarifvertrag oder Einzelvertrag vereinbart werden, daß der Arbeitnehmer ohne Rücksicht auf den Wegfall der Bereicherung zur Rückzahlung überzahlter Beträge verpflichtet ist (3.100).

Im öffentlichen Dienst kann von der Rückforderung zuviel gezahlter Bezüge aus Billigkeitsgründen ganz oder teilweise abgesehen werden (§ 36 Abs. 6 Satz 1 BAT). Von der Rückforderung ist abzusehen, wenn eine Anrechnung der zuviel gezahlten Bezüge auf noch auszuzahlende Bezüge nicht möglich ist und das Einziehungsverfahren Kosten verursachen würde, die die zuviel gezahlten Bezüge übersteigen (§ 36 Abs. 6 Satz 2 BAT).

121 **Rückzahlungsklauseln.** Sonderzuwendungen des Arbeitgebers (z.B. Weihnachtsgratifikationen, Urlaubsgratifikationen, Übernahme von Fortbildungskosten, Umzugskostenerstattungen) werden vielfach mit einem Rückzahlungsvorbehalt verbunden, wonach die Zuwendung ganz oder teilweise zurückzuzahlen ist, wenn das Arbeitsverhältnis vor Ablauf einer bestimmten Zeit nach Gewährung der Zuwendung beendet wird.

Rückzahlungsklauseln sind grundsätzlich nur zulässig, wenn sie nicht zu einer unangemessenen Bindung des Arbeitnehmers an den Arbeitsplatz führen, also nicht in das Grundrecht, den Arbeitsplatz frei wählen zu können, eingreifen. Sie müssen für den Arbeitnehmer zumutbar sein und einem begründeten und billigenswerten Interesse des Arbeitgebers entsprechen (3.101). Im einzelnen sind folgende Grundsätze zu beachten:

- Die Rückzahlung muß ausdrücklich vereinbart werden. Ist eine Rückzahlung nicht vorbehalten, kann sie auch nicht verlangt werden (3.102).

  In der Regel werden Rückzahlungsklauseln nur für den Fall einer vorzeitigen Kündigung des Arbeitsverhältnisses vereinbart. Wird das Arbeitsverhältnis auf andere Weise vorzeitig beendet, z.B. im gegenseitigen Einvernehmen der Parteien, entfällt die Rückzahlungspflicht, sofern nicht etwas anderes vereinbart ist.

  Eine Rückzahlungsklausel für den Fall der Kündigung wird wirksam, wenn der Arbeitnehmer das Arbeitsverhältnis vorzeitig kündigt, ohne daß der Arbeitgeber dazu Veranlassung gegeben hat; wenn das Arbeitsverhältnis vom Arbeitgeber fristlos gekündigt wird aus Gründen, die der Arbeitnehmer zu vertreten hat; ferner bei einer vorzeitigen fristgemäßen Kündigung durch den Arbeitgeber aus Gründen in der Person oder im Verhalten des Arbeitnehmers. Hingegen finden Rückzahlungsklauseln keine Anwendung, wenn der Arbeitnehmer das Arbeitsverhältnis fristlos kündigt, weil ihm die Fortsetzung des Arbeitsverhältnisses mit dem Arbeitgeber unzumutbar geworden ist (z.B. bei einer schweren Beleidigung durch den Arbeitgeber); wenn das Arbeitsverhältnis betriebsbedingt vom Arbeitgeber gekündigt wird (z.B. aus Rationalisierungsgründen, wegen Absatzmangels) (3.103).

- Die Sonderzuwendung des Arbeitgebers muß dem Arbeitnehmer einen geldwerten Vorteil bringen.

  Der Vorteil liegt bei der Weihnachts- und Urlaubsgratifikation und bei der Erstattung von Umzugskosten auf der Hand. Schwieriger ist es bei der Übernahme von Fortbildungskosten. Hier ist zu prüfen, ob der Arbeitnehmer eine Ausbildung erhält, die ihm auf dem allgemeinen Arbeitsmarkt berufliche Möglichkeiten eröffnet, die ihm zuvor verschlossen waren (Beispiel: Bürogehilfin wird zum EDV-Kaufmann fortgebildet), oder ob die Ausbildung lediglich betriebsbezogen, d.h. nur für den Arbeitgeber von Vorteil ist (Beispiel: Spezialschweißer wird zu Lehrgang geschickt, auf dem ein neues Schweißverfahren vermittelt wird, das nur im Betrieb des Arbeitgebers angewendet wird). Nur im ersten Fall ist eine Rückzahlungsklausel zulässig. Der Arbeitgeber ist darlegungs- und beweispflichtig dafür, daß die Berufs- und Verdienstchancen des Arbeitnehmers gerade durch die genossene Fortbildung gestiegen sind (3.104). Dabei genügt es, wenn er substantiiert vorträgt, daß der Arbeitnehmer durch die Fortbildung eine anerkannte Qualifikation erworben und diese dem Arbeitnehmer innerbetriebliche Vorteile (z.B. eine Beförderung) gebracht hat (3.104).

- Die Frist, innerhalb der eine Rückzahlung verlangt werden kann, darf nicht zu lang sein. Sie muß für den Arbeitnehmer überschaubar sein (3.105).

  Bei der Rückzahlung von Fortbildungskosten muß ein angemessenes Verhältnis zwischen der Dauer der Fortbildungsmaßnahme und der Bindungsdauer bestehen. Das BAG will aus Gründen der Einfachheit und Überschaubarkeit die Bindungsdauer nach vollen Jahren bemessen. Es sieht bei einer Lehrgangsdauer von bis zu zwei Monaten eine Bindungsdauer von einem Jahr als gerechtfertigt an (3.106). Bei einer Lehrgangsdauer von drei bis vier Monaten gilt eine Bindungsdauer von zwei Jahren als angemessen. Dauert der Lehrgang sechs bis zwölf Monate, ist nach Ansicht des BAG eine Bindung des Arbeitnehmers für drei Jahre nach Abschluß der Fortbildungsmaßnahme zulässig (3.107). Bei Lehrgängen, die länger als zwei Jahre dauern, soll die Bindungsdauer maximal fünf Jahre betragen. Längere Fristen als die genannten sind nach Ansicht des BAG nur dann vertretbar, wenn durch die Teilnahme an der Fortbildungsmaßnahme eine besonders hohe Qualifikation, verbunden mit überdurchschnittlichen Vorteilen für den Arbeitnehmer, entsteht oder wenn die Fortbildung besonders kostenintensiv ist.

Für Weihnachtsgratifikationen hat das BAG folgende Grundsätze aufgestellt (3.108): Bei Gratifikationen bis zu einem Betrag von 200 DM brutto ist eine Rückzahlungsklausel unzulässig. (Der Betrag von 200 DM wurde 1982 vom BAG auf der Basis der Lebenshaltungskosten in 1978 festgesetzt. Eine Fortschreibung des Betrages setzt nach Ansicht des BAG eine wesentliche Erhöhung der Lebenshaltungskosten seit 1978 voraus; das wäre der Fall bei einer weiteren Verteuerung um 50%.) Bei Beträgen zwischen 200 DM und weniger als einen Monatsbruttogehalt ist eine Bindung bis zum 31. März des Folgejahres zulässig, auch wenn die Gratifikation schon Anfang Dezember ausgezahlt wird; der Arbeitnehmer kann also mit Ablauf des 31. März ausscheiden, ohne die Gratifikation zu verlieren. Wird als Weihnachtsgratifikation ein Betrag in Höhe eines Monatsbruttogehaltes gezahlt, ist es zulässig, zu vereinbaren, daß der Arbeitnehmer die Kündigungsmöglichkeit zum 31. März ausläßt, wenn er die Gratifikation behalten will, so daß er frühestens zum 30. April kündigen kann. Bei Beträgen zwischen einem und zwei Monatsbruttogehältern darf der Arbeitnehmer nicht über den 30. Juni hinaus gebunden werden; eine Kündigung zum 30. Juni löst also die Rückzahlungsverpflichtung nicht aus. Wird mehr als das Zweifache des Monatsbruttogehaltes gezahlt, ist nach Ansicht des BAG eine gestaffelte Rückzahlungspflicht vertretbar: bei Ausscheiden bis zum 31. März des folgenden Jahres eineinhalb Monatsgehälter, bei Ausscheiden bis zum 30. Juni ein Monatsgehalt, bei Ausscheiden zum 30. September ein halbes Monatsgehalt, bei Ausscheiden nach dem 30. September keine Rückzahlung.

Für Urlaubsgratifikationen will das BAG dieselben Fristen gelten lassen wie für Weihnachtsgratifikationen (3.109). Erhält ein Arbeitnehmer beispielsweise Ende Juni eine Urlaubsgratifikation zwischen 200 DM brutto und einem Monatsbruttogehalt, so ist ihm zuzumuten, eine bis zum 30. September reichende Rückzahlungsklausel einzuhalten (3.109).

- Die Höhe des Rückzahlungsbetrages muß sich in Raten ermäßigen. Üblich ist eine Minderung des Rückzahlungsbetrages je Monat um 1/12 (bei einer Bindungsdauer von einem Jahr) bzw. 1/36 (bei einer Bindungsdauer von drei Jahren).

122 **Verjährungsfrist und Ausschlußfrist.** Der Anspruch auf Arbeitsvergütung verjährt in zwei Jahren (§ 196 Abs. 1 Nr. 8 und 9 BGB). Die Frist beginnt mit dem Schluß des Kalenderjahres, in dem der Anspruch entstanden ist (§ 201 Satz 1 BGB). Nach Ablauf der Verjährungsfrist geht der Vergütungsanspruch des Arbeitnehmers nicht unter, der Arbeitgeber ist aber berechtigt, die Zahlung zu verweigern (§ 222 Abs. 1 BGB). Die Verjährungsfrist kann durch Vereinbarung im Arbeitsvertrag oder im Tarifvertrag oder in einer Betriebsvereinbarung abgekürzt werden (§ 225 Satz 2 BGB).

Von der Verjährung ist der Ablauf einer Ausschlußfrist bzw. Verfallfrist zu unterscheiden. Während die Verjährung kraft Gesetz eintritt, ist eine Ausschlußfrist nur zu beachten, wenn sie besonders vereinbart wurde. Im Unterschied zur Verjährung, wo der Vergütungsanspruch nach Ablauf der Verjährungsfrist weiter besteht, der Arbeitgeber aber die Zahlung verweigern kann, geht der Vergütungsanspruch unter, wenn die Ausschlußfrist abgelaufen ist. Deshalb kann ein Arbeitgeber, der in Unkenntnis des Ablaufes einer Ausschlußfrist den Lohn zahlt, den gezahlten Betrag nach den Vorschriften über die ungerechtfertigte Bereicherung (§§ 812ff. BGB) zurückfordern; wird in Unkenntnis des Ablaufes der Verjährungsfrist gezahlt, besteht hingegen kein Herausgabeanspruch nach § 812ff. BGB.

Ausschluß- bzw. Verfallfristen werden vereinbart, um möglichst bald Klarheit über das Bestehen von Vergütungsansprüchen zu schaffen. Dies ist immer dann sinnvoll, wenn die Feststellung der Anspruchsvoraussetzungen nach längerer Zeit auf Schwierigkeiten stößt, z.B. bei der Abrechnung von geleisteten Überstunden oder bei der Berechnung des Akkordlohnes.

Zu beachten ist, daß Verfallfristen für die Geltendmachung tariflicher Vergütungsansprüche nur in einem Tarifvertrag vereinbart werden können (§ 4 Abs. 4 Satz 3 TVG); Verfallfristen für die Geltendmachung von Rechten aus einer Betriebsvereinbarung können nur in einer Betriebsvereinbarung oder in einem Tarifvertrag vereinbart werden (§ 77 Abs. 4 Satz 4 BetrVG). Werden tarifliche Leistungen auch nicht tarifgebundenen Arbeitnehmern gewährt, so finden die tariflichen Verfallfristen auch auf diese Leistungen Anwendung.

123 **Verwirkung.** Der Vergütungsanspruch des Arbeitnehmers ist verwirkt, wenn der Arbeitnehmer den Anspruch längere Zeit nicht geltend gemacht hat, so daß der Arbeitgeber damit rechnen durfte, daß die Forderung nicht mehr geltend gemacht werde, und wenn der Arbeitgeber sich hierauf eingerichtet hat, so daß ihm die Zahlung nicht mehr zugemutet werden kann (3.110). Handelt es sich jedoch um Vergütungsansprüche aus einem Tarifvertrag, so ist die Verwirkung ausgeschlossen (§ 4 Abs. 4 Satz 2 TVG), vorausgesetzt, Arbeitnehmer und Arbeitgeber sind tarifgebunden, oder der Tarifvertrag ist für allgemeinverbindlich erklärt worden. Ausgeschlossen ist die Verwirkung auch bei Rechten aus einer Betriebsvereinbarung (§ 77 Abs. 4 Satz 3 BetrVG).

3.22 Arbeitsvergütung ohne Arbeitsleistung

Von der Regelung des § 614 BGB, daß die Vergütung fällig ist nach Leistung der Arbeit (siehe Rz 118), gibt es Ausnahmen. Unter bestimmten Voraussetzungen besteht ein Vergütungsanspruch auch dann, wenn vorübergehend keine Arbeit geleistet wird. Zu nennen sind insbesondere folgende Fälle:

- Arbeitsunterbrechungen, die regelmäßig wiederkehren, so daß sie vom Arbeitgeber eingeplant werden können. Beispiele: Feiertage; Erholungsurlaub; Betriebsversammlungen.
- Arbeitsunterbrechungen, die unregelmäßig auftreten, deren Eintritt und Dauer im voraus nicht absehbar sind. Beispiele: Annahmeverzug des Arbeitgebers; vom Arbeitgeber oder vom Arbeitnehmer zu vertretende Unmöglichkeit der Arbeit; Arbeitsunfähigkeit des Arbeitnehmers infolge Krankheit; Schwangerschaft und Mutterschaft; vorübergehende Verhinderung des Arbeitnehmers aus sonstigen persönlichen Gründen; Betriebsstörungen, Absatzstörungen und arbeitskampfbedingte Störungen.

3.221 Regelmäßig wiederkehrende Arbeitsunterbrechungen

124 **Urlaub.** Jeder Arbeitnehmer hat in jedem Kalenderjahr Anspruch auf bezahlten Erholungsurlaub (§ 1 BUrlG). Während des Erholungsurlaubs ist der Arbeitnehmer von der Pflicht zur Arbeit befreit; die Vergütung wird in voller Höhe weitergezahlt (§ 11 BUrlG). Bezüglich Einzelheiten siehe Rz 77ff.

125 **Feiertage.** Für die Arbeitszeit, die infolge eines gesetzlichen Feiertages ausfällt, hat der Arbeitgeber den Arbeitnehmern das Arbeitsentgelt zu zahlen, das sie ohne den Arbeitsausfall erhalten hätten (§ 2 Abs. 1 EFZG).

Anspruch auf Feiertagsvergütung besteht auch, wenn der Feiertag in die Zeit des unbezahlten Urlaubs fällt. Beispiel: Der Arbeitsvertrag sieht für die Zeit zwischen Weihnachten und Neujahr unbezahlten Sonderurlaub vor; der Arbeitgeber muß trotzdem die Feiertagsvergütung für den 25. und 26.12. zahlen.

Arbeitnehmer, die am letzten Arbeitstag vor oder am ersten Arbeitstag nach einem Feiertag unentschuldigt der Arbeit fernbleiben, haben keinen Anspruch auf Bezahlung dieses Feiertages (§ 2 Abs. 3 EFZG).

126 **Betriebsversammlungen.** In Betrieben, die einen Betriebsrat haben, muß einmal in jedem Kalendervierteljahr vom Betriebsrat eine Betriebsversammlung einberufen werden (§ 43 Abs. 1 Satz 1 BetrVG). Der Betriebsrat kann außerdem in jedem Kalenderhalbjahr eine weitere Betriebsversammlung durchführen, wenn dies aus besonderen Gründen zweckmäßig erscheint (§ 43 Abs. 1 Satz 4 BetrVG), z.B. um die Arbeitnehmer über eine bevorstehende Betriebsänderung zu informieren. Darüber hinaus kann auf Wunsch des Arbeitgebers eine außerordentliche Betriebsversammlung einberufen werden (§ 43 Abs. 3 Satz 1 BetrVG). Alle diese Betriebsversammlungen finden während der Arbeitszeit statt; die Zeit der Teilnahme an diesen Versammlungen (einschließlich der zusätzlichen Wegezeiten) ist den Arbeitnehmern wie Arbeitszeit zu vergüten (§ 44 Abs. 1 BetrVG).

Außer auf Wunsch des Arbeitgebers kann auch auf Wunsch des Betriebsrates oder auf Wunsch von mindestens einem Viertel der wahlberechtigten Arbeitnehmer eine außerordentliche Betriebsversammlung durchgeführt werden (§ 43 Abs. 3 Satz 1 BetrVG). Diese Versammlungen sollen außerhalb der Arbeitszeit stattfinden; es besteht hier kein Anspruch auf Vergütung (§ 44 Abs. 2 Satz 1 BetrVG). Etwas anderes gilt, wenn diese außerordentlichen Versammlungen im Einvernehmen mit dem Arbeitgeber während der Arbeitszeit durchgeführt werden (§ 44 Abs. 2 Satz 2 BetrVG); dann ist die Teilnahmezeit vom Arbeitgeber zu bezahlen.

3.222 Unregelmäßig auftretende Arbeitsunterbrechungen

3.222.1 Annahmeverzug des Arbeitgebers

127 **Begriff.** Der Arbeitgeber gerät in Annahmeverzug, wenn er die vom Arbeitnehmer angebotene Arbeit nicht annimmt (§ 293 BGB).

Beispiele: Der Arbeitgeber weist dem Arbeitnehmer, der sich zur vereinbarten Zeit am Arbeitsplatz eingefunden hat, keine Arbeit zu. Der Arbeitgeber ändert einseitig die Arbeitsbedingungen.

128 **Voraussetzungen.** Im einzelnen müssen folgende Voraussetzungen vorliegen, um den Arbeitgeber in Annahmeverzug zu setzen:

- Der Arbeitnehmer bietet dem Arbeitgeber die Arbeit an.

  In der Regel muß die Arbeit tatsächlich angeboten werden (§ 294 BGB), d.h. der Arbeitnehmer muß sich persönlich zur vereinbarten Zeit an seinen Arbeitsplatz begeben und sich dort während der Arbeitszeit bereithalten, um die Weisungen des Arbeitgebers entgegennehmen zu können.

Ausnahmsweise genügt ein wörtliches Angebot des Arbeitnehmers, wenn der Arbeitgeber ihm erklärt hat, daß er die Arbeit nicht annehmen werde (§ 295 Satz 1 BGB 1. Alternative).

Beispiele: Der Arbeitgeber versetzt den Arbeitnehmer unzulässigerweise auf einen anderen Arbeitsplatz, weist dem Arbeitnehmer eine andere als die vertraglich vereinbarte Arbeit zu, verkürzt einseitig die Arbeitszeit.

Ein wörtliches Angebot genügt ferner, wenn der Arbeitnehmer die Arbeit nur unter Mitwirkung des Arbeitgebers leisten kann, die Mitwirkung des Arbeitgebers aber unterbleibt (§ 295 Satz 1 BGB 2. Alternative).

Mitwirkungshandlungen sind alle dem Arbeitgeber obliegenden Tätigkeiten, die die Leistung von Arbeit erst möglich machen. Beispiele: Bereitstellung von Arbeitsräumen, Werkzeugen, Rohstoffen, Energie; Zuweisung von Arbeit; Gewährleistung der öffentlichrechtlichen und privatrechtlichen Fürsorge- und Arbeitsschutzbestimmungen.

Ein tatsächliches oder wörtliches Angebot erübrigt sich, wenn der Arbeitgeber eine von ihm vorzunehmende Mitwirkungshandlung, für die eine Zeit nach dem Kalender bestimmt ist, nicht rechtzeitig vornimmt (§ 296 BGB).

Das BAG hat diese Vorschrift zunächst auf die (nachträglich durch Urteil des Arbeitsgerichtes für unwirksam erklärte) außerordentliche Kündigung durch den Arbeitgeber angewendet (3.111); später wurde auch bei der (nachträglich vom Arbeitsgericht für rechtsunwirksam erklärten) ordentlichen Kündigung des Arbeitgebers auf § 296 BGB zurückgegriffen (3.111). Der Arbeitgeber kommt danach bei einer fristgemäßen oder fristlosen Kündigung auch ohne tatsächliches oder wörtliches Angebot des Arbeitnehmers in Annahmeverzug. Die kalendermäßig bestimmte Mitwirkungshandlung des Arbeitgebers besteht nach Auffassung des BAG in der Bereitstellung eines funktionsfähigen Arbeitsplatzes und in der Zuweisung von Arbeit. Mit der Kündigung gibt der Arbeitgeber zu erkennen, daß er hierzu nicht bereit ist. Will der Arbeitgeber den Annahmeverzug vermeiden, muß er deshalb den Arbeitnehmer von sich aus zur Weiterarbeit ab Zugang der Kündigung (bei einer fristlosen Kündigung) bzw. nach Ablauf der Kündigungsfrist (bei einer fristgemäßen Kündigung) auffordern. Dabei darf nur die vertraglich vereinbarte Arbeit verlangt werden; weist der Arbeitgeber dem Arbeitnehmer eine andere als die vereinbarte Tätigkeit zu, kommt er bzw. bleibt er in Annahmeverzug (3.112).

- Der Arbeitnehmer ist imstande und auch bereit, die vereinbarte Arbeit zu leisten (§ 297 BGB).

Der Arbeitnehmer muß also leistungsfähig und leistungswillig sein (3.113). Ist die Arbeit objektiv unmöglich oder kann sie vom Arbeitnehmer nicht geleistet werden, so liegt kein Annahmeverzug, sondern Unmöglichkeit der Arbeit vor (siehe Rz 130).

Der Arbeitgeber kommt also nicht in Annahmeverzug, wenn der Leistung der Arbeit tatsächliche oder rechtliche Hindernisse entgegenstehen. Beispiele: Arbeitnehmer erscheint betrunken zur Arbeit; Arbeitnehmer darf nicht beschäftigt werden, weil die Arbeitserlaubnis fehlt.

Bei einer Kündigung durch den Arbeitgeber kann der Arbeitgeber auch dann in Annahmeverzug geraten, wenn der Arbeitnehmer bei Zugang der Kündigung bzw. bei Ablauf der Kündigungsfrist infolge Krankheit befristet arbeitsunfähig ist. Nach Auffassung des BAG tritt mit Wiederherstellung der Arbeitsfähigkeit der Annahmeverzug ein, auch ohne daß der Arbeitnehmer die Wiederherstellung seiner Arbeitsfähigkeit dem Arbeitgeber anzeigt (3.114). Voraussetzung für den Eintritt des Annahmeverzuges ist allerdings, daß der Arbeitnehmer dem Arbeitgeber seine trotz Kündigung fortbestehende Leistungsbereitschaft bzw. Arbeitswilligkeit deutlich gemacht hat. Dies kann durch die Erhebung der Kündigungsschutzklage oder durch einen sonstigen Widerspruch gegen die Kündigung geschehen (3.114). Ob der Arbeitgeber auch dann, wenn der Arbeitnehmer für unbestimmte Zeit arbeitsunfähig erkrankt ist, bei Wiederherstellung der Arbeitsfähigkeit ohne entsprechende Anzeige des Arbeitnehmers automatisch in Annahmeverzug gerät, ist offen.

- Der Arbeitgeber nimmt die ihm angebotene Arbeit nicht an.

  In der Regel zeigt sich dies in der Weise, daß der Arbeitgeber die ihm obliegenden Mitwirkungshandlungen, die für die Leistung der Arbeit durch den Arbeitnehmer notwendig sind, nicht durchführt.

  Beispiele: Der Arbeitgeber weist keine Arbeit zu, er stellt kein Material und kein Werkzeug zur Verfügung.

  Unerheblich ist, ob der Arbeitgeber die angebotene Arbeit nicht annehmen will oder nicht annehmen kann. Auch spielt es keine Rolle, ob den Arbeitgeber bei Nichtannahme der Arbeit ein Verschulden trifft (3.115). Der Arbeitgeber gerät also auch in Annahmeverzug, wenn er die Beschäftigung des Arbeitnehmers ablehnt, weil infolge der schlechten Wirtschaftslage die Aufträge ausbleiben.

129 **Rechtsfolgen.** Ist der Arbeitgeber in Annahmeverzug, so kann der Arbeitnehmer für die infolge des Annahmeverzuges nicht geleistete Arbeit die vereinbarte Vergütung verlangen, ohne zur Nacharbeit verpflichtet zu sein (§ 615 Satz 1 BGB). Der Arbeitnehmer behält also seinen Vergütungsanspruch für die Dauer des Annahmeverzuges.

Geschuldet wird die Bruttovergütung. Sie ist nach dem Lohnausfallprinzip zu berechnen; der Arbeitnehmer soll so gestellt werden, als hätte er während des Annahmeverzuges weitergearbeitet. Ist während des Verzuges eine Erhöhung der Vergütungen eingetreten, ist der an den Arbeitnehmer zu zahlende Betrag entsprechend anzupassen. Hätte der Arbeitnehmer während des Verzugszeitraumes Überstunden geleistet, sind ihm die entsprechenden Überstundenvergütungen zu zahlen. Sachleistungen, die während des Annahmeverzuges nicht weitergewährt wurden, sind angemessen abzugelten.

Der Arbeitnehmer muß sich jedoch auf die vom Arbeitgeber zu zahlende Vergütung anrechnen lassen, was er infolge der nicht geleisteten Arbeit erspart (z.B. Fahrtkosten, Mehraufwand für Verpflegung, Kosten für Reinigung der Arbeitskleidung), ferner, was er durch anderweitige Verwendung seiner Arbeitskraft erwirbt oder zu erwerben böswillig unterläßt (§ 615 Satz 2 BGB).

Anzurechnen ist nur der Verdienst, der durch das Freiwerden der Arbeitskraft während des Annahmeverzuges ermöglicht wird, nicht der auch sonst mögliche Nebenverdienst. Der Arbeitgeber muß beweisen, daß der Arbeitnehmer anderweitig gearbeitet und verdient hat; er kann Auskunft über die Höhe des anderweitigen Verdienstes verlangen (3.116). Besteht Grund zu der Annahme, daß die Angaben des Arbeitnehmers über die Höhe seines Zwischenverdienstes unvollständig sind, hat der Arbeitgeber gegen den Arbeitnehmer einen Anspruch auf Abgabe einer eidesstaatlichen Versicherung (3.116).

Böswillig handelt der Arbeitnehmer, wenn er während des Annahmeverzuges in Kenntnis der objektiven Umstände (= Arbeitsmöglichkeit, Zumutbarkeit der Arbeit, Nachteilsfolge für den Arbeitgeber) vorsätzlich untätig bleibt oder die Arbeitsaufnahme verhindert (3.117). Die Absicht, den Arbeitgeber zu schädigen, ist nicht erforderlich. Besondere Anstrengungen, eine andere Arbeit zu finden, müssen nicht unternommen werden, um die Böswilligkeit auszuschließen.

3.222.2 Nachträgliche Unmöglichkeit der Arbeit

130 **Begriff.** Unmöglichkeit der Arbeit liegt vor, wenn die laut Vertrag geschuldete Arbeit nicht geleistet werden kann. Ist niemand körperlich und/oder geistig in der Lage, die vertraglich vereinbarte Arbeit zu leisten, spricht man von objektiver Unmöglichkeit. Beispiel: Der Arbeitsvertrag sieht eine tägliche Arbeitszeit von 24 Std. vor. Ist nur der Arbeitnehmer nicht imstande, die Arbeitsleistung zu erbringen, handelt es sich um subjektive Unmöglichkeit, auch Unvermögen genannt. Beispiel: Wegen einer Erkrankung ist der Arbeitnehmer (vorübergehend) verhindert, zu arbeiten. Da der Arbeitnehmer in der Regel die Arbeit persönlich zu leisten hat (§ 613 Satz 1 BGB, siehe Rz 42), begründet das (subjektive) Unvermögen des Arbeitnehmers regelmäßig zugleich eine objektive Unmöglichkeit.

Ist die Leistung der Arbeit bereits bei Abschluß des Arbeitsvertrages unmöglich, liegt anfängliche (= ursprüngliche) Unmöglichkeit oder anfängliches (= ursprüngliches) Unvermögen vor. Bei anfänglicher objektiver Unmöglichkeit der Arbeit ist der Arbeitsvertrag nichtig (§ 306 BGB), d.h. es besteht weder eine Arbeitspflicht für den Arbeitnehmer noch eine Vergütungspflicht für den Arbeitgeber. Demgegenüber ist der auf eine von Anfang an subjektiv unmögliche Leistung gerichtete Vertrag wirksam; trotz der beim Arbeitsverhältnis gegebenen Gleichstellung von subjektiver und objektiver Unmöglichkeit ist § 306 BGB auf das anfängliche Unvermögen nicht anwendbar (3.118). Der Arbeitgeber kann deshalb im Falle des anfänglichen Unvermögens Schadensersatz wegen Nichterfüllung verlangen (3.118).

Wird die Leistung der Arbeit erst nach Abschluß des Arbeitsvertrages unmöglich, liegt nachträgliche (= nachfolgende) Unmöglichkeit oder nachträgliches (= nachfolgendes) Unvermögen vor. Gem. § 275 Abs. 2 BGB stehen nachträgliche Unmöglichkeit und nachfolgendes Unvermögen einander gleich; für die folgenden Erörterungen (Rz 131ff.) ist deshalb die Abgrenzung zwischen Unmöglichkeit und Unvermögen ohne Bedeutung.

Die nachträgliche Unmöglichkeit bzw. das nachträgliche Unvermögen kann dauernder Natur sein. Beispiel: Der Arbeitnehmer wird infolge Krankheit dauernd arbeitsunfähig. Bei nachträglicher dauernder Unmöglichkeit bzw. nachträglichem dauernden Unvermögen wird der Arbeitnehmer von der Pflicht zur Leistung von Arbeit frei (§ 275 Abs. 1 BGB). Aber auch dann, wenn die Arbeit nachträglich nur vorübergehend unmöglich wird (Beispiel: Grippeerkrankung des Arbeitnehmers), tritt eine Befreiung von der Arbeitspflicht für die Dauer der Unmöglichkeit bzw. des Unvermögens ein (3.119). Unbeachtlich ist also, daß die Unmöglichkeit wieder behoben werden kann. Der Arbeitnehmer schuldet i.d.R. kein bestimmtes Arbeitsergebnis, sondern die Leistung von Arbeit innerhalb einer bestimmten Zeit. Wenn der Arbeitnehmer an einem bestimmten Tag nicht arbeiten kann, ist die Arbeit an diesem Tag unmöglich.

Eine Nachholung der Arbeit kann im Regelfall nicht verlangt werden, da dem Arbeitnehmer hierfür die Zeit fehlt und er auf die Zusammenarbeit mit anderen Arbeitnehmern angewiesen ist. Anders ist die Rechtslage nur, wenn die Konkretisierung des Arbeitstermines dem Arbeitnehmer überlassen ist (wie z.B. bei Gleitzeitarbeit) oder wenn der Arbeitgeber nicht unbedingt an einem präzisen Arbeitsbeginn interessiert ist (z.B. bei einer Teilzeitstelle, die nur mit einem Arbeitnehmer besetzt ist). Hier ist die geschuldete Arbeitsleistung nachholbar; der Arbeitnehmer gerät bei Fristversäumnis in Schuldnerverzug und ist zur Nachholung der Arbeit verpflichtet.

131 **Verschulden.** Anders als beim Annahmeverzug ist bei der (nachträglichen) Unmöglichkeit stets zu prüfen, wer die Unmöglichkeit bzw. das Unvermögen zu vertreten hat. Zu vertreten sind grundsätzlich, sofern nichts anderes bestimmt ist, Vorsatz und Fahrlässigkeit (§ 276 Abs. 1 Satz 1 BGB).

Vorsätzlich handelt, wer die Unmöglichkeit voraussieht und sie bewußt herbeiführt (sog. direkter Vorsatz). Vorsätzlich handelt ferner, wer die Unmöglichkeit voraussieht, sie zwar nicht herbeiführen will, sie aber für den Fall des Eintritts billigend in Kauf nimmt (sog. bedingter Vorsatz).

Fahrlässigkeit liegt vor, wenn die im Verkehr erforderliche Sorgfalt außer Acht gelassen wird (§ 276 Abs. 1 Satz 2 BGB). Fahrlässigkeit setzt voraus, daß die Unmöglichkeit voraussehbar und vermeidbar ist. Bei der Bestimmung der erforderlichen Sorgfalt ist ein objektiver Maßstab zugrunde zu legen; die persönlichen Kenntnisse und Fähigkeiten spielen keine Rolle. Das Maß der erforderlichen Sorgfalt ist nach Personengruppen abzustufen: Von einem leitenden Angestellten kann ein größeres Maß an Sorgfalt erwartet werden als von einem einfachen Arbeiter.

132 **Rechtsfolgen.** Bei nachträglich eintretender Unmöglichkeit bzw. bei nachträglich eintretendem Unvermögen wird der Arbeitnehmer von der Pflicht zu Leistung der Arbeit frei (Rz 130). Der Vergütungsanspruch des Arbeitnehmers hängt davon ab, wer die Unmöglichkeit bzw. das Unvermögen zu vertreten hat:

- Ist die Unmöglichkeit bzw. das Unvermögen vom Arbeitnehmer zu vertreten, so verliert der Arbeitnehmer den Anspruch auf die Vergütung (§ 325 Abs. 1 Satz 3 i.V. mit § 323 Abs. 1 BGB).

  Beispiele: Der Arbeitnehmer erscheint mit Verspätung zur Arbeit, weil er verschlafen hat; der Arbeitnehmer zerstört oder beschädigt durch Unachtsamkeit die ihm anvertrauten Maschinen bzw. Werkzeuge, so daß die Arbeit unmöglich wird; der Arbeitnehmer bleibt unerlaubt der Arbeit fern.

- Ist die Unmöglichkeit bzw. das Unvermögen vom Arbeitgeber zu vertreten, so behält der Arbeitnehmer den Anspruch auf die Vergütung (§ 324 Abs. 1 Satz 1 BGB).

  Beispiele: Im Betrieb bricht ein Brand aus infolge Unaufmerksamkeit des Arbeitgebers oder seines Aufsichtspersonals; der Arbeitgeber hat es versäumt, den Arbeitnehmer wie vereinbart zur Arbeit abzuholen.

  Der Arbeitnehmer muß sich jedoch auf seinen Vergütungsanspruch anrechnen lassen, was er infolge der Befreiung von der Arbeitspflicht erspart (z.B. Fahrgeld, Reinigung der Arbeitskleidung) oder anderweitig erwirbt bzw. zu erwerben böswillig unterläßt (§ 324 Abs. 1 Satz 2 BGB).

- Ist die Unmöglichkeit bzw. das Unvermögen weder vom Arbeitgeber noch vom Arbeitnehmer zu vertreten, so greift grundsätzlich § 323 BGB ein. Danach verliert der Arbeitnehmer den Anspruch auf die Vergütung (§ 323 Abs. 1 BGB).

  Beispiele: Wegen schlechten Wetters kann der Arbeitnehmer den Betrieb nicht erreichen; im Betrieb bricht nach einem Blitzschlag ein Feuer aus, durch das die Betriebsanlagen zerstört werden.

  Praktisch wird jedoch die Anwendung des § 323 BGB durch eine Reihe von Sondervorschriften stark eingeschränkt. Es bestehen Sonderregelungen für folgende Fälle:

  - für den Fall der Arbeitsunfähigkeit des Arbeitnehmers infolge unverschuldeter Krankheit (siehe hierzu Rz 133ff.)

- für den Fall der Schwangerschaft und Mutterschaft (siehe Rz 144ff.)
- für den Fall der unverschuldeten vorübergehenden Verhinderung des Arbeitnehmers aus sonstigen persönlichen Gründen (siehe Rz 147ff.).

3.222.3 Arbeitsunfähigkeit des Arbeitnehmers infolge Krankheit

133 **Anspruch auf Entgeltfortzahlung.** Arbeitnehmer, die unverschuldet durch Arbeitsunfähigkeit infolge Krankheit die vereinbarte Arbeitsleistung nicht erbringen können, haben einen Anspruch gegen ihren Arbeitgeber auf Fortzahlung des Arbeitsentgeltes bis zum Ende der Arbeitsunfähigkeit, längstens bis zu einer Dauer von sechs Wochen (= 42 Kalendertage). Bei der Fristberechnung wird der Tag, an dem die Arbeitsverhinderung durch Arbeitsunfähigkeit beginnt, nicht mitgerechnet (§ 187 Abs. 1 BGB). Die Bezugsdauer kann tarifvertraglich oder einzelvertraglich verlängert werden.

Beispiel: Im öffentlichen Dienst verlängert sich bei Angestellten die Bezugsdauer auf 13 Wochen nach einer Dienstzeit von mehr als einem Jahr; nach einer Dienstzeit von mehr als drei Jahren beträgt die Bezugsdauer 26 Wochen (§ 37 BAT).

Rechtsgrundlage für den Anspruch auf Entgeltfortzahlung ist das Gesetz über die Zahlung des Arbeitsentgeltes an Feiertagen und im Krankheitsfall (Entgeltfortzahlungsgesetz – EFZG), das ab 01.06.1994 in Kraft ist. Das Gesetz gilt für alle Arbeitnehmer, gleichgültig, ob sie als Arbeiter oder als Angestellte tätig sind; Arbeitnehmer i.S. des Entgeltfortzahlungsgesetzes sind auch die zu ihrer Berufsbildung Beschäftigten (§ 1 Abs. 2 EFZG). Ohne Bedeutung ist, ob das Arbeitsverhältnis befristet oder auf unbestimmte Zeit abgeschlossen ist oder ob es sich um Vollzeitarbeit oder Teilzeitarbeit handelt.

Das Entgeltfortzahlungsgesetz hat das frühere, nach Arbeitern und Angestellten sowie nach alten und neuen Bundesländern differenzierende Recht der Entgeltfortzahlung im Krankheitsfall abgelöst und durch eine einheitliche Regelung für alle Arbeitnehmer in der Bundesrepublik Deutschland ersetzt. Aufgehoben wurden mit Wirkung vom 01.06.1994: § 616 Abs. 2 und Abs. 3 BGB; § 133c GewO; § 63 HGB; §§ 1 bis 9 LFZG; §§ 115a bis 115e Arbeitsgesetzbuch DDR. Als eigenständige Anspruchsgrundlage neben dem Entgeltfortzahlungsgesetz sind nur noch die §§ 48 Abs. 1, 52a, 78 Abs. 1 SeemG zu nennen (für Besatzungsmitglieder und Kapitäne von Kauffahrteischiffen).

134 **Anspruchsvoraussetzungen.** Nach § 3 Abs. 1 Satz 1 EFZG müssen folgende Voraussetzungen erfüllt sein, damit ein Anspruch auf Fortzahlung des Arbeitsentgeltes entsteht:

- Die Arbeitsverhinderung muß ausschließlich durch Arbeitsunfähigkeit infolge Krankheit verursacht sein (3.120).

  Kein Anspruch besteht, wenn die Arbeitsverhinderung auf der Erfüllung staatsbürgerlicher Pflichten (= Tätigkeit als Zeuge, als Geschworener) beruht oder durch familiäre Ereignisse (= Tod, Krankheit naher Angehöriger) ausgelöst worden ist (in diesen Fällen ist jedoch u.U. ein Vergütungsanspruch aufgrund anderer gesetzlicher Vorschriften gegeben, siehe Rz 147ff.). Ferner besteht kein Anspruch auf Fortzahlung des Arbeitsentgeltes, wenn die Arbeitsverhinderung in eine Zeit des Arbeitsausfalles fällt und auch ein gesunder Arbeitnehmer keinen Vergütungsanspruch hätte, z.B. bei Streik (3.121) oder Schlechtwetter (3.122) oder bei Arbeitsaussetzung infolge Kurzarbeit (3.123).

  Die Begriffe Arbeitsunfähigkeit und Krankheit sind gesetzlich nicht definiert. Der arbeitsrechtliche Begriff der Krankheit stimmt mit dem medizinischen Krankheitsbegriff nicht überein. Krankheit im Rechtssinne ist ein regelwidriger Körper- und Geisteszustand, der Behandlungsbedürftigkeit oder Arbeitsunfähigkeit zur Folge hat (3.124). Die Ursache der Krankheit ist unbeachtlich (z.B. Veranlagung, Geburtsfehler, Unfall). Demgegenüber kann jemand krank im medizinischen Sinne sein, ohne arbeitsunfähig zu sein. Beispiel: Ein Bankangestellter, der sich den Mittelfinger der linken Hand bricht, ist trotz der Verletzung in der Lage, die vereinbarte Arbeitsleistung zu erbringen.

Arbeitsunfähigkeit liegt vor, wenn der Arbeitnehmer nicht in der Lage ist, die ihm vertragsgemäß obliegende Arbeit zu verrichten, oder wenn ihm vernünftigerweise nicht zugemutet werden kann, die vereinbarte Arbeitsleistung zu erbringen (3.125). Letzteres ist der Fall, wenn es dem Arbeitnehmer nur unter der Gefahr, in absehbarer naher Zukunft seinen Zustand zu verschlimmern, möglich ist zu arbeiten (3.126), oder wenn ihm ärztlich die Aussetzung der Arbeit zur Vermeidung eines Rückfalles oder zur Festigung seines Gesundheitszustandes empfohlen wird. Kann der Arbeitnehmer die vertraglich geschuldete Arbeitsleistung nur teilweise, z.B. in einem zeitlich verringerten Ausmaß, zu anderen Tageszeiten oder nur beschränkt auf bestimmte Tätigkeiten erbringen, ist er arbeitsrechtlich in vollem Umfang arbeitsunfähig; er braucht also nicht zu arbeiten und hat Anspruch auf Fortzahlung des Arbeitsentgeltes (3.127).

Eine Schwangerschaft mit normalem Verlauf, auch wenn sie mit den typischen Schwangerschaftsbeschwerden verbunden ist, ist keine Krankheit im Rechtssinne (3.128). Erst ein anormaler Verlauf der Schwangerschaft mit unvorhergesehenen Komplikationen, die über das übliche Maß der Beschwernisse hinausgehen, rechtfertigt die Annahme einer Krankheit (3.128). Entsprechendes gilt für die Entbindung und das Wochenbett.

- Die Arbeitsunfähigkeit darf nicht vom Arbeitnehmer verschuldet sein.

Hat der Arbeitgeber die Arbeitsunfähigkeit verschuldet, so hat der Arbeitnehmer einen zeitlich nicht begrenzten Lohn- bzw. Gehaltsfortzahlungsanspruch gegen den Arbeitgeber gem. § 324 BGB (siehe Rz 132). Ist die Arbeitsunfähigkeit von einem Dritten verschuldet, so hat der Arbeitnehmer gleichwohl einen Anspruch auf Fortzahlung des Arbeitsentgeltes gegen seinen Arbeitgeber bis zur Dauer von sechs Wochen; jedoch kann der Arbeitgeber dann den auf ihn übergegangenen Schadensersatzanspruch des Arbeitnehmers gegen den Dritten geltend machen (siehe hierzu Rz 139).

Unter Verschulden ist in diesem Zusammenhang nicht ein Verschulden gegenüber dem Arbeitgeber zu verstehen; der Arbeitnehmer ist nicht gehalten, sein gesamtes privates Verhalten so einzurichten, daß seine Arbeitsfähigkeit auf keinen Fall beeinträchtigt werden kann (3.129). Verschulden heißt hier vielmehr Verschulden gegen sich selbst. Verschulden in diesem Sinne liegt vor, wenn ein ungewöhnlich leichtfertiges Verhalten des Arbeitnehmers gegeben ist, wenn man von einem gröblichen Verstoß des Arbeitnehmers gegen das von einem verständigen Menschen im eigenen Interesse zu erwartende Verhalten sprechen muß (3.130). Den Arbeitgeber trifft die Beweislast, daß der Arbeitnehmer die Arbeitsunfähigkeit selbst verschuldet hat, wenn er den Anspruch des Arbeitnehmers auf Fortzahlung des Arbeitsentgeltes ablehnen will (3.131).

Beispiele (3.132): Kein Verschulden des Arbeitnehmers liegt i.d.R. vor bei allgemeinen Erkrankungen, z.B. bei Erkältungs- oder Infektionskrankheiten, bei alters- und anlagebedingten Krankheiten. Als unverschuldete Arbeitsunfähigkeit gilt auch eine Arbeitsverhinderung, die infolge einer nicht rechtswidrigen Sterilisation oder eines nicht rechtswidrigen Abbruchs der Schwangerschaft eintritt. Von selbstverschuldeter Arbeitsunfähigkeit ist auszugehen, wenn der Arbeitnehmer infolge überhöhter Geschwindigkeit oder Trunkenheit oder infolge Überholens an unübersichtlicher Stelle mit dem PKW verunglückt, desgleichen wenn der Arbeitnehmer bei einem Autounfall verletzt wird, bei dem er den Sicherheitsgurt nicht angelegt hat (vorausgesetzt, es kann nachgewiesen werden, daß die Verletzungen bei angelegtem Gurt erheblich geringer ausgefallen wären). Betriebsunfälle sind selbstverschuldet, wenn die Unfallverhütungsvorschriften grob fahrlässig nicht beachtet werden (z.B. Nichttragen eines Schutzhelmes oder von Sicherheitshandschuhen). Trunksucht und deren Folgen sind i.d.R. nicht als selbstverschuldet anzusehen; maßgebend ist das Verhalten, das vor dem Zeitpunkt zu beobachten war, in dem die Alkoholabhängigkeit aufgetreten ist. Der Arbeitgeber ist darlegungs- und beweispflichtig, wenn er geltend machen will, daß den Arbeitnehmer im konkreten Fall ein Verschulden trifft. Was für Alkoholmißbrauch gilt, gilt auch für den Mißbrauch von Drogen. Arbeitsunfähigkeit als Folge eines mißglückten Selbstmordversuches ist in aller Regel als unverschuldete Arbeitsunfähigkeit anzusehen, weil der Selbstmordversuch in einem Zustand unternommen wird, in dem die freie Willensbildung zumindest erheblich eingeschränkt ist. Raufereien im Betrieb oder außerhalb des Betriebes sind verschuldet, wenn der Arbeitnehmer sie provoziert hat. Sportunfälle gelten im allgemeinen als unverschuldet. Nur in zwei Fällen muß ein Verschulden des Arbeitnehmers gegen sich selbst angenommen werden: wenn der Arbeitnehmer sich in einer seine Kräfte und Fähigkeiten deutlich übersteigenden Weise sportlich betätigt und dabei einen Schaden erleidet (Beispiel: Ski-Anfänger fährt eine schwierige Steilpiste ab); wenn der Arbeitnehmer eine besonders gefährliche Sportart betreibt und sich dabei Verletzungen zuzieht (das BAG spricht von einer gefährlichen Sportart, wenn sich bei der Ausübung des Sportes relativ häufig Unfälle ereignen und die Unfälle verhältnismäßig schwere Folgen haben).

Unerheblich für den Anspruch auf Fortzahlung des Arbeitsentgeltes gem. § 3 Abs. 1 Satz 1 EFZG ist, wann oder bei welcher Gelegenheit sich der Arbeitnehmer eine Krankheit zuzieht oder einen Unfall erleidet. Nach der Rechtsprechung des BAG macht es keinen Unterschied, ob die Krankheit bzw. der Unfall in der Freizeit, bei der Erledigung von Arbeiten im Haus oder im Garten, bei gelegentlicher nachbarschaftlicher Hilfe, in einem zweiten Arbeitsverhältnis oder bei einer selbständigen Tätigkeit neben dem Arbeitsverhältnis eintritt.

135 **Beginn und Ende des Anspruches.** Der Anspruch auf Fortzahlung des Arbeitsentgeltes im Krankheitsfall entsteht frühestens mit dem Zeitpunkt des vereinbarten Beginns des Arbeitsverhältnisses. Auf die tatsächliche Aufnahme der Arbeit kommt es nicht an.

Beispiel: Ein Arbeitnehmer schließt am 15.08. einen Arbeitsvertrag ab; vereinbarter Arbeitsbeginn: 01.09. Zwei Tage vor Aufnahme der Arbeit erkrankt der Arbeitnehmer für die Dauer von zwei Wochen. Er hat trotzdem einen Anspruch auf Zahlung des Arbeitsentgelts ab 01.09.

Der Anspruch auf Fortzahlung des Arbeitsentgeltes endet, wenn nach ärztlichem Attest die Krankheit behoben ist, spätestens, wenn die 6-Wochen-Frist abgelaufen ist (§ 3 Abs. 1 Satz 1 EFZG). Der Anspruch endet ferner, wenn das Arbeitsverhältnis vor Ablauf der sechs Wochen nach Beginn der Arbeitsunfähigkeit beendet wird, sei es durch Aufhebungsvertrag (Rz 314ff.), sei es durch Fristablauf (Rz 322ff.), sei es durch Kündigung des Arbeitnehmers aus Gründen, die der Arbeitgeber nicht zu vertreten hat (Beispiel: Wunsch des Arbeitnehmers, in ein anderes Unternehmen zu wechseln), sei es durch Kündigung des Arbeitgebers aus Gründen in der Person oder im Verhalten des Arbeitnehmers oder wegen dringender betrieblicher Erfordernisse (§ 8 Abs. 2 EFZG). Hingegen bleibt der Anspruch bestehen, wenn der Arbeitgeber das Arbeitsverhältnis aus Anlaß der Arbeitsunfähigkeit kündigt (§ 8 Abs. 1 Satz 1 EFZG). Das gleiche gilt, wenn der Arbeitnehmer das Arbeitsverhältnis aus einem vom Arbeitgeber zu vertretenden Grund kündigt, der den Arbeitnehmer zur Kündigung aus wichtigem Grund ohne Einhaltung einer Kündigungsfrist berechtigt (§ 8 Abs. 1 Satz 2 EFZG). Beispiel: schwere Beleidigung des Arbeitnehmers durch den Arbeitgeber.

136 **Wiederholte Arbeitsunfähigkeit.** Bei wiederholter Arbeitsunfähigkeit des Arbeitnehmers gelten folgende Regelungen:

- Bei jeder auf einer neuen Krankheit beruhenden Arbeitsunfähigkeit entsteht ein neuer Anspruch auf Fortzahlung des Arbeitsentgeltes bis zur Dauer von sechs Wochen, sofern die Krankheitszeiten sich nicht überschneiden (3.133). Nicht notwendig ist, daß der Arbeitnehmer zwischen der ersten und zweiten Erkrankung tatsächlich gearbeitet hat (3.133). Es muß sich um medizinisch völlig neue Erkrankungen handeln.

  Beispiel: Ein Arbeitnehmer erkrankt vom 02.03. bis 12.04. an einer Mittelohrentzündung. Er hat für diesen Zeitraum Anspruch auf Fortzahlung des Arbeitsentgeltes. Am 15.04. erkrankt er an einem Nierenleiden und ist bis zum 16.05. arbeitsunfähig. Auch für diesen Zeitraum besteht ein Anspruch auf Entgeltfortzahlung.

- Tritt während der Arbeitsunfähigkeit zu der bereits vorliegenden Krankheit eine neue Krankheit hinzu, die für sich allein ebenfalls Arbeitsunfähigkeit zur Folge hat, so wird die laufende 6-Wochen-Frist nicht verlängert; es wird auch keine neue 6-Wochen-Frist ausgelöst (3.134).

  Beispiel: Ein Arbeitnehmer erkrankt am 04.03. an einer Lungenentzündung. Während dieser Krankheit bricht er sich am 03.04. ein Bein und ist daran anschließend bis zum 09.05. arbeitsunfähig krank. Der Anspruch auf Fortzahlung des Arbeitsentgeltes beginnt am 05.03. und endet nach sechs Wochen am 16.04.; für die Folgezeit bis zum 09.05. besteht ein Anspruch gegen die Krankenkasse auf Krankengeld (siehe Rz 143).

- Beruht die wiederholte Arbeitsunfähigkeit auf demselben Grundleiden (sog. Fortsetzungskrankheit), so entsteht ein neuer Entgeltfortzahlungsanspruch für einen weiteren Zeitraum von höchstens sechs Wochen, wenn der Arbeitnehmer vor der erneuten Arbeitsunfähigkeit mindestens sechs Monate nicht infolge des Grundleidens arbeitsunfähig war (§ 3 Abs. 1 Satz 2 Nr. 1 EFZG).

  Beispiel: Ein Arbeitnehmer erkrankt am 14.03. an einem Herzleiden; die Arbeitsunfähigkeit dauert bis zum 20.05. Es besteht ein Anspruch auf Fortzahlung des Arbeitsentgeltes bis zum 26.04. Der 6-Monats-Zeitraum beginnt am 21.05. und endet mit Ablauf des 20.11. Würde der Arbeitnehmer am 21.11. erneut an demselben Herzleiden erkranken, stünde ihm ein neuer Entgeltfortzahlungsanspruch für höchstens sechs Wochen zu.

  Erkrankt der Arbeitnehmer innerhalb des Zeitraumes von sechs Monaten an einer anderen Krankheit, so hat er sowohl für die Fortsetzungskrankheit als auch für die andere Krankheit einen Entgeltfortzahlungsanspruch.

  Erkrankt der Arbeitnehmer innerhalb des Zeitraumes von sechs Monaten nach dem Ende einer Krankheit erneut an derselben Krankheit, so kann dennoch ein erneuter Entgeltfortzahlungsanspruch für maximal sechs Wochen entstehen, wenn seit Beginn der ersten Arbeitsunfähigkeit eine Frist von zwölf Monaten abgelaufen ist (§ 3 Abs. 1 Satz 2 Nr. 2 EFZG).

  Beispiel: Erste Arbeitsunfähigkeit vom 14.03.94 bis 10.11.94; es besteht ein Anspruch auf Fortzahlung des Arbeitsentgeltes vom 15.03.94 bis 26.04.94. Zweite Arbeitsunfähigkeit infolge derselben Krankheit vom 20.04.95 bis 13.08.95. Zwischen dem Ende der ersten und dem Beginn der zweiten Arbeitsunfähigkeit liegen weniger als sechs Monate; die zweite Arbeitsunfähigkeit ist aber mehr als zwölf Monate seit Beginn der ersten Arbeitsunfähigkeit eingetreten. Deshalb besteht ein neuer Entgeltfortzahlungsanspruch vom 21.04.95 bis 02.06.95.

Die Beweislast, daß mehrere Erkrankungen als Fortsetzungskrankheit anzusehen sind, trifft grundsätzlich den Arbeitgeber. Ihm obliegt eine Erkundigungspflicht; er ist gehalten, durch Rückfragen bei Arzt oder Krankenkasse zu klären, ob eine Fortsetzungskrankheit tatsächlich vorliegt (3.135). Der Arbeitnehmer ist nach Treu und Glauben zur Mitwirkung verpflichtet. Er muß den Arzt oder die Krankenkasse von der Schweigepflicht entbinden, damit diese die erforderlichen Auskünfte erteilen können (3.135). Solange der Arbeitnehmer die Mitwirkung ablehnt, kann der Arbeitgeber die Fortzahlung des Entgeltes verweigern (3.135). Die Befreiung von der Schweigepflicht beschränkt sich auf die Frage, ob eine Fortsetzungskrankheit vorliegt. Weitere Auskünfte, insbesondere über die Diagnose, kann der Arbeitgeber nicht verlangen.

137 **Höhe des fortzuzahlenden Entgeltes.** Für die Berechnung des fortzuzahlenden Entgeltes gilt das sog. modifizierte Lohnausfallprinzip, d.h. das Entgelt wird danach berechnet, was der Arbeitnehmer verdient hätte, wenn er nicht arbeitsunfähig krank geworden wäre, wobei zwischenzeitlich eingetretene Verdiensterhöhungen berücksichtigt werden. Dementsprechend ist dem Arbeitnehmer das Arbeitsentgelt fortzuzahlen, das ihm bei der für ihn maßgebenden regelmäßigen Arbeitszeit zusteht (§ 4 Abs. 1 Satz 1 EFZG). Ausgenommen sind gem. § 4 Abs. 1 Satz 2 EFZG Leistungen des Arbeitgebers für Aufwendungen des Arbeitnehmers, die nur gezahlt werden, wenn dem Arbeitnehmer entsprechende Aufwendungen tatsächlich entstanden sind, und dem Arbeitnehmer solche Aufwendungen während der Arbeitsunfähigkeit nicht entstehen (z.B. Fahrtkostenersatz, Schmutzzulagen). Erhält der Arbeitnehmer eine leistungsorientierte Vergütung, so ist der vom Arbeitnehmer in der für ihn maßgebenden regelmäßigen Arbeitszeit erzielbare Durchschnittsverdienst fortzuzahlen (§ 4 Abs. 1 Satz 3 EFZG). Für Krankheitstage, die auf einen gesetzlichen Feiertag fallen, ist das Arbeitsentgelt zugrunde zu legen, daß der Arbeitnehmer erhalten hätte, wenn an dem betreffenden Tag gearbeitet worden wäre (§ 4 Abs. 2 EFZG). Wird im Betrieb Kurzarbeit eingeführt, so gilt die verkürzte Arbeitszeit für ihre Dauer als die für den Arbeitnehmer maßgebende regelmäßige Arbeitszeit (§ 4 Abs. 3 EFZG), d.h. das Entgelt wird entsprechend gekürzt.

138 **Anzeige- und Nachweispflichten.** Gem. § 5 Abs. 1 Satz 1 EFZG ist der Arbeitnehmer verpflichtet, dem Arbeitgeber die Arbeitsunfähigkeit und deren voraussichtliche Dauer unverzüglich, d.h. sobald es möglich und zumutbar ist, mitzuteilen. Die Mitteilung ist an keine Form gebunden, sie kann mündlich, fernmündlich oder schriftlich erfolgen. Sie kann persönlich oder durch einen Beauftragten (= Angehörigen, Arbeitskollegen) abgegeben werden. Die Mitteilung kann unterbleiben, wenn der Arbeitgeber von der Krankheit Kenntnis hat, z.B. bei einem Arbeitsunfall im Betrieb.

Dauert die Arbeitsunfähigkeit länger als drei Kalendertage, hat der Arbeitnehmer eine ärztliche Bescheinigung über das Bestehen der Arbeitsunfähigkeit sowie deren voraussichtliche Dauer vorzulegen. Dies muß spätestens an dem auf den dritten Kalendertag folgenden Arbeitstag (nicht Kalendertag) geschehen (§ 5 Abs. 1 Satz 2 EFZG). Der Arbeitgeber ist berechtigt, die Vorlage der ärztlichen Bescheinigung früher zu verlangen (§ 5 Abs. 1 Satz 3 EFZG), also auch schon am ersten Tag der Arbeitsunfähigkeit. Solange der Arbeitnehmer schuldhaft die ärztliche Bescheinigung nicht vorlegt, kann der Arbeitgeber die Fortzahlung des Arbeitsentgeltes verweigern (siehe Rz 140).

Dauert die Arbeitsunfähigkeit länger als in der Bescheinigung angegeben, ist der Arbeitnehmer verpflichtet, eine neue ärztliche Bescheinigung vorzulegen (§ 5 Abs. 1 Satz 4 EFZG). Eine Frist hierfür ist im Gesetz nicht vorgesehen; sinnvollerweise ist entsprechend der Regelung in § 5 Abs. 1 Satz 2 und Satz 3 EFZG zu verfahren. Die neue Bescheinigung muß einen Vermerk des behandelnden Arztes darüber enthalten, daß der Krankenkasse unverzüglich eine Bescheinigung über die Arbeitsunfähigkeit mit Angaben über den Befund und die voraussichtliche Dauer der Arbeitsunfähigkeit übersandt wird. Es wird also die Krankenkasse eingeschaltet. Auch hier kann der Arbeitgeber die Fortzahlung des Arbeitsentgeltes verweigern, solange der Arbeitnehmer schuldhaft die neue Bescheinigung nicht vorlegt.

Zu beachten ist, daß ab 01.01.1995 eine verschärfte Fassung des § 275 SGB V gilt, der die Möglichkeit der Überprüfung der Arbeitsunfähigkeit durch den Vertrauensarzt bzw. durch den Medizinischen Dienst der Krankenkassen regelt (Art. 14 Nr. 11 Pflege VG). Danach kann jeder Arbeitgeber verlangen, daß die Krankenkasse eine gutachtliche Stellungnahme des Medizinischen Dienstes zur Überprüfung der Arbeitsunfähigkeit einholt. Für den Antrag auf Einschaltung des Medizinischen Dienstes sind Zweifel an der Arbeitsunfähigkeit ausreichend. Nach dem Wortlaut des Gesetzes sind Zweifel insbesondere anzunehmen, wenn der Arbeitnehmer auffallend häufig oder auffallend häufig nur für kurze Dauer arbeitsunfähig ist, wenn der Beginn der Arbeitsunfähigkeit häufig auf einen Arbeitstag am Beginn oder am Ende der Woche fällt oder wenn die Arbeitsunfähigkeit von einem Arzt festgestellt worden ist, der durch die Häufigkeit der von ihm ausgestellten Arbeitsunfähigkeits-Bescheinigungen auffällig geworden ist. Unabhängig davon ist der Medizinische Dienst verpflichtet, bei Vertragsärzten stichprobenartig und zeitnah die Feststellung der Arbeitsunfähigkeit zu überprüfen.

139 **Forderungsübergang bei Dritthaftung.** Der Arbeitnehmer hat auch dann einen Anspruch gegen den Arbeitgeber auf Fortzahlung des Arbeitsentgeltes, wenn ein Dritter die Arbeitsunfähigkeit verursacht hat (3.136). Daneben können Schadensersatzansprüche des Arbeitnehmers gegen den Dritten bestehen, wenn der Dritte schuldhaft gehandelt hat oder ein Fall der Gefährdungshaftung vorliegt (z.B. Ansprüche aus §§ 823ff. BGB, aus §§ 7, 12 StVG). Das Entgeltfortzahlungsgesetz sieht für diesen Fall vor, daß der Schadensersatzanspruch des Arbeitnehmers gegen den Dritten auf den Arbeitgeber übergeht, allerdings nur insoweit, als der Arbeitgeber dem Arbeitnehmer das Arbeitsentgelt fortgezahlt und die darauf entfallenden Arbeitgeberbeiträge zur Bundesanstalt für Arbeit, zur Kranken- und Rentenversicherung und zur Pflegeversicherung abgeführt hat (§ 6 Abs. 1 EFZG, Prinzip der kongruenten Deckung).

Beispiel: Ein Arbeitnehmer wird ohne eigenes Verschulden in einen Verkehrsunfall verwickelt. Es entsteht Personen- und Sachschaden. Gegen den Verkehrsteilnehmer, der den Unfall verschuldet hat, kann der Arbeitnehmer folgende Ansprüche geltend machen: 1) Ersatz des Verdienstausfalles, der durch die Arbeitsunfähigkeit entstanden ist; 2) Zahlung eines Schmerzensgeldes; 3) Ersatz des Sachschadens. Für die Dauer der Arbeitsverhinderung zahlt der Arbeitgeber das Arbeitsentgelt fort (§ 3 Abs. 1 Satz 1 EFZG). Der Schadensersatzanspruch zu 1) geht deshalb auf den Arbeitgeber über; die Ansprüche zu 2) und zu 3) werden von dem Forderungsübergang nicht berührt.

Der Arbeitnehmer hat dem Arbeitgeber unverzüglich die zur Geltendmachung des Schadensanspruches erforderlichen Angaben zu machen (§ 6 Abs. 2 EFZG).

Reicht das Vermögen des Dritten zur Befriedigung des Arbeitnehmers (= Zahlung eines Schmerzensgeldes, Ersatz des Sachschadens) und des Arbeitgebers (= Ersatz des gezahlten Arbeitsentgeltes einschließlich des Arbeitgeberanteils an den Sozialabgaben) nicht aus, so besteht zugunsten des Arbeitnehmers ein sog. Quotenvorrecht, d.h. der Arbeitgeber kann den Forderungsübergang nicht zum Nachteil des Arbeitnehmers geltend machen (§ 6 Abs. 3 EFZG); die Forderungen des Arbeitnehmers sind vorrangig zu befriedigen.

140 **Leistungsverweigerungsrecht des Arbeitgebers.** § 7 EFZG gibt dem Arbeitgeber das Recht, die Fortzahlung des Arbeitsentgeltes zu verweigern

- solange der Arbeitnehmer schuldhaft die von ihm vorzulegende ärztliche Bescheinigung nicht vorlegt (§ 7 Abs. 1 Nr. 1 EFZG)
- wenn der Arbeitnehmer schuldhaft den Übergang eines Schadensersatzanspruches gegen einen Dritten auf den Arbeitgeber verhindert (§ 7 Abs. 1 Nr. 2 EFZG).

Das Leistungsverweigerungsrecht nach § 7 Abs. 1 Nr. 1 EFZG ist zeitlich befristet; es besteht nur, solange der Arbeitnehmer die ihm im Entgeltfortzahlungsgesetz auferlegten Nachweispflichten nicht erfüllt. Kommt der Arbeitnehmer seinen Pflichten nach, hat er rückwirkend Anspruch auf Fortzahlung des Arbeitsentgeltes. Demgegenüber besteht ein dauerndes Leistungsverweigerungsrecht, wenn der in § 7 Abs. 1 Nr. 2 EFZG genannte Verweigerungsgrund gegeben ist.

Beispiele: Der Arbeitnehmer verfügt mit rechtlich bindender Wirkung gegen den Arbeitgeber über seine Schadensersatzforderung; der Arbeitnehmer schließt mit dem Schadensverursacher einen Vergleich über seine Schadensersatzansprüche, der sich zu Lasten des Arbeitgebers auswirkt; der Arbeitnehmer erweckt durch unwahre Angaben beim Arbeitgeber den Eindruck, ein Schadensersatzanspruch bestehe nicht oder sei nicht durchsetzbar (der Anspruch auf Fortzahlung des Arbeitsentgeltes lebt in diesem Falle auch dann nicht wieder auf, wenn der Arbeitnehmer sich später zu einer zutreffenden Schilderung des Sachverhaltes und zur Angabe des Schadensverursachers entschließt).

Ein zeitlich befristetes Leistungsverweigerungsrecht des Arbeitgebers ergibt sich ferner aus § 100 Abs. 2 SGB IV. Nach dieser Vorschrift kann der Arbeitgeber vom Arbeitnehmer während einer Lohn- oder Gehaltsfortzahlung wegen Arbeitsunfähigkeit die Hinterlegung des Sozialversicherungsausweises verlangen. Hat der Arbeitgeber die Hinterlegung des Sozialversicherungsausweises verlangt, ist er berechtigt, die Lohn- oder Gehaltsfortzahlung zu verweigern, solange der Arbeitnehmer den Sozialversicherungsausweis nicht hinterlegt (§ 100 Abs. 2 Satz 2 SGB IV).

141 **Maßnahmen der medizinischen Vorsorge und Rehabilitation.** Die Vorschriften über die Fortzahlung des Arbeitsentgeltes im Krankheitsfall gelten entsprechend für die Arbeitsverhinderung infolge einer Maßnahme der medizinischen Vorsorge oder Rehabilitation. Gem. § 9 Abs. 1 Satz 1 EFZG haben Arbeitnehmer, die Mitglied einer gesetzlichen Krankenkasse sind oder in der gesetzlichen Rentenversicherung versichert sind, einen Anspruch auf Fortzahlung des Arbeitsentgeltes bis zu einer Dauer von sechs Wochen, wenn die Maßnahme von einem Träger der Sozialversicherung (= Kranken-, Unfall- oder Rentenversicherung), einer Verwaltungsbehörde der Kriegsopferversorgung oder einem sonstigen öffentlichrechtlichen Sozialleistungsträger (z.B. der Sozialhilfe) bewilligt und stationär in einer Einrichtung der medizinischen Vorsorge oder Rehabilitation durchgeführt wird. In Betracht kommen Vorbeugungs-, Heil- und Genesungskuren, d.h. Kuren, die im Zusammenhang mit einer Krankheit stehen. Bei anderen Arbeitnehmern, die nicht Mitglied einer gesetzlichen Krankenkasse sind oder nicht in der gesetzlichen Rentenversicherung versichert sind, also bei privatversi-

cherten Arbeitnehmern, tritt an die Stelle des Bewilligungsbescheids des Sozialversicherungsträgers die ärztliche Verordnung einer stationären Maßnahme (§ 9 Abs. 1 Satz EFZG).

Wird dem Arbeitnehmer im Anschluß an die Vorsorge- oder Rehabilitationsmaßnahme vom Arzt eine Schonungszeit verordnet oder empfohlen und ist der Arbeitnehmer während der Schonungszeit arbeitsunfähig erkrankt, so besteht weiterhin ein Anspruch auf Fortzahlung des Arbeitsentgeltes. Ist er nicht arbeitsunfähig erkrankt, besteht kein Anspruch auf Entgeltfortzahlung. Der Arbeitnehmer kann allerdings (bezahlten) Urlaub für die Schonungszeit verlangen (§ 7 Abs. 1 Satz 2 BUrlG); dieser Urlaub wird auf den Erholungsurlaubsanspruch des Arbeitnehmers angerechnet (§ 10 BUrlG).

142 **Abweichende Vereinbarungen.** Gem. § 12 EFZG darf von den Vorschriften des Entgeltfortzahlungsgesetzes nicht zuungunsten des Arbeitnehmers abgewichen werden (= Unabdingbarkeit). Dies bedeutet, daß weder durch Tarifvertrag noch durch Betriebsvereinbarung noch durch eine einzelvertragliche Vereinbarung die Rechtsstellung des Arbeitnehmers nach dem Entgeltfortzahlungsgesetz verschlechtert werden darf; ungünstigere Regelungen sind gem. § 134 BGB nichtig (siehe Rz 33f.). Wohl aber sind Abweichungen zugunsten des Arbeitnehmers in einem Tarifvertrag, in einer Betriebsvereinbarung oder in einem Einzelvertrag zulässig; z.B. kann eine längere Bezugsdauer vereinbart werden (siehe Rz 133).

Von dem Verschlechterungsverbot gibt es eine Ausnahme (§ 12 i.V. mit § 4 Abs. 4 EFZG). Durch Tarifvertrag kann eine von § 4 Abs. 1 und Abs. 3 EFZG abweichende Bemessungsgrundlage für das fortzuzahlende Arbeitsentgelt festgelegt werden. Damit ist nicht nur eine andere Berechnungsmethode, sondern auch die Einbeziehung von z.B. Fahrtkostenersatz, Schmutzzulagen u.a.m. möglich. Zur Bemessungsgrundlage gem. § 4 Abs. 1 und Abs. 3 EFZG siehe Rz 137.

143 **Anspruch auf Krankengeld.** Neben dem Anspruch auf Fortzahlung des Arbeitsentgeltes gegen den Arbeitgeber haben Arbeitnehmer bei Arbeitsunfähigkeit infolge Krankheit einen Anspruch auf Krankengeld gegen die Krankenkasse (§ 44 Abs. 1 Satz 1 SGB V). Der Anspruch entsteht von dem Tag an, der auf den Tag der ärztlichen Feststellung der Arbeitsunfähigkeit folgt (§ 46 Satz 1 Nr. 2 SGB V). Der Anspruch ruht, soweit und solange der Arbeitnehmer Arbeitsentgelt vom Arbeitgeber erhält (§ 49 Abs. 1 Nr. 1 SGB V); bei einer länger als sechs Wochen dauernden unverschuldeten Krankheit tritt also die Krankenkasse erst ab Beginn der 7. Woche ein. Das Krankengeld wird für den Fall der Arbeitsunfähigkeit wegen derselben Krankheit für längstens 78 Wochen innerhalb von jeweils drei Jahren gezahlt, gerechnet vom Tag des Beginns der Arbeitsunfähigkeit an; tritt während der Arbeitsunfähigkeit eine weitere (neue) Krankheit hinzu, wird die Leistungsdauer nicht verlängert (§ 48 Abs. 1 SGB V).

Beispiel: Ein Arbeitnehmer erkrankt an einem Nierenleiden vom 16.05.94 bis 14.11.94 = 26 Wochen, vom 13.06.95 bis 19.12.95 = 27 Wochen und vom 04.04.97 bis 26.07.97 = 16 Wochen. Der Dreijahreszeitraum beginnt am 16.05.94 und endet am 15.05.97. Anspruch auf Krankengeld besteht für die Dauer der ersten und der zweiten Arbeitsunfähigkeit; bei der dritten Arbeitsunfähigkeit nur vom 05.04.97 bis 15.05.97, obgleich die Krankheitszeit insgesamt weniger als 78 Wochen beträgt.

Hat ein neuer Dreijahreszeitraum begonnen, so hat der Arbeitnehmer einen neuen Anspruch auf Krankengeld gegen die Krankenkasse wegen derselben Krankheit, wenn er bei Eintritt der erneuten Arbeitsunfähigkeit in der Zwischenzeit mindestens sechs Monate nicht wegen dieser Krankheit arbeitsunfähig war (§ 48 Abs. 2 SGB V).

Im obigen Beispiel hat der Arbeitnehmer also in dem neuen Dreijahreszeitraum vom 16.05.97 bis 15.05.2000 nur dann einen neuen Anspruch auf Krankengeld, wenn das Nierenleiden sechs Monate nach dem 26.07.97 erstmalig wieder auftritt, also nach dem 26.01.98. Würde der Arbeitnehmer zwischen dem 27.07.97 und dem 26.01.98 an einer anderen Krankheit erkranken, entstünde für diese andere Krankheit ein eigener Anspruch auf Krankengeld.

Das Krankengeld beträgt 80% des erzielten regelmäßigen Arbeitsentgeltes (sog. Regelentgelt), es darf jedoch das Nettoarbeitsentgelt nicht übersteigen (§ 47 Abs. 1 SGB V).

Zahlt der Arbeitgeber das Arbeitsentgelt entgegen § 3 Abs. 1 Satz 1 EFZG nicht fort und zahlt die Krankenkasse gem. §§ 44 Abs. 1 Satz 1, 46 Satz 1 Nr. 2 SGB V ein Krankengeld, geht der Anspruch des Arbeitnehmers gegen den Arbeitgeber auf die Krankenkasse über, und zwar bis zur Höhe des gezahlten Krankengeldes (§ 115 Abs. 1 SGB X).

Ist die Arbeitsunfähigkeit von einem Dritten verursacht, so daß der Arbeitnehmer (auch) Schadensersatzansprüche gegen den Dritten geltend machen kann (z.B. aus §§ 823ff. BGB, §§ 7, 12 StVG), und hat die Krankenkasse ein Krankengeld gezahlt, so gehen die Schadensersatzansprüche des Arbeitnehmers gem. § 116 Abs. 1 SGB X in Höhe des gezahlten Krankengeldes auf die Krankenkasse über. Hat der Arbeitgeber in den ersten sechs Wochen das Arbeitsentgelt fortgezahlt, so daß auch auf ihn Schadensersatzansprüche gegen den Dritten übergegangen sind (siehe Rz 139), und reicht das Vermögen des Dritten zur Befriedigung aller Ansprüche nicht aus, so besteht nach den Quotenvorrechten folgende Rangordnung: Krankenkasse, Arbeitnehmer, Arbeitgeber (3.137).

Zu beachten ist, daß die Krankenkasse auch dann ein Krankengeld zahlt, wenn die Arbeitsunfähigkeit auf einem gröblichen Verstoß des Arbeitnehmers gegen das von einem verständigen Menschen im eigenen Interesse zu erwartende Verhalten beruht. Nur wenn der Arbeitnehmer sich die Krankheit vorsätzlich zugezogen hat, kann die Krankenkasse das Krankengeld ganz oder teilweise für die Dauer der Krankheit versagen und zurückfordern (§ 52 SGB V).

3.222.4 Schwangerschaft und Mutterschaft

144 **Mutterschaftsgeld.** Werdende Mütter, die gem. § 3 Abs. 2 MuSchG in den letzten sechs Wochen vor der Entbindung nicht beschäftigt werden dürfen (es sei denn, daß sie sich zur Arbeitsleistung ausdrücklich bereit erklären, siehe Rz 72), sowie Wöchnerinnen, die gem. § 6 Abs. 1 MuSchG bis zum Ablauf von acht Wochen nach der Entbindung nicht beschäftigt werden dürfen (= absolutes Beschäftigungsverbot, siehe Rz 72), erhalten für die Dauer der Beschäftigungsverbote sowie für den Entbindungstag ein Mutterschaftsgeld (§ 13 MuSchG, § 200 RVO). Anspruch auf Mutterschaftsgeld haben alle Frauen, denen wegen der Schutzfristen nach § 3 Abs. 2 und § 6 Abs. 1 des Mutterschutzgesetzes kein Arbeitsentgelt gezahlt wird, wenn sie vom Beginn des zehnten bis zum Ende des vierten Monats vor der Entbindung mindestens zwölf Wochen Mitglied einer gesetzlichen Krankenkasse waren oder in einem Arbeitsverhältnis standen (§ 200 Abs. 1 RVO). Anspruchsberechtigt sind also auch Arbeitnehmerinnen, die nicht in der gesetzlichen Krankenversicherung versichert sind, z.B. weil sie die Jahresarbeitsverdienstgren-

ze überschreiten oder weil sie eine nicht krankenversicherungspflichtige Nebenbeschäftigung ausüben.

Als Mutterschaftsgeld wird für gesetzlich versicherte Frauen das um die gesetzlichen Abzüge verminderte durchschnittliche kalendertägliche Arbeitsentgelt der letzten drei abgerechneten Kalendermonate vor Beginn der Schutzfrist nach § 3 Abs. 2 MuSchG gezahlt; der Höchstbetrag liegt bei 25 DM für den Kalendertag (§ 200 Abs. 2 RVO). Für nichtversicherte Frauen ist der Anspruch auf insgesamt 400 DM begrenzt (§ 13 Abs. 2 Satz 1 MuSchG). Zahlungspflichtig ist die Krankenkasse bzw. – wenn die Arbeitnehmerin nicht in der gesetzlichen Krankenversicherung versichert ist – das Bundesversicherungsamt. Die Zahlung muß bei der zuständigen Stelle beantragt werden.

Zu beachten ist, daß neben dem laufenden Mutterschaftsgeld ein Krankengeld nicht gewährt wird (§ 49 Abs. 1 Nr. 3 SGB V). Ist die Arbeitnehmerin während der Schutzfrist der §§ 3 Abs. 2, 6 Abs. 1 MuSchG arbeitsunfähig erkrankt, ruht der Krankengeldanspruch gegen die Krankenkasse. Der Anspruch auf Mutterschaftsgeld geht also dem Anspruch auf Krankengeld vor.

Der Anspruch auf Mutterschaftsgeld ruht, soweit und solange Arbeitsentgelt gezahlt wird (§ 49 Abs. 1 Nr. 1 SGB V, § 200 Abs. 4 RVO), was in den sechs Wochen vor der Entbindung der Fall sein kann, wenn die Arbeitnehmerin zulässigerweise ihre Beschäftigung fortsetzt.

145 Zuschuß zum Mutterschaftsgeld. Frauen, die Anspruch auf Mutterschaftsgeld haben und deren durchschnittlicher kalendertäglicher Netto-Arbeitsverdienst 25 DM nicht übersteigt, haben für die Zeit der Schutzfristen des § 3 Abs. 2 und § 6 Abs. 1 MuSchG sowie für den Entbindungstag einen Anspruch auf Zahlung eines Zuschusses zum Mutterschaftsgeld (§ 14 Abs. 1 Satz 1 MuSchG). Der Anspruch richtet sich gegen den Arbeitgeber. Der Zuschuß ist zu zahlen in Höhe des Unterschiedsbetrages zwischen 25 DM und dem um die gesetzlichen Abzüge verminderten durchschnittlichen kalendertäglichen Arbeitsentgelt. Durch diese Regelung ist sichergestellt, daß die Arbeitnehmerin in der Zeit der Schutzfristen ihr bisheriges durchschnittliches Nettoentgelt weiterhin erhält.

Das durchschnittliche kalendertägliche Arbeitsentgelt ist aus den letzten drei abgerechneten Kalendermonaten, bei wöchentlicher Abrechnung aus den letzten dreizehn Wochen vor Beginn der Schutzfrist nach § 3 Abs. 2 MuSchG zu berechnen (§ 14 Abs. 1 Satz 2 MuSchG). Eine nach dem Berechnungszeitraum erfolgende rückwirkende Tariferhöhung ist insoweit zu berücksichtigen, wie sie sich für den Berechnungszeitraum auswirkt (3.138).

Beispiel: Die Schutzfrist gem. §§ 3 Abs. 2, 6 Abs. 1 MuSchG laufe vom 14.02.95 bis 24.05.95. Für diese Zeit erhält die Arbeitnehmerin von der Krankenkasse ein Mutterschaftsgeld von 25 DM/Kalendertag. Für die Berechnung des Zuschusses des Arbeitgebers zum Mutterschaftsgeld ist vom Netto-Arbeitsverdienst der Arbeitnehmerin in den Monaten November 1994, Dezember 1994 und Januar 1995 auszugehen. Der Zuschuß betrage 60 DM/Kalendertag. Wird im März 1995 ein Tarifvertrag abgeschlossen, der eine Erhöhung der Vergütungen rückwirkend ab 01.01.95 vorsieht, so ist die auf Januar 1995 entfallende Lohn- oder Gehaltserhöhung bei der Berechnung des durchschnittlichen kalendertäglichen Arbeitsentgeltes für die Monate November, Dezember und Januar nachträglich erhöhend zu berücksichtigen. Beläuft sich der Nachzahlungsbetrag für Januar 1995 beispielsweise auf 198 DM, so muß der Zuschuß des Arbeitgebers zum Mutterschaftsgeld nachträglich um 198 DM : 90 Tage = 2,20 DM/Kalendertag auf 62,20 DM/Tag erhöht werden.

Der Zuschuß zum Mutterschaftsgeld entfällt für die Zeit, in der die Arbeitnehmerin den Erziehungsurlaub (siehe Rz 94ff.) in Anspruch nimmt (§ 14 Abs. 4 MuSchG).

146 **Arbeitsentgelt bei Beschäftigungsverboten.** Werdende Mütter, Wöchnerinnen und stillende Mütter haben nach dem Mutterschutzgesetz Anspruch darauf, daß ihnen der Arbeitgeber den Verdienstausfall ersetzt, den sie dadurch erleiden, daß sie wegen eines Beschäftigungsverbotes nach §§ 3 Abs. 1, 4, 6 Abs. 2 und Abs. 3 MuSchG oder wegen des Verbots der Mehr-, Nacht-, Sonn- und Feiertagsarbeit nach § 8 Abs. 1 MuSchG (siehe hierzu Rz 72) teilweise oder völlig mit der Arbeit aussetzen oder ihre Beschäftigung wechseln müssen. Gem. § 11 Abs. 1 Satz 1 und 2 MuSchG hat der Arbeitgeber diesen Frauen mindestens den Durchschnittsverdienst der letzten dreizehn Wochen oder der letzten drei Monate vor Beginn des Monats, in dem die Schwangerschaft eingetreten ist, weiter zu gewähren (sog. Mutterschaftslohn).

Bei der Ermittlung des Durchschnittsverdienstes sind Verdiensterhöhungen, die während oder nach Ablauf des Berechnungszeitraumes eintreten, einzurechnen, sofern sie nicht nur vorübergehender Natur sind. Verdienstkürzungen, die im Berechnungszeitraum infolge von Kurzarbeit, Arbeitsausfällen oder unverschuldeter Arbeitsversäumnis eintreten, bleiben für die Berechnung des Durchschnittsverdienstes außer Betracht (§ 11 Abs. 2 MuSchG).

Voraussetzung für den Anspruch aus § 11 MuSchG ist, daß die werdende Mutter, die Wöchnerin oder die stillende Mutter ausschließlich infolge eines gesetzlichen Beschäftigungsverbotes mit der Arbeit aussetzt oder die Beschäftigung wechselt. Der Anspruch entfällt, wenn andere Gründe den Ausfall oder den Wechsel der Beschäftigung verursacht haben, z.B. wenn sich die Arbeitnehmerin, ohne daß ein Beschäftigungsverbot besteht, von der Arbeit befreien läßt, wenn die Arbeitnehmerin der Arbeit unentschuldigt fernbleibt oder verspätet zum Dienst erscheint, wenn die Arbeit aus betrieblichen Gründen (z.B. Kurzarbeit, Betriebsstörungen) oder wegen eines Arbeitskampfes ausfällt. Auch entfällt der Anspruch im Falle der Erkrankung der Arbeitnehmerin (3.139); in diesem Falle ist ein Anspruch auf Fortzahlung des Arbeitsentgeltes gegen den Arbeitgeber (Rz 133ff.) bzw. auf Zahlung von Krankengeld gegen die Krankenkasse gegeben (Rz 143).

Die Verpflichtung des Arbeitgebers zur Weitergewährung des Arbeitsentgeltes beginnt mit dem Tag, an dem die Arbeitnehmerin wegen eines Beschäftigungsverbotes teilweise oder völlig mit der Arbeit aussetzen oder die Beschäftigung wechseln muß. Der Anspruch besteht so lange, wie das Beschäftigungsverbot wirksam ist, also u.U. auch noch nach Ablauf von acht Wochen nach der Entbindung. Die Pflicht zur Fortzahlung des Arbeitsentgeltes wird unterbrochen durch die Zeiten, in denen die Arbeitnehmerin als werdende Mutter oder Wöchnerin gem. § 13 MuSchG, § 200 RVO zum Bezug von Mutterschaftsgeld berechtigt ist (Rz 144) und vom Arbeitgeber einen Zuschuß zum Mutterschaftsgeld nach § 14 MuSchG verlangen kann (Rz 145).

3.222.5 Andere persönliche Verhinderungsgründe

147 **Vorübergehende Verhinderung.** Wird die Arbeitsleistung nicht durch Krankheit oder Mutterschaft, sondern durch andere in der Person des Arbeitnehmers liegende Gründe verhindert, so behält der Arbeitnehmer den Anspruch auf die Arbeitsvergütung, wenn die Verhinderung nicht von erheblicher Dauer ist und vom Arbeitnehmer nicht verschuldet wurde (§ 616 Satz 1 BGB). Es gilt das

Lohnausfallprinzip, d.h. zu zahlen ist die Vergütung, die der Arbeitnehmer erhalten hätte, wenn die Arbeitsverhinderung nicht eingetreten wäre.

Beispiele für andere, in der Person des Arbeitnehmers liegende Gründe: Kirchliche und standesamtliche Eheschließung; außerordentliche Vorkomnisse in der engsten Familie des Arbeitnehmers (= Todesfälle, Geburten, Konfirmation und Kommunion der Kinder, goldene Hochzeit der Eltern); schwerwiegende Erkrankung naher Angehöriger, insbesondere von Kindern; Arztbesuch, sofern unaufschiebbar oder Termin nicht beeinflußbar; Umzug; Einberufung zum Laienrichteramt in den verschiedenen Gerichtszweigen; Ladung zu Behörden, zu gerichtlichen Terminen; Meldung und Vorstellung bei Erfassungs- oder Wehrersatzbehörden; Teilnahme an Wehr- oder Zivilschutzübungen; Ausübung politischer und religiöser Pflichten (= Tätigkeit als Mitglied des Gemeinderates, Teilnahme an Prozession); Wahrnehmung gewerkschaftlicher Ämter; Auftritt als Zeuge; Ablegung von Prüfungen (auch Fahrprüfung); Suche eines neuen Arbeitsplatzes; Hindernisse auf dem Weg zur Arbeit, durch die gerade dem einzelnen Arbeitnehmer die Arbeitsleistung unmöglich wird (z.B. Verwicklung in einen Verkehrsunfall, Versagen des eigenen PKW).

148 Anspruchsvoraussetzungen. Der Vergütungsanspruch gem. § 616 Satz 1 BGB ist an folgende Voraussetzungen gebunden:

- Der Grund der Arbeitsverhinderung muß im persönlichen Bereich des Arbeitnehmers liegen, entweder in der Person des Arbeitnehmers oder in seinen persönlichen Verhältnissen. Es muß sich um subjektive Leistungshindernisse handeln, die den Arbeitnehmer allein betreffen, durch die der Arbeitnehmer aus dem Kreis vergleichbarer Arbeitnehmer herausgehoben wird. Das ist der Fall, wenn (nur) der Arbeitnehmer außerstande ist, die zugesagte Arbeit zu leisten (= subjektive Unmöglichkeit). Es genügt aber auch, wenn die Arbeitsleistung dem Arbeitnehmer zwar möglich, ihm aber in seiner konkreten Situation nicht zumutbar ist (Beispiel: Umzug, Eheschließung, Todesfall). Der Arbeitnehmer ist darlegungs- und beweispflichtig, daß ein persönlicher Verhinderungsgrund vorliegt.

  Kein Vergütungsanspruch besteht, wenn der Arbeitsleistung objektive Hindernisse entgegenstehen. Objektive Leistungshindernisse sind z.B. ein allgemeines Fahrverbot wegen Smogalarm; Demonstrationen; Kriegsereignisse; Straßensperrung wegen Verkehrsunfall; Überschwemmung, Erdrutsch; Schnee und Glatteis.

- Der Verhinderungsgrund muß ohne Verschulden des Arbeitnehmers eingetreten sein. Ein Verschulden ist dann anzunehmen, wenn ein grober Verstoß des Arbeitnehmers gegen das von einem verständigen Menschen in seinem eigenen Interesse zu erwartende Verhalten vorliegt (3.140). Es gilt also der gleiche Verschuldensmaßstab wie im Falle der Arbeitsunfähigkeit des Arbeitnehmers infolge Krankheit (3.141). Das Verschulden muß vom Arbeitgeber dargelegt und gegebenenfalls dem Arbeitnehmer nachgewiesen werden (3.141).

- Die Arbeitsverhinderung darf sich nur auf eine verhältnismäßig nicht erhebliche Zeit erstrecken. Ist die Verhinderung des Arbeitnehmers von erheblicher Dauer, so entfällt der Vergütungsanspruch aus § 616 Satz 1 BGB, und zwar auch für die Zeit, die an sich als unerheblich anzusehen wäre (3.142).

  Welche Zeit als verhältnismäßig nicht erheblich anzusehen ist, muß unter Berücksichtigung der Umstände des Einzelfalles entschieden werden. Maßgebend sind die Dauer der Verhinderung im Verhältnis zur Gesamtdauer des Arbeitsverhältnisses, ferner die für den Verhinderungsgrund objektiv notwendige Zeit. Faustregel: verhältnismäßig nicht erhebliche Zeit bei Beschäftigungsdauer bis zu sechs Monaten = bis zu drei Tagen; bei Beschäftigungsdauer bis zu zwölf Monaten = bis zu einer Woche; bei Beschäftigungsdauer von mehr als einem Jahr = bis zu zwei Wochen. Bei mehrfacher Verhinderung infolge desselben Hinderungsgrundes soll eine Zusammenrechnung der Ausfallzeiten erfolgen, es sei denn, daß zwischen den Ausfallzeiten längere Zeit gearbeitet worden ist (3.143).

149 **Vorrang anderer gesetzlicher Regelungen.** Liegen die genannten Anspruchsvoraussetzungen vor, ist zunächst zu prüfen, ob der Arbeitnehmer nicht schon aufgrund einer besonderen gesetzlichen Regelung Anspruch auf Fortzahlung der Vergütung hat. Beispiele: § 14 Abs. 1 ArbPlSchG (= Weiterzahlung des Arbeitsentgelts bei Meldung oder Vorstellung bei Erfassungs- und Wehrersatzbehörden); § 11 Abs. 1 ArbPlSchG (= Weiterzahlung des Arbeitsentgeltes bei Wehrübungen von nicht länger als drei Tagen); § 9 des Gesetzes über den Zivilschutz (= Weiterzahlung der Vergütung bei Zivilschutzübungen). Nur wenn dies nicht der Fall ist, findet § 616 Satz 1 BGB Anwendung.

150 **Anrechnung anderer Einkünfte.** Auf den Vergütungsanspruch nach § 616 Satz 1 BGB muß sich der Arbeitnehmer anrechnen lassen, was ihm für die Zeit der Verhinderung aus einer aufgrund gesetzlicher Verpflichtung bestehenden Kranken- und Unfallversicherung an Kranken- und Verletztengeld zukommt (§ 616 Satz 2 BGB). Weitere Einkünfte sind nach herrschender Meinung nicht anzurechnen; anrechnungsfrei sind insbesondere Leistungen einer privaten Kranken- und Unfallversicherung, Entschädigungen als Zeuge, Sachverständiger, ehrenamtlicher Richter. Durch Tarifvertrag oder Einzelvertrag kann jedoch eine andere Regelung vereinbart werden.

151 **Abdingbarkeit.** Der Anspruch auf Fortzahlung der Vergütung gem. § 616 Satz 1 BGB kann durch Einzelvertrag oder Tarifvertrag erweitert, aber auch eingeschränkt und sogar ausgeschlossen werden (3.144). Von der Möglichkeit der Einschränkung wird häufig Gebrauch gemacht, indem z.B. vereinbart wird, daß nur die tatsächlich geleistete Arbeitszeit bezahlt wird, oder indem im Vertrag die Tatbestände aufgezählt werden, bei denen eine bezahlte Freistellung erfolgen muß. In sonstigen, nicht aufgeführten Fällen ist dann ein Anspruch auf Vergütung ausgeschlossen.

Beispiele: Ein Tarifvertrag bestimmt: „Vergütet wird nur die tatsächlich geleistete Arbeitszeit." Hier ist der Anspruch auf Bezahlung gem. § 616 Satz 1 BGB gänzlich ausgeschlossen. Ein anderer Tarifvertrag enthält folgende Regelung: „Von dem Grundsatz, daß nur geleistete Arbeitszeit bezahlt wird, gelten folgende Ausnahmen ..." (Es folgt eine Aufstellung von zehn Freistellungsfällen). Hier hat die Aufzählung der Freistellungsfälle im Tarifvertrag abschließenden Charakter. Ist also beispielsweise die Heirat des Arbeitnehmers nicht als Freistellungsfall angeführt, so hat der Arbeitnehmer im Falle einer Heirat keinen Anspruch auf bezahlte Freistellung. Lautet die Formulierung im Tarifvertrag: „Der Arbeitnehmer hat Anspruch auf Arbeitsentgelt bei Arbeitsversäumnis insbesondere in folgenden Fällen ...", so ist diese Regelung lediglich eine beispielhafte Aufzählung. Neben den tariflichen Freistellungsfällen können sich dann auch durchaus andere Freistellungsfälle ergeben. Ist z.B. die Heirat tariflich nicht als Freistellungsfall aufgeführt, besteht dennoch ein gesetzlicher Anspruch auf bezahlte Freistellung im Falle einer Heirat.

152 **Erkrankung des Kindes.** Auch bei Erkrankung eines Kindes besteht ein Anspruch gegen den Arbeitgeber auf Fortzahlung der Vergütung gem. § 616 Satz 1 BGB. Daneben ist ein Anspruch auf Zahlung von Kindergeld gegen die Krankenkasse gem. § 45 Abs. 1 und 2 SGB V gegeben; dieser Anspruch ruht allerdings, soweit und solange ein Anspruch gem. § 616 Satz 1 BGB gegen den Arbeitgeber geltend gemacht werden kann (§ 49 Abs. 1 Nr. 1 SGB V).

Voraussetzung für den Anspruch auf Krankengeld ist, daß nach ärztlichem Zeugnis eine Beaufsichtigung, Betreuung oder Pflege des Kindes durch den Arbeitnehmer/die Arbeitnehmerin erforderlich ist, daß eine andere Person das Kind nicht beaufsichtigen, betreuen oder pflegen kann und daß das Kind das zwölfte Lebensjahr noch nicht vollendet hat. Der Arbeitnehmer/die Arbeitnehmerin muß Mitglied der gesetzlichen Krankenkasse sein; auch das Kind muß mitversichert sein (§ 45 Abs. 1 SGB V).

Anspruch auf Krankengeld besteht in jedem Kalenderjahr für jedes Kind längstens für 10 Arbeitstage, für Alleinerziehende längstens für 20 Arbeitstage. Sind mehrere Kinder vorhanden, so besteht ein Krankengeldanspruch für maximal 25 Arbeitstage je Kalenderjahr, für Alleinerziehende für maximal 50 Arbeitstage je Kalenderjahr (§ 45 Abs. 2 SGB V).

Ist der Anspruch gegen den Arbeitgeber auf bezahlte Freistellung durch Tarifvertrag oder Arbeitsvertrag ganz abbedungen, so besteht ein Anspruch gegen die Krankenkasse auf Krankengeld für längstens 10 bzw. 20 Arbeitstage je Kind und Jahr. Sieht der Tarifvertrag oder der Arbeitsvertrag für den Fall der Erkrankung eines Kindes vor, daß der Arbeitgeber die Vergütung für bis zu fünf Arbeitstage fortzuzahlen hat, so hat der Arbeitgeber diesen Anspruch zu erfüllen; dauert die Krankheit des Kindes länger, tritt für bis zu fünf weitere Arbeitstage die Krankenkasse mit dem Krankengeld ein. Die Tage, für die der Arbeitgeber die Vergütung fortzahlt, werden also auf die Höchstbezugsdauer des Krankengeldes angerechnet. Ist nach dem Tarif- oder Arbeitsvertrag ein Entgeltfortzahlungsanspruch gegen den Arbeitgeber für den Fall der Erkrankung eines Kindes von zehn oder mehr Tagen gegeben, so hat der Arbeitgeber für die vereinbarte Zeit die Vergütung fortzuzahlen; in diesem Fall besteht kein Anspruch gegen die Krankenkasse.

3.222.6 Betriebsstörungen, Absatzstörungen, arbeitskampfbedingte Störungen in mittelbar betroffenen Betrieben

153 **Betriebsstörungen.** Von einer Betriebsstörung spricht man, wenn der Arbeitnehmer zur Arbeit fähig und bereit ist, der Arbeitgeber ihn aber aus Gründen, die im Betrieb liegen, nicht beschäftigen kann, ohne daß den Arbeitgeber ein Verschulden trifft (3.145). Betriebsstörungen können verursacht werden durch

- technisches Versagen (z.B. Maschinenschaden, Ausfall der betriebseigenen Heizungsanlage)
- Unterbrechung der Rohstoffversorgung (z.B. Rohstoffmangel infolge politischer Ereignisse)
- behördliche Anordnungen (z.B. vorübergehende Einstellung der Produktion bei Smog-Alarm)
- extreme Witterungsbedingungen (z.B. übermäßig starker Schneefall oder Frost, Überschwemmung)
- höhere Gewalt (z.B. Brand, Explosion, Ausfall der öffentlichen Stromversorgung).

Regelmäßig wiederkehrende Arbeitsunterbrechungen, z.B. wegen Wartungsarbeiten an Maschinen, stellen keine Betriebsstörungen dar. Auch vorhersehbare Naturereignisse, wie Regen, Sturm oder Kälteeinbrüche, führen nicht zu Betriebsstörungen; nur wenn die Wetterverhältnisse nach Zeitpunkt, Umfang und Auswirkung ungewöhnlich sind, kann es zu Betriebsstörungen kommen.

154 **Absatzstörungen.** Von einer Betriebsstörung zu unterscheiden sind die Fälle, in denen die Arbeit technisch möglich ist, sich aber wegen Auftragsmangels

oder fehlender Rentabilität nicht lohnt, so daß der Unternehmer aus wirtschaftlichen Gründen den Betrieb einschränkt oder stillegt. Während bei einer Betriebsstörung die geschuldete Arbeitsleistung nicht erbracht werden kann, fehlt es bei Absatzstörungen an einer Möglichkeit, die Arbeit kostendeckend oder gewinnbringend im Betrieb einzusetzen.

155 **Arbeitskampfbedingte Störungen.** Hierunter sind Arbeitsunterbrechungen zu verstehen, die als Folge eines Arbeitskampfes in Betrieben erforderlich werden, die nicht unmittelbar am Arbeitskampf beteiligt sind. Zu denken ist an den Ausfall von Materiallieferungen in einem Betrieb, weil der Zulieferbetrieb bestreikt wird, so daß es technisch unmöglich ist, die Arbeit fortzuführen. In Betracht kommen ferner Absatzstockungen in einem Betrieb, weil ein wichtiger Abnehmer bestreikt wird, mit der Folge, daß eine Fortführung der Produktion wirtschaftlich nicht zu vertreten ist.

156 **Wirtschaftsrisiko.** In allen drei Fällen stellt sich die Frage, ob die Arbeitnehmer trotz Nichtleistung der Arbeit einen Anspruch auf Entgelt haben oder ob der Arbeitgeber die Zahlung von Lohn und Gehalt verweigern kann.

Zu prüfen ist, wer das Lohnrisiko bei Absatzstörungen, Betriebsstörungen und arbeitskampfbedingten Störungen zu tragen hat. Man spricht diesbezüglich vom Wirtschaftsrisiko, Betriebsrisiko und Arbeitskampfrisiko. Die sonstigen Nachteile, die eine Arbeitsunterbrechung mit sich bringt (z.B. Ausfall der Produktion, Schadensersatzansprüche wegen Nichterfüllung von Lieferverträgen), sind vom Unternehmen zu tragen. Sie gehören zum sog. Unternehmerrisiko.

Bei Absatzstörungen ist die Rechtslage eindeutig. Hier gerät der Arbeitgeber in Annahmeverzug, wenn er die vom Arbeitnehmer ordnungsgemäß angebotene Arbeit nicht annimmt. Der Arbeitnehmer muß sich persönlich zur vereinbarten Zeit an seinen Arbeitsplatz begeben und sich dort während der Arbeitszeit bereithalten, um die Weisungen des Arbeitgebers entgegen nehmen zu können; er muß leistungsfähig und leistungswillig sein (siehe Rz 128). Daß der Arbeitgeber die Arbeit gar nicht annehmen kann, weil die Aufträge fehlen, daß ihn hieran kein Verschulden trifft, ist unerheblich (Rz 128). Ist der Arbeitgeber in Annahmeverzug, so kann der Arbeitnehmer für die infolge des Annahmeverzuges nicht geleistete Arbeit die vereinbarte Vergütung verlangen, ohne zur Nacharbeit verpflichtet zu sein (§ 615 Satz 1 BGB). Das Wirtschaftsrisiko trägt also der Arbeitgeber.

157 **Betriebsrisiko.** Bei Betriebsstörungen ergeben sich widersprüchliche Ergebnisse, wenn man die Vorschriften des BGB anwendet. Fällt z.B. eine Maschine wegen Maschinenschadens aus, so kann dieser Tatbestand aufgefaßt werden als Annahmeverzug des Arbeitgebers (Folge: Arbeitnehmer behält Vergütungsanspruch, § 615 Satz 1 BGB), aber auch als Unmöglichkeit der Arbeit, die weder vom Arbeitnehmer noch vom Arbeitgeber zu vertreten ist (Folge: Arbeitnehmer verliert Vergütungsanspruch, § 323 Abs. 1 BGB). Rechtsprechung und Lehre haben deshalb eine eigene arbeitsrechtliche Lösung zur Verteilung des Lohnrisikos bei Betriebsstörungen entwickelt: die Lehre vom Betriebsrisiko (3.146).

Nach der Betriebsrisikolehre trägt grundsätzlich der Arbeitgeber das Lohnrisiko, d.h. im Regelfall ist der Arbeitgeber verpflichtet, bei einer Betriebsstörung die Vergütung fortzuzahlen. Zur Begründung wird darauf verwiesen, daß der Arbeitgeber den Betrieb aufgebaut hat, daß er die Verfügungsgewalt über die Produktionsmittel hat, daß er alle wichtigen Entscheidungen trifft und daß er den Gewinn erhält.

Die Last des Betriebsrisikos kann vom Arbeitgeber dadurch gemildert werden, daß er die betriebsübliche Arbeitszeit vorübergehend verkürzt (= Einführung von Kurzarbeit, siehe hierzu Rz 70). Ist im Betrieb ein Betriebsrat vorhanden, so muß dieser der vorübergehenden Verkürzung der Arbeitszeit zustimmen; können sich Betriebsrat und Arbeitgeber nicht einigen, entscheidet die Einigungsstelle (§ 87 Abs. 1 Nr. 3 BetrVG). Die von der Kurzarbeit betroffenen Arbeitnehmer haben u.U. Anspruch auf Kurzarbeitergeld (§§ 63-72 AFG). Eine andere Möglichkeit, die Last des Betriebsrisikos zu mildern, besteht für den Arbeitgeber darin, daß er die ordentliche Kündigung ausspricht. Eine auf Betriebsstörungen beruhende ordentliche Kündigung ist i.d.R. betriebsbedingt i.S. von § 1 Abs. 2 Satz 1 KSchG (wegen Einzelheiten siehe Rz 280). Die Betriebsstörung ist aber kein wichtiger Grund i.S. des § 626 BGB für eine außerordentliche Kündigung (3.147).

Von dem Grundsatz, daß bei einer Betriebsstörung der Arbeitgeber das Lohnrisiko zu tragen hat, läßt das BAG eine Ausnahme zu. Wenn die Fortzahlung des Arbeitsentgeltes nachweisbar den Bestand des Unternehmens gefährdet, kann der Arbeitgeber das Arbeitsentgelt kürzen, gegebenenfalls die Zahlung ganz einstellen (3.148). Die Notwendigkeit allein, die zur Fortzahlung des Arbeitsentgeltes benötigten Mittel dem Betriebsvermögen entnehmen zu müssen, rechtfertigt es allerdings noch nicht, das Arbeitsentgelt zu kürzen oder die Zahlung ganz einzustellen. Dazu bedarf es mehr als einer bloßen Beeinträchtigung des Bestandes des Unternehmens; es muß eine echte Existenzgefährdung nachweisbar sein. In einem Unternehmen mit mehreren Betrieben ist der Bestand des Unternehmens im allgemeinen noch nicht gefährdet, wenn in einem einzelnen Betrieb eine Betriebsstörung eintritt (3.148). Ob der Fortbestand des Unternehmens bei Auferlegung der vollen Entgeltfortzahlungspflicht gefährdet ist, hängt u.a. von der Finanz- und Ertragslage des Unternehmens ab, insbesondere von der Höhe des Eigenkapitals und der Rücklagen, ferner davon, ob eine Nachschußpflicht für die Gesellschafter besteht u.a.m.

Eine offene Frage ist, welchen Einfluß ein evtl. bestehender Versicherungsschutz (z.B. eine Betriebsunterbrechungsversicherung) auf die Vergütungspflicht des Arbeitgebers hat. Auch ist derzeit ungeklärt, ob bei länger andauernden Betriebsstörungen eine tatsächliche Vermutung dafür spricht, daß eine längere Belastung mit der Vergütungspflicht den wirtschaftlichen Bestand des Unternehmens gefährdet.

158 **Arbeitskampfrisiko.** Für die Verteilung des Lohnrisikos in Betrieben, die nicht unmittelbar an einem Arbeitskampf beteiligt sind, aber als Folge des Arbeitskampfes ihre Produktion einschränken oder stillegen müssen, hat das BAG ebenfalls eine eigenständige Regelung entwickelt (3.149). Nach Auffassung des BAG ist das Risiko, das legitime Arbeitskämpfe darstellen, ein besonderes Risiko, welches vom allgemeinen Betriebs- und Wirtschaftsrisiko scharf zu unterscheiden ist. Für das Arbeitskampfrisiko müssen deshalb andere Grundsätze gelten als für das Betriebs- und Wirtschaftsrisiko.

Nach der Rechtsprechung des BAG ist bei der Verteilung des Arbeitskampfrisikos von folgenden Grundsätzen auszugehen (3.149):

- Führt ein legitimer Arbeitskampf zu Störungen in Betrieben (oder Betriebsteilen), die nicht unmittelbar am Arbeitskampf beteiligt sind, und wird in diesen Betrieben (oder Betriebsteilen) infolge der arbeitskampfbedingten Störungen die Fortsetzung des Betriebes ganz oder teilweise technisch unmöglich oder wirtschaftlich sinnlos, so tragen die Arbeitnehmer der mittelbar betroffenen

Betriebe das Lohnrisiko, wenn die Fernwirkungen des Arbeitskampfes das Kräfteverhältnis zwischen den kampfführenden Parteien beeinflussen können.

Zur Begründung verweist das BAG auf den in der Tarifautonomie wurzelnden Grundsatz der Kampfparität. Danach muß sichergestellt sein, daß bei Tarifverhandlungen beide Gegenspieler gleichwertige Verhandlungschancen haben. Ist als Folge eines Arbeitskampfes die Kampfparität gestört, so darf der mittelbar betroffene Betrieb für die Dauer der Störung die Entgeltzahlung einstellen, wenn dadurch das Verhandlungsgleichgewicht wieder hergestellt wird.

- Ob die Störung des Kräfteverhältnisses auf einem rechtmäßigen Streik oder einer rechtmäßigen Aussperrung beruht, ist gleichgültig.
- Die bloß abstrakte Möglichkeit einer Beeinflussung des Kräfteverhältnisses genügt allerdings nicht. Vielmehr muß die Bedeutung der Fernwirkungen für den Ablauf der Tarifverhandlungen konkret feststellbar sein.

Das BAG bejaht – bei typisierender Betrachtungsweise – eine konkret feststellbare Beeinträchtigung der Kampfparität, wenn die Fernwirkungen des Arbeitskampfes in Betrieben auftreten, die demselben Unternehmen angehören wie der im Arbeitskampf stehende Betrieb, oder wenn die mittelbar betroffenen Unternehmen durch Gewinnabführungs- oder Beherrschungsverträge (§§ 17, 291, 292 i.V. mit 302 AkG) mit dem bestreikten Unternehmen verbunden sind, also einem Konzern angehören. Bei dieser Konstellation ist vorstellbar, daß der kampfführende Betrieb unter erhöhten Druck der mittelbar betroffenen Betriebe gerät und daß dadurch sein zur Wahrung des Verhandlungsgleichgewichtes notwendiges Durchhaltevermögen geschwächt wird (3.150).

Eine Beeinträchtigung des Kräfteverhältnisses ist bei typisierender Betrachtungsweise ferner dann denkbar, wenn die unmittelbar und mittelbar vom Arbeitskampf betroffenen Unternehmen demselben Arbeitgeberverband angehören. Hier ist durch die Mitgliedschaft im Verband für die mittelbar betroffenen Unternehmen eine direkte Einflußmöglichkeit auf den verbandspolitischen Willensbildungsprozeß gegeben. Es ist davon auszugehen, daß die mittelbar betroffenen Unternehmen von dieser Möglichkeit auch Gebrauch machen werden, wenn sie trotz Einschränkung oder Stillegung der Produktion die Löhne und Gehälter fortzahlen müssen. Sie werden entsprechenden Druck auf die Verbandsführung ausüben, den Forderungen der Gewerkschaft baldmöglichst nachzugeben.

Eine enge Interessenverbindung auf Arbeitgeberseite ist auch dann noch zu bejahen, wenn der Arbeitgeberverband, dem das vom Arbeitskampf mittelbar betroffene Unternehmen angehört, in einem übergeordneten Gesamtverband organisiert ist, der die Kampftaktik und die Verbandspolitik innerhalb der Branche koordiniert (3.151).

Eine Beeinträchtigung des Kräfteverhältnisses ist hingegen auszuschließen bei einem Zusammenschluß zu einem für die Tarifpolitik nicht mehr zuständigen Dachverband wie dem Bundesverband Deutscher Arbeitgeberverbände (BDA) (3.151). Auch bei Arbeitskämpfen im Ausland führen die Fernwirkungen, soweit sie sich im Inland bemerkbar machen, nicht zu einer Beeinträchtigung der Kampfparität der ausländischen Tarifpartner; der deutsche Arbeitgeber trägt deshalb das Lohnrisiko, wenn die Produktion seines Betriebes zum Erliegen kommt, weil ein ausländischer Lieferant bestreikt wird (3.152). Desgleichen wird das Kräfteverhältnis nicht gestört, wenn nur einzelne Arbeitnehmer eines mittelbar betroffenen Unternehmens arbeitskampfbedingt nicht arbeiten können (Beispiel: Einige Arbeitnehmer eines Reparaturbetriebes können eine Reparatur nicht durchführen, weil der Betrieb, der den Auftrag erteilt hat, bestreikt wird).

159 **Kurzarbeit in mittelbar betroffenen Betrieben.** Kommt es in mittelbar betroffenen Betrieben als Folge eines Arbeitskampfes zu einer Einschränkung oder Einstellung der Produktion, so darf der Arbeitgeber die Arbeitszeit entsprechend verkürzen. Dabei hat der Betriebsrat des mittelbar betroffenen Betriebes, sofern

vorhanden, ein Mitbestimmungsrecht gem. § 87 Abs. 1 Nr. 3 BetrVG, soweit es um die Regelung der Modalitäten der Arbeitszeitverkürzung geht, d.h. darum, auf welche Weise die Arbeitszeitverkürzung durchgeführt werden soll (z.B. durch Einführung von Kurzarbeit) und welche Arbeitnehmer einbezogen werden sollen (3.149).

Ein Mitbestimmungsrecht besteht allerdings nur, wenn es an der arbeitskampftypischen Konfrontation zwischen Belegschaft und Arbeitgeber fehlt, z.B. wenn der Streik, um dessen Fernwirkung es geht, andere Unternehmen betrifft. Hier hat der Betriebsrat des mittelbar betroffenen Betriebes keine Möglichkeit, durch Verweigerung oder Verzögerung seiner Zustimmung auf den Verlauf des Arbeitskampfes Einfluß zu nehmen. Anders ist es, wenn der Betrieb selbst bestreikt wird (Beispiel: Streik in einer einzelnen Betriebsabteilung). Hier entfällt das Mitbestimmungsrecht des Betriebsrates. In diesem Falle kann es nach Auffassung des BAG zu einer Konfliktsituation kommen, die vom Betriebsrat kaum oder nur schwer zu bewältigen ist, weil er sowohl die Streikenden als auch die mittelbar betroffenen Arbeitnehmer vertritt; es besteht die Gefahr, daß der Betriebsrat eine nach den Grundsätzen der Arbeitskampfrisikolehre mögliche Arbeitszeitverkürzung vereitelt und dadurch zum Nachteil des Arbeitgebers in den Arbeitskampf eingreift (3.153).

160 Kurzarbeitergeld für mittelbar betroffene Arbeitnehmer. Ob die Arbeitnehmer in den mittelbar betroffenen Betrieben einen Anspruch auf Kurzarbeitergeld haben, richtet sich nach § 70 AFG i.V. mit § 116 AFG. Im einzelnen sind folgende Gruppen von Arbeitnehmern zu unterscheiden (3.154):

- Arbeitnehmer, die nicht an einem inländischen Arbeitskampf beteiligt sind, deren Betrieb aber dem räumlichen und dem fachlichen Geltungsbereich des umkämpften Tarifvertrages zuzuordnen ist, und die auch unter den persönlichen Geltungsbereich des umkämpften Tarifvertrages fallen. Diese Arbeitnehmer haben keinen Anspruch auf Kurzarbeitergeld (§ 116 Abs. 3 Satz 1 Nr. 1 und Satz 3 AFG).

  Beispiel: In der Metallindustrie im Tarifbezirk Nordwürttemberg/Nordbaden finden Schwerpunktstreiks statt; dadurch kommt es in anderen Metallbetrieben Nordwürttemberg/Nordbadens, die nicht bestreikt werden, zu Produktionseinschränkungen. Der umkämpfte Tarifvertrag soll für alle Arbeitnehmer der Metallindustrie in Nordwürttemberg/Nordbaden gelten.

- Arbeitnehmer, die nicht an einem inländischen Arbeitskampf beteiligt sind, deren Betrieb auch nicht dem räumlichen, wohl aber dem fachlichen Geltungsbereich des umkämpften Tarifvertrages zuzuordnen ist, und für die die umkämpften oder geforderten Arbeitsbedingungen nach Abschluß eines entsprechenden Tarifvertrages auch persönlich gelten würden. Auch diese Arbeitnehmer haben keinen Anspruch auf Kurzarbeitergeld (§ 116 Abs. 3 Satz 1 Nr. 2 und Satz 3 AFG).

  Beispiel: Es wird die Kühlerproduktion im Tarifbezirk Nordwürttemberg/Nordbaden bestreikt; dadurch kommt es zum Stillstand der Autoproduktion in Nordrhein-Westfalen und Niedersachsen, obwohl dort nicht gestreikt wird.

  Der Anspruch auf Kurzarbeitergeld entfällt für diese Arbeitnehmer aber nur, wenn im räumlichen Geltungsbereich des Tarifvertrages, dem der Betrieb zuzuordnen ist (im Beispiel Nordrhein-Westfalen oder Niedersachsen)

  a) eine Forderung erhoben worden ist, die einer Hauptforderung des Arbeitskampfes nach Art und Umfang gleich ist, ohne mit ihr übereinstimmen zu müssen, und

b) das Arbeitskampfergebnis aller Voraussicht nach in dem räumlichen Geltungsbereich des nicht umkämpften Tarifvertrages (= Nordrhein-Westfalen, Niedersachsen) im wesentlichen übernommen wird.

Die Frage, wann inhaltlich von einer Übernahme gesprochen werden kann, bereitet Schwierigkeiten. Erst recht gilt dies für die während des Kampfgeschehens zu stellende Prognose, ob es wirklich zu einer Übernahme kommt.

- Arbeitnehmer, die nicht an einem inländischen Arbeitskampf beteiligt sind und die in einem Betrieb arbeiten, der nicht dem fachlichen Geltungsbereich des umkämpften Tarifvertrages zuzuordnen ist. Für diese Arbeitnehmer besteht ein Anspruch auf Kurzarbeitergeld (§ 116 Abs. 1 Satz 2 AFG).

Beispiel: Ein Streik in einem Gaswerk führt zur Einstellung der Produktion in einer Brotfabrik, die ihre Gasöfen mit Gas beheizt.

- Arbeitnehmer, die nicht an einem Arbeitskampf beteiligt sind und die auch nicht unter den persönlichen Geltungsbereich des umkämpften Tarifvertrages fallen. Für diesen Personenkreis besteht ebenfalls ein Anspruch auf Kurzarbeitergeld (§ 116 Abs. 3 Satz 3 AFG).

In diese Gruppe fallen Arbeitnehmer, auf die der umkämpfte Tarifvertrag schon deshalb nicht anwendbar ist, weil der Tarifvertrag sie aus dem Geltungsbereich von vornherein ausgrenzt, z.B. außertarifliche Angestellte. Zu nennen sind ferner Arbeitnehmer, auf die der Tarifvertrag mangels beiderseitiger Tarifbindung keine Anwendung findet.

161 **Abdingbarkeit.** Weil zwingende gesetzliche Regelungen fehlen, können die Parteien über die Verteilung des Betriebsrisikos und des Arbeitskampfrisikos besondere Vereinbarungen treffen. Dies kann in Tarifverträgen geschehen. Allerdings muß aus einer solchen Vereinbarung mit hinreichender Deutlichkeit hervorgehen, daß es sich um eine Abbedingung des Betriebsrisikos bzw. des Arbeitskampfrisikos handelt.

Eine andere Verteilung des Betriebsrisikos liegt beispielsweise vor, wenn ein Tarifvertrag vorsieht, daß das Arbeitsentgelt entfällt bei Arbeitsausfall aufgrund objektiver Leistungshindernisse im außerbetrieblichen Bereich (3.155), z.B. bei Ausfall der öffentlichen Stromversorgung, bei Naturkatastrophen, bei Unterbrechung der Rohstoffversorgung infolge politischer Ereignisse.

Eine generelle Übertragung des Betriebsrisikos auf den Arbeitnehmer durch einzelvertragliche Vereinbarung erscheint hingegen problematisch. Der Arbeitnehmer könnte einer derartigen Freizeichnungsklausel aufgrund des fehlenden Verhandlungsgleichgewichts bei Vertragsabschluß kaum ausweichen. Es ist aber vertretbar, wenn sich der Arbeitnehmer erst bei oder nach Eintritt der Betriebsstörung mit einer Suspendierung der Lohnzahlungspflicht einverstanden erklärt (3.157).

Die gleichen Gründe sprechen dagegen, die Verteilung des Betriebsrisikos in einer Betriebsvereinbarung zum Nachteil der Arbeitnehmer abzuändern, weil auch der Betriebsrat nicht über eine der Gewerkschaft vergleichbare Verhandlungsposition verfügt (3.157).

Was das Arbeitskampfrisiko betrifft, so ist es grundsätzlich den Tarifvertragsparteien überlassen, wie sie die Kräfteverhältnisse einschätzen. Von einer anderen Verteilung des Arbeitskampfrisikos kann beispielsweise gesprochen werden, wenn bei arbeitskampfbedingtem Produktionsausfall die Einführung von Kurzarbeit während des Arbeitskampfes in den mittelbar betroffenen Betrieben (Rz 159) nicht sofort zulässig ist, sondern von einer Ankündigungsfrist abhängig gemacht wird (3.158), oder wenn das Risiko der mangelnden Beschäftigungsmöglichkeit nach Beendigung des Arbeitskampfes nicht die Arbeitnehmer treffen soll, sondern vom Arbeitgeber zu tragen ist (3.159).

3.23 Verletzung der Vergütungspflicht

162 **Begriff.** Von einer Verletzung der Vergütungspflicht spricht man, wenn der Arbeitgeber die vereinbarte Vergütung am Fälligkeitstermin nicht zahlt. Zum Fälligkeitstermin siehe Rz 118. War die Zahlung am Fälligkeitstermin möglich, ist sie vom Arbeitgeber aber schuldhaft verzögert worden, liegt Schuldnerverzug des Arbeitgebers vor (§§ 284 Abs. 2, 285 BGB). Ist die Zahlung nicht nachholbar aus Gründen, die vom Arbeitgeber zu vertreten sind, so handelt es sich um nachträgliches, vom Arbeitgeber verschuldetes Unvermögen (§ 325 BGB).

Beispiele: Der Arbeitgeber vergißt, den Lohn pünktlich auszuzahlen; der Arbeitgeber versäumt es, am Fälligkeitstag die benötigten Gelder bereitzustellen, so daß er vorübergehend zahlungsunfähig ist (= Schuldnerverzug); der Arbeitgeber kann überhaupt nicht mehr zahlen (= Unvermögen).

163 **Rechtsfolgen.** Zahlt der Arbeitgeber die Vergütung am Fälligkeitstermin nicht, so hat der Arbeitnehmer folgende Möglichkeiten:

- Er kann den Arbeitgeber auf Zahlung der vereinbarten Vergütung beim zuständigen Arbeitsgericht verklagen (§§ 614, 611 BGB). Warum der Arbeitgeber am Fälligkeitstermin nicht gezahlt hat, spielt dabei keine Rolle.
- Im Falle des Schuldnerverzuges kann er zusätzlich vom Arbeitgeber Ersatz des Verzugsschadens verlangen (§ 286 Abs. 1 BGB). Liegt nachträgliches, vom Arbeitgeber zu vertretendes Unvermögen vor, hat der Arbeitnehmer neben dem Anspruch auf Zahlung der Vergütung einen Anspruch auf Schadensersatz wegen Nichterfüllung (§ 325 Abs. 1 Satz 1 BGB).

  Als Verzugsschaden sind insbesondere zu ersetzen: Verzugszinsen, unabhängig davon, ob dem Arbeitnehmer tatsächlich ein Schaden entstanden ist (§ 288 Abs. 1 BGB); vom Arbeitnehmer zu zahlende Kreditzinsen für die zur Überbrückung des Verzuges erforderliche Inanspruchnahme eines Bankkredites (§ 288 Abs. 2 BGB); Anwaltskosten für die Beauftragung eines Rechtsanwaltes. Die gleichen Posten sind zu berücksichtigen bei der Berechnung des Schadens beim Anspruch auf Schadensersatz wegen Nichterfüllung gem. § 325 Abs. 1 Satz 1 BGB.
- Er kann seine Arbeitsleistung zurückhalten, bis der Arbeitgeber die Vergütung gezahlt hat (§§ 273 Abs. 1, 320 Abs. 1 Satz 1 BGB).

  Das Zurückbehandlungsrecht bzw. das Leistungsverweigerungsrecht des Arbeitnehmers ist nicht an ein Verschulden des Arbeitgebers gebunden. Es darf aber nur ausgeübt werden, wenn der Arbeitgeber mit einem erheblichen Teil der fälligen Vergütung (etwa einem Monatseinkommen oder mehr) im Rückstand ist; bei einem nur geringfügigen Rückstand sind die §§ 273, 320 BGB nicht anwendbar (3.160). Das Zurückbehandlungsrecht bzw. das Leistungsverweigerungsrecht darf ferner nicht geltend gemacht werden, wenn es sich nur um eine kurzfristige Verzögerung der Zahlung der Vergütung handelt (3.160). Außerdem darf der Arbeitnehmer die Arbeit nicht zur Unzeit zurückhalten, etwa wenn dem Arbeitgeber ein unverhältnismäßig hoher Schaden droht (3.160). Schließlich muß der Arbeitnehmer den Arbeitgeber rechtzeitig davon unterrichten, daß er seine Arbeitsleistung zurückbehalten werde, falls der Arbeitgeber nicht alsbald die Vergütung zahlt (3.160).

Hält der Arbeitnehmer berechtigt seine Arbeitsleistung zurück, so verstößt er damit nicht gegen seine arbeitsvertraglichen Pflichten; insbesondere kann der Arbeitgeber ihm nicht wegen Arbeitsverweigerung kündigen. Vielmehr gerät der Arbeitgeber in Annahmeverzug und ist trotz Nichtleistung der Arbeit nach § 615 Satz 1 BGB weiterhin zur Zahlung der vereinbarten Vergütung verpflichtet (zum Annahmeverzug des Arbeitgebers siehe Rz 127ff.).

- Er kann das Arbeitsverhältnis fristlos aus wichtigem Grund kündigen (§ 626 Abs. 1 BGB).

Die Rechtsprechung erkennt einen wichtigen Grund zur fristlosen Kündigung an, wenn der Arbeitgeber erhebliche Zeit oder mit einem erheblichen Betrag in Rückstand geraten ist und der Arbeitnehmer ihn vor Ausspruch der Kündigung zur Zahlung aufgefordert hat (3.161). Ein Kündigungsrecht wird auch anerkannt, wenn der Arbeitgeber jeden Monat erneut in Rückstand gerät (3.162). Zur fristlosen Kündigung siehe Rz 299ff.

3.24 Schutz der Vergütung

Die Arbeitsvergütung ist i.d.R. die einzige Existenzgrundlage des Arbeitnehmers; sie bedarf deshalb eines besonderen Schutzes. Um die Existenzgrundlage des Arbeitnehmers zu sichern, bestehen gesetzliche Beschränkungen

- bei der Pfändung des Arbeitseinkommens
- bei der Aufrechnung der Vergütung mit Forderungen des Arbeitgebers
- bei der Abtretung und Verpfändung der Arbeitsvergütung
- bei der Behandlung des Vergütungsanspruches im Konkurs des Arbeitgebers.

164 **Pfändungsschutz.** Die Pfändungsschutzbestimmungen sollen verhindern, daß das Einkommen des Arbeitnehmers bei einer Lohnpfändung so stark geschmälert wird, daß für ihn selbst (und seine Familie) zur Bestreitung des notwendigen Lebensunterhaltes nicht mehr genügend Geld übrigt bleibt. Die einschlägigen Bestimmungen finden sich in den §§ 850a bis 850i ZPO.

Nach der Zivilprozeßordnung sind zu unterscheiden:

- unpfändbare Bezüge (§ 850a ZPO), z.B. die Hälfte der Überstundenvergütung, das zusätzliche Urlaubsgeld, Jubiläumszuwendungen, Aufwandsentschädigungen, Auslösungsgelder, Gefahrenzulagen sowie Schmutz- und Erschwerniszulagen, Weihnachtsvergütungen (bis max. 540 DM)
- bedingt pfändbare Bezüge (§ 850b ZPO), z.B. private Renten, die wegen einer Verletzung des Körpers oder der Gesundheit zu entrichten sind, Unterhaltsrenten, die auf gesetzlicher Vorschrift beruhen, Bezüge aus Witwen-, Waisen- und Krankenkassen, die ausschließlich oder zu einem wesentlichen Teil zu Unterstützungszwecken gewährt werden, ferner Ansprüche aus Lebensversicherungen. Diese Bezüge können nur gepfändet werden, wenn die Vollstreckung in das sonstige bewegliche Vermögen des Arbeitnehmers zu einer vollständigen Befriedigung des Gläubigers nicht geführt hat oder voraussichtlich nicht führen wird und wenn die Pfändung der Billigkeit entspricht (§ 850b Abs. 2 ZPO). Das Vollstreckungsgericht soll vor seiner Entscheidung, ob es die Pfändung in bedingt pfändbare Bezüge zuläßt, die Beteiligten hören (§ 850b Abs. 3 ZPO).

- relativ pfändbare Bezüge (§ 850c ZPO). Hierzu gehören alle anderen Bezüge des Arbeitnehmers aus dem Arbeitsverhältnis. Diese Bezüge sind nur pfändbar, wenn sie bestimmte Pfändungsgrenzen überschreiten.

  Die Pfändungsgrenzen differieren nach der Höhe des Nettoeinkommens und nach den Unterhaltsverpflichtungen des Arbeitnehmers. Sie können einer Tabelle entnommen werden, die der Zivilprozeßordnung als Anlage zu § 850c ZPO beigefügt ist. Beispielsweise sind seit 1992 bis zu 1209 DM/Monat unpfändbar, wenn der Arbeitnehmer nicht unterhaltspflichtig ist. Der Betrag erhöht sich, wenn der Arbeitnehmer Unterhalt gewährt, um 460 DM/Monat für die erste Person und um je 351 DM/Monat für die zweite bis fünfte Person, der Unterhalt gewährt wird (also auf maximal 3081 DM/Monat). Übersteigt das Arbeitseinkommen die Pfändungsgrenzen, so ist es hinsichtlich des überschießenden Betrages nur zu einem Teil pfändbar (wegen Einzelheiten siehe § 850c Abs. 2 ZPO und die der ZPO beigefügte Tabelle). Voll pfändbar ist z.Zt. erst der über 3796 DM/Monat hinausgehende Betrag.

165 Aufrechnungsverbot. Die Existenzgrundlage des Arbeitnehmers kann auch dadurch beeinträchtigt werden, daß der Arbeitgeber die Vergütung nicht in der vereinbarten Höhe an den Arbeitnehmer auszahlt, sondern sie gegen eigene Forderungen an den Arbeitnehmer aufrechnet.

Beispiel: Der Arbeitgeber verrechnet die Gehaltsforderung eines Arbeitnehmers mit einer Gegenforderung, die er durch Gewährung eines Darlehens an den Arbeitnehmer erworben hat.

Aufrechnung bedeutet die wechselseitige Tilgung zweier sich gegenüberstehender Forderungen durch Verrechnung. Die Aufrechnung bewirkt, daß die Forderungen, soweit sie sich decken, als in dem Zeitpunkt als erloschen gelten, in dem sie zur Aufrechnung geeignet einander gegenübergetreten sind (§ 389 BGB).

Voraussetzung für die Aufrechnung ist, daß die Forderungen, die gegeneinander aufgerechnet werden, ihrem Gegenstand nach gleichartig sind und daß die gegenseitigen Forderungen fällig sind (§ 387 BGB). Der Arbeitgeber kann also grundsätzlich eine Geldforderung gegen die fällige Vergütungsforderung des Arbeitnehmers aufrechnen. Aufgerechnet werden kann nur gegen die Netto-Vergütung, d.h. der Arbeitgeber bleibt zur Abführung der Steuern und Sozialabgaben verpflichtet.

Eine Aufrechnung ist jedoch unzulässig, soweit die Forderung des Arbeitnehmers unpfändbar ist (§ 394 Satz 1 BGB). Der Pfändungsschutz der §§ 850a-850i ZPO (siehe Rz 164) ist also zugleich Aufrechnungsschutz. Das Aufrechnungsverbot gilt allerdings nur für den Arbeitgeber, nicht für den Arbeitnehmer.

Das BAG läßt aber Ausnahmen zu (3.163). Nach Auffassung des BAG ist eine Aufrechnung durch den Arbeitgeber entgegen § 394 BGB zulässig, wenn der Arbeitnehmer den Arbeitgeber vorsätzlich geschädigt hat (Beispiel: Arbeitnehmer beschädigt absichtlich eine Maschine) oder vorsätzlich eine Vertragsverletzung begangen hat (Beispiel: Arbeitnehmer verläßt aus Ärger ohne vorherige Kündigung den Arbeitsplatz). Die Berufung auf das Aufrechnungsverbot verstößt in diesen Fällen gegen Treu und Glauben.

166 Abtretungs- und Verpfändungsverbot. Um den Arbeitnehmer vor unbedachten und riskanten Entscheidungen hinsichtlich der Verwendung des Einkommens zu bewahren, unterliegt das Arbeitseinkommen einem begrenzten Abtretungs- und Verpfändungsverbot.

Grundsätzlich kann der Arbeitnehmer durch Vertrag Teile seiner Vergütung auf einen Dritten übertragen; mit Abschluß des Vertrages tritt dann der Dritte an die Stelle des Arbeitnehmers (§ 398 BGB).

Gem. § 400 BGB ist eine Abtretung durch den Arbeitnehmer aber nur wirksam bezüglich der Vergütung, die die Pfändungsgrenzen übersteigt; der Teil der Vergütung, der unpfändbar ist (siehe Rz 164), kann nicht abgetreten werden. Entsprechendes gilt für die Verpfändung der Arbeitsvergütung (§ 1274 Abs. 2 BGB) sowie für eine Einziehungsermächtigung an einen Dritten.

Beispiel: Ein nicht unterhaltspflichtiger Arbeitnehmer hat zur Sicherung eines Bankdarlehens sein gesamtes Monatsgehalt an die Bank abgetreten oder verpfändet. Die Abtretung oder Verpfändung ist bis zur Höhe von 1 209 DM/Monat zuzüglich 30% des überschießenden Betrages unwirksam; voll abtretbar bzw. verpfändbar ist nur der über 3 796 DM/Monat hinausgehende Betrag.

Eine entgegen dem Abtretungsverbot vorgenommene Abtretung ist unwirksam. Leistet der Arbeitgeber gleichwohl an den Dritten, so erfolgt diese Leistung ohne Rechtsgrund. Der Arbeitgeber muß deshalb die volle Vergütung an den Arbeitnehmer zahlen. Da der Dritte ungerechtfertigt bereichert ist, kann der Arbeitgeber gegen ihn einen Anspruch aus §§ 812ff. BGB geltend machen.

167 Vergütungsschutz bei Konkurs des Arbeitgebers. Besondere Vorschriften zur Sicherung der Vergütungsansprüche des Arbeitnehmers bestehen für den Fall der Eröffnung des Konkursverfahrens über das Vermögen des Arbeitgebers. Maßgebend sind hier die Vorschriften der Konkursordnung (§§ 59-61 KO) und des Arbeitsförderungsgesetzes (§§ 141a-141n AFG). Zu unterscheiden sind:

- Lohn- und Gehaltsansprüche des Arbeitnehmers für die letzten sechs Monate vor Eröffnung des Konkursverfahrens. Diese Ansprüche zählen zu den sog. Masseschulden (§ 59 Abs. 1 Nr. 3 KO), die vorweg aus der Konkursmasse zu befriedigen sind (§ 57 KO). In diese Gruppe fallen auch die Ansprüche der Auszubildenden auf Ausbildungsvergütung, die Ansprüche der Arbeitnehmer auf Entschädigung aus einer Wettbewerbsabrede (siehe hierzu Rz 356) und die Ansprüche auf Leistungen aus einer betrieblichen Altersversorgung (jeweils für die letzten sechs Monate).
- Lohn- und Gehaltsansprüche des Arbeitnehmers (sowie Ansprüche auf Ausbildungsvergütung, auf Entschädigung aus einer Wettbewerbsabrede, auf Leistungen aus einer betrieblichen Altersversorgung) für die letzten zwölf Monate vor Eröffnung des Konkursverfahrens. Diese Ansprüche sind, soweit sie nicht Masseschulden sind (siehe oben), sog. Konkursforderungen, die in einer bestimmten Reihenfolge aus der Konkursmasse, welche nach Abzug der Massekosten (§ 58 KO) und der Masseschulden (§ 59 KO) verbleibt, zu befriedigen sind. Die Ansprüche sind an erster Stelle, noch vor den Forderungen der Staatskasse wegen rückständiger Steuern, zu befriedigen (§ 61 Abs. 1 Nr. 1 KO).
- Lohn- und Gehaltsansprüche des Arbeitnehmers (einschl. Ansprüche auf Ausbildungsvergütung etc.) für die Zeit, die länger als zwölf Monate vor der Eröffnung des Konkursverfahrens liegt. Diese Ansprüche sind gewöhnliche, nicht bevorrechtigte Konkursforderungen (§ 61 Abs. 1 Nr. 6 KO).
- Lohn- und Gehaltsansprüche der Arbeitnehmer für die Zeit nach Eröffnung des Konkursverfahrens (wenn also der Konkursverwalter das Arbeitsverhältnis fortsetzt oder ein neues Arbeitsverhältnis eingeht). Die nach Eröffnung des

Konkursverfahrens entstehenden Vergütungsansprüche sind Masseschulden gem. § 59 Abs. 1 Nr. 2 KO, sind also vorweg aus der Konkursmasse zu befriedigen.

Diese Regelungen bedeuten, daß die Vergütungsansprüche der Arbeitnehmer im Konkurs des Arbeitgebers vor den dinglich ungesicherten Forderungen der sonstigen Gläubiger des Arbeitgebers rangieren; ihre Forderungen werden aus dem verbleibenden Vermögen des Unternehmens vorrangig befriedigt. Insofern stehen die Arbeitnehmer besser da als die ungesicherten Gläubiger.

Eine zusätzliche Sicherung besteht hinsichtlich der Ansprüche auf Arbeitsentgelt für die letzten drei Monate, die der Eröffnung des Konkursverfahrens vorausgehen. Für diesen Zeitraum haben die Arbeitnehmer einen Anspruch auf Konkursausfallgeld gem. §§ 141a-n AFG gegen die Bundesanstalt für Arbeit.

Praktisch bedeutet dies, daß rückständige Vergütungsansprüche für die letzten drei Monate vor Eröffnung des Konkursverfahrens durch das von der Bundesanstalt für Arbeit zu zahlende Konkursausfallgeld gedeckt sind: Rückstände aus dem zweiten Quartal vor Konkurseröffnung sind als Masseschulden vorrangig zu befriedigen; Rückstände aus dem dritten und vierten Quartal sind bevorrechtigte Konkursforderungen im ersten Rang.

Das Konkursausfallgeld wird vom zuständigen Arbeitsamt auf Antrag gewährt (§ 141e AFG). Die Höhe entspricht dem Nettoarbeitsverdienst der letzten drei Monate, die der Eröffnung des Konkursverfahrens vorausgehen (§ 141d AFG). Ist das Arbeitsverhältnis bereits vor Eröffnung des Konkursverfahrens beendet worden, so wird gleichwohl Konkursausfallgeld für volle drei Monate vor Beendigung des Arbeitsverhältnisses gezahlt (auch wenn diese drei Monate mehr als drei Monate vor Eröffnung des Konkursverfahrens liegen). Das Arbeitsamt entrichtet auch die Pflichtbeiträge zur Sozialversicherung (§ 141n AFG). Mit der Antragstellung beim Arbeitsamt gehen alle Ansprüche des Arbeitnehmers gegen den Arbeitgeber auf die Bundesanstalt für Arbeit über (§ 141m AFG).

3.3 Nebenpflichten des Arbeitgebers

168 **Umfang und Inhalt.** Wie für den Arbeitnehmer (siehe Rz 107ff.) bestehen auch für den Arbeitgeber zahlreiche Nebenpflichten, die unter dem Oberbegriff der Fürsorgepflicht zusammengefaßt werden. Zur Fürsorgepflicht im weitesten Sinne gehören jene Arbeitgeberpflichten, die mit der Hauptleistungspflicht, der Vergütungspflicht, eng verknüpft sind und nur zusammen mit der Hauptleistungspflicht geltend gemacht werden können (sog. Nebenleistungspflichten), z.B. die Pflicht, dem Arbeitnehmer die Berechnung und Zusammensetzung des Arbeitsentgeltes zu erläutern (§ 82 Abs. 2 Satz 1 BetrVG). Bei einer Verletzung dieser Nebenleistungspflichten steht dem Arbeitnehmer kein Erfüllungsanspruch zu, er kann allenfalls die Leistung der Arbeit verweigern. Im engeren Sinne umfaßt der Begriff der Fürsorgepflicht nur die sog. verselbständigten Arbeitgebernebenpflichten. Werden diese Pflichten vom Arbeitgeber nicht erfüllt, hat der Arbeitnehmer einen Erfüllungsanspruch, der selbständig einklagbar ist (siehe hierzu Rz 173, 176 und 179).

Die verselbständigten Nebenpflichten sind zum Teil gesetzlich geregelt, zum Teil sind sie von der Rechtsprechung und Lehre entwickelt worden. Es sind Handlungspflichten. Zu nennen sind insbesondere: die Beschäftigungspflicht (siehe hierzu Rz 112ff.); die Pflicht zum Schutz von Leben und Gesundheit des Arbeitnehmers (Rz 170ff.); die Pflicht zum Schutz der Persönlichkeit des Arbeitnehmers

(Rz 174ff.); die Pflicht zum Schutz der in den Betrieb eingebrachten Sachen des Arbeitnehmers (Rz 177ff.).

169 **Rechtliche Begründung.** Die rechtliche Begründung der Fürsorgepflicht ist umstritten (3.164). Sie wird unter anderem abgeleitet: aus der Auffassung, daß das Arbeitsverhältnis ein personenrechtliches Gemeinschaftsverhältnis sei; aus dem Grundsatz von Treu und Glauben (§ 242 BGB); aus dem Schutzgedanken des Arbeitsrechts; aus dem Sozialstaatsprinzip (Art. 20 Abs. 1 GG). Trotz der unterschiedlichen Begründung ergeben sich aber keine wesentlichen Unterschiede hinsichtlich des Umfanges der Fürsorgepflicht.

3.31 Schutz von Leben und Gesundheit des Arbeitnehmers

170 **Privatrechtliche Grundlagen.** Nach § 618 Abs. 1 BGB ist der Arbeitgeber verpflichtet, die Räume, Vorrichtungen und Gerätschaften, die er zu stellen hat, so einzurichten und zu unterhalten, daß der Arbeitnehmer gegen Gefahren für Leben und Gesundheit geschützt ist. Der Arbeitsablauf ist so zu regeln, daß eine gesundheitsschädigende Überanstrengung des Arbeitnehmers verhindert wird. Nach dem Wortlaut des Gesetzes geht die Verpflichtung des Arbeitgebers nach § 618 Abs. 1 BGB aber nur soweit, als die Natur der Arbeit es gestattet. Ein hundertprozentiger Schutz kann nicht verlangt werden; es wird nicht überall möglich sein, die Einwirkungen von Lärm, Staub, Nässe, Dampf, Gasen, Kälte, Hitze usw. völlig auszuschließen.

Unter Räumen i.S. von § 618 Abs. 1 BGB sind nicht nur die Arbeitsräume, sondern alle Räume und Flächen des Betriebsgeländes zu verstehen, die der Arbeitnehmer im Zusammenhang mit der Leistung der Arbeit aufsucht, soweit ihm der Zutritt nicht untersagt ist, also auch Treppen, Zugänge usw. § 618 Abs. 1 BGB gilt entsprechend für Arbeitsplätze im Freien, z.B. Baustellen. Vorrichtungen und Gerätschaften i.S. von § 618 Abs. 1 BGB sind Maschinen, Kraftfahrzeuge und sonstige technische Hilfsmittel, auch das zu verarbeitende Material.

Die in § 618 Abs. 1 BGB verlangte Regelung des Arbeitsablaufes erfordert unter anderem: die strikte Einhaltung der Sicherheits- und Unfallverhütungsvorschriften und der Auflagen der Genehmigungsbehörden; die laufende Überwachung der Anlagen; die Erteilung sachkundiger Arbeitsanweisungen; die Belehrung über die Gesundheits- und Unfallgefahren sowie über die Maßnahmen und Einrichtungen zur Abwendung dieser Gefahren; die Bereitstellung geeigneter Schutzkleidung (auf Kosten des Arbeitgebers).

Ähnlich lautende Vorschriften finden sich in § 62 Abs. 1 HGB (für kaufmännische Angestellte), in § 120a GewO (für gewerbliche Arbeitnehmer), in § 12 HAG (für in Heimarbeit Beschäftigte), in § 80 SeemG (für Besatzungsmitglieder von Kauffahrteischiffen), in § 28 Abs. 1 JArbSchG (für Jugendliche).

171 **Öffentlichrechtliche Grundlagen.** Die Regelungen der §§ 618 BGB, 62 HGB, 120a GewO usw. werden ergänzt durch detaillierte öffentlichrechtliche Vorschriften zum Schutz des Arbeitnehmers. Zu nennen sind zum einen die Rechtsverordnungen des Bundes zum technischen Arbeitsschutz, insbesondere die Verordnung über Arbeitsstätten (Arbeitsstättenverordnung) von 1975, die Verordnung zum Schutz vor gefährlichen Stoffen (Gefahrstoffverordnung) von 1993 und die Störfall-Verordnung (12. BImSchV) von 1991. Die Einhaltung dieser Vorschriften unterliegt behördlicher Überwachung. Verstöße werden als Ord-

nungswidrigkeiten, zum Teil als Straftaten geahndet (§§ 45ff. GefStoffV, § 13 der 12. BImSchV).

Hinzuweisen ist ferner auf die Unfallverhütungsvorschriften, die von den Berufsgenossenschaften als autonomes Satzungsrecht erlassen werden (§§ 708, 709 RVO). Ihre Einhaltung wird von den technischen Aufsichtsbeamten der Berufsgenossenschaften überwacht (§ 712 Abs. 1 Satz 1 RVO). Zur Durchführung der Unfallverhütungsvorschriften oder zur Abwendung besonderer Unfall- und Gesundheitsgefahren können Anordnungen getroffen werden (§ 712 Abs. 1 Satz 2 RVO). Kommt der Arbeitgeber diesen Anordnungen nicht nach, handelt er ordnungswidrig; gegen ihn können Geldbußen verhängt werden (§ 717a Abs. 1 Nr. 3 RVO).

172 **Wirkung der Arbeitsschutznormen.** Die Gebote und Verbote in den öffentlichrechtlichen Arbeitsschutz- und Unfallverhütungsvorschriften richten sich zwar an den Arbeitgeber, sie begründen aber grundsätzlich auch entsprechende Vertragspflichten des Arbeitgebers (3.165). Der Arbeitnehmer hat also nicht nur nach den §§ 618 BGB, 62 HGB, § 120a GewO usw., sondern auch aufgrund der öffentlichrechtlichen Vorschriften einen vertraglichen Anspruch gegen den Arbeitgeber auf Einhaltung der ihn betreffenden Arbeitsschutz- und Unfallverhütungsvorschriften (3.165).

Zu beachten ist, daß nicht nur die öffentlichrechtlichen, sondern auch die privatrechtlichen Schutzvorschriften für den Arbeitgeber zwingend sind; sie können im voraus weder einzel- noch kollektivvertraglich aufgehoben oder beschränkt werden (§ 619 BGB, § 62 Abs. 4 HGB).

173 **Rechtsfolgen einer Schutzpflichtverletzung.** Die Einhaltung der privat- und öffentlichrechtlichen Schutzvorschriften kann vom Arbeitnehmer mit privaten Rechtsmitteln erzwungen werden. Im einzelnen stehen dem Arbeitnehmer folgende Rechtsbehelfe zur Verfügung:

- Er kann die Einhaltung der Schutzvorschriften mit einer Erfüllungsklage erzwingen. Voraussetzung ist allerdings, daß eine konkrete Gefahr für Leben und Gesundheit des Arbeitnehmers droht und nachgewiesen werden kann. In der Praxis wird der Klageweg jedoch nur selten beschritten. Für den Arbeitnehmer ist es einfacher, sich an den Betriebsrat (sofern vorhanden) zu wenden oder aber nach Ausschöpfung der innerbetrieblichen Möglichkeiten die zuständigen Behörden oder die Berufsgenossenschaft einzuschalten, die mit öffentlichrechtlichen Sanktionen die Einhaltung der Vorschriften durchsetzen können (3.166).
- Er kann seine Arbeitsleistung zurückhalten, bis der Arbeitgeber seinen Schutzpflichten nachgekommen ist (§ 273 Abs. 1 BGB). Ein Zurückbehaltungsrecht besteht aber nur, wenn eine schwerwiegende Verletzung der Schutzpflichten vorliegt. Der Arbeitnehmer kann trotzdem die vereinbarte Vergütung verlangen, ohne zur Nacharbeit verpflichtet zu sein, indem er den Arbeitgeber in Annahmeverzug setzt (§ 615 Satz 1 BGB). Hierfür genügt es, wenn der Arbeitnehmer seine Arbeit wörtlich anbietet (§ 295 Satz 1 BGB) oder wenn er den Arbeitgeber auffordert, die erforderlichen Schutzmaßnahmen durchzuführen (§ 295 Satz 2 BGB). Zum Annahmeverzug des Arbeitgebers siehe Rz 127ff.
- Er kann Schadensersatz wegen Vertragsverletzung verlangen. Hierfür ist Voraussetzung, daß durch das Verhalten des Arbeitgebers (= Unterlassung der er-

forderlichen Schutzmaßnahmen) Leben oder Gesundheit des Arbeitnehmers verletzt worden sind und daß dadurch ein Personenschaden eingetreten ist; eine bloße Belästigung bzw. Minderung des subjektiven Wohlbefindens reicht nicht aus. Ferner muß das Verhalten des Arbeitgebers schuldhaft, also vorsätzlich oder fahrlässig, gewesen sein. Es sind aber keine Schmerzensgeldansprüche möglich (§ 618 Abs. 3 BGB, § 62 Abs. 3 HGB). In der Praxis kommen Schadensersatzansprüche gegen den Arbeitgeber wegen Schutzpflichtverletzungen allerdings kaum vor, weil meistens ein Arbeitsunfall vorliegt, für den die gesetzliche Unfallversicherung eintritt (3.167). Schadensersatzansprüche aufgrund der §§ 618 BGB, 62 HGB, 120a GewO u.a. sind dann durch § 636 Abs. 1 Satz 1 RVO ausgeschlossen (siehe hierzu Rz 193).

- Er kann das Arbeitsverhältnis kündigen. Unter Umständen kommt sogar eine fristlose Kündigung in Betracht, wenn dem Arbeitnehmer die Fortführung des Arbeitsverhältnisses bis zum Ablauf der gesetzlichen oder vereinbarten Kündigungsfrist unzumutbar ist (§ 626 Abs. 1 BGB), was vor allem bei schwerwiegenden Schutzpflichtverletzungen der Fall sein wird.

3.32 Schutz der Persönlichkeit des Arbeitnehmers

174 **Grundlagen.** Der Persönlichkeitsschutz ist auf der Grundlage des Grundgesetzes entwickelt worden (Art. 2 Abs. 1 GG). Eine eigene arbeitsrechtliche Bedeutung erhielt er durch § 75 Abs. 2 BetrVG 1972, der sich allerdings ausschließlich an Arbeitgeber und Betriebsrat wendet. Zum Gegenstand der vertraglichen Pflichten des Arbeitgebers wurde der Persönlichkeitsschutz erst, als sich die Erkenntnis durchgesetzt hatte, daß die Fürsorgepflicht auch den Schutz des Rechts des Arbeitnehmers auf freie Entfaltung seiner Persönlichkeit einschließt (3.168).

175 **Schutz der Persönlichkeitssphäre.** Inhaltlich erstreckt sich der Persönlichkeitsschutz vor allem auf den Schutz des Arbeitnehmers vor rechtswidrigen Eingriffen in seine Persönlichkeitssphäre.

Schwierigkeiten ergeben sich dort, wo der Schutz der Persönlichkeitssphäre kollidiert mit den ebenfalls schutzwürdigen Interessen des Arbeitgebers; hier ist eine Güter- und Interessenabwägung durchzuführen. Ein Eingriff in die Persönlichkeitssphäre des Arbeitnehmers ist nur zulässig, wenn er nach Inhalt, Form und Begleitumständen geboten (= erforderlich) und in bezug auf die schutzwürdigen Interessen des Arbeitgebes das schonendste Mittel (= verhältnismäßig) ist (3.169).

Der Umfang des Persönlichkeitsschutzes läßt sich nicht abschließend beschreiben, es können nur Beispiele genannt werden:

- Überwachung des Arbeitnehmers am Arbeitsplatz. Der Arbeitnehmer hat die gelegentliche Arbeitskontrolle durch Vorgesetzte, Meister, Vorarbeiter u.a. hinzunehmen; er muß sich darauf einstellen, daß die Erfüllung der Arbeitspflicht in Abständen überprüft wird. Demgegenüber bedeutet eine systematische, ständige Überwachung des Arbeitnehmers durch technische Einrichtungen, z.B. durch Kameras, einen erheblichen Eingriff in die Persönlichkeitssphäre (3.170). Sie ist nur dann zulässig, wenn z.B. Warenverluste in erheblichem Umfang eingetreten sind und die ständige Überwachung das einzige Mittel ist, die Täter zu ermitteln (3.170) oder wenn sie aus Sicherheitsgründen erfolgt (z.B. Überwachung von Bankschaltern, Torüberwachung). Die Einführung und Anwendung von technischen Einrichtungen, die dazu bestimmt sind, das Verhalten oder die Leistung des Arbeitnehmers zu überwachen, bedarf im übrigen der Zustimmung des Betriebsrates (sofern vorhanden) nach § 87 Abs. 1 Nr. 6 BetrVG.

- Telefonüberwachung. Das Abhören dienstlicher und privater Gespräche ist generell unzulässig (3.171). Dagegen ist das Mithörenlassen eines Telefongespräches (z.B. durch Zweithörer, Lautsprecher) mit Kenntnis des Arbeitnehmers grundsätzlich zulässig (anders, wenn das Telefongespräch ausdrücklich oder konkludent als vertraulich bezeichnet ist). Die Aufzeichnung von Telefongesprächen und das spätere Abspielen von Privat- und Dienstgesprächen ist nicht erlaubt und sogar strafbar (§ 201 Abs. 1 Nr. 1 und 2 StGB). Keine Bedenken bestehen gegen die Verwendung einer Aufschaltanlage, die es ermöglicht, sich in ein laufendes Gespräch einzuschalten, um dessen Beendigung herbeizuführen, vorausgesetzt, daß die Aufschaltung vernehmbar erfolgt (3.171). Es gibt auch keine rechtlichen Einwände gegen die Erfassung der Telefondaten von Dienstgesprächen (z.B. Zahl, Zeitpunkt, Dauer, Gebühreneinheiten, Gebühren, Nummer des benutzten Apparates, Zielnummer), desgleichen nicht gegen die Erfassung der Daten von Privatgesprächen aus dienstlichem Anlaß (z.B. Mitteilung an Angehörige, daß sich die Heimkehr aus dienstlichen Gründen verzögert). Bei abgehenden reinen Privatgesprächen dürfen nur Zahl, Zeitpunkt, Dauer, Gebühreneinheiten, Gebühren und die Nummer des benutzten Apparates erfaßt werden, die Zielnummer nur, wenn der Arbeitnehmer damit einverstanden ist (3.171).
- Torkontrollen. Sofern die Torkontrolle lediglich der Personenkontrolle und der äußerlichen Überprüfung der mitgeführten Gegenstände dient, ist sie zulässig. Anders ist es bei Torkontrollen mit Leibesvisitation und Taschenkontrolle. Hier wird in besonderer Weise in die Persönlichkeitssphäre des Arbeitnehmers eingegriffen, so daß hohe Anforderungen an die Erforderlichkeit und Verhältnismäßigkeit zu stellen sind. In der Regel ist nur das Öffnen der mitgeführten Taschen und ein Abtasten der Oberbekleidung zulässig; eine körperliche Durchsuchung des Arbeitnehmers darf nur bei starken Verdachtsmomenten und unter weitgehender Beachtung seines Ehrgefühls erfolgen (3.172).
- Schutz vor sexueller Belästigung. Bei sexueller Belästigung am Arbeitsplatz, d.h. bei vorsätzlichen, sexuell bestimmten Verhaltensweisen, die die Würde des Beschäftigten verletzen, hat der betroffene Arbeitnehmer (Frauen wie Männer) das Recht, sich bei den zuständigen Stellen des Betriebes zu beschweren (§ 3 Abs. 1 Beschäftigtenschutzgesetz). Dabei spielt es keine Rolle, ob die Belästigung vom Arbeitgeber, vom Vorgesetzten, von anderen Beschäftigten oder von Dritten (z.B. von einem Besucher) ausgeht. Der Arbeitgeber hat die Beschwerde zu prüfen und geeignete Maßnahmen zu treffen, um die Fortsetzung einer festgestellten Belästigung zu unterbinden. Er hat die im Einzelfall angemessenen arbeitsrechtlichen Maßnahmen zu ergreifen, z.B. Abmahnung, Umsetzung, Versetzung oder Kündigung (§ 4 Abs. 1 Beschäftigtenschutzgesetz). Ergreift der Arbeitgeber keine oder offensichtlich ungeeignete Maßnahmen zur Unterbindung der sexuellen Belästigung, ist der belästigte Arbeitnehmer berechtigt, seine Tätigkeit am betreffenden Arbeitsplatz ohne Verlust des Arbeitsentgeltes einzustellen, soweit dies zu seinem Schutz erforderlich ist (§ 4 Abs. 2 Beschäftigtenschutzgesetz). Arbeitnehmer, die sich gegen eine sexuelle Belästigung gewehrt und in zulässiger Weise ihre Rechte ausgeübt haben, dürfen vom Arbeitgeber nicht benachteiligt werden (§ 4 Abs. 3 Beschäftigtenschutzgesetz).

176 **Rechtsfolgen einer Verletzung der Persönlichkeitssphäre.** Bei rechtswidrigen Eingriffen in seine Persönlichkeitssphäre hat der Arbeitnehmer folgende Möglichkeiten:

- Er kann einen Erfüllungsanspruch geltend machen, d.h. die Beachtung der Schutzpflichten verlangen, wenn ein Eingriff in die Persönlichkeitssphäre unmittelbar bevorsteht oder wenn Wiederholungsgefahr gegeben ist.
- Er kann Schadensersatz wegen Vertragsverletzung verlangen, wenn der Arbeitgeber die Persönlichkeitssphäre schuldhaft, d.h. vorsätzlich oder fahrlässig, verletzt hat und dadurch für den Arbeitnehmer ein Schaden entstanden ist. Die Darlegungs- und Beweislast für die Verletzung der Persönlichkeitssphäre und für den eingetretenen Schaden trägt der Arbeitnehmer; der Arbeitgeber hat zu beweisen, daß weder ihn noch seine Erfüllungsgehilfen ein Verschulden trifft.
- Er kann seine Arbeitsleistung zurückhalten, allerdings nur, wenn es sich um einen schwerwiegenden Eingriff in die Persönlichkeitssphäre handelt.
- Er kann das Arbeitsverhältnis kündigen, u.U. sogar fristlos, wenn ihm wegen der Schwere des Eingriffes die Fortsetzung des Arbeitsverhältnisses bis zum Ablauf der gesetzlichen oder vereinbarten Kündigungsfrist unzumutbar ist.

3.33 Schutz der in den Betrieb eingebrachten Sachen des Arbeitnehmers

177 **Rechtsgrundlagen.** Eine gesetzliche Verpflichtung für den Arbeitgeber zum Schutz der Gegenstände, die der Arbeitnehmer in den Betrieb einbringt, besteht nicht. Dennoch wird eine Schutzpflicht bejaht. Sie wird aus der Fürsorgepflicht des Arbeitgebers abgeleitet (3.173).

178 **Geschützte Gegenstände.** Die Schutzpflicht des Arbeitgebers erstreckt sich nur auf solche Gegenstände, deren Einbringung in den Betrieb in einem inneren Zusammenhang mit der vom Arbeitnehmer zu leistenden Arbeit steht; die Einbringung in den Betrieb muß, bezogen auf die zu leistende Arbeit, notwendig, zumindest zweckmäßig sein (3.174). Im einzelnen unterliegen folgende Gegenstände der Schutzpflicht des Arbeitgebers:

- die für die Arbeit notwendigen, persönlich unentbehrlichen Sachen. Hierzu gehören alle Gegenstände, die der Arbeitnehmer benötigt, um die vereinbarte Arbeitsleistung erbringen zu können, z.B. Arbeitskleidung, Uhr, persönliches Werkzeug, Fachbücher, sowie die Sachen, die für den Weg von und zur Arbeitsstätte unerläßlich sind, z.B. Straßenkleidung, Fahrkarte, angemessener Geldbetrag. Fahrräder, Motorräder und private PKW können unentbehrliche Sachen sein, wenn größere Entfernungen zurückzulegen sind und öffentliche Verkehrsmittel nicht zur Verfügung stehen.
- die nicht notwendigen, aber unmittelbar oder mittelbar dem Arbeitszweck dienlichen Sachen, z.B. privates Werkzeug, das der Arbeitnehmer anstelle des vom Arbeitgeber gestellten Werkzeuges verwendet, oder private Fahrzeuge, die der Arbeitnehmer aus persönlichen Gründen für den Weg zur Arbeitsstätte benutzt.

Keine Schutzpflicht besteht für die Gegenstände, die für die Arbeitsleistung weder notwendig noch unmittelbar oder mittelbar dienlich sind (3.174), z.B. Fotoapparate, Radiogeräte, Schmuck, größere Geldbeträge.

Zur Haftung des Arbeitgebers für Sachschäden des Arbeitnehmers, die bei einem Arbeitsunfall entstanden sind, siehe Rz 197ff.

179 **Obhuts- und Verwahrungspflicht.** Inwieweit der Arbeitgeber zu Sicherungsmaßnahmen verpflichtet ist, richtet sich danach, ob Vorkehrungen erforderlich sind, um die drohenden Gefahren abzuwenden, und ob die erforderlichen Maßnahmen technisch durchführbar und für den Arbeitgeber wirtschaftlich zumutbar sind. Im allgemeinen wird der Arbeitgeber für verpflichtet gehalten, für die Straßen- und Arbeitskleidung und für die unentbehrlichen persönlichen Sachen (= Uhr, Fahrkarte, angemessener Geldbetrag) geeignete Aufbewahrungsmöglichkeiten, z.B. abschließbare Schränke oder Schließfächer, bereitzustellen, desgleichen für privates Werkzeug, wenn das Werkzeug aufgrund ausdrücklicher Vereinbarung oder berufs- bzw. betriebsüblich vom Arbeitnehmer gestellt wird (Beispiel: Musikinstrumente, Tonbänder). Eine schuldhafte Verletzung dieser Obhuts- und Verwahrungspflicht macht den Arbeitgeber schadensersatzpflichtig. Der Arbeitgeber hat seine Sicherungspflicht erfüllt, wenn er geeignete Aufbewahrungsmöglichkeiten zur Verfügung stellt; die Sicherung selbst (z.B. das Hineinlegen, Abschließen) obliegt dem Arbeitnehmer.

Bei Fahrrädern, Motorrädern und PKW ist darauf abzustellen, ob genügend Platz für Abstellflächen zur Verfügung steht und ob die Einrichtungs- und Unterhaltungskosten sich in einem vertretbaren Rahmen halten. Bei Fahrrädern, Mopeds und Motorrädern wird es wegen des geringen Platzbedarfes und der geringen Gefährdung regelmäßig möglich und zumutbar sein, eine Abstellmöglichkeit zu schaffen (3.175). Bei PKW sind die Umstände des Einzelfalles maßgebend; eine generelle Verpflichtung zur Einrichtung eines Werksparkplatzes besteht nicht (3.176).

Wenn allerdings der Arbeitgeber einen Parkplatz zur Verfügung stellt, gelten die üblichen Schutzpflichten. Der Arbeitgeber muß den Parkplatz verkehrssicher halten; ihm obliegen die Sicherungsmaßnahmen, die technisch nach der Örtlichkeit möglich und zumutbar sind, d.h. er muß dafür sorgen, daß keine gefährlichen Schlaglöcher vorhanden sind, daß die Beleuchtung ausreicht, daß die Streupflicht erfüllt wird usw. (3.177). Die Schutzpflichten des Arbeitgebers gehen aber nicht soweit, daß er verpflichtet ist, die auf dem Werksparkplatz abgestellten Fahrzeuge der Arbeitnehmer schlechthin vor jedem Schaden zu bewahren (3.177). Die Arbeitnehmer müssen vielmehr solche Risiken selbst tragen, die sie auch beim sonstigen Gebrauch ihres Fahrzeuges treffen (z.B. Beschädigung durch Dritte).

180 **Haftungsausschluß.** Die Haftung des Arbeitgebers bei einer Verletzung der Obhuts- und Verwahrungspflicht kann durch Vereinbarung zwischen Arbeitgeber und Arbeitnehmer eingeschränkt werden (= arbeitsvertragliche Freizeichnungsklausel), und zwar in der Weise, daß der Arbeitgeber nur für grob fahrlässig und vorsätzlich herbeigeführte Schäden oder nur für vorsätzlich verursachte Schäden haftet. Die Haftung für Vorsatz kann allerdings nicht im voraus ausgeschlossen werden (§ 276 Abs. 2 BGB). Ebenso sind kollektive Regelungen (= Betriebsvereinbarungen) möglich. Diese unterliegen wie alle Betriebsvereinbarungen einer gerichtlichen Angemessenheitskontrolle. Danach ist es nicht nur unzulässig, die Haftung für Vorsatz im voraus auszuschließen, sondern es darf auch die Haftung für grobe Fahrlässigkeit nicht im voraus erlassen werden (3.178). Ein einseitiger Haftungsausschluß des Arbeitgebers ohne Einwilligung des Arbeitnehmers, z.B. durch Aushang am Schwarzen Brett oder durch Anbringung entsprechender Schilder, ist grundsätzlich unzulässig und daher unwirksam.

181 **Haftung des Arbeitgebers ohne eigenes Verschulden für Sachschäden des Arbeitnehmers.** Unter bestimmten Voraussetzungen muß der Arbeitgeber auch für Schäden an den Sachen des Arbeitnehmers haften, wenn eine schuldhafte Verletzung der Obhuts- und Verwahrungspflicht durch den Arbeitgeber gar nicht vorliegt. Diese besondere Ersatzpflicht wird auf § 670 BGB zurückgeführt (3.179). Die Ersatzpflicht setzt voraus

- daß der Schaden des Arbeitnehmers im Zusammenhang mit dem Arbeitsverhältnis steht, also bei Ausführung der Arbeit entstanden ist
- daß der Schaden nicht dem Lebensbereich des Arbeitnehmers zuzurechnen oder durch eine besondere Vergütung abgedeckt ist. Ausgenommen sind Sachschäden, die der Arbeitnehmer herkömmlicherweise zu tragen hat, weil sie dem allgemeinen Lebensrisiko entsprechen (Beispiele: Abnutzung der Kleidung; Arbeitnehmer stürzt und beschädigt seine Uhr) sowie Schäden, die durch die Arbeitsvergütung abgegolten sind, z.B. durch Zahlung einer Schmutzzulage oder von Kilometergeld. Zu ersetzen sind vielmehr nur die arbeitstypischen, nicht abgegoltenen Sachschäden des Arbeitnehmers.
- daß der Arbeitnehmer weder vorsätzlich noch fahrlässig gehandelt hat. Trifft den Arbeitnehmer ein Mitverschulden an der Entstehung des Schadens, so mindert sich die Schadensersatzpflicht des Arbeitgebers nach den Vorschriften über die Ersatzpflicht bei Mitverschulden (§ 254 BGB) entsprechend.

Die Unterscheidung zwischen Schäden aus dem Lebensbereich des Arbeitnehmers und arbeitstypischen Schäden ist auch zugrundezulegen, wenn der Arbeitnehmer im Einverständnis mit dem Arbeitgeber sein Kraftfahrzeug im Zusammenhang mit seinen Dienstpflichten benutzt, ohne eine besondere Vergütung für das damit verbundene Unfallrisiko zu erhalten, und dabei Schäden erleidet, die der Arbeitgeber nicht verschuldet hat. Gehört die Benutzung des privaten Kraftfahrzeuges zum persönlichen Lebensbereich des Arbeitnehmers, muß er das Unfallrisiko selbst tragen; ist die Benutzung des Kraftfahrzeuges dem Betätigungsbereich des Arbeitgebers zuzurechnen, hat der Arbeitgeber das Unfallrisiko des Arbeitnehmers zu übernehmen. Ob die Benutzung des Kraftfahrzeuges dem persönlichen Lebensbereich des Arbeitnehmers oder dem Betätigungsbereich des Arbeitgebers zuzuordnen ist, hängt davon ab, ob der Arbeitgeber ohne den Einsatz des Kraftfahrzeuges des Arbeitnehmers ein eigenes Fahrzeug einsetzen müßte (3.180).

Beispiel: Eine Sozialarbeiterin hat einen größeren Innenstadtbereich zu versorgen. Für ihre Dienstgänge benutzt sie mit Billigung des Arbeitgebers ihr eigenes Kraftfahrzeug, wofür sie ein Kilometergeld von 0,25 DM erhält. Ein Kilometergeld in dieser Höhe deckt das Unfallrisiko nicht ab. Kommt es zu einem Unfall auf einer Dienstfahrt, so muß die Arbeitnehmerin den Schaden selbst tragen, wenn sie ihre Dienstaufgaben ebenso gut oder fast ebenso gut ohne Auto hätte erledigen können, wenn sie also das Auto nur zur persönlichen Erleichterung benutzt. Kann die Arbeitnehmerin dagegen den Bezirk, den sie betreut, ohne Auto gar nicht geordnet bewältigen, und hätte ohne ihr Auto der Arbeitgeber ein Dienstfahrzeug zur Verfügung stellen müssen, so gehört die Benutzung des Fahrzeuges in den Tätigkeitsbereich des Arbeitgebers, und er hat den Schaden zu tragen.

4. Nebentätigkeit des Arbeitnehmers

182 **Begriff.** Nebentätigkeit als arbeitsrechtlich relevanter Vorgang ist jede Tätigkeit, die der Arbeitnehmer neben seiner im Arbeitsvertrag vereinbarten Tätigkeit ausübt, für die er aber insgesamt weniger Zeit aufwendet als für die Haupttätigkeit. Werden zwei oder mehrere Tätigkeiten nebeneinander ausgeübt, ohne daß eine dieser Tätigkeiten dem Umfang nach als Haupttätigkeit angesehen werden kann, liegt Mehrfachbeschäftigung vor.

Ohne Bedeutung für den Begriff der Nebentätigkeit ist, ob eine Vergütung gezahlt wird; auch Ehrenämter, Hobbies u.a.m. sind Nebentätigkeiten. Bei bezahlter Nebentätigkeit kommen mehrere Formen in Betracht: Die Nebentätigkeit kann als unselbständige Tätigkeit im Rahmen eines Arbeitsvertrages (beim selben Arbeitgeber oder bei einem anderen Arbeitgeber) ausgeübt werden; möglich ist ferner eine selbständige Tätigkeit im Rahmen eines Dienstvertrages (§ 611ff. BGB), eines Werkvertrages (§§ 631ff. BGB) oder eines Geschäftsbesorgungsvertrages (§ 675 BGB).

Der beamtenrechtliche Nebentätigkeitsbegriff, der gem. § 11 Satz 1 BAT sinngemäß auch für die Angestellten des öffentlichen Dienstes gilt, ist teils weiter, teils enger gefaßt. Nebentätigkeit i.S. des Beamtenrechts ist die Ausübung eines Nebenamtes oder einer Nebenbeschäftigung. Als Nebenamt gilt ein nicht zum Hauptamt gehörender Kreis von Aufgaben, der aufgrund eines öffentlichrechtlichen Dienstverhältnisses wahrgenommen wird; Nebenbeschäftigung ist jede sonstige, nicht zu einem Hauptamt gehörende Tätigkeit innerhalb oder außerhalb des öffentlichen Dienstes (§ 1 Bundesnebentätigkeitsverordnung). Wesentliches Merkmal des beamtenrechtlichen Nebentätigkeitsbegriffes ist, daß die Nebentätigkeit zu Erwerbszwecken ausgeübt wird; andererseits ist der zeitliche Umfang der Tätigkeit ohne Bedeutung, so daß auch eine Beschäftigung, die mehr als die Hälfte der regelmäßigen Arbeitszeit umfaßt, eine Nebenbeschäftigung sein kann.

183 **Zulässigkeit.** Da der Arbeitnehmer sich im Arbeitsvertrag nicht verpflichtet, seine gesamte Arbeitskraft dem Arbeitgeber zur Verfügung zu stellen, sondern nur die Leistung von Arbeit innerhalb der vereinbarten Arbeitszeit zusagt, steht es dem Arbeitnehmer grundsätzlich frei, eine Nebentätigkeit auszuüben (3.181). Soweit die Nebentätigkeit beruflich ausgeübt wird, kann sich der Arbeitnehmer zusätzlich auf das Grundrecht der freien Berufswahl (Art. 12 Abs. 1 Satz 1 GG) berufen; nichtberufliche Betätigungen sind grundsätzlich durch das Grundrecht auf freie Entfaltung der Persönlichkeit geschützt (Art. 2 Abs. 1 GG).

184 **Grenzen.** Das Recht des Arbeitnehmers, während des Bestehens des Arbeitsverhältnisses eine Nebentätigkeit auszuüben, gilt nicht uneingeschränkt. Zu beachten sind folgende Grenzen:

- Die Aufnahme der Nebentätigkeit darf die Erfüllung der Arbeitspflicht in der Haupttätigkeit nicht beeinträchtigen (3.182). Der Arbeitnehmer hat deshalb jede Nebentätigkeit zu unterlassen, die mit der vertraglich übernommenen Arbeitspflicht kollidiert. Maßgebend sind: Art und Umfang der Haupttätigkeit; die Anforderungen der Nebentätigkeit; die Leistungsfähigkeit des Arbeitnehmers.

  Beispiele: Der Arbeitnehmer wird durch die Nebentätigkeit körperlich so stark beansprucht, daß er das normale Arbeitspensum der Haupttätigkeit nicht mehr bewältigen kann. Infolge der Nebentätigkeit bleibt nicht mehr genügend Zeit für Erholung und Entspannung.

Die Gefahr einer Beeinträchtigung der Arbeitsleistung ist insbesondere gegeben, wenn der Arbeitnehmer während einer krankheitsbedingten Arbeitsunfähigkeit einer Nebentätigkeit nachgeht. Ein kranker Arbeitnehmer muß sich so verhalten, daß er möglichst bald wieder gesund wird; er hat alles zu unterlassen, was die Genesung verzögern könnte (3.183). Eine generelle Pflicht, während der Krankheit jede Nebentätigkeit zu unterlassen, besteht jedoch nicht, weil nicht jede Nebentätigkeit den Genesungsprozeß stören muß.

- Kaufmännische Angestellte (siehe Rz 12) müssen während der Dauer ihres Arbeitsverhältnisses das gesetzliche Wettbewerbsverbot des § 60 Abs. 1 HGB einhalten. Sie dürfen ohne Einwilligung ihres Arbeitgebers weder ein Handelsgewerbe betreiben noch im Handelszweig des Arbeitgebers für eigene oder fremde Rechnung Geschäfte machen. Für die übrigen Arbeitnehmergruppen, insbesondere für die sonstigen gewerblichen Arbeitnehmer, fehlt eine entsprechende gesetzliche Vorschrift; nach der Rechtsprechung des BAG soll jedoch das Wettbewerbsverbot des § 60 Abs. 1 HGB auch auf andere Arbeitnehmer Anwendung finden (3.184).
- Eine Nebentätigkeit, die nach dem Gesetz zur Bekämpfung der Schwarzarbeit als Schwarzarbeit zu bezeichnen ist, ist verboten. Zum Begriff der Schwarzarbeit siehe § 1 des Gesetzes zur Bekämpfung der Schwarzarbeit.
- Wird die Nebentätigkeit im Rahmen eines Arbeitsvertrages ausgeübt, darf die Arbeitszeit in der Haupt- und Nebentätigkeit zusammen die gesetzlich zulässige Arbeitszeit nicht überschreiten. Zur gesetzlich zulässigen Arbeitszeit siehe Rz 55. Die Beschäftigungszeiten aller Arbeitsverhältnisse sind zusammenzurechnen; dabei ist unerheblich, ob die Nebentätigkeit beim gleichen Arbeitgeber oder bei einem anderen Arbeitgeber ausgeübt wird. Wird die gesetzlich zulässige Arbeitszeit in der Haupt- und Nebentätigkeit zusammen durch die Nebentätigkeit erheblich überschritten, ist der Arbeitsvertrag über die Nebentätigkeit in vollem Umfang nichtig (3.185); wird die höchstzulässige Arbeitszeit nur geringfügig oder nur gelegentlich überschritten, ist der Arbeitsvertrag über die Nebentätigkeit in vollem Umfang gültig, es besteht aber ein Beschäftigungsverbot für die über die zulässige Arbeitszeit hinausgehenden Stunden und ein Leistungsverweigerungsrecht des Arbeitnehmers (3.185).

  Da das Arbeitszeitgesetz vorschreibt, daß innerhalb eines Zeitraumes von 24 Wochen (oder innerhalb von 6 Monaten) im Durchschnitt eine Arbeitszeit von 8 Std. je Werktag nicht überschritten werden darf, liegt die maximal zulässige Arbeitszeit bei $6 \times 8 \times 24 = 1\,152$ Std. (siehe Rz 55). Ein Arbeitnehmer, der im Hauptarbeitsverhältnis an 5 Tagen in der Woche je 8 Std. arbeitet, also in 24 Wochen $5 \times 8 \times 24 = 960$ Std., darf somit in 24 Wochen maximal $1152 - 960$ Std. = 192 Std. für die Nebentätigkeit aufwenden, das sind 8 Std. je Woche. Dabei ist zu beachten, daß die werktägliche Arbeitszeit insgesamt 10 Std. nicht überschreiten darf (Rz 55).

  Keine zeitlichen Beschränkungen bestehen, wenn die Nebentätigkeit im Rahmen eines freien Dienstvertrages oder eines Werkvertrages ausgeübt wird.
- Während des Erholungsurlaubs darf der Arbeitnehmer keine dem Urlaubszweck widersprechende Erwerbstätigkeit ausüben (§ 8 BUrlG).

  Verboten ist jede unselbständige oder selbständige Tätigkeit, die auf einen Erwerb abzielt und durch die die Arbeitskraft des Arbeitnehmers überwiegend in Anspruch genommen wird. Erlaubt sind Tätigkeiten zu karitativen oder gemeinnützigen Zwecken, ferner sog. Ausgleichstätigkeiten, auch wenn damit ein Entgelt erzielt wird (z.B. körperliche Betätigung für Geistesarbeiter). Entscheidend ist, daß die Nebentätigkeit nicht in erster Linie dem Erwerb dient und daß dem Arbeitnehmer noch die Möglichkeit verbleibt, die restlichen Urlaubstage in einem urlaubsmäßigen Zuschnitt zu verbringen. Siehe auch Rz 90.

185 **Vertragliche Beschränkungen.** Das Recht auf Ausübung einer Nebentätigkeit während des Bestehens des Arbeitsverhältnisses kann durch Arbeitsvertrag oder Tarifvertrag eingeschränkt werden, ohne daß darin ein Verstoß gegen Art. 12 Abs. 1 oder gegen Art. 2 Abs. 1 GG zu sehen ist (3.186). Ein generelles Verbot der Nebentätigkeit ist jedoch unzulässig. Eine arbeitsvertragliche Beschränkung des Rechts auf Nebentätigkeit muß auf die Fälle begrenzt werden, in denen der Arbeitgeber ein berechtigtes Interesse an der Unterlassung der Nebentätigkeit hat (3.187); hiervon kann ausgegangen werden, wenn durch die Nebentätigkeit die Leistung von Arbeit im Hauptarbeitsverhältnis erkennbar beeinträchtigt wird. Für das Vorliegen einer arbeitsvertraglichen Nebentätigkeitsbeschränkung und für das berechtigte Interesse ist der Arbeitgeber darlegungs- und beweispflichtig.

Eine tarifvertragliche Beschränkung von Nebentätigkeiten ist nur wirksam, wenn das Verbot zum Schutz des Arbeitnehmers oder zum Schutz des Arbeitgebers erforderlich und geeignet ist. So sind z.B. tarifvertragliche Nebentätigkeitsverbote, die eine übermäßige Belastung des Arbeitnehmers oder unzulässigen Wettbewerb verhindern sollen, grundsätzlich zulässig.

Die Regelung des § 11 Satz 1 BAT greift weit über diese Grenzen hinaus, indem sie das für Beamte geltende Nebentätigkeitsrecht und damit auch den auf Beamte zugeschnittenen Katalog der Versagungsgründe (§ 42 Abs. 2 Beamtenrechtsrahmengesetz – BRRG) uneingeschränkt auf Angestellte im öffentlichen Dienst für anwendbar erklärt. Dies erscheint nur vertretbar, wenn das konkrete Dienstverhältnis des Angestellten in den für die rechtliche Bewertung maßgebenden Merkmalen mit dem Dienstverhältnis eines Beamten völlig übereinstimmt, d.h. wenn beide Dienstverhältnisse gleich zu bewerten sind (3.188).

186 **Anzeigepflicht.** Die Arbeitsvertragsparteien können vereinbaren, daß jede Nebentätigkeit, die innerhalb des zulässigen Rahmens ausgeübt wird, dem Arbeitgeber schriftlich anzuzeigen ist. Eine entsprechende Vereinbarung ist aufgrund der bestehenden Vertragsfreiheit jederzeit möglich.

187 **Genehmigungspflicht.** Die Ausübung einer Nebentätigkeit kann von einer besonderen Genehmigung des Arbeitgebers abhängig gemacht werden. Die Genehmigung ist vom Arbeitnehmer zu beantragen. Eine Genehmigungspflicht kann aber nur für solche Nebentätigkeiten vereinbart werden, die an und für sich unzulässig sind, weil sie gegen berechtigte Interessen des Arbeitgebers verstoßen. Beispielsweise kann der Arbeitgeber einwilligen, daß der Arbeitnehmer ihm in seinem eigenen Geschäftsbereich Konkurrenz macht; der Arbeitgeber kann einer Nebentätigkeit zustimmen, obwohl er weiß, daß der Arbeitnehmer dadurch kräftemäßig stark beansprucht wird. Rechtlich unbeachtlich sind hingegen Vereinbarungen, die eine Genehmigungspflicht auch für Nebentätigkeiten vorsehen, deren Ausübung verfassungsrechtlich garantiert ist. Wird für diesen Bereich eine Genehmigungspflicht vereinbart, ist die Genehmigung stets zu erteilen.

Im öffentlichen Dienst bedarf jede Nebentätigkeit des Angestellten der vorherigen Genehmigung (§ 42 Abs. 1 Satz 1 Beamtenrechtsrahmengesetz – BRRG i.V. mit § 11 Satz 1 BAT). Ausgenommen sind Nebentätigkeiten, die der Angestellte auf Verlangen seiner obersten Dienstbehörde übernommen hat sowie die in § 42 Abs. 1 Satz 3 BRRG abschließend aufgeführten Nebentätigkeiten. Nicht genehmigungspflichtig ist außerdem die Wahrnehmung öffentlicher Ehrenämter (§ 42 Abs. 1 Satz 2 BRRG). Die Genehmigung ist zu versagen, wenn zu besorgen ist, daß durch die Nebentätigkeit dienstliche Interessen beeinträchtigt werden (§ 42 Abs. 2 Satz 1 BRRG). Ein Versagungsgrund liegt insbesondere vor, wenn die Nebentätigkeit nach Art und Umfang die Arbeitskraft des Angestellten so stark in Anspruch nimmt, daß die ordnungsgemäße Erfüllung seiner dienstlichen Pflichten behindert wird, oder wenn die Nebentätigkeit in einer Angelegenheit ausgeübt wird, in der die Behörde, der der Angestellte angehört, tätig wird oder tätig werden kann, oder wenn die Nebentätigkeit die Unparteilichkeit oder Unbefangenheit des Angestellten beeinflussen kann.

Für die Arbeiter im öffentlichen Dienst sehen die einschlägigen Manteltarifverträge vor, daß dem Arbeiter die Ausübung von Nebentätigkeiten nur mit vorheriger Einwilligung des Arbeitgebers gestattet ist (§ 13 MTB II, § 13 MTL II, § 11 BMTG II). Nach der Rechtsprechung des BAG kann die Einwilligung nur versagt werden, wenn durch die Ausübung der Nebentätigkeit eine Beeinträchtigung der Interessen des Arbeitgebers zu erwarten ist. Sofern dies nicht der Fall ist, hat der Arbeiter einen Anspruch auf Erteilung der Einwilligung (3.189).

188 **Rechtsfolgen bei Ausübung einer unerlaubten Nebentätigkeit.** Übt der Arbeitnehmer eine unerlaubte Nebentätigkeit aus, so kann dies für ihn folgende Konsequenzen haben:

- Der Arbeitgeber kann das Arbeitsverhältnis ordentlich kündigen, und zwar aus Gründen, die im Verhalten des Arbeitnehmers liegen (siehe hierzu Rz 279). Da die Ausübung einer verbotenen Nebentätigkeit eine Störung des Vertrauensverhältnisses zwischen dem Arbeitgeber und dem Arbeitnehmer darstellt, bedarf es grundsätzlich keiner vorherigen Abmahnung des Arbeitnehmers.
- In besonders schweren Fällen, wenn durch die Ausübung der verbotenen Nebentätigkeit die vertraglich geschuldete Leistung von Arbeit erkennbar beeinträchtigt wird, kann eine außerordentliche Kündigung gerechtfertigt sein (3.190). Hierfür ist eine vorherige Abmahnung erforderlich, die dem Arbeitnehmer deutlich macht, daß im Wiederholungsfall eine arbeitsrechtliche Sanktion zu erwarten ist.
- Verletzt ein kaufmännischer Angestellter das gesetzliche Wettbewerbsverbot des § 60 Abs. 1 HGB, so kann der Arbeitgeber Schadensersatz fordern; er kann stattdessen verlangen, daß der Angestellte die für eigene Rechnung gemachten Geschäfte als für Rechnung des Arbeitgebers eingegangen gelten läßt und die aus Geschäften für fremde Rechnung bezogene Vergütung herausgibt (§ 61 Abs. 1 HGB). Entsprechendes gilt, wenn andere Arbeitnehmer gegen das Wettbewerbsverbot verstoßen.
- Der Arbeitnehmer hat keinen Anspruch auf Entgeltfortzahlung gegen den Arbeitgeber, wenn er bei der verbotenen Nebentätigkeit erkrankt und infolge der Erkrankung die versprochene Arbeit im Hauptarbeitsverhältnis nicht leisten kann. Zwar kommt es nach der gesetzlichen Regelung (siehe Rz 134) grundsätzlich nicht darauf an, wann und bei welcher Gelegenheit sich ein Arbeitnehmer eine Krankheit zuzieht. Der Entgeltfortzahlungsanspruch gem. § 3 Abs. 1 Satz 1 EFZG setzt jedoch eine unverschuldete Arbeitsunfähigkeit infolge Krankheit voraus; diese Voraussetzung ist nicht erfüllt, wenn die Arbeitsunfähigkeit bei einer verbotenen Nebentätigkeit eintritt.

Kapitel 4: Haftung im Arbeitsverhältnis

1. Haftung des Arbeitgebers

1.1 Haftung des Arbeitgebers für Schäden des Arbeitnehmers

1.11 Haftung für unfallbedingte Schäden des Arbeitnehmers

Liegt ein Arbeitsunfall vor, so sind bei der Regulierung des Schadens des Arbeitnehmers der Personenschaden (= Verletzung von Leben, Körper oder Gesundheit des Arbeitnehmers) und der Sachschaden (= Verlust oder Beschädigung der in den Betrieb eingebrachten Sachen des Arbeitnehmers) getrennt zu betrachten.

1.111 Personenschaden

189 **Haftungsausschluß des Unternehmers.** Für den Personenschaden, der durch einen Arbeitsunfall verursacht wurde, haftet der Unternehmer (= Arbeitgeber) in der Regel nicht; nach § 636 Abs. 1 Satz 1 RVO ist der Unternehmer den in seinem Unternehmen tätigen Arbeitnehmern sowie deren Angehörigen und Hinterbliebenen grundsätzlich nicht zum Ersatz des Personenschadens verpflichtet. Eine Ausnahme besteht nur dann, wenn der Unternehmer den Arbeitsunfall vorsätzlich herbeigeführt hat oder wenn der Arbeitsunfall bei der Teilnahme am allgemeinen Verkehr eingetreten ist (siehe Rz 194). Der Personenschaden wird stattdessen von dem Träger der gesetzlichen Unfallversicherung, d.h. von der zuständigen Berufsgenossenschaft, ersetzt. Die Berufsgenossenschaft gewährt nach Eintritt des Arbeitsunfalles insbesondere Heilbehandlung, Verletztengeld oder Übergangsgeld, Berufshilfe, Verletztenrente, Rente an Hinterbliebene u.a.m. (§ 547 RVO). Sie zahlt allerdings kein Schmerzensgeld.

Begründet wird der Haftungsausschluß damit, daß die Unternehmer kraft Gesetz zu Berufsgenossenschaften zusammengeschlossen sind und deren Beiträge allein aufzubringen haben. Die Berufsgenossenschaften erfüllen gleichsam die Funktion einer Haftpflichtversicherung der Unternehmer (4.01). Durch den Eintritt der Berufsgenossenschaften wird zugleich gewährleistet, daß der geschädigte Arbeitnehmer ohne Rücksicht auf die Leistungsfähigkeit des Unternehmers und unabhängig vom Nachweis des Verschuldens des Unternehmers, unabhängig auch von einem etwaigen eigenen Mitverschulden, eine finanzielle Entschädigung erhält. Darüber hinaus werden im Interesse des Betriebsfriedens Rechtsstreitigkeiten zwischen Arbeitnehmer und Arbeitgeber vermieden (4.01).

190 **Arbeitsunfall i.e.S.** Unter einem Arbeitsunfall im engeren Sinne ist ein auf äußeren Einwirkungen beruhendes, plötzliches (d.h. zeitlich begrenztes) Ereignis zu verstehen, das einen Körperschaden verursacht und das in einem inneren, ursächlichen Zusammenhang mit einer der in den §§ 539, 540 und 543 bis 545 RVO genannten Tätigkeiten steht.

Das Unfallereignis muß von außen her auf den Menschen einwirken; kein Arbeitsunfall ist mithin der Eintritt einer Gehirnblutung beim Tragen schwerer Gegenstände. Die Einwirkung muß kein außergewöhnlicher Vorgang sein; auch die gewöhnlichen Ereignisse des täglichen Lebens können zu einem Arbeitsunfall führen (Beispiel: Stolpern und Hinfallen am Arbeitsplatz).

In der Regel wird es sich bei dem Unfallereignis um ein zeitlich eng begrenztes Geschehen handeln. Ein Arbeitsunfall liegt aber auch vor, wenn erst die Summe der schädigenden Einwirkungen einer ganzen Arbeitsschicht zu einer Gesundheitsschädigung oder zum Tode geführt hat (4.02). Dies ist beispielsweise bei der Einwirkung von Hitze, Kälte oder Nässe denkbar. Bewirkten erst die Einwirkungen mehrerer Arbeitsschichten einen Gesundheitsschaden, so fehlt es an einem Unfallereignis; in diesem Falle kommt aber u.U. eine Berufskrankheit in Betracht (siehe Rz 191).

Stets muß ein Körperschaden oder eine Gesundheitsschädigung vorliegen. Sachschäden fallen nicht unter den Unfallbegriff der RVO.

Das Unfallereignis muß bei einer gegen Arbeitsunfall versicherten Tätigkeit eingetreten sein (§ 548 Abs. 1 Satz 1 RVO). Unfallversichert sind nicht nur die Tätigkeiten, die der Arbeitnehmer zwecks Erfüllung seiner Arbeitspflicht ausführt (einschließlich der Tätigkeiten vorbereitender und nachbereitender Art), sondern auch die mit der Arbeit zusammenhängende Verwahrung, Beförderung, Instandhaltung und Erneuerung des Arbeitsgerätes (§ 549 RVO), ferner die Tätigkeiten vor und nach der Arbeit (z.B. Umkleiden, Waschen) sowie die Pausen, sofern sie zur Erholung benutzt werden. Eingeschlossen ist auch das Abheben eines Geldbetrages bei einem Geldinstitut, an das der Arbeitgeber den Lohn oder das Gehalt des Arbeitnehmers überweist, allerdings nur dann, wenn der Arbeitnehmer erstmalig nach Ablauf eines Lohn- oder Gehaltszahlungszeitraumes das Geldinstitut persönlich aufsucht (§ 548 Abs. 1 Satz 2 RVO). Entscheidend ist, daß die Tätigkeit einen Bezug zum Betrieb hat bzw. den Interessen des Unternehmens dient. Tätigkeiten dagegen, die rein persönlichen Charakter haben und die in erster Linie den Bedürfnissen des Arbeitnehmers dienen (sog. eigenwirtschaftliche Tätigkeiten), sind nicht unfallversichert. So liegt kein Arbeitsunfall vor, wenn sich der Arbeitnehmer beim Essen oder Trinken verschluckt, wenn der Arbeitnehmer bei privaten Einkäufen verunglückt oder wenn sich der Arbeitnehmer bei Spielereien oder Raufereien verletzt. Der Weg im Betrieb zur Einnahme einer Mahlzeit ist unfallversichert, weil der Arbeitnehmer durch seine Anwesenheit im Betrieb gezwungen ist, seine Nahrung an einem anderen Ort einzunehmen als er dies von seinem häuslichen Bereich aus getan hätte; der Unfallversicherungsschutz endet aber mit dem Durchschreiten der Kantinentür. Sucht der Arbeitnehmer während der Mittagspause eine Gastwirtschaft auf oder kauft er außerhalb des Betriebes Speisen und Getränke zum alsbaldigen Verzehr während der Arbeitszeit ein, so stehen die dazu notwendigen Wege unter dem Gesichtspunkt der Erhaltung der Arbeitskraft unter Unfallversicherungsschutz. Auch der Betriebssport ist unfallversichert, wenn es sich um Ausgleichssport handelt, der die durch die Arbeit bedingte körperliche und geistige Belastung ausgleichen soll (anders, wenn der Wettkampfcharakter im Vordergrund steht), wenn der Sport regelmäßig durchgeführt wird und wenn der Teilnehmerkreis auf Betriebsangehörige beschränkt ist.

Zwischen der versicherten Tätigkeit und dem Unfallereignis muß ein ursächlicher Zusammenhang bestehen (= haftungsbegründende Kausalität); außerdem muß zwischen dem Unfallereignis und dem Körperschaden ein Kausalzusammenhang gegeben sein (= haftungsausfüllende Kausalität). Für die Anerkennung eines Arbeitsunfalles wird also der Nachweis eines doppelten Kausalzusammenhanges gefordert (4.03). Beispiel: Ein Dreher sieht während der Mittagspause ein Hindernis auf den Gleisen der Werksbahn; als er das Hindernis zur Seite schieben will, erleidet er einen Herzinfarkt. Hier ist der Unfall zwar nicht bei der Arbeit des Drehens passiert; die Tätigkeit lag aber im Interesse des Unternehmens und ist deshalb versicherungsrechtlich geschützt (= haftungsbegründende Kausalität). Der Unfall ist ein Arbeitsunfall, wenn das Fortschieben des Hindernisses den Herzinfarkt verursacht hat (= haftungsausfüllende Kausalität). Dabei kommt es allein auf die individuelle Konstitution und Belastbarkeit des Versicherten an. Litt der Dreher beispielsweise schon seit Jahren an einer anlagebedingten Verkalkung der Herzschlagader und war diese Krankheit schon so weit fortgeschritten, daß der Infarkt auch bei jeder anderen Tätigkeit hätte eintreten können, so ist eine haftungsausfüllende Kausalität nicht gegeben.

191 **Wegeunfall und Berufskrankheit.** Im weiteren Sinne gelten als Arbeitsunfall auch Wegeunfälle, d.h. Unfälle auf dem Weg zwischen der Wohnung des Arbeitnehmers und der Arbeitsstätte (§ 550 Abs. 1 RVO), und Berufskrankheiten, d.h. Krankheiten, die durch besondere Einwirkungen verursacht sind, denen Arbeitnehmer durch ihre Arbeit in erheblich höherem Grade als die übrige Bevölkerung ausgesetzt sind (§ 551 Abs. 1 RVO).

Bei Wegeunfällen muß ebenfalls ein innerer Zusammenhang zwischen dem Weg und der versicherten Tätigkeit bestehen. Entscheidend ist also, welchem Zweck der Weg diente, welche Motive den Versicherten dazu bewegt haben, diesen Weg zu wählen. Ist der Weg nicht betriebsbedingt, sondern der privaten Sphäre zuzurechnen, so liegt kein Wegeunfall vor, sondern Teilnahme am allgemeinen Verkehr (siehe hierzu Rz 194). Der Weg beginnt mit dem Verlassen der Haustür des vom Versicherten bewohnten Gebäudes; ein Unfall in einem Mietshaus auf der Treppe vor Erreichen der Haustür ist also kein Wegeunfall. Der Versicherungsschutz besteht nicht nur gegen Verkehrsgefahren, sondern auch gegenüber allgemeinen Gefahren (z.B. herabfallende Dachziegel). Auf welche Weise der Weg zurückgelegt wird, ist unbeachtlich. Der Umstand, daß der Arbeitnehmer wegen der Entfernung seiner ständigen Familienwohnung von der Arbeitsstätte am Ort der Tätigkeit eine Unterkunft hat, schließt die Versicherung auf dem Weg von und nach der Familienwohnung nicht aus (§ 550 Abs. 3 RVO). Versichert ist grundsätzlich nur der direkte Weg von und nach der Arbeitsstätte. Umwege sind statthaft, wenn sie z.B. wegen besserer Straßenverhältnisse oder wegen günstigerer Verkehrsführung (= Vermeidung von Verkehrsstaus) angemessen sind, ferner, wenn bei Fahrgemeinschaften Arbeitskollegen zu Hause abgeholt und wieder zurückgebracht werden (§ 550 Abs. 2 Nr. 2 RVO). Außerdem dürfen Umwege gemacht werden, wenn Arbeitnehmer ihre Kinder während der Arbeitszeit in fremde Obhut übergeben und nach Beendigung der Arbeit wieder abholen (§ 550 Abs. 2 Nr. 1 RVO). Wird der Weg von und nach der Arbeitsstätte unterbrochen, so besteht während der Unterbrechung kein Versicherungsschutz (Beispiel: Einkauf von Lebensmitteln oder Kleidung, Arztbesuch). Ausgenommen sind eigenwirtschaftliche Tätigkeiten, die im Vorbeigehen erledigt werden (Beispiele: Kauf einer Zeitung am Kiosk, Auftanken des Kraftfahrzeuges). Nach Beendigung der Unterbrechung lebt der Versicherungsschutz wieder auf, vorausgesetzt, die Unterbrechung dauert nicht länger als maximal zwei Stunden (4.04). Bei längeren Unterbrechungen (z.B. nach Gasthausaufenthalt, Besuch bei Bekannten) wird eine Lösung von der betrieblichen Betätigung angenommen und der Versicherungsschutz versagt.

Welche Krankheiten als Berufskrankheiten anzusehen sind, wird von der Bundesregierung durch Rechtsverordnung bestimmt (§ 551 Abs. 1 Satz 3 RVO). Nach § 551 Abs. 2 RVO sollen die Berufsgenossenschaften im Einzelfalle auch solche Krankheiten wie eine Berufskrankheit entschädigen, die noch nicht in der Berufskrankheiten-VO aufgeführt wurden, aber nach neueren medizinischen Erkenntnissen auf eine bestimmte berufliche Tätigkeit zurückzuführen sind. Wesentlich für den Begriff der Berufskrankheit ist ferner, daß der Arbeitnehmer die Krankheit bei einer der in den §§ 539, 540 und 543 bis 545 RVO genannten Tätigkeiten erleidet. Das bedeutet, daß nicht jede in der Berufskrankheiten-VO aufgeführte oder nach § 551 Abs. 2 RVO zu entschädigende Krankheit im konkreten Fall als Berufskrankheit zu gelten hat; hierfür bedarf es des Nachweises der Kausalität, d.h. des Vorliegens berufsbedingter schädigender Einwirkungen und ihrer Ursächlichkeit für die Erkrankung (4.05). Der Versicherungsfall tritt ein mit Beginn der Krankheit (= erstmalige Behandlungsbedürftigkeit) oder mit Beginn der Minderung der Erwerbsfähigkeit (§ 551 Abs. 3 RVO).

192 **Prozeßfragen.** Ob ein Arbeitsunfall i.S. der §§ 548 bis 551 RVO vorliegt, entscheiden im Streitfall die Sozialgerichte. An deren endgültiger Entscheidung sind andere Gerichte, z.B. das Arbeitsgericht, gebunden, wenn über Ersatzansprüche des Arbeitnehmers wegen des Personenschadens zu erkennen ist (§ 638 Abs. 1 RVO). Ist eine bindende Entscheidung im sozialgerichtlichen Verfahren noch nicht getroffen, muß das entscheidende Gericht sein Verfahren aussetzen,

bis das Verfahren vor den Sozialgerichten abgeschlossen ist, es sei denn, das Vorliegen eines Arbeitsunfalles ist ganz offensichtlich und wird von keiner Partei bestritten.

193 **Umfang des Haftungsausschlusses.** Tritt der Träger der gesetzlichen Unfallversicherung bei einem Arbeitsunfall für den Personenschaden ein, so sind gem. § 636 Abs. 1 Satz 1 RVO Ansprüche gegen den Unternehmer (= Arbeitgeber) auf Ersatz des Personenschadens nach anderen gesetzlichen Vorschriften ausgeschlossen. Der Haftungsausschluß erfaßt sämtliche Schadensersatzansprüche gegen den Arbeitgeber, die aus einem Personenschaden resultieren, insbesondere Ansprüche aus Arbeitsvertrag (§ 618 BGB, § 62 HGB, § 120a GewO, siehe Rz 173), aus unerlaubter Handlung (§§ 823ff. BGB), aus der Gefährdungshaftung des Arbeitgebers (z.B. § 7 STVG). Ausgeschlossen sind auch Ansprüche auf Schmerzensgeld (4.06).

Der Ausschluß von Schmerzensgeldansprüchen ist für den Arbeitnehmer mit einem Nachteil verbunden: Von den Trägern der gesetzlichen Unfallversicherung erhält er kein Schmerzensgeld, weil von den Berufsgenossenschaften grundsätzlich kein Schmerzensgeld gezahlt wird (§ 547 RVO), und vom Unternehmer kann er wegen § 636 RVO kein Schmerzensgeld fordern. Das Bundesverfassungsgericht hat diese Regelung gleichwohl für verfassungskonform erklärt, weil der Nachteil – bei einem Gesamtvergleich zwischen dem allgemeinen Deliktsrecht und dem Unfallversicherungsrecht – durch andere Vorteile kompensiert werde (4.07).

194 **Ausnahmen vom Haftungsausschluß.** Von der Regelung des § 636 Abs. 1 Satz 1 RVO, wonach der durch einen Arbeitsunfall verursachte Personenschaden grundsätzlich von dem Träger der gesetzlichen Unfallversicherung ersetzt wird und nicht vom Unternehmer, gibt es zwei Ausnahmen. Der Unternehmer haftet dann persönlich für den Personenschaden, wenn er den Arbeitsunfall vorsätzlich herbeigeführt hat, ferner, wenn der Arbeitsunfall bei der Teilnahme am allgemeinen Verkehr eingetreten ist. In diesen Fällen ist auch ein Schmerzensgeldanspruch gegen den Arbeitgeber möglich. Der Schadensersatzanspruch des Arbeitnehmers gegen den Unternehmer vermindert sich jedoch um die Leistungen, die er infolge des Arbeitsunfalles von anderen Trägern der Sozialversicherung, z.B. von der Krankenkasse, erhält (§ 636 Abs. 1 Satz 2 RVO).

Vorsatz bedeutet, daß der Unternehmer den Arbeitsunfall entweder bewußt und gewollt herbeigeführt hat (= direkter Vorsatz) oder ihn zumindest für möglich gehalten und trotzdem billigend in Kauf genommen hat (= bedingter Vorsatz). Der Vorsatz muß sich auf den Eintritt des Arbeitsunfalles gerichtet haben; es genügt nicht, wenn er sich allein auf einen Verstoß gegen Vorschriften, z.B. Unfallverhütungsvorschriften, bezieht.

Teilnahme am allgemeinen Verkehr liegt vor, wenn sich der Unfall auf allgemein zugänglichen öffentlichen Straßen und Plätzen, in der Luft oder auf Schienenwegen ereignet hat und die Fahrt nicht ausschließlich betrieblichen Zwecken diente. Der Verletzte muß den Unfall als gewöhnlicher Verkehrsteilnehmer und nicht in seiner Eigenschaft als Betriebsangehöriger erlitten haben. Beispiel: Arbeitgeber nimmt Arbeitnehmer nach Beendigung der Arbeit aus Gefälligkeit in seinem PKW mit. Hingegen liegt keine Teilnahme am allgemeinen Verkehr, sondern ein Wegeunfall vor, wenn der Arbeitgeber den Arbeitnehmer mit dem Wagen nach Hause bringt, weil dieser, z.B. nach Ableistung von Überstunden, keine öffentlichen Verkehrsmittel mehr erreichen kann.

195 **Regreßansprüche der Sozialversicherungsträger.** Hat der Unternehmer den Arbeitsunfall vorsätzlich oder grob fahrlässig herbeigeführt, so können die Träger der Sozialversicherung gegen ihn Regreßansprüche geltend machen für al-

les, was sie infolge des Arbeitsunfalles aufwenden müssen (§ 640 Abs. 1 RVO). Der Rückgriffsanspruch steht nicht nur der Berufsgenossenschaft, sondern allen Sozialversicherungsträgern offen, die wegen des Arbeitsunfalles Leistungen erbringen, z.B. auch der Krankenkasse (= Zahlung von Krankengeld) und den Rentenversicherungsträgern (= Zahlung von Erwerbs- oder Berufsunfähigkeitsrente). Die Träger der Sozialversicherung können allerdings nach billigem Ermessen, insbesondere unter Berücksichtigung der wirtschaftlichen Verhältnisse des Schädigers und des Grades des Verschuldens, auf den Ersatzanspruch verzichten (§ 640 Abs. 2 RVO).

Rückgriffsansprüche werden i.d.R. wegen Verstoßes gegen Unfallverhütungsvorschriften erhoben; die Verletzung von Unfallverhütungsvorschriften begründet im allgemeinen den Tatbestand des grob fahrlässigen Verhaltens.

196 **Übergang von Schadensersatzansprüchen.** Ist der Arbeitsunfall durch eine Person verursacht, die nicht dem Betrieb des Arbeitgebers angehört (= Drittschädiger), so stehen dem verletzten Arbeitnehmer nicht nur Ansprüche gegen die Berufsgenossenschaft zu, sondern auch gegen die Person, die den Unfall verursacht hat.

Beispiel: Ein Arbeitnehmer wird auf dem Weg zur Arbeit ohne eigenes Verschulden in einen Verkehrsunfall verwickelt. Er hat Ansprüche sowohl gegen die für ihn zuständige Berufsgenossenschaft (= Wegeunfall) als auch gegen den Verkehrsteilnehmer (= §§ 823ff. BGB, § 7 STVG).

In diesem Falle gehen die Ansprüche, die dem verletzten Arbeitnehmer gegen den Drittschädiger zustehen, insoweit auf die Berufsgenossenschaft über, als die Berufsgenossenschaft Leistungen an den Arbeitnehmer oder seine Hinterbliebenen zu gewähren hat (§ 116 Abs. 1 SGB). Auf die Berufsgenossenschaft geht also nur der Anspruch auf Ersatz des Personenschadens über, nicht der Anspruch auf Schmerzensgeld und auf Ersatz des Sachschadens. Sinn der Regelung ist es zu verhindern, daß der Arbeitnehmer den Personenschaden doppelt ersetzt bekommt; zugleich wird sichergestellt, daß der Drittschädiger nicht einseitig Vorteile aus dem Bestehen des Unfallversicherungsschutzes zieht.

1.112 Sachschaden

197 **Anspruchsgrundlagen.** Für den Sachschaden, der bei einem Arbeitsunfall entstanden ist, haftet der Unternehmer (= Arbeitgeber) persönlich. Als Anspruchsgrundlage sind vor allem zu nennen:

- der Arbeitsvertrag
- die Vorschriften über die Haftung für unerlaubte Handlungen (§ 823ff. BGB).

In Sonderfällen kommt auch § 670 BGB (= Ersatz von Aufwendungen) als Anspruchsgrundlage in Betracht.

Der Arbeitnehmer kann nach seiner Wahl aus Arbeitsvertrag oder unerlaubter Handlung gegen den Arbeitgeber vorgehen. Praktisch bedeutsam ist dies insbesondere im Hinblick auf die unterschiedliche Regelung der Verjährung (zwei Jahre bei vertraglichen Ansprüchen, § 196 BGB, drei Jahre bei Ansprüchen aus unerlaubter Handlung, § 852 Abs. 1 BGB).

198 **Vertragliche Haftung des Arbeitgebers.** Voraussetzung für die Haftung des Arbeitgebers aus Arbeitsvertrag ist

- daß der Arbeitgeber seine vertraglichen Schutzpflichten verletzt hat

Beispiel: Der Arbeitgeber hat die Sicherheits- und Unfallverhütungsvorschriften nicht eingehalten.

- daß die Vertragsverletzung die alleinige Ursache war für die Beschädigung der Sachen des Arbeitnehmers (= haftungsbegründende Kausalität) und daß die Beschädigung ursächlich war für den Schaden (= haftungsausfüllende Kausalität)
- daß der Arbeitgeber schuldhaft, d.h. vorsätzlich oder fahrlässig gehandelt hat.

Zum Begriff des Vorsatzes siehe Rz 194. Fahrlässigkeit liegt vor, wenn der Arbeitgeber die im Verkehr erforderliche Sorgfalt außer acht gelassen hat (§ 276 Abs. 1 Satz 2 BGB). Das kann bewußt geschehen sein (der Arbeitgeber erkennt zwar die Gefahrenlage, handelt aber unter Außerachtlassung der gebotenen Sicherheitsvorkehrungen im Vertrauen darauf, daß der Schaden nicht eintritt); möglich ist aber auch, daß die erforderliche Sorgfalt unbewußt außer acht gelassen wurde (der Arbeitgeber sieht die Möglichkeit eines Schadens nicht voraus, hätte sie aber bei Anwendung der erforderlichen Sorgfalt voraussehen und sich entsprechend anders verhalten können und müssen).

199 **Deliktische Haftung des Arbeitgebers.** Die Haftung des Arbeitgebers für unerlaubte Handlungen (§ 823ff. BGB) setzt voraus

- daß das Eigentum oder der Besitz des Arbeitnehmers beschädigt oder zerstört worden ist
- daß zwischen dem Verhalten des Arbeitgebers und dem Schaden des Arbeitnehmers ein ursächlicher Zusammenhang besteht

Voraussetzung ist, daß das Verhalten des Arbeitgebers zu der Beschädigung bzw. Zerstörung des Eigentums geführt hat (= haftungsbegründende Kausalität) und daß die Beschädigung bzw. Zerstörung des Eigentums die Ursache des Schadens gewesen ist (= haftungsausfüllende Kausalität).

- daß die Beschädigung oder Zerstörung des Eigentums bzw. des Besitzes des Arbeitnehmers widerrechtlich erfolgt ist

Widerrechtlich ist jede Verletzung eines fremden Rechtsgutes, sofern nicht ein Rechtfertigungsgrund vorliegt. In den meisten Fällen wird man davon ausgehen können, daß die Beschädigung oder Zerstörung von Eigentum bzw. Besitz objektiv rechtswidrig ist. Ausnahmen bestehen nur, wenn dem Täter ein eigenes Recht zum Handeln zur Seite steht, z.B. Eigentum (§ 903 BGB), Notwehr (§ 227 BGB), Notstand (§§ 228, 904 BGB), Selbsthilfe (§§ 229, 230 BGB).

- daß der Arbeitgeber schuldhaft, also vorsätzlich oder fahrlässig gehandelt hat.

200 **Schadensersatzpflicht gem. § 670 BGB.** Die Schadensersatzpflicht des Arbeitgebers in entsprechender Anwendung von § 670 BGB ist an folgende Voraussetzungen gebunden:

- Der Sachschaden des Arbeitnehmers muß bei Ausführung der Arbeit entstanden sein.
- Der Sachschaden darf nicht dem Lebensbereich des Arbeitnehmers zuzurechnen oder durch eine besondere Vergütung abgedeckt sein.

Die Haftung tritt hier ohne Verschulden des Arbeitgebers ein. Einzelheiten siehe Rz 181.

201 **Mitverschulden des Arbeitnehmers.** Die Schadensersatzpflicht des Arbeitgebers mindert sich, wenn ein mitwirkendes Verschulden des Arbeitnehmers

vorliegt. Das Mitverschulden kann darin bestehen, daß der Arbeitnehmer es unterlassen hat, den Arbeitgeber rechtzeitig auf die Gefahr eines ungewöhnlich großen Schadens aufmerksam zu machen, oder daß er es unterlassen hat, den Schaden abzuwenden oder zu mindern (§ 254 Abs. 2 Satz 1 BGB). Beispiel: Arbeitnehmer beachtet die Sicherheitsvorschriften nicht.

Liegt ein Mitverschulden des Arbeitnehmers vor, so hängt der Umfang der Ersatzpflicht des Arbeitgebers von einer Würdigung und Abwägung der Umstände des Einzelfalles ab. Die Abwägung kann im Ergebnis zu einer Schadensteilung, zu einem Wegfall der Ersatzpflicht oder zu einer vollen Haftung des Arbeitgebers führen (4.08).

1.12 Haftung für sonstige Schäden des Arbeitnehmers im Rahmen des Arbeitsverhältnisses

202 **Persönliche Haftung des Arbeitgebers.** Für sonstige, nicht unfallbedingte Schäden, die mit dem Arbeitsverhältnis in Zusammenhang stehen, haftet der Arbeitgeber persönlich. Zu denken ist vor allem an Sachschäden bei der Verwahrung der eingebrachten Sachen des Arbeitnehmers; in Betracht kommen ferner Streitereien am Arbeitsplatz zwischen Arbeitgeber und Arbeitnehmer, bei denen der Arbeitnehmer verletzt wird.

203 **Anspruchsgrundlagen.** Als Anspruchsgrundlage für Schadensersatzansprüche des Arbeitnehmers gegen den Arbeitgeber kommen bei Sachschäden der Arbeitsvertrag (= Verletzung der Obhutspflicht) und u.U. § 670 BGB in Betracht. Einzelheiten siehe Rz 177ff. Anspruchsgrundlage bei einem vom Arbeitgeber im Streit schuldhaft verursachten Körperschaden des Arbeitnehmers ist § 823 BGB.

1.2 Haftung des Arbeitgebers für Schäden Dritter, die von seinen Mitarbeitern verursacht wurden

Grundlage der Haftung des Arbeitgebers für seine Mitarbeiter kann ein Vertrag sein, der zwischen dem Arbeitgeber und dem geschädigten Dritten besteht. Der Arbeitnehmer, der zwecks Erfüllung dieses Vertrages tätig wird und dabei einen Schaden verursacht, ist dann Erfüllungsgehilfe des Arbeitgebers; der Arbeitgeber hat ein Verschulden seines Erfüllungsgehilfen in gleichem Umfang zu vertreten wie eigenes Verschulden (§ 278 BGB). Daneben kommt eine deliktische Haftung des Arbeitgebers in Betracht, wenn der Arbeitnehmer in Ausführung der ihm übertragenen Verrichtungen einem Dritten, der nicht Vertragspartner des Arbeitgebers zu sein braucht, widerrechtlich einen Schaden zufügt. Anspruchsgrundlage ist in diesem Falle § 831 BGB.

Nach § 278 BGB haftet der Arbeitgeber für fremdes Verschulden (nämlich für das Verschulden seines Arbeitnehmers) ohne Rücksicht auf eigenes Verschulden; nach § 831 BGB haftet er für vermutetes eigenes Verschulden ohne Rücksicht auf das Verschulden seines Arbeitnehmers. § 278 BGB regelt die Haftung innerhalb eines bestehenden Schuldverhältnisses, § 831 BGB betrifft die Haftung außerhalb eines Schuldverhältnisses. Nach § 278 BGB ist kein Entlastungsbeweis des Arbeitgebers möglich, wohl aber nach § 831 BGB.

1.21 Haftung für Erfüllungsgehilfen

204 **Begriff.** Erfüllungsgehilfe ist, wer als Hilfsperson (hier: als Arbeitnehmer) für einen anderen (hier: für den Arbeitgeber) mit dessen Willen tätig wird, um für ihn eine Verpflichtung aus einem bestehenden Schuldverhältnis zu erfüllen.

Beispiel: A wird im Friseurgeschäft des F vom Gesellen rasiert. Das Schuldverhältnis (hier: Werkvertrag) besteht zwischen A und F. Aufgrund des Vertrages wäre an sich F persönlich verpflichtet, A zu rasieren; er tut dies aber nicht, sondern setzt dafür seinen Gesellen G ein.

Die Art der zwischen Schuldner und Hilfsperson bestehenden rechtlichen Beziehung ist gleichgültig (hier: Arbeitsvertrag); auch ist nicht erforderlich, daß der Erfüllungsgehilfe dem Weisungsrecht des Schuldners unterliegt (anders beim Verrichtungsgehilfen, siehe Rz 208).

205 **Umfang der Haftung.** Gem. § 278 Satz 1 BGB hat der Arbeitgeber ein Verschulden seiner Arbeitnehmer, die für ihn als Erfüllungsgehilfen tätig werden, in gleichem Umfang zu vertreten wie eigenes Verschulden. Der Arbeitgeber kann also, wenn einer seiner Arbeitnehmer in Ausführung der ihm übertragenen Tätigkeit schuldhaft einen Schaden bei einem Geschäftspartner verursacht hat, nicht einwenden, daß er selbst den Schaden nicht verursacht habe.

Hinweis: Der Erfüllungsgehilfe haftet dem Geschädigten persönlich aus §§ 823ff. BGB (siehe Rz 221f.).

206 **Voraussetzungen.** Grundsätzlich kommt eine Haftung nach § 278 BGB nur innerhalb bestehender Schuldverhältnisse in Betracht, gleichgültig, ob es sich um vertragliche oder gesetzliche Schuldverhältnisse handelt. Der Arbeitgeber haftet also für seine Arbeitnehmer gem. § 278 BGB nur gegenüber solchen Personen, mit denen er bei Eintritt des vom Arbeitnehmer verursachten Schadens durch ein Schuldverhältnis verbunden ist. In der Regel wird es sich um eine vertragliche Beziehung handeln, z.B. um einen Werkvertrag oder einen Kaufvertrag zwischen dem Arbeitgeber und einem Kunden. Bestehen keine schuldrechtlichen Beziehungen zwischen dem Arbeitgeber und dem Geschädigten bei Eintritt des Schadens, so haftet der Arbeitgeber für seine Mitarbeiter nicht nach § 278 BGB, u.U. aber nach § 831 BGB (siehe hierzu Rz 208ff.).

Eine weitere Voraussetzung ist, daß der Erfüllungsgehilfe schuldhaft gehandelt hat. Als Verschulden kommen dabei Fahrlässigkeit und Vorsatz in Betracht. Gem. § 278 Satz 2 BGB kann die Haftung des Arbeitgebers für vorsätzliches Verhalten des Erfüllungsgehilfen ausgeschlossen werden. Die Anforderungen an das Verschulden richten sich nach der Stellung des Schuldners (= Arbeitgebers), nicht nach der des Erfüllungsgehilfen.

Der Meister haftet also im obigen Beispiel auch dann für Fehlleistungen seines Gesellen, wenn sie diesem selbst nicht vorzuwerfen sind.

Ferner wird vorausgesetzt, daß der Erfüllungsgehilfe in Erfüllung einer Verpflichtung des Schuldners (= Arbeitgebers) gehandelt hat. Entscheidend ist also der Pflichtenkreis des Arbeitgebers, wie er sich aus Art und Inhalt des jeweiligen Schuldverhältnisses ergibt. Die schuldhafte Handlung des Erfüllungsgehilfen muß in einem inneren Zusammenhang mit den Aufgaben stehen, die der Arbeitgeber ihm in Hinblick auf die Erfüllung des Schuldverhältnisses zugewiesen hat.

Für schuldhafte Handlungen des Erfüllungsgehilfen nur bei Gelegenheit der Vertragserfüllung haftet der Arbeitgeber nicht.

Beispiele: Haftung des F im obigen Beispiel, wenn G den A so unglücklich schneidet, daß dieser den Arzt aufsuchen muß; Haftung des Elektromeisters für seinen Gesellen, wenn dieser beim Anbringen einer Lampe das Eigentum des Kunden beschädigt. Hingegen keine Haftung des Elektromeisterns aus § 278 BGB, wenn der Geselle bei der Montage eine Uhr stiehlt.

207 **Regreßanspruch des Arbeitgebers.** Hat der Arbeitgeber für das Verschulden seines Erfüllungsgehilfen gem. § 278 BGB einzustehen, so kann er aus dem Arbeitsvertrag mit dem Arbeitnehmer einen Regreßanspruch gegen den Arbeitnehmer geltend machen wegen schuldhafter Verletzung der Sorgfaltspflicht.

1.22 Haftung für Verrichtungsgehilfen

208 **Begriff.** Verrichtungsgehilfe ist, wem von einem anderen, von dessen Weisungen er mehr oder minder abhängig ist, eine Tätigkeit übertragen worden ist. Der Geschäftsherr (hier: der Arbeitgeber) muß die Tätigkeit des Verrichtungsgehilfen (hier: des Arbeitnehmers) jederzeit beschränken, untersagen oder nach Zeit und Umfang bestimmen können. Auf die Art der Tätigkeit kommt es nicht an, auch ist gleichgültig, ob die Tätigkeit ausdrücklich oder stillschweigend übertragen wurde. Entscheidend ist allein, daß der Verrichtungsgehilfe bei der Ausführung der Verrichtung vom Willen des Geschäftsherrn abhängig ist. Dies dürfte bei Arbeitsverhältnissen stets der Fall sein (siehe Rz 5). Den Gegensatz zum Verrichtungsgehilfen bilden diejenigen, die über ihre Person frei verfügen und Zeit und Umfang ihrer Tätigkeit selbst bestimmen können (Beispiele: selbständige Handwerker, freie Mitarbeiter).

209 **Umfang der Haftung.** Gem. § 831 Abs. 1 Satz 1 BGB haftet der Arbeitgeber für den Schaden, den sein Arbeitnehmer in Ausführung der ihm übertragenen Verrichtungen einem Dritten widerrechtlich zufügt. Es kann auch ein Schmerzensgeld verlangt werden. Der Haftung nach § 831 Abs. 1 Satz 1 BGB liegt die Vermutung zugrunde, daß der Arbeitgeber bei der Auswahl oder Leitung seines Verrichtungsgehilfen oder bei der Beschaffung der erforderlichen Geräte und Vorrichtungen nicht die erforderliche Sorgfalt beobachtet hat, bzw. daß der Schaden bei Anwendung der erforderlichen Sorgfalt hätte vermieden werden können.

210 **Voraussetzungen.** Im Unterschied zu § 278 BGB ist bei § 831 BGB nicht erforderlich, daß zwischen dem Geschäftsherrn und dem Geschädigten ein Schuldverhältnis besteht. § 831 BGB ist auch dann anwendbar, wenn vor Eintritt des Schadens keinerlei Rechtsbeziehungen zwischen dem Arbeitgeber und dem Geschädigten bestanden haben.

Ein Arbeitnehmer kann also gleichzeitig Erfüllungsgehilfe und Verrichtungsgehilfe des Arbeitgebers sein (z.B. gegenüber Vertragspartnern); er kann aber auch nur Verrichtungsgehilfe sein (gegenüber Dritten, mit denen der Arbeitgeber keine vertraglichen Beziehungen unterhält).

Weiterhin ist nicht erforderlich, daß der Verrichtungsgehilfe den Schaden verschuldet hat.

Voraussetzung ist lediglich, daß der Schaden dem Dritten widerrechtlich zugefügt wurde, d.h. daß der Tatbestand einer unerlaubten Handlung vorliegt (z.B. Körperverletzung, Verletzung des Eigentums u.a.).

Außerdem wird verlangt, daß der Schaden in Ausführung der dem Verrichtungsgehilfen übertragenen Tätigkeit entstanden ist, nicht bei Gelegenheit der Verrichtung. Wie beim Erfüllungsgehilfen muß auch beim Verrichtungsgehilfen ein innerer Zusammenhang zwischen der dem Verrichtungsgehilfen übertragenen Tätigkeit und der schädigenden Handlung bestehen. Für Schäden bei Gelegenheit der Verrichtung haftet nur der Verrichtungsgehilfe persönlich.

Inwieweit bei bewußtem und eigenmächtigem Zuwiderhandeln gegen Weisungen des Geschäftsherrn das Handeln des Verrichtungsgehilfen noch zum Kreise der aufgetragenen Verrichtungen gehört, ist eine Tatfrage. Beispiel: Bei Schwarzfahrten, die ohne Wissen und Wollen des Kfz-Halters vorgenommen werden, handelt der Fahrer in aller Regel nicht in Ausführung der Verrichtung; anders, wenn der Fahrer auf einer Dienstfahrt hinsichtlich der Fahrstrecke von den Weisungen des Arbeitgebers abweicht.

211 **Entlastungsmöglichkeit.** Gem. § 831 Abs. 1 Satz 2 BGB tritt die Ersatzpflicht nicht ein, wenn der Arbeitgeber bei der Auswahl der bestellten Person und, sofern er Vorrichtungen oder Gerätschaften zu beschaffen oder die Ausführung der Verrichtung zu leiten hat, bei der Beschaffung oder der Leitung die im Verkehr erforderliche Sorgfalt beobachtet hat oder wenn der Schaden auch bei Anwendung dieser Sorgfalt entstanden sein würde. Gelingt es dem Arbeitgeber, dies nachzuweisen, braucht er für den von seinem Verrichtungsgehilfen verursachten Schaden nicht zu haften.

Die Anforderungen an den Nachweis, daß bei der Auswahl des Verrichtungsgehilfen, bei der Beschaffung der Geräte und bei der Leitung der Arbeit die erforderliche Sorgfalt beobachtet wurde, richten sich nach der Art der Tätigkeit. Je verantwortungsvoller und schwieriger die Tätigkeit ist, umso größer ist die Sorgfaltspflicht. Dies gilt insbesondere dann, wenn mit der Tätigkeit Gefahren für die öffentliche Sicherheit verbunden sind, z.B. bei Kraftfahrern. Hier genügt es nicht, daß sie die richtige Sachkenntnis und Geschicklichkeit aufweisen, sie müssen vielmehr auch die nötigen charakterlichen Eigenschaften, wie Besonnenheit, Verantwortungsgefühl usw. besitzen (4.09). Da es darauf ankommt, daß der Verrichtungsgehilfe noch im Zeitpunkt der Schadenszufügung als sorgfältig ausgewählt anzusehen ist, genügt ferner nicht die sorgfältige Auswahl bei der Einstellung des Verrichtungsgehilfen, sondern es ist eine fortgesetzte, planmäßige Überwachung erforderlich, ob der Verrichtungsgehilfe noch zu der Verrichtung befähigt ist (4.09). Führt der Geschäftsherr die Auswahl der Verrichtungsgehilfen und die Leitung der Arbeiten nicht selbst durch, hat er diese Aufgaben vielmehr einem Angestellten zu übertragen, so muß nicht nur dieser Angestellte sorgfältig ausgesucht sein, sondern es muß auch nachgewiesen werden, daß der betreffende Angestellte seinerseits den schadenverursachenden Arbeitnehmer sorgfältig ausgesucht und überwacht hat. Es muß eine Organisation vorhanden sein, die eine ordnungsgemäße Beaufsichtigung der Arbeitnehmer gewährleistet (4.09).

Um den Nachweis zu führen, daß es an dem ursächlichen Zusammenhang zwischen der angeblichen Sorgfaltsverletzung und dem Schaden fehlt bzw. daß der Schaden auch bei Anwendung der erforderlichen Sorgfalt entstanden sein würde, genügt es nicht, darauf hinzuweisen, daß der Schaden trotz Anwendung der Sorgfalt entstanden sein würde; vielmehr ist der Nachweis erforderlich, entweder, daß der Schaden auch von einer sorgfältig ausgewählten bzw. überwachten Person angerichtet worden wäre, oder daß auch ein sorgfältiger Arbeitgeber nach den Unterlagen, die eingeholt wurden, den Verrichtungsgehilfen ausgewählt haben würde (4.09).

2. Haftung des Arbeitnehmers

2.1 Haftung des Arbeitnehmers für Schäden am Eigentum des Arbeitgebers

2.11 Beschränkung der Arbeitnehmerhaftung

212 **Haftungsgrundsätze.** Als Anspruchsgrundlage für Schadensersatzansprüche des Arbeitgebers gegen den Arbeitnehmer für vom Arbeitnehmer verursachte Schäden am Eigentum des Arbeitgebers (z.B. Beschädigung von Maschinen oder Fahrzeugen, Vergeudung von Material) kommen der Arbeitsvertrag und die Vorschriften über die Haftung für unerlaubte Handlungen (§§ 823ff. BGB) in Betracht. Zu den Anspruchsvoraussetzungen siehe Rz 198 und 199.

Der Arbeitnehmer haftet jedoch nicht für jeden Schaden, den er dem Arbeitgeber bei Verrichtung der Arbeit schuldhaft zufügt. Vielmehr kommt es für die Haftung auf den Grad des Verschuldens des Arbeitnehmers an:

- Hat der Arbeitnehmer den Schaden vorsätzlich herbeigeführt, so hat er den gesamten Schaden allein zu tragen. Zum Begriff des Vorsatzes siehe Rz 194.
- Hat der Arbeitnehmer grob fahrlässig gehandelt, so haftet er ebenfalls in aller Regel voll.

  Grobe Fahrlässigkeit liegt vor, wenn der Arbeitnehmer die im Verkehr erforderliche Sorgfalt in besonders schwerem Maße außer acht gelassen hat, d.h. wenn er schon die einfachsten, ganz naheliegenden Überlegungen nicht angestellt und nicht das beachtet hat, was im konkreten Fall jedem einleuchten mußte. Beispiele: zu schnelles Fahren, unvorsichtiges Überholen, Verletzung der Vorfahrt; Nichtbeachtung der Unfallverhütungsvorschriften.
- Ist nur ganz leichte (= geringe) Fahrlässigkeit nachweisbar, so haftet der Arbeitnehmer nicht; den Schaden hat in diesem Falle der Arbeitgeber zu tragen.
- Bei mittlerer (= normaler, gewöhnlicher) Fahrlässigkeit ist der Schaden zwischen Arbeitgeber und Arbeitnehmer anteilsmäßig zu verteilen, wobei die Gesamtumstände von Schadensanlaß und Schadensfolgen gegeneinander abzuwägen sind (sog. Quotelung). Einzelheiten hierzu siehe Rz 213.

Diese Grundsätze zur Arbeitnehmerhaftung sind vom BAG seit 1957 in ständiger Rechtsprechung entwickelt worden (4.10). Da das Bürgerliche Gesetzbuch keine spezialgesetzliche Regelung für Arbeitnehmer für schadensersatzrechtliche Fragen enthält, sah sich das BAG veranlaßt, das Arbeitnehmerhaftungsrecht im Wege der Rechtsfortbildung den tatsächlichen betrieblichen Gegebenheiten anzupassen, allerdings zunächst unter der Voraussetzung des Vorliegens einer sog. schadensgeneigten Tätigkeit. Bis 1992 hat das BAG die Ansicht vertreten, daß die Grundsätze über die Beschränkung der Arbeitnehmerhaftung nur für solche Arbeiten gelten, die besonders hohe Anforderungen an Können, Geschicklichkeit und Konzentrationsfähigkeit des Arbeitnehmers stellen, so daß angesichts der menschlichen Unzulänglichkeit damit gerechnet werden muß, daß auch dem sorgfältigsten Arbeitnehmer mit großer Wahrscheinlichkeit Fehler unterlaufen, die für sich allein betrachtet zwar jedesmal vermeidbar wären, die aber in der besonderen Situation, in der sich der Arbeitnehmer befindet, erfahrungsgemäß nicht zu umgehen sind. Im Juni 1992 beschloß der Große Senat des BAG, daß die Grundsätze über die Beschränkung der Arbeitnehmerhaftung künftig für alle Arbeiten gelten sollen, die durch den Betrieb veranlaßt sind und aufgrund eines Arbeitsverhältnisses geleistet werden, auch wenn diese Arbeiten nicht gefahrengeneigt sind (4.11). Zur Begründung verwies der Große Senat auf das Betriebsrisiko, das vom Arbeitgeber zu tragen sei (= Gefährlichkeit der Produktionsanlagen, der Produktion oder der hergestellten Produkte), ferner auf die Organisations- und Personalhoheit des Arbeitgebers (= Festlegung des Betriebszweckes, der Betriebsorganisation, der Arbeitsbedingungen usw.), wodurch das Haftungsrisiko für den Arbeitnehmer bestimmt werde. Außerdem wurden verfassungsrechtliche Bedenken angeführt: Die unbeschränkte Schadenshaftung des Arbeitnehmers stelle einen unverhältnismäßigen Eingriff in das Recht des Arbeitnehmers auf freie Entfaltung seiner Persönlichkeit (Art. 2 Abs. 1 GG) und in sein Recht auf freie Berufsausübung (Art. 12 Abs. 1 Satz 1 GG) dar, wenn es durch allgemeine betrieblich bedingte Schadensrisiken zu unzumutbaren finanziellen Belastungen oder gar zur Gefährdung der wirtschaftlichen Existenz des Arbeitnehmers kommen kann. Dieser Rechtsauffassung des Großen Senats des BAG hat sich der Bundesgerichtshof im September 1993 angeschlossen (4.12), wenn auch der BGH den verfassungsrechtlichen Ausführungen des BAG nicht in allem folgen mochte.

Zu beachten ist, daß nach der Rechtssprechung des BAG der Arbeitnehmer bei grober Fahrlässigkeit zwar uneingeschränkt haftet, daß es im Einzelfall aber auch bei grober Fahrlässigkeit Ausnahmen von der vollen Haftung geben kann (4.13). Das ist der Fall, wenn der eingetretene Schaden so groß ist, daß der Arbeitnehmer ohne Gefährdung seiner wirtschaftlichen Existenz nicht in der Lage ist, den Schaden aus seinem Arbeitslohn zu ersetzen. Im Einzelfall kann es dann geboten sein, die Schadensersatzpflicht des Arbeitnehmers auch bei grober Fahrlässigkeit nicht unerheblich herabzusetzen (4.13). Das BAG will einen eingetretenen Vermögensverlust insbesondere dann dem Arbeitgeber zurechnen, wenn der Verlust vom Arbeitgeber einkalkuliert ist, was immer dann der Fall sein dürfte, wenn mit einem Ersatz des Schadens durch den Arbeitnehmer von Anfang an nicht zu rechnen ist (4.13).

213 Quotelung. Bei der Aufteilung des Schadens auf Arbeitgeber und Arbeitnehmer bei mittlerer (= normaler) Fahrlässigkeit sind auf Arbeitnehmerseite u.a. zu berücksichtigen: die Vorhersehbarkeit des Schadenseintritts; das konkrete Schadensrisiko; die Ausbildung des Arbeitnehmers; seine Erfahrungen im Betrieb; das bisherige dienstliche Verhalten des Arbeitnehmers; die Schadenshöhe; die Höhe des Arbeitsentgeltes (in dem u.U. eine Risikoprämie enthalten ist). Die persönlichen Umstände des Arbeitnehmers, z.B. Lebensalter, Familienstand, Dauer der Betriebszugehörigkeit usw., sollten unberücksichtigt bleiben, weil sie ohne Bezug zum Schadensereignis sind (4.14). Auf Arbeitgeberseite sind von Bedeutung: die Möglichkeiten für eine präventive Schadensbegrenzung; ein etwaiges Mitverschulden des Arbeitgebers (z.B. Organisationsmängel, fehlende Aufklärung und Einweisung des Arbeitnehmers, Überlassung von schadhaftem Gerät oder Material). Bei der Haftung für Schäden am Kraftfahrzeug des Arbeitgebers kann zu Lasten des Arbeitgebers ins Gewicht fallen, daß dieser für das Unfallfahrzeug keine Kaskoversicherung abgeschlossen hat; u.U. haftet dann der Arbeitnehmer nur in Höhe der Selbstbeteiligung, die bei Abschluß einer Kaskoversicherung üblicherweise vereinbart wird (4.15).

214 Geltungsbereich. Die Grundsätze zur Beschränkung der Arbeitnehmerhaftung finden nur dann Anwendung, wenn der Schaden bei Ausführung der dem Arbeitnehmer übertragenen Arbeit entstanden ist. Die Tätigkeit, die zu dem Schaden geführt hat, muß aufgrund des Arbeitsverhältnisses geleistet und betrieblich veranlaßt sein, d.h. in einem engen Zusammenhang mit dem Betrieb und dem Aufgabenbereich des Arbeitnehmers stehen (4.16). Deshalb haftet z.B. ein als Kraftfahrer beschäftigter Arbeitnehmer auch bei leichter (= geringer) Fahrlässigkeit für den Schaden, wenn er das Geschäftsfahrzeug für (erlaubte) private Fahrten benutzt oder wenn er auf einer Dienstfahrt von der vorgeschriebenen Fahrtroute abweicht, um private Angelegenheiten zu erledigen.

Zu beachten ist ferner, daß die Grundsätze zur Beschränkung der Arbeitnehmerhaftung keine Anwendung finden, wenn ein Dritter, dem vom Arbeitnehmer bei betrieblich veranlaßter Tätigkeit ein Schaden zugefügt wurde, den Arbeitnehmer auf Schadensersatz in Anspruch nehmen will (4.17). Die Haftungsregelung betrifft allein die Innenhaftung des Arbeitnehmers gegenüber dem Arbeitgeber. Zwar wird ein vom Arbeitnehmer bei Ausführung der Arbeit geschädigter Dritter im Regelfall Schadensersatz vom Arbeitgeber als den finanzstärkeren Schuldner verlangen; anders wird es nur sein, wenn der Arbeitgeber nicht mehr zahlungskräftig erscheint, z.B. weil er in Konkurs gefallen ist. In einem solchen Fall kann sich der geschädigte Dritte an den Arbeitnehmer halten, z.B. Ansprüche aus §§ 823ff. BGB geltend machen, auch wenn der Arbeitnehmer den Schaden nur leicht fahrlässig verursacht hat.

Beispiel: Ein bei einer Speditionsfirma beschäftigter Kraftfahrer führt mit dem Sattelzug des Arbeitgebers einen Transport für einen Schiffmotorenhersteller durch. Er gerät in einer Kurve ins Schleudern, der Sattelzug stürzt um und die Ladung wird erheblich beschädigt. Die Versicherung, die dem Motorenhersteller Ersatz geleistet hat, verlangt vom Kraftfahrer Schadensersatz, nachdem die Speditionsfirma in Konkurs gegangen ist. Der Anspruch ist zulässig.

Zur Begründung der vollen Haftung des Arbeitnehmers für jedes Verschulden bei Drittschäden wird darauf verwiesen, daß die vom BAG für die Beschränkung der Arbeitnehmerhaftung angeführten Gründe auf spezifischen arbeitsvertraglichen Erwägungen beruhen, die sich nicht auf das Außenverhältnis zu einem Dritten übertragen lassen. Allein der Arbeitgeber ist aufgrund seiner Organisationsgewalt über den Betrieb in der Lage, dessen Ablauf so zu steuern, daß die seinem Weisungsrecht unterliegenden Arbeitnehmer möglichst keine Schäden verursachen; ein außenstehender Dritter ist zu einer Steuerung dieser Gefahrenmomente außerstande (4.17).

Schließlich soll nach der Rechtsprechung des BAG die volle Haftung des Arbeitnehmers wieder eintreten, wenn der vom Arbeitnehmer angerichtete Schaden durch eine Haftpflichtversicherung, zu deren Abschluß eine gesetzliche Verpflichtung besteht, abgedeckt ist. Die Risikodeckung durch Versicherung darf nicht davon abhängen, ob der Arbeitnehmer oder der Arbeitgeber zufällig eine Haftpflichtversicherung abgeschlossen hat, sondern muß gesetzlich vorgeschrieben sein (4.18). Der Arbeitnehmer haftet dann auch bei leichter (geringer) Fahrlässigkeit in Höhe der vorhandenen Deckung.

Beispiel: Die gesetzlich vorgeschriebene Kfz-Haftpflichtversicherung gibt jedem berechtigten Fahrer ein eigenes, selbständiges Recht auf Versicherungsschutz gegen Ansprüche Dritter. Der als Kraftfahrer beschäftigte Arbeitnehmer oder der Arbeitnehmer, der mit Wissen des Arbeitgebers dessen Fahrzeug benutzt, ist aufgrund der vom Arbeitgeber abzuschließenden Kfz-Haftpflichtversicherung gegen eine Inanspruchnahme wegen der von ihm verschuldeten Personen- oder Sachschäden versichert. Verursacht der Arbeitnehmer als berechtigter Kfz-Fahrer schuldhaft einen Schaden bei einem Dritten, so hat er dafür einzustehen in Höhe der vorhandenen Deckung.

215 **Freistellungs- und Erstattungsanspruch bei Drittschäden.** Wird bei Drittschäden (ausnahmsweise) statt des Arbeitgebers der Arbeitnehmer auf Schadensersatz in Anspruch genommen, so billigt die Rechtsprechung dem Arbeitnehmer einen Freistellungsantrag gegen seinen Arbeitgeber zu, wenn der Schaden bei einer Tätigkeit entstanden ist, die aufgrund des Arbeitsverhältnisses ge-

leistet und betrieblich veranlaßt ist (4.19). Der Umfang des Freistellungsanspruches richtet sich nach dem Schaden, der nach den Grundsätzen zur Beschränkung der Arbeitnehmerhaftung vom Arbeitgeber zu tragen ist. Bei ganz leichter Fahrlässigkeit des Arbeitnehmers ist dieser also völlig freizustellen, bei mittlerer Fahrlässigkeit anteilsmäßig. Der Freistellungsanspruch ist abtretbar und damit auch durch Dritte pfändbar; der geschädigte Dritte kann sich den Freistellungsanspruch zur Einziehung überweisen lassen und anschließend unmittelbar gegen den Arbeitgeber vorgehen (4.20). Der Freistellungsanspruch verwandelt sich dann in einen Zahlungsanspruch (4.20).

Hat der Arbeitnehmer bereits Schadensersatz an den Dritten geleistet, so kann er von seinem Arbeitgeber Erstattung verlangen in der Höhe, in der das Schadensrisiko vom Arbeitgeber zu tragen ist (4.21).

Sowohl der Freistellungs- als auch der Erstattungsanspruch des Arbeitnehmers setzen voraus, daß der Arbeitgeber zahlungsfähig ist. Das Risiko der Insolvenz des Arbeitgebers liegt also beim Arbeitnehmer.

2.12 Vereinbarungen über Haftungserleichterung und Haftungsverschärfung

216 **Tarifvertrag.** Durch Tarifvertrag kann bestimmt werden, daß der Arbeitnehmer nur für grobe Fahrlässigkeit und Vorsatz haftet. Eine solche Regelung bedeutet für die betroffenen Arbeitnehmer eine Besserstellung, weil damit die anteilsmäßige Haftung bei normaler (= mittlerer) Fahrlässigkeit entfällt. Umgekehrt sind auch Vereinbarungen über eine Verschärfung der Haftung möglich, z.B. durch die Klausel, daß für jede Fahrlässigkeit gehaftet werde.

Beispiel: § 14 BAT bestimmt, daß für die Schadenshaftung des Angestellten gegenüber dem Dienstherrn die für Beamte jeweils geltenden Vorschriften Anwendung finden. Für die Angestellten des Bundes ist dies § 78 Bundes-Beamtengesetz (BBG), für die Angestellten der Länder und der Gemeinden ist § 46 Beamtenrechtsrahmengesetz (BRRG) i.V. mit dem Landesbeamtengesetz maßgebend. Alle diese Gesetze stimmen dahingehend überein, daß der Angestellte im öffentlichen Dienst bei jeder Verletzung seiner Pflichten aus dem Arbeitsvertrag haftet, sofern es sich nicht um eine Amtspflichtverletzung handelt, ohne Rücksicht auf den Grad des Verschuldens (§ 78 Abs. 1 Satz 1 BBG, § 46 Abs. 1 Satz 1 BRRG). Hat der Angestellte seine Amtspflicht in Ausübung eines ihm anvertrauten öffentlichen Amtes verletzt, so hat er dem Dienstherrn den Schaden nur soweit zu ersetzen, als ihm Vorsatz oder grobe Fahrlässigkeit zur Last fällt (§ 78 Abs. 1 Satz 2 BBG, § 46 Abs. 1 Satz 2 BRRG).

217 **Einzelvertrag.** Auch durch Vereinbarung im Arbeitsvertrag kann die Haftung sowohl gemildert als auch verschärft werden. Allerdings kann dem Arbeitnehmer die Haftung wegen Vorsatzes nicht im voraus erlassen werden (§ 276 Abs. 2 BGB). Für den Fall der Verschärfung der Haftung wird verlangt, daß die Vereinbarung den Besonderheiten des Betriebes und der Tätigkeit Rechnung trägt und den Arbeitnehmer nicht übermäßig belastet.

Das Hauptanwendungsgebiet für einzelvertragliche Vereinbarungen über eine Haftungsverschärfung sind die sog. Mankoabreden. Unter Manko versteht man Fehlbeträge in der Kasse oder Fehlmengen im Warenbestand; betroffen sind in der Hauptsache Kassierer, Filialleiter und Lagerverwalter. Die Mankovereinbarung kann vorsehen, daß der Arbeitnehmer für jedes Manko haftet, auch wenn ihn kein Verschulden trifft. Solche Mankoabreden sind aber nur zulässig, wenn dem Arbeitnehmer für diese weitreichende Haftung ein angemessener wirtschaftlicher Ausgleich gewährt wird; ohne einen solchen Ausgleich ist die

Vereinbarung sittenwidrig und gem. § 138 BGB nichtig (siehe Rz 33). Als angemessener Ausgleich gilt ein Zuschlag zum Gehalt, der in etwa den Fehlbeträgen bzw. Fehlmengen entspricht, die erfahrungsgemäß zu erwarten sind (4.22). Nichtig ist eine Mankoabrede auch, wenn der Arbeitnehmer über keine ausreichenden Kontroll- und Eingriffsmöglichkeiten verfügt, um Fehlbeträge bzw. Fehlmengen verhindern zu können (4.23). Der Arbeitgeber hat darzulegen und zu beweisen, daß eine Mankoabrede besteht und daß diese gültig ist, daß ein Manko eingetreten ist und daß das Manko durch eine pflichtwidrige Handlung des Arbeitnehmers entstanden ist (4.24).

2.2 Haftung des Arbeitnehmers gegenüber Betriebsangehörigen

218 **Personenschaden.** Verletzt ein Arbeitnehmer einen anderen Arbeitnehmer, der im selben Betrieb tätig ist, bei der Arbeit (z.B. durch unvorsichtiges Hantieren mit Werkzeug oder Material) oder auf dem Weg nach oder von der Arbeitsstätte, so haftet im allgemeinen der Arbeitnehmer nicht persönlich für den Schaden. Nach § 637 Abs. 1 RVO gilt der Haftungsausschluß des § 636 RVO entsprechend bei Arbeits- und Wegeunfällen, die ein Arbeitnehmer verursacht hat und bei denen ein anderer Arbeitnehmer desselben Betriebes verletzt oder getötet wurde. § 637 Abs. 1 RVO stellt also die Arbeitnehmer des Betriebes dem Unternehmer gleich, was die Haftung für anderen Betriebsangehörigen bei Arbeits- und Wegeunfällen zugefügte Personenschäden betrifft, obwohl die Arbeitnehmer keine Beiträge an die gesetzliche Unfallversicherung abführen. Für den Arbeitnehmer, der den Arbeits- bzw. Wegeunfall verursacht hat, tritt die gesetzliche Unfallversicherung, d.h. die zuständige Berufsgenossenschaft, ein, so wie sie für den Unternehmer eintritt (siehe Rz 189).

Sinn und Zweck des Haftungsausschlusses für Personenschäden gem. § 637 Abs. 1 RVO ist es, Haftungsstreitigkeiten unter den Betriebsangehörigen im Interesse des Betriebsfriedens zu vermeiden (4.25). Der verletzte Arbeitnehmer soll unabhängig vom Nachweis des Verschuldens und unabhängig von der finanziellen Lage des Schädigers Ersatz für den Personenschaden erhalten. Auch soll der Unternehmer (= Arbeitgeber), der durch seine Beiträge den Unfallversicherungsschutz finanziert, von Freistellungs- und Erstattungsansprüchen seiner Arbeitnehmer (Rz 215) entlastet werden (4.26).

Voraussetzung für den Haftungsausschluß gem. § 637 Abs. 1 RVO ist, daß der Personenschaden durch einen Arbeits- oder Wegeunfall verursacht wurde (siehe hierzu Rz 190 und 191). Das Unfallereignis muß durch das Verhalten des Arbeitnehmers verursacht worden sein (= haftungsbegründende Kausalität), ferner muß ein ursächlicher Zusammenhang zwischen dem Unfallereignis und dem Personenschaden bestehen (= haftungsausfüllende Kausalität). Schließlich wird vorausgesetzt, daß der den Unfall verursachende und der verletzte Arbeitnehmer in demselben Betrieb tätig sind; gehört der verletzte Arbeitnehmer einem anderen Betrieb an (Beispiel: Ein Arbeiter verletzt einen betriebsfremden Arbeiter, der im Betrieb eine Reparatur durchführt), so haftet der Arbeitnehmer, der den Schaden verursacht hat, für den entstandenen Personenschaden persönlich nach den Vorschriften über die Haftung für unerlaubte Handlungen (siehe hierzu Rz 221).

Die Berufsgenossenschaft ersetzt nur den Personenschaden. Weitere Schadensersatzansprüche des Verletzten gegen den Arbeitnehmer wegen des Personenschadens, z.B. aus §§ 823ff. BGB, sind ausgeschlossen (§ 637 Abs. 1 i.V.m. § 636 RVO). Ausgeschlossen sind auch Schmerzensgeldansprüche (siehe Rz 193).

Anders ist die Situation, wenn der Arbeitnehmer den Arbeits- oder Wegeunfall vorsätzlich herbeigeführt hat. In diesem Fall tritt die Berufsgenossenschaft für den Personenschaden nicht ein; der den Unfall verursachende Arbeitnehmer muß persönlich dem Arbeitskollegen für den Schaden haften, u.a. auch Schmerzensgeld zahlen gem. §§ 823ff. BGB. Das gleiche gilt, wenn der Unfall bei der Teilnahme am allgemeinen Verkehr entstanden ist, d.h. bei einer Fahrt, die nicht betriebsbedingt war, sondern der privaten Sphäre zuzurechnen ist (siehe Rz 194).

219 **Regreßansprüche der Sozialversicherungsträger.** Hat der Arbeitnehmer den Arbeitsunfall vorsätzlich oder grob fahrlässig verursacht, so können die Träger der Sozialversicherung (= Berufsgenossenschaft, Krankenkasse, Rentenversicherungsträger) vom Arbeitnehmer Regreß verlangen für alles, was sie nach Gesetz oder Satzung infolge des Arbeitsunfalles für den Personenschaden aufwenden mußten (§ 640 Abs. 1 Satz 1 RVO). Die Träger der Sozialversicherung können nach billigem Ermessen, insbesondere unter Berücksichtigung der wirtschaftlichen Lage des Arbeitnehmers, auf den Ersatzanspruch verzichten (§ 640 Abs. 2 RVO).

220 **Sachschaden.** Für Sachschäden, die ein Arbeitnehmer einem anderen Arbeitnehmer, der im selben Betrieb tätig ist, bei der Arbeit oder auf dem Weg von und zur Arbeitsstätte zufügt, haftet die gesetzliche Unfallversicherung nicht. Diese Schäden sind vom Arbeitnehmer persönlich zu ersetzen gem. § 823ff. BGB, sofern die Anspruchsvoraussetzungen (insbesondere Verschulden des Arbeitnehmers) vorliegen. Das gleiche gilt für Sachschäden, die ein Arbeitnehmer einem anderen Arbeitnehmer desselben Betriebes bei anderer Gelegenheit, z.B. bei der Teilnahme am allgemeinen Verkehr, zufügt.

Ist der Sachschaden bei der Arbeit oder auf dem Weg von und zur Arbeitsstätte entstanden, kann der Arbeitnehmer, wenn er den Schaden ersetzt hat, vom Arbeitgeber Erstattung verlangen in der Höhe, in der das Schadensrisiko vom Arbeitgeber zu tragen ist. Hat der Arbeitnehmer den Sachschaden noch nicht ersetzt, so hat er einen Freistellungsanspruch gegenüber dem Arbeitgeber in entsprechendem Umfang. Einzelheiten siehe Rz 215.

Ist der Sachschaden bei anderer Gelegenheit entstanden, besteht kein Erstattungs- bzw. Freistellungsanspruch des Arbeitnehmers.

2.3 Haftung des Arbeitnehmers gegenüber betriebsfremden Dritten

221 **Uneingeschränkte Haftung.** Schädigt der Arbeitnehmer einen betriebsfremden Dritten, so hatet er diesem nach den allgemeinen zivilrechtlichen Grundsätzen ohne irgendwelche Haftungsbeschränkungen.

Beispiele: Ein Arbeitnehmer verletzt bei einem Verkehrsunfall einen Verkehrsteilnehmer oder einen Passanten; ein Arbeitnehmer, der als Außenmonteur eingesetzt ist, beschädigt eine Maschine im Betrieb des Auftraggebers.

Als Anspruchsgrundlage kommen die Vorschriften über die Haftung für unerlaubte Handlungen (§§ 823ff. BGB) in Betracht, bei Straßenverkehrsunfällen auch § 18 STVG.

Hinweis: Ist der Arbeitnehmer Erfüllungsgehilfe des Arbeitgebers, so haftet nach § 278 BGB auch der Arbeitgeber für das schuldhafte Verhalten des Arbeitnehmers (siehe

Rz 204ff.); ist der Arbeitnehmer Verrichtungsgehilfe des Arbeitgebers, so haftet der Arbeitgeber dem Dritten nach § 831 BGB, soweit ihm nicht der Entlastungsbeweis gelingt (siehe Rz 208ff.).

222 **Ansprüche des Arbeitnehmers gegen den Arbeitgeber.** Hat der Arbeitnehmer den Schaden des betriebsfremden Dritten bei einer Tätigkeit verursacht, die betrieblich veranlaßt war, so kann er einen Freistellungs- bzw. Erstattungsanspruch gegen seinen Arbeitgeber geltend machen, wenn er von dem Dritten auf Schadensersatz in Anspruch genommen wird (siehe Rz 215). Ist der Schaden bei einer Tätigkeit entstanden, die ausschließlich privaten Zwecken des Arbeitnehmers diente, besteht kein Erstattungs- bzw. Freistellungsanspruch des Arbeitnehmers.

Kapitel 5: Recht am Arbeitsergebnis

Aufgrund des Arbeitsvertrages hat der Arbeitgeber Anspruch auf die Arbeitsleistung des Arbeitnehmers (Rz 4). Soweit durch die Arbeit keine neuen beweglichen Sachen entstehen und auch keine besondere immaterielle schöpferische Leistung des Arbeitnehmers vorliegt, ist das Ergebnis der Arbeit unter eigentumsrechtlichen Gesichtspunkten belanglos. Anders ist es, wenn durch die Arbeit ein neuer eigenständiger Wert geschaffen wird, sei es ein körperlicher Gegenstand, sei es ein immaterielles Gut (z.B. eine Erfindung, ein Werk der Literatur, Wissenschaft und Kunst, ein neues Modell oder Muster, ein Verbesserungsvorschlag). Hier stellt sich die Frage nach der rechtlichen Zuordnung des Arbeitsergebnisses; zu klären ist, wer das Eigentum an den neuen Sachen bzw. an dem immateriellen Gut erwirbt und ob sich aus dem Arbeitsverhältnis besondere Rechte und Pflichten für Arbeitgeber und Arbeitnehmer ergeben.

1. Vom Arbeitnehmer hergestellte neue Gegenstände

223 **Spezifikation.** Nach geltendem Recht kann durch Verarbeitung oder Umbildung eines oder mehrerer Stoffe Eigentum erworben werden. Voraussetzung ist, daß durch die Verarbeitung oder Umbildung eine neue bewegliche Sache hergestellt wird (= Spezifikation). Der Wert der Verarbeitung oder Umbildung muß erheblich größer sein als der Wert des Stoffes (§ 950 Abs. 1 Satz 1 BGB). Als Verarbeitung gilt auch das Schreiben, Zeichnen, Malen, Drucken, Gravieren oder eine ähnliche Bearbeitung der Oberfläche (§ 950 Abs. 1 Satz 2 BGB).

Der Begriff der Neuheit ist wirtschaftlich zu verstehen; in der Regel ist eine neue Sache anzunehmen, wenn sie auf einer höheren Verarbeitungsstufe steht. Auch Halbfabrikate können eine neue Sache sein. Bei der Bestimmung des Wertes der Verarbeitung oder Umbildung ist nicht auf den Aufwand für die Arbeitsleistung abzustellen, sondern auf die Differenz zwischen dem Wert der neuen Sache und dem Wert der verarbeiteten Stoffe (5.02). Wird durch die Arbeit keine neue Sache geschaffen, sondern lediglich an eigenen oder fremden Sachen eine Bearbeitung vorgenommen, ohne daß dadurch die Identität der Sache berührt wird, entsteht kein neues Eigentum durch die Leistung von Arbeit.

224 **Eigentumserwerb des Arbeitgebers.** Nach § 950 Abs. 1 Satz 1 BGB erwirbt grundsätzlich derjenige das Eigentum an der neuen Sache, der die Sache herstellt. Wird die spezifizierende Arbeit im Rahmen eines Arbeitsverhältnisses geleistet, so fällt das Eigentum unmittelbar dem Arbeitgeber zu (5.03). Der Arbeitgeber ist Hersteller i.S. von § 950 BGB. Dies geht zwar aus dem Wortlaut des § 950 BGB nicht unmittelbar hervor; die Verfasser des BGB haben dennoch von einer entsprechenden Präzisierung abgesehen, weil es ihrer Ansicht nach selbstverständlich war, daß das Herstellenlassen dem Herstellen gleichstehe (5.04). Auf den Willen des Arbeitnehmers kommt es nicht an; er erwirbt das Eigentum an der von ihm geschaffenen neuen Sache auch dann nicht, wenn er den Willen hat, selbst Eigentum zu erwerben (5.05). Unerheblich ist ferner, ob der Arbeitsvertrag

wirksam ist (5.05). Entscheidend ist allein, daß die Arbeit in abhängiger Stellung für den Arbeitgeber geleistet wird.

Gerechtfertigt wird der Eigentumserwerb des Arbeitgebers an neuen beweglichen Sachen zum Teil mit dem Leitungsaustausch zwischen Arbeitgeber und Arbeitnehmer, zum Teil mit einer entsprechenden ausdrücklichen oder stillschweigenden Vereinbarung im Arbeitsvertrag, zum Teil mit der Weisungsgebundenheit und der Eingliederung des Arbeitnehmers in die Betriebsorganisation (5.06).

Der Eigentumserwerb des Arbeitgebers erstreckt sich auch auf die von einem angestellten Erfinder hergestellten Modelle und Zeichnungen sowie auf die Werkstücke urheberrechtlich geschützter Werke, z.B. auf die von Mitarbeitern vorgelegten Manuskripte, Computerprogramme usw. (5.07). Das bedeutet, daß das Sacheigentum an einem bestimmten Werkstück und das immaterielle Eigentum an der in dem Werkstück verkörperten Leistung auseinanderfallen können.

Zu beachten ist, daß der Arbeitgeber das Eigentum nur an solchen Sachen erwirbt, die im Zusammenhang mit der Erfüllung der arbeitsvertraglich vereinbarten Arbeitspflicht entstanden sind. Sachen, die der Arbeitnehmer zwar in der Arbeitszeit bzw. am Arbeitsplatz, jedoch nicht in Erfüllung der Arbeitspflicht hergestellt hat, werden unmittelbar Eigentum des Arbeitnehmers. Legt z.B. ein Krankenhausarzt in der Arbeitszeit eine Kartei an, die ausschließlich seiner privaten wissenschaftlichen Forschung dient, so erwirbt er auch das Eigentum daran (5.08).

2. Immaterielle schöpferische Leistungen des Arbeitnehmers

Während der Arbeitgeber an den in seinem Unternehmen hergestellten neuen beweglichen Sachen unmittelbar Eigentum erwirbt, sieht das deutsche Recht für immaterielle schöpferische Leistungen des Arbeitnehmers, die in Erfüllung arbeitsvertraglicher Pflichten erbracht werden, unterschiedliche Regelungen vor. Bei patent- oder gebrauchsmusterfähigen Erfindungen und bei urheberrechtlich geschützten Werken erwirbt der Arbeitnehmer originär alle Rechte an der schutzfähigen bzw. geschützten schöpferischen Leistung (sog. Schöpferprinzip); dem Arbeitgeber wird aber ein Recht auf unbeschränkte oder beschränkte Inanspruchnahme (so bei Erfindungen) bzw. ein Anspruch auf Übertragung von Nutzungsrechten (so bei urheberrechtlich geschützten Werken) eingeräumt. Bei geschmacksmusterfähigen Mustern und Modellen wird der Arbeitgeber als Urheber angesehen; er kann ein Geschmacksmusterrecht beantragen und es für sich verwerten. Bei technischen und sonstigen Verbesserungsvorschlägen gilt der Grundsatz, daß das Ergebnis der Arbeit dem Arbeitgeber zusteht.

2.1 Arbeitnehmererfindungen

Rechtsgrundlage des Arbeitnehmererfinderrechts ist das Gesetz über Arbeitnehmererfindungen (ArbNErfG) von 1957, zuletzt geändert 1994 (5.09). Dem Gesetz unterliegen sowohl Erfindungen, die patent- oder gebrauchsmusterfähig sind (§§ 1, 2 ArbNErfG), als auch technische Verbesserungsvorschläge, die die Voraussetzungen des Patent- und Gebrauchsmusterschutzes nicht erfüllen (§§ 1, 3 ArbNErfG). Das Gesetz gilt in gleicher Weise für Arbeitnehmer im privaten und öffentlichen Dienst wie auch für Beamte und Soldaten (§ 1 ArbNErfG).

Zum Arbeitnehmerbegriff siehe Rz 2-7. Eine Erfindung ist patentfähig, wenn sie neu ist, auf einer erfinderischen Tätigkeit beruht und gewerblich anwendbar ist (§ 1 Abs. 1 PatG). Die Anforderungen an die Neuheit (§ 3 PatG) und an die erfinderische Tätigkeit (§ 4 PatG) sind hoch. Als Gebrauchsmuster werden Erfindungen geschützt, die neu sind, auf einem erfinderischen Schritt beruhen und gewerblich anwendbar sind (§ 1 Abs. 1 GebrMG). Die Anforderungen, die an die erfinderische Tätigkeit gestellt werden, sind weniger streng als beim Patent; eine Erfindung, die wegen ihrer geringen Erfindungshöhe für den Patentschutz nicht in Frage kommt, kann durchaus gebrauchsmusterfähig sein. Patent und Gebrauchsmuster sind technische Schutzrechte. Sie entstehen erst mit der Erteilung und der Veröffentlichung im Patentblatt (§§ 49, 58 PatG) bzw. mit der Eintragung in die Rolle für Gebrauchsmuster (§ 8 GebrMG). Beide haben eine Sperrwirkung: Werden unabhängig voneinander identische Erfindungen gemacht, entscheidet der Zeitpunkt der Anmeldung beim Patentamt.

2.11 Patent- und gebrauchsmusterfähige Diensterfindungen

225 **Begriff.** Das Gesetz über Arbeitnehmererfindungen unterscheidet zwischen Diensterfindungen (= gebundene Erfindungen) und freien Erfindungen (§ 4 Abs. 1 ArbNErfG). Nach § 4 Abs. 2 ArbNErfG liegt eine Diensterfindung vor, wenn die Erfindung während der Dauer des Arbeitsverhältnisses gemacht wurde und

- entweder aus der dem Arbeitnehmer im Betrieb oder in der öffentlichen Verwaltung obliegenden Tätigkeit entstanden ist (sog. Obliegenheitserfindung oder Aufgabenerfindung)
- oder maßgeblich auf Erfahrungen oder Arbeiten des Betriebes oder der öffentlichen Verwaltung beruht (sog. Erfahrungserfindung).

Die Erfindung wurde während der Dauer des Arbeitsverhältnisses gemacht, wenn sie nach Beginn und vor Beendigung des Arbeitsverhältnisses fertiggestellt worden ist. Unerheblich ist, ob die Erfindung während der Arbeitszeit, in der Freizeit, im Urlaub, während einer Krankheit oder während eines Streiks gemacht wurde (5.10). Auch wenn der Arbeitnehmer vor Ablauf seines Arbeitsverhältnisses noch Resturlaub nimmt und während dieser Zeit eine Erfindung macht, handelt es sich um eine Diensterfindung (5.10). Wird für eine Erfindung kurze Zeit nach dem Ausscheiden aus dem Betrieb ein Patent oder ein Gebrauchsmuster angemeldet, so begründet dies die tatsächliche Vermutung, daß sie während des Arbeitsverhältnisses gemacht wurde (5.11).

Ob eine Erfindung fertig und anwendungsreif ist, hängt nicht von der Meinung des Arbeitnehmer-Erfinders ab; maßgeblich ist vielmehr, ob die Erfindung für einen Durchschnittsfachmann ohne weitere erfinderische Überlegungen ausführbar ist (5.12). Nicht erforderlich ist, daß die Erfindung fabrikationsreif ist.

Der Begriff der Obliegenheits- oder Aufgabenerfindung ist weit auszulegen. Zu den Obliegenheitserfindungen gehören zum einen die sog. Auftragserfindungen. Beispiel: Dem Arbeitnehmer wird ein bestimmtes Forschungs- oder Entwicklungsvorhaben übertragen; die Arbeit des Arbeitnehmers führt zu einer schutzfähigen Erfindung. Zum anderen sind auch die Erfindungen als Obliegenheitserfindungen anzusehen, die im Zusammenhang mit der vom Arbeitnehmer vertragsgemäß auszuübenden Tätigkeit entstehen, ohne daß ein bestimmter Forschungs- oder Entwicklungsauftrag vorliegt. Beispiel: Erfindungen von Mitarbeitern in Forschungs-, Entwicklungs- oder Konstruktionsabteilungen. Entscheidend ist also der Aufgabenbereich des Arbeitnehmers; deshalb liegt keine Obliegenheitserfindung vor, wenn der Angestellte eines Lebensmittelgeschäftes ein neues Autozubehörteil erfindet.

Demgegenüber ist der Begriff der Erfahrungserfindung enger zu verstehen. Ausschlaggebend sind hier die positiven und negativen Erfahrungen des Betriebes bzw. der Verwaltung, die zudem über dem Stand der Technik liegen müssen; Erfindungen, die auf dem allgemeinen Stand der Technik aufbauen, sind keine Erfahrungserfindungen, auch wenn der Arbeitnehmer sich diese Kenntnisse im Betrieb des Arbeitgebers angeeignet hat (5.13). Der Arbeitgeber ist darlegungs- und beweispflichtig, daß die Erfindung maßgeblich auf betrieblichen Vorarbeiten und Erfahrungen beruht.

226 **Meldepflicht des Arbeitnehmers.** Hat der Arbeitnehmer eine Diensterfindung gemacht, so muß er sie, sobald sie fertiggestellt ist, unverzüglich dem Arbeitgeber melden (§ 5 Abs. 1 Satz 1 ArbNErfG). Die Meldung muß schriftlich erfolgen; es ist kenntlich zu machen, daß es sich um die Meldung einer Erfindung handelt. Der Arbeitgeber hat den Zeitpunkt des Einganges der Meldung umgehend zu bestätigen.

In der Meldung hat der Arbeitnehmer die technische Aufgabe, ihre Lösung und das Zustandekommen der Diensterfindung zu beschreiben (§ 5 Abs. 2 Satz 2 und Satz 3 ArbNErfG). Vorhandene Aufzeichnungen sollen beigefügt werden; auch sollen die dem Arbeitnehmer dienstlich erteilten Weisungen oder Richtlinien, die benutzten Erfahrungen oder Arbeiten des Betriebes und die beteiligten Mitarbeiter sowie Art und Umfang ihrer Mitarbeit angegeben werden (§ 5 Abs. 2 Satz 2 und Satz 3 ArbNErfG). Außerdem ist hervorzuheben, was der meldende Arbeitnehmer als seinen eigenen Anteil an der Erfindung ansieht.

Genügt die Erfindungsmeldung nicht den gesetzlichen Anforderungen, so kann der Arbeitgeber innerhalb von zwei Monaten ihre Ergänzung verlangen. Nach Ablauf der Zwei-Monats-Frist gilt die Meldung als ordnungsgemäß (§ 5 Abs. 3 ArbNErfG), d.h. der Arbeitgeber kann sich dann nicht mehr auf Mängel der Meldung berufen.

Nach Eingang der ordnungsgemäßen Erfindungsmeldung hat der Arbeitgeber drei Möglichkeiten. Er kann die Erfindung unbeschränkt in Anspruch nehmen; er kann die Erfindung beschränkt in Anspruch nehmen; er kann die Erfindung freigeben (§§ 6 Abs. 1, 8 Abs. 1 Nr. 1 ArbNErfG). Die Entscheidung des Arbeitgebers soll sobald wie möglich getroffen werden; sie muß spätestens innerhalb von vier Monaten nach Eingang der Erfindungsmeldung erfolgen (§ 6 Abs. 2 Satz 2 ArbNErfG), andernfalls wird die Erfindung frei (§ 8 Abs. 1 Nr. 3 erste Alternative ArbNErfG).

Unterläßt oder verzögert der Arbeitnehmer schuldhaft die Erfindungsmeldung, so haftet er dem Arbeitgeber für den daraus entstandenen Schaden. Beispiel: Wegen verzögerter Meldung kann kein Patent- oder Gebrauchsmusterschutz mehr erlangt werden. Der Schadensersatzanspruch des Arbeitgebers kann im Rahmen der Pfändungsfreigrenzen gegen den Vergütungsanspruch des Arbeitnehmers aufgerechnet werden. Außerdem stellt die Unterlassung bzw. Verzögerung der Erfindungsmeldung einen groben Vertragsbruch dar, der den Arbeitgeber zur außerordentlichen Kündigung aus wichtigem Grund berechtigt.

227 **Unbeschränkte Inanspruchnahme.** Die Inanspruchnahme der Erfindung durch den Arbeitgeber ist ein einseitiges Rechtsgeschäft. Sie erfolgt durch schrift-

liche Erklärung des Arbeitgebers gegenüber dem Arbeitnehmer (§ 6 Abs. 2 Satz 1 ArbNErfG). Einer besonderen Übertragung der Erfindung durch den Arbeitnehmer oder der Zustimmung des Arbeitnehmers zur Inanspruchnahme bedarf es nicht.

Nimmt der Arbeitgeber die Erfindung unbeschränkt in Anspruch, so gehen mit Zugang seiner Erklärung alle übertragbaren Rechte an der Diensterfindung auf den Arbeitgeber über (§ 7 Abs. 1 ArbNErfG). Hat der Arbeitnehmer bereits vor der Inanspruchnahme über die Erfindung verfügt, sie z.B. auf Dritte übertragen, so sind diese Verfügungen dem Arbeitgeber gegenüber unwirksam, soweit seine Rechte beeinträchtigt werden (§ 7 Abs. 3 ArbNErfG). Durch die unbeschränkte Inanspruchnahme erwirbt der Arbeitgeber nicht nur das Recht, die Erfindung in seinem Betrieb zu benutzen, sondern er ist auch berechtigt, die Erteilung eines Patentes oder eines Gebrauchsmusters auf seinen Namen zu beantragen, Lizenzen an Dritte zu vergeben oder die Erfindung zu verkaufen. Beim Arbeitnehmer-Erfinder verbleiben lediglich die nichtvermögensrechtlichen Persönlichkeitsrechte, insbesondere das Recht, bei der Anmeldung der Erfindung als Erfinder benannt zu werden (§ 37 PatG) und das Recht, in der Patentschrift als Erfinder genannt zu werden (§ 63 PatG). Als Ausgleich für den Übergang der Verwertungs- bzw. Nutzungsrechte auf den Arbeitgeber steht dem Arbeitnehmer-Erfinder ein Vergütungsanspruch gegen den Arbeitgeber zu (Rz 231).

228 **Beschränkte Inanspruchnahme.** Entscheidet sich der Arbeitgeber dafür, die Diensterfindung nur beschränkt in Anspruch zu nehmen, so erwirbt er nur ein nichtausschließliches Recht zur Benutzung der Erfindung (§ 7 Abs. 2 Satz 1 ArbNErfG), d.h. er erhält die Rechtsposition des Inhabers einer einfachen Lizenz. Der Arbeitgeber darf die Erfindung lediglich in seinem Betrieb benutzen (= unmittelbare, betriebsgebundene Benutzung). Er darf das ihm zustehende Benutzungsrecht nicht auf Dritte, z.B. Abnehmer, übertragen. Dies kann zu Problemen führen, wenn der Arbeitgeber Maschinen oder Vorrichtungen verkauft, für deren Benutzung die Anwendung eines Verfahrens erforderlich ist, auf das der Arbeitnehmer ein Patent oder Gebrauchsmuster erhalten hat. Will der Arbeitgeber sicherstellen, daß die Abnehmer die Anlagen bestimmungsgemäß nutzen können, muß er von der beschränkten Inanspruchnahme Abstand nehmen und von der Möglichkeit der unbeschränkten Inanspruchnahme Gebrauch machen (5.14). Zu beachten ist ferner, daß das nichtausschließliche Nutzungsrecht des Arbeitgebers bei beschränkter Inanspruchnahme der Erfindung nur schuldrechtlicher Natur ist. Dies ist vor allem bei einer Veräußerung der Erfindung durch den Arbeitnehmer-Erfinder bedeutsam. Da die beschränkte Inanspruchnahme nur eine schuldrechtliche Nutzungsbefugnis vermittelt, führt die Veräußerung der Erfindung beim Arbeitgeber zum Wegfall der Wirkung einer beschränkten Inanspruchnahme.

Alle übrigen Erfinderrechte verbleiben bei der beschränkten Inanspruchnahme beim Arbeitnehmer. Dieser behält nicht nur seine Erfinderpersönlichkeitsrechte, insbesondere das Recht auf Benennung als Erfinder, sondern auch die sonstigen Erfinderrechte, z.B. das Recht auf Erteilung eines Patentes oder eines Gebrauchsmusters, nach deren Erteilung das Recht aus dem Patent oder aus dem Gebrauchsmuster. So kann der Arbeitnehmer-Erfinder als Inhaber des Patentes oder des Gebrauchsmusters Dritten eine Lizenz erteilen; er kann sein Patent oder Gebrauchsmuster an Dritte veräußern. Die Lizenzvergabe oder Übertragung auf Dritte ist grundsätzlich auch zulässig, wenn es sich um Konkurrenten handelt;

denn der Arbeitgeber könnte sich dagegen schützen, indem er die Erfindung unbeschränkt in Anspruch nimmt. Einer Benutzung der Erfindung durch den Arbeitnehmer selbst wird allerdings das arbeitsvertragliche Wettbewerbsverbot entgegenstehen (Rz 108 und Rz 351ff.).

Allerdings muß der Arbeitnehmer bei der anderweitigen Verwertung seiner Erfindung darauf achten, daß das Benutzungsrecht des Arbeitgebers nicht beeinträchtigt wird. Hieraus können sich erhebliche Beschränkungen für den Arbeitnehmer ergeben, z.B. wenn potentielle Lizenznehmer nur an einer ausschließlichen Lizenz interessiert sind, der das nichtausschließliche Benutzungsrecht des Arbeitgebers im Wege steht. Der Arbeitnehmer kann deshalb vom Arbeitgeber die unbeschränkte Inanspruchnahme oder die Freigabe der Diensterfindung innerhalb einer Frist von zwei Monaten verlangen, wenn durch das Benutzungsrecht des Arbeitgebers die anderweitige Verwertung der Diensterfindung unbillig erschwert wird (§ 7 Abs. 2 Satz 2 ArbNErfG). Beweispflichtig dafür, daß eine unbillige Erschwerung der anderweitigen Verwertung der Erfindung vorliegt, ist der Arbeitnehmer-Erfinder.

Bei beschränkter Inanspruchnahme einer Diensterfindung hat der Arbeitnehmer nur dann einen Vergütungsanspruch gegen den Arbeitgeber, wenn dieser die Erfindung tatsächlich benutzt. Die Vergütung ist niedriger als bei unbeschränkter Inanspruchnahme der Erfindung (siehe Rz 231).

229 Schutzrechtsanmeldung im Inland. Nimmt der Arbeitgeber eine Diensterfindung unbeschränkt in Anspruch, so ist er nicht nur berechtigt, sondern auch verpflichtet, die Erfindung im Inland zur Erteilung eines Schutzrechtes anzumelden (§ 13 Abs. 1 Satz 1 ArbNErfG). Ist die Erfindung patentfähig, so ist sie zur Erteilung eines Patentes anzumelden, sofern nicht bei verständiger Würdigung der Verwertbarkeit der Erfindung der Gebrauchsmusterschutz zweckdienlicher erscheint. Beispiel: Die Erfindung betrifft saison- oder modebedingte Erzeugnisse und ist deshalb nur von zeitlich begrenztem Wert. Die Anmeldung muß unverzüglich nach der Erfindungsmeldung erfolgen, nicht erst nach der Inanspruchnahme der Erfindung. Unverzüglich bedeutet nicht sofort, d.h. dem Arbeitgeber steht eine angemessene Zeit zur Verfügung, um zu prüfen, ob die ihm gemeldete Erfindung schutzfähig ist, und um die Erfindung anmeldungsreif zu machen (5.15). Die Verpflichtung des Arbeitgebers zur Anmeldung entfällt, wenn die Diensterfindung frei geworden ist (siehe Rz 235), wenn der Arbeitnehmer der Nichtanmeldung zustimmt oder wenn berechtigte Belange des Betriebes (= Betriebsgeheimnisse) es erfordern, die Erfindung nicht bekannt werden zu lassen (§ 13 Abs. 2 ArbNErfG).

Nach § 13 Abs. 1 ArbNErfG ist der Arbeitgeber nur verpflichtet, die Diensterfindung zur Erteilung eines Schutzrechtes anzumelden. Er ist jedoch nicht verpflichtet, neben der Patentanmeldung (§ 35 PatG) auch noch unverzüglich einen Prüfungsantrag (§ 44 PatG) zu stellen. Für den Prüfungsantrag kann der Arbeitgeber die in § 44 Abs. 2 PatG eingeräumte Frist von sieben Jahren nach Einreichung der Anmeldung ausschöpfen.

Erfüllt der Arbeitgeber nach unbeschränkter Inanspruchnahme der Diensterfindung seine Anmeldungspflicht im Inland nicht und bewirkt er die Anmeldung auch nicht innerhalb einer ihm vom Arbeitnehmer gesetzten angemessenen Nachfrist, so kann der Arbeitnehmer nach § 13 Abs. 3 ArbNErfG zur Wahrung der Priorität die Anmeldung der Erfindung für den Arbeitgeber auf dessen Namen und Kosten vornehmen (sog. Ersatzanmeldung); der Arbeitnehmer ist aber nicht berechtigt, die weiteren Maßnahmen zur Erteilung eines Schutzrechtes durchzuführen. Bei schuldhafter Verletzung der Anmeldepflicht haftet der Arbeitgeber dem Arbeitnehmer außerdem auf Ersatz des durch die Nichtanmeldung entstandenen Schadens gem. § 823 Abs. 2 BGB (5.16).

Während bei der unbeschränkten Inanspruchnahme einer Diensterfindung der Arbeitgeber verpflichtet ist, die Erfindung im Inland zur Erteilung eines Schutzrechtes anzumelden, verbleibt bei nur beschränkter Inanspruchnahme der Erfindung das Recht, Schutzrechte im Inland anzumelden, beim Arbeitnehmer (Rz 228). Dieser trägt allerdings auch die volle Last der Anmeldung, Aufrechterhaltung und Verteidigung des Schutzrechtes sowohl rechtlich als auch kostenmäßig (5.17).

230 **Schutzrechtsanmeldung im Ausland.** Nach unbeschränkter Inanspruchnahme einer Diensterfindung ist der Arbeitgeber berechtigt (aber nicht verpflichtet), die Erfindung auch im Ausland zur Erteilung von Schutzrechten anzumelden (§ 14 Abs. 1 ArbNErfG). Für ausländische Staaten, in denen der Arbeitgeber Schutzrechte nicht erwerben will, hat er dem Arbeitnehmer die Diensterfindung freizugeben, und zwar so rechtzeitig, daß der Arbeitnehmer die Prioritätsfristen der zwischenstaatlichen Verträge auf dem Gebiet des gewerblichen Rechtsschutzes ausnutzen kann (§ 14 Abs. 2 ArbNErfG). Bei der Freigabe kann sich der Arbeitgeber ein nichtausschließliches Recht zur Benutzung der Diensterfindung in den betreffenden Staaten gegen angemessene Vergütung vorbehalten (§ 14 Abs. 3 ArbNErfG).

231 **Vergütungsanspruch des Arbeitnehmer-Erfinders.** Nimmt der Arbeitgeber die Diensterfindung unbeschränkt in Anspruch, so hat der Arbeitnehmer einen Anspruch auf angemessene Vergütung, sobald der Arbeitgeber die unbeschränkte Inanspruchnahme erklärt hat (§ 9 Abs. 1 ArbNErfG). Ein Vergütungsanspruch besteht auch, wenn der Arbeitgeber die Erfindung (noch) nicht benutzt hat (5.18).

Anders ist die Rechtslage bei der beschränkten Inanspruchnahme der Diensterfindung. Hier entsteht der Vergütungsanspruch nicht schon mit der Erklärung der beschränkten Inanspruchnahme, sondern erst, sobald der Arbeitgeber die Erfindung tatsächlich benutzt (§ 10 Abs. 1 ArbNErfG).

Bei der Berechnung der Vergütung des Arbeitnehmers für die unbeschränkte Inanspruchnahme der Erfindung sind folgende Gesichtspunkte zu berücksichtigen (§ 9 Abs. 2 ArbNErfG): die wirtschaftliche Verwertbarkeit der Diensterfindung; die Aufgaben und die Stellung des Arbeitnehmers im Betrieb; der Anteil des Betriebes an dem Zustandekommen der Diensterfindung. Bei beschränkter Inanspruchnahme der Erfindung sind die genannten Gesichtspunkte entsprechend anzuwenden (§ 10 Abs. 1 Satz 2 ArbNErfG). Jedoch besteht ein wesentlicher Unterschied: Während bei der unbeschränkten Inanspruchnahme die wirtschaftliche Verwertbarkeit der Erfindung maßgebend ist, ist bei der beschränkten Inanspruchnahme nur die tatsächliche wirtschaftliche Verwertung zugrunde zu legen; unausgenutzte wirtschaftliche Verwertungsmöglichkeiten bleiben außer Betracht (5.19).

Für die Berechnung der Vergütung für Arbeitnehmererfindungen hat der Bundesminister für Arbeit und Sozialordnung Richtlinien erlassen, bei denen es sich allerdings nicht um verbindliche Vorschriften handelt, sondern um Empfehlungen, von denen abgewichen werden darf (= Richtlinien für die Vergütung von Arbeitnehmererfindungen im privaten Dienst von 1959 i.d.F. von 1983; Richtlinien für die Vergütung von Arbeitnehmererfindungen im öffentlichen Dienst von 1960). Nach den Richtlinien wird die Vergütung berechnet nach der Formel V = Erfindungswert × Anteilsfaktor. Der Erfindungswert kann auf dreifache Weise ermittelt werden: durch Lizenzanalogie; durch Berechnung des betrieblichen Nutzens; durch Schätzung. Welche Methode anzuwenden ist, hängt von den Umständen des Einzelfalles ab. Bei der Lizenzanalogie wird der Lizenzsatz, der für vergleichbare freie Erfindungen in der Praxis üblich ist, zugrundegelegt. Der in Prozenten oder als Geldbetrag je Stück oder je Gewichtseinheit ausgedrückte Lizenzsatz wird auf eine bestimmte Bezugsgröße, z.B. Umsatz oder Produktionsmenge, bezogen; Bezugsgröße × Lizenzsatz = Erfindungswert. Die Methode setzt voraus, daß die erforderlichen Informationen vorliegen oder beschafft werden können. Bei der zweiten Methode ist der Nutzen zu berechnen, der dem Betrieb aus der Benutzung der Erfindung erwächst, also die Differenz zwischen den durch Einsatz der Erfindung verursachten Kosten und Erträgen. Dabei sind Kosten, die vor der Fertigstellung der Erfindung angefallen sind (z.B. für die Arbeitskraft des Erfinders, für Material), außer Ansatz zu lassen; sie werden bei der Festsetzung des Anteilsfaktors (siehe unten) berücksichtigt. Die Methode kommt vor allem in Betracht bei Erfindungen, mit deren Hilfe Kostensenkungen erzielt werden (= Verbilligung des Ausgangsmaterials, Erhöhung der Materialausbeute, Senkung der Lohn-, Energie- und Instandhaltungskosten), ferner bei Erfindungen, die nur innerbetrieblich verwendete Erzeugnisse, Maschinen oder Verfahren betreffen. Die dritte Methode (= Schätzmethode) soll nach den Richtlinien nur dann angewendet werden, wenn vergleichbare Lizenzsätze nicht vorliegen oder der betriebliche Nutzen nicht erfaßt werden kann, z.B. bei Arbeitsschutzmitteln oder Arbeitsschutzvorrichtungen, sofern sie nicht allgemein verwertbar sind.

Der Anteilsfaktor berücksichtigt die Tatsache, daß es sich bei der Erfindung um eine Diensterfindung und nicht um eine freie Erfindung handelt. Der Faktor kann zwischen 2% und 90% liegen (lt. Tabelle in Ziffer 37 der Richtlinien). Je größer der Anteilsfaktor ist, umso höher ist der schöpferische Beitrag des Arbeitnehmers am Zustandekommen der Erfindung zu veranschlagen. Bei einem Anteilsfaktor unter 2% beruht die Erfindung nahezu ausschließlich auf betrieblichen Erfahrungen, Untersuchungen usw., so daß es gerechtfertigt ist, keine oder nur eine niedrige Erfindervergütung zu zahlen. Der Anteilsfaktor wird bestimmt: a) durch die Umstände, die den Arbeitnehmer zu der Erfindung veranlaßt haben. Hat der Betrieb dem Arbeitnehmer eine bestimmte Aufgabe gestellt unter Angabe des einzuschlagenden Lösungsweges = niedriger Anteilsfaktor; hat der Arbeitnehmer sich selbst außerhalb seines Aufgabenbereiches eine Aufgabe gestellt = hoher Anteilsfaktor. b) durch die Umstände, die bei der Lösung der gestellten Aufgabe eine Rolle gespielt haben. Wurde die Lösung aufgrund betrieblicher Vorarbeiten oder Erfahrungen gefunden, hat der Betrieb den Erfinder mit technischen Hilfsmitteln unterstützt = niedriger Anteilsfaktor; liegt keines der Merkmale vor = hoher Anteilsfaktor. c) durch die Aufgaben und die Stellung des Arbeitnehmers im Betrieb. Je größer und umfassender der dem Arbeitnehmer durch seine Stellung ermöglichte Einblick in Entwicklung und Produktion des Betriebes ist, umso niedriger ist der Anteilsfaktor anzusetzen. Ist der Erfinder ungelernter Arbeiter = hoher Anteilsfaktor, ist der Erfinder Leiter der Entwicklungsabteilung = niedriger Anteilsfaktor. Die in Betracht kommenden Anteilsfaktoren sind einer Tabelle in Ziffer 37 der Richtlinien zu entnehmen.

Beispiel (= Lizenzanalogie): Der Lizenzsatz sei 3% vom Umsatz. Der geschätzte Jahresumsatz des neu entwickelten Erzeugnisses betrage 400000 DM. Der Erfindungswert beläuft sich somit auf 12000 DM. Liegt der Anteilsfaktor beispielsweise bei nur 15%, d.h. wird die schöpferische Leistung des Arbeitnehmer-Erfinders nur gering veranschlagt, so errechnet sich eine Erfinder-Vergütung von 1 800 DM/Jahr.

Der Anspruch auf Vergütung besteht solange, wie das Schutzrecht besteht: beim Patent maximal 20 Jahre (§ 16 PatG), beim Gebrauchsmuster drei Jahre mit Verlängerungsmöglichkeit auf höchstens 10 Jahre (§ 23 GebrMG). Dies gilt auch dann, wenn das betreffende Schutzrecht zu einem Komplex von Schutzrechten gehört und andere zu diesem Komplex gehörende Schutzrechte noch weiterlaufen, so daß der Arbeitgeber wegen dieser noch bestehenden Schutzrechte auch die nicht mehr geschützte Erfindung faktisch noch in Monopolstellung verwerten kann (5.20). Nur in Ausnahmefällen kann es gerechtfertigt sein, eine Vergütung auch über die Laufzeit des Schutzrechtes hinaus zu zahlen, z.B. wenn eine Erfindung erst in den letzten Jahren der Laufzeit des Schutzrechtes verwertet worden ist und eine Nutzung auch noch nach Ablauf der Laufzeit erfolgt (5.20).

232 **Feststellung der Vergütung.** Nach § 12 Abs. 1 ArbNErfG soll die Art und Höhe der Vergütung in angemessener Frist nach Inanspruchnahme der Erfindung durch Vereinbarung zwischen dem Arbeitgeber und dem Arbeitnehmer festgestellt werden. Kommt eine Vereinbarung über die Vergütung in angemessener Frist nicht zustande, so hat der Arbeitgeber einseitig die Vergütung durch eine begründete schriftliche Erklärung an den Arbeitnehmer festzusetzen und entsprechend der Festsetzung zu zahlen (§ 12 Abs. 3 Satz 1 ArbNErfG). Die Festsetzung der Vergütung muß bei unbeschränkter Inanspruchnahme der Diensterfindung spätestens bis zum Ablauf von drei Monaten nach Erteilung des Schutzrechtes erfolgen; wird die Erfindung schon vorher benutzt, muß die Vergütung spätestens drei Monate nach Aufnahme der Benutzung festgesetzt werden (5.21). Bei beschränkter Inanspruchnahme ist die Vergütung spätestens bis zum Ablauf von drei Monaten nach Aufnahme der Benutzung festzusetzen (§ 12 Abs. 3 Satz 2 ArbNErfG). Der Arbeitnehmer kann der Festsetzung innerhalb von zwei Monaten durch schriftliche Erklärung widersprechen, wenn er mit der Entscheidung des Arbeitgebers nicht einverstanden ist; er kann dann Verhandlungen mit dem Arbeitgeber aufnehmen oder die Schiedsstelle beim Deutschen Patentamt (§ 28 ArbNErfG) anrufen. Widerspricht er nicht, so wird die Festsetzung für beide Teile verbindlich (§ 12 Abs. 4 ArbNErfG).

Bei einer wesentlichen Veränderung der Umstände, die für die Feststellung oder Festsetzung der Vergütung maßgebend waren, kann jede Partei eine Neufeststellung der Vergütung verlangen (§ 12 Abs. 6 ArbNErfG). Bereits geleistete Vergütungen müssen nicht zurückgezahlt werden. Beispiele: Die Verwertungsmöglichkeiten der Erfindung haben sich durch andere Erfindungen oder durch neue Märkte unerwartet erweitert; die Erfindung ist durch neue Entwicklungen überholt und wirtschaftlich wertlos geworden.

2.12 Freie Erfindungen

233 **Begriff.** Zu den freien Erfindungen gehören die sog. originären freien Erfindungen (§ 4 Abs. 3 ArbNErfG), die frei gewordenen Diensterfindungen (§ 8 Abs. 1 ArbNErfG) und die Erfindungen von Professoren, Dozenten und wissenschaftlichen Assistenten bei den wissenschaftlichen Hochschulen (§ 42 Abs. 1 ArbNErfG).

234 **Originäre freie Erfindungen.** Fehlt nur ein Merkmal der Diensterfindung, liegt eine originäre freie Erfindung vor (§ 4 Abs. 3 Satz 1 ArbNErfG). Originäre freie Erfindungen sind Erfindungen von Arbeitnehmern, die während der Dauer des Arbeitsverhältnisses gemacht wurden, die aber weder aus der dem Arbeitnehmer im Betrieb oder in der öffentlichen Verwaltung obliegenden Tätigkeit entstanden sind noch maßgeblich auf Erfahrungen oder Arbeiten des Betriebes oder der öffentlichen Verwaltung beruhen. Zu denken ist an Erfindungen des Arbeitnehmers, die überhaupt keine Beziehung haben zu der von ihm vertraglich

übernommenen Tätigkeit. Beispiel: Der Mitarbeiter eines Versicherungsunternehmens erfindet ein neues Autozubehörteil. Zu nennen sind ferner die sog. Anregungserfindungen, zu denen der Arbeitnehmer durch Erlebnisse oder Eindrücke am Arbeitsplatz angeregt wird. Beispiel: Ein kollegialer Rat eines Arbeitskollegen gibt den Anstoß zu einer Erfindung außerhalb des Aufgabenbereiches des Arbeitnehmers. Im Streitfall ist es Sache des Arbeitgebers, darzulegen und zu beweisen, daß es sich um eine Diensterfindung und nicht um eine freie Erfindung handelt.

Hat der Arbeitnehmer eine freie Erfindung i.S. von § 4 Abs. 3 Satz 1 ArbNErfG gemacht, so muß er dies dem Arbeitgeber unverzüglich, d.h. ohne schuldhaftes Zögern, mitteilen (§ 4 Abs. 3 Satz 2 i.V.m. § 18 Abs. 1 ArbNErfG). Dabei muß über die Erfindung und, wenn dies erforderlich ist, auch über ihre Entstehung soviel mitgeteilt werden, daß der Arbeitgeber beurteilen kann, ob die Erfindung tatsächlich frei ist oder ob es sich nicht doch um eine Diensterfindung handelt. Weitergehende Mitteilungspflichten, wie sie das Arbeitnehmererfindergesetz für die Meldung von Diensterfindungen vorsieht (Rz 226), bestehen nicht. Die Mitteilung kann nur unterbleiben, wenn die Erfindung offensichtlich im Arbeitsbereich des Betriebes des Arbeitgebers nicht verwertbar ist (§ 18 Abs. 3 ArbNErfG). Bestreitet der Arbeitgeber nicht innerhalb von drei Monaten nach Zugang der Mitteilung, daß die Erfindung frei sei, so kann er die Erfindung nicht mehr als Diensterfindung in Anspruch nehmen (§ 18 Abs. 2 ArbNErfG).

Neben der Mitteilungspflicht besteht eine Anbietungspflicht des Arbeitnehmers. Nach § 19 Abs. 1 Satz 1 ArbNErfG hat der Arbeitnehmer-Erfinder, bevor er die freie Erfindung anderweitig verwertet, zunächst dem Arbeitgeber mindestens ein nichtausschließliches Recht zur Benutzung der Erfindung zu angemessenen Bedingungen anzubieten, wenn die Erfindung in den vorhandenen oder vorbereiteten Arbeitsbereich des Betriebes des Arbeitgebers fällt. Das Angebot kann gleichzeitig mit der Mitteilung nach § 18 ArbNErfG abgegeben werden. Im Unterschied zur Inanspruchnahme von Diensterfindungen, bei der die einseitige Erklärung des Arbeitgebers ein Benutzungsrecht begründet, erhält der Arbeitgeber bei einer originären freien Erfindung also erst dann ein Benutzungsrecht, wenn er das Angebot des Arbeitnehmers annimmt und eine einfache Lizenz erwirbt. Selbstverständlich sind die Parteien nicht gehindert, auch eine ausschließliche Lizenz oder eine Veräußerung der Erfinderrechte zu vereinbaren. Nimmt der Arbeitgeber das Angebot des Arbeitnehmers nicht innerhalb von drei Monaten an, so erlischt das Benutzungsvorrecht (§ 19 Abs. 2 ArbNErfG). Können sich Arbeitgeber und Arbeitnehmer nicht über die Benutzungsbedingungen einigen, so müssen die Parteien versuchen, vor der Schiedsstelle beim Deutschen Patentamt eine gütliche Verständigung zu erreichen. Kommt vor der Schiedsstelle keine Verständigung zustande, setzt die Patentstreitkammer des zuständigen Landesgerichtes die Bedingungen fest (§ 19 Abs. 3 ArbNErfG).

235 **Frei gewordene Diensterfindungen.** Eine Diensterfindung wird frei

- wenn der Arbeitgeber sie schriftlich freigibt (§ 8 Abs. 1 Nr. 1 ArbNErfG)

  Die Freigabeerklärung muß sobald wie möglich, spätestens bis zum Ablauf von vier Monaten nach Eingang der Erfindungsmeldung (Rz 226) erfolgen.

- wenn der Arbeitgeber sie nur beschränkt in Anspruch nimmt (§ 8 Abs. 1 Nr. 2 ArbNErfG)

Das Freiwerden der Diensterfindung nach beschränkter Inanspruchnahme durch den Arbeitgeber hat also die gleiche Rechtswirkung wie die Freigabe der Erfindung gem. § 8 Abs. 1 Nr. 1 ArbNErfG, allerdings eingeschränkt durch das dem Arbeitgeber gem. § 7 Abs. 2 Satz 1 ArbNErfG eingeräumte nichtausschließliche Benutzungsrecht.

- wenn der Arbeitgeber sie nicht innerhalb von vier Monaten nach Eingang der ordnungsgemäßen Meldung des Arbeitnehmers (Rz 226) in Anspruch nimmt (§ 8 Abs. 1 Nr. 3 erste Alternative ArbNErfG)
- wenn der Arbeitgeber sie beschränkt in Anspruch genommen hat und dadurch die anderweitige Verwertung der Erfindung durch den Arbeitnehmer unbillig erschwert worden ist, weshalb der Arbeitnehmer die unbeschränkte Inanspruchnahme oder die Freigabe der Erfindung verlangt hat (Rz 228).

  Die Erfindung wird in diesem Fall frei, wenn der Arbeitgeber sie nicht binnen zwei Monaten nach dem Verlangen des Arbeitnehmers in Anspruch nimmt (§ 8 Abs. 1 Nr. 3 zweite Alternative ArbNErfG).

Bei frei gewordenen Diensterfindungen besteht keine Mitteilungs- und Anbietungspflicht (§ 8 Abs. 2 ArbNErfG); die Erfindung ist ja schon vorher dem Arbeitgeber gemeldet worden, und dieser hatte bereits die Möglichkeit der unbeschränkten oder beschränkten Inanspruchnahme.

Der Arbeitnehmer kann über die frei gewordene Diensterfindung uneingeschränkt verfügen. Er wird von allen Schranken in der Verwertung der Erfindung frei (5.22). Die Wirkung tritt mit dem Tag des Freiwerdens, d.h. ex nunc ein, weil eine Überleitung von vermögensrechtlichen Befugnissen vom Arbeitnehmer auf den Arbeitgeber ja noch nicht stattgefunden hat. Im einzelnen gilt:

- Der Arbeitnehmer-Erfinder kann die frei gewordene Erfindung zum Patent oder Gebrauchsmuster anmelden. Es besteht aber keine Verpflichtung zur Anmeldung. Dies kann für den Arbeitgeber, wenn er die Erfindung nur beschränkt in Anspruch genommen hat, von Nachteil sein, weil ohne die Anmeldung eine Vorzugsstellung im Wettbewerb durch die einfache Lizenz nicht gewährleistet ist.
- Der Arbeitnehmer-Erfinder kann die frei gewordene Erfindung an Dritte veräußern oder Lizenzen vergeben. Gem. § 25 ArbNErfG wird der Arbeitnehmer von den wettbewerbsbeschränkenden Regelungen aus dem Arbeitsverhältnis (= Wettbewerbsverbot während des Bestehens des Arbeitsverhältnisses, siehe Rz 108) frei; er darf die Erfindung auch bei Konkurrenten seines Arbeitgebers, die ja i.d.R. die einzigen Interessenten sind, verwerten. Eine Eigenverwertung während des Bestehens des Arbeitsverhältnisses wird dem Arbeitnehmer allerdings versagt sein, wenn die Aufnahme der Nebentätigkeit die Erfüllung der Arbeitspflicht in der Haupttätigkeit beeinträchtigt (siehe Rz 184). Nach Beendigung des Arbeitsverhältnisses ist die Eigenverwertung nur eingeschränkt, wenn ein nachvertragliches Wettbewerbsverbot (Rz 351ff.) besteht.

236 **Erfindungen von Hochschullehrern und Hochschulassistenten.** Professoren, Dozenten und wissenschaftliche Assistenten an wissenschaftlichen Hochschulen können über die von ihnen in ihrer Eigenschaft als Hochschullehrer oder Hochschulassistent gemachten Erfindungen frei verfügen. Der Dienstherr kann die Erfindungen nicht durch einseitige Erklärung in Anspruch nehmen. Es besteht auch keine Mitteilungs- und Anbietungspflicht (§ 42 Abs. 1 Satz 2 ArbNErfG). Hat allerdings der Dienstherr für Forschungsarbeiten, die zu der Erfindung geführt haben, besondere Mittel aufgewendet, so sind die Professoren,

Dozenten und Assistenten verpflichtet, die Verwertung der Erfindung dem Dienstherrn mitzuteilen und ihm auf Verlangen die Art der Verwertung und die Höhe des erzielten Entgeltes anzugeben (§ 42 Abs. 2 Satz 1 ArbNErfG). Der Dienstherr ist berechtigt, eine angemessene Beteiligung am Ertrag der Erfindung zu beanspruchen; die Beteiligung darf die aufgewandten Mittel nicht übersteigen.

2.2 Urheberrechtlich geschützte Werke

Urheberrechtlich geschützt sind nach dem Gesetz über Urheberrecht und verwandte Schutzrechte (Urheberrechtsgesetz-UrhG) von 1965, zuletzt geändert 1993, Werke der Literatur, Wissenschaft und Kunst. Zu den geschützten Werken gehören insbesondere: Sprachwerke, wie Schriftwerke und Reden; Werke der Musik; Werke der bildenden Künste einschließlich der Werke der Baukunst und der angewandten Kunst sowie Entwürfe solcher Werke; Lichtbildwerke; Filmwerke; Darstellungen wissenschaftlicher oder technischer Art, wie Zeichnungen, Pläne, Karten, Skizzen, Tabellen und plastische Darstellungen; Programme für die Datenverarbeitung (§ 2 UrhG). Auch Übersetzungen und andere Bearbeitungen eines Werkes, soweit sie persönliche geistige Schöpfungen des Bearbeiters sind, werden wie selbständige Werke geschützt (§ 3 UrhG).

Voraussetzung für den Urheberrechtsschutz ist, daß eine persönliche, also eine individuelle geistige Schöpfung vorliegt. Als persönliche geistige Schöpfungen sind Werke anzusehen, die durch ihren Inhalt oder durch ihre Form oder durch die Verbindung von Inhalt und Form etwas Neues und Eigentümliches darstellen. Von dem Werk, das als unkörperliches Gut Gegenstand des Urheberrechts ist, sind zu unterscheiden die Werkstücke (= Bücher, Noten, Bild- oder Tonträger), die als körperliche Gegenstände den eigentumsrechtlichen Vorschriften des BGB unterliegen (siehe Rz 224).

Die Urheberrechte entstehen mit der Schöpfung des Werkes. Im Unterschied zu den Erfinderrechten begründen die Urheberrechte keine Sperrwirkung: Bei zufälliger Übereinstimmung zweier Werke liegt keine Urheberrechtsverletzung vor. Veröffentlichung oder Eintragung von Urheberrechten sind deshalb nicht erforderlich.

2.21 In Erfüllung arbeitsvertraglicher Pflichten geschaffene Werke

237 **Rechtsgrundlage.** Im Gegensatz zum Arbeitnehmererfinderrecht ist das Arbeitnehmerurheberrecht nur unvollständig entwickelt. Die einzige Rechtsvorschrift, die sich auf den Arbeitnehmer-Urheber bezieht, findet sich in § 43 UrhG. Besondere gesetzliche Vorschriften für Arbeitnehmer-Urheber in bezug auf die Übertragung und Vergütung von Urheberrechten fehlen.

Nach § 43 UrhG sind die Regelungen des Urheberrechtsgesetzes über Nutzungsrechte an urheberrechtlich geschützten Werken (§§ 31-42 UrhG) auch anzuwenden, wenn der Urheber das Werk in Erfüllung seiner Verpflichtungen aus einem Arbeits- oder Dienstverhältnis geschaffen hat, soweit sich aus dem Inhalt oder dem Wesen des Arbeits- oder Dienstverhältnisses nicht anderes ergibt.

Als Rechtsgrundlage kommen neben § 43 UrhG ferner Tarifverträge in Betracht; zu nennen sind insbesondere Tarifverträge mit Zeitungs- und Zeitschriftenverlagen, mit Rundfunkanstalten und mit Filmproduzenten.

238 **Arbeits- oder dienstvertraglich geschuldete Werke.** § 43 UrhG betrifft urheberrechtlich geschützte Werke, die ein Arbeitnehmer des privaten oder des öffentlichen Dienstes oder ein Beamter in Erfüllung seiner Verpflichtungen aus dem Arbeits- oder Dienstverhältnis geschaffen hat. Ob auch freie Mitarbeiter, die

im Rahmen eines freien Dienstvertrages tätig werden (Rz 5), unter § 43 UrhG fallen, ist umstritten (5.23). Schöpferische geistige Leistungen aufgrund von Werkverträgen werden von § 43 UrhG nicht erfaßt, desgleichen nicht die Werke von arbeitnehmerähnlichen Personen (5.24).

Beispiele für Werke, die unter § 43 UrhG fallen: Entwürfe, die von einem Angestellten für Werke der angewandten Kunst, für künstlerische Illustrationen, für Werke der Gebrauchsgrafik oder für Bauwerke geschaffen werden; Artikel oder Reportagen, die von angestellten Journalisten oder Reportern verfaßt werden; Werke von angestellten Übersetzern, Werbetextern oder Fotografen; Gesetzeskommentare, die von Ministerialbeamten geschrieben werden.

Ein Werk ist in Erfüllung der Verpflichtungen aus dem Arbeits- oder Dienstverhältnis entstanden, wenn seine Schaffung vertraglich vorgesehen war oder auf Weisung des Arbeitgebers bzw. Dienstherrn erfolgte. Beispiel: Ein in einem Büro für Baustatik angestellter Programmierer erhält den Auftrag, ein Computerprogramm für statische Berechnungen zu entwickeln. Das Werk ist aber auch dann in Erfüllung arbeits- oder dienstvertraglicher Pflichten geschaffen, wenn es aus der Tätigkeit des Arbeitnehmers im Betrieb oder in der Dienststelle entstanden ist, ohne daß ein besonderer Auftrag des Arbeitgebers oder Dienstherrn vorlag. Das arbeits- oder dienstvertraglich geschuldete Werk ist also vergleichbar mit der Obliegenheits- bzw. Aufgabenerfindung i.S. von § 4 Abs. 2 Nr. 1 ArbNErfG (Rz 225). Maßgeblich für den Umfang der vertraglichen Verpflichtungen sind die Vereinbarungen zwischen den Parteien. Zu beachten ist, daß der Vertragsinhalt nachträglich geändert bzw. ergänzt werden kann. Wer z.B. für einfache Schreibarbeiten eingestellt worden ist, dann jedoch auf Weisung des Arbeitgebers eine qualifizierte schriftstellerische Leistung erbringt, die ein urheberrechtliches geschütztes Werk zum Ergebnis hat, handelt in Erfüllung seiner vertraglichen Verpflichtungen (5.25). Eine nachträgliche Änderung der ursprünglichen arbeitsvertraglichen Verpflichtungen liegt auch vor, wenn ein als Statiker eingestellter Mitarbeiter später mit Zustimmung und mit Mitteln des Arbeitgebers für die schnellere Erstellung von statischen Berechnungen ein Computerprogramm entwickelt (5.26). Unerheblich ist der Wille des Arbeitnehmer-Urhebers, das betreffende Werk für sich zu schaffen. Ferner ist unerheblich, ob das Werk in der Arbeitszeit geschaffen wurde; § 43 UrhG ist auch auf Werke anwendbar, die in der Freizeit entstanden sind (5.27). Jedoch muß das Werk während der Dauer des Arbeits- oder Dienstverhältnisses fertiggestellt worden sein. Werke, die vor Beginn des Arbeits- oder Dienstverhältnisses vollendet worden sind, werden von § 43 UrhG nicht erfaßt (5.28); entsprechend fallen Werke, die erst nach Beendigung des Arbeits- oder Dienstverhältnisses abgeschlossen wurden, nicht unter § 43 UrhG. Andererseits wird nicht jedes Werk in Erfüllung arbeits- oder dienstvertraglicher Verpflichtungen geschaffen, das während der Dauer des Arbeits- oder Dienstverhältnisses oder während der Arbeitszeit entstanden ist. Näheres siehe Rz 243.

239 Erwerb der Urheberrechte durch den Arbeitnehmer. Nach herrschender Meinung (5.29) gilt auch bei Arbeitnehmer-Urhebern das sog. Schöpfer- oder Urheberprinzip, d.h. der Arbeitnehmer-Urheber erwirbt sämtliche Urheberrechte (= Persönlichkeitsrechte und Verwertungsrechte) an dem von ihm geschaffenen Werk. Das Schöpfer- oder Urheberprinzip wird durch § 43 UrhG nicht eingeschränkt. Ein (originärer) Rechtserwerb des Arbeitgebers ist ausgeschlossen (5.30). Der Arbeitgeber erwirbt lediglich das Sacheigentum an dem Werkexemplar (z.B. an dem Manuskript, Bild, Buchexemplar), so daß das Sacheigentum am

Werkexemplar und die Urheberrechte am arbeitsvertraglich geschuldeten Werk des Arbeitnehmers-Urhebers auseinanderfallen (5.30). Dem Recht des Arbeitgebers am Arbeitsergebnis wird durch die Pflicht des Arbeitnehmer-Urhebers zur Übertragung von Nutzungsrechten an den Arbeitgeber Rechnung getragen (siehe Rz 241).

240 Persönlichkeitsrechte des Arbeitnehmer-Urhebers. Zu den Persönlichkeitsrechten des Urhebers gehören das Veröffentlichungsrecht (§ 12 UrhG), das Recht auf Anerkennung und Benennung als Urheber (§ 13 UrhG), das Recht, eine Entstellung oder eine andere Beeinträchtigung seines Werkes zu verbieten (§ 14 UrhG), das Rückrufsrecht wegen Nichtausübung und wegen gewandelter Überzeugung (§§ 41, 42 UrhG) sowie das sog. Zugangsrecht (§ 25 UrhG). Diese Urheber-Persönlichkeitsrechte sind unveräußerlich und nicht übertragbar. Das gilt auch für die vom Arbeitnehmer-Urheber erworbenen Persönlichkeitsrechte. Es ist jedoch auf einige Besonderheiten hinzuweisen:

- Veröffentlichungsrecht. Nach § 12 Abs. 1 UrhG hat allein der Urheber das Recht zu bestimmen, ob und wie sein Werk zu veröffentlichen, d.h. der Öffentlichkeit zugänglich zu machen ist. Wegen der engen Verknüpfung von Veröffentlichungsrecht und Nutzungsrecht muß jedoch der Arbeitnehmer-Urheber dem Arbeitgeber eine Veröffentlichungsbefugnis insoweit einräumen, als er zur Übertragung von Nutzungsrechten an den Arbeitgeber verpflichtet ist (5.31). Die Einräumung der Veröffentlichungsbefugnis erfolgt im Regelfall mit der Übertragung der Nutzungsrechte, d.h. bei Ablieferung des Werkes.
- Recht auf Anerkennung und Benennung als Urheber. Während das Recht auf Anerkennung der Urheberschaft am Werk unverzichtbar ist (§ 13 Satz 1 UrhG), ist das Recht zu bestimmen, ob das Werk mit einer Urheberbezeichnung zu versehen und welche Bezeichnung zu verwenden ist, abdingbar (§ 13 Satz 2 UrhG). Es kann ausdrücklich, auch in Tarifverträgen, oder stillschweigend abbedungen werden; letzteres kann sich aus dem Wesen des Arbeitsvertrages ergeben. Wer z.B. einen Geschäftsbericht, eine Werbegrafik, eine Gebrauchsanweisung oder ein EDV-Programm für einen Unternehmer anfertigt, hat grundsätzlich keinen Anspruch darauf, als Urheber genannt zu werden (5.32).
- Recht, eine Entstellung oder Beeinträchtigung des Werkes zu verbieten. Das Recht, das Werk oder dessen Titel zu ändern, liegt grundsätzlich beim Urheber. Der Urheber kann jedoch in einer Vereinbarung auf sein Änderungsrecht verzichten (§ 39 Abs. 1 UrhG); so kann auch der Arbeitnehmer-Urheber dem Arbeitgeber die Befugnis zu Änderungen einräumen (5.33). Eine Änderungsbefugnis des Arbeitgebers kann sich ferner gem. § 39 Abs. 2 UrhG aus Treu und Glauben ergeben, wobei sowohl der Zweck des Arbeitsverhältnisses als auch Branchengewohnheiten darüber entscheiden, welche Änderungen nach Treu und Glauben hinzunehmen sind (5.33). Ein Änderungsrecht des Arbeitgebers wird insbesondere bei Computerprogrammen bestehen, bei denen der Arbeitgeber die Möglichkeit haben muß, sie auch nach dem Ausscheiden des Urhebers weiter bearbeiten zu lassen (5.34).
- Rückrufsrecht. Das in § 41 UrhG geregelte Rückrufsrecht des Urhebers wegen Nichtausübung des Nutzungsrechtes gilt im Arbeits- oder Dienstverhältnis nur mit Einschränkungen. So hat der Arbeitnehmer-Urheber grundsätzlich kein Rückrufsrecht aus wirtschaftlichen Gründen, weil er für seine Leistung bereits

entlohnt worden ist (siehe Rz 242). Ein Rückrufsrecht wegen Nichtausübung gegenüber dem Arbeitgeber besteht jedoch dann, wenn der Arbeitnehmer-Urheber ein schutzwürdiges Interesse an der Nennung seines Namens hat, so bei Werken mit starker persönlicher Prägung, z.B. bei umfangreichen Schriftwerken oder bei künstlerischen Gestaltungen (5.35).

Eingeschränkt ist auch das Rückrufsrecht des Arbeitnehmer-Urhebers wegen gewandelter Überzeugung, d.h. wenn das Werk seiner Überzeugung nicht mehr entspricht (§ 42 UrhG). Dies wird damit begründet, daß dem Arbeitnehmer-Urheber die Verwertung seines Werkes trotz gewandelter Überzeugung eher zuzumuten ist als einem freien Urheber (5.36). Insbesondere ist dem Arbeitnehmer-Urheber die Veröffentlichung seines Werkes zumutbar, wenn die Nennung seines Namens unterbleibt. Umgekehrt hat der Arbeitnehmer-Urheber ein Rückrufsrecht wegen gewandelter Überzeugung, wenn das Werk weiterhin unverändert unter seinem Namen erscheinen soll (5.36).

- Zugangsrecht. Nach § 25 Abs. 1 UrhG kann der Urheber vom Besitzer des Originals oder eines Vervielfältigungsstückes seines Werkes verlangen, daß dieser ihm das Original oder das Vervielfältigungsstück zugänglich macht, soweit dies zur Herstellung von Vervielfältigungsstücken oder Bearbeitungen des Werkes erforderlich ist und nicht berechtigte Interessen des Besitzers entgegenstehen. Dieses Zugangsrecht steht grundsätzlich auch dem Arbeitnehmer-Urheber zu, auch und gerade nach Beendigung des Arbeits- oder Dienstverhältnisses. Jedoch kann einem ausgeschiedenen Arbeitnehmer der Zugang versagt werden, wenn er nach dem Ausscheiden aus dem Betrieb ein eigenes Konkurrenzunternehmen gegründet hat oder zu einem Konkurrenzunternehmen gegangen ist und der Zugang geeignet ist, die Wettbewerbsposition des früheren Arbeitgebers zu erschweren. Das Zugangsrecht entfällt auch dann, wenn das Werk des früheren Mitarbeiters nur noch in veränderter Form vorhanden ist, wie es z.B. bei Computerprogrammen regelmäßig der Fall sein wird (5.37).

241 Verwertungsrechte des Arbeitnehmer-Urhebers. Nach dem Schöpfer- oder Urheberprinzip stehen dem Urheber, auch dem Arbeitnehmer-Urheber, sämtliche Verwertungsrechte an dem Werk zu. Der Arbeitnehmer-Urheber hat das ausschließliche Recht, sein Werk in körperlicher Form zu verwerten (§ 15 Abs. 1 UrhG); das Recht umfaßt insbesondere das Vervielfältigungsrecht, das Verbreitungsrecht und das Ausstellungsrecht. Der Arbeitnehmer-Urheber hat ferner das ausschließliche Recht, sein Werk in unkörperlicher Form öffentlich wiederzugeben (§ 15 Abs. 2 UrhG); dieses Recht umfaßt insbesondere das Vortrags-, Aufführungs- und Vorführungsrecht, das Senderecht, das Recht der Wiedergabe durch Bild- oder Tonträger und das Recht der Wiedergabe von Funksendungen.

Nach herrschender Meinung ist der Arbeitnehmer-Urheber jedoch verpflichtet, dem Arbeitgeber Nutzungsrechte an den Werken, die er in Erfüllung arbeits- oder dienstrechtlicher Verpflichtungen geschaffen hat, zu übertragen (5.38). Die Übertragungspflicht kann im Arbeitsvertrag ausdrücklich vereinbart werden, indem bestimmt wird, daß dem Arbeitgeber Nutzungsrechte an den vertraglich geschuldeten zukünftigen Werken einzuräumen sind. Aber auch ohne Vereinbarung ergibt sich die Übertragungspflicht aus dem Grundsatz, daß das Recht am Arbeitsergebnis dem Arbeitgeber zusteht, soweit dies dem Zweck des Arbeitsvertrages entspricht.

Im Gegensatz zum Arbeitnehmererfinderrecht (Rz 227 und 228) erlangt der Arbeitgeber Nutzungsrechte an den vom Arbeitnehmer geschaffenen Werken nicht durch Inanspruchnahme, sondern durch Übertragung durch den Arbeitnehmer. Die Übertragung von Nutzungsrechten auf den Arbeitgeber erfolgt, soweit keine speziellen arbeitsvertraglichen Regelungen bestehen, grundsätzlich stillschweigend mit der Ablieferung des Werkes an den Arbeitgeber (5.39). Die Einräumung von Nutzungsrechten kann aber auch schon bei Abschluß des Arbeits- oder Dienstvertrages vereinbart werden; da es in diesem Fall um die Einräumung von Nutzungsrechten an künftigen Werken handelt, muß die Vereinbarung allerdings schriftlich abgeschlossen werden (§ 40 UrhG).

Art und Umfang der dem Arbeitgeber einzuräumende Nutzungsrechte richten sich entsprechend der Auslegungsregel des § 31 Abs. 5 UrhG (die gem. § 43 UrhG auch für Arbeits- und Dienstverhältnisse gilt) nach den Vereinbarungen der Parteien. Liegen Vereinbarungen nicht vor, bestimmen sich Art und Umfang der Nutzungsrechte nach dem Zweck, den die Parteien mit der Einräumung verfolgen (sog. Zweckübertragungstheorie). Dabei ist nur der von beiden Parteien gemeinsam verfolgte Zweck maßgeblich, nicht etwa eine einseitige Zwecksetzung durch den Arbeitgeber (sofern sie nicht vom Arbeitnehmer-Urheber hingenommen wird). Die Rechtsprechung schwankt zwischen einer arbeitgeberfreundlichen Betrachtungsweise und einer mehr die Belange des Arbeitnehmer-Urhebers berücksichtigenden Sicht. Soweit nicht ausdrücklich etwas anderes vereinbart wurde, erwirbt der Arbeitgeber nur diejenigen Nutzungsrechte, die er für seine betrieblichen oder dienstlichen Zwecke benötigt (5.40). Die betrieblichen bzw. dienstlichen Erfordernisse geben auch den Ausschlag, wenn wegen Fehlens einer vertraglichen Regelung zu entscheiden ist, ob der Arbeitgeber durch die Übertragung von Nutzungsrechten ein ausschließliches oder ein einfaches Nutzungsrecht erwirbt (5.41). Grundsätzlich ist davon auszugehen, daß dem Arbeitgeber ein ausschließliches Nutzungsrecht eingeräumt wird (5.41).

Das ausschließliche Nutzungsrecht berechtigt den Arbeitgeber, das Werk unter Ausschluß aller anderen Personen einschließlich des Urhebers auf die ihm erlaubte Art zu nutzen; er kann auch Dritten mit Zustimmung des Arbeitnehmer-Urhebers einfache Nutzungsrechte einräumen (§ 31 Abs. 3 UrhG). Die Zustimmung des Arbeitnehmer-Urhebers zur Vergabe von Lizenzen kann schon bei Abschluß des Vertrages eingeräumt werden; sie kann auch stillschweigend erteilt werden, wenn sich die Vergabe von Lizenzen aus dem Zweck des Arbeitsverhältnisses ergibt. Beispiel: ein angestellter Programmierer entwickelt Software, die der Arbeitgeber durch Vergabe von Lizenzen verwerten will.

Das einfache Nutzungsrecht berechtigt den Arbeitgeber, das Werk neben dem Arbeitnehmer-Urheber oder anderen Berechtigten auf die ihm erlaubte Art zu nutzen (§ 31 Abs. 2 UrhG). Beim einfachen Nutzungsrecht verbleiben also Nutzungsrechte beim Arbeitnehmer-Urheber, er kann z.B. Lizenzen an Dritte vergeben. Der Arbeitnehmer-Urheber muß jedoch bei der Verwertung der ihm verbliebenen Nutzungsrechte die arbeitsvertragliche Treuepflicht (insbesondere die Schadensverhütungspflicht, Rz 109) und das gesetzliche Wettbewerbsverbot (Rz 108) beachten.

Die Übertragung von Nutzungsrechten an Werken, die in Erfüllung arbeits- oder dienstvertraglicher Verpflichtungen geschaffen werden, erfolgt grundsätzlich nicht nur für die Dauer des Arbeits- oder Dienstverhältnisses, sondern zeitlich unbeschränkt, d.h. der Arbeitgeber darf die geschützten Werke auch nach dem Ausscheiden des Arbeitnehmer-Urhebers aus dem Arbeits- oder Dienstverhältnis weiter verwerten (5.42). Dies wird damit begründet, daß die vom Arbeitnehmer bezogene Vergütung ein Entgelt für die Schaffung des Werkes und für die Übertragung von Nutzungsrechten darstellt (siehe Rz 242); ob und wann der Arbeitgeber das Nutzungsrecht in Anspruch nimmt, ist dann unbeachtlich.

242 **Vergütungsanspruch des Arbeitnehmer-Urhebers.** Anders als der Arbeitnehmer-Erfinder (Rz 231), anders als der Arbeitnehmer, der einen qualifizierten technischen Verbesserungsvorschlag gemacht hat (Rz 255), kann der Arbeitnehmer-Urheber für die von ihm geschaffenen Werke und deren Verwertung durch den Arbeitgeber grundsätzlich keine Sondervergütung verlangen (5.43). Mit der Arbeitsvergütung ist i.d.R. auch die Schaffung des Werkes und die Übertragung von Nutzungsrechten auf den Arbeitgeber abgegolten (5.43). Auch die Nutzung des Werkes nach Beendigung des Arbeitsverhältnisses begründet grundsätzlich keinen besonderen Vergütungsanspruch.

Daß keine Sondervergütung an den Arbeitnehmer-Urheber zu zahlen ist, läßt sich damit begründen, daß es im Bereich der Literatur, Wissenschaft und Kunst durchaus möglich ist, vertraglich die Verpflichtung zur Schaffung von Werken zu übernehmen. Als Gegenleistung kann eine bestimmte Vergütung vereinbart werden. Anders sieht es im technischen Bereich aus. Zwar kann ein Ingenieur oder ein Chemiker zu Forschungs- und Entwicklungsarbeiten verpflichtet werden, aus denen patent- oder gebrauchsmusterfähige Erfindungen erwachsen können; ob und in welchem Umfang jedoch schutzfähige Erfindungen entstehen, bleibt offen.

Von dem Grundsatz, daß der Arbeitnehmer-Urheber keinen Anspruch auf Sondervergütung hat, gibt es einige Ausnahmen. So ist ein Anspruch auf zusätzliche Vergütung gegeben

- wenn dies arbeitsvertraglich oder tarifvertraglich für bestimmte Nutzungsarten vereinbart wurde (5.42). Auch für Sonderverwertungen, d.h. wenn der Arbeitgeber das Werk über den betrieblichen oder dienstlichen Zweck hinaus verwerten will, kann eine zusätzliche Vergütung vereinbart werden.
- wenn die Arbeitsvergütung (ausnahmsweise) in einem groben Mißverhältnis zu den Erträgnissen aus der Nutzung des Werkes steht, z.B. bei unerwartet hohen Verwertungseinnahmen des Arbeitgebers. Hier ist der Arbeitgeber gem. § 36 UrhG auf Verlangen des Arbeitnehmer-Urhebers verpflichtet, in eine Änderung des Arbeitsvertrages einzuwilligen, um dem Arbeitnehmer eine den Umständen nach angemessene Beteiligung an den Erträgnissen zu gewähren („Bestsellerparagraph").

Von dem Anspruch auf Sondervergütung für das Werk und für die Übertragung von Nutzungsrechten ist zu unterscheiden der Anspruch des Arbeitnehmer-Urhebers auf Zusatzvergütung für quantitative oder qualitative Mehrleistungen. Wer zur Fertigstellung eines vertraglich geschuldeten Werkes Überstunden leistet, handelt zwar in Erfüllung vertraglicher Verpflichtungen i.S. von § 43 UrhG und kann für die Übertragung von Nutzungsrechten auf den Arbeitgeber keine Sondervergütung verlangen; dies schließt jedoch nicht aus, daß dem Arbeitnehmer aus arbeitsrechtlichen Gründen für die quantitative Mehrleistung eine Zusatzvergütung zusteht (5.44). Erfordert die Schaffung eines Werkes – nach Abstimmung mit dem Arbeitgeber – eine höher qualifizierte Tätigkeit als die ursprünglich arbeitsvertraglich vereinbarte Arbeit, so ist das geschaffene Werk zwar das Ergebnis einer arbeitsvertraglich geschuldeten Tätigkeit i.S. von § 43 UrhG, so daß der Arbeitnehmer-Urheber auch in diesem Fall keine Sondervergütung für die Übertragung von Nutzungsrechten verlangen kann. Die qualitative Mehrleistung des Arbeitnehmers kann jedoch aus arbeitsrechtlichen Gründen einen Anspruch auf Zusatzvergütung begründen (5.45).

2.22 Arbeitsvertraglich nicht geschuldete Werke

243 **Abgrenzung.** Auf Werke, die der Arbeitnehmer während der Dauer des Arbeitsverhältnisses fertiggestellt hat (gleichgültig, ob während der Arbeitszeit oder in der Freizeit), die aber nicht in Erfüllung arbeits- oder dienstvertraglicher Verpflichtungen geschaffen wurden, findet § 43 UrhG keine Anwendung. Als Beispiele seien Werke genannt, die ohne Zusammenhang mit der vom Arbeitnehmer-Urheber vertraglich geschuldeten Tätigkeit entstanden sind, die auf der persönlichen Initiative des Arbeitnehmers beruhen, ferner Werke, zu denen Erlebnisse oder Eindrücke am Arbeitsplatz den Anstoß gegeben haben. Die arbeitsvertraglich nicht geschuldeten Werke sind also vergleichbar mit den originären freien Erfindungen (Rz 234). Es sind Sonderleistungen des Arbeitnehmer-Urhebers.

244 **Uneingeschränkte Urheberrechte.** An arbeitsvertraglich nicht geschuldeten Werken erwirbt der Arbeitnehmer-Urheber uneingeschränkt alle Urheber-Persönlichkeitsrechte. Er erwirbt auch alle Urheber-Verwertungsrechte, muß aber bei der Verwertung das gesetzliche Wettbewerbsverbot (Rz 108) beachten. Ob der Arbeitnehmer-Urheber verpflichtet ist, dem Arbeitgeber die Werke, die er während der Dauer des Arbeitsverhältnisses geschaffen hat, anzubieten, wenn sie im Arbeitsbereich des Betriebes bzw. der Dienststelle verwendbar sind, ist umstritten (5.46). Soweit eine Anbietungspflicht bejaht wird, ist der Arbeitnehmer nur verpflichtet, ein einfaches Nutzungsrecht (§ 31 Abs. 2 UrhG) anzubieten. Möglich ist jedoch eine Vorausabtretung von Nutzungsrechten an arbeitsvertraglich nicht geschuldeten zukünftigen Werken (5.47); sie bedarf nach § 40 UrhG der Schriftform.

245 **Vergütungspflicht des Arbeitgebers.** Verwertet der Arbeitgeber ein vom Arbeitnehmer vertraglich nicht geschuldetes Werk, also eine Sonderleistung des Arbeitnehmers, und zieht er daraus nicht unerhebliche Vorteile, so ist er zur Zahlung einer Sondervergütung verpflichtet (5.48). Soweit das arbeitsvertraglich nicht geschuldete Werk in der vom Arbeitgeber bezahlten Arbeitszeit oder mit Mitteln des Arbeitgebers geschaffen worden ist, kann der Arbeitgeber jedoch die Vergütung entsprechend kürzen (5.49).

2.3 Darbietungen ausübender Künstler

246 **Schutzrechte.** Ausübender Künstler ist, wer ein Werk vorträgt oder aufführt oder bei dem Vortrag oder der Aufführung eines Werkes künstlerisch mitwirkt (§ 73 UrhG). Das Urheberrechtsgesetz sieht folgende Schutzrechte zum Schutz des ausübenden Künstlers vor: Seine Darbietung darf nur mit seiner Einwilligung außerhalb des Raumes, in dem sie stattfindet, durch Bildschirm, Lautsprecher oder ähnliche technische Einrichtungen öffentlich wahrnehmbar gemacht werden (§ 74 UrhG); seine Darbietung darf nur mit seiner Einwilligung auf Bild- oder Tonträger aufgenommen werden; die Bild- oder Tonträger dürfen nur mit seiner Einwilligung vervielfältigt werden (§ 75 UrhG); seine Darbietung darf nur mit seiner Einwilligung durch Funk gesendet werden (§ 76 UrhG); wird seine Darbietung durch Bild, Ton oder Funk öffentlich wahrnehmbar gemacht, so ist ihm hierfür eine angemessene Vergütung zu zahlen (§ 77 UrhG).

247 **Übertragung der Nutzungsrechte in Arbeits- oder Dienstverhältnissen.** Die in den §§ 74-77 UrhG aufgeführten Schutzrechte stehen auch einem ausübenden Künstler zu, der eine Darbietung in Erfüllung seiner Verpflichtungen aus einem Arbeits- oder Dienstverhältnis erbracht hat (5.50). In welchem Umfang und unter welchen Bedingungen der Arbeitgeber oder Dienstherr die Darbietung benutzen und anderen ihre Benutzung gestatten darf, hängt in erster Linie von den Vereinbarungen im Arbeits- oder Dienstvertrag ab (§ 79 UrhG). Häufig finden sich auch tarifvertragliche Regelungen. Sind keine besonderen Vereinbarungen getroffen, bestimmen sich Umfang und Bedingungen der Benutzung durch den Arbeitgeber nach dem Wesen des Arbeits- oder Dienstverhältnisses (§ 79 UrhG). Nach der auch für ausübende Künstler geltenden Zweckübertragungstheorie ist der Zweck des Arbeits- oder Dienstverhältnisses maßgebend. So sind Bühnenangehörige grundsätzlich nur verpflichtet, an der jeweiligen Bühnen-Inszenierung und der unmittelbaren Darbietung des Werkes vor Publikum mitzuwirken. Die Aufnahme der Darbietung auf Bild- oder Tonträger oder die Rundfunkübertragung ergibt sich hingegen nicht ohne weiteres aus dem Wesen des Arbeits- oder Dienstverhältnisses (5.51); hierzu bedarf es einer besonderen individual- oder kollektivvertraglichen Regelung.

Die Übertragung der Nutzungsrechte auf den Arbeitgeber erfolgt stillschweigend. Die Nutzungsrechte des Arbeitgebers bestehen auch nach Beendigung des Arbeitsverhältnisses mit dem ausübenden Künstler fort.

248 **Persönlichkeitsrechte des ausübenden Künstlers.** Die Persönlichkeitsrechte des ausübenden Künstlers sind weniger zahlreich als die des Urhebers (Rz 240). Nach § 83 UrhG kann ein ausübender Künstler, auch wenn er in einem Arbeits- oder Dienstverhältnis steht, die Entstellung oder eine andere Beeinträchtigung seiner Darbietung verbieten, die geeignet ist, sein Ansehen oder seinen Ruf als ausübender Künstler zu gefährden. Beispiel: Eine Schallplattenaufnahme wird unter Nennung des Namens des Sprechers ohne dessen Zustimmung für Wahlkampfzwecke verwendet. Im Gegensatz zum Urheber hat der ausübende Künstler aber keinen gesetzlichen Anspruch auf Namensnennung; ein solcher Anspruch kann sich aber aus dem Arbeits- oder Tarifvertrag, aus den Branchengepflogenheiten oder aus Treu und Glauben ergeben, z.B. bei Solisten und Dirigenten. Auch sichert das Urheberrechtsgesetz dem ausübenden Künstler kein Zugangsrecht zu; vielfach sieht jedoch der Tarifvertrag ein Zugangsrecht vor, indem die Möglichkeit der Anfertigung einer Kopie der Aufzeichnung des Arbeitgebers eingeräumt wird, wenn damit kein unzumutbarer Aufwand für den Arbeitgeber verbunden ist (5.52).

249 **Vergütungsansprüche des ausübenden Künstlers.** Wie beim Arbeitnehmer-Urheber ist auch beim ausübenden Künstler grundsätzlich die Erbringung der arbeitsvertraglich geschuldeten Leistung (also die Darbietung) einschließlich der damit verbundenen Abtretung der Nutzungsrechte an den Arbeitgeber durch die Arbeitsvergütung abgegolten. Es besteht also kein Anspruch auf Sondervergütung, wenn der Arbeitgeber schutzfähige Darbietungen, die arbeits- oder dienstvertraglich geschuldet sind, für betriebliche oder dienstliche Zwecke verwendet (5.53). Durch die Arbeitsvergütung abgegolten ist ferner die Verwertung der Leistungen durch den Arbeitgeber nach Beendigung des Arbeitsverhältnisses. Auch ein unerwartet hoher Gewinn bei der Verwertung der Leistungen be-

gründet keinen zusätzlichen Vergütungsanspruch; eine der Regelung des § 36 UrhG (Rz 242) entsprechende Vorschrift fehlt für ausübende Künstler.

Anders sieht es aus bei Sonderleistungen, die über den vertraglich geschuldeten Rahmen hinausgehen (Beispiel: Mitglieder eines Opernchores führen einen Tanz auf der Bühne auf), und bei Sonderverwertungen, die vertraglich nicht vereinbart sind (Beispiel: Rundfunkübertragung einer arbeitsvertraglich geschuldeten Bühnenaufführung). In diesen Fällen besteht ein gesonderter Vergütungsanspruch des ausübenden Künstlers.

2.4 Geschmacksmusterfähige Werke und Schriftzeichen

Geschmacksmusterfähige Werke sind nach § 1 Abs. 2 des Gesetzes betreffend das Urheberrecht an Mustern und Modellen (Geschmacksmustergesetz-GeschMG) von 1876, zuletzt geändert 1986, neue und eigentümliche Muster und Modelle. Unter einem Muster ist ein zweidimensionales Werk zu verstehen; Modelle sind dreidimensionale Werke. Geschmacksmuster schützen ausschließlich die ästhetische, nichttechnische Gestaltung von Gegenständen, z.B. das Design. Sie werden beantragt für Möbel, Lampen, Textilmuster, Verpackungen und dergleichen.

Vom Gegenstand her stehen die Geschmacksmusterrechte, die auf den Formen- oder Farbensinn wirken, dem Urheberrecht nahe. Im Bereich des Schutzes der industriellen Formgebung berühren sie sich mit dem Urheberrecht an Werken der angewandten Kunst (5.54). Anders als der Urheberrechtsschutz setzt aber der Schutz von Geschmacksmustern ihre gewerbliche Verwertbarkeit voraus und ist an Formalitäten gebunden (z.B. an die Anmeldung beim Patentamt zur Eintragung in das Musterregister, § 7 Abs. 1 GeschMG). Soweit Neuheit und Eigentümlichkeit des Musters oder Modells vorausgesetzt werden, bestehen Berührungspunkte zwischen Geschmacksmuster- und Erfinderrecht (5.54). Die Neuheit ist im objektiven Sinne zu verstehen (= Unbekanntheit der Gestaltung in Fachkreisen). Andererseits ist der Schutz, der aufgrund des Geschmacksmusterrechts gewährt wird, nicht Schutz mit Sperrwirkung wie beim Patent und Gebrauchsmuster, sondern nur Schutz vor Nachbildung (§ 5 GeschMG).

250 **Gebundene Muster, Modelle und Schriftzeichen.** Nach § 2 GeschMG gilt bei Mustern und Modellen, die von den in einer inländischen gewerblichen Anstalt beschäftigten Zeichnern, Malern, Bildhauern usw. im Auftrag oder für Rechnung des Eigentümers angefertigt werden, der Eigentümer als der Urheber der Muster und Modelle, wenn durch Vertrag nicht anderes bestimmt ist. § 2 GeschMG ist auch auf geschützte typografische Schriftzeichen anzuwenden, da Art. 2 Abs. 1 des SchriftzeichenG von 1981 auf das Geschmacksmusterrecht verweist.

Unter einer gewerblichen Anstalt i.S. des § 2 GeschMG ist jedes gewerbliche Unternehmen zu verstehen; auch Handwerksbetriebe gehören dazu. § 2 GeschMG betrifft nicht nur Werke, die im Auftrag des Arbeitgebers angefertigt wurden, sondern auch Werke, die auf Kosten des Arbeitgebers entstanden sind.

Hat der Arbeitnehmer ein geschmacksmusterfähiges Muster oder Modell fertiggestellt, so muß er dies dem Arbeitgeber unverzüglich mitteilen (5.55). Entsprechendes gilt, wenn der Arbeitnehmer ein typografisches Schriftzeichen erstellt hat. Da nach § 2 GeschMG der Arbeitgeber als der Urheber des Werkes bzw. des Schriftzeichens gilt, erwirbt mit der Fertigstellung des Musters, Modells oder des Schriftzeichens der Arbeitgeber das Anwartschaftsrecht auf ein Geschmacksmuster- bzw. Schriftzeichenrecht. Führt er die Anmeldung durch (wozu er berechtigt, aber nicht verpflichtet ist), so erhält er das Geschmacksmusterrecht bzw. das Schriftzeichenrecht. Damit liegen die Geschmacksmuster- und Schriftzeichen-Nutzungsrechte beim Arbeitgeber, wenn durch Vertrag nicht anderes bestimmt ist (5.56).

Anders ist es bei den Geschmacksmuster-Persönlichkeitsrechten. Zwar enthält das Gebrauchsmustergesetz keine Regelungen über Persönlichkeitsrechte des Schöpfers; es ist jedoch allgemein anerkannt, daß auch an geschmacksmusterfähigen Mustern und Modellen Persönlichkeitsrechte entstehen. Diese erwirbt der Werkschöpfer, bei Mustern und Modellen, die von angestellten Zeichnern, Malern usw. geschaffen werden, also der Arbeitnehmer (5.57). Gleiches gilt für Schriftzeichen.

Wegen der geringeren schöpferischen Leistung sind die Geschmacksmuster-Persönlichkeitsrechte des Arbeitnehmers allerdings wesentlich schwächer ausgeprägt als die Urheber-Persönlichkeitsrechte bei urheberrechtlich geschützten Werken (5.58). So hat der Schöpfer eines geschmacksmusterfähigen Werkes zwar ein Recht auf Anerkennung als Urheber, d.h. er darf sich als Urheber ausweisen und sich dagegen wehren, daß ein anderer die Urheberschaft für sich beansprucht; ein Anspruch auf Urheberbezeichnung auf dem Werk ist aber im allgemeinen nicht gegeben (5.58). Ferner muß der Arbeitnehmer bei der gewerblichen Verwertung seiner Muster, Modelle und Schriftzeichen notwendige Änderungen grundsätzlich hinnehmen; er kann sich nur dagegen wehren, als Urheber des geänderten Werkes benannt zu werden (5.58). Der Arbeitnehmer kann auch nicht die Veröffentlichung seines Werkes verlangen; über die Verwertung des Werkes entscheidet allein der Arbeitgeber (5.58).

Ebenso wie im Urheberrecht (Rz 242) und abweichend vom Arbeitnehmererfinderrecht (Rz 231) begründet die Fertigstellung eines gebrauchsmusterfähigen Werkes (oder eines schutzfähigen Schriftzeichens) in Erfüllung arbeitsvertraglicher Pflichten grundsätzlich keinen Anspruch auf Sondervergütung über die gezahlte Arbeitsvergütung hinaus (5.59). Mit der Arbeitsvergütung sind auch besonders wertvolle Muster und Modelle abgegolten, mit deren Verwertung der Arbeitgeber erhebliche Gewinne erzielt; der sog. Bestsellerparagraph (§ 36 UrhG) ist also im Geschmacksmusterrecht weder unmittelbar noch analog anzuwenden (5.60).

251 **Freie Muster, Modelle und Schriftzeichen.** Für Muster, Modelle und Schriftzeichen, die nicht im Auftrag oder für Rechnung des Arbeitgebers entstanden sind, gelten die für arbeitsvertraglich nicht geschuldete, urheberrechtsfähige Werke gemachten Ausführungen entsprechend (siehe Rz 243-245).

2.5 Technische und sonstige Verbesserungsvorschläge

252 **Begriff.** Technische Verbesserungsvorschläge sind Vorschläge für sonstige technische Neuerungen, die nicht patent- oder gebrauchsmusterfähig sind (§ 3 ArbNErfG), d.h. Anregungen zu Verbesserungen auf technischem Gebiet, die die Anforderungen des Patent- oder Gebrauchsmustergesetzes in bezug auf Erfindungshöhe und Neuheit nicht erfüllen. Es genügt, daß sie den innerbetrieblichen Stand der Technik verbessern, also für den Betrieb neu sind (5.61).

Sonstige Verbesserungsvorschläge sind Verbesserungsvorschläge auf organisatorischem oder kaufmännischem Gebiet (einschließlich des Gebietes des Marketing) sowie – im Bereich der öffentlichen Verwaltung – Vorschläge zur Verwaltungsvereinfachung und zur Verbesserung der Arbeitsmethoden bzw. des Arbeitsablaufes.

Zu unterscheiden ist zwischen dienstlichen und freien Verbesserungsvorschlägen. Dienstliche Verbesserungsvorschläge sind Vorschläge, die aus der dem Arbeitnehmer obliegenden Tätigkeit entstehen oder maßgeblich auf Erfahrungen oder Arbeiten des Betriebes bzw. der Dienststelle beruhen. Freie Verbesserungsvorschläge sind Vorschläge, die nicht mit der vertraglich vereinbarten Tätigkeit des Arbeitnehmers in Zusammenhang stehen und auch nicht auf betrieblichen Vorarbeiten beruhen; sie basieren auf der Eigeninitiative des Arbeitnehmers.

253 **Mitteilungspflicht des Arbeitnehmers.** Hat der Arbeitnehmer einen Verbesserungsvorschlag fertiggestellt, ist er verpflichtet, dies dem Arbeitgeber unverzüglich, d.h. ohne schuldhaftes Zögern, mitzuteilen. Die Mitteilungspflicht ergibt sich nach den allgemeinen arbeitsrechtlichen Grundsätzen aus der Treuepflicht des Arbeitnehmers (Rz 109). Eine Mitteilungspflicht besteht nicht nur bei dienstlichen Verbesserungsvorschlägen auf technischem oder kaufmännisch-organisatorischem Gebiet. Mitteilungspflichtig sind auch freie Verbesserungsvorschläge technischer oder sonstiger Art, wenn sie in dem zum Zeitpunkt der Fertigstellung des Vorschlages bestehenden Betrieb des Arbeitgebers bzw. in der Dienststelle verwertbar sind (5.62). Liegt ein freier, im Betrieb bzw. in der Dienststelle nicht verwertbarer Verbesserungsvorschlag vor, entfällt die Mitteilungspflicht, es sei denn, es ist vertraglich etwas anderes vereinbart (5.62).

Üblicherweise wird generell, für alle Arten von Verbesserungsvorschlägen, eine Mitteilungspflicht vertraglich vereinbart. Dabei sind tarifvertragliche Regelungen selten; häufiger anzutreffen sind Betriebsvereinbarungen zwischen Arbeitgeber und Betriebsrat nach § 87 Abs. 1 Nr. 12 BetrVG. Ist ein Betriebsrat nicht vorhanden, kann die Mitteilungspflicht im Arbeitsvertrag geregelt werden.

254 **Verwertungsrecht des Arbeitgebers.** Da Verbesserungsvorschläge nicht schutzfähig sind (Rz 252), erwirbt der Arbeitnehmer keine Rechte an den von ihm erarbeiteten Vorschlägen. Es gilt vielmehr der arbeitsrechtliche Grundsatz, daß das Arbeitsergebnis dem Arbeitgeber zusteht. Sofern es sich um einen dienstlichen Verbesserungsvorschlag auf technischem oder kaufmännisch-organisatorischem Gebiet handelt, kann der Arbeitgeber ihn also für sich verwerten (5.63), und zwar ohne Erklärung der Inanspruchnahme (wie bei einer Erfindung erforderlich) und ohne Übertragung durch den Arbeitnehmer (wie bei urheberrechtsfähigen Werken erforderlich). Ein Verwertungsrecht steht dem Arbeitgeber auch bei freien Verbesserungsvorschlägen technischer und sonstiger Art zu, soweit sie im vorhandenen Betrieb bzw. in der Dienststelle verwertbar sind (5.63). Nur über freie, im Betrieb bzw. in der Dienststelle nicht verwertbare Verbesserungsvorschläge kann der Arbeitnehmer uneingeschränkt verfügen (5.64).

Die erst nach Vertragsende vollendeten Verbesserungsvorschläge fallen nicht dem Arbeitgeber zu. Etwas anderes gilt nur dann, wenn der Arbeitnehmer während der Dauer des Arbeitsverhältnisses durch pflichtwidrige Verhaltensweise die Vollendung des Verbesserungsvorschlages bewußt verhindert (5.65) oder durch grobes Fehlverhalten eine außerordentliche (= fristlose) Kündigung ausgelöst oder gar provoziert hat.

255 **Vergütungsansprüche des Arbeitnehmers.** Die Vergütung von Verbesserungsvorschlägen ist rechtlich unterschiedlich geregelt. Bei technischen Verbesse-

rungsvorschlägen besteht ein gesetzlicher Vergütungsanspruch in § 20 Abs. 1 ArbNErfG, der aber an bestimmte Voraussetzungen geknüpft ist:

- Es muß sich um einen Verbesserungsvorschlag handeln, der dem Arbeitgeber eine ähnliche Vorzugsstellung im Wettbewerb gewährt wie ein gewerbliches Schutzrecht (sog. qualifizierter technischer Verbesserungsvorschlag). Der Vorschlag muß den Arbeitgeber in wirtschaftlicher Hinsicht ähnlich stellen wie den Inhaber eines Patentes oder eines Gebrauchsmusters, d.h. er muß dem Arbeitgeber im Verhältnis zu seinen Mitbewerbern bei der Verwertung des Verbesserungsvorschlages eine gewisse Monopolstellung verschaffen (5.66). Die Monopolstellung muß nicht rechtlich gesichert sein, es genügt eine tatsächliche Monopolstellung, die es dem Arbeitgeber ermöglicht, den Gegenstand des Verbesserungsvorschlages unter Ausschluß von Mitbewerbern allein zu verwerten (5.66). Voraussetzung hierfür ist i.d.R., daß das technische Wissen, das dem Arbeitgeber einen wirtschaftlichen Vorteil vermittelt, weil der oder die Mitbewerber hiervon keine Kenntnis haben, objektiv geheimhaltungsfähig ist (d.h. es darf dem Produkt nicht anzusehen sein) und nach dem Willen des Arbeitgebers auch geheimgehalten wird (5.67). Beispiele: Vorrichtungen; Verfahrenskniffe; Rezepturen.

  Die nach § 20 Abs. 1 ArbNErfG erforderliche schutzrechtsähnliche Vorzugsstellung liegt nicht vor, wenn die Kenntnisse Dritten ohne weiteres zugänglich sind, jedoch kein Mitbewerber vorhanden ist, für den der Verbesserungsvorschlag von Interesse sein könnte (5.66), z.B. wenn sich die Mitbewerber eine Übernahme des Verbesserungsvorschlages aus finanziellen Gründen nicht leisten können oder wollen oder wenn die Mitbewerber die technischen Voraussetzungen für eine Realisierung des Vorschlages nicht erfüllen.

- Der Arbeitgeber muß den Verbesserungsvorschlag tatsächlich verwerten. Zur Verwertung gehören alle Benutzungshandlungen, die die Vorteile des Verbesserungsvorschlages tatsächlich nutzen, also die Verwertung im Betrieb bzw. in der Dienststelle, der Abschluß von Know-how-Verträgen und die Veräußerung des Know-how. Eine Verwertung liegt nicht vor, solange der Verbesserungsvorschlag noch geprüft und erprobt wird (5.68).

  Der Arbeitnehmer hat keinen Anspruch gegen den Arbeitgeber auf Verwertung seines Verbesserungsvorschlages; der Arbeitgeber darf die Verwertung aber nicht aus offensichtlich unsachlichen Gründen ablehnen (5.68). Lehnt er die Verwertung rechtsmißbräuchlich ab, wird er so gestellt, als ob er den Verbesserungsvorschlag verwertet hätte; er schuldet dann eine angemessene Vergütung nach § 20 Abs. 1 ArbNErfG.

Für die Bemessung der Vergütung und für ihre Festsetzung sind die Bestimmungen der §§ 9 und 12 ArbNErfG (siehe Rz 231) sinngemäß anzuwenden (§ 20 Abs. 1 Satz 2 ArbNErfG). Abweichende Regelungen in einem Tarifvertrag, in einer Betriebsvereinbarung oder im Arbeitsvertrag sind zulässig, wenn sie für den Arbeitnehmer günstiger sind. Regelmäßig wird bei der Bemessung der Vergütung der Jahresnettonutzen zugrundegelegt.

Bei sonstigen technischen Verbesserungsvorschlägen, die dem Arbeitgeber keine besonderen Vorteile im Wettbewerb verschaffen (sog. einfache technische Verbesserungsvorschläge), besteht kein gesetzlicher Anspruch auf eine Sondervergütung. Ein Vergütungsanspruch kann jedoch in einem Tarifvertrag oder in einer Betriebsvereinbarung vorgesehen sein, worauf § 20 Abs. 2 ArbNErfG verweist. Außerdem haben die Parteien die Möglichkeit, im Wege der einzelvertraglichen Abrede eine angemessene Vergütungsregelung herbeizuführen. Die Praxis hat gezeigt, daß vertraglich vereinbarte Prämienzusagen zweckmäßig sind, weil sonst die Motivation für den Arbeitnehmer fehlt, sich um Verbesserungsvorschläge zu bemühen.

Für Verbesserungsvorschläge auf organisatorischem oder kaufmännischem Gebiet fehlt ebenfalls eine gesetzliche Regelung des Vergütungsanspruches des Arbeitnehmers. Der Gesetzgeber hat diese Frage den Parteien überlassen. Tarifvertragliche Regelungen sind selten; üblicherweise werden Betriebsvereinbarungen zwischen Arbeitgeber und Betriebsrat abgeschlossen (§ 87 Abs. 1 Nr. 12 BetrVG). Die Betriebsvereinbarung kann vorsehen, daß nicht nur bei qualifizierten Verbesserungsvorschlägen, sondern auch bei einfachen Verbesserungsvorschlägen eine Vergütung gewährt wird. Zu beachten ist, daß nach der Rechtsprechung des BAG (5.69) der Arbeitnehmer auch ohne ausdrückliche vertragliche Vereinbarung eine besondere Vergütung verlangen kann, wenn er eine außergewöhnliche Leistung erbringt, die über den vertragsmäßigen Rahmen hinausgeht, sofern die Leistung für den Arbeitgeber von wirtschaftlichem Wert ist und eine Verwertbarkeit ermöglicht.

Kapitel 6: Beendigung des Arbeitsverhältnisses

Das Arbeitsverhältnis ist ein auf Dauer angelegtes Schuldverhältnis. Es wird nicht, wie z.B. der Kaufvertrag, durch einmaligen Austausch der vereinbarten Leistungen beendet; vielmehr ist für die Beendigung ein besonderes Ereignis erforderlich. Das Recht stellt hierfür eine Reihe von Möglichkeiten zur Verfügung. So kann das Arbeitsverhältnis gekündigt werden (siehe Rz 256ff.), es kann durch Vertrag beendet werden (siehe Rz 314ff.), es kann durch Fristablauf enden (siehe Rz 322ff.). Weitere Beendigungsmöglichkeiten sind Anfechtung, Auflösung durch Urteil des Arbeitsgerichtes, Tod des Arbeitnehmers (siehe Rz 332).

1. Beendigung durch Kündigung

1.1 Kündigungserklärung

256 **Begriff.** Die Kündigung ist eine einseitige, empfangsbedürftige Willenserklärung mit dem Inhalt, daß das Arbeitsverhältnis entweder sofort (= fristlose Kündigung) oder nach Ablauf einer bestimmten Frist (= ordentliche Kündigung) beendet sein soll. Einseitig heißt, daß die Willenserklärung einer Partei (des Arbeitnehmers oder des Arbeitgebers) genügt, um das Arbeitsverhältnis zu beenden. Die Zustimmung des anderen Vertragspartners ist nicht erforderlich. Empfangsbedürftigkeit bedeutet, daß die Willenserklärung erst wirksam wird, wenn sie dem anderen Vertragspartner zugeht.

Die Kündigungserklärung muß deutlich machen, daß eine Beendigung des Arbeitsverhältnisses beabsichtigt ist; das Wort Kündigung braucht nicht zu fallen.

Der Kündigende trägt die Beweislast dafür, daß seine Kündigung dem Vertragspartner tatsächlich zugegangen ist. Wird mit einfachem Brief gekündigt, so gibt es keinen Beweis des ersten Anscheines dafür, daß die Kündigung im Stadtgebiet einer Großstadt den Empfänger binnen drei Tagen erreicht (6.01). Zweckmäßigerweise wird deshalb die Kündigung durch Boten, durch Einschreibebrief mit Rückschein oder durch Vermittlung eines Gerichtsvollziehers (nach § 132 Abs. 1 BGB) erklärt.

257 **Zugang.** Wird die Kündigung mündlich oder fernmündlich ausgesprochen, so ist sie zugegangen, wenn der Empfänger in der Lage war, sie zu vernehmen; sie ist nicht zugegangen, wenn der Empfänger sie nicht verstehen konnte, z.B. wegen Taubheit oder Unkenntnis der Sprache.

Wird die Kündigung schriftlich ausgesprochen, so ist sie zugegangen, wenn der Empfänger die Möglichkeit hatte, von dem Kündigungsschreiben unter gewöhnlichen Umständen Kenntnis zu nehmen (6.02), d.h. wenn die Kündigungserklärung in die tatsächliche Verfügungsgewalt des Empfängers oder eines anderen, der ihn in der Entgegennahme von Briefen vertreten konnte, gelangt ist (z.B. in die Hände der Ehefrau oder einer Hausangestellten). Ohne Bedeutung ist, wann der Empfänger von dem Kündigungsschreiben tatsächlich Kenntnis genommen hat, oder ob er daran aus besonderen Gründen (z.B. vorübergehende Abwesenheit, Krankenhausaufenhalt) zunächst gehindert war.

Beispiele: Einem Arbeitnehmer wird die Kündigung durch Boten überbracht. Der Arbeitnehmer weigert sich, den Brief anzunehmen. Dennoch ist die Kündigung zugegangen, da der Arbeitnehmer die Möglichkeit hatte, von dem Kündigungsschreiben Kenntnis zu nehmen. Das gleiche gilt, wenn die Kündigung schriftlich durch die Post zugestellt wird. Steckt der Briefträger den Brief zur normalen Tageszeit in den Hausbriefkasten, so ist die Kündigung zugegangen, und zwar auch dann, wenn der Arbeitnehmer nicht zu Hause, sondern verreist ist. Der Arbeitnehmer muß selbst dafür Sorge tragen, daß an seine Adresse gerichtete Post ihn auch erreicht. Eine Kündigung durch Einschreibebrief gilt als zugegangen, wenn der Brief dem Empfänger oder einer zuständigen Person ausgehändigt wurde. Nimmt der Postbote das Kündigungsschreiben unter Hinterlassung eines Benachrichtigungszettels wieder mit, weil er niemanden angetroffen hat, so gilt die Kündigung als nicht zugegangen. Erklärungen des Arbeitgebers, die im Betrieb ausgehändigt werden, gehen allen dort arbeitenden Arbeitnehmern zu, aber nicht den kranken oder in Urlaub befindlichen Arbeitnehmern. Bei Firmen gilt die Kündigung als zugegangen, wenn das Kündigungsschreiben in den Geschäftsräumen der Firma einem Büroangestellten übergeben wird.

Hinweis: Der Arbeitnehmer ist im allgemeinen nicht verpflichtet, dem Arbeitgeber seine Urlaubsanschrift mitzuteilen; eine Mitteilungspflicht besteht nur, wenn dies vertraglich vereinbart ist oder betriebsüblich ist oder sich aus der besonderen Art der Arbeit ergibt. Deshalb kann ein Arbeitgeber, der weiß, daß sich der beurlaubte Arbeitnehmer auf einer Urlaubsreise befindet, nicht erwarten, daß der Arbeitnehmer ein an die Heimatanschrift gerichtetes Kündigungsschreiben vor Rückkehr von der Urlaubsreise zur Kenntnis nimmt.

Bei einem ausländischen Arbeitnehmer, der der deutschen Sprache in Wort und Schrift nicht mächtig ist, geht eine in deutscher Sprache abgefaßte schriftliche Kündigung nicht dann zu, wenn sie dem Arbeitnehmer ausgehändigt wird, sondern erst dann, wenn der Arbeitnehmer sie (innerhalb einer angemessenen Frist) in seine Muttersprache hat übersetzen lassen (6.03). Für den Arbeitgeber empfiehlt es sich deshalb, eine Kündigung von vornherein in der Muttersprache des Arbeitnehmers abzufassen, wenn vom Zugang der Kündigung die Wahrung einer Frist abhängt.

Da die Kündigung erst wirksam wird, wenn sie dem anderen Partner zugeht, ist eine Kündigung mit rückwirkender Kraft grundsätzlich nicht möglich, auch dann nicht, wenn der Grund, auf den die Kündigung gestützt wird, in der Vergangenheit liegt.

258 **Form.** Die Kündigung unterliegt keinen gesetzlichen Formvorschriften; sie kann daher schriftlich, mündlich oder durch schlüssiges Verhalten erklärt werden. Eine Ausnahme besteht für Berufsausbildungsverhältnisse und für die Arbeitsverhältnisse der Besatzungen von Seeschiffen; hier schreibt das Gesetz Schriftform vor (§ 15 Abs. 3 BBiG, § 62 Abs. 1 SeemG). Um Verständigungs- und Beweisschwierigkeiten zu vermeiden, ist jedoch stets die schriftliche Kündigung zu empfehlen. Durch Tarifvertrag oder Betriebsvereinbarung kann die Schriftform vorgeschrieben sein; auch kann einzelvertraglich die Schriftform vereinbart werden. Hat die Schriftform konstitutive Wirkung, muß die Kündigung schriftlich erfolgen, andernfalls ist sie gem. § 125 BGB wegen Formmangels nichtig (siehe Rz 32f.). Dient die Formvorschrift nur der Beweiserleichterung, ist auch eine Kündigung ohne Beachtung der Schriftform wirksam.

259 **Angabe des Kündigungsgrundes.** Grundsätzlich braucht der Kündigende den Kündigungsgrund bei der Abgabe der Kündigungserklärung gegenüber dem Gekündigten nicht anzugeben; die Kündigung ist auch ohne Angabe des Kündigungsgrundes wirksam (6.04). Es sind jedoch einige Ausnahmen zu beachten. Kraft Gesetz ist die Angabe des Kündigungsgrundes in zwei Fällen vorgeschrieben: auf Verlangen bei der außerordentlichen Kündigung (§ 626 Abs. 2 Satz 3 BGB), ferner bei der Kündigung eines Berufsausbildungsverhältnisses nach Ablauf der Probezeit (§ 15 Abs. 3 BBiG). Außerdem kann durch Tarifvertrag oder Arbeitsvertrag festgelegt werden, daß der Kündigungsgrund anzugeben ist. Mitteilungspflichten können sich schließlich u.U. auf Grund der Treue- und Fürsorgepflichten ergeben.

Besteht auf die Mitteilung des Kündigungsgrundes ein Anspruch, so kann die schuldhafte Verletzung der Mitteilungspflicht schadensersatzpflichtig machen. Die Verletzung der Mitteilungspflicht führt aber nicht zur Unwirksamkeit der Kündigung. Der Schadensersatzanspruch geht allerdings nur dahin, den Gekündigten so zu stellen, wie er stünde, wenn er den Kündigungsgrund rechtzeitig gekannt hätte (6.04), also nicht auf Fortsetzung des Arbeitsverhältnisses, sondern auf Ersatz der Aufwendungen, die der Gekündigte nicht gemacht hätte, wenn ihm der Grund rechtzeitig mitgeteilt worden wäre (z.B. Ersatz der Prozeßkosten).

260 Nachschieben von Kündigungsgründen. Von einem Nachschieben von Kündigungsgründen spricht man, wenn die Begründung der Kündigung nachträglich ersetzt oder erweitert wird, wenn nach Ausspruch der Kündigung andere oder zusätzliche Gründe vorgetragen werden. Hiervon zu unterscheiden ist die Erläuterung bzw. Konkretisierung der bereits mitgeteilten Gründe, die stets zulässig ist.

Materiellrechtlich ist ein Nachschieben von Kündigungsgründen grundsätzlich möglich, insbesondere noch im Kündigungsschutzprozeß vor dem Arbeitsgericht bis zum Schluß der mündlichen Verhandlung (§ 296a ZPO). Dabei ist ohne Bedeutung, ob die nachgeschobenen Gründe den Anlaß der Kündigung gebildet haben; maßgebend ist allein, ob die Gründe objektiv geeignet sind, die Kündigung zu stützen (6.05). Voraussetzung für das Nachschieben von Kündigungsgründen ist, daß die nachgeschobenen Gründe zum Zeitpunkt des Zuganges der Kündigung bereits objektiv vorgelegen haben (6.06). Sie müssen nicht notwendig dem Kündigenden damals bekannt gewesen sein. Gründe, die erst nach Zugang der Kündigung entstanden sind, können allenfalls eine neue Kündigung tragen.

Betriebsverfassungsrechtlich kann das Nachschieben von Kündigungsgründen unzulässig sein, wenn ein Betriebsrat besteht und der Arbeitgeber die ihm obliegende Pflicht zur Anhörung des Betriebsrates (Rz 266) verletzt hat. So kommt ein Nachschieben nicht in Betracht, wenn die nachgeschobenen Gründe dem Arbeitgeber bereits bei der Einleitung des Anhörungsverfahrens bekannt waren, er die Gründe aber dem Betriebsrat nicht mitgeteilt hat (6.07). Gründe, die erst nach der Einleitung des Anhörungsverfahrens, aber vor der Erklärung der Kündigung entstanden sind, muß der Arbeitgeber dem Betriebsrat unverzüglich mitteilen und insoweit das Anhörungsverfahren erneut einleiten, wenn er die Kündigung auch auf diese Gründe stützen will (6.08). Das gleiche gilt für Gründe, die bei der Abgabe der Kündigungserklärung vorlagen, dem Arbeitgeber aber zu diesem Zeitpunkt nicht bekannt waren; der Arbeitgeber kann diese Gründe nachschieben unter der Voraussetzung, daß er den Betriebsrat hierzu nachträglich angehört hat (6.08).

261 **Abmahnung.** In bestimmten Fällen ist vor Ausspruch der Kündigung eine Abmahnung erforderlich; erst wenn die Abmahnung erfolglos geblieben ist, kann wirksam gekündigt werden.

Unter Abmahnung ist die Mißbilligung eines bestimmten Verhaltens zu verstehen, verbunden mit der Androhung von Rechtsfolgen für die Zukunft, falls das mißbilligte Verhalten nicht geändert wird (6.09). Sie ist zu unterscheiden von Ermahnungen, Verwarnungen und Verweisen, bei denen die Androhung von Rechtsfolgen fehlt. Die Abmahnung erfolgt in Ausübung des vertraglichen Rügerechts, das dem Gläubiger bei nicht vertragsgemäßem Verhalten des Schuldners zusteht. Abmahnen kann deshalb nicht nur der Arbeitgeber, sondern auch der Arbeitnehmer.

Beispiele: Abmahnung durch Arbeitgeber bei Weigerung des Arbeitnehmers, die vertraglich übernommene Arbeit zu leisten; bei häufiger Unpünktlichkeit des Arbeitnehmers, bei mehrfachem unbefugten Verlassen des Arbeitsplatzes. Abmahnung durch Arbeitnehmer bei nicht ordnungsgemäßer oder verspäteter Lohnzahlung des Arbeitgebers; bei Nichteinhaltung vertraglich zugesicherter Sonderleistungen durch den Arbeitgeber.

Zu einer Abmahnung im kündigungsrechtlichen Sinne gehören drei Elemente: die Umschreibung des mißbilligten Verhaltens; die Aufforderung, dieses Verhalten zu ändern; die Androhung von Rechtsfolgen für den Fall, daß das Verhalten nicht geändert wird (6.09). Die Abmahnung hat den Zweck, das beanstandete Verhalten tatbestandsmäßig festzuhalten (= Dokumentationsfunktion) und den Vertragspartner darauf hinzuweisen, daß das beanstandete Verhalten als vertragswidrig angesehen wird (= Hinweis- bzw. Beanstandungsfunktion); außerdem soll der Vertragspartner davor gewarnt werden, daß im Wiederholungsfall eine Beendigung des Arbeitsverhältnisses droht (= Warnfunktion).

Nach der Rechtssprechung des BAG ist eine Abmahnung durch den Arbeitgeber vor Ausspruch der Kündigung erforderlich

- bei Störungen im sog. Leistungsbereich, d.h. wenn die Kündigung auf Leistungsmängel des Arbeitnehmers gestützt wird. Das gilt sowohl für eine ordentliche (= fristgemäße) verhaltensbedingte Kündigung als auch für eine außerordentliche (= fristlose) Kündigung (6.10).

  Beispiele: Arbeitsverweigerung; unbefugtes Verlassen des Arbeitsplatzes; wiederholte Unpünktlichkeit; unzureichende Arbeitsleistung.

- bei einem Fehlverhalten des Arbeitnehmers im sog. Vertrauensbereich, hier allerdings nur, wenn der Arbeitnehmer mit vertretbaren Gründen annehmen konnte, sein Verhalten sei nicht vertragswidrig oder es werde vom Arbeitgeber zumindest nicht als ein erhebliches, den Fortbestand des Arbeitsverhältnisses gefährdendes Fehlverhalten angesehen (6.11). Unter diesen Voraussetzungen ist eine Abmahnung sowohl vor einer ordentlichen als auch vor einer außerordentlichen Kündigung erforderlich.

  Mit Vertrauensbereich ist das Vertrauen des Arbeitgebers in die Loyalität, Gutwilligkeit und Redlichkeit des Arbeitnehmers gemeint. Es geht dabei also um charakterliche Eigenschaften, nicht um die Leistungsfähigkeit des Arbeitnehmers.

Eine Abmahnung durch den Arbeitgeber ist entbehrlich, wenn besondere Umstände vorgelegen haben, aufgrund derer eine Abmahnung als nicht erfolgversprechend angesehen werden durfte. Das ist der Fall, wenn der Arbeitnehmer von vornherein erkennen kann, daß der Arbeitgeber das bisherige Verhalten unter keinen Umständen hinnehmen werde (6.12). Ein hartnäckiges und uneinsichtiges Verhalten erfordert keine Abmahnung vor der Kündigung (6.12).

Beispiel: Der Arbeitnehmer verletzt vorsätzlich ein Alkoholverbot, verstößt gegen Sicherheitsvorschriften; der Arbeitnehmer weigert sich hartnäckig, eine ihm zugewiesene zumutbare Arbeit zu übernehmen.

Eine Abmahnung ist ferner entbehrlich, wenn nicht damit zu rechnen ist, daß das Vertrauen wiederhergestellt werden kann.

Beispiele: Unterschlagungen oder Untreue zu Lasten des Arbeitgebers; Diebstahl; Abwerbung von Mitarbeitern.

Zu beachten ist, daß die Abmahnung eine spätere Kündigung ausschließt, die auf denselben, bereits zum Zeitpunkt der Erteilung der Abmahnung bekannten Sachverhalt gestützt wird (6.13). Mit der Abmahnung gibt der Abmahnende zu erkennen, er sehe das Arbeitsverhältnis noch nicht als so gestört an, daß ihm eine weitere Zusammenarbeit mit dem Vertragspartner nicht mehr möglich sei. Er kann deshalb eine spätere Kündigung nicht allein auf die abgemahnten Gründe stützen, sondern muß neue, kündigungsrechtlich erhebliche Gründe vortragen, die erst später eingetreten sind oder die erst nach der Abmahnung bekannt geworden sind (6.13). Ändert beispielsweise ein Arbeitnehmer trotz Abmahnung sein Verhalten nicht, kann auf die abgemahnten Gründe zur Begründung einer späteren Kündigung lediglich unterstützend zurückgegriffen werden.

Eine bestimmte Form ist für die Abmahnung nicht vorgeschrieben; die Abmahnung kann also auch mündlich erklärt werden. Es empfiehlt sich aber aus Gründen der Beweissicherung, die vertragswidrig handelnde Partei schriftlich abzumahnen. Im öffentlichen Dienst muß der Arbeitnehmer bei Beschwerden und Behauptungen tatsächlicher Art, die für ihn ungünstig sind oder ihm nachteilig werden können, vor Aufnahme in die Personalakte gehört werden; seine Äußerung ist zu den Personalakten zu nehmen (§ 13 Abs. 2 BAT). Abmahnungsberechtigt ist auf Seiten des Arbeitgebers nicht nur der Arbeitgeber, sondern jeder kündigungsberechtigte Mitarbeiter (z.B. der Personalleiter), ferner alle Arbeitnehmer, die befugt sind, verbindliche Anweisungen bezüglich Ort, Zeit sowie Art und Weise der Arbeit zu erteilen (6.14). Bei der Erteilung der Abmahnung ist der Betriebsrat nicht zu beteiligen; der Betriebsrat hat weder ein Anhörungs- noch ein Mitbestimmungsrecht (6.15). Im öffentlichen Dienst kann jedoch eine Beteiligung des Personalrates in Betracht kommen (z.B. eine Anhörung, so § 74 Landespersonalvertretungsgesetz NRW). Wirksam wird die Abmahnung erst mit ihrem Zugang beim Empfänger; damit die Abmahnung ihre Funktion erfüllen kann, ist es erforderlich, daß der Empfänger sie tatsächlich zur Kenntnis nimmt (6.16). Gegenüber einem ausländischen Arbeitnehmer, der die deutsche Sprache weder in Wort noch in Schrift beherrscht, liegt eine wirksame Abmahnung erst vor, wenn die Abmahnung in die Muttersprache übersetzt oder durch einen Dolmetscher übermittelt wird (6.17).

Hat der Arbeitgeber abgemahnt und ist die Abmahnung zu den Personalakten genommen, so kann der betroffene Arbeitnehmer der Abmahnung eine Stellungnahme beifügen (§ 83 Abs. 2 BetrVG). Dies gilt auch dann, wenn die Abmahnung formell korrekt und inhaltlich zutreffend ist. Der Arbeitnehmer ist nicht verpflichtet, auf eine ungerechtfertigte Abmahnung mit einer Gegendarstellung zu reagieren, um seine Rechte zu wahren; insbesondere ist aus dem Umstand, daß der Arbeitnehmer keine Gegendarstellung erhoben hat, nicht zu schließen, daß er die Richtigkeit der Abmahnung anerkennt (6.18). Der Arbeitnehmer kann auch noch in einem späteren Kündigungsschutzprozeß geltend machen, der in der Abmahnung dokumentierte Sachverhalt sei unrichtig dargestellt; die Darlegungs- und Beweislast für die inhaltliche Richtigkeit der Abmahnung trägt der Arbeitgeber (6.19).

Der abgemahnte Arbeitnehmer hat außerdem das Recht, sich über eine ihm ungerechtfertigt erscheinende Abmahnung bei den zuständigen Stellen des Betriebes (= Vorgesetzter oder Personalabteilung) zu beschweren (§ 84 Abs. 1 Satz 1 BetrVG). Eine ungerechtfertigte Abmahnung ist zu beseitigen oder aus der Personalakte zu entfernen. Bleibt die Beschwerde ohne Erfolg, sei es, daß der Arbeitgeber sie nicht behandelt, sei es, daß er sie zurückweist, so kann der Arbeitnehmer den Betriebsrat anrufen (§ 85 Abs. 1 BetrVG); er kann aber auch sofort und unmittelbar wegen der Abmahnung die Beschwerde beim Betriebsrat einlegen. Der Betriebsrat hat, wenn er die Beschwerde für berechtigt erachtet, beim Arbeitgeber auf Abhilfe hinzuwirken. Neben der Möglichkeit, Beschwerde bei den zuständigen Stellen des Betriebes oder beim Betriebsrat einzulegen, hat der Arbeitnehmer das Recht, Klage vor dem Arbeitsgericht auf Entfernung einer ungerechtfertigten Abmahnung aus der Personalakte zu erheben (6.20). Der Anspruch unterliegt nicht der Ausschlußfrist. Nach Beendigung des Arbeitsverhältnisses hat der Arbeitnehmer allerdings regelmäßig keinen Anspruch mehr auf Entfernung einer zu Unrecht erteilten Abmahnung aus der Personalakte, es sei denn, es liegen objektive Anhaltspunkte dafür vor, daß die Abmahnung dem Arbeitnehmer auch noch nach der Beendigung seines Arbeitsverhältnisses schaden kann; hierfür ist der Arbeitnehmer darlegungs- und beweispflichtig (6.21).

Die Abmahnung verliert ihre Wirkung durch Zeitablauf. Es gibt aber keine Regelfrist, nach deren Ablauf die Abmahnung wirkungslos wird; entscheidend sind vielmehr die Umstände des Einzelfalles (6.22).

262 Bedingte Kündigung. Die Kündigung darf nicht von Umständen abhängig gemacht werden, durch die der Kündigungsempfänger in Unsicherheit über die Beendigung des Arbeitsverhältnisses oder über den Lauf der Kündigungsfrist gesetzt wird (6.23). Deshalb ist eine bedingte Kündigung unzulässig, wenn der Eintritt der Bedingung allein von der Entscheidung des Kündigenden abhängt. Beispiel: Der Arbeitgeber kündigt das Arbeitsverhältnis für den Fall, daß die Leistungen des Arbeitnehmers nicht zur Zufriedenheit des Arbeitgebers ausfallen, oder für den Fall, daß in Zukunft nicht mehr genügend Aufträge eingehen.

Zulässig ist hingegen eine bedingte Kündigung, wenn der Kündigungsempfänger entscheidet, ob er die Bedingung erfüllen will. Beispiel: die Änderungskündigung, bei der die Kündigung unter der Bedingung erklärt wird, daß der andere Teil nicht neue Arbeitsbedingungen akzeptiert (wegen Einzelheiten siehe Rz 309ff.).

263 Teilkündigung. Mit der Teilkündigung sollen einzelne Bestimmungen des Arbeitsvertrages (z.B. die Urlaubsregelung) unter Fortbestand der übrigen Bestimmungen gekündigt werden. Sie ist grundsätzlich unzulässig (6.24); das Arbeitsverhältnis kann nur als Ganzes gekündigt werden. Sollen einzelne Arbeitsbedingungen geändert werden, bleibt nur der Weg der Änderungskündigung (siehe hierzu Rz 309ff.). Eine Teilkündigung ist ausnahmsweise möglich, wenn sie im Arbeitsvertrag ausdrücklich vereinbart ist (= Widerrufsvorbehalt). Zulässig ist eine solche Kündigungsklausel allerdings nur, wenn sie vertragliche Zusagen betrifft, die nicht im Gegenseitigkeitsverhältnis stehen (Beispiel: freiwillige Sozialleistungen). Bei Vereinbarungen, die wechselseitige Rechte und Pflichten der

Vertragsparteien betreffen (Beispiel: Arbeitspflicht und Vergütungspflicht), ist eine im Arbeitsvertrag vorgesehene Teilkündigung unwirksam, weil der Inhalt des Arbeitsverhältnisses geschützt werden soll und dieser Inhaltsschutz durch die Teilkündigung ausgehöhlt wird (6.25).

264 **Umdeutung.** Ist die Kündigung aus irgendeinem Grunde nichtig (z.B. wegen eines Formfehlers), so ist eine Umdeutung der Kündigung in eine andere Willenserklärung möglich, mit der der gleiche Rechtserfolg erreicht werden kann (§ 140 BGB). Voraussetzung ist, daß der Kündigende den Willen hat, das Arbeitsverhältnis so bald wie möglich zu beenden. Die Willenserklärung darf in ihren rechtlichen Wirkungen nicht weiter reichen als die unwirksame Kündigung.

Beispiele: Eine unwirksame Kündigung kann in eine einverständliche Auflösung des Arbeitsverhältnisses umgedeutet werden; eine Kündigung mit zu kurzer Frist kann in eine Kündigung zum nächstzulässigen Termin umgedeutet werden; eine fristlose Kündigung, für die ein wichtiger Grund nicht vorliegt, kann in eine fristgemäße Kündigung umgedeutet werden. Unzulässig ist hingegen die Umdeutung einer unwirksamen fristgemäßen Kündigung in eine fristlose Kündigung, ebenso die Umdeutung einer unwirksamen fristgemäßen Kündigung in eine Anfechtungserklärung.

Der Wille, das Arbeitsverhältnis baldmöglichst zu beenden, wird bei einer Kündigung i.d.R. gegeben sein. Anders ist die Situation, wenn sich herausstellt, daß die Gründe, die die (unwirksame) Kündigung ausgelöst haben, gar nicht vorliegen. Beispiel: Der Arbeitnehmer hat den ihm zur Last gelegten Diebstahl nicht begangen.

265 **Rücknahme:** Ist die Kündigung zugegangen und damit wirksam geworden, kann sie nicht mehr einseitig zurückgenommen werden. Vielmehr muß in diesem Fall das Arbeitsverhältnis einverständlich erneuert bzw. fortgesetzt werden (6.26). Erklärt z.B. der Arbeitgeber die Kündigungsrücknahme, so liegt darin ein Vertragsangebot an den Arbeitnehmer, das Arbeitsverhältnis fortzusetzen. Ist der Arbeitnehmer mit der Rücknahme einverstanden, so kommt ein neues Arbeitsverhältnis zustande; der Arbeitnehmer kann aber auch darauf verweisen, daß das Arbeitsverhältnis gekündigt sei und damit zu Ende gehe.

266 **Anhörung des Betriebsrates.** Gibt es im Betrieb einen Betriebsrat, so muß dieser vor jeder Kündigung, die der Arbeitgeber aussprechen will (also sowohl vor einer ordentlichen Kündigung als auch vor einer außerordentlichen Kündigung), vom Arbeitgeber angehört werden (§ 102 Abs. 1 Satz 1 BetrVG). Eine ohne Anhörung des Betriebsrates ausgesprochene Kündigung des Arbeitgebers ist wegen Formfehlers unwirksam (§ 102 Abs. 1 Satz 3 BetrVG). Eine Anhörung des Betriebsrates ist auch dann erforderlich, wenn das Arbeitsverhältnis erst kurze Zeit, z.B. einige Wochen, besteht. Auch wenn Kündigungsgründe nachgeschoben werden (siehe Rz 260) oder das Arbeitsverhältnis bereits vor Dienstantritt gekündigt werden soll (siehe Rz 267), hat der Arbeitgeber den Betriebsrat zuvor anzuhören (6.27).

Das Anhörungsverfahren besteht aus zwei aufeinanderfolgenden Abschnitten (6.28). Zunächst hat der Arbeitgeber das Anhörungsverfahren einzuleiten. Er muß dem Betriebsrat Mitteilung von der Kündigungsabsicht machen (also keine ordnungsgemäße Anhörung, wenn der Arbeitgeber kündigt, ohne überhaupt mit dem Betriebsrat in Verbindung getreten zu sein); die Mitteilung muß so rechtzeitig erfolgen, daß der Betriebsrat ausreichend Zeit zur Stellungnahme hat (also keine ordnungsgemäße Anhörung, wenn der Betriebsrat von einer Kündigung erst durch Übersendung einer Kopie des Kündigungsschreibens erführt); die Mitteilung muß alle erforderlichen Angaben enthalten, um dem Betriebsrat eine Stellungnahme ohne zusätzliche Nachforschungen zu ermöglichen (also mindestens: den Namen des Arbeitnehmers, dem gekündigt werden soll; den Arbeitsplatz bzw. die Abteilung, wo der Arbeitnehmer beschäftigt ist; die Art der Kündigung, d.h. ob ordentliche oder außerordentliche oder Änderungskündigung; den Kündigungstermin; die Kündigungsfristen; eine Darstellung der Gründe für die Kündigung; die Gründe für die soziale Auswahl); die Mitteilung muß an den Betriebsrats-Vorsitzenden bzw. im Falle der Verhinderung an dessen Stellvertreter gehen (also nicht an irgendein Betriebsratsmitglied). Nur wenn der Arbeitgeber bei der ihm obliegenden Einleitung des Anhörungsverfahrens einen Fehler begeht, liegt darin eine Verletzung des § 102 Abs. 1 BetrVG; nur in diesem Falle ist die Kündigung unwirksam (6.28).

Anschließend ist es Aufgabe des Betriebsrates, sich mit der beabsichtigten Kündigung zu befassen und darüber zu entscheiden, ob und in welchem Sinne er Stellung nehmen will. Der Arbeitgeber kann und darf sich nicht in die Amtsführung des Betriebsrates einmischen. Deshalb bleibt es grundsätzlich ohne Auswirkungen auf die Ordnungsmäßigkeit des Anhörungsverfahrens, wenn Mängel in dem Bereich vorkommen, für den der Betriebsrat zuständig ist (6.28). Beispiele: Der Betriebsrat ist bei der Beschlußfassung fehlerhaft besetzt, z.B. weil ein Mitglied nicht geladen oder ein Ersatzmitglied nicht nachgerückt ist; der Betriebsrat faßt seinen Entschluß nicht in einer ordnungsgemäß einberufenen Sitzung, sondern im Umlaufverfahren; der Arbeitgeber nimmt an der Sitzung des Betriebsrates teil; der Betriebsrats-Vorsitzende gibt, nachdem der Arbeitgeber seine Kündigungsabsicht mitgeteilt hat, allein eine abschließende Stellungnahme zu der beabsichtigten Kündigung ab. Fehler bei der Willensbildung des Betriebsrates berühren das Anhörungsverfahren also grundsätzlich nicht. Das bedeutet, daß im Ergebnis der Arbeitnehmer, dem gekündigt wird, das Risiko trägt, wenn der Betriebsrat nicht ordnungsgemäß tätig geworden ist (6.28).

Die Darlegungs- und Beweislast dafür, daß das Anhörungsverfahren ordnungsgemäß erfolgt ist, trägt der Arbeitgeber (6.29); jedoch muß der Arbeitnehmer im Kündigungsschutzprozeß die ordnungsgemäße Anhörung zunächst bestreiten, damit die Darlegungs- und Beweislast ausgelöst wird.

Ist das Anhörungsverfahren durch den Arbeitgeber ordnungsgemäß eingeleitet worden, kann der Betriebsrat wie folgt reagieren:

- Er kann Bedenken äußern. Hat der Betriebsrat gegen eine ordentliche Kündigung Bedenken, so hat er diese unter Angabe der Gründe dem Arbeitgeber spätestens innerhalb einer Woche schriftlich mitzuteilen (§ 102 Abs. 2 Satz 1 BetrVG). Äußert sich der Betriebsrat innerhalb dieser Frist nicht, gilt seine Zustimmung zur Kündigung als erteilt (§ 102 Abs. 2 Satz 2 BetrVG). Hat der Betriebsrat gegen eine außerordentliche Kündigung Bedenken, so hat er diese unter Angabe der Gründe dem Arbeitgeber unverzüglich, spätestens jedoch innerhalb von drei Tagen, schriftlich mitzuteilen (§ 102 Abs. 2 Satz 3 BetrVG). Schweigen gilt auch hier als Zustimmung (6.30). Bei der Begründung seiner Bedenken kann der Betriebsrat alle ihm wichtig erscheinenden Gründe vortragen.
- Er kann Widerspruch einlegen. Diese Möglichkeit besteht allerdings nur im Zusammenhang mit einer geplanten ordentlichen (= fristgemäßen) Kündigung (§ 102 Abs. 3 BetrVG); auch kann der Betriebsrat nur aus den Gründen widersprechen, die im Gesetz abschließend aufgeführt sind (§ 102 Abs. 3 Nr. 1-5 BetrVG). Der Widerspruch muß innerhalb einer Woche schriftlich dem Arbeitgeber mitgeteilt werden. Siehe auch Rz 283.

Die Möglichkeit, Bedenken zu äußern oder Widerspruch einzulegen, bedeutet nicht, daß der Betriebsrat unbedingt Stellung nehmen muß; Schweigen des Betriebsrates auf die Mitteilung des Arbeitgebers ist eine rechtlich durchaus mögliche Reaktion des Betriebsrates

(6.28). Es ist auch nicht erforderlich, daß der Arbeitgeber den Ablauf der Fristen des § 102 Abs. 2 BetrVG abwartet. Kann der Arbeitgeber aus der Mitteilung des Betriebsrates entnehmen, daß der Betriebsrat eine weitere Erörterung des Falles nicht wünscht, daß es sich also um eine abschließende Stellungnahme handelt, dann ist das Anhörungsverfahren beendet und der Arbeitgeber kann wirksam kündigen. Solange allerdings der Arbeitgeber mit der Möglichkeit rechnen muß, daß auf eine allein vom Betriebsrats-Vorsitzenden abgegebene Erklärung noch eine Stellungnahme des Betriebsrates folgen könnte, muß er die beabsichtigte Kündigung bis zum Ablauf der in § 102 Abs. 2 BetrVG genannten Fristen zurückstellen.

Der Arbeitgeber ist an die Stellungnahme des Betriebsrates nicht gebunden. Weder die Bedenken, die der Betriebsrat gegen die beabsichtigte Kündigung vorträgt, noch der Widerspruch des Betriebsrates hindern den Arbeitgeber, die Kündigung auszusprechen.

267 **Kündigung vor Arbeitsantritt.** Grundsätzlich ist es zulässig, den Arbeitsvertrag bereits vor Dienstantritt unter Einhaltung der im Einzelfall maßgebenden Kündigungsfristen zu kündigen. Voraussetzung hierfür ist, daß die Arbeitsvertragsparteien das Recht zur ordentlichen Kündigung vor Arbeitsantritt weder ausdrücklich noch konkludent ausgeschlossen haben (6.31).

Beispiel für eine Vereinbarung, durch die das Kündigungsrecht für die Zeit vor Arbeitsaufnahme ausdrücklich ausgeschlossen wird: „Arbeitsbeginn ist der 1. Juni. Eine Kündigung vor Arbeitsbeginn ist nicht zulässig". Hier kann die Kündigung frühestens am 1. Juni ausgesprochen werden.

Beispiel für eine konkludente Beschränkung des Kündigungsrechts vor Arbeitsaufnahme: „Für den Fall der Nichtaufnahme der Arbeit ist eine Vertragsstrafe zu zahlen". Diese Vereinbarung bringt zum Ausdruck, daß die Vertragsparteien das Arbeitsverhältnis in jedem Falle beginnen und damit eine Kündigung vor Arbeitsaufnahme ausschließen wollen.

Ist die Möglichkeit, vor Dienstantritt zu kündigen, weder ausdrücklich noch konkludent ausgeschlossen worden, so stellt sich die Frage, ob im Falle einer Kündigung die Kündigungsfrist schon mit dem Zugang der Kündigung oder erst mit dem Beginn des Tages der vorgesehenen Arbeitsaufnahme zu laufen beginnt. Dies hängt von den Vereinbarungen der Parteien ab. Ist eine Absprache hierüber nicht getroffen worden, so ist die beiderseitige Interessenlage für den Beginn der Kündigungsfrist maßgebend (6.32).

Beispiele: Im Arbeitsvertrag ist eine Probezeit vereinbart. Dies spricht dafür, daß die Kündigungsfrist sofort mit Zugang der Kündigung zu laufen beginnt, weil Arbeitgeber und Arbeitnehmer noch kein Dauerarbeitsverhältnis begründen wollen, sondern sich die Möglichkeit der kurzfristigen Beendigung des Arbeitsverhältnisses bewußt offengehalten haben. Auch wenn die Parteien ein befristetes Arbeitsverhältnis für nur kurze Dauer vereinbart haben, beginnt die Kündigungsfrist mit Zugang der Kündigung zu laufen, weil der Bindungswille gering ist. Andererseits deutet die Vereinbarung längerer Kündigungsfristen darauf hin, daß eine längere Vertragsdauer angestrebt wird, so daß hier die Kündigungsfrist mit dem Tag des vereinbarten Arbeitsantritts zu laufen beginnt.

1.2 Ordentliche Kündigung

1.21 Kündigungsfristen

1.211 Gesetzliche Kündigungsfristen

268 Rechtsgrundlagen. Die gesetzlichen Kündigungsfristen sind in § 622 BGB geregelt. Sonderregelungen bestehen für Schwerbehinderte in § 16 SchwbG, für Auszubildende in § 15 Abs. 2 Nr. 2 BBiG, für Schiffsleute, Schiffsoffiziere und Kapitäne in den §§ 63, 65, 78 SeemG, für Heimarbeiter in § 29 HAG.

269 Grundkündigungsfrist. Die gesetzliche Grundkündigungsfrist beträgt vier Wochen (= 28 Kalendertage) zum Fünfzehnten oder vier Wochen zum Ende eines Kalendermonats (§ 622 Abs. 1 BGB), und zwar sowohl für die Kündigung durch den Arbeitgeber als auch für die Kündigung durch den Arbeitnehmer. Keine Rolle spielt, ob der Arbeitnehmer als Arbeiter oder als Angestellter tätig ist.

Die frühere Regelung, die für Arbeiter kürzere Kündigungsfristen vorsah als für Angestellte (§ 622 Abs. 2 Satz 1 BGB a.F.), ist vom Bundesverfassungsgericht am 30.05.1990 für verfassungswidrig und nicht mehr anwendbar erklärt worden (6.33). Das Gericht hatte dem Gesetzgeber für eine Neuregelung der einschlägigen Vorschriften eine Frist bis zum 30.06.1993 gesetz. Die Neufassung des § 622 BGB erfolgte in dem Gesetz zur Vereinheitlichung der Kündigungsfristen von Arbeitern und Angestellten (Kündigungsfristengesetz – KündFG) vom 07.10.1993, das am 15.10.1993 in Kraft getreten ist.

Bei der Berechnung der Vier-Wochen-Frist wird der Tag, an dem die Kündigung zugeht, nicht mitgerechnet (§ 187 Abs. 1 BGB).

Beispiele: Bei einer Kündigung zum 15.08. muß die Kündigungserklärung spätestens am 18.07. zugehen; bei einer Kündigung zum 31.08. muß die Kündigung spätestens am 02.08. erfolgen. Wird die Kündigungsfrist versäumt, so gilt die Kündigung im Zweifel als Kündigung zum nächstzulässigen Termin (= Umdeutung, siehe Rz 264).

270 Verlängerte Fristen für Arbeitgeberkündigung. Für eine Kündigung durch den Arbeitgeber gelten verlängerte Kündigungsfristen, wenn das Arbeitsverhältnis in dem Betrieb oder Unternehmen zwei Jahre oder länger bestanden hat (§ 622 Abs. 2 Satz 1 BGB). Im einzelnen beträgt die gesetzliche Kündigungsfrist für den Arbeitgeber, wenn das Arbeitsverhältnis

- zwei Jahre bestanden hat, einen Monat zum Ende eines Kalendermonats
- fünf Jahre bestanden hat, zwei Monate zum Ende eines Kalendermonats
- acht Jahre bestanden hat, drei Monate zum Ende eines Kalendermonats
- zehn Jahre bestanden hat, vier Monate zum Ende eines Kalendermonats
- zwölf Jahre bestanden hat, fünf Monate zum Ende eines Kalendermonats
- fünfzehn Jahre bestanden hat, sechs Monate zum Ende eines Kalendermonats
- zwanzig Jahre bestanden hat, sieben Monate zum Ende eines Kalendermonats

Bei der Berechnung der Beschäftigungsdauer werden Zeiten, die vor Vollendung des fünfundzwanzigsten Lebensjahres des Arbeitnehmers liegen, nicht berücksichtigt (§ 622 Abs. 2 Satz 2 BGB).

Beispiel: Ein am 13.06.58 geborener Arbeitnehmer ist seit dem 01.08.80 ununterbrochen im selben Betrieb beschäftigt. Er soll am 20.09.94 fristgemäß entlassen werden. Für die Feststellung der gesetzlichen Kündigungsfrist zählt nur die Zeit vom 13.06.83 (= Vollendung des 25. Lebensjahres) bis zum 20.09.94 (= Kündigungstermin). Das sind elf Jahre und drei Monate. Die gesetzliche Kündigungsfrist für den Arbeitgeber beträgt somit vier Monate zum Ende eines Kalendermonats, d.h. der Arbeitgeber kann die Kündigung am 20.09.94 erst zum 31.01.95 aussprechen.

271 **Verkürzte Kündigungsfrist während der Probezeit.** Wird eine Probezeit vereinbart (siehe hierzu Rz 26), kann das Arbeitsverhältnis von jeder Seite mit einer gesetzlichen Frist von zwei Wochen (ohne Endtermin) gekündigt werden (§ 622 Abs. 3 BGB). Die vereinbarte Probezeit darf jedoch nicht länger als sechs Monate dauern; ist (ausnahmsweise) eine längere Probezeit vereinbart worden, gilt nach Ablauf des sechsten Beschäftigungsmonats die gesetzliche Kündigungsfrist von vier Wochen zum Fünfzehnten oder zum Ende eines Kalendermonats.

Zu beachten ist, daß die verkürzte Kündigungsfrist von zwei Wochen nicht automatisch für die ersten sechs Monate eines unbefristeten Arbeitsverhältnisses gilt, sondern nur dann, wenn ein unbefristetes Arbeitsverhältnis mit ausdrücklich vereinbarter vorgeschalteter Probezeit von höchstens sechs Monaten vereinbart worden ist.

1.212 Vereinbarte Kündigungsfristen

272 **Tarifvertrag.** Die gesetzlichen Kündigungsfristen (Rz 269-271) können durch Tarifvertrag verlängert, aber auch verkürzt werden (§ 622 Abs. 4 Satz 1 BGB). Eine Grenze nach unten besteht für die Abkürzung der Kündigungsfristen nicht; es kann daher tarifvertraglich eine Kündigungsfrist von wenigen Tagen oder sogar eine völlig entfristete Kündigung vereinbart werden.

Tarifdispositiv sind nicht nur die Kündigungsfristen, sondern auch die Kündigungstermine und die Voraussetzungen, unter denen der Anspruch auf verlängerte Kündigungsfristen entsteht (z.B. Dauer der Betriebszugehörigkeit).

Werden abweichende Regelungen tarifvertraglich vereinbart, so dürfen die Kündigungsfristen für den Arbeitnehmer nicht länger sein als die Kündigungsfristen für den Arbeitgeber (§ 622 Abs. 6 BGB); auch dürfen für eine Kündigung durch den Arbeitnehmer nicht weniger Kündigungstermine vereinbart werden als für die Kündigung durch den Arbeitgeber. Hingegen ist es zulässig, die Kündigungsfristen für den Arbeitgeber länger zu bemessen als die für den Arbeitnehmer, und für die Kündigung durch den Arbeitgeber weniger Kündigungstermine vorzusehen als für die Kündigung durch den Arbeitnehmer.

Die abweichenden tarifvertraglichen Regelungen finden Anwendung, wenn Arbeitgeber und Arbeitnehmer tarifgebunden sind (§ 3 Abs. 1 TVG) und das Arbeitsverhältnis unter den Geltungsbereich des Tarifvertrages fällt. Sie finden ferner Anwendung, wenn der Tarifvertrag für allgemeinverbindlich erklärt worden ist, so daß die normativen Bestimmungen des Tarifvertrages nunmehr auch die Außenseiter erfassen (§ 5 Abs. 4 TVG). Schließlich gelten die abweichenden tarifvertraglichen Bestimmungen auch zwischen nichttarifgebundenen Arbeitgebern und Arbeitnehmern, wenn ihre Anwendung zwischen ihnen vereinbart worden ist (§ 622 Abs. 4 Satz 2 BGB).

273 **Einzelvertrag.** Grundsätzlich können durch Einzelvertrag die gesetzlichen Kündigungsfristen nur verlängert werden (§ 622 Abs. 5 Satz 2 BGB). Auch dürfen durch Einzelvertrag keine zusätzlichen, über das Gesetz hinausgehenden Kündigungstermine vereinbart werden. Auch hier ist darauf zu achten, daß für die Kündigung durch den Arbeitnehmer keine längeren Fristen (und eine geringere Zahl von Kündigungsterminen) vereinbart werden als für die Kündigung durch den Arbeitgeber (§ 622 Abs. 6 BGB); hingegen dürfen die Kündigungsfristen für den Arbeitgeber einzelvertraglich länger bemessen (und die Kündigungstermine stärker begrenzt) werden als für den Arbeitnehmer.

Werden einzelvertraglich unzulässig kurze Kündigungsfristen oder unzulässig viele Kündigungstermine vereinbart, so tritt an die Stelle dieser unwirksamen Vereinbarungen die gesetzliche Regelung, d.h. es gilt gem. § 622 Abs. 1 BGB die vierwöchige Grundkündigungsfrist zum Fünfzehnten oder zum Monatsende mit der Verlängerung gem. § 622 Abs. 2 BGB.

Eine Abkürzung der gesetzlichen Grundkündigungsfrist (Rz 269) kann nur in folgenden Fällen einzelvertraglich vereinbart werden:

- wenn die Vertragsparteien eine Probezeit vorsehen (siehe Rz 26)
- wenn die Vertragsparteien auf einen Tarifvertrag Bezug nehmen, der kürzere Kündigungsfristen vorsieht (siehe Rz 272)
- wenn ein Arbeitnehmer zur vorübergehenden Aushilfe eingestellt ist (§ 622 Abs. 5 Satz 1 Nr. 1 BGB). Hier kann für die ersten drei Monate der Aushilfe eine Kündigungsfrist von weniger als vier Wochen ohne Endtermin vereinbart werden, falls gewünscht, auch eine fristlose ordentliche Kündigung. Die verkürzte Frist kann bis zum Ablauf von drei Monaten ausgenutzt werden, selbst wenn das Ende der Kündigungsfrist erst nach diesem Zeitpunkt liegen sollte. Wird das Arbeitsverhältnis über die Zeit von drei Monaten hinaus fortgesetzt, gilt die gesetzliche Grundkündigungsfrist des § 622 Abs. 1 BGB.
- wenn der Arbeitgeber in der Regel nicht mehr als zwanzig Arbeitnehmer (ausschließlich der zu ihrer Berufsausbildung eingestellten Personen) beschäftigt (§ 622 Abs. 5 Satz 1 Nr. 2 BGB). Ausschlaggebend ist dabei nicht die Zahl der in einem Betrieb, sondern in einem Unternehmen von einem Arbeitgeber beschäftigten Arbeitnehmer. In diesem Falle darf die vereinbarte Kündigungsfrist zwar vier Wochen nicht unterschreiten; es darf jedoch von den in § 622 Abs. 1 BGB genannten Endterminen (= Fünfzehnter oder Ende des Kalendermonates) abgewichen werden. Zulässig wäre also eine Bestimmung im Arbeitsvertrag, wonach die Grundkündigungsfrist vier Wochen beträgt. Nicht zulässig wäre die Bestimmung, daß die Grundkündigungsfrist drei Wochen zum Monatsende betragen soll.

274 **Günstigkeitsvergleich.** Enthält sowohl der für beide Parteien verbindliche Tarifvertrag als auch der Einzelvertrag Regelungen über die einzuhaltenden Kündigungsfristen, so stellt sich die Frage, welche Kündigungsfrist die maßgebliche ist. Nach § 4 Abs. 1 Satz 1 TVG gelten die Rechtsnormen des Tarifvertrages unmittelbar und zwingend; gem. § 4 Abs. 3 TVG sind jedoch abweichende einzelvertragliche Vereinbarungen zulässig, wenn sie für den Arbeitnehmer günstiger sind als die entsprechenden tarifvertraglichen Bestimmungen. Entscheidend ist also, ob für den Arbeitnehmer eine kürzere oder eine längere Kündigungsfrist günstiger ist. Eine lange Frist ist für den Arbeitnehmer zwar im Falle einer arbeitgeberseitigen Kündigung vorteilhaft, sie ist aber von Nachteil, wenn der Arbeitnehmer der Kündigende ist (6.34). Bei einer Verkürzung der Fristen verhält es sich genau umgekehrt. Was für den Arbeitnehmer günstiger ist, hängt also letztlich davon ab, ob bei dem betreffenden Arbeitnehmer das Mobilitätsinteresse oder das Bestandsschutzinteresse überwiegt, d.h. ob dem Arbeitnehmer mehr an der Möglichkeit des raschen Stellungswechsels oder mehr an der Sicherung des Arbeitsplatzes gelegen ist (6.34). In den meisten Fällen wird das Bestandsschutzinteresse überwiegen, so daß dann eine einzelvertraglich vereinbarte längere Kündigungsfrist gegenüber der tariflichen Regelung gem. § 4 Abs. 3 TVG zulässig und wirksam ist. Läßt sich ein überwiegendes Interesse auf Arbeitnehmerseite nicht feststellen, kann auch die Frage der Günstigkeit der einzelvertrag-

lichen Regelung nicht beantwortet werden; in diesem Falle ist die einzelvertragliche Regelung unwirksam gem. § 4 Abs. 1 i.V. mit § 4 Abs. 3 TVG (6.34).

1.22 Allgemeiner Kündigungsschutz

Ziel des Kündigungsschutzes ist es, einen möglichst gerechten Ausgleich zu gewährleisten zwischen dem Interesse des Arbeitnehmers an der Erhaltung seines Arbeitsplatzes als der Grundlage seiner wirtschaftlichen Existenz und dem Wunsch des Arbeitgebers nach größtmöglicher Flexibilität hinsichtlich der Anpassung des Personalbestandes an den Arbeitskräftebedarf. Diesem Ziel dienen mehrere Gesetze. Zu nennen ist an erster Stelle das Kündigungsschutzgesetz (KSchG) von 1969, das praktisch auf alle Arbeitsverhältnisse Anwendung findet (Einzelheiten siehe Rz 275 und Rz 276) und deshalb zum allgemeinen Kündigungsschutz gerechnet wird. Das Gesetz erfaßt nur die ordentliche Kündigung durch den Arbeitgeber; die außerordentliche arbeitgeberseitige Kündigung bleibt unberührt. Zu nennen sind ferner mehrere kündigungsschutzrechtliche Spezialgesetze für bestimmte Gruppen von Arbeitnehmern. Auch bestehen von Fall zu Fall vertragliche Beschränkungen des Kündigungsrechtes des Arbeitgebers. Die Spezialgesetze und die vertraglichen Kündigungsbeschränkungen werden zum besonderen Kündigungsschutz gezählt (siehe Rz 291ff.).

Für die Kündigung durch den Arbeitnehmer bestehen keine materiellen Beschränkungen.

1.221 Geltungsbereich des Kündigungsschutzgesetzes

275 **Sachlicher Geltungsbereich.** Die Vorschriften des Kündigungsschutzgesetzes (soweit sie den Kündigungsschutz betreffen) gelten für Betriebe und Verwaltungen des privaten und des öffentlichen Rechts (§ 23 Abs. 1 Satz 1 KSchG). Für Seeschiffahrts-, Binnenschiffahrts- und Luftverkehrsbetriebe gilt das Gesetz mit einigen Abweichungen (§ 24 KSchG). Die Begriffe Betrieb und Verwaltung werden im Gesetz nicht definiert. Es gilt deshalb der allgemeine arbeitsrechtliche Betriebsbegriff, wonach unter einem Betrieb eine organisatorische Einheit zu verstehen ist, innerhalb derer ein Arbeitgeber allein oder zusammen mit seinen Mitarbeitern mit Hilfe von sachlichen und immateriellen Mitteln bestimmte arbeitstechnische Zwecke (z.B. die Herstellung von Möbeln) fortgesetzt verfolgt (6.35). Im Bereich der öffentlichen Verwaltung entspricht dem Begriff des Betriebes der Begriff der Dienststelle (6.36).

Die Betriebe und Verwaltungen müssen eine bestimmte Mindestgröße haben, damit das Kündigungsschutzgesetz gilt. Nach § 23 Abs. 1 Satz 2 KSchG müssen mindestens sechs Arbeitnehmer beschäftigt werden. Bei der Feststellung der Zahl der beschäftigten Arbeitnehmer sind nur Arbeitnehmer zu berücksichtigen, deren regelmäßige Arbeitszeit wöchentlich 10 Stunden oder monatlich 45 Stunden übersteigt. Auszubildende sowie Umschüler, Praktikanten, Volontäre und Anlernlinge, also die zu ihrer Berufsbildung Beschäftigten, sind nicht mitzurechnen.

276 **Persönlicher Geltungsbereich.** Die Kündigungsschutzbestimmungen des Kündigungsschutzgesetzes gelten für alle Arbeitnehmer, deren Arbeitsverhältnis bei Zugang der Kündigung in demselben Betrieb oder Unternehmen ohne Unterbrechung länger als sechs Monate bestanden hat (§ 1 Abs. 1 KSchG). Das Lebensalter spielt keine Rolle. Arbeitnehmer sind auch Teilzeitbeschäftigte; eine andere Frage ist, in welchem Umfang sie bei der Berechnung der Arbeitnehmerzahl mitgezählt werden (siehe Rz 275). Erfaßt werden alle im Inland beschäftigten Arbeitnehmer, gleichgültig, ob es sich um Deutsche oder Ausländer handelt und ob

der Arbeitgeber Ausländer ist (sofern nicht etwas anderes vereinbart ist). Für deutsche Arbeitnehmer, die von deutschen Arbeitgebern im Ausland beschäftigt werden, gilt der Kündigungsschutz dann, wenn das ganze Arbeitsverhältnis dem deutschen Recht unterliegt. Das Gesetz findet auch Anwendung auf Geschäftsführer, Betriebsleiter und ähnliche leitende Angestellte, soweit sie zur selbständigen Einstellung und Entlassung von Arbeitnehmern berechtigt sind (§ 14 Abs. 2 KSchG). Doch kann sich der Arbeitgeber hier, wenn seine ordentliche Kündigung sozial ungerechtfertigt ist, stets durch eine Abfindung freikaufen; bei anderen Arbeitnehmern ist das nur möglich, wenn eine den Betriebszwecken dienliche weitere Zusammenarbeit nicht mehr gewährleistet ist (§ 9 Abs. 1 Satz 2 KSchG). Keine Anwendung findet das Kündigungsschutzgesetz hingegen auf Vorstandsmitglieder einer juristischen Person (z.B. einer AG oder GmbH) und auf Personen, die zur Vertretung einer Personengesellschaft berufen sind, z.B. Gesellschafter einer OHG (§ 14 Abs. 1 KSchG).

Nach ständiger Rechtsprechung muß die Frist von sechs Monaten schon im Zeitpunkt des Zuganges der Kündigung verstrichen sein; es genügt nicht, wenn die Beschäftigung erst in dem Zeitpunkt, zu dem gekündigt wird, also unter Einrechnung der Kündigungsfrist, sechs Monate erreicht (6.37). Bei der Berechnung der Dauer des Arbeitsverhältnisses ist nicht nur die Tätigkeit im selben Betrieb, sondern auch die Tätigkeit in einem anderen Betrieb mitzurechnen, sofern beide Betriebe dem gleichen Unternehmen angehören. Dagegen beginnt die Sechs-Monate-Frist neu zu laufen, wenn einem Unternehmer zwei rechtlich selbständige Unternehmen A und B gehören, und er mit einem schon mehr als sechs Monate im Unternehmen A beschäftigten Arbeitnehmer ohne Lösung des Arbeitsverhältnisses eine Versetzung in das Unternehmen B vereinbart. Nicht nötig ist, daß der Arbeitnehmer während der sechs Monate vom selben Arbeitgeber beschäftigt wurde; wird ein Betrieb oder Betriebsteil veräußert, so tritt der Erwerber nach § 613a BGB automatisch in die bestehenden Arbeitsverhältnisse ein. Entsprechendes gilt für andere Fälle der Gesamtrechtsnachfolge, z.B. für Fusionen. Die sechsmonatige Wartezeit setzt sich auch dann ununterbrochen fort, wenn in ihrem Verlauf das ursprünglich begründete Arbeitsverhältnis rechtlich beendet wird, sich daran aber ohne zeitliche Unterbrechung ein weiteres Arbeitsverhältnis mit demselben Arbeitgeber anschließt (6.38). Keine Rolle spielt, ob der Arbeitnehmer während der sechs Monate tatsächlich gearbeitet hat oder z.B. krank war (6.37). Den Parteien ist es unbenommen, die Wartezeit zu verkürzen; eine Verlängerung der Wartezeit ist dagegen unwirksam (6.39).

1.222 Unwirksamkeit der Kündigung nach dem Kündigungsschutzgesetz

277 Unwirksamkeitsgründe. Nach § 1 Abs. 1 KSchG ist die ordentliche Kündigung gegenüber einem Arbeitnehmer rechtsunwirksam, wenn sie sozial ungerechtfertigt ist. Durch eine sozial ungerechtfertigte (= sozialwidrige) Kündigung wird das Arbeitsverhältnis also nicht beendet.

Die ordentliche Kündigung durch den Arbeitgeber ist sozial ungerechtfertigt

- wenn sie nicht durch Gründe, die in der Person oder dem Verhalten des Arbeitnehmers liegen, oder durch dringende betriebliche Erfordernisse, die einer Weiterbeschäftigung des Arbeitnehmers in dem Betrieb entgegenstehen, bedingt ist (§ 1 Abs. 2 Satz 1 KSchG). Einzelheiten hierzu siehe Rz 278ff.

  Während für die ordentliche Kündigung durch den Arbeitnehmer keine Beschränkungen bestehen, kann der Arbeitgeber das Arbeitsverhältnis nur in den genannten Fällen rechtswirksam kündigen. Der Arbeitsplatz kann dem Arbeitnehmer also nur genommen werden, wenn einer der drei Gründe die Kündigung rechtfertigt.

- wenn der Betriebsrat (oder der Personalrat) der Kündigung aus einem der in § 1 Abs. 2 Satz 2 und Satz 3 KSchG aufgeführten Gründe frist- und formgerecht widersprochen hat bzw. Einwendungen erhoben hat. Siehe hierzu Rz 283.
- wenn der Arbeitgeber bei einer Kündigung aus dringenden betrieblichen Erfordernissen bei der Auswahl des Arbeitnehmers soziale Gesichtspunkte nicht oder nicht ausreichend berücksichtigt hat (§ 1 Abs. 3 Satz 1 KSchG). Siehe hierzu Rz 281.

Ob die Kündigung sozial ungerechtfertigt ist, kann nur vom Arbeitsgericht festgestellt werden (siehe Rz 284ff.).

278 Gründe in der Person des Arbeitnehmers. Personenbedingte Gründe sind solche, die auf die persönlichen Eigenschaften und Fähigkeiten des Arbeitnehmers zurückzuführen sind (6.40). Die Abgrenzung zu den verhaltensbedingten Gründen (siehe Rz 279) kann in Einzelfällen schwierig sein. Herkömmlicherweise spricht man von Gründen in der Person des Arbeitnehmers, wenn die Ursache der Störung des Arbeitsverhältnisses vom Arbeitnehmer nicht gesteuert werden kann (Beispiel: Erkrankung des Arbeitnehmers), während bei den verhaltensbedingten Gründen der Arbeitnehmer sich anders verhalten könnte, als er sich tatsächlich verhält (Beispiel: Unpünktlichkeit) (6.41).

Einen abgeschlossenen Katalog feststehender personenbedingter Kündigungsgründe, bei deren Vorliegen eine Kündigung durch den Arbeitgeber stets sozial gerechtfertigt wäre, gibt es nicht (6.41). In jedem Einzelfall ist eine Konkretisierung der Kündigungsgründe im Wege der Rechtsanwendung erforderlich, auf der ersten Stufe durch den kündigenden Arbeitgeber, auf der zweiten Stufe durch das Arbeitsgericht (siehe hierzu Rz 284ff.). Die nachfolgenden Beispiele können daher nur als Anhaltspunkte dienen.

1) Krankheit des Arbeitnehmers. Im allgemeinen ist eine Erkrankung kein die Kündigung rechtfertigender Umstand; andererseits ist eine Krankheit aber auch kein Kündigungshindernis. Als Kündigungsgrund kommt eine Krankheit dann in Betracht, wenn aufgrund einer Zukunftsprognose feststeht, daß der Arbeitnehmer Fehlzeiten infolge Krankheit in erheblichem Umfang aufweisen wird und daß diese Fehlzeiten zu schwerwiegenden und deshalb für den Arbeitgeber unzumutbaren betrieblichen und/oder wirtschaftlichen Belastungen führen werden (6.42). Diese drei Komponenten, die vom Arbeitgeber darzulegen und zu beweisen sind (die Prognose krankheitsbedingter Fehlzeiten, die Prognose erheblicher betrieblicher und/oder wirtschaftlicher Belastungen und der Nachweis der Unzumutbarkeit der Belastungen) bilden den Kündigungsgrund. – Für die Fehlzeitenprognose spielen bei lang andauernden Erkrankungen die bisherigen, objektiv feststellbaren Krankheitszeiten nur eine mittelbare Rolle. Ist der Arbeitnehmer bereits längere Zeit erkrankt, so ist dies regelmäßig ein erstes, jedoch kein hinreichendes Indiz dafür, daß die Erkrankung noch länger andauern wird; es müssen im Zeitpunkt des Zugangs der Kündigung weitere objektive Anhaltspunkte dafür vorliegen, daß mit einer Wiederherstellung der Arbeitsfähigkeit in absehbarer Zeit nicht zu rechnen ist (6.43). Bei häufigen Kurzerkrankungen kommt der Dauer und der Häufigkeit der Vorerkrankungen eine stärkere Indizwirkung zu (6.44); hier kann der Arbeitgeber seine negative Zukunftsprognose zunächst auf den Umfang der Fehlzeiten in der Vergangenheit (in den letzten 2 bis 3 Jahren) stützen. Der betroffene Arbeitnehmer kann die negative Zukunftsprognose dadurch entkräften, daß er darlegt, aufgrund welcher Umstände (z.B. bevorstehende Operation, fortgeschrittener Heilungsprozeß, Entdeckung eines neuartigen Heilmittels) mit seiner alsbaldigen Genesung zu rechnen ist (6.45). Maßgebend sind die Umstände zum Zeitpunkt des Zuganges der Kündigung; entschließt sich beispielsweise der Arbeitnehmer erst nach Zugang der Kündigung, sich einer (erfolgversprechenden) Operation zu unterziehen, so kann dies im Prozeß um die Kündigung nicht mehr zugunsten des Arbeitnehmers berücksichtigt werden (6.46). – Die Pro-

gnose erheblicher Fehlzeiten indiziert nicht ohne weiteres die Prognose erheblicher Betriebsbeeinträchtigungen (6.47); diese müssen gesondert nachgewiesen werden. Die Beeinträchtigungen können in Produktionsausfällen bestehen, es können Probleme beim Einsatz der Maschinen und der Arbeitskräfte entstehen. Die Beeinträchtigungen müssen erheblich sein; sie müssen über das durch vorhersehbare Fehlzeiten verursachte Ausmaß, gegen das der Arbeitgeber organisatorische Vorsorge treffen kann (z.B. Urlaub, Krankheit im üblichen Umfang), deutlich hinausgehen. Nach der Rechtsprechung des BAG kann auch die Höhe der vom Arbeitgeber zu tragenden Lohnfortzahlungskosten eine erhebliche wirtschaftliche Belastung darstellen, wenn sie die vom Arbeitgeber hinzunehmende Mindestgrenze (= Lohnfortzahlungskosten für Fehlzeiten bis zu sechs Wochen pro Jahr) deutlich übersteigen (6.48). – Die Zumutbarkeit bzw. Unzumutbarkeit der Belastungen für den Arbeitgeber hängt von den Umständen des Einzelfalles ab. Folgende Gesichtspunkte können eine Rolle spielen: die Möglichkeit, Überbrückungsmaßnahmen zu ergreifen (6.49), z.B. Einstellung von Aushilfskräften, andere Aufteilung der Arbeit, Vergabe von Aufträgen außer Haus; die Zeit, während der das Arbeitsverhältnis ohne Fehlzeiten bestanden hat (6.50); die Höhe der in den letzten zwölf Monaten bereits angefallenen Lohnfortzahlungskosten (6.51); der Umstand, daß die Fehlzeiten auf einen Arbeitsunfall oder besondere betriebliche Belastungen zurückzuführen sind (6.50) u.a.m.

2) Trunk- und Drogensucht des Arbeitnehmers. Für eine Kündigung wegen Trunk- oder Drogensucht des Arbeitnehmers gelten die gleichen Grundsätze wie für die krankheitsbedingte Kündigung. Nach Auffassung des BAG können bei Trunk- oder Drogensucht an die Fehlzeitenprognose geringere Anforderungen gestellt werden (6.52), weil die Auswirkungen der Sucht auf die Persönlichkeit des Arbeitnehmers konkreter und empirisch gesicherter festgestellt werden können als bei den meisten sonstigen Erkrankungen. Dabei wird die Prognose wesentlich davon bestimmt, in welchem Stadium der Sucht sich der Arbeitnehmer befindet, in welcher Weise sich frühere Therapien auf den Zustand des Arbeitnehmers ausgewirkt haben, ob der Arbeitnehmer vor Ausspruch der Kündigung therapiebereit war und ob eine Therapie aus medizinischer Sicht eine gewisse Erfolgsaussicht hat (6.52).

3) AIDS. Hier ist zu unterscheiden zwischen AIDS-Erkrankten und AIDS-Infizierten. Ist der Arbeitnehmer an AIDS erkrankt und ist er deswegen zur Leistung von Arbeit nur noch teilweise oder gar nicht mehr in der Lage, so beurteilt sich die Frage der Zulässigkeit einer ordentlichen Kündigung nach den Grundsätzen, die für eine krankheitsbedingte Kündigung entwickelt wurden (6.53). Entscheidend ist somit die im Zeitpunkt des Zuganges der Kündigung nachzuweisende Besorgnis weiterer Fehlzeiten und die aufgrund der Fehlzeiten zu prognostizierende unzumutbare Beeinträchtigung der betrieblichen Interessen. Liegt eine AIDS-Infektion vor, so hängt die Zulässigkeit der Kündigung davon ab, wie hoch die Wahrscheinlichkeit einer Übertragung unter den jeweils gegebenen Umständen ist. Da die Gefährdung unter den normalerweise am Arbeitsplatz herrschenden Gegebenheiten äußerst gering ist, ist eine Kündigung allein wegen einer AIDS-Infektion i.d.R. unzulässig (6.53). Ist jedoch aufgrund außergewöhnlicher Umstände in der Beschaffenheit des Arbeitsplatzes konkret zu befürchten, daß eine arbeitsprozeßbedingte Übertragung des Virus erfolgen kann, ohne daß dagegen zumutbare Vorsorgemaßnahmen getroffen werden können (z.B. Versetzung auf einen anderen, u.U. auch abgesonderten Arbeitsplatz), ist eine personenbedingte Kündigung des infizierten Arbeitnehmers zulässig (6.53).

4) Mangelnde Eignung des Arbeitnehmers. Mangelnde Eignung liegt vor, wenn entweder die objektiven Voraussetzungen für die Ausübung der vereinbarten Tätigkeit (z.B. Zeugnisse, Befähigungsnachweise, behördliche Erlaubnisse) nicht erfüllt sind oder die subjektiven Eigenschaften fehlen, deren Vorhandensein Voraussetzung für die Erfüllung des Arbeitsvertrages ist (z.B. altersbedingter Leistungsabbau). Liegen die Eignungsmängel bereits bei Abschluß des Arbeitsvertrages vor (Beispiele: Fahrerlaubnis bei Kraftfahrer fehlt, Hör- oder Sehvermögen des Arbeitnehmers ist eingeschränkt), so wird i.d.R. der Tatbestand der arglistigen Täuschung gegeben sein, wenn der Arbeitnehmer im Einstellungsgespräch bewußt die vom Arbeitgeber gestellten einschlägigen Fragen falsch beantwortet hat (6.54). Der Arbeitgeber ist in diesem Falle zur Anfechtung wegen arglistiger Täuschung berechtigt (siehe hierzu Rz 37f.) oder er kann die außerordentliche (= fristlose) Kündigung aussprechen (siehe

hierzu Rz 299ff.) Stellen sich die Leistungsmängel erst nachträglich ein (Beispiele: Entzug der Fahrerlaubnis, altersbedingter Leistungsabbau), kann eine personenbedingte ordentliche Kündigung in Betracht kommen, sofern der Arbeitnehmer nicht mehr in der Lage ist, die Arbeitsleistung nach Art und Umfang wie vereinbart zu erbringen (6.54). Allerdings ist hier eine sofortige Beendigungskündigung i.d.R. nicht zulässig; vielmehr hat der Arbeitgeber den Arbeitnehmer, wenn seine Beschäftigung auf einem anderen, seinem Leistungsvermögen angemesseneren Arbeitsplatz möglich ist, auf diesen Arbeitsplatz zu versetzen oder eine entsprechende Änderungskündigung (siehe hierzu Rz 309ff.) auszusprechen (6.54). Etwas anderes gilt nur, wenn der Arbeitnehmer vor Ausspruch der Kündigung unmißverständlich deutlich gemacht hat, daß er mit einer anderen Beschäftigung auch im Hinblick auf eine sonst drohende Beendigung des Arbeitsverhältnisses nicht einverstanden ist. Erfordert die Weiterbeschäftigung auf einem anderen Arbeitsplatz zusätzliche Fachkenntnisse, muß dem Arbeitnehmer zunächst Gelegenheit gegeben werden, sich innerhalb eines angemessenen Zeitraumes die erforderlichen Kenntnisse anzueignen (6.54).

5) Arbeitsverweigerung aus Gewissensgründen. Ein Grund in der Person des Arbeitnehmers kann auch gegeben sein, wenn der Arbeitnehmer aufgrund einer Gewissensentscheidung eine ihm zugewiesene Tätigkeit verweigert (6.55). Nach Auffassung des BAG hat der Arbeitgeber bei der Ausübung seines Weisungsrechtes (siehe Rz 46) einen ihm offenbarten Gewissenskonflikt des Arbeitnehmers zu berücksichtigen. Der Arbeitgeber hat eine Interessenabwägung vorzunehmen, wobei folgende Gesichtspunkte von Bedeutung sind: a) War der Gewissenskonflikt für den Arbeitnehmer vorhersehbar? Mußte der Arbeitnehmer schon bei Vertragsabschluß damit rechnen, daß ihm eine derartige Tätigkeit zugewiesen werden könne? So kann ein Arbeitnehmer, der einen Arbeitsvertrag mit einem Rüstungsbetrieb abschließt, sich nicht auf einen Gewissenskonflikt berufen, wenn ihm Tätigkeiten zugewiesen werden, die der Waffenproduktion dienen. b) Muß der Arbeitgeber aus betrieblichen Erfordernissen darauf bestehen, daß gerade der sich auf den Gewissenskonflikt berufende Arbeitnehmer die Arbeit ausführt? Stehen z.B. in einem Krankenhaus mehrere Ärzte für einen vorzunehmenden Schwangerschaftsabbruch zur Verfügung, handelt der Arbeitgeber unbillig, wenn er darauf besteht, dieser Eingriff solle von einem die Abtreibung aus Gewissensgründen ablehnenden Arzt ausgeführt werden. c) Muß der Arbeitgeber auch in Zukunft mit weiteren Gewissenskonflikten rechnen? Gibt es eine Möglichkeit für ihn, dem Arbeitnehmer einen Arbeitsplatz anzubieten, an dem Gewissenskonflikte nicht auftreten? Die Abwägung kann im Einzelfall zu dem Ergebnis führen, daß der Arbeitnehmer trotz seines Gewissenskonfliktes zur Arbeit verpflichtet ist, so daß eine Verweigerung der Arbeit eine (verhaltensbedingte) Kündigung rechtfertigt (siehe Rz 279). Es kann sich aber auch herausstellen, daß der Arbeitgeber dem Arbeitnehmer mit Rücksicht auf den Gewissenkonflikt bestimmte Tätigkeiten nicht zuweisen darf, so daß die Einsatzmöglichkeiten des Arbeitnehmers vorübergehend oder für längere Zeit eingeschränkt werden. In diesem Falle ist ein in der Person des Arbeitnehmers liegender Grund gegeben, der eine ordentliche Kündigung durch den Arbeitgeber rechtfertigen kann; hinzukommen muß allerdings, daß der Arbeitnehmer nicht anderweitig eingesetzt bzw. beschäftigt werden kann (6.55).

279 Gründe im Verhalten des Arbeitnehmers. Unter Verhalten ist jedes vom Willen gesteuerte Handeln einer Person zu verstehen. Kündigungsrechtlich ist das Verhalten nur relevant, wenn durch Handlungen des Arbeitnehmers betriebliche Interessen so stark beeinträchtigt worden sind, daß es dem Arbeitgeber nicht zuzumuten ist, das Arbeitsverhältnis fortzusetzen (6.56). Die Kündigungsgründe müssen nicht so schwerwiegend sein, daß dem Arbeitgeber die Fortsetzung des Arbeitsverhältnisses schlechthin unzumutbar ist (in diesem Fall ist eine außerordentliche Kündigung aus wichtigem Grund gerechtfertigt, siehe Rz 299ff.), sie müssen aber ein solches Gewicht haben, daß es dem Arbeitgeber nicht zuzumuten ist, das Arbeitsverhältnis über den Ablauf der ordentlichen Kündigungsfrist hinaus fortzusetzen (6.57).

Grundsätzlich hat der verhaltensbedingten Kündigung eine Abmahnung durch den Arbeitgeber vorauszugehen. Eine Abmahnung ist entbehrlich, wenn der Arbeitnehmer von vornherein erkennen kann, daß der Arbeitgeber das bisherige Verhalten unter keinen Umständen hinnehmen werde, oder wenn nicht damit zu rechnen ist, daß das Vertrauen wiederhergestellt werden kann (siehe Rz 261).

Auch die verhaltensbedingte Kündigung erfordert eine Abwägung der Interessen von Arbeitgeber und Arbeitnehmer (6.58). Auf Seiten des Arbeitgebers sind folgende Gesichtspunkte zu berücksichtigen: Aufrechterhaltung der Betriebsdisziplin, Erhaltung der Funktionsfähigkeit des Betriebes, Eintritt eines Vermögensschadens, Schädigung des Ansehens des Betriebes, Wiederholungsgefahr. Auf Arbeitnehmerseite sind bei der Interessenabwägung heranzuziehen: Art, Schwere und Häufigkeit des vorgeworfenen Verhaltens, bisheriges Verhalten des Arbeitnehmers, Dauer der Betriebszugehörigkeit, Lebensalter, Familienstand, Lage auf dem Arbeitsmarkt, Versetzungsmöglichkeit.

Wie bei der personenbedingten Kündigung ist es auch bei der verhaltensbedingten Kündigung nicht möglich, die Kündigungsgründe abschließend aufzuzählen, die eine Kündigung regelmäßig sozial rechtfertigen. Die nachfolgend aufgeführten Beispiele dürfen nicht schematisch übertragen werden (6.59).

1) Verletzung der Arbeitspflicht durch den Arbeitnehmer. Als Beispiele sind zu nennen: Schlecht- oder Minderleistung, sofern das Leistungsdefizit auf mangelndem Leistungswillen beruht (ist die Schlecht- oder Minderleistung auf mangelnde Eignung zurückzuführen, liegt ein Grund in der Person des Arbeitnehmers vor); Arbeitsverweigerung, d.h. Nichtausführung einer Arbeit, obwohl eine entsprechende vertragliche Verpflichtung besteht bzw. eine rechtsgültige Arbeitgeberanweisung vorliegt (zur Art der vom Arbeitnehmer zu leistenden Arbeit siehe Rz 44f., zum Umfang der zu leistenden Arbeit siehe Rz 48f., insbesondere Rz 68); häufige Unpünktlichkeit; vorzeitiges, unerlaubtes Verlassen des Arbeitsplatzes; eigenmächtiger Urlaubsantritt; eigenmächtige Urlaubsverlängerung.

2) Verletzung betrieblicher Verhaltenspflichten durch den Arbeitnehmer. In diese Fallgruppe gehören: Verstoß gegen ein betriebliches Alkoholverbot; Abwerbung von Arbeitnehmern oder Kunden des Arbeitgebers während des Bestehens des Arbeitsverhältnisses; Anzeigen gegen den Arbeitgeber wider besseres Wissen (anders, wenn die Anzeigen dem Grunde nach berechtigt sind; jedoch muß hier der Arbeitnehmer den Arbeitgeber auf einen regelwidrigen Zustand hinweisen, gegebenenfalls den Betriebsrat einschalten, bevor er Anzeige erstattet); Nichtvorlage der Arbeitspapiere trotz mehrmaliger Aufforderung; Beleidigung des Arbeitgebers oder von Arbeitskollegen; ständiger Streit mit Arbeitskollegen, wenn es dadurch zu Störungen des Betriebsablaufes oder des Zusammenlebens im Betrieb kommt; Ausübung einer nicht erlaubten Nebentätigkeit (siehe hierzu Rz 182ff.); Straftaten im Betrieb bzw. mit betrieblicher Relevanz (z.B. Spesenbetrug, Fälschung von Stempelkarten, Fälschung von Arbeitsunfähigkeitsbescheinigungen, Diebstahl, Unterschlagung, Untreue); Verletzung der Verschwiegenheitspflicht (siehe hierzu Rz 108); Annahme von Schmiergeldern (siehe Rz 108).

3) Verletzung außerbetrieblicher Verhaltenspflichten durch den Arbeitnehmer. Grundsätzlich ist das außerdienstliche Verhalten des Arbeitnehmers kündigungsrechtlich nicht relevant. Etwas anderes gilt nur, wenn das außerdienstliche Verhalten sich in erheblichem Maße störend auf das Arbeitsverhältnis auswirkt. Beispiele: Lohnpfändungen, wenn sie so zahlreich sind oder so komplizierte Rechtsfragen aufwerfen, daß ein überdurchschnittlich hoher Arbeitsaufwand für den Arbeitgeber entsteht (etwa in der Lohnbuchhaltung oder in der Rechtsabteilung); Ausübung gefährlicher Sportarten, wenn die sportliche Betätigung zu schwerwiegenden und dauerhaften Beeinträchtigungen der Arbeitsfähigkeit führt.

280 **Dringende betriebliche Erfordernisse.** Im Unterschied zur personen- und verhaltensbedingten Kündigung liegt der Kündigungsgrund hier nicht in der

Sphäre des Arbeitnehmers, sondern in der des Arbeitgebers. Grundlage der Kündigung sind ausschließlich betriebsbezogene Umstände oder Vorgänge. Eine Kündigung wegen dringender betrieblicher Erfordernisse (= betriebsbedingte Kündigung) setzt voraus,

- daß für die bislang vom Arbeitnehmer ausgeübte Tätigkeit aufgrund innerbetrieblicher oder außerbetrieblicher Umstände kein Bedarf mehr besteht, d.h. daß sein Arbeitsplatz weggefallen ist, und
- daß der betroffene Arbeitnehmer nicht auf einem anderen Arbeitsplatz weiterbeschäftigt werden kann.

Treffen diese Voraussetzungen auf mehrere Arbeitnehmer zu, soll aber nur einem oder nur einigen gekündigt werden, so hat der Arbeitgeber den oder die zu kündigenden Arbeitnehmer nach sozialen Gesichtspunkten auszuwählen; wird gegen diese Forderung verstoßen, so ist trotz Vorliegens ausreichender betrieblicher Gründe die Kündigung gegenüber dem unter sozialen Gesichtspunkten fehlerhaft ausgesuchten Arbeitnehmer sozial ungerechtfertigt (§ 1 Abs. 3 Satz 1 KSchG, siehe hierzu Rz 281).

Der betriebsbedingten Kündigung muß also eine dreistufige Prüfung vorausgehen: Zunächst ist der Wegfall des Arbeitsplatzes aufgrund dringender betrieblicher Erfordernisse festzustellen, sodann das Fehlen einer Weiterbeschäftigungsmöglichkeit; schließlich ist, wenn diese Voraussetzungen für mehrere Arbeitnehmer zutreffen, die aber nicht alle entlassen werden sollen, eine Auswahl nach sozialen Gesichtspunkten vorzunehmen (6.60).

Bei der Prüfung, ob dringende betriebliche Erfordernisse zum Wegfall des Arbeitsplatzes geführt haben, sind allein die Verhältnisse des Betriebes maßgebend, da der gesetzliche Kündigungsschutz grundsätzlich betriebsbezogen ausgestaltet ist (6.61); die Verhältnisse des Unternehmens oder gar des Konzerns sind ohne Bedeutung. Im Bereich des öffentlichen Dienstes entspricht dem Betrieb die Dienststelle. Da die betrieblichen Verhältnisse zugrundegelegt werden, kann bei der Schließung einer einzelnen Betriebsabteilung auch einem vergleichbaren Arbeitnehmer in einer anderen Abteilung desselben Betriebes gekündigt werden, falls die Auswahl nach sozialen Gesichtspunkten diesen Arbeitnehmer als weniger schutzwürdig erscheinen läßt (6.62).

Maßgeblicher Zeitpunkt für die Beurteilung der sozialen Rechtfertigung einer betriebsbedingten Kündigung ist grundsätzlich der Zeitpunkt des Zuganges der Kündigung (6.63). Dies schließt nicht aus, daß auch feststehende künftige Entwicklungen berücksichtigt werden können. Es ist ausreichend, wenn die der Kündigung zugrundeliegenden Maßnahmen bereits greifbare Formen angenommen haben, d.h. wenn zum Kündigungszeitpunkt aufgrund einer vernünftigen betriebswirtschaftlichen Betrachtung davon auszugehen ist, daß mit Ablauf der einzuhaltenden Kündigungsfrist die geplante Maßnahme durchgeführt und der Arbeitnehmer dadurch entbehrlich geworden ist (6.64).

Im einzelnen sind bei einer betriebsbedingten Kündigung folgende Gesichtspunkte zu beachten:

1) Betriebliche Erfordernisse. Zur sozialen Rechtfertigung einer betriebsbedingten Kündigung sind nur Umstände geeignet, die sich entweder aus den Verhältnissen des Betriebes bzw. der Dienststelle ergeben (= innerbetriebliche Gründe) oder die von außen auf den Betrieb bzw. die Dienststelle einwirken (= außerbetriebliche Gründe) (6.65). Die außerbetrieblichen Ursachen liegen i.d.R. außerhalb des Einflußbereiches des Arbeitgebers. Die innerbetrieblichen Ursachen gehen auf autonome Entscheidungen des Arbeitgebers zurück; eine klare Trennung von den außerbetrieblichen Ursachen ist allerdings nicht im-

mer möglich, weil die Entscheidungen des Arbeitgebers oftmals eine Reaktion auf veränderte wirtschaftliche oder technische Daten darstellen. Zu den innerbetrieblichen Ursachen gehören beispielsweise: Einführung neuer Arbeits- und Fertigungsmethoden; Rationalisierungsmaßnahmen; organisatorische Änderungen wie Schließung von Abteilungen, Ausgliederung von Funktionsbereichen. Zu den außerbetrieblichen Ursachen zählen insbesondere: Auftragsmangel, Umsatzrückgang, Preisverfall, im Bereich des öffentlichen Dienstes die Streichung von Haushaltsmitteln bzw. Planstellen, der Wegfall von Drittmitteln im Forschungsbereich (sofern der Drittmittelempfänger sich nach dem Wegfall der Mittel zur Einstellung des Forschungsvorhabens entschließt). Die außerbetrieblichen Ursachen führen i.d.R. nicht unmittelbar zu einem Wegfall von Arbeitsplätzen; hierzu bedarf es vielmehr einer unternehmerischen Entscheidung, mit der der Arbeitgeber auf die außerbetrieblichen Umstände reagiert (z.B. die Entscheidung, Rationalisierungsmaßnahmen durchzuführen oder den Betrieb stillzulegen). Erst die beschlossenen Maßnahmen führen zur Kündigung. Nur dann, wenn der Arbeitgeber von vornherein die Mitarbeiterzahl an bestimmte Umsatzzahlen gekoppelt hat, bewirkt ein Umsatzrückgang auch unmittelbar den Wegfall von Arbeitsplätzen (6.66).

2) Dringlichkeit. Die betrieblichen Erfordernisse müssen so dringend sein, daß die Kündigung unvermeidbar ist (6.67). Die Kündigung muß im Interesse des Betriebes zwingend notwendig sein. Dringende betriebliche Erfordernisse liegen vor, wenn es dem Arbeitgeber nicht möglich ist, auf die veränderte betriebliche Lage anders als mit einer Kündigung zu reagieren (6.67). Die betrieblichen Erfordernisse müssen sich nicht soweit verdichtet haben, daß eine Weiterbeschäftigung für den Arbeitgeber unzumutbar i.S. von § 626 BGB ist (siehe hierzu Rz 302). Entscheidend ist, daß bei verständiger betriebswirtschaftlicher Betrachtung für die Tätigkeit des Arbeitnehmers im Betrieb kein Bedarf mehr besteht und daß andere, weniger einschneidende Maßnahmen anstelle einer Kündigung nicht in Betracht kommen. Als mildere Maßnahme gegenüber einer Kündigung ist die Einführung von Kurzarbeit anzusehen (6.68), dies aber nur bei vorübergehendem Arbeitsmangel und nur, wenn alle Arbeitnehmer oder der Betriebsrat dem zugestimmt haben. Werden Überstunden geleistet, ist vor Ausspruch der Kündigung zu prüfen, ob die Überarbeit auf die zu kündigenden Arbeitnehmer verteilt werden kann, ob also ein Abbau von Überstunden möglich ist.

Die Entscheidung des Arbeitgebers, welche Anpassungsmaßnahmen durchgeführt werden sollen, ist als vorgegeben zugrundezulegen. Die Gestaltung des Betriebes unterliegt grundsätzlich der freien Entscheidung des Unternehmers. Die unternehmerischen Maßnahmen können von den Arbeitsgerichten (im Kündigungsschutzprozeß) nicht auf Zweckmäßigkeit und Notwendigkeit überprüft werden. Die Gerichte können nur prüfen, ob die Entscheidung des Arbeitgebers offensichtlich unsachlich, unvernünftig oder willkürlich ist (6.69). Ein denkbarer Fall wäre der, daß der Arbeitgeber eine bestimmte, zum Wegfall eines Arbeitsplatzes führende organisatorische Maßnahme nur zu dem Zweck durchführt, um einen mißliebigen Arbeitnehmer ohne sonstigen nachweisbaren Kündigungsgrund entlassen zu können. Ist also nach Ansicht des Arbeitgebers (die er im Streitfall belegen muß) die Einführung von Kurzarbeit oder der Abbau von Überstunden technisch oder organisatorisch nicht möglich oder wirtschaftlich nicht tragbar, so unterliegt die objektive Richtigkeit dieser Auffassung nicht der Nachprüfung durch das Arbeitsgericht; das Gericht hat nur zu prüfen, ob die Entscheidung, statt Kurzarbeit die Kündigung auszusprechen, offensichtlich unsachlich, unvernünftig oder willkürlich war. Weil die unternehmerische Entscheidung nur eingeschränkt nachprüfbar ist, ist von den Gerichten im Kündigungsschutzprozeß auch nicht zu prüfen, ob die vom Arbeitgeber nach Ausspruch der Kündigung erwarteten Vorteile zu den Nachteilen, die sich für den Arbeitnehmer ergeben, in einem vernünftigen Verhältnis stehen (6.70).

3) Wegfall des Arbeitsplatzes. Die innerbetrieblichen und/oder außerbetrieblichen Umstände müssen zum Wegfall eines oder mehrerer Arbeitsplätze im Betrieb führen. Nicht erforderlich ist, daß der Arbeitsplatz des gekündigten Arbeitnehmers wegfällt (6.71). Vielmehr kommt es darauf an, daß die Beschäftigungsmöglichkeit für einen oder mehrere Arbeitnehmer entfällt. Zu prüfen ist daher stets, ob rechnerisch ein Überhang an Arbeitskräf-

ten entstanden ist (6.72). Die Zahl der insgesamt für die Fortführung des Betriebes erforderlichen Arbeitsplätze muß kleiner sein als die Zahl der bislang mit Arbeitnehmern besetzten Arbeitsplätze.

4) Fehlende Weiterbeschäftigungsmöglichkeit. Die Kündigung wegen dringender betrieblicher Erfordernisse, die zum Wegfall eines oder mehrerer Arbeitsplätze geführt haben, ist nur dann sozial gerechtfertigt, wenn auch keine Möglichkeit der anderweitigen Beschäftigung des oder der betroffenen Arbeitnehmer besteht (6.73). Nach § 1 Abs. 2 Satz 1 KSchG ist die Möglichkeit der Weiterbeschäftigung im Betrieb zu prüfen, nach Satz 2 und 3 auch die Weiterbeschäftigung in einem anderen Betrieb des Unternehmens. Die Prüfung hat sich also auf das gesamte Unternehmen zu erstrecken. Nicht zu prüfen ist, ob eine Weiterbeschäftigungsmöglichkeit in einem anderen Unternehmen des Arbeitgebers, z.B. in einem Konzernunternehmen, besteht (6.74); etwas anderes gilt nur, wenn sich aus dem Arbeitsvertrag oder aufgrund einer formlosen Zusage des Arbeitgebers ein Anspruch des Arbeitnehmers auf Bereitstellung eines Arbeitsplatzes in einem Konzernunternehmen ergibt. Im öffentlichen Dienst erstreckt sich die Weiterbeschäftigungspflicht auf Arbeitsplätze in derselben Dienststelle oder in einer anderen Dienststelle derselben Behörde.

Eine Verpflichtung des Arbeitgebers zur Weiterbeschäftigung besteht allerdings nur, wenn der Arbeitgeber über freie Arbeitsplätze verfügt. Der Arbeitnehmer hat keinen Anspruch auf Einrichtung eines neuen Arbeitsplatzes (6.75), auch nicht darauf, daß ein Arbeitsplatz für ihn durch Kündigung freigemacht wird. Es muß ein vergleichbarer freier Arbeitsplatz zur Verfügung stehen, d.h. ein Arbeitsplatz, dessen Anforderungen der bisherigen Tätigkeit des Arbeitnehmers entsprechen. Eine Einarbeitungszeit von angemessener Dauer ist in Rechnung zu stellen. Im Einzelfall kann der Arbeitgeber auch verpflichtet sein, für den betreffenden Arbeitnehmer Umschulungs- oder Fortbildungsmaßnahmen durchzuführen (6.76), sofern der Arbeitnehmer umschulungs- oder fortbildungswillig ist, die Maßnahme für den Arbeitgeber zumutbar ist und im Anschluß an die Umschulung oder Fortbildung eine Weiterbeschäftigung im Unternehmen möglich erscheint.

Der Arbeitgeber hat die Tatsachen darzulegen und zu beweisen, die die Kündigung bedingen (§ 1 Abs. 2 Satz 4 KSchG). Er trägt die Beweislast für die innerbetrieblichen und außerbetrieblichen Gründe und deren Auswirkungen auf die Arbeitsplätze. Dabei darf er sich nicht auf eine schlagwortartige Darstellung beschränken, sondern muß seine tatsächlichen Angaben im einzelnen belegen (z.B. mit konkreten Absatzzahlen, mit einer Berechnung des Arbeitskräftebedarfes unter Berücksichtigung der Arbeitsproduktivität und der Arbeitszeit je Beschäftigten). Die Arbeitsgerichte sind im Kündigungsschutzprozeß befugt zu überprüfen, ob die vom Arbeitgeber behaupteten Gründe für die Kündigung tatsächlich vorliegen und wie sich diese Gründe auf die Beschäftigungsmöglichkeit für den gekündigten Arbeitnehmer ausgewirkt haben (6.77). Bezüglich der fehlenden Weiterbeschäftigungsmöglichkeit gilt im Prozeß eine abgestufte Darlegungs- und Beweislast (6.78): Zunächst hat der Arbeitgeber vorzutragen, daß eine anderweitige Beschäftigung im Betrieb oder im Unternehmen nicht möglich ist. Es ist dann Sache des Arbeitnehmers, konkrete Vorstellungen zur Möglichkeit der Weiterbeschäftigung vorzutragen; der Arbeitnehmer muß aber keinen bestimmten Arbeitsplatz benennen. Erst dann muß der Arbeitgeber erläutern, aus welchen Gründen die vorgeschlagene Beschäftigung nicht in Betracht kommt.

281 Soziale Auswahl. Selbst wenn dringende betriebliche Erfordernisse vorliegen, die die Kündigung eines oder mehrerer Arbeitnehmer bedingen, kann die Kündigung trotzdem sozial ungerechtfertigt sein, wenn der Arbeitgeber bei der Auswahl des oder der zu kündigenden Arbeitnehmer soziale Gesichtspunkt nicht oder nicht ausreichend berücksichtigt hat (§ 1 Abs. 3 Satz 1 KSchG). Nach § 1 Abs. 3 Satz 1 KSchG ist der Arbeitgeber nicht frei in seiner Entscheidung, welchem betroffenen Arbeitnehmer gekündigt werden soll; vielmehr hat eine Auswahl nach dem Maßstab der sozialen Schutzbedürftigkeit zu erfolgen. Die Kündigung soll denjenigen treffen, der am wenigsten auf seinen Arbeitsplatz angewiesen ist (6.79).

Um eine soziale Auswahl durchführen zu können, ist wie folgt vorzugehen:

- Zunächst ist festzustellen, welche Arbeitnehmer in die Auswahl nach sozialen Gesichtspunkten einzubeziehen sind.
- Sodann ist zu prüfen, ob betriebstechnische, wirtschaftliche oder sonstige berechtigte betriebliche Bedürfnisse die Weiterbeschäftigung eines oder mehrerer bestimmter Arbeitnehmer bedingen und damit der Auswahl nach sozialen Gesichtspunkten entgegenstehen (§ 1 Abs. 3 Satz 2 KSchG).
- Drittens ist festzulegen, welche sozialen Gesichtspunkte bei der Auswahl zu berücksichtigen sind und wie sie gewichtet werden sollen.

1) Maßstab für die Bestimmung des Kreises der Arbeitnehmer, die in die soziale Auswahl einzubeziehen sind, ist nach allgemeiner Ansicht die Vergleichbarkeit der Arbeitnehmer (6.80). Die soziale Auswahl ist betriebsbezogen durchzuführen. Einzubeziehen sind alle vergleichbaren Arbeitnehmer des Betriebes, nicht nur die Arbeitnehmer auf benachbarten Arbeitsplätzen oder die Arbeitnehmer der betroffenen Betriebsabteilung; andererseits erstreckt sich die soziale Auswahl nicht auf sämtliche vergleichbare Arbeitnehmer des Unternehmens, d.h. auf die Beschäftigten in anderen Betrieben des Unternehmens. Vergleichbar sind die Arbeitnehmer, die gegenseitig austauschbar sind, bei denen eine Übereinstimmung besteht hinsichtlich Ausbildung, Kenntnissen und Fähigkeiten sowie der ausgeübten Funktion (6.80). Kann der Arbeitnehmer, dessen Arbeitsplatz aus betrieblichen Gründen weggefallen ist, die Tätigkeit anderer Arbeitnehmer sofort bzw. nach einer kurzen Einarbeitungszeit wahrnehmen und deren Arbeitsplatz ausfüllen, so sind die Arbeitnehmer austauschbar bzw. vergleichbar. Vergleichbarkeit besteht z.B. bei zehn Fräsern, die alle am gleichen Maschinentyp arbeiten (= identische Arbeitsplätze). Vergleichbarkeit ist auch (noch) gegeben, wenn es sich zwar um andersartige, aber gleichwertige Tätigkeiten handelt. Merkmal hierfür ist die Lohn- oder Gehaltsgruppe; bei gleicher Eingruppierung besteht normalerweise Vergleichbarkeit bzw. Austauschbarkeit. Sind die Aufgabengebiete und die Vergütung unterschiedlich (Beispiel: Facharbeiter/Hilfsarbeiter) oder sind die Tätigkeiten mit unterschiedlichen Eignungsanforderungen verbunden (Beispiel: In einer Abteilung werden nur Fräsarbeiten ausgeführt, in einer anderen Abteilung finden neben Fräsarbeiten auch Arbeitsgänge in der Weiterverarbeitung statt, die besondere Kenntnisse erfordern), so fehlt es an der Austauschbarkeit bzw. Vergleichbarkeit. Zu beachten ist, daß bei der Sozialauswahl nur Arbeitnehmer zu berücksichtigen sind, die auf derselben Ebene der betrieblichen Hierarchie tätig sind (= horizontale Vergleichbarkeit). Arbeitsplätze, die auf einer höheren Ebene der Betriebshierarchie angesiedelt sind, deren Anforderungsprofil der vom Wegfall des Arbeitsplatzes betroffenen Arbeitnehmer aber gleichwohl erfüllt (= unterqualifizierte Beschäftigung), sind ebensowenig zu berücksichtigen wie Arbeitsplätze auf einer niedrigeren Ebene der Betriebshierarchie, deren Anforderungsprofil nur einen Ausschnitt des Leistungsprofils des betroffenen Arbeitnehmers abdeckt. Es gibt also keine vertikale Vergleichbarkeit nach oben oder nach unten (6.81).

2) Als betriebstechnische Bedürfnisse i.S. von § 1 Abs. 3 Satz 2 KSchG, die einer Auswahl nach sozialen Gesichtspunkten entgegenstehen, sind solche Umstände anzusehen, die aus Gründen der Aufrechterhaltung des technischen Arbeitsablaufes (insbesondere im Bereich der Produktion) die Weiterbeschäftigung eines oder mehrerer bestimmter Arbeitnehmer notwendig machen (6.82). Im Einzelfall kann sich ein derartiges Bedürfnis beispielsweise daraus ergeben, daß bestimmte Arbeitnehmer aufgrund einer erhöhten fachlichen Qualifikation für die Durchführung von u.U. nur selten anfallenden Spezialarbeiten zur Verfügung stehen müssen. Wirtschaftliche Bedürfnisse i.S. von § 1 Abs. 3 Satz 2 KSchG liegen insbesondere vor, wenn der Arbeitgeber gezwungen ist, im Interesse einer Verbesserung der Er-

tragslage des Betriebes bestimmte, d.h. in der Regel leistungsstärkere Arbeitnehmer weiter zu beschäftigen (6.82). Dabei ist die jeweilige wirtschaftliche Lage des Betriebes zu beachten; bei einer guten Ertragslage sind daher strengere Maßstäbe an das Vorliegen wirtschaftlicher Bedürfnisse zu stellen als bei einem Betrieb, der sich in der Verlustzone befindet (6.82). Auch der Umstand, daß ein Arbeitnehmer, der an sich einem nachvertraglichen Konkurrenzverbot unterliegt, bei einer betriebsbedingten Kündigung davon frei wird, kann ein wirtschaftliches Bedürfnis nach seiner Weiterbeschäftigung auslösen, weil sonst zu befürchten ist, daß der Arbeitnehmer eine für den Arbeitgeber nachteilige Konkurrenztätigkeit entfaltet. Als sonstige berechtigte betriebliche Bedürfnisse, die die Weiterbeschäftigung eines oder mehrerer Arbeitnehmer bedingen und damit der Auswahl nach sozialen Gesichtspunkten entgegenstehen, sind zu nennen (6.82): das Interesse des Arbeitgebers an der Beibehaltung einer ausgewogenen Altersstruktur der Belegschaft; persönliche Verbindungen eines bestimmten Arbeitnehmers zu den Kunden oder Lieferanten; die vielseitigere Verwendbarkeit oder erhöhte Kooperationsbereitschaft bestimmter Arbeitnehmer; die geplante künftige Verwendung eines Arbeitnehmers als Führungskraft.

3) Welche sozialen Gesichtspunkte bei der Auswahl der zu kündigenden Arbeitnehmer zu berücksichtigen sind und wie sie gewichtet werden sollen, ist aus dem Kündigungsschutzgesetz selbst nicht zu ersehen. Rechtsprechung und Literatur nennen hauptsächlich drei Gesichtspunkte: Dauer der Betriebszugehörigkeit, Lebensalter und Unterhaltsverpflichtungen. Die Gewichtung dieser drei Kriterien kann nach Auffassung des BAG mit Hilfe eines Punkteschemas erfolgen, wobei dem Arbeitgeber ein Beurteilungsspielraum eingeräumt ist (6.83). Beispielsweise kann die Dauer der Betriebszugehörigkeit etwas höher bewertet werden als das Lebensalter und die Unterhaltsverpflichtungen. Das BAG hat folgendes Punkteschema anerkannt (6.83): a) für die ersten 10 Dienstjahre je Dienstjahr 1 Punkt, ab dem 11. Dienstjahr je Dienstjahr 2 Punkte, maximal 70 Punkte. b) für jedes volle Lebensjahr 1 Punkt, maximal 55 Punkte. c) für den Ehepartner 8 Punkte, für jedes unterhaltsberechtigte Kind 4 Punkte. Das BAG betont aber, daß ein Punkteschema immer nur der Vorauswahl dienen kann; zur Vermeidung von Härten, die die Anwendung eines jeden Schemas mit sich bringt, muß im Anschluß an die auf die Punktetabelle gestützte Vorauswahl eine individuelle Abschlußprüfung unter Berücksichtigung weiterer Auswahlgesichtspunkte stattfinden (6.84). Als weitere Auswahlgesichtspunkte kommen in Betracht: Nebeneinkünfte des betroffenen Arbeitnehmers; Einkünfte des Ehegatten; evtl. vorhandenes Vermögen; gesundheitliche Beeinträchtigungen des Arbeitnehmers, soweit sie auf die Tätigkeit im Betrieb zurückzuführen sind (z.B. Verletzungen, die auf einem Arbeitsunfall beruhen); Erkrankung und Pflegebedürftigkeit naher Familienangehöriger; Chancen des Arbeitnehmers auf dem Arbeitsmarkt.

Für den Fall, daß der Arbeitnehmer bestreitet, daß die Auswahl nach sozialen Gesichtspunkten durchgeführt wurde, besteht eine abgestufte Darlegungs- und Beweislast (6.85):

- Zunächst ist es Sache des Arbeitnehmers, die Fehlerhaftigkeit der vom Arbeitgeber vorgenommenen Auswahl darzulegen, z.B. indem er andere Arbeitnehmer benennt, die an seiner Stelle hätten entlassen werden müssen, weil sie sozial weniger schutzbedürftig sind. Ist der Arbeitnehmer hierzu nicht in der Lage, weil ihm die erforderlichen Informationen fehlen, muß er den Arbeitgeber auffordern, ihm die Gründe mitzuteilen, die zu der getroffenen sozialen Auswahl geführt haben.
- Der Arbeitgeber hat dann die Gründe darzulegen, die der von ihm durchgeführten Auswahl zugrundeliegen. Er muß Auskunft darüber geben, welche Arbeitnehmer nach seiner Auffassung zum vergleichbaren Personenkreis gehören und nach welchen Auswahlkriterien er vorgegangen ist unter Angabe des Bewertungsmaßstabes. Gibt der Arbeitgeber keine oder keine vollständige Auskunft, so geht dies zu seinen Lasten. Das Arbeitsgericht muß der Klage des

Arbeitnehmers stattgeben, d.h. die Kündigung ist unwirksam wegen Nichtberücksichtigung sozialer Auswahlgesichtspunkte.

- Hat der Arbeitgeber seine Darlegungspflicht erfüllt, so trägt anschließend der Arbeitnehmer die Darlegungs- und Beweislast dafür, daß die nun offengelegte soziale Auswahl objektiv unrichtig ist. Der Arbeitnehmer muß von ihm behauptete Fehler des Arbeitgebers bei der sozialen Auswahl konkret vortragen. Er muß die Arbeitnehmer namentlich benennen, die weniger schutzbedürftig sind als er oder die zusätzlich bei der sozialen Auswahl hätten berücksichtigt werden müssen.

282 **Änderungsangebot des Arbeitgebers.** Nach Auffassung des BAG (6.86) hat der Arbeitgeber dem Arbeitnehmer die Weiterbeschäftigung auf einem anderen Arbeitsplatz im selben Betrieb oder in einem anderen Betrieb des Unternehmens (nicht im Konzern) anzubieten, bevor er die Kündigung zwecks Beendigung des Arbeitsverhältnisses ausspricht. Dies gilt nicht nur bei einer betriebsbedingten Kündigung, sondern auch dann, wenn eine Kündigung aus Gründen in der Person oder im Verhalten des Arbeitnehmers beabsichtigt ist. Voraussetzung für das Weiterbeschäftigungsangebot ist, daß ein freier, zum Zeitpunkt des Ablaufes der Kündigungsfrist unbesetzter Arbeitsplatz vorhanden ist. Die Initiative muß vom Arbeitgeber ausgehen. Er muß rechtzeitig vor Ausspruch der Kündigung mit dem Arbeitnehmer ein klärendes Gespräch führen und ihm einen anderen Arbeitsplatz anbieten. In den Verhandlungen muß der Arbeitgeber deutlich machen, daß bei Ablehnung des Änderungsangebotes eine Kündigung beabsichtigt ist (6.87). Dem Arbeitnehmer ist eine Überlegungsfrist von einer Woche einzuräumen (6.87). Innerhalb dieser Frist muß der Arbeitnehmer entscheiden, wie er auf das Änderungsangebot reagieren will. Nimmt er das Angebot vorbehaltlos an, so ist damit der Arbeitsvertrag für beide Seiten bindend abgeändert, die Kündigung ausgeschlossen. Lehnt er das Angebot endgültig ab, so kann der Arbeitgeber wie geplant die Kündigung zur Beendigung des Arbeitsverhältnisses aussprechen. Der Arbeitnehmer kann das Änderungsangebot des Arbeitgebers aber auch unter einem dem § 2 Satz 1 KSchG entsprechenden Vorbehalt annehmen und sich auf diese Weise die Möglichkeit sichern, ohne Risiko für den Bestand des Arbeitsverhältnisses die soziale Rechtfertigung der ihm angebotenen Arbeitsbedingungen gerichtlich überprüfen zu lassen. In diesem Fall kommt für den Arbeitgeber nur eine Änderungskündigung (Einzelheiten hierzu Rz 309ff.) in Betracht (6.87).

Unterläßt es der Arbeitgeber, dem Arbeitnehmer vor Ausspruch einer Beendigungskündigung ein Änderungsangebot zu unterbreiten, obwohl eine anderweitige Beschäftigung objektiv möglich und für beide Seiten zumutbar war, ist nach Auffassung des BAG die Kündigung sozial ungerechtfertigt, wenn der Arbeitnehmer einem vor Ausspruch der Kündigung gemachten Vorschlag zumindest unter Vorbehalt zugestimmt hätte (was vom Arbeitnehmer im Prozeß vorgetragen werden muß).

Für eine Weiterbeschäftigung des Arbeitnehmers kommen nur freie vergleichbare (= gleichwertige) Arbeitsplätze oder freie Arbeitsplätze mit für den Arbeitnehmer ungünstigeren Bedingungen in Betracht (6.88). Der Arbeitgeber ist nicht verpflichtet, dem Arbeitnehmer die Weiterbeschäftigung auf einen freien höher qualifizierten und entsprechend höher dotierten Arbeitsplatz anzubieten (6.88); dies würde im Ergebnis einen Anspruch auf Beförderung begründen, der nur bei einer entsprechenden Vertragsgestaltung besteht. Ein vergleichbarer (d.h. gleichwertiger) Arbeitsplatz liegt vor, wenn der freie Arbeitsplatz hinsichtlich der Qualifikationsanforderungen und der Vergütung dem bisherigen Arbeitsplatz entspricht (6.87). Die Weiterbeschäftigung auf einem anderen Arbeitsplatz zu geänderten (d.h. ungünstigeren) Arbeitsbedingungen muß sowohl für den Arbeitgeber als auch für den Arbeitnehmer objektiv möglich und für beide Seiten zumutbar sein (6.87). Dies setzt auf Seiten des Arbeitnehmers nicht nur voraus, daß er über die erforderlichen Fähigkeiten und Kenntnisse verfügt, sondern es muß die Tätigkeit für ihn auch nach ihrem sozialen und wirtschaftlichen Status in Betracht kommen. Ob und wann es für den Arbeitgeber zumutbar ist, dem Arbeitnehmer die Weiterbeschäftigung anzubieten, ist anhand der Umstände des Einzelfalles zu entscheiden. Unzumutbar ist eine Weiterbeschäftigung beispielsweise, wenn erhebliche, vom Arbeitnehmer verschuldete Vertragsverletzungen vorliegen.

283 **Widerspruch des Betriebsrates.** Nach § 1 Abs. 2 Satz 2 und Satz 3 KSchG ist die Kündigung auch sozial ungerechtfertigt, wenn im Betrieb ein Betriebsrat besteht und der Betriebsrat der Kündigung widersprochen hat (bzw. wenn in Betrieben und Verwaltungen des öffentlichen Rechts die zuständige Personalvertretung gegen die Kündigung Einwendungen erhoben hat). Der Widerspruch des Betriebsrates (bzw. die Einwendungen der Personalvertretung) kann auf folgende Tatbestände gestützt werden (abschließende Aufzählung im Gesetz):

1. Die Kündigung verstößt gegen eine Richtlinie über die personelle Auswahl bei Kündigungen.
2. Der Arbeitnehmer kann an einem anderen freien Arbeitsplatz im selben Betrieb oder in einem anderen Betrieb des Unternehmens (bzw. an einem anderen freien Arbeitsplatz in derselben Dienststelle oder in einer anderen Dienststelle desselben Verwaltungszweiges) weiterbeschäftigt werden, ohne daß eine Umschulung oder Fortbildung erforderlich ist.
3. Der Arbeitnehmer kann nach zumutbaren Umschulungs- oder Fortbildungsmaßnahmen an einem anderen freien Arbeitsplatz im selben Betrieb oder in einem anderen Betrieb des Unternehmens (bzw. an einem anderen freien Arbeitsplatz in derselben Dienststelle oder in einer anderen Dienststelle desselben Verwaltungszweiges) weiterbeschäftigt werden.
4. Der Arbeitnehmer kann unter geänderten (= ungünstigeren) Arbeitsbedingungen an einem anderen freien Arbeitsplatz im selben Betrieb oder in einem anderen Betrieb des Unternehmens (bzw. an einem anderen freien Arbeitsplatz in derselben Dienststelle oder in einer anderen Dienststelle desselben Verwaltungszweiges) weiterbeschäftigt werden und hat sein Einverständnis hiermit erklärt.

Ein Widerspruch des Betriebsrates gem. Nr. 1 wegen Verstoßes gegen Auswahlrichtlinien (bzw. entsprechende Einwendungen der Personalvertretung) kommt nur bei einer betriebsbedingten Kündigung in Betracht, wenn mehrere Arbeitsplätze weggefallen sind, nicht bei einer personen- oder verhaltensbedingten Kündigung, bei der regelmäßig Einzelpersonen betroffen sind. Auch ein Widerspruch gem. Nr. 2, 3 oder 4 wegen der Möglichkeit der Weiterbeschäftigung (mit oder ohne Fortbildung bzw. Umschulung, zu veränderten oder unveränderten Arbeitsbedingungen) ist am ehesten bei einer betriebsbedingten Kündigung vorstellbar. Bei einer personen- oder verhaltensbedingten Kündigung hingegen ist die Möglichkeit, Widerspruch einzulegen bzw. Einwendungen zu erheben, begrenzt auf die Fälle, wo der Kündigungsgrund in Beziehung zu einem bestimmten Arbeitsplatz steht und bei anderweitiger Beschäftigung entfällt (Beispiel: Der Arbeitnehmer leidet an einer Allergie gegen bestimmte Arbeitsstoffe, die nur an einem bestimmten Arbeitsplatz verwendet werden).

Der Widerspruch des Betriebsrates erfolgt im Rahmen des Anhörungsverfahrens nach § 102 Abs. 1 BetrVG (siehe Rz 266). Der Widerspruch muß innerhalb einer Woche erhoben werden (§ 102 Abs. 3 BetrVG). Die Frist beginnt mit der Mitteilung der beabsichtigten Kündigung durch den Arbeitgeber an den Betriebsrat. Für den Widerspruch ist die Schriftform vorgeschrieben, d.h. der Widerspruch muß schriftlich abgefaßt und vom Betriebsratsvorsitzenden oder seinem Stellvertreter unterzeichnet werden (§ 126 Abs. 1 BGB). Die Widerspruchsgründe sind zu bezeichnen und zu begründen. Die Begründung muß erkennen lassen, auf welche tatsächlichen Umstände sich der Betriebsrat bei seinem Widerspruch stützt. Eine bloße Wiederholung des Gesetzeswortlautes genügt nicht (6.89).

Zu beachten ist, daß der Betriebsrat nicht verpflichtet ist, Widerspruch einzulegen. Der betroffene Arbeitnehmer hat keinen einklagbaren Anspruch gegen den Betriebsrat auf Tätigwerden; wiederholtes Untätigbleiben trotz Vorliegens der Voraussetzungen des § 1 Abs. 2 Satz 2 und Satz 3 KSchG kann aber eine grobe Pflichtverletzung des Betriebsrates i.S. von § 23 Abs. 1 BetrVG sein mit Folge der Auflösung des Betriebsrates.

Legt der Betriebsrat frist- und formgerecht und mit stichhaltiger Begründung Widerspruch gegen eine geplante Kündigung ein, kann der Arbeitgeber trotzdem die Kündigung aussprechen. Der Arbeitgeber wird also in seiner Entscheidungsfreiheit bezüglich der Kündigung nicht unmittelbar beschränkt. Kündigt der Arbeitgeber, obwohl der Betriebsrat der Kündigung widersprochen hat, so hat er dem Arbeitnehmer mit der Kündigung eine Abschrift der Stellungnahme des Betriebsrates zuzuleiten (§ 102 Abs. 4 BetrVG). Damit soll der Arbeitnehmer in die Lage versetzt werden, die Aussichten eines Kündigungsschutzprozesses besser beurteilen zu können.

Unterläßt der Arbeitgeber die Mitteilung, so wird dadurch die Kündigung nicht unwirksam. Der Arbeitgeber kann sich aber schadensersatzpflichtig machen, wenn der Arbeitnehmer in Unkenntnis des Widerspruches des Betriebsrates eine Kündigungsschutzklage unterlassen hat, die Aussicht auf Erfolg gehabt hätte (6.90).

Der auf die gesetzlichen Tatbestände gestützte Widerspruch des Betriebsrates (bzw. die Einwendungen der Personalvertretung) ist ein eigenständiger, besonderer Grund für die Sozialwidrigkeit der Kündigung, vorausgesetzt, daß der Widerspruch frist- und formgerecht eingelegt wurde und sachlich begründet ist (6.91). Liegt einer der in § 1 Abs. 2 Satz 2 oder Satz 3 KSchG aufgeführten Tatbestände vor und hat der Betriebsrat aus diesen Gründen Widerspruch eingelegt (bzw. die Personalvertretung Einwendungen erhoben), so ist die Kündigung sozial ungerechtfertigt. Einer allgemeinen Prüfung nach § 1 Abs. 2 Satz 1 KSchG (d.h. ob Gründe in der Person oder im Verhalten des Arbeitnehmers oder dringende betriebliche Erfordernisse vorliegen) oder nach § 1 Abs. 3 KSchG (d.h. ob die zu kündigenden Arbeitnehmer nach sozialen Gesichtspunkten ausgewählt wurden) bedarf es daneben nicht (6.91). Das Arbeitsgericht hat nur zu prüfen, ob die tatsächlichen Voraussetzungen des erhobenen Widerspruches (der auch auf mehrere der genannten Gründe gleichzeitig gestützt werden kann) gegeben sind (6.92). Hierfür trägt der Arbeitgeber die Darlegungs- und Beweislast (§ 1 Abs. 2 Satz 4 KSchG). Er hat darzulegen und zu beweisen, daß die vom Betriebsrat (bzw. von der Personalvertretung) vorgetragenen Gründe für einen Widerspruch nicht zutreffen, z.B. daß eine vom Betriebsrat angeführte Weiterbeschäftigungsmöglichkeit tatsächlich nicht in Betracht kommt. Stellt sich bei der gerichtlichen Prüfung heraus, daß der Widerspruch sachlich nicht berechtigt ist, so folgt daraus keineswegs, daß die Kündigung damit sozial gerechtfertigt ist. Der individuelle Kündigungsschutz des betroffenen Arbeitnehmers hängt nicht vom Widerspruch des

Betriebsrates (bzw. von den Einwendungen der Personalvertretung) ab und ist auch nicht auf die in § 1 Abs. 2 Satz 2 und Satz 3 KSchG genannten Tatbestände beschränkt (6.93). Deshalb hat das Arbeitsgericht in diesem Fall die Kündigung nach den allgemeinen Regeln des § 1 Abs. 2 Satz 1 KSchG (und evtl. nach § 1 Abs. 3 KSchG) zu überprüfen. Dasselbe gilt, wenn der Widerspruch des Betriebsrates (bzw. die Einwendungen der Personalvertretung) nicht frist- und formgerecht erfolgt ist oder wenn kein Widerspruch eingelegt wurde oder wenn kein Betriebsrat (bzw. keine Personalvertretung) besteht.

Hinweis: Der frist- und formgerecht eingelegte und sachlich begründete Widerspruch des Betriebsrates ist für den betroffenen Arbeitnehmer von doppelter Bedeutung. Zum einen wird der individuelle Kündigungsschutz erweitert, weil der Widerspruch ein eigenständiger, besonderer Grund für die Sozialwidrigkeit der Kündigung ist. Zum anderen ist der Widerspruch des Betriebsrates eine der Voraussetzungen dafür, daß der Arbeitnehmer während des Kündigungsschutzprozesses die Weiterbeschäftigung am bisherigen Arbeitsplatz bei unveränderten Arbeitsbedingungen verlangen kann (siehe hierzu Rz 289).

1.223 Arbeitsgerichtliches Kündigungsschutzverfahren

284 **Anrufung des Arbeitsgerichtes.** Hält der Arbeitnehmer die vom Arbeitgeber ausgesprochene Kündigung für sozial ungerechtfertigt, so kann er beim zuständigen Arbeitsgericht Klage erheben auf Feststellung, daß die Kündigung rechtsunwirksam sei. Macht der Arbeitnehmer von dieser Möglichkeit keinen Gebrauch, so gilt die Kündigung, wenn sie nicht aus anderen Gründen rechtsunwirksam ist (z.B. wegen eines Formfehlers), als von Anfang an wirksam. Hieran ändert auch der Widerspruch des Betriebsrates nichts. Eine sozial ungerechtfertigte Kündigung ist also nicht automatisch unwirksam, vielmehr muß die Unwirksamkeit vom Arbeitnehmer durch Klage geltend gemacht und vom Arbeitsgericht in einem Urteil festgestellt werden.

285 **Klageantrag.** Mit der Klage kann der Arbeitnehmer beantragen, festzustellen, daß das Arbeitsverhältnis durch die Kündigung vom ... nicht aufgelöst worden ist (§ 4 Satz 1 KSchG). Streitgegenstand ist dann allein die konkret bezeichnete Kündigung; sonstige Beendigungsgründe, insbesondere weitere Kündigungen, bleiben außer Betracht (6.94). Der Arbeitnehmer kann seine Klage aber auch mit einem Feststellungsantrag nach § 256 ZPO verbinden dergestalt, daß beantragt wird, festzustellen, daß das Arbeitsverhältnis über den Zeitpunkt des Kündigungstermins hinaus bis zum Tage der letzten mündlichen Verhandlung fortbestanden hat. Ein solcher Feststellungsantrag erfaßt alle vom Arbeitgeber während des Kündigungsschutzverfahrens ausgesprochenen weiteren Kündigungen, unabhängig davon, wann sie in den Prozeß eingeführt worden sind (6.95).

286 **Klagefrist.** Will der Arbeitnehmer geltend machen, daß die Kündigung sozial ungerechtfertigt ist, muß er seine Klage innerhalb von drei Wochen nach Zugang der Kündigung beim Arbeitsgericht erheben (§ 4 Satz 1 KSchG). Die Frist gilt als gewahrt, wenn die Klage binnen der Drei-Wochen-Frist bei Gericht eingegangen ist. Bei der Fristberechnung wird der Tag, an dem die Kündigung zugeht, nicht mitgerechnet (§ 187 Abs. 1 BGB). Die Frist endet mit Ablauf des Tages der dritten Woche, der durch seine Benennung dem Tag entspricht, an dem die Kündigung zuging (§ 188 Abs. 2 BGB), es sei denn, daß dieser Tag ein Sonnabend, ein Sonntag oder ein staatlich anerkannter Feiertag ist. In diesen Fällen endet die Frist am Ende des darauffolgenden Werktages (§ 193 BGB).

Wird die Klagefrist versäumt, so hat das Arbeitsgericht die Klage abzuweisen. Die Kündigung gilt dann – ohne Rücksicht auf ihre eventuelle Sozialwidrigkeit – als von Anfang an rechtswirksam (§ 7 KSchG); es steht damit fest, daß das Arbeitsverhältnis durch die Kündigung beendet ist. Anders ist die Situation, wenn der Arbeitnehmer im Kündigungsschutzverfahren weitere Unwirksamkeitsgründe geltend machen will (wie z.B. Verstoß gegen die guten Sitten, Formfehler, fehlende Zustimmung der Hauptfürsorgestelle bei Schwerbehinderten); dies kann auch noch nach Ablauf von drei Wochen nach Zugang der Kündigung geschehen.

Hat der Arbeitnehmer die Klagefrist des § 4 Satz 1 KSchG ohne eigenes Verschulden versäumt, kann er beim Arbeitsgericht beantragen, die Klage nachträglich zuzulassen (§ 5 Abs. 1 KSchG). Nach Ablauf von sechs Monaten, vom Ende der versäumten Frist an gerechnet, kann der Antrag nicht mehr gestellt werden (§ 5 Abs. 3 KSchG).

Beispiele für unverschuldete Fristversäumnis: Der Arbeitnehmer hat sich bei einer sachkundigen Stelle (= Rechtsanwalt, Gewerkschaft) nach der Klagefrist erkundigt und eine falsche Antwort erhalten; der Arbeitnehmer hat die Klage zwei Tage vor Ablauf der Klagefrist zur Post gegeben, das Schreiben geht aber erst drei Tage später beim Arbeitsgericht ein. Beispiel für selbstverschuldete Fristversäumnis: Der Arbeitnehmer erhebt aus Unkenntnis der Klagefrist die Klage verspätet.

287 **Wirkungen des Urteils.** Hält das Arbeitsgericht die Kündigung durch den Arbeitgeber für sozial gerechtfertigt, so weist es die Klage des Arbeitnehmers ab. Nach Rechtskraft des Urteils steht damit fest, daß das Arbeitsverhältnis mit Ablauf der Kündigungsfrist beendet worden ist. Das Urteil erstreckt sich nicht nur auf die Gründe, die von den Parteien geltend gemacht wurden und Gegenstand der gerichtlichen Prüfung waren, sondern auch auf alle anderen denkbaren Unwirksamkeitsgründe, auch auf solche, die dem Arbeitnehmer erst später bekannt geworden sind oder die nicht innerhalb der Drei-Wochen-Frist geltend gemacht werden müssen.

Hält das Gericht die Kündigung durch den Arbeitgeber für sozial ungerechtfertigt, weil sich die vom Arbeitgeber vorgetragenen Gründe als nicht tragend erwiesen haben, so hat es der Klage des Arbeitnehmers stattzugeben. Hat der Arbeitnehmer einen Klageantrag nach § 4 Satz 1 KSchG gestellt, hat das Gericht im Urteil festzustellen, daß das Arbeitsverhältnis zwischen den Parteien durch die Kündigung vom ... nicht aufgelöst worden ist. Mit dieser Entscheidung steht gleichzeitig fest, daß bis zum Zeitpunkt der Kündigung ein Arbeitsverhältnis bestanden hat; es wird aber nichts darüber ausgesagt, ob das Arbeitsverhältnis nach Ausspruch der Kündigung, etwa durch Aufhebungsvertrag oder eine nachfolgende Kündigung, beendet worden ist. Hat der Arbeitnehmer zusätzlich einen Feststellungsantrag nach § 256 ZPO gestellt und wird diesem Antrag stattgegeben, so steht damit bei Rechtskraft des Urteils fest, daß das Arbeitsverhältnis bis zum Tag der letzten mündlichen Verhandlung fortbestanden hat. Beiden Parteien ist es dann verwehrt, sonstige, vor diesem Zeitpunkt liegende Beendigungsgründe geltend zu machen.

288 **Möglichkeiten für den Arbeitnehmer.** Gibt das Arbeitsgericht der Klage des Arbeitnehmers statt, stehen dem Arbeitnehmer folgende Möglichkeiten offen:

- Er kann verlangen, wieder an seinem früheren Arbeitsplatz beschäftigt zu werden. Für die Zwischenzeit (= Zeit zwischen Ablauf der Kündigungsfrist und

Beendigung des Rechtsstreites) hat er Anspruch auf Zahlung der vereinbarten Vergütung, ohne zur Nachleistung verpflichtet zu sein, wenn der Arbeitgeber sich im Annahmeverzug befindet (§ 615 Satz 1 BGB).

Zu beachten ist, daß nach Auffassung des BAG (6.96) weder ein tatsächliches noch ein wörtliches Angebot des Arbeitnehmers erforderlich ist, um den Arbeitgeber in Annahmeverzug zu setzen. Das Gericht bezieht sich dabei auf § 296 BGB. Der Arbeitgeber kommt danach sozusagen automatisch in Annahmeverzug, wenn er die Kündigung erklärt, weil er damit zu erkennen gibt, daß er nicht bereit ist, einen funktionsfähigen Arbeitsplatz bereitzustellen. Will der Arbeitgeber den Annahmeverzug vermeiden, muß er deshalb dem Arbeitnehmer von sich aus zur Weiterarbeit nach Ablauf der Kündigungsfrist auffordern (siehe Rz 128). Kommt der Arbeitnehmer dieser Aufforderung nicht nach, endet der Annahmeverzug.

Während des Annahmeverzuges hat der Arbeitgeber die Vergütung weiterzuzahlen, die der Arbeitnehmer verdient hätte, wenn er gearbeitet hätte (= Lohnausfallprinzip). Der Arbeitnehmer muß sich jedoch anrechnen lassen, was er durch anderweitige Arbeit verdient hat (§ 11 Ziffer 1 KSchG) bzw. was er hätte verdienen können, wenn er es nicht böswillig unterlassen hätte, eine ihm zumutbare Arbeit anzunehmen (§ 11 Ziffer 2 KSchG). Einzelheiten hierzu siehe Rz 129. Anzurechnen sind ferner öffentlichrechtliche Leistungen infolge Arbeitslosigkeit aus der Sozialversicherung, der Arbeitslosenversicherung, der Arbeitslosenhilfe oder der Sozialhilfe (§ 11 Ziffer 3 KSchG). Diese Beträge hat der Arbeitgeber der Stelle zu erstatten, die sie geleistet hat.

- Ist der Arbeitnehmer inzwischen ein neues Arbeitsverhältnis eingegangen, so muß er binnen einer Woche nach der Rechtskraft des Urteils entscheiden, ob er das alte Arbeitsverhältnis fortsetzen oder das neue aufrechterhalten will. Entschließt sich der Arbeitnehmer zu der Fortsetzung des alten Arbeitsverhältnisses, so muß er das neu eingegangene Arbeitsverhältnis so bald wie möglich (entsprechend den gesetzlichen, tarifvertraglichen oder einzelvertraglichen Kündigungsfristen) kündigen. Entscheidet sich der Arbeitnehmer für die Aufrechterhaltung des neuen Arbeitsverhältnisses, muß er durch Erklärung gegenüber dem alten Arbeitgeber die Fortsetzung des Arbeitsverhältnisses bei diesem verweigern (§ 12 Satz 1 KSchG). Das alte Arbeitsverhältnis erlischt dann mit Zugang der Erklärung (§ 12 Satz 3 KSchG). Die Erklärung kann mündlich oder schriftlich erfolgen.

Verweigert der Arbeitnehmer die Fortsetzung des alten Arbeitsverhältnisses, so hat der Arbeitgeber – unter den Voraussetzungen des Annahmeverzuges – nur die Vergütung für die Zeit zwischen dem Ablauf der Kündigungsfrist und dem Tag des Eintritts in das neue Arbeitsverhältnis fortzuzahlen (§ 12 Satz 4 KSchG). Daß der Arbeitnehmer in dem neuen Arbeitsverhältnis u.U. weniger verdient als früher, bleibt unberücksichtigt. Auf den Vergütungsanspruch ist der erzielte Zwischenverdienst in entsprechender Anwendung des § 11 KSchG anzurechnen.

Das neue Arbeitsverhältnis muß bereits vor Rechtskraft des Urteils abgeschlossen worden sein. Dagegen ist es nicht nötig, daß der Arbeitnehmer die Arbeit schon angetreten hat. Die Bindung des Arbeitnehmers, auf die es hier allein ankommt, entsteht schon durch den Abschluß des Arbeitsvertrages. Ist dagegen bei Rechtskraft des Urteils der Arbeitnehmer noch frei, so ist er zur Wiederaufnahme der Arbeit verpflichtet; er kann nicht etwa dann noch einen Arbeitsvertrag abschließen und anschließend die Fortsetzung des alten Arbeitsverhältnisses verweigern.

- Ist dem Arbeitnehmer die Fortsetzung des Arbeitsverhältnisses beim bisherigen Arbeitgeber nicht zuzumuten (z.B. aufgrund des Verhaltens des Arbeitgebers vor, bei oder nach der Kündigung oder im Prozeß), so kann der Arbeitnehmer beantragen, daß das Arbeitsgericht das Arbeitsverhältnis auflöst und den Arbeitgeber zur Zahlung einer Abfindung verurteilt (§ 9 Abs. 1 Satz 1 KSchG). (Die gleiche Entscheidung hat das Arbeitsgericht auf Antrag des Arbeitgebers zu treffen, wenn Gründe vorliegen, die eine den Betriebszwecken dienliche weitere Zusammenarbeit zwischen Arbeitgeber und Arbeitnehmer nicht erwarten lassen, § 9 Abs. 1 Satz 2 KSchG). Als Zeitpunkt der Auflösung des Arbeitsverhältnisses hat das Gericht das Ende der gesetzlichen oder der vereinbarten Kündigungsfrist festzusetzen.

  Der Begriff der Unzumutbarkeit in § 9 Abs. 1 Satz 1 KSchG ist nicht so eng auszulegen wie bei der arbeitnehmerseitigen außerordentlichen Kündigung nach § 626 Abs. 1 BGB (6.97). Gründe, die zur fristlosen Kündigung berechtigen, machen zwar stets auch die Fortsetzung des Arbeitsverhältnisses nach § 9 Abs. 1 Satz 1 KSchG unzumutbar. Beispiele: Der Arbeitgeber trägt im Kündigungsschutzprozeß schwere, aber unbegründete Zweifel an der persönlichen Lauterkeit oder fachlichen Eignung des Arbeitnehmers vor; die Kündigung erfolgt mit unwahrer oder beleidigender Begründung. Es können aber auch schon solche Tatsachen die Fortsetzung des Arbeitsverhältnisses nach § 9 Abs. 1 Satz 1 KSchG unzumutbar machen, die für eine fristlose Kündigung nicht ausreichen (6.97). Beispiele: Es besteht die Besorgnis, daß der Arbeitnehmer, wenn er nach Beendigung des Rechtsstreites in den Betrieb zurückkehrt, dort nicht mehr korrekt behandelt oder gegenüber anderen Mitarbeitern benachteiligt wird; es ist zu befürchten, daß es im Falle einer Rückkehr des Arbeitnehmers in den Betrieb zu Spannungen mit den Arbeitskollegen kommt, weil der Arbeitnehmer den Prozeß allein wegen eines Fehlers bei der sozialen Auswahl gewonnen hat.

  Als Abfindung ist ein Betrag bis zu zwölf Monatsverdiensten festzusetzen (§ 10 Abs. 1 KSchG); bei Arbeitnehmern, die das fünfzigste bzw. das fünfundfünfzigste Lebensjahr vollendet haben und deren Arbeitsverhältnis mindestens fünfzehn bzw. zwanzig Jahre bestanden hat, kann die Abfindung auf bis zu fünfzehn bzw. achtzehn Monatsverdienste erhöht werden (§ 10 Abs. 2 KSchG). Innerhalb dieser Höchstgrenzen hat das Gericht die Abfindung nach pflichtgemäßem Ermessen zu bestimmen, wobei es u.a. folgende Gesichtspunkte heranziehen kann: Dauer der Betriebszugehörigkeit; Familienstand; Chancen auf dem Arbeitsmarkt; wirtschaftliche Lage des Betriebes. In der Praxis wird vielfach für jedes Jahr der Betriebszugehörigkeit des Arbeitnehmers ein Monatsverdienst als Abfindung festgesetzt, oftmals auch nur ein halbes Monatseinkommen. Die Abfindungen sind bis zum Höchstbetrag von 24000 DM (bzw. 30000 DM/36000 DM bei älteren Arbeitnehmern) lohn- bzw. einkommensteuerfrei (§ 3 Nr. 9 ESTG). Sozialversicherungsrechtlich sind die Abfindungen beitragsfrei, soweit sie lohnsteuerfrei sind (6.98).

1.224 Weiterbeschäftigungsanspruch des Arbeitnehmers während des Kündigungsschutzprozesses

Durch die Kündigung des Arbeitgebers wird das Arbeitsverhältnis mit Ablauf der Kündigungsfrist beendet (siehe Rz 256). Der Arbeitnehmer verliert seinen Arbeitsplatz, auch wenn er frist- und formgerecht die Kündigungsschutzklage erhoben hat. Gibt das Arbeitsgericht der Klage statt, kann der Arbeitnehmer die Weiterbeschäftigung am alten Arbeitsplatz verlangen (siehe Rz 288). In der Zwischenzeit zwischen dem Ablauf der Kündigungsfrist und dem rechtskräftigen Abschluß des Rechtsstreites ist der Arbeitnehmer ohne Beschäftigung. Dies kann für ihn von Nachteil sein: Wird seiner Klage stattgegeben, hat er zwar für die Zwischenzeit Anspruch auf Fortzahlung der Arbeitsvergütung, er geht aber ohne Beschäftigung das Risiko ein, daß ihm gem. § 11 Ziffer 2 KSchG entgegengehalten wird, er habe es böswillig unterlassen, anderweitig Geld zu verdienen (Rz 288). Wird seine Klage abgewiesen, steht ihm ohne Beschäftigung für die Zwischenzeit nur das niedrigere Arbeitslosengeld oder die Arbeitslosenhilfe zu. Zum zweiten kann die Wiedereingliederung in den Betrieb nach Abschluß des Rechtsstreites große Schwierigkeiten für den Arbeitnehmer mit sich bringen, insbesondere, wenn der Prozeß sich in die Länge gezogen hat. Drittens ist es für eine Bewerbung bei einem anderen Betrieb nachteilig, wenn der Arbeitnehmer nicht auf eine ununterbrochene Tätigkeit in seinem Beruf verweisen kann.

Aus diesen Gründen hat der Arbeitnehmer ein Interesse daran, nach Erhebung der Kündigungsschutzklage auch in der Zwischenzeit zwischen dem Ablauf der Kündigungsfrist und dem rechtskräftigen Abschluß des Rechtsstreites an seinem Arbeitsplatz beschäftigt zu werden. Möchte der Arbeitnehmer weiterbeschäftigt werden, so kommen hierfür zwei Wege in Betracht:

- zum einen die Weiterbeschäftigung aufgrund der Regelung in § 102 Abs. 5 BetrVG
- zum anderen die Weiterbeschäftigung aufgrund des vom BAG entwickelten allgemeinen Weiterbeschäftigungsanspruches.

289 **Gesetzlich geregelter Weiterbeschäftigungsanspruch.** Nach § 102 Abs. 5 Satz 1 BetrVG kann der Arbeitnehmer vom Arbeitgeber verlangen, daß dieser ihn nach Ablauf der Kündigungsfrist bis zum rechtskräftigen Abschluß des Rechtsstreites an seinem Arbeitsplatz bei unveränderten Arbeitsbedingungen weiterbeschäftigt. Der Anspruch setzt im einzelnen voraus

- daß der Arbeitgeber eine ordentliche Kündigung ausgesprochen hat unter Einhaltung der gesetzlichen oder der vereinbarten Kündigungsfrist. Kein Weiterbeschäftigungsanspruch besteht, wenn der Arbeitgeber außerordentlich (= fristlos) und hilfsweise – auf den gleichen Sachverhalt gestützt – ordentlich kündigt. Anwendbar ist § 102 Abs. 5 Satz 1 BetrVG jedoch, wenn der Arbeitgeber im Rahmen des Kündigungsschutzprozesses von der außerordentlichen Kündigung Abstand nimmt und sie in eine ordentliche Kündigung umdeutet.
- daß der Betriebsrat der Kündigung frist- und formgerecht und begründet widersprochen hat (siehe Rz 283). Damit scheidet in Betrieben, in denen kein Betriebsrat besteht, ein Weiterbeschäftigungsanspruch grundsätzlich aus. Auch wenn der Betriebsrat der ordentlichen Kündigung nicht widerspricht, d.h. untätig bleibt, besteht kein Weiterbeschäftigungsanspruch.
- daß der betroffene Arbeitnehmer fristgerecht die Kündigungsschutzklage beim zuständigen Arbeitsgericht erhoben hat (siehe Rz 284ff.). Einen Weiterbeschäftigungsanspruch gem. § 102 Abs. 5 Satz 1 BetrVG haben also nur die Arbeitnehmer, die unter den sachlichen und persönlichen Geltungsbereich des Kündigungsschutzgesetzes fallen (siehe hierzu Rz 275 und 276).

  Nimmt der Arbeitnehmer die Klage zurück, oder stellt er einen Antrag auf Auflösung des Arbeitsverhältnisses nach § 9 KSchG (Rz 288), so entfällt der Anspruch auf Weiterbeschäftigung. Wird die Klagefrist versäumt (Rz 286), erwächst der Weiterbeschäftigungsanspruch erst mit Rechtskraft des Beschlusses über die nachträgliche Zulassung der Klage.
- daß der Arbeitnehmer die Weiterbeschäftigung vom Arbeitgeber verlangt hat.

  Die Weiterbeschäftigung muß ausdrücklich verlangt werden. Das Verlangen ist an keine bestimmte Form gebunden; es kann sowohl mündlich als auch schriftlich erklärt werden. Innerhalb welcher Frist der Arbeitnehmer die Weiterbeschäftigung verlangen muß, ist umstritten. Das Betriebsverfassungsgesetz sieht keine Frist vor. Der Gesetzeszweck läßt sich am besten erreichen, wenn der Antrag innerhalb der Kündigungsfrist gestellt wird, weil dann die Weiterbeschäftigung ohne Unterbrechung gewährleistet werden kann.

Liegen die Anspruchsvoraussetzungen vor, kann der Arbeitnehmer die tatsächliche Beschäftigung an seinem bisherigen Arbeitsplatz verlangen. Die tatsächliche Beschäftigung hat zu unveränderten Arbeitsbedingungen zu erfolgen, d.h. es gelten grundsätzlich die Bedingungen weiter, die zur Zeit des Ablaufes der Kündigung bestehen. Ändern sich die Bedingungen nachträglich durch Gesetz, Tarifvertrag oder Betriebsvereinbarung, so erfaßt die Änderung auch das Weiterbeschäftigungsverhältnis. Bei dem Weiterbeschäftigungsverhältnis nach § 102 Abs. 5 Satz 1 BetrVG handelt es sich also um die Fortsetzung des alten, durch Arbeitsvertrag begründeten Arbeitsverhältnisses, auflösend bedingt durch die Abweisung der Kündigungsschutzklage.

Weigert sich der Arbeitgeber, den Arbeitnehmer trotz Vorliegens der Voraussetzungen des § 102 Abs. 5 Satz 1 BetrVG weiterzubeschäftigen, kann der Arbeitnehmer beim Arbeitsgericht den Erlaß einer einstweiligen Verfügung beantragen. Rechtsgrundlage hierfür ist § 935 ZPO. Die Vollstreckung der einstweiligen Verfügung erfolgt nach § 888 Abs. 1 ZPO durch Verhängung von Zwangsgeld gegen den Arbeitgeber.

Auf Antrag des Arbeitgebers kann das Arbeitsgericht ihn gem. § 102 Abs. 5 Satz 2 BetrVG durch einstweilige Verfügung von der Pflicht zur Weiterbeschäftigung entbinden, wenn

- die Klage des Arbeitnehmers keine hinreichende Aussicht auf Erfolg bietet oder mutwillig erscheint, oder
- die Weiterbeschäftigung des Arbeitnehmers zu einer unzumutbaren wirtschaftlichen Belastung des Arbeitgebers führen würde, oder
- der Widerspruch des Betriebsrates offensichtlich unbegründet war.

Der Arbeitgeber hat die Gründe glaubhaft zu machen, die der Weiterbeschäftigung entgegenstehen, z.B. durch Vorlage von Urkunden, Geschäftsunterlagen u.a.m.

290 Allgemeiner Weiterbeschäftigungsanspruch. Außerhalb der Regelung des § 102 Abs. 5 BetrVG hat der gekündigte Arbeitnehmer einen arbeitsvertraglichen Anspruch auf vertragsgemäße Beschäftigung über den Ablauf der Kündigungsfrist hinaus (bzw. bei einer fristlosen Kündigung: über deren Zugang hinaus) bis zum rechtskräftigen Abschluß des Kündigungsschutzprozesses, wenn die Kündigung unwirksam ist und überwiegende schutzwerte Interessen des Arbeitgebers der Beschäftigung nicht entgegenstehen. Grundlage ist der Beschluß des Großen Senats des BAG vom 27. Februar 1985 (6.99).

Nach Ansicht des Großen Senates des BAG besteht wegen der Ungewißheit über den Ausgang eines Kündigungsschutzprozesses grundsätzlich ein schutzwertes Interesse des Arbeitgebers an der Nichtbeschäftigung des gekündigten Arbeitnehmers für die Dauer des Prozesses. Die Interessenlage ändert sich jedoch, wenn im Kündigungsschutzprozeß ein die Instanz abschließendes Urteil ergeht, das die Unwirksamkeit der Kündigung und damit den Fortbestand des Arbeitsverhältnisses feststellt. Von diesem Zeitpunkt an überwiegt das Beschäftigungsinteresse des Arbeitnehmers, wenn nicht zusätzliche Gründe hinzukommen, aus denen sich im Einzelfall ein überwiegendes Interesse des Arbeitgebers ergibt, den Arbeitnehmer nicht zu beschäftigen (6.99).

Der sog. allgemeine Weiterbeschäftigungsanspruch kann grundsätzlich von allen Arbeitnehmern geltend gemacht werden. Nicht erforderlich ist, daß im Betrieb ein Betriebsrat besteht und daß der Betriebsrat der Kündigung widersprochen hat.

Der Arbeitgeber ist zur Weiterbeschäftigung des Arbeitnehmers verpflichtet, wenn

- der Arbeitnehmer vor dem zuständigen Arbeitsgericht die Kündigungsschutzklage erhoben hat
- das Arbeitsgericht in erster Instanz der Klage des Arbeitnehmers stattgegeben und die Unwirksamkeit der Kündigung festgestellt hat

  Dabei spielt es keine Rolle, ob es sich um eine ordentliche oder um eine außerordentliche (fristlose) Kündigung durch den Arbeitgeber handelt. Anders als beim gesetzlichen Weiterbeschäftigungsanspruch gem. § 102 Abs. 5 Satz 1 BetrVG kann der allgemeine Weiterbeschäftigungsanspruch also auch bei einer fristlosen Kündigung geltend gemacht werden.

- der Arbeitnehmer die Weiterbeschäftigung vom Arbeitgeber verlangt hat; hierzu ist der Arbeitnehmer berechtigt, aber nicht verpflichtet.

  Der Weiterbeschäftigungsanspruch kann im Klagewege geltend gemacht werden, zweckmäßigerweise zusammen mit der Kündigungsschutzklage. Der Weiterbeschäftigungsklage darf nur dann stattgegeben werden, wenn das Arbeitsgericht auf die Kündigungsschutzklage des Arbeitnehmers hin festgestellt hat (oder gleichzeitig feststellt), daß das Arbeitsverhältnis durch die Kündigung nicht aufgelöst worden ist.

Nach dem Beschluß des Großen Senates des BAG ergibt sich folgendes Bild:

- Mit dem Zugang der fristlosen Kündigung bzw. mit dem Ablauf der Kündigungsfrist endet (zunächst) das Arbeitsverhältnis. In dieser Phase, bis zu einem Urteil erster Instanz, überwiegt das Interesse des Arbeitgebers, den Arbeitnehmer nicht zu beschäftigen.

  Eine Ausnahme besteht nur bei einer offensichtlich unbegründeten Kündigung durch den Arbeitgeber, wenn sich schon aus dem Vortrag des Arbeitgebers, ohne Beweiserhebung und ohne daß ein Beurteilungsspielraum gegeben ist, jedem Kundigen die Unwirksamkeit der Kündigung geradezu aufdrängt (6.100). Beispiele: Kündigung ohne vorherige Anhörung des Betriebsrates (= Verstoß gegen § 102 Abs. 1 BetrVG), ordentliche Kündigung eines Schwerbehinderten ohne Zustimmung der Hauptfürsorgestelle (= Verstoß gegen § 15 SchwbG).

- Erhebt der Arbeitnehmer die Kündigungsschutzklage und gibt das Arbeitsgericht in erster Instanz dieser Klage statt, so tritt das Interesse des Arbeitgebers an der Nichtbeschäftigung des Arbeitnehmers hinter dem Beschäftigungsinteresse des Arbeitnehmers zurück. Der Arbeitnehmer kann in diesem Fall vom Arbeitgeber die Weiterbeschäftigung zu den bisherigen Arbeitsbedingungen verlangen, beginnend mit dem Tag der Urteilsverkündung. Wird die Klage des Arbeitnehmers in erster Instanz abgewiesen, überwiegt weiterhin das Interesse des Arbeitgebers an der Nichtbeschäftigung des Arbeitnehmers, d.h. es besteht kein Anspruch auf Weiterbeschäftigung.
- Legt der Arbeitgeber gegen das Urteil des Arbeitsgerichtes, in dem die Unwirksamkeit der Kündigung festgestellt wurde, Berufung ein, und erkennt das Landesarbeitsgericht in zweiter Instanz auf Aufhebung des Urteils und neue Entscheidung des Rechtsstreites, so endet der Weiterbeschäftigungsanspruch des Arbeitnehmers mit dem Tag der Verkündung des Urteils des Landesarbeitsgerichtes. Wird die Revision zugelassen und geht der Rechtsstreit an-

schließend in die Revision, besteht somit kein Beschäftigungsanspruch des Arbeitnehmers bis zur Entscheidung des Bundesarbeitsgerichtes.

- Wird die Berufung des Arbeitgebers gegen das Urteil des Arbeitsgerichtes, in dem die Unwirksamkeit der Kündigung festgestellt wurde, vom Landesarbeitsgericht zurückgewiesen, wird also das angefochtene erstinstanzliche Urteil in zweiter Instanz bestätigt, und findet anschließend das Revisionsverfahren vor dem Bundesarbeitsgericht statt, so besteht der Weiterbeschäftigungsanspruch des Arbeitnehmers fort, bis der Rechtsstreit in dritter Instanz entschieden ist.

Weigert sich der Arbeitgeber, den Arbeitnehmer zu beschäftigen, obwohl der Beschäftigungsklage des Arbeitnehmers stattgegeben wurde, so kann der Arbeitnehmer beantragen, den Arbeitgeber durch Festsetzung eines Zwangsgeldes zur Weiterbeschäftigung anzuhalten (§ 888 Abs. 1 ZPO).

Eine Freistellung des Arbeitgebers von der Weiterbeschäftigungspflicht ist nur in Ausnahmefällen möglich, wenn der Arbeitgeber darlegen und beweisen kann, daß ein besonderes Interesse daran besteht, gerade den betreffenden Arbeitnehmer nicht an seinem bisherigen Arbeitsplatz zu beschäftigen (6.99).

Beispiele: Verdacht des Verrats von Betriebsgeheimnissen, der weiterhin besteht; strafbare Handlungen des Arbeitnehmers mit beträchtlichen Schäden für den Arbeitgeber; grob vertragswidriges Verhalten des Arbeitnehmers.

Handelt es sich um eine Wiederholungskündigung, d.h. spricht der Arbeitgeber nach der Kündigung, die vom Arbeitsgericht in erster Instanz für unwirksam erklärt wurde, gegenüber dem Arbeitnehmer noch eine zweite Kündigung aus, so hängt der Weiterbeschäftigungsanspruch davon ab, auf welche Gründe die zweite Kündigung gestützt wird (6.101):

- Wird die Kündigung mit einem völlig neuen Sachverhalt begründet, der eine eigene rechtliche Beurteilung erfordert, so endet der aufgrund des Urteils im Zusammenhang mit der ersten Kündigung bestehende Weiterbeschäftigungsanspruch mit dem Zugang der zweiten Kündigung.

  Beispiel: Ein Arbeitnehmer wird aus dringenden betrieblichen Erfordernissen zum 30.06.1995 ordentlich gekündigt. Seine Kündigungsschutz- und Weiterbeschäftigungsklage hat am 04.09.1995 in erster Instanz Erfolg. Der Arbeitgeber ist somit vom 05.09.1995 an zur Weiterbeschäftigung verpflichtet. Am 20.09.1995 erfährt der Arbeitgeber von schweren Unredlichkeiten dieses Arbeitnehmers. Er spricht deswegen nach Anhörung des Betriebsrates am 25.09.1995 die ordentliche Kündigung aus. Der Weiterbeschäftigungsanspruch endet in diesem Falle mit Zugang der zweiten Kündigung am 25.09.1995.

- Wird die zweite Kündigung auf die gleichen Gründe gestützt, die schon für die erste Kündigung nicht ausgereicht haben („Trotzkündigung"), so wird der aufgrund des Urteils im Zusammenhang mit der ersten Kündigung bestehende Weiterbeschäftigungsanspruch durch die zweite Kündigung nicht berührt.

  Beispiel: Ein Arbeitnehmer wird zum 30.06.1995 wegen Arbeitsbummelei fristgerecht entlassen. Der Arbeitgeber verliert den Kündigungsschutzprozeß am 04.08.1995. Vom 05.08.1995 an besteht somit ein Weiterbeschäftigungsanspruch des Arbeitnehmers. Der Arbeitgeber läßt den Arbeitnehmer trotzdem nicht weiterarbeiten. Er hält die gerichtliche Entscheidung für falsch und spricht aus den gleichen Gründen am 05.08.1995 eine erneute Kündigung aus. Hier besteht der Weiterbeschäftigungsanspruch des Arbeitnehmers trotz der zweiten Kündigung weiter fort.

Das Bundesarbeitsgericht will noch in einem weiteren Fall der Wiederholungskündigung den Weiterbeschäftigungsanspruch enden lassen, nämlich dann, wenn die erste Kündigung nur aus formalen Gründen für unwirksam erklärt wurde (6.101).

Beispiel: Ein Arbeitnehmer wird betriebsbedingt von einem Mitarbeiter des Arbeitgebers entlassen, der keine Kündigungsvollmacht hat. Der Arbeitnehmer klagt vor dem Arbeitsgericht auf Unwirksamkeit dieser Kündigung und bekommt Recht. Nach der Verkündung des Urteils kündigt nunmehr der Arbeitgeber selbst aus den gleichen, weiterbestehenden dringenden betrieblichen Erfordernissen. Hier besteht trotz des erstinstanzlichen Urteils kein Weiterbeschäftigungsanspruch, da die Kündigung nun formal in Ordnung ist.

Wird der Arbeitnehmer aufgrund des allgemeinen Weiterbeschäftigungsanspruches weiterbeschäftigt und wird seiner Kündigungsschutzklage schließlich stattgegeben und rechtskräftig festgestellt, daß das Arbeitsverhältnis weiter bestanden hat, so gelten für die Zwischenzeit zwischen Zugang der Kündigung bzw. Ablauf der Kündigungsfrist und Rechtskraft des Urteils die für den Fall einer erfolgreichen Kündigungsschutzklage bestehenden Regelungen (siehe Rz 288). Wird die Kündigungsschutzklage des Arbeitnehmers hingegen rechtskräftig abgewiesen, so daß feststeht, daß in der Zwischenzeit gar kein Arbeitsverhältnis bestanden hat, so kommt es auf die Umstände der Weiterbeschäftigung an. Im Regelfall werden Arbeitgeber und Arbeitnehmer während der Dauer des Weiterbeschäftigungsanspruches einvernehmlich das frühere Arbeitsverhältnis bis zur Entscheidung der Folgeinstanz fortsetzen oder ein neues, auf den Ausgang des Rechtsstreites bedingtes Arbeitsverhältnis abschließen (6.102). Die Rechte von Arbeitgeber und Arbeitnehmer bestimmen sich in diesem Fall nach dem Arbeitsvertragsrecht, d.h. der Arbeitnehmer hat Anspruch auf Fortzahlung der Vergütung im Krankheitsfall, auf Gratifikationen u.a.m., muß aber andererseits die üblichen Pflichten erfüllen (6.102). Das fortgesetzte oder neu begründete Arbeitsverhältnis endet mit der rechtskräftigen Entscheidung des Rechtsstreites (6.102). Läßt sich eine vertragliche Beziehung zwischen den Parteien nicht feststellen, z.B. im Falle der Vollstreckung des Weiterbeschäftigungsanspruches, so geht das BAG davon aus, daß der Arbeitnehmer nur Ersatz des Wertes der geleisteten Arbeit gem. §§ 812 Abs. 1, 818 Abs. 3 BGB verlangen kann, wobei das Gericht den Tariflohn ohne Zulagen zugrundelegt (6.103). Nicht zu ersetzen ist Urlaub, der dem Arbeitnehmer nicht gewährt worden ist, weil der Urlaub keine Gegenleistung des Arbeitgebers für erbrachte Arbeitsleistung ist (siehe hierzu Rz 78).

1.23 Besonderer Kündigungsschutz

Bei bestimmten Gruppen von Arbeitnehmern ist die ordentliche Kündigung durch den Arbeitgeber aufgrund besonderer gesetzlicher Regelung unzulässig bzw. von einer behördlichen Zustimmung abhängig. Das Kündigungsrecht des Arbeitgebers kann ferner zugunsten bestimmter Arbeitnehmer durch Tarifvertrag oder durch Einzelvertrag ausgeschlossen werden.

291 **Gesetzlicher Kündigungsschutz für bestimmte Arbeitnehmergruppen.** Gesetzliche Kündigungsverbote (mit Ausnahmen) bestehen zum Schutze folgender Arbeitnehmergruppen:

- Schwangere und Wöchnerinnen. Nach § 9 Abs. 1 Satz 1 MuSchG ist die ordentliche Kündigung gegenüber einer Frau während der Schwangerschaft und bis zum Ablauf von vier Monaten nach der Entbindung unzulässig, wenn dem Arbeitgeber zur Zeit der Kündigung die Schwangerschaft oder Entbindung bekannt war oder innerhalb von zwei Wochen nach Zugang der Kündigung mitgeteilt wird. In besonderen Fällen kann die für den Arbeitsschutz zuständige oberste Landesbehörde (= Landesministerium) oder die von ihr bestimmte Stelle (= Gewerbeaufsichtsamt, Bezirksregierung oder Regierungspräsident) ausnahmsweise die ordentliche Kündigung für zulässig erklären (§ 9 Abs. 3 Satz 1 MuSchG).

- Arbeitnehmer, die Erziehungsurlaub beantragt haben oder Erziehungsurlaub in Anspruch nehmen. Gem. § 18 Abs. 1 Satz 1 BErzGG darf der Arbeitgeber das Arbeitsverhältnis ab dem Zeitpunkt, von dem an Erziehungsurlaub verlangt worden ist, höchstens jedoch sechs Wochen vor Beginn des Erziehungsurlaubs, und während des Erziehungsurlaubs nicht ordentlich kündigen. In besonderen Fällen kann ausnahmsweise – in der Regel durch das Gewerbeaufsichtsamt – eine ordentliche Kündigung für zulässig erklärt werden (§ 18 Abs. 1 Satz 2 BErzGG).

  Zu beachten ist, daß das Kündigungsverbot nach § 18 Abs. 1 BErzGG und das Kündigungsverbot nach § 9 Abs. 1 MuSchG nebeneinander bestehen. Das bedeutet, daß der Arbeitgeber bei Vorliegen beider Tatbestände für eine Kündigung der Zulässigkeitserklärung der Arbeitsschutzbehörde nach beiden Vorschriften bedarf (6.104). Beispiel: Kündigung einer schwangeren Mitarbeiterin, die sich im Erziehungsurlaub befindet.

- Schwerbehinderte. Nach § 15 SchwbG bedarf die ordentliche Kündigung des Arbeitsverhältnisses eines Schwerbehinderten bzw. einer ihm gleichgestellten Person der vorherigen Zustimmung der Hauptfürsorgestelle. Liegt die Zustimmung im Zeitpunkt der Kündigung nicht vor, ist die Kündigung rechtsunwirksam. Der Arbeitgeber hat die Zustimmung zur Kündigung schriftlich bei der zuständigen Hauptfürsorgestelle zu beantragen (§ 17 SchwbG). Die Hauptfürsorgestelle soll die Entscheidung über den Antrag innerhalb eines Monats vom Tage des Einganges des Antrages an treffen (§ 18 Abs. 1 SchwbG). Sie hat vorher eine Stellungnahme des zuständigen Arbeitsamtes, des Betriebsrates oder Personalrates und der Schwerbehindertenvertretung einzuholen; außerdem ist der Schwerbehinderte zu hören. Liegt die Zustimmung der Hauptfürsorgestelle vor, kann der Arbeitgeber die Kündigung nur innerhalb eines Monats nach der Zustellung erklären (§ 18 Abs. 3 SchwbG).

- Wehrdienstleistende und Zivildienstleistende. Nach § 2 Abs. 1 ArbPlSchG darf der Arbeitgeber das Arbeitsverhältnis eines Arbeitnehmers, der zum Grundwehrdienst oder zu einer Wehrübung einberufen wird, von der Zustellung des Einberufungsbescheides an bis zur Beendigung des Grundwehrdienstes sowie während der Wehrübung nicht ordentlich kündigen; unzulässig ist auch eine ordentliche Kündigung vor oder nach dem Wehrdienst aus Anlaß des Wehrdienstes (§ 2 Abs. 2 ArbPlSchG). Entsprechendes gilt für Soldaten auf Zeit mit einer Dienstzeit von insgesamt nicht mehr als zwei Jahren (§ 16a Abs. 1 ArbPlSchG) und Zivildienstleistende (§ 78 Abs. 1 Nr. 1 ZDG).

- Betriebsratsmitglieder bzw. Mitglieder einer Personalvertretung sowie Mitglieder der Jugend- und Auszubildendenvertretung. Gem. § 15 Abs. 1 Satz 1 bzw. Abs. 2 Satz 1 KSchG ist die ordentliche Kündigung eines Mitgliedes des Betriebsrates, einer Personalvertretung oder einer Jugend- und Auszubildendenvertretung unzulässig. Ebenfalls unzulässig ist die ordentliche Kündigung der genannten Personen innerhalb eines Jahres nach Beendigung ihrer Amtszeit, gerechnet vom Zeitpunkt der Beendigung der Amtszeit an (§ 15 Abs. 1 Satz 2 bzw. Abs. 2 Satz 2 KSchG). Ein besonderer Kündigungsschutz besteht außerdem für die Mitglieder des Wahlvorstandes und für Wahlbewerber; bei Mitgliedern eines Wahlvorstandes ist vom Zeitpunkt der Bestellung an, bei Wahlbewerbern vom Zeitpunkt der Aufstellung des Wahlvorschlages an, jeweils bis zu sechs Monaten nach Bekanntgabe des Wahlergebnisses, die ordentliche Kündigung unzulässig (§ 15 Abs. 3 Satz 1 und Satz 2 KSchG).

- Auszubildende. Das Berufsausbildungsverhältnis kann vom Ausbildenden nach Ablauf der Probezeit grundsätzlich nicht ordentlich gekündigt werden (§ 15 Abs. 1 und Abs. 2 Nr. 1 BBiG).
- Immissionsschutzbeauftragte. Nach § 58 Abs. 2 Satz 1 BImSchG ist die ordentliche Kündigung des Arbeitsverhältnisses eines Immissionsschutzbeauftragten, der Arbeitnehmer des zur Bestellung verpflichteten Betriebes ist, unzulässig.

292 **Tarifvertragliche Kündigungsbeschränkungen.** Das Kündigungsrecht des Arbeitgebers kann durch Tarifvertrag inhaltlich beschränkt werden. In der Praxis am häufigsten anzutreffen sind Regelungen, die die ordentliche Kündigung bestimmter Arbeitnehmergruppen, z.B. von älteren Arbeitnehmern oder von Arbeitnehmern mit längerer Betriebszugehörigkeit, für unzulässig erklären. Beispiel: Nach § 53 Abs. 3 BAT ist ein Angestellter im öffentlichen Dienst nach einer Beschäftigungszeit von fünfzehn Jahren, frühestens jedoch nach Vollendung des vierzigsten Lebensjahres, unkündbar. Eine entgegen einem tarifvertraglichen Kündigungsverbot ausgesprochene Kündigung ist gem. § 134 BGB nichtig (siehe Rz 33f.).

Zu beachten ist, daß tarifvertragliche Kündigungsbeschränkungen nur Anwendung finden, wenn Arbeitgeber und Arbeitnehmer tarifgebunden sind (§ 3 Abs. 1 TVG) und das Arbeitsverhältnis unter den Geltungsbereich des Tarifvertrages fällt. Sie finden ferner Anwendung, wenn der Tarifvertrag für allgemeinverbindlich erklärt worden ist, so daß die normativen Bestimmungen des Tarifvertrages nunmehr auch die Außenseiter erfassen (§ 5 Abs. 4 TVG). Drittens können nicht tarifgebundene Arbeitgeber und Arbeitnehmer einzelvertraglich vereinbaren, daß die tarifvertraglichen Kündigungsbeschränkungen auf das Arbeitsverhältnis angewendet werden sollen.

293 **Einzelvertragliche Kündigungsbeschränkungen.** Grundsätzlich kann das Recht des Arbeitgebers, ordentlich zu kündigen, auch durch einzelvertragliche Vereinbarung ausgeschlossen werden. Nicht zulässig ist hingegen eine Vereinbarung, durch die das Recht zur außerordentlichen Kündigung ausgeschlossen wird, weil sich niemand wirksam zu etwas Unzumutbarem, nämlich zur Fortsetzung des Arbeitsverhältnisses trotz Vorliegens eines wichtigen Grundes (siehe hierzu Rz 302), verpflichten kann (6.105).

1.24 Massenentlassungsschutz

Massenentlassungen führen regelmäßig zu einer erheblich stärkeren Belastung des Arbeitsmarktes als individuelle Kündigungen. Das Kündigungsschutzgesetz sieht deshalb für Massenentlassungen eine Anzeigepflicht des Arbeitgebers an das Arbeitsamt sowie die Möglichkeit der Festsetzung einer Sperrfrist durch das Landesarbeitsamt vor. Obwohl diese Vorschriften primär arbeitsmarktpolitischen Zwecken dienen, haben sie auch Bedeutung für den Kündigungsschutz.

294 **Begriff der Massenentlassung.** Massenentlassungen liegen vor, wenn in Betrieben mit in der Regel mehr als 20 und weniger als 60 Arbeitnehmern mehr als 5 Arbeitnehmer, in Betrieben mit in der Regel mindestens 60 und weniger als

500 Arbeitnehmern 10% der im Betrieb regelmäßig beschäftigten Arbeitnehmer oder aber mehr als 25 Arbeitnehmer, in Betrieben mit in der Regel mindestens 500 Arbeitnehmern mindestens 30 Arbeitnehmer innerhalb von 30 Kalendertagen entlassen werden (§ 17 Abs. 1 Satz 1 KSchG). Es zählen nur die ordentlichen (= fristgemäßen) Kündigungen durch den Arbeitgeber und andere Formen der Beendigung des Arbeitsverhältnisses, die vom Arbeitgeber veranlaßt werden (z.B. Beendigung durch Aufhebungsvertrag auf Betreiben des Arbeitgebers); fristlose Entlassungen werden nicht mitgerechnet (6.106). Maßgebender Zeitpunkt für die Berechnung der Zahlen ist nicht der Zeitpunkt des Ausspruches der Kündigungen, sondern der Zeitpunkt des Ausscheidens der Arbeitnehmer aus dem Betrieb (6.107).

Beispiel: In einem Betrieb mit 520 Beschäftigten sollen 35 Arbeitnehmer entlassen werden, davon 25 Personen mit der Grundkündigungsfrist am 10.02.1995 zum 15.03.1995 und 10 Mitarbeitern mit der verlängerten Kündigungsfrist von zwei Monaten am 10.02.1995 zum 30.04.1995. Die Entlassungen sind keine Massenentlassung i.S. von § 17 Abs. 1 KSchG, denn sie sind zeitlich so gestaffelt, daß in einem Zeitraum von 30 Kalendertagen, beginnend mit dem 15.03.1995, nie 30 und mehr Personen aus dem Betrieb ausscheiden.

295 Anzeigepflicht des Arbeitgebers. Beabsichtigt der Arbeitgeber eine Massenentlassung durchzuführen, so hat er dem für ihn zuständigen Arbeitsamt Anzeige zu erstatten (§ 17 Abs. 1 Satz 1 KSchG). Die Anzeige muß vor der Entlassung, also vor dem Zeitpunkt des Ausscheidens der Arbeitnehmer aus dem Betrieb, erfolgen. Nicht notwendig ist eine Anzeige vor dem Ausspruch der Kündigungen.

Bevor der Arbeitgeber dem Arbeitsamt die Massenentlassung anzeigt, hat er dem Betriebsrat seines Betriebes (sofern vorhanden) die erforderlichen Auskünfte zu erteilen und ihn schriftlich insbesondere zu unterrichten über: die Gründe für die geplanten Entlassungen; die Zahl und die Berufsgruppe der zu entlassenden Arbeitnehmer; die Zahl und die Berufsgruppen der in der Regel beschäftigten Arbeitnehmer; den Zeitraum, in dem die Entlassungen vorgenommen werden sollen; die vorgesehenen Kriterien für die Auswahl der zu entlassenden Arbeitnehmer; die für die Berechnung etwaiger Abfindungen vorgesehenen Kriterien (§ 17 Abs. 2 Satz 1 KSchG). Gleichzeitig hat der Arbeitgeber dem Arbeitsamt eine Abschrift seiner Mitteilung an den Betriebsrat zuzuleiten (§ 17 Abs. 3 Satz 1 KSchG); auf diese Weise soll bereits im Vorfeld von Massenentlassungen, noch vor Erstattung der Anzeige nach § 17 Abs. 1 Satz 1 KSchG, eine frühzeitige Unterrichtung der Arbeitsverwaltung sichergestellt werden.

Im Anschluß an die Unterrichtung des Betriebsrates hat eine gemeinsame Beratung von Arbeitgeber und Betriebsrat stattzufinden; insbesondere sind die Möglichkeiten zu beraten, wie Entlassungen vermieden oder eingeschränkt und ihre Folgen gemildert werden können (§ 17 Abs. 2 Satz 2 KSchG). Der Betriebsrat kann eine Stellungnahme zu den geplanten Entlassungen abgeben.

Die dem Arbeitsamt gem. § 17 Abs. 1 Satz 1 KSchG zu erstattende Anzeige muß in schriftlicher Form vorgelegt werden. Die Anzeige muß folgende Angaben enthalten (§ 17 Abs. 3 Satz 4 KSchG): den Namen des Arbeitgebers, den Sitz und die Art des Betriebes; die Gründe für die geplanten Entlassungen; die Zahl und die Berufsgruppen der zu entlassenden und der in der Regel beschäftigten Arbeitnehmer; den Zeitraum, in dem die Entlassungen vorgenommen werden sollen; die vorgesehenen Kriterien für die Auswahl der zu entlassenden Arbeitnehmer. Der Anzeige ist die Stellungnahme des Betriebsrates zu den Entlassungen beizufügen (§ 17 Abs. 3 Satz 2 KSchG). Liegt eine Stellungnahme des Betriebsrates nicht vor, muß der Arbeitgeber glaubhaft machen, daß er den Betriebsrat mindestens zwei Wochen vor Erstattung der Anzeige unterrichtet hat, und den Stand der Beratungen darlegen (§ 17 Abs. 3 Satz 3 KSchG).

296 **Rechtsfolgen einer unterlassenen oder fehlerhaften Anzeige.** Ist die erforderliche Anzeige beim Arbeitsamt nicht, nicht rechtzeitig, nicht in der vorgeschriebenen Form oder ohne Stellungnahme des Betriebsrates erstattet, so sind alle anzeigepflichtigen Entlassungen unwirksam (6.108). Die Arbeitsverhältnisse werden, wenn keine wirksame Anzeige vorliegt, durch die Kündigungen nicht beendet. Dies gilt jedoch nur, wenn die betroffenen Arbeitnehmer Klage erheben und sich im Prozeß um den Fortbestand des Arbeitsverhältnisses auf die Unwirksamkeit der Kündigung wegen Verstoßes gegen die Anzeigepflicht berufen (6.109). Die Arbeitnehmer können die Entlassungen jedoch auch hinnehmen. Das Wahlrecht muß bis zum Ablauf der Kündigungsfrist ausgeübt werden.

297 **Wirkungen der Anzeige.** Mit ihrem Eingang beim Arbeitsamt setzt die Anzeige des Arbeitgebers eine Sperrfrist von regelmäßig einem Monat in Lauf (§ 18 Abs. 1 KSchG). Kündigungen, die ein Ausscheiden aus dem Betrieb während dieser Frist vorsehen, werden nicht wirksam; die Kündigungen sind zwar als solche rechtswirksam, ihre Wirkung wird aber bis zum Ablauf der Sperrfrist gehemmt. Das Landesarbeitsamt kann im Einzelfall die Sperrfrist auf bis zu zwei Monate, gerechnet vom Eingang der Anzeige an, verlängern (§ 18 Abs. 2 KSchG). Ausschlaggebend hierfür dürfen nur arbeitsmarktpolitische Gründe sein. Auf Antrag des Arbeitgebers kann die Sperrfrist auch verkürzt werden, und zwar rückwirkend bis zum Tag der Antragsstellung (§ 18 Abs. 1 KSchG). Das Arbeitsverhältnis endet in diesem Fall mit Ablauf der Kündigungsfrist, frühestens jedoch zum Zeitpunkt der Antragsstellung. Stimmt das Landesarbeitsamt der Verkürzung der Sperrfrist zu, legt es seiner Zustimmungserklärung aber keine Rückwirkung bei, so endet die Sperrfrist mit Zugang der Zustimmungserklärung beim Arbeitgeber.

Zu beachten ist, daß die Zustimmung des Landesarbeitsamtes keinen Einfluß auf die sonstigen Wirksamkeitsvoraussetzungen einer Kündigung hat. Sie verkürzt eine über den Zustimmungszeitraum hinausreichende Kündigungsfrist nicht; sie ersetzt auch keine der behördlichen Zustimmungen, etwa nach § 9 Abs. 3 MuSchG oder nach § 15 SchwbG (Rz 291). Insbesondere heilt sie auch nicht die Sozialwidrigkeit einer Kündigung nach § 1 KSchG (Rz 277ff.).

298 **Wirkungen des Ablaufes der Sperrfrist.** Mit Ablauf der Sperrfrist werden die Massenentlassungen, deren Wirkung bis zum Ablauf der Sperrfrist gehemmt war, rechtswirksam. Allerdings müssen die Entlassungen innerhalb eines Monats nach Ablauf der Sperrfrist durchgeführt sein, d.h. die betroffenen Arbeitnehmer müssen innerhalb dieses Zeitraumes aus dem Betrieb ausgeschieden sein. Kann der Arbeitgeber die vorgesehenen Entlassungen nicht innerhalb der Monatsfrist durchführen, weil z.B. die Kündigungsfristen länger sind, muß der Arbeitgeber erneut eine Anzeige nach § 17 KSchG (mit Beteiligung des Betriebsrates) beim Arbeitsamt erstatten (§ 18 Abs. 4 KSchG).

1.3 Außerordentliche Kündigung

299 **Begriff.** Bei der außerordentlichen Kündigung brauchen weder die gesetzlichen noch die vereinbarten Kündigungsfristen eingehalten zu werden. In

der Regel wird fristlos gekündigt; das Arbeitsverhältnis endet dann mit Zugang der Kündigung. Es kann jedoch auch mit einer selbst gesetzten Auslauffrist gekündigt werden (6.110), so daß das Arbeitsverhältnis an dem angegebenen Zeitpunkt endet.

Beispiel: Ein Buchhalter ist seit zwanzig Jahren bei einer Firma beschäftigt. Die ordentliche Kündigung ist vertraglich ausgeschlossen. Nachdem er Firmengelder veruntreut hat, soll er am 05. März fristlos entlassen werden. Um ihm jedoch einen möglichst reibungslosen Übergang in ein neues Arbeitsverhältnis zu ermöglichen, kündigt ihm der Arbeitgeber zum 31. März („Sozialfrist").

Die Kündigung muß für den Empfänger zweifelsfrei erkennen lassen, daß der Kündigende außerordentlich kündigen will. Dies kann durch ausdrückliche Bezeichnung der Kündigung (z.B. als fristlose Kündigung) oder durch den Hinweis geschehen, daß eine Kündigung aus wichtigem Grund gewollt sei (6.111).

300 Rechtsgrundlagen. Das Recht der außerordentlichen Kündigung ist einheitlich für alle Arbeitsverhältnisse in § 626 BGB geregelt. Sondervorschriften bestehen nur noch für Berufsausbildungsverhältnisse (§ 15 BBiG) sowie für Schiffsbesatzungsmitglieder und Kapitäne (§§ 64, 69, 78 SeemG).

Nach § 626 Abs. 1 BGB können beide Vertragsparteien, Arbeitgeber wie Arbeitnehmer, außerordentlich kündigen. Die Vorschrift findet sowohl auf unbefristete wie auf befristete Arbeitsverhältnisse Anwendung. Auch Änderungskündigungen (siehe hierzu Rz 309ff.) können als außerordentliche Kündigungen erklärt werden.

301 Unabdingbarkeit. Während die ordentliche Kündigung tarifvertraglich und einzelvertraglich ausgeschlossen werden kann (Rz 292 und 293), ist § 626 Abs. 1 BGB für beide Vertragsparteien unabdingbar. Da die außerordentliche Kündigung davon abhängig ist, daß dem Kündigenden die Fortsetzung des Arbeitsverhältnisses bis zum Ablauf der Kündigungsfrist oder bis zur vereinbarten Beendigung des Arbeitsverhältnisses nicht zugemutet werden kann (siehe Rz 302), würde ein Ausschluß oder eine Beschränkung des Rechts der außerordentlichen Kündigung Unzumutbares vom Kündigungsberechtigten verlangen. Ein Ausschluß oder eine Beschränkung des § 626 Abs. 1 BGB durch Tarifvertrag oder Arbeitsvertrag ist deshalb nichtig (6.112). Auch die Regelung der Kündigungserklärungsfrist in § 626 Abs. 2 BGB (Rz 304) ist unabdingbar (6.113).

302 Wichtiger Grund. Eine außerordentliche Kündigung ist nur wirksam, wenn ein wichtiger Grund nachweisbar ist. Nach § 626 Abs. 1 BGB ist ein wichtiger Grund gegeben, wenn Tatsachen vorliegen, auf Grund derer dem Kündigenden unter Berücksichtigung aller Umstände des Einzelfalles und unter Abwägung der Interessen beider Vertragsteile die Fortsetzung des Arbeitsverhältnisses bis zum Ablauf der Kündigungsfrist oder bis zu der vereinbarten Beendigung des Arbeitsverhältnisses nicht zugemutet werden kann.

Der wichtige Grund ist ein unbestimmter Rechtsbegriff. Das BAG unterscheidet bei der Prüfung der Voraussetzungen des wichtigen Grundes zwei Schritte (6.114): Zunächst ist festzustellen, ob der Sachverhalt grundsätzlich geeignet ist, einen wichtigen Grund zu bilden. Danach ist unter Abwägung aller Umstände des Einzelfalles und der Interessen beider Vertragsteile die Zumutbarkeit der Fortsetzung des Arbeitsverhältnisses für den Kündigenden zu prüfen.

- Ein Sachverhalt ist grundsätzlich nur dann geeignet, einen wichtigen Grund für eine außerordentliche Kündigung zu bilden, wenn die dadurch hervorgerufenen Belastungen des Arbeitsverhältnisses schwerer wiegen als die Störungen, die eine ordentliche Kündigung sozial rechtfertigen. Zwischen der ordentlichen und der außerordentlichen Kündigung besteht ein abgestuftes Verhältnis. Ein außerordentlicher Kündigungsgrund ist gleichzeitig auch als Grund für eine ordentliche Kündigung geeignet, aber nicht jeder Grund für eine ordentliche Kündigung kann eine außerordentliche Kündigung stützen.

  Die Umstände, die den wichtigen Grund bilden, müssen entweder unstreitig oder beweisbar sein. Es muß sich um Tatsachen handeln. Die Darlegungs- und Beweislast trägt der Kündigende.

  Eine schwierige Frage ist, inwieweit bereits der Verdacht einer strafbaren Handlung als wichtiger Grund für eine außerordentliche Kündigung durch den Arbeitgeber genügt. Grundsätzlich ist dies zu verneinen (6.115). Unter besonderen Umständen kann aber eine andere Beurteilung angebracht sein, z.B. wenn ein dringender Verdacht besteht, der nicht auszuräumen ist; wenn der Arbeitnehmer durch eigenes Verhalten den Verdacht herbeigeführt oder verstärkt hat, oder wenn er seinerseits nicht alles ihm Zumutbare unternimmt, um den Verdacht zu entkräften (6.115). Stets ist jedoch Voraussetzung, daß der Arbeitgeber alles getan hat, um den Verdacht aufzuklären (6.116). Insbesondere ist der Arbeitnehmer vorab anzuhören; dabei hat der Arbeitgeber dem Arbeitnehmer konkret mitzuteilen, worauf sich der Verdacht stützt, damit der Arbeitnehmer sich hierzu substantiiert äußern kann (6.116).

  Maßgebend ist der objektive Tatbestand zum Zeitpunkt der Abgabe der Kündigungserklärung. Unerheblich ist, ob der Kündigende Kenntnis von den Tatsachen hatte (6.117). Tatsachen, die zum Zeitpunkt der Abgabe der Kündigungserklärung bereits vorlagen, die dem Kündigenden aber nicht bekannt waren, können nachgeschoben werden (6.117). Tatsachen, die erst nach Ausspruch der Kündigung eintreten, können nur zur Rechtfertigung einer neuen Kündigung herangezogen werden.

- Die Fortsetzung des Arbeitsverhältnisses ist für den Kündigenden unzumutbar, wenn eine produktive, vertrauensvolle Zusammenarbeit mit dem Vertragspartner bis zum Ablauf der Kündigungsfrist (bei befristeten Arbeitsverträgen: bis zu der vereinbarten Beendigung des Arbeitsverhältnisses) nicht mehr erwartet werden kann. Die außerordentliche Kündigung muß die ultima ratio sein (6.118); andere mildere Mittel, die den Bestand des Arbeitsverhältnisses zumindest bis zum Ablauf der Kündigungsfrist (bzw. bis zum vereinbarten Beendigungstermin) ermöglichen würden, wie z.B. eine Versetzung, eine ordentliche Kündigung, eine Abmahnung, müssen ohne Aussicht auf Erfolg sein.

  Weil auf die Unzumutbarkeit der weiteren Zusammenarbeit bis zum Ablauf der gesetzlichen oder vereinbarten Kündigungsfrist (bzw. bis zum vereinbarten Beendigungstermin) abgestellt wird, kann der gleiche Vorfall die außerordentliche Kündigung bei einem Arbeitnehmer mit langer Kündigungsfrist bzw. langer Vertragsdauer u.U. rechtfertigen, bei einem Arbeitnehmer mit kurzer Kündigungsfrist bzw. kurzer Vertragsdauer hingegen für eine außerordentliche Kündigung nicht in Betracht kommen.

  Die Zumutbarkeitsfrage kann erst nach einer umfassenden Interessenabwägung und nach Berücksichtigung aller Umstände des Einzelfalles beurteilt werden. Bei einer fristlosen Kündigung durch den Arbeitgeber sind beispielsweise bei der Interessenabwägung folgende Gesichtspunkte zu berücksichtigen: auf Seiten des Arbeitgebers die Art und das Gewicht des Fehlverhaltens, das dem Arbeitnehmer vorgeworfen wird, die Wiederholungsgefahr, die zu befürchtenden Auswirkungen auf die Betriebsdisziplin und auf das Ansehen des Betriebes; auf Seiten des Arbeitnehmers die Lage auf dem Arbeitsmarkt, insbesondere die Aussichten, einen neuen vergleichbaren Arbeitsplatz zu finden, die zu erwartende Sperrfrist für den Anspruch auf Arbeitslosengeld, der nicht mehr zu löschende Makel einer fristlosen Kündigung in den Arbeitspapieren. Zu den Umständen des Einzelfalles gehören beispielsweise: die Dauer der Betriebszugehörigkeit, der Familienstand und das Alter des Arbeitnehmers, seine bisherigen Leistungen und seine Führung, evtl. frühere Vertragsverletzungen, das voraussichtliche künftige Verhalten des Arbeitnehmers.

Aus dem ultima-ratio-Grundsatz folgt, daß der außerordentlichen Kündigung regelmäßig eine Abmahnung vorauszugehen hat (6.119). Einzelheiten zur Abmahnung siehe Rz 261. Eine Abmahnung ist entbehrlich, wenn der Gekündigte ohne weiteres erkennen konnte, daß sein Verhalten nicht hingenommen werden würde (6.120). Ferner ist eine Abmahnung entbehrlich, wenn das Vertrauensverhältnis gestört ist und nicht damit zu rechnen ist, daß das Vertrauen wieder hergestellt werden kann (6.121).

Ein schuldhaftes Verhalten des Gekündigten ist nicht Voraussetzung für eine außerordentliche Kündigung. Das Verschulden ist aber bei der Interessenabwägung zu berücksichtigen.

Beispiele für eine Kündigung aus wichtigem Grund durch den Arbeitgeber (6.122): Diebstahl, Betrug, Unterschlagung, Sachbeschädigung oder sonstige schwere Straftatbestände zum Nachteil des Arbeitgebers; unbefugtes Verlassen des Arbeitsplatzes durch den Arbeitnehmer; ungerechtfertigtes und unentschuldigtes Fernbleiben von der Arbeit (fehlt der Arbeitnehmer mehrere Tage unbefugt, ist die fristlose Entlassung stets gerechtfertigt; fehlt er nur einen Tag oder noch kürzere Zeit, ist die fristlose Entlassung nur gerechtfertigt, wenn besondere Umstände vorliegen, z.B. Termindruck, Verstoß gegen ausdrückliches Verbot); wiederholte Unpünktlichkeit des Arbeitnehmers; eigenmächtiger Antritt oder Verlängerung des Urlaubs; beharrliche Arbeitsverweigerung (d.h. wenn der Arbeitnehmer wiederholt und trotz Abmahnung gegen seine Pflichten verstoßen hat; hierunter fällt auch die Nichtaufnahme der Arbeit bei wildem Streik trotz mehrfacher Aufforderung); schwere Verstöße gegen die betriebliche Ordnung (= Trunkenheit im Dienst, wenn sie zu Arbeitsunfähigkeit oder zu Gefahren für die Sicherheit oder zur Schädigung des Ansehens der Firma führt; Streit mit Arbeitskollegen); Treuepflichtverletzungen wie Annahme von Schmiergeldern, Verrat von Geschäftsgeheimnissen, kreditschädigende Äußerungen gegenüber Dritten; Störung des Betriebsfriedens durch provozierende parteipolitische Betätigung im Betrieb. Ausnahmsweise kann ein wichtiger Grund für den Arbeitgeber auch vorliegen, wenn die fristlose Kündigung von Dritten verlangt wird (= Druckkündigung), sofern für den Arbeitgeber kein anderer Ausweg gegeben ist, einen unzumutbaren eigenen Schaden abzuwenden, auch wenn die Forderung auf Entlassung ungerechtfertigt ist.

Beispiele für eine Kündigung aus wichtigem Grund durch den Arbeitnehmer (6.123): grobe Beleidigung oder Kränkung durch den Arbeitgeber, vor allem in Gegenwart anderer Personen; tätliche Angriffe durch den Arbeitgeber; Nichtzahlung des Lohnes oder verspätete Lohnzahlung trotz Abmahnung; Gefährdung der Gesundheit des Arbeitnehmers, wenn die Fortsetzung des Arbeitsverhältnisses mit größter Wahrscheinlichkeit zu einer Gesundheitsschädigung führt; ständige und erhebliche Überschreitung der gesetzlichen Höchstarbeitszeit; Nichteinhaltung wesentlicher Zusagen durch den Arbeitgeber.

303 Angabe des Kündigungsgrundes. Gem. § 626 Abs. 2 Satz 3 BGB muß der Kündigende dem Gekündigten auf Verlangen den Kündigungsgrund unverzüglich schriftlich mitteilen. Zweck der Vorschrift ist es, dem Kündigungsempfänger eine Überprüfung der Erfolgsaussichten einer Kündigungsschutzklage zu ermöglichen. Aus dem Zweck des § 626 Abs. 2 Satz 3 BGB folgt, daß der Anspruch auf Mitteilung der Kündigungsgründe bei den dem Kündigungsschutzgesetz unterfallenden Personen erlischt, wenn die Klagefrist (Rz 305) abgelaufen ist.

Da die Mitteilung des Kündigungsgrundes nach dem Wortlaut des Gesetzes nur auf (mündliches oder schriftliches) Verlangen erfolgen muß, ist die Begründung der Kündigung keine Voraussetzung für die Wirksamkeit der außerordentlichen Kündigung (6.124). Die Nichterfüllung der Mitteilungspflicht kann aber einen Schadensersatzanspruch des Kündigungsempfängers begründen, z.B. wenn er in Unkenntnis des wahren Kündigungsgrundes einen aussichtslosen Kündigungsschutzprozeß anstrengt.

304 **Kündigungserklärungsfrist.** Die außerordentliche Kündigung kann nur innerhalb einer Frist von zwei Wochen erfolgen (§ 626 Abs. 2 Satz 1 BGB). Die Kündigungserklärung muß dem Kündigungsempfänger binnen 14 Tagen zugehen (6.125). Die kündigende Partei ist darlegungs- und beweispflichtig dafür, daß die Kündigung innerhalb der Zwei-Wochen-Frist erfolgt ist. Werden mehrere hintereinanderliegende Vorfälle, die für sich allein eine außerordentliche Kündigung nicht rechtfertigen, zwischen denen aber ein sachlicher Zusammenhang besteht, zu einem Gesamtkomplex zusammengefaßt und zum Anlaß für eine außerordentliche Kündigung genommen, so beginnt die Zwei-Wochen-Frist mit dem letzten Vorfall (6.126).

Zweck des § 626 Abs. 2 Satz 1 BGB ist es, möglichst bald Klarheit darüber zu schaffen, ob ein bestimmter Vorfall zum Anlaß für eine außerordentliche Kündigung genommen werden soll; ein „Horten" von Kündigungsgründen ist nicht möglich. Ist dem Kündigungsgegner mit Ablauf der Zwei-Wochen-Frist keine Kündigung zugegangen, so wird unwiderleglich vermutet, daß dem Kündigungsberechtigten die Fortsetzung des Arbeitsverhältnisses zumindest bis zum Ablauf der Kündigungsfrist bzw. bis zum vereinbarten Beendigungstermin zumutbar ist (6.127). Die Zwei-Wochen-Frist ist also eine Ausschlußfrist (6.127). Eine nach Ablauf der Frist ausgesprochene außerordentliche Kündigung ist unwirksam, mögen die Kündigungsgründe auch noch so schwerwiegend sein; die Kündigungsgründe können allerdings nach Fristablauf noch zur Rechtfertigung einer ordentlichen Kündigung herangezogen werden.

Die Kündigungserklärungsfrist beginnt mit dem Zeitpunkt, in dem der Kündigungsberechtigte von den für die Kündigung maßgebenden Tatsachen Kenntnis erlangt (§ 626 Abs. 2 Satz 2 BGB). Für die Fristenberechnung gelten die §§ 187ff. BGB, d.h. der Tag, an dem der Kündigungsberechtigte von dem Kündigungsgrund erfährt, wird nicht mitgerechnet. Die Frist endet mit Ablauf des Tages der zweiten Woche, der durch seine Benennung dem Tag entspricht, an dem der Kündigungsberechtigte in Kenntnis gesetzt wurde, es sei denn, daß dies ein Sonnabend, Sonntag oder ein staatlich anerkannter Feiertag ist; in diesem Falle endet die Frist mit Ablauf des darauf folgenden Werktages (§ 193 BGB). Kündigungsberechtigter ist jeder, der zur Kündigung des konkreten Arbeitsverhältnisses befugt ist (6.128), im Regelfall also der Arbeitgeber oder sein Vertreter, und der Arbeitnehmer. Die Kenntnis dritter, nicht kündigungsberechtigter Personen reicht für den Beginn der Ausschlußfrist nicht aus. Das BAG will jedoch eine Ausnahme machen, wenn der Dritte im Betrieb eine Stellung innehat, die erwarten läßt, daß er den Kündigungsberechtigten von dem Kündigungssachverhalt unterrichtet (Beispiel: Dienstvorgesetzter); in diesem Falle ist trotz unterlassener oder verzögerter Unterrichtung die Kenntnis dem Kündigungsberechtigten zuzurechnen (6.129).

305 **Klage.** Will der außerordentlich gekündigte Arbeitnehmer geltend machen, daß ein wichtiger Grund für die Kündigung nicht vorliegt und die Kündigung deshalb unwirksam ist, muß er vor dem für ihn zuständigen Arbeitsgericht Klage erheben mit dem Antrag festzustellen, daß das Arbeitsverhältnis durch die

außerordentliche Kündigung vom ... nicht beendet worden ist. Streitgegenstand ist in diesem Falle nur die datumsmäßig fixierte außerordentliche Kündigung; ob das Arbeitsverhältnis nach Ausspruch der Kündigung durch einen anderen Umstand beendet worden ist, unterliegt nicht der gerichtlichen Überprüfung (6.130). Neben dem auf eine konkret bezeichnete Kündigung bezogenen Klageantrag kann der Arbeitnehmer auch einen allgemeinen Feststellungsantrag stellen mit dem Inhalt, daß das Arbeitsverhältnis bis zum Schluß der letzten mündlichen Verhandlung fortbestanden hat. Streitgegenstand ist dann die Frage, ob das Arbeitsverhältnis nicht nur nicht durch eine bestimmte Kündigung, sondern auch nicht auf andere Weise, z.B. durch eine weitere Kündigung, durch Anfechtung oder durch Aufhebungsvertrag, beendet worden ist (6.131).

Arbeitnehmer, die unter das Kündigungsschutzgesetz fallen (siehe hierzu Rz 275 und 276), müssen die Klage innerhalb einer Frist von drei Wochen nach Zugang der außerordentlichen Kündigung beim Arbeitsgericht einreichen (§ 13 Abs. 1 Satz 2 i.V. mit § 4 Satz 1 KSchG). Wird die Klagefrist versäumt, gilt die außerordentliche Kündigung als rechtswirksam mit der Folge, daß das Arbeitsverhältnis durch die Kündigung beendet worden ist (§ 13 Abs. 1 Satz 2 i.V. mit § 7 KSchG), auch wenn ein wichtiger Grund tatsächlich nicht vorgelegen hat oder die Kündigungserklärungsfrist nicht eingehalten wurde. Zur nachträglichen Zulassung der Klage siehe Rz 286. Arbeitnehmer, die nicht dem Kündigungsschutzgesetz unterliegen, sind an die Klagefrist nicht gebunden, wenn sie die Unwirksamkeit der außerordentlichen Entlassung gerichtlich geltend machen wollen.

306 **Wirkung der Entscheidung.** Erweist sich die außerordentliche Kündigung als rechtswirksam, so wird die Klage des Arbeitnehmers als unbegründet abgewiesen. Liegt hingegen ein wichtiger Grund nicht vor oder wurde die Kündigungserklärungsfrist nicht eingehalten, so stellt das Gericht fest, daß das Arbeitsverhältnis durch die außerordentliche Kündigung vom ... nicht aufgelöst ist (bzw. daß das Arbeitsverhältnis bis zum Schluß der mündlichen Verhandlung fortbestanden hat). Dem Arbeitnehmer stehen dann die gleichen Möglichkeiten offen, die bei einer sozial ungerechtfertigten Kündigung durch den Arbeitgeber gegeben sind:

- Der Arbeitnehmer kann einen Antrag auf Auflösung des Arbeitsverhältnisses und Verurteilung des Arbeitgebers zur Zahlung einer angemessenen Abfindung stellen, wenn ihm die Fortsetzung des Arbeitsverhältnisses nicht zuzumuten ist (§ 13 Abs. 1 Satz 3 KSchG).

  Zur Frage der Zumutbarkeit und zur Frage der Berechnung der Abfindung siehe Rz 288. Umstritten ist, zu welchem Zeitpunkt das Arbeitsverhältnis aufzulösen ist. Nach Ansicht des BAG soll dies zu dem Zeitpunkt geschehen, an dem die außerordentliche Kündigung wirksam geworden wäre (6.132). Nach anderer Meinung soll das Arbeitsverhältnis zu dem Zeitpunkt aufgelöst werden, an dem es bei sozial gerechtfertigter, also ordentlicher Kündigung geendet hätte (6.133); bis zu diesem Zeitpunkt hat dann der Arbeitgeber die Vergütung fortzuzahlen.

- Der Arbeitnehmer kann verlangen, wieder an seinem früheren Arbeitsplatz beschäftigt zu werden. In diesem Fall hat er gegen den Arbeitgeber einen Anspruch auf Fortzahlung der Vergütung für die Zeit zwischen dem Tag des (vorläufigen) Wirksamwerdens der außerordentlichen Kündigung und dem Tag der Wiederaufnahme der Beschäftigung.

  Zu den Voraussetzungen des Fortzahlungsanspruches und zur Frage der Anrechnung anderweitiger Einkünfte des Arbeitnehmers siehe Rz 288.

- Ist der Arbeitnehmer zwischenzeitlich ein neues Arbeitsverhältnis eingegangen, so muß er binnen einer Woche nach der Rechtskraft des Urteils entscheiden, ob er das alte Arbeitsverhältnis aufrechterhalten will. Wegen weiterer Einzelheiten wird auf Rz 288 verwiesen.

307 **Weiterbeschäftigungsanspruch des Arbeitnehmers während des Prozesses.** Mit dem Zugang der außerordentlichen Kündigung (bzw. mit dem Ablauf der Auslauffrist) endet zwar zunächst das Arbeitsverhältnis. Erhebt der Arbeitnehmer aber Klage vor dem Arbeitsgericht und wird seiner Klage stattgegeben, so kann er vom Arbeitgeber die Weiterbeschäftigung während des Prozesses verlangen (= allgemeiner Weiterbeschäftigungsanspruch aufgrund des Beschlusses des Großen Senats des BAG vom 27.02.1985). Der Weiterbeschäftigungsanspruch beginnt mit dem Tag der Verkündung des Urteils des Arbeitsgerichtes; der Anspruch endet, wenn das erstinstanzliche Urteil in der Berufungsinstanz (= Landesarbeitsgericht) aufgehoben wird. Wegen Einzelheiten zum allgemeinen Weiterbeschäftigungsanspruch siehe Rz 290.

308 **Zustimmungsbedürftigkeit.** Die außerordentliche Kündigung durch den Arbeitgeber ist in einigen Fällen an die Zustimmung Dritter gebunden:

- Die außerordentliche Kündigung eines Mitgliedes des Betriebsrates oder einer Personalvertretung, eines Mitgliedes der Jugend- und Auszubildendenvertretung, eines Mitgliedes des Wahlvorstandes oder eines Wahlbewerbers bedarf der vorherigen Zustimmung des Betriebsrates nach § 103 des Betriebsverfassungsgesetzes bzw. der Personalvertretung nach dem Personalvertretungsrecht (§ 15 Abs. 1, 2 und 3 KSchG). Verweigert der Betriebsrat bzw. der Personalrat seine Zustimmung, so kann das Arbeitsgericht sie auf Antrag des Arbeitgebers ersetzen, wenn die außerordentliche Kündigung unter Berücksichtigung aller Umstände gerechtfertigt ist (§ 103 Abs. 2 BetrVG)
- Die außerordentliche Kündigung einer Frau während der Schwangerschaft und bis zum Ablauf von vier Monaten nach der Entbindung ist grundsätzlich unzulässig (§ 9 Abs. 1 MuSchG); sie ist nur in besonderen Fällen ausnahmsweise mit Zustimmung der für den Arbeitsschutz zuständigen orbersten Landesbehörde (= Landesministerium) oder der von ihr bestimmten Stelle (z.B. des Gewerbeaufsichtsamtes) zulässig (§ 9 Abs. 3 Satz 1 MuSchG). Entsprechendes gilt für die Arbeitnehmer, die den Erziehungsurlaub vom Arbeitgeber verlangt haben oder den Erziehungsurlaub in Anspruch nehmen (§ 18 Abs. 1 Satz 2 BErzGG).

Der besondere Fall i.S. von § 9 Abs. 3 MuSchG ist nicht mit dem wichtigen Grund des § 626 BGB identisch, so daß das Vorliegen eines wichtigen Grundes keineswegs auch zugleich den besonderen Fall bedeutet, der die Erteilung der Zulässigkeitserklärung zwingend erfordern würde (6.134). Ein besonderer Fall kann umgekehrt auch gegeben sein, ohne daß es um eine außerordentliche Kündigung geht (z.B. wenn die Notwendigkeit besteht, eine sehr lange Kündigungsfrist einzuhalten). Richtschnur für die Anerkennung eines besonderen Falles durch die zuständige Behörde sind also nicht arbeitsvertragliche Gesichtspunkte; maßgebend ist vielmehr die Überlegung, ob die Belange des Mutterschutzes ausnahmsweise aufgrund einer besonderen Sachlage zurücktreten müssen (6.134). Beispiele: Betriebsstillegung, ohne daß die Möglichkeit der Weiterbeschäftigung in einem anderen Betrieb besteht; Ablehnung einer zumutbaren Weiterbeschäftigung auf einem anderen Arbeitsplatz; grobe vorsätzliche Pflichtverletzungen; strafbare Handlungen (z.B. Diebstahl zu Lasten des Arbeitgebers oder von Arbeitskollegen); Gefährdung der Existenz des Arbeitgebers bei Aufrechterhaltung des Arbeitsverhältnisses (6.134).

- Die außerordentliche Kündigung eines Schwerbehinderten oder einer ihm gleichgestellten Person ist nur mit vorheriger Zustimmung der Hauptfürsorgestelle möglich (§ 21 SchwbG). Die Hauptfürsorgestelle soll die Zustimmung erteilen, wenn die Kündigung aus einem Grund erfolgt, der nicht im Zusammenhang mit der Behinderung steht. Beispiel: Diebstahl, grobe vorsätzliche Pflichtverletzungen.

1.4 Änderungskündigung

309 **Begriff.** Eine Änderungskündigung liegt vor, wenn eine Vertragspartei das Arbeitsverhältnis kündigt und der Gegenpartei im Zusammenhang mit der Kündigung die Fortsetzung des Arbeitsverhältnisses zu geänderten Bedingungen anbietet. Es handelt sich bei der Änderungskündigung also um eine Kündigung verbunden mit dem Angebot einer Vertragsänderung. Zweck der Kündigung ist nicht die Beendigung des Arbeitsverhältnisses, sondern die Durchsetzung veränderter Vertragsbedingungen.

Das Änderungsangebot kann zusammen mit der Kündigungserklärung vorgelegt werden, es kann aber auch mit einer zeitlichen Verschiebung, d.h. vor oder nach Ausspruch der Kündigung, unterbreitet werden. Das Änderungsangebot muß spätestens bei Zugang der Kündigung vorliegen.

Denkbar sind zwei Formen der Änderungskündigung: Entweder wird eine unbedingte (Beendigungs-) Kündigung ausgesprochen, verbunden mit dem Angebot, das Arbeitsverhältnis zu geänderten Bedingungen fortzusetzen; oder es erfolgt eine bedingte Kündigung, d.h. eine (Beendigungs-) Kündigung, deren Wirksamwerden von der Bedingung abhängt, daß der Kündigungsempfänger der angebotenen Vertragsänderung nicht zustimmt. Zur bedingten Kündigung siehe auch Rz 262.

Von der Änderungskündigung zu unterscheiden ist die Änderung der Arbeitsbedingungen, die der Arbeitgeber durch einseitige Erklärung aufgrund seines Direktionsrechtes vornimmt. Der Unterschied besteht darin, daß mit der Änderungskündigung eine Abänderung des bestehenden Vertrages beabsichtigt wird, während die Ausübung des Direktionsrechtes im Rahmen des bestehenden Arbeitsvertrages erfolgt.

310 **Arten.** Die Änderungskündigung kann als ordentliche oder außerordentliche Kündigung ausgesprochen werden (6.134). Neben der Einzelkündigung ist eine Massenänderungskündigung möglich. Ausgehen kann die Kündigung sowohl vom Arbeitgeber als auch vom Arbeitnehmer. Im Rahmen des Kündigungsschutzrechtes interessiert nur die Änderungskündigung durch den Arbeitgeber; sie ist in § 2 KSchG geregelt.

311 **Vorrang der Änderungs- vor der Beendigungskündigung.** Nach Auffassung des BAG muß der Arbeitgeber vor Ausspruch einer Beendigungskündigung prüfen, ob eine Weiterbeschäftigung des Arbeitnehmers auf einem anderen Arbeitsplatz im selben Betrieb oder in einem anderen Betrieb des Unternehmens möglich ist (siehe hierzu Rz 282). Ist ein anderer freier Arbeitsplatz vorhanden, muß der Arbeitgeber diesen Arbeitsplatz dem Arbeitnehmer anbieten; er muß deutlich machen, daß bei Ablehnung des Änderungsangebotes der Bestand des

Arbeitsverhältnisses auf dem Spiele steht. Lehnt der Arbeitnehmer das Angebot ab, kann der Arbeitgeber wie geplant die Kündigung zur Beendigung des Arbeitsverhältnisses aussprechen.

312 **Kündigungsvoraussetzungen.** Die Änderungskündigung ist eine echte Kündigung. Sie muß deshalb auch den Anforderungen entsprechen, die allgemein an eine Kündigung gestellt werden.

- So müssen bei einer ordentlichen Änderungskündigung die gesetzlichen oder vertraglich vereinbarten Kündigungsfristen (siehe Rz 268ff.) eingehalten werden; evtl. bestehende Formvorschriften (Rz 258) sind zu beachten. Spricht der Arbeitgeber die Änderungskündigung aus, muß er außerdem den Betriebsrat bzw. Personalrat (sofern vorhanden) vor Ausspruch der Kündigung anhören (siehe hierzu Rz 266). Wird mit der Änderungskündigung eine Versetzung oder Umgruppierung des Arbeitnehmers beabsichtigt, so hat der Arbeitgeber hierfür rechtzeitig die Zustimmung des zuständigen Betriebsrates bzw. Personalrates einzuholen (siehe Rz 27ff. und Rz 76). Der Arbeitgeber hat sich ferner an die bestehenden gesetzlichen oder vereinbarten Kündigungsverbote zu halten (siehe Rz 291ff.). Vor allem muß die ordentliche Änderungskündigung durch den Arbeitgeber sozial gerechtfertigt sein.

Da mit der Änderungskündigung nicht die Beendigung des Arbeitsverhältnisses, sondern in erster Linie die Fortsetzung des Arbeitsverhältnisses zu geänderten Bedingungen beabsichtigt ist, kommt es bei der Prüfung der sozialen Rechtfertigung nicht auf die Kündigung als solche an, sondern darauf, ob die mit ihr angestrebte Änderung der Arbeitsbedingungen sachlich gerechtfertigt ist. Nach der Rechtsprechung des BAG (6.135) muß die Änderung der Arbeitsbedingungen aus Gründen in der Person oder im Verhalten des Arbeitnehmers (siehe Rz 278 und 279) oder aus dringenden betrieblichen Gründen (siehe Rz 280) erforderlich sein; außerdem müssen die neuen Bedingungen für den Arbeitnehmer zumutbar sein (6.135).

Bei einer betriebsbedingten Änderungskündigung müssen vom Arbeitgeber außerdem soziale Gesichtspunkte bei der Auswahl des oder der Arbeitnehmer berücksichtigt werden. Anders als bei einer betriebsbedingten Beendigungskündigung (siehe Rz 281) ist bei einer betriebsbedingten Änderungskündigung nicht darauf abzustellen, welcher von mehreren vergleichbaren Arbeitnehmern durch den Verlust des Arbeitsplatzes am wenigsten hart betroffen wird; vielmehr ist zu prüfen, wie sich die vorgeschlagene Änderung der Arbeitsbedingungen auf den sozialen Status der vergleichbaren Arbeitnehmer auswirkt (6.136). Auszuwählen ist derjenige Arbeitnehmer, dem die geänderten Arbeitsbedingungen in sozialer Hinsicht am ehesten zugemutet werden können (6.136). Dabei kommt es nach Auffassung des BAG weniger auf das Lebensalter und die Dauer der Betriebszugehörigkeit an, sondern in erster Linie darauf, welchem Arbeitnehmer eine Umstellung auf die neue Tätigkeit nach seiner Vorbildung und nach seinen persönlichen Eigenschaften leichter oder schwerer fällt; insoweit sind Eigenschaften wie Wendigkeit, schnelle Auffassungsgabe, Anpassungsfähigkeit sowie der Gesundheitszustand entscheidend (6.137). Auch bei der Frage, welche Arbeitnehmer in die Sozialauswahl einzubeziehen sind, ist bei einer betriebsbedingten Änderungskündigung ein anderer Maßstab anzuwenden als bei der betriebsbedingten Beendigungskündigung. Während bei einer betriebsbedingten Beendigungskündigung Vergleichbarkeit schon gegeben ist, wenn die betreffenden Arbeitnehmer nach ihrer bisherigen Tätigkeit miteinander verglichen werden können und damit gegeneinander austauschbar sind (siehe Rz 281), muß bei einer betriebsbedingten Änderungskündigung hinzukommen, daß diese Arbeitnehmer auch für die Tätigkeit, die Gegenstand des Änderungsangebotes ist, wenigstens annähernd gleich geeignet sind (6.137). Die Austauschbarkeit muß sich also auch auf den mit der Änderungskündigung angebotenen Arbeitsplatz beziehen (6.137).

- Eine außerordentliche Änderungskündigung setzt voraus, daß ein wichtiger Grund vorliegt (siehe hierzu Rz 302). Dabei ist auf die Änderung der Arbeitsbedingungen und nicht auf die Beendigung des Arbeitsverhältnisses abzustellen (6.138). Das bedeutet, daß eine außerordentliche Änderungskündigung nur rechtswirksam ist, wenn die Fortsetzung des Arbeitsverhältnisses zu den bisherigen Vertragsbedingungen bis zum Ablauf der gesetzlichen oder vereinbarten Kündigungsfrist für den Kündigenden unzumutbar ist; die sofortige Änderung der Arbeitsbedingungen muß zwingend notwendig sein (6.138). Je tiefgreifender die beabsichtigte Vertragsänderung ist, umso strenger sind die Maßstäbe für die Notwendigkeit der außerordentlichen Kündigung. Außerdem müssen die neuen Vertragsbedingungen für den Kündigungsempfänger zumutbar sein (6.138).

Zu beachten sind bei einer außerordentlichen Änderungskündigung ferner: die Formvorschriften für die Kündigung (soweit vorhanden); die Kündigungserklärungsfrist (Rz 304); die Notwendigkeit der vorherigen Anhörung des Betriebsrates (nur vom Arbeitgeber); die Zustimmungsbedürftigkeit bestimmter Kündigungen (siehe Rz 308).

313 **Möglichkeiten für den Arbeitnehmer.** Auf eine ordentliche Änderungskündigung des Arbeitgebers kann der betroffene Arbeitnehmer auf dreierlei Weise reagieren:

- Er kann das Änderungsangebot ohne Vorbehalte annehmen. Das Arbeitsverhältnis wird dann zu den geänderten Arbeitsbedingungen fortgesetzt.
- Er kann das Änderungsangebot ablehnen und die verbleibende Kündigung mit einer Kündigungsschutzklage nach § 4 Satz 1 KSchG angreifen. Einzelheiten zur Kündigungsschutzklage siehe Rz 284ff. und Rz 305.

In diesem Fall muß der Arbeitnehmer jedoch in Rechnung stellen, daß das Arbeitsgericht die Kündigung als sozial gerechtfertigt ansieht und die Klage abweist, was zum endgültigen Verlust des Arbeitsplatzes führen würde, da das Änderungsangebot mit der Ablehnung erloschen ist. Die Ablehnung des Änderungsangebotes, verbunden mit einer Kündigungsschutzklage nach § 4 Satz 1 KSchG, ist also für den Arbeitnehmer mit einem erheblichen Risiko verbunden (6.139).

Umstritten ist, ob bei einer Ablehnung des Änderungsangebotes die verbleibende Kündigung als solche nur daraufhin überprüft werden kann, ob die Beendigung des Arbeitsverhältnisses sozial gerechtfertigt ist, oder ob zu prüfen ist, daß die angebotene Vertragsänderung sozial gerechtfertigt war (6.140). Für die eine Auffassung spricht, daß nach Ablehnung des Änderungsangebotes nur noch die Beendigung des Arbeitsverhältnisses zur Erörterung steht. Für die andere Auffassung läßt sich anführen, daß auch bei einer Annahme des Änderungsangebotes unter Vorbehalt (siehe unten) die soziale Rechtfertigung der Änderung der Arbeitsbedingungen zu prüfen ist (6.140).

- Er kann das Änderungsangebot unter dem Vorbehalt annehmen, daß die Änderung der Arbeitsbedingungen nicht sozial ungerechtfertigt ist (§ 2 Satz 1 KSchG), und dies dann im Wege der Änderungsschutzklage nach § 4 Satz 2 KSchG gerichtlich nachprüfen lassen.

Die Annahme unter Vorbehalt, verbunden mit einer gerichtlichen Überprüfung des Änderungsangebotes, ermöglicht es dem Arbeitnehmer, die Änderung der Arbeitsbedingungen als sozial ungerechtfertigt anzugreifen, ohne daß er dabei Gefahr läuft, seinen Arbeitsplatz ganz zu verlieren (6.139). Mit der Annahme unter Vorbehalt wird das Wirksamwerden der Kündigung verhindert. War die Kündigung bedingt ausgesprochen, so steht nunmehr fest, daß die Bedingung (= Ablehnung des Angebotes) nicht eintritt; eine unbedingte Kündigung entfällt, weil sie nicht mehr realisiert werden kann. Der Arbeitnehmer muß vorläufig, d.h. solange über die Änderungsschutzklage noch nicht entschieden ist, zu den vom Arbeitgeber angebotenen neuen Bedingungen (z.B. zu einem niedrigeren Lohn, auf einem anderen Arbeitsplatz) arbeiten. Die neuen Bedingungen gelten von dem Zeitpunkt an, zu dem bei Ablehnung des Änderungsangebotes die Kündigung wirksam geworden wäre. Stellt das Arbeitsgericht fest, daß die angebotene Änderung der Arbeitsbedingungen tatsächlich sozial ungerechtfertigt ist, so gilt die Änderungskündigung nach § 8 KSchG als von Anfang an rechtsunwirksam. Das unter Vorbehalt erteilte Einverständnis des Arbeitnehmers mit der Änderung der Arbeitsbedingungen wird dann hinfällig, der Arbeitgeber muß den Arbeitnehmer so stellen, als ob die Änderungskündigung nicht erfolgt wäre. Die früheren Arbeitsbedingungen sind rückwirkend wiederherzustellen. Wird hingegen die Klage des Arbeitnehmers abgewiesen, wird sein Vorbehalt wirkungslos. Es bleibt damit bei den neuen Arbeitsbedingungen, das Arbeitsverhältnis wird zu den geänderten Bedingungen fortgesetzt. In jedem Fall bleibt dem Arbeitnehmer also ein Arbeitsplatz im Betrieb erhalten: im Falle des Obsiegens vor dem Arbeitsgericht der bisherige Arbeitsplatz, im Falle der Abweisung der Klage der Arbeitsplatz zu den geänderten Bedingungen.

Die Erklärung des Vorbehaltes muß innerhalb der Kündigungsfrist erfolgen; ist diese länger als drei Wochen (was die Regel ist), so muß der Vorbehalt spätestens innerhalb von drei Wochen nach Zugang der Kündigung erklärt werden (§ 2 Satz 2 KSchG). Die Erklärung ist an keine bestimmte Form gebunden. Die bloße Fortsetzung des Arbeitsverhältnisses zu den geänderten Bedingungen reicht nicht, da sie je nach Sachlage auch als vorbehaltlose Annahme des Änderungsgebotes ausgelegt werden kann (6.141). Zweckmäßigerweise wird der Vorbehalt ausdrücklich (= schriftlich oder mündlich) gegenüber dem Arbeitgeber erklärt. Ausreichend ist die Erhebung der Änderungsschutzklage gem. § 4 Satz 2 KSchG, weil die Klageerhebung den Vorbehalt systematisch voraussetzt.

Die Änderungsschutzklage muß innerhalb von drei Wochen nach Zugang der Änderungskündigung erhoben werden. Wird die Klagefrist versäumt, so erlischt der Vorbehalt; die Änderung der Arbeitsbedingungen gilt dann ohne Rücksicht auf die tatsächliche Rechtslage als sozial gerechtfertigt, die Kündigung ist als von Anfang an rechtswirksam anzusehen (§ 7 KSchG). Nach § 4 Satz 2 KSchG ist die Klage auf Feststellung zu erheben, daß die Änderung der Arbeitsbedingungen sozial ungerechtfertigt ist. In diesem Falle müßte über andere Unwirksamkeitsgründe ein gesonderter Prozeß geführt werden. Zweckmäßigerweise wird die Klage deshalb auf Feststellung gerichtet, daß die Änderung der Arbeitsbedingungen sozial ungerechtfertigt ist und daß das Arbeitsverhältnis über den Kündigungstermin hinaus unverändert fortbesteht (6.142).

Für die außerordentliche Änderungskündigung ist im Kündigungsschutzgesetz eine Änderungsschutzklage nach § 4 Satz 2 KSchG nicht vorgesehen (§ 13 Abs. 1 Satz 2 KSchG). Es war deshalb umstritten, ob der Arbeitnehmer im Falle einer außerordentlichen Änderungskündigung nur die Möglichkeit hat, die Kündigung anzunehmen oder sie abzulehnen (mit anschließender Kündigungsschutzklage nach § 4 Satz 1 KSchG), oder ob auch die Möglichkeit besteht, das Änderungsangebot unter Vorbehalt anzunehmen und anschließend eine Änderungsschutzklage nach § 4 Satz 2 KSchG zu erheben. Das BAG hat inzwischen die §§ 2, 4 Satz 2 KSchG auf die außerordentliche Änderungskündigung für anwendbar erklärt (6.143).

2. Beendigung durch Aufhebungsvertrag

314 **Begriff und Bedeutung.** Ein Aufhebungsvertrag im arbeitsrechtlichen Sinne liegt vor, wenn sich Arbeitgeber und Arbeitnehmer darüber einig sind, daß das Arbeitsverhältnis beendet werden soll. Der Aufhebungsvertrag ist also ein Vertrag zur Beendigung des Arbeitsverhältnisses; das Arbeitsverhältnis wird im gegenseitigen Einvernehmen aufgelöst. Die Beendigung kann mit sofortiger Wirkung oder zu einem beliebigen späteren Zeitpunkt erfolgen; Fristen brauchen nicht eingehalten zu werden.

Die Bedeutung des Aufhebungsvertrages liegt darin, daß er – wenn er zustandekommt – jederzeit eine Beendigung des Arbeitsverhältnisses zu jedem gewünschten Zeitpunkt ermöglicht. Dies kann von Interesse sein, wenn längere Kündigungsfristen einzuhalten sind.

Beispiel: A ist bei B beschäftigt. Er erhält von C am 05. März ein günstiges Stellenangebot zum 01. April, kann jedoch bei B erst zum 15. April kündigen. A bittet B, das Arbeitsverhältnis zum 01. April beenden zu dürfen (= Vertragsangebot); B stimmt diesem Wunsche zu (= Vertragsannahme).

Die Möglichkeit der einvernehmlichen Beendigung des Arbeitsverhältnisses ist ferner von Interesse, wenn die Kündigung des Arbeitsverhältnisses gesetzlich oder vertraglich ausgeschlossen ist oder der Zustimmung Dritter bedarf (Rz 291ff.). Schließlich spielt der Aufhebungsvertrag im Rahmen des Kündigungsschutzverfahrens eine Rolle, wenn der Rechtsstreit nicht durch Urteil, sondern durch Vergleich vor dem Arbeitsgericht beigelegt wird.

Vom Aufhebungsvertrag zu unterscheiden ist der sog. Abwicklungsvertrag. Dieser wird im Zusammenhang mit einer Arbeitgeberkündigung abgeschlossen. Im Unterschied zum Aufhebungsvertrag endet das Arbeitsverhältnis hier durch fristgerechte arbeitgeberseitige Kündigungserklärung, die der Arbeitnehmer in Absprache mit dem Arbeitgeber widerspruchslos zur Kenntnis nimmt. Neben dieser abgesprochenen Beendigung des Arbeitsverhältnisses durch Kündigung werden sodann im eigentlichen Abwicklungsvertrag die Beendigungsmodalitäten geregelt (z.B. die Zahlung einer Abfindung, die Freistellung von der Arbeit, der Anspruch auf Resturlaub usw.). Die Kündigung und die Regelung der Abwicklungsmodalitäten können in einem Schriftstück zusammengefaßt werden; beide Komplexe können aber auch getrennt durchgeführt werden. Ist die vorausgeschickte Kündigung unwirksam oder führt der Arbeitnehmer entgegen der Absprache die arbeitsgerichtliche Feststellung der Unwirksamkeit der Kündigung herbei, wird der Abwicklungsvertrag hinfällig.

315 **Zustandekommen.** Der Aufhebungsvertrag kommt durch zwei sich inhaltlich entsprechende Willenserklärungen zustande. Die Willenserklärungen müssen unmißverständlich auf die Beendigung des Arbeitsverhältnisses zu einem bestimmten Zeitpunkt gerichtet sein.

Bei der Auslegung der Willenserklärungen ist ein strenger Maßstab anzulegen. Schweigen auf ein Angebot bedeutet grundsätzlich Ablehnung. Erklärt z.B. der Arbeitgeber, er wolle das Arbeitsverhältnis im gegenseitigen Einvernehmen beenden, so kann das Schweigen des Arbeitnehmers keinesfalls als Annahme gedeutet werden (etwas anderes kann allenfalls bei geschäftlich erfahrenen leitenden Angestellten gelten). Auch kann von einem Aufhebungsvertrag nicht gesprochen werden, wenn der Arbeitgeber das Arbeitsverhältnis kündigt und der Arbeitnehmer die Kündigung ausdrücklich annimmt (es sei denn, die Kündigung enthält gleichzeitig ein Aufhebungsangebot). Ebenfalls ist in der widerspruchslosen Entgegennahme der Arbeitspapiere keine Willenserklärung zur Aufhebung des Vertrages zu sehen. Hingegen liegt eine konkludente Annahme des auf Aufhebung des Arbeitsverhältnisses gerichteten Arbeitgeberangebotes vor, wenn der Arbeitnehmer auf das Angebot mit der Forderung nach Ausstellung eines Zeugnisses oder nach Aushändigung der Arbeitspapiere reagiert.

Das unter Anwesenden ohne Bestimmung einer Annahmefrist gemachte Angebot zur einvernehmlichen Beendigung des Arbeitsverhältnisses kann nur sofort angenommen werden (§ 147 Abs. 1 BGB). Erfolgt die Annahme erst nach einer gewissen Überlegungsfrist, gilt sie als neuer Antrag, der wiederum der Annahme bedarf (§ 150 Abs. 1 BGB). Das einem Abwesenden gemachte Angebot muß bis zu dem Zeitpunkt angenommen werden, in dem der Antragende den Eingang der Antwort unter regelmäßigen Umständen erwarten darf (§ 147 Abs. 2 BGB); ist allerdings eine Annahmefrist gesetzt, ist diese maßgebend (§ 148 BGB).

Da der Aufhebungsvertrag nicht gegen den Willen des Arbeitnehmers zustandekommen kann, ist ein Schutz des Arbeitnehmers (wie bei einer Kündigung durch den Arbeitgeber) nicht erforderlich. Die allgemeinen und die besonderen Kündigungsschutzbestimmungen finden deshalb keine Anwendung; es bedarf weder eines Grundes i.S. § 1 Abs. 2 KSchG noch sind behördliche Zustimmungen entsprechend § 9 Abs. 3 MuSchG, § 18 Abs. 1 Satz 2 BErzGG, §§ 15f. SchwbG erforderlich. Auch muß der Arbeitgeber vor Abschluß des Aufhebungsvertrages den Betriebsrat nicht anhören. Umstritten ist, ob die Vorschriften über den Massenentlassungsschutz (Rz 294ff.) auch auf Aufhebungsverträge anwendbar sind (6.144).

316 **Form.** Der Aufhebungsvertrag kann formlos abgeschlossen werden, also mündlich, schriftlich oder durch konkludentes Verhalten, es sei denn, daß ein Tarifvertrag oder der Einzelarbeitsvertrag etwas anderes bestimmt. Gesetzliche Formvorschriften bestehen nicht.

Beispiel für eine tarifvertragliche oder einzelvertragliche Formvorschrift: „Jede Änderung des Arbeitsvertrages bedarf der Schriftform.“ Ist die Schriftform nur für die Kündigung vorgesehen, so gilt die Formvorschrift nicht für den Aufhebungsvertrag.

Wegen der tiefgreifenden Wirkungen des Aufhebungsvertrages (= Verlust der Existenzgrundlage, Verzicht auf den Kündigungsschutz, Einschränkungen bei den Leistungen der Arbeitslosenversicherung) empfiehlt es sich, den Vertrag schriftlich abzuschließen.

317 **Aufklärungspflichten des Arbeitgebers.** Grundsätzlich muß sich der Arbeitnehmer selbst vor Abschluß eines Aufhebungsvertrages über die rechtlichen Folgen dieses Schrittes Klarheit verschaffen, wenn er hiervon die Beendigung abhängig machen will (6.145). Eine Aufklärungspflicht des Arbeitgebers besteht nur soweit, wie er mit der Unkenntnis des Arbeitnehmers rechnen muß (6.146). Das BAG hat eine Aufklärungspflicht bejaht, wenn durch die Auflösung des Arbeitsverhältnisses atypische Versorgungsausfälle entstehen (6.147) oder Ansprüche auf Leistungen gegen die Bundesanstalt für Arbeit ruhen (6.146). Nach Auffassung des BAG ist der Arbeitgeber seiner Aufklärungspflicht bereits dann nachgekommen, wenn er den Arbeitnehmer darauf verweist, sich selbst beim Versorgungsträger oder bei der Arbeitsverwaltung zu erkundigen (6.148).

Ist ausnahmsweise von einer Verletzung der Aufklärungspflicht des Arbeitgebers auszugehen, so wird der Aufhebungsvertrag dadurch nicht unwirksam. In Betracht kommt vielmehr nur ein Schadensersatzanspruch des Arbeitnehmers (6.149).

318 **Inhalt.** Hinsichtlich seines Inhaltes unterliegt der Aufhebungsvertrag keinen Vorschriften. Es genügt, wenn die Parteien bestimmen, daß das Arbeitsverhältnis im beiderseitigen Einvernehmen mit Ablauf eines bestimmten Tages, der mit dem Tag des Vertragsabschlusses zusammenfallen, aber auch in der Zukunft liegen kann, enden soll. Eine rückwirkende Auflösung ist unzulässig. Sehr oft werden aber auch noch andere Punkte, die die Abwicklung des Arbeitsverhältnisses betreffen, im Aufhebungsvertrag geregelt. Zu nennen sind insbesondere: die Fortzahlung der Vergütung bis zum Zeitpunkt der Beendigung; die etwaige Freistellung des Arbeitnehmers von der Arbeitspflicht für die Restlaufzeit des Arbeitsverhältnisses; der Urlaubsanspruch des Arbeitnehmers bzw. die Urlaubsabgeltung; das Verbot, nach Beendigung des Arbeitsverhältnisses eine Konkurrenztätigkeit auszuüben; die Rückgabe von Arbeitgebereigentum (z.B. Werkswohnung, Dienstwagen); die Regelung von Ansprüchen aus der betrieblichen Altersversorgung; die Zahlung einer Abfindung für den Verlust des Arbeitsplatzes.

319 **Rechtsfolgen.** Neben den arbeitsrechtlichen Folgen des Aufhebungsvertrages (= Beendigung der Pflichten der Arbeitsvertragsparteien, soweit sie an den Bestand des Arbeitsverhältnisses anknüpfen) sind folgende steuer- und sozialversicherungsrechtliche Konsequenzen zu beachten:

- Nach § 3 Nr. 9 EStG sind Abfindungen, die wegen einer vom Arbeitgeber veranlaßten oder gerichtlich ausgesprochenen Auflösung des Arbeitsverhältnisses gezahlt werden, steuerfrei, wenn sie 24000 DM nicht übersteigen. Hat der Arbeitnehmer das 50. Lebensjahr vollendet und hat das Arbeitsverhältnis mindestens 15 Jahre bestanden, beträgt der Steuerfreibetrag 30000 DM; hat der Arbeitnehmer das 55. Lebensjahr vollendet und hat das Arbeitsverhältnis mindestens 20 Jahre bestanden, beträgt der Höchstbetrag 36000 DM. Für Abfindungen, die die Höchstbeträge übersteigen, beträgt der Steuersatz die Hälfte des für das Einkommen des Arbeitnehmers maßgeblichen Steuersatzes.
- Abfindungen, die als Entschädigung für den Verlust des Arbeitsplatzes gezahlt werden, sind nicht beitragspflichtig in der Kranken- und Rentenversicherung (6.150).
- Nach § 117 Abs. 2 Satz 1 AFG ruht der Anspruch auf Arbeitslosengeld, wenn der Arbeitslose eine Abfindung erhalten oder zu beanspruchen hat und wenn das Arbeitsverhältnis ohne Einhaltung der ordentlichen Kündigungsfrist beendet worden ist. Der Anspruch ruht von dem Ende des Arbeitsverhältnisses an bis zu dem Tage, an dem das Arbeitsverhältnis bei Einhaltung der ordentlichen Kündigungsfrist geendet hätte.
- Kommt der Aufhebungsvertrag auf Betreiben des Arbeitnehmers zustande und hat er dadurch vorsätzlich oder grob fahrlässig die Arbeitslosigkeit herbeigeführt, ohne für sein Verhalten einen wichtigen Grund zu haben, so tritt eine Sperrzeit von acht Wochen ein (§ 119 Abs. 1 Nr. 1 AFG). Während der Sperrzeit ruht der Anspruch auf Arbeitslosengeld.

  Ein wichtiger Grund liegt vor, wenn es dem Arbeitnehmer aus persönlichen Gründen unzumutbar ist, das Arbeitsverhältnis auf Dauer fortzusetzen. Beispiele: Gesundheitliche Probleme; Heirat; Angebot einer anderen Stelle; religiöse oder weltanschauliche Gründe; Wohnortwechsel (6.151). Die Auflösung des Arbeitsverhältnisses durch arbeitsgerichtliches Urteil gem. § 9 KSchG (siehe Rz 288) kann keine Sperrzeit auslösen, und zwar auch dann nicht, wenn der Auflösungsantrag vom Arbeitnehmer gestellt wird, weil die Auflösung nur möglich ist, wenn die Fortsetzung für den Arbeitnehmer unzumutbar ist.

- Trennt sich der Arbeitgeber von einem langjährigen Mitarbeiter, der das 58. Lebensjahr vollendet hat, durch Aufhebungsvertrag und ist der Arbeitnehmer anschließend arbeitslos geworden, so muß der Arbeitgeber der Bundesanstalt für Arbeit das Arbeitslosengeld erstatten, längstens für 624 Tage (§ 128 Abs. 1 Satz 1 AFG).

320 **Widerruf und Rücktritt.** Ein Widerruf des Aufhebungsvertrages kommt nur in Betracht, wenn der Aufhebungsvertrag eine Widerrufsklausel enthält oder der Tarifvertrag eine Widerrufsmöglichkeit innerhalb einer bestimmten Frist vorsieht. Aufhebungsverträge in der Form eines Prozeßvergleiches werden i.d.R. mit einem Widerrufsvorbehalt abgeschlossen.

Ein gesetzliches Rücktrittsrecht des Arbeitnehmers besteht dann, wenn der Arbeitgeber mit der vereinbarten Abfindungszahlung in Verzug gerät und ihm der Arbeitnehmer eine Nachfrist mit Ablehnungsdrohung gesetzt hat (§ 326 Abs. 1 Satz 1 BGB). Darüber hinausgehende gesetzliche Rücktrittsrechte gibt es nicht (6.152).

321 **Anfechtung.** Wie jede Willenserklärung kann auch die Annahme eines Antrages auf Abschluß eines Aufhebungsvertrages wegen Irrtums (§ 119 BGB, siehe Rz. 36) oder wegen widerrechtlicher Drohung (§ 123 BGB) angefochten werden. Praktisch bedeutsam ist vor allem die Anfechtung durch den Arbeitnehmer gem. § 123 BGB mit der Begründung, er sei im Zuge der Aufhebungsverhandlungen massiv von Seiten des Arbeitgebers unter Druck gesetzt worden (z.B. durch Androhung einer fristlosen Kündigung, durch Androhung von Schadensersatzansprüchen, durch Drohung mit einer Anzeige bei der Staatsanwaltschaft). Das BAG hält die Androhung einer fristlosen Kündigung dann nicht für widerrechtlich i.S. des § 123 BGB, wenn ein verständiger Arbeitgeber eine solche Kündigung ernsthaft in Erwägung gezogen hätte (6.153), wobei nicht nur der subjektive Wissensstand des Arbeitgebers, sondern auch die Ergebnisse weiterer Ermittlungen, die ein verständiger Arbeitgeber zur Aufklärung des Sachverhaltes angestellt hätte, zu berücksichtigen sind. Entsprechende Grundsätze gelten bei der Androhung von Schadensersatzforderungen.

3. Beendigung durch Zeitablauf oder Zweckerreichung

322 **Befristung von Arbeitsverträgen.** Arbeitsverhältnisse können befristet werden. Das Bürgerliche Gesetzbuch kennt für Dienstverhältnisse, somit auch für Arbeitsverhältnisse, zwei Formen der Befristung: die Zeitbefristung (§ 620 Abs. 1 BGB) und die Zweckbefristung (§ 620 Abs. 2 BGB). Bei der zeitlichen Befristung wird das Arbeitsverhältnis für eine bestimmte Dauer (= Tag, Woche, Monat, Jahr) eingegangen. Die Befristung kann auch nach dem Kalender erfolgen (z.B. bis zum 20. des Monats). Zulässig ist ferner der Abschluß eines Arbeitsvertrages für eine objektiv bestimmbare Saison (z.B. für die Badesaison, für den Sommerschlußverkauf). Voraussetzung ist stets, daß die Befristung eindeutig ist; ist sie es nicht (z.B. Einstellung für 3 bis 4 Wochen), gilt das Arbeitsverhältnis als auf unbestimmte Zeit abgeschlossen. Bei zeitlicher Befristung endet das Arbeitsverhältnis mit Ablauf der vereinbarten Zeit. Bei der Zweckbefristung ergibt sich die Dauer des Ar-

beitsverhältnisses aus der Beschaffenheit oder dem Zweck der vereinbarten Arbeitsleistung. Beispiel: Einstellung einer Pflegerin für einen Schwerkranken. Das Arbeitsverhältnis endet hier mit der Genesung oder dem Tod des Kranken. Voraussetzung für die Zweckbefristung ist, daß sich beide Vertragsparteien darüber einig sind, daß die Dauer des Arbeitsverhältnisses von seinem Zweck abhängig sein soll, und daß die Zweckerreichung objektiv bestimmbar ist. Andernfalls kommt ein Arbeitsvertrag mit unbestimmter Dauer zustande.

Beispiel für zeitliche Befristung: „Herr A wird für die Dauer des Urlaubs des Herrn B von ... bis ... als Urlaubsvertretung eingestellt."

Beispiel für zweckgebundene Befristung: „Herr A wird zur vorübergehenden Aushilfe bis zur Erledigung der Inventurarbeiten 1995 eingestellt. Das Ende der manuellen Aufnahme des Warenbestandes ist gleichzeitig das Ende der Aushilfstätigkeit."

323 **Zulässigkeit befristeter Verträge.** Während § 620 BGB uneingeschränkt eine Befristung von Dienstverträgen bzw. Arbeitsverträgen zuläßt, sind Rechtsprechung und Schrifttum überwiegend der Ansicht, daß eine Befristung nur eingeschränkt zulässig ist. Das BAG hält befristete Arbeitsverträge für unzulässig, wenn eine Umgehung zwingender Bestimmungen des Kündigungsschutzrechtes objektiv vorliegt; auf eine Umgehungsabsicht des Arbeitgebers kommt es nicht an (6.154). Nach Auffassung des BAG (6.155) ist eine Gesetzesumgehung anzunehmen, wenn

- durch die Befristung zwingende Kündigungsschutzbestimmungen ausgeschaltet werden und damit der Zweck dieser Bestimmungen vereitelt wird, den Arbeitsplatz des Arbeitnehmers zu erhalten und das Kündigungsrecht des Arbeitgebers zu beschränken
- und für die Befristung als solche sowie für deren Dauer kein sachlich gerechtfertigter Grund vorliegt.

Ist eine Ausschaltung von Kündigungsschutzbestimmungen nicht feststellbar, braucht im Regelfall die Frage, ob ein sachlicher Grund für die Befristung vorliegt, nicht geprüft zu werden.

Maßgeblicher Zeitpunkt für die Beurteilung, ob Kündigungsschutzvorschriften ausgeschaltet werden und ob ein sachlicher Grund für die Befristung vorliegt, ist grundsätzlich der Tag des Abschlusses des Arbeitsvertrages, nicht der Tag der Beendigung des Arbeitsverhältnisses (6.156).

324 **Ausschaltung von Kündigungsschutzbestimmungen.** Als erstes ist zu prüfen, ob durch die Befristung die einschlägigen Kündigungsschutzvorschriften ausgeschaltet werden. Zu denken ist an den allgemeinen Kündigungsschutz (Rz 275ff.) und an den besonderen Kündigungsschutz (Rz 291ff.).

- Eine Ausschaltung der allgemeinen Kündigungsschutzbestimmungen ist ausgeschlossen, wenn das Kündigungsschutzgesetz keine Anwendung findet oder nur eingeschränkt gilt. So können befristete Arbeitsverträge auch ohne Vorliegen eines sachlichen Grundes abgeschlossen werden in Kleinbetrieben, d.h. in Betrieben und Verwaltungen, in denen in der Regel fünf oder weniger Arbeitnehmer, ausschließlich der zu ihrer Berufsbildung Beschäftigten, tätig sind (§ 23 Abs. 1 Satz 2 KSchG). Eine Befristung ist ferner zulässig bei Verträgen mit arbeitnehmerähnlichen Personen, für die der Kündigungsschutz nicht gilt (siehe Rz 7). Auch liegt keine Umgehung des Kündigungsschutzes vor bei Verträgen mit einer Befristung von unter sechs Monaten, weil der allgemeine Kündigungsschutz nach § 1 Abs. 1 KSchG erst eingreift, wenn der Arbeitnehmer in demselben Betrieb oder Unternehmen länger als sechs Monate beschäftigt ist. Bei befristeten Arbeitsverträgen mit leitenden Angestellten ist zu differenzieren: Da der Kündigungsschutz der leitenden Angestellten gegenüber dem Kündigungsschutz der anderen Arbeitnehmer insoweit eingeschränkt ist, als nach § 14 Abs. 2 i.V. mit § 9 Abs. 1 Satz 2 KSchG bei einer unwirksamen Arbeitgeber-Kündigung das Arbeitsverhältnis auf Antrag des Arbeitgebers ohne Begründung gegen Zahlung einer Abfindung aufzulösen ist, bestehen gegen eine Befristung ohne sachlichen Grund keine Bedenken, wenn zusammen mit der Befristungsabrede eine angemessene Abfindung vereinbart wird (6.157). Ist hingegen eine angemessene Abfindung nicht vorgesehen, so wird der gesetzliche Kündigungsschutz des Angestellten unzulässigerweise ausgeschaltet; die Befristung ist unwirksam (6.157). Schließlich besteht ein eingeschränkter Kündigungsschutz (z.B. hinsichtlich der sozialen Auswahl) und damit auch ein geringerer Befristungsschutz für Beschäftigungsverhältnisse, die neben einem Haupt-Arbeitsverhältnis oder neben einem Beamtenverhältnis im Nebenberuf ausgeübt werden (6.158). Beispiel: Studienrat in Vollzeitbeschäftigung erteilt zwei Wochenstunden nebenberuflich Unterricht an einer Volkshochschule.

- Hinsichtlich der besonderen Kündigungsschutzvorschriften für Schwangere und Mütter, Schwerbehinderte, Wehrpflichtige sowie bestimmte Amtsträger ist auf den Zeitpunkt des Abschlusses des befristeten Vertrages abzustellen. Liegt die Schwangerschaft, die Schwerbehinderung usw. zu diesem Zeitpunkt noch nicht vor, greift der besondere Kündigungsschutz nicht ein, die Befristung ist ohne Nachweis eines sachlichen Grundes zulässig (6.159). Liegt die Schwangerschaft usw. zum Zeitpunkt des Vertragsabschlusses schon vor, ist sie aber dem Arbeitgeber noch nicht bekannt, so ist die Befristung wirksam; die Rechtslage ändert sich aber, wenn der besondere Grund dem Arbeitgeber bekannt wird (6.159). Das gleiche gilt, wenn die Schwangerschaft usw. erst im Laufe des Arbeitsverhältnisses eintritt. Damit die Befristung wirksam ist, bedarf es in diesen Fällen eines besonderen sachlichen Grundes, d.h. der sachliche Grund muß von solchem Gewicht sein, daß er den verstärkten Arbeitsplatzschutz für die genannten Personengruppen zurückdrängt (6.159).

325 **Sachlicher Grund.** Ist ersichtlich, daß durch die Befristung die allgemeinen oder die besonderen Kündigungsschutzbestimmungen ausgeschaltet werden, so ist zu prüfen, ob hierfür ein sachlicher Grund vorliegt. Fehlt es an einem sachlichen Grund für die Befristung, so liegt eine objektiv funktionswidrige und deshalb mißbräuchliche Vertragsgestaltung vor mit der Folge, daß sich der Arbeitgeber nicht auf die Befristung berufen kann.

In Rechtsprechung und Literatur werden unterschiedliche Gesichtspunkte zur Bestimmung des sachlichen Grundes genannt. Das BAG stellt ab auf die Auffassung verständiger und verantwortungsbewußter Vertragspartner (6.160), auf die Üblichkeit im Arbeitsleben (6.161) und auf die Umstände des Einzelfalles (6.162). In der Literatur werden Fallgruppen anerkannter Befristungen gebildet (6.163) oder es erfolgt eine Einteilung nach der Interessenlage (6.164). Geht man von der Interessenlage aus, ergibt sich folgendes Bild (6.164):

- Befristung im Interesse des Arbeitgebers. Hier ist zu berücksichtigen, daß der Bestandsschutz bei einem befristeten Arbeitsverhältnis nicht weiter gehen kann als der Bestandsschutz nach dem Kündigungsschutzgesetz bei unbefristeten Arbeitsverhältnissen (6.165). Gründe, die es erlauben würden, einen unbefristet eingestellten Arbeitnehmer zu kündigen, müssen es – wenn sie im voraus abzusehen sind – auch zulassen, das Arbeitsverhältnis zu befristen (6.165). Dementsprechend ist zu unterscheiden zwischen betriebsbedingten und personenbedingten Befristungen. Verhaltensbedingte Befristungen sind nicht vorstellbar, denn es wird kein Arbeitsvertrag aufgrund der Prognose abgeschlossen, daß der Arbeitnehmer sich vertragswidrig verhalten werde.

Beispiele für eine betriebsbedingte Befristung: Urlaubs-, Kranken-, Schwangerschaftsvertretung; Abdeckung eines vorübergehenden Mehrbedarfes an Arbeitskräften, z.B. zur Erledigung von Eilaufträgen, für den Ausverkauf, für die Inventur; periodisch wiederkehrender, begrenzter Arbeitsanfall (= Saisonarbeit, Kampagnebetriebe); Drittmittelfinanzierung des Arbeitsplatzes im Rahmen von Arbeitsbeschaffungsmaßnahmen nach den §§ 91ff. AFG; im öffentlichen Dienst: Bezahlung des Arbeitnehmers aus einer bestimmten Haushaltsstelle, die nur befristet bewilligt worden ist oder deren Streichung mit Sicherheit zu erwarten ist (= kw-Vermerk mit konkretem Datum); im Hochschulbereich: Beschäftigung von Mitarbeitern entsprechend den Tätigkeitsmerkmalen des § 57 Abs. 2 Hochschulrahmengesetz (z.B. erstmalige Einstellung als wissenschaftlicher oder künstlerischer Mitarbeiter, Vergütung aus Mitteln Dritter).

Beispiele für eine personenbedingte Befristung: Erprobung des Arbeitnehmers (siehe auch Rz 26); Vorliegen einer befristeten Arbeitserlaubnis nach § 19 AFG (bei Beschäftigung von Ausländern); Abwechslungsbedürfnis (nur bei Solisten, Moderatoren, Nachrichtensprechern usw.).

- Befristung im Interesse des Arbeitnehmers. Hier müssen zum Zeitpunkt des Vertragsabschlusses objektive Anhaltspunkte dafür vorliegen, daß sich der Arbeitnehmer aus einer besonderen Interessenlage heraus nur für eine bestimmte Zeit binden will. Es muß sich um eine freie, vom Arbeitgeber unbeeinflußte Entscheidung des Arbeitnehmers handeln (6.166).

  Beispiele: Befristung aus familiären Gründen, wegen geplanter Aufnahme eines Studiums, wegen beabsichtigter Heirat; Befristung zwecks Erlangung besonderer Kenntnisse; Befristung zur Erprobung der Arbeitsbedingungen (Rz 26).

- Befristung im gemeinsamen Interesse von Arbeitgeber und Arbeitnehmer. Als Beispiel ist der gerichtliche oder außergerichtliche Vergleich zwecks Beilegung des Streites zwischen den Arbeitsvertragsparteien über die Beendigung des Arbeitsverhältnisses zu nennen. Einigen sich Arbeitgeber und Arbeitnehmer im Rahmen eines Vergleiches auf die Befristung eines Arbeitsverhältnisses, so trägt diese Befristung die sachliche Berechtigung in sich selbst; es braucht nicht mehr geprüft zu werden, ob ein weiterer sachlicher Grund für die Befristung vorliegt (6.167).

  Beispiel: A stellt B zur Aushilfe ein. B bestreitet, daß die Befristung zulässig sei und erhebt Klage vor dem Arbeitsgericht. Die Parteien einigen sich vor dem Arbeitsgericht dahingehend, daß das Arbeitsverhältnis für weitere zwei Monate befristet fortgesetzt werden und sodann enden soll.

Nach der Rechtsprechung des BAG muß ein sachlicher Grund nicht nur für die Befristung gegeben sein, sondern auch die Dauer der Befristung muß sachlich gerechtfertigt sein (6.168). Die gewählte Dauer des Vertrages muß sich am Sachgrund für die Befristung ausrichten, die Befristungsdauer muß mit dem Befristungsgrund in Einklang stehen (6.169).

Dies bedeutet aber nicht, daß die gewählte Vertragsdauer stets mit der Dauer des Sachgrundes für die Befristung übereinstimmen muß, daß der Beendigungszeitpunkt des Vertrages sich also mit dem Zeitpunkt des Wegfalls des Befristungsgrundes decken muß und jede Abweichung notwendigerweise die Unwirksamkeit der Befristung zur Folge hat (6.170). Die im Einzelfall gewählte Befristungsdauer hat vielmehr nur Bedeutung im Rahmen der Prüfung des sachlichen Befristungsgrundes selbst; denn aus der vereinbarten Befristungsdauer lassen sich Rückschlüsse darauf ziehen, ob ein sachlicher Befristungsgrund vorliegt oder ob ein solcher nur vorgeschoben ist (6.170).

Wird beispielsweise die Befristung eines Arbeitsvertrages mit der noch erforderlichen Erprobung des Arbeitnehmers begründet, überschreitet aber die vereinbarte Vertragsdauer deutlich den für eine Erprobung angemessenen zeitlichen Rahmen, so kann der Erprobungszweck offensichtlich keinen sachlichen Grund für eine Befristung abgeben. Befristungsgrund und Befristungsdauer stehen auch nicht miteinander in Einklang, wenn die Befristung damit begründet wird, der Arbeitnehmer solle für eine bestimmte Aufgabe von begrenzter Dauer eingesetzt werden, der Arbeitsvertrag aber über einen längeren Zeitraum läuft als zur Erledigung der Aufgabe (aus der Sicht bei Abschluß des Vertrages) erforderlich ist. Entsprechendes gilt im umgekehrten Fall: Bleibt die Dauer der arbeitsvertraglichen Befristung hinter dem Zeitraum zurück, für den der Sachgrund der Befristung (aus der Sicht bei Abschluß des Vertrages) bestehen wird, so kann dies Zweifel an dem Vorliegen eines Sachgrundes begründen. Ein Sachgrund liegt in diesem Falle nicht vor, wenn die Dauer der Befristung des Arbeitsvertrages derart hinter der voraussichtlichen Dauer des Befristungsgrundes zurückbleibt, daß eine sinnvolle, dem Sachgrund der Befristung entsprechende Mitarbeit des Arbeitnehmers nicht mehr möglich erscheint.

326 **Erleichterte Zulassung befristeter Verträge.** Nach dem Beschäftigungsförderungsgesetz 1994 ist es bis zum 31.12.2000 zulässig, einmalig die Befristung eines Arbeitsvertrages bis zur Dauer von achtzehn Monaten, in Sonderfällen (= Neugründungen, Kleinbetriebe) bis zur Dauer von zwei Jahren zu vereinbaren (§ 1 Abs. 1 Satz 1 und Abs. 2 BeschFG). Voraussetzung ist

- daß der beteiligte Arbeitnehmer neu eingestellt wird
- oder daß der beteiligte Arbeitnehmer im unmittelbaren Anschluß an die Berufsausbildung nur vorübergehend weiterbeschäftigt werden kann, weil kein Dauer-Arbeitsplatz zur Verfügung steht.

Ein sachlicher Grund für die Befristung ist nicht erforderlich.

Eine Neueinstellung setzt nicht die Schaffung eines neuen, zusätzlichen Arbeitsplatzes voraus; es genügt, daß der betreffende Arbeitnehmer im Betrieb neu eingestellt wird (6.171). Eine Neueinstellung liegt somit vor, wenn der Arbeitnehmer zuvor überhaupt noch nicht bei dem Arbeitgeber beschäftigt war oder wenn zwischen einem früheren Arbeitsverhältnis und dem neu begründeten Arbeitsverhältnis kein sachlicher Zusammenhang besteht (6.171); dabei ist nach § 1 Abs. 1 Satz 3 BeschFG ein sachlicher Zusammenhang nicht anzunehmen, wenn zwischen den Arbeitsverträgen ein Zeitraum von mehr als vier Monaten liegt. Der Arbeitgeber trägt die Darlegungs- und Beweislast dafür, daß es sich um eine Neueinstellung handelt, wenn er die Zulässigkeit der Befristung auf den Gesichtspunkt der Neueinstellung stützen will. Nicht erforderlich für den Abschluß eines befristeten Arbeitsvertrages nach § 1 BeschFG ist, daß der neu eingestellte Arbeitnehmer arbeitslos ist.

Beispiel: Arbeitnehmer A stand bei Arbeitgeber B bis zum 30.06. in einem befristeten Arbeitsverhältnis; das Arbeitsverhältnis endete durch ordentliche Kündigung. Arbeitgeber B bietet A am 15.09. eine neue Beschäftigung an, und zwar befristet für achtzehn Monate. Ein sachlicher Grund für diese Befristung liegt nicht vor. Die Befristung ist hier auch nach dem Beschäftigungsförderungsgesetz unzulässig, weil es sich nicht um eine Neueinstellung i.S.

des § 1 Abs. 1 Satz 1 BeschFG handelt. Anders wäre es, wenn Arbeitnehmer A bis zum 30.06. oder 14.09. bei einem anderen Arbeitgeber C in einem Arbeitsverhältnis gestanden hätte. In diesem Falle würde es sich bei der Einstellung des A bei Arbeitgeber B um eine Neueinstellung i.S. des § 1 Abs. 1 Satz 1 BeschFG handeln, so daß der befristete Vertrag trotz des Fehlens eines sachlichen Grundes wirksam wäre.

Der Hinweis auf die einmalige Befristung in § 1 BeschFG soll verhindern, daß die Vertragsparteien die zulässige Höchstdauer von achtzehn Monaten bzw. zwei Jahren auf mehrere hintereinandergeschaltete, in einem engen sachlichen Zusammenhang stehende Arbeitsverträge aufteilen (6.172). Das Beschäftigungsförderungsgesetz läßt es hingegen zu, daß dieselben Arbeitsvertragsparteien auch mehrmals Arbeitsverträge mit einer Befristung von jeweils bis zu achtzehn Monaten oder zwei Jahren abschließen, sofern es sich dabei jedesmal um eine Neueinstellung handelt (6.172).

327 **Mehrfache Befristung.** Die Arbeitsvertragsparteien können mehrere befristete Arbeitsverträge nacheinander abschließen. Dabei spielt es keine Rolle, ob die einzelnen befristeten Verträge jeweils mit einer zeitlichen Unterbrechung aufeinander folgen oder ob die Einzelverträge lückenlos aneinandergereiht werden. Im letzten Fall spricht man von einem Kettenarbeitsvertrag.

Nach früherer Rechtsprechung des BAG war bei jedem einzelnen Vertrag der sachliche Grund zu überprüfen (6.173). Nach neuerer Auffassung ist nur noch die Befristung des letzten Vertrages einer Kontrolle zu unterziehen (6.174). Schließen die Arbeitsvertragsparteien im Anschluß an einen früheren befristeten Arbeitsvertrag einen weiteren befristeten Vertrag ab, so bringen sie damit nach Ansicht des BAG zum Ausdruck, daß der neue Vertrag fortan für ihre Rechtsbeziehungen maßgeblich sein soll; eines neuen Arbeitsvertrages hätte es nicht bedurft, wenn die Befristung des vorangegangenen Vertrages unwirksam gewesen wäre und die Parteien sich deshalb bereits in einem unbefristeten Arbeitsverhältnis befunden hätten (siehe Rz 330). Da ein befristeter und ein unbefristeter Arbeitsvertrag mit sonst gleichem Inhalt nicht nebeneinander bestehen können, hätte der Abschluß eines befristeten Arbeitsvertrages neben einem schon bestehenden unbefristeten Arbeitsverhältnis nur dann Sinn, wenn die Vertragsparteien über die Wirksamkeit der Befristung des früheren Vertrages im Zweifel wären und infolgedessen den neuen befristeten Vertrag nur für den Fall abschlössen, daß sie nicht bereits aufgrund des vorangegangenen Vertrages in einem unbefristeten Arbeitsverhältnis stehen. Fehlt es an einem solchen Vorbehalt, so liegt im Abschluß eines befristeten Arbeitsvertrages zugleich konkludent die Aufhebung eines früheren unbefristeten Arbeitsvertrages (6.174).

Das BAG begründet seine Auffassung mit dem Erfordernis der Rechtssicherheit, die es gebiete, daß die Parteien nicht noch nach Jahr und Tag über ihre Rechtsbeziehungen im Ungewissen bleiben (6.174). Das wäre aber der Fall, wenn der Arbeitgeber nach der Abwicklung mehrerer aufeinander folgender befristeter Verträge und damit u.U. noch nach Jahren damit rechnen müßte, aus dem ersten dieser Arbeitsverträge wegen Unwirksamkeit der darin vereinbarten Befristung auf eine Fortsetzung des Arbeitsverhältnisses in Anspruch genommen zu werden.

328 **Fortsetzung des Arbeitsverhältnisses auf unbestimmte Zeit.** Nach der Rechtsprechung des BAG (6.175) kann der Arbeitgeber unter bestimmten Voraussetzungen verpflichtet sein, einen an sich wirksam befristeten Arbeitsvertrag auf unbestimmte Zeit fortzusetzen. Das ist dann der Fall, wenn der Arbeitgeber bei dem Arbeitnehmer die Erwartung geweckt und bestätigt hat, der Arbeitneh-

mer werde bei Eignung und Bewährung unbefristet weiterbeschäftigt, so daß der Arbeitgeber sich mit einer Ablehnung der Weiterbeschäftigung in Widerspruch zu seinem früheren Verhalten und dem von ihm geschaffenen Vertrauenstatbestand setzt. Allerdings genügt es nicht, daß nur der Arbeitnehmer subjektiv erwartet hat, der Arbeitgeber werde ihn nach Fristablauf weiterbeschäftigen. Vielmehr muß der Arbeitgeber den Arbeitnehmer in dieser Erwartung durch sein Verhalten eindeutig bestärkt haben, entweder bei Abschluß des befristeten Arbeitsvertrages oder während der Dauer des Zeitvertrages (6.175).

Beispiel: Der Arbeitgeber erklärt bei Abschluß des befristeten Arbeitsvertrages, er werde den Arbeitnehmer in ein unbefristetes Arbeitsverhältnis übernehmen, wenn der Arbeitnehmer sich der gestellten Aufgabe gewachsen zeige. Während der Abwicklung des Zeitvertrages bestätigt der Arbeitgeber dem Arbeitnehmer, der Weiterbeschäftigung stünden keine Gründe entgegen.

329 **Rechtslage bei wirksamer Befristung.** Ein wirksames befristetes Arbeitsverhältnis endet mit Ablauf der vereinbarten Zeit bzw. mit Erreichen des vereinbarten Zweckes der Arbeit, d.h. es endet von selbst. Einer Kündigung durch eine Partei oder einer Einigung beider Parteien bedarf es nicht. Deshalb finden die Kündigungsschutzbestimmungen und die Kündigungsverbote keine Anwendung. Auch ist keine Anhörung des Betriebsrates erforderlich.

Solange das Arbeitsverhältnis wirksam ist, besteht ein erhöhter Bestandsschutz. Dies ergibt sich durch Umkehrschluß aus § 620 Abs. 2 BGB; danach ist während des Bestehens eines befristeten Dienstverhältnisses die ordentliche Kündigung ausgeschlossen (sofern nicht etwas anderes vereinbart worden ist). Zulässig ist nur – auch ohne besondere Vereinbarung – die vorzeitige Auflösung des befristeten Arbeitsverhältnisses durch außerordentliche Kündigung, wenn ein wichtiger Grund hierfür vorliegt (6.176). Im übrigen kann ein wirksam befristetes Arbeitsverhältnis jederzeit vorzeitig durch Aufhebungsvertrag beendet werden.

330 **Rechtslage bei unwirksamer Befristung.** Die Unwirksamkeit der Befristung hat nicht zur Folge, daß der Arbeitsvertrag nichtig ist, weil dann der Arbeitnehmerschutzgedanke in sein Gegenteil verkehrt würde (6.177). Unwirksam ist lediglich die vereinbarte Befristung, während der Arbeitsvertrag im übrigen gültig bleibt und als Arbeitsvertrag auf unbestimmte Zeit gilt (6.178).

331 **Geltendmachung der Unwirksamkeit.** Will der Arbeitnehmer die Unwirksamkeit der Befristung geltend machen, muß er Klage vor dem Arbeitsgericht auf Feststellung erheben, daß sein Arbeitsverhältnis über den Zeitpunkt der vereinbarten Befristung hinaus fortbesteht. Sind bereits mehrere befristete Verträge geschlossen worden, so kann der Arbeitnehmer auf Feststellung klagen, daß schon die früheren Befristungen unwirksam waren und daß von Anfang an (oder von einem späteren Zeitpunkt an) ein unbefristeter Arbeitsvertrag vorliegt. Eine Klagefrist besteht nicht (6.179).

Ist streitig, ob zwischen den Parteien ein befristeter oder ein unbefristeter Arbeitsvertrag abgeschlossen wurde, trägt diejenige Partei die Darlegungs- und Beweislast für die Befristung, die sich auf die durch Fristablauf eingetretene Beendigung des Arbeitsverhältnisses beruft (in der Regel also der Arbeitgeber). Ist streitig, ob die Befristung sachlich berechtigt ist, so muß der Arbeitnehmer darlegen und beweisen, daß kein sachlicher Grund vorgelegen hat (6.180). Das BAG erleichtert jedoch dem Arbeitnehmer die Beweislast dadurch, daß es dem Arbeitgeber aufgibt, seinerseits das Vorbringen des Arbeitnehmers, wenn es dem ersten Anschein nach zutreffend ist, durch Gegendarstellungen und Gegenbeweise zu entkräften (6.180). Besteht Streit über die Dauer der Befristung, so hat diejenige Partei die Befristungsdauer zu beweisen, die sich auf die frühere Vertragsbeendigung beruft (6.180).

4. Sonstige Beendigungsmöglichkeiten

332 Beendigungsgründe. Als Beendigungsgründe kommen ferner in Betracht:

- Tod des Arbeitnehmers. Dies ergibt sich aus § 613 Satz 1 BGB, wonach der Arbeitnehmer in der Regel seine Arbeit in Person zu leisten hat (siehe Rz 42, 43).

  Ausnahmsweise kann das Arbeitsverhältnis auch über den Tod des Arbeitnehmers hinaus fortbestehen, wenn dies dem Willen der Vertragsparteien entspricht oder ausdrücklich im Arbeitsvertrag vereinbart ist (Beispiel: Hausmeistervertrag mit einem Ehepaar).
- Anfechtung wegen Eigenschaftsirrtum (§ 119 Abs. 2 BGB) oder wegen arglistiger Täuschung (§ 123 BGB). Zu den Anfechtungsvoraussetzungen siehe Rz 36, 37, zu den Wirkungen der Anfechtung siehe Rz 38.
- Entscheidung des Arbeitsgerichts gem. § 9 KSchG oder gem. § 100 Abs. 3 BetrVG. Gem. § 9 KSchG hat das Arbeitsgericht auf Antrag des Arbeitnehmers das Arbeitsverhältnis aufzulösen und den Arbeitgeber zur Zahlung einer angemessenen Abfindung zu verurteilen, wenn die Kündigung des Arbeitgebers sozial ungerechtfertigt ist und dem Arbeitnehmer die Fortsetzung des Arbeitsverhältnisses nicht zuzumuten ist. Einzelheiten siehe Rz 288. Nach § 100 Abs. 3 BetrVG endet die vorläufige Einstellung eines Arbeitnehmers, zu der der Betriebsrat seine Zustimmung verweigert hat, wenn das Arbeitsgericht den Antrag des Arbeitgebers auf Ersetzung der Zustimmung des Betriebsrates abgelehnt hat; die Beendigung tritt mit Ablauf von zwei Wochen nach Rechtskraft der Entscheidung ein. Einzelheiten siehe Rz 30.
- Erklärung des Arbeitnehmers gem. § 12 Satz 1 KSchG. Hat das Arbeitsgericht festgestellt, daß die Kündigung durch den Arbeitgeber sozial ungerechtfertigt ist, d.h. besteht das Arbeitsverhältnis fort, ist der Arbeitnehmer jedoch inzwischen ein neues Arbeitsverhältnis eingegangen, so kann der Arbeitnehmer binnen einer Woche nach der Rechtskraft des Urteils durch Erklärung gegenüber dem alten Arbeitgeber die Fortsetzung des Arbeitsverhältnisses bei diesem verweigern. Das Arbeitsverhältnis erlischt mit Zugang der Erklärung. Einzelheiten siehe Rz 288.
- Aussperrung mit lösender Wirkung. Die Aussperrung im Rahmen eines Arbeitskampfes hat i.d.R. keine Beendigung, sondern nur eine Suspendierung des Arbeitsverhältnisses zur Folge. Nur in besonderen Fällen ist eine Aussperrung mit lösender Wirkung zulässig (6.181); z.B. darf die Arbeitgeberseite auf wilde Streiks mit einer lösenden Aussperrung antworten. Spricht der Arbeitgeber die lösende Aussperrung aus, muß er nach Beendigung des Arbeitskampfes die ausgesperrten Arbeitnehmer nach billigem Ermessen wieder einstellen (6.181). Einzelheiten siehe Band 2 Kapitel 1.

333 **Keine Beendigung des Arbeitsverhältnisses.** Nicht beendet wird das Arbeitsverhältnis durch

- Tod des Arbeitgebers. Bei Tod des Arbeitgebers treten die Erben in die Rechte und Pflichten des Erblassers ein (§ 1922 BGB), dazu gehören auch die bei Eintritt des Erbfalles bestehenden arbeitsvertraglichen Rechte und Pflichten.

  Ausnahmsweise endet das Arbeitsverhältnis doch mit dem Tod des Arbeitgebers, wenn durch den Tod der Zweck des Vertrages entfällt oder die geschuldete Arbeitsleistung unmöglich wird. Beispiele: Arbeitsvertrag mit einer Privatsekretärin, mit einer Privatpflegerin, mit einem persönlichen Diener.

- Betriebsübergang. Geht ein Betrieb oder Betriebsteil durch Rechtsgeschäft auf einen anderen Inhaber über, so tritt dieser in die Rechte und Pflichten aus den im Zeitpunkt des Überganges bestehenden Arbeitsverhältnisses ein (§ 613a Abs. 1 Satz 1 BGB). Die Kündigung des Arbeitsverhältnisses durch den bisherigen Arbeitgeber oder durch den neuen Inhaber wegen des Überganges eines Betriebes oder eines Betriebsteiles ist unwirksam (§ 613a Abs. 4 Satz 1 BGB). Das Recht zur Kündigung aus anderen Gründen bleibt unberührt (§ 613a Abs. 4 Satz 2 BGB).
- Stillegung des ganzen Betriebes oder von Teilen des Betriebes. Jedoch kann eine ordentliche Kündigung aus Anlaß der Stillegung sozial gerechtfertigt sein (siehe Rz 280).
- Konkurs einer der beiden Parteien. Bei Konkurs des Arbeitgebers kann jedoch das Arbeitsverhältnis von jedem Vertragspartner unter Einhaltung der gesetzlichen Kündigungsfrist (falls nicht eine kürzere Frist vereinbart ist) gekündigt werden (§ 22 Abs. 1 KO).
- Streik oder Aussperrung. Ein rechtmäßiger Streik löst das Arbeitsverhältnis nicht auf. Vielmehr werden die Hauptpflichten der Parteien aus dem Arbeitsvertrag nur suspendiert; sie ruhen für die Dauer des Streikes. Entsprechendes gilt für eine rechtmäßige Aussperrung. Nach Beendigung des Streiks bzw. der Aussperrung leben die Hauptpflichten wieder auf.
- Eintritt der Berufs- oder Erwerbsunfähigkeit. Tarifvertraglich kann jedoch eine andere Regelung vereinbart werden.

  Beispielsweise sieht § 59 Abs. 1 BAT vor, daß das Arbeitsverhältnis eines Angestellten im öffentlichen Dienst – sofern ein Anspruch auf Zusatzversorgung besteht – mit Ablauf des Monats endet, in dem der Bescheid über die Feststellung der Berufs- oder Erwerbsunfähigkeit zugestellt wird. Das BAG läßt diese Regelung allerdings nur gelten für den Fall, daß – bei Berufsunfähigkeit – der Arbeitnehmer nicht auf einem freien Arbeitsplatz mit geringeren gesundheitlichen Anforderungen weiterbeschäftigt werden kann.

- Vollendung des 65. Lebensjahres (= Männer) bzw. des 60. Lebensjahres (= Frauen)

  Eine feste Altersgrenze, bei deren Überschreitung das Arbeitsverhältnis endet, gibt es für Arbeitnehmer nicht. Es kann aber eine Altersbegrenzung vereinbart werden. So können Tarifverträge die Beendigung des Arbeitsverhältnisses ohne Kündigung bei Vollendung des 65. bzw. 60. Lebensjahres vorsehen. Derartige Regelungen unterliegen nur einer begrenzten richterlichen Kontrolle; Gesetzgebung und Rechtsprechung unterstellen, daß die Tarifvertragsparteien aufgrund ihrer Regelungskompetenz die Interessen der Arbeitnehmer ausreichend berücksichtigen. Auch in einer Betriebsvereinbarung oder in einem Einzelvertrag kann eine Altersbegrenzung vereinbart werden, die auf die Vollendung des 65. bzw. 60. Lebensjahres abstellt; jedoch wird hier zusätzlich das Vorliegen eines sachlichen Grundes verlangt, was gegebenenfalls bei einer gerichtlichen Billigkeitskontrolle nachzuweisen ist. Das BAG hat eine Altersgrenzenregelung für wirksam erklärt, wenn die Beendigung des Arbeitsverhältnisses nicht nur von der Vollendung des 65. bzw. 60. Lebensjahres, sondern außerdem vom Bestehen eines Anspruches auf Altersruhegeld aus der gesetzlichen Rentenversicherung abhängig gemacht wird (6.182). (Das Bestehen einer betrieblichen Altersversorgung ist keine notwendige Voraussetzung für die Zulässigkeit einer Altersgrenze.) Als sachlichen Grund hat das BAG ferner die Bedürfnisse der betrieblichen Personal- und Nachwuchsplanung anerkannt (z.B. die Herstellung einer ausgewogenen Altersstruktur der Belegschaft zwecks Sicherung der Aufstiegschancen der jüngeren Mitarbeiter).

Da es keine festen Altersgrenzen für Arbeitnehmer gibt, kann sowohl kollektivvertraglich als auch einzelvertraglich vereinbart werden, daß der Arbeitnehmer auch über das 65. bzw. 60. Lebensjahr hinaus in Vollzeit- oder Teilzeitbeschäftigung weiterbeschäftigt werden kann. Der Bezug einer Altersrente nach Vollendung des 65. bzw. 60. Lebensjahres kann jedoch im Zusammenhang mit der sozialen Auswahl bei einer betriebsbedingten Kündigung zum Nachteil des weiterarbeitenden Arbeitnehmers berücksichtigt werden (6.183).

Altersgrenzen unter 65 bzw. 60 Jahren sind nur unter bestimmten Bedingungen zulässig. Sie sind nur wirksam, wenn die Vereinbarung auf den Zeitpunkt abstellt, in dem der Arbeitnehmer vor Vollendung des 65. Lebensjahres eine Rente wegen Alters beantragen kann; außerdem muß die Vereinbarung innerhalb der letzten drei Jahre vor dem vorgesehenen Beendigungstermin abgeschlossen oder von dem Arbeitnehmer bestätigt worden sein (§ 41 Abs. 4 Satz 3 SGB VI). Eine Vereinbarung, die mehr als drei Jahre zurückliegt und die vom Arbeitnehmer nicht in den letzten drei Jahren vor dem Beendigungstermin bestätigt worden ist, gilt dem Arbeitnehmer gegenüber als auf die Vollendung des 65. Lebensjahres abgeschlossen (§ 41 Abs. 4 Satz 3 SGB VI).

5. Pflichten bei Beendigung und nach Beendigung des Arbeitsverhältnisses

Die Beendigung des Arbeitsverhältnisses bedeutet nicht, daß sämtliche Rechtsbeziehungen zwischen Arbeitgeber und Arbeitnehmer erlöschen. Es können zwar nach Beendigung des Arbeitsverhältnisses keine neuen Pflichten mehr entstehen. Bereits vorher entstandene, noch nicht erfüllte Verpflichtungen werden dagegen durch die Beendigung des Arbeitsverhältnisses nicht berührt (6.184). So ist der Arbeitgeber verpflichtet, eine Endabrechnung vorzulegen, den rückständigen Lohn auszuzahlen; der Arbeitnehmer ist verpflichtet, über Einzelheiten seiner früheren Tätigkeit zu berichten, falls sich diesbezüglich Fragen ergeben u.a.m.

Darüber hinaus gibt es Arbeitgeber- und Arbeitnehmerpflichten, die sich ihrer Natur nach erst bei Beendigung oder nach Beendigung des Arbeitsverhältnisses konkretisieren (6.184). Das gilt z.B. für die Pflicht des Arbeitgebers, den Arbeitnehmer auf Verlangen von der Arbeit freizustellen, damit er sich einen neuen Arbeitsplatz suchen kann, dem Arbeitnehmer auf Verlangen ein Zeugnis auszustellen, Auskünfte über den Arbeitnehmer zu erteilen, die Arbeitspapiere auszuhändigen. Zu nennen ist ferner die Pflicht des Arbeitnehmers, nach Beendigung des Arbeitsverhältnisses eine gewerbliche Tätigkeit in Konkurrenz zum bisherigen Arbeitgeber zu unterlassen (sofern eine entsprechende Vereinbarung besteht), und die Pflicht des Arbeitgebers, hierfür das vereinbarte Karenzgeld zu zahlen.

5.1 Ausgleichsquittung

334 **Begriff.** Bei Beendigung des Arbeitsverhältnisses wird vom Arbeitnehmer regelmäßig eine sog. Ausgleichsquittung unterzeichnet. Darin bestätigt der Arbeitnehmer den Empfang seiner Arbeitspapiere und – gegebenenfalls – des restlichen Arbeitslohnes; darüber hinaus erklärt er, daß er keine Ansprüche mehr aus dem Arbeitsverhältnis (und dessen Beendigung) gegen den Arbeitgeber hat.

Die Ausgleichsquittung dient demselben Zweck wie die Ausschlußfrist (Rz 122). Mit der Ausgleichsquittung soll ein Schlußstrich unter das Arbeitsverhältnis gezogen werden. Der Arbeitgeber will sich davor schützen, vom Arbeitnehmer nach Beendigung des Arbeitsverhältnisses auf Leistungen in Anspruch genommen zu werden; außerdem sollen Rechtsstreitigkeiten vermieden werden.

335 **Rechtsnatur.** Soweit in der Ausgleichsquittung der Empfang der Arbeitspapiere und des Restlohnes bestätigt wird, handelt es sich um eine Quittung (§ 368 Satz 1 BGB). In bezug auf die Erklärung, der Arbeitnehmer habe keine weiteren Ansprüche mehr, sind mehrere Auslegungen denkbar. Es kann sich um einen Vergleich handeln, wenn die Parteien über das Bestehen von Ansprüchen gestritten haben oder im Ungewissen waren und der Streit oder die Ungewißheit im Wege gegenseitigen Nachgebens beseitigt worden ist (§ 779 BGB). Es kann ein Erlaßvertrag vorliegen, wenn die Parteien von dem Bestehen einer Forderung ausgegangen sind, der Arbeitnehmer aber auf diese Forderung verzichtet (§ 397 Abs. 1 BGB). Drittens ist ein negatives Schuldanerkenntnis möglich (§ 397 Abs. 2 BGB). Dieses kann ein deklaratorisches negatives Schuldanerkenntnis sein, wenn die Parteien davon ausgegangen sind, daß keine Forderungen mehr bestehen, was sie mit der Erklärung noch einmal bestätigen. Es kann ein konstitutives negatives Schuldanerkenntnis sein, wenn die Parteien die Absicht hatten, durch die Ausgleichsquittung alle bekannten und u.U. noch bestehenden unbekannten Ansprüche zu beseitigen. Das konstitutive negative Schuldanerkenntnis enthält somit für den Fall, daß doch noch eine Forderung besteht, einen Erlaßvertrag.

336 **Rechtsgrundlagen.** Gesetzlich ist der Arbeitnehmer lediglich verpflichtet, bei Beendigung des Arbeitsverhältnisses auf Verlangen des Arbeitgebers den Empfang der Arbeitspapiere und des Restlohnes zu quittieren (§ 368 Satz 1 BGB). Eine weitergehende Verpflichtung zur Unterzeichnung einer Ausgleichsquittung besteht nicht (6.185). Der Arbeitgeber hat daher auch kein Zurückbehaltungsrecht hinsichtlich der Arbeitspapiere oder des Restlohnes, wenn sich der Arbeitnehmer weigert, eine Ausgleichsquittung zu unterschreiben (6.185).

337 **Erfaßte Ansprüche.** Enthält die Ausgleichsquittung einen Vergleich, so werden grundsätzlich nur solche Ansprüche erfaßt, auf die sich der Vergleich nach übereinstimmender Auffassung der Parteien erstreckt; nicht erfaßt werden die Forderungen, die bei Abschluß des Vergleiches außerhalb der Vorstellungen der Parteien liegen (6.186). Ein Erlaßvertrag betrifft nur die bereits bestehenden Forderungen, nicht künftige Forderungen. Ist in der Ausgleichsquittung ein negatives Schuldanerkenntnis enthalten, so erstreckt es sich regelmäßig nur auf diejenigen Ansprüche, die bis zum Ende des Arbeitsverhältnisses fällig werden (6.186).

Zu beachten ist, daß der Arbeitnehmer auf unabdingbare gesetzliche Ansprüche, z.B. auf den Entgeltfortzahlungsanspruch im Krankheitsfall nach § 8 Abs. 1 EFZG (Rz 135) oder auf den Anspruch auf Urlaubsabgeltung nach § 7 Abs. 4 BUrlG (Rz 89), nicht verzichten kann. Eine Ausgleichsquittung, in der auf gesetzliche Ansprüche verzichtet wird, ist unwirksam. Dasselbe gilt, wenn in der Ausgleichsquittung auf bereits entstandene tarifliche Rechte, z.B. auf den Tariflohn, verzichtet wird, es sei denn, daß die Tarifvertragsparteien den Verzicht ausdrücklich billigen (§ 4 Abs. 4 Satz 1 TVG); verzichtet werden kann lediglich auf übertarifliche Leistungen. Auch auf Rechte, die dem Arbeitnehmer in einer Betriebsvereinbarung eingeräumt werden, kann in einer Ausgleichsquittung nicht verzichtet werden, es sei denn, der Betriebsrat stimmt dem Verzicht zu (§ 77 Abs. 4 Satz 2 BetrVG).

Nach Auffassung des BAG muß der Arbeitgeber den Arbeitnehmer unmißverständlich darauf hinweisen, daß mit der Ausgleichsquittung ein Verzicht des Arbeitnehmers auf Ansprüche gegen den Arbeitgeber angestrebt wird. Der Hinweis kann entweder durch eine entsprechende eindeutige und nicht zu übersehende Formulierung in der Ausgleichsquittung selbst erfolgen oder durch eine mündliche Erläuterung vor der Unterzeichnung (6.187). Der angestrebte Verzicht muß ausländischen Arbeitnehmern u.U. mit Hilfe eines Dolmetschers deutlich gemacht werden. Der Arbeitgeber trägt die Beweislast dafür, daß eine Klarstellung erfolgt ist.

Dementsprechend hat das BAG entschieden, daß der Arbeitnehmer nicht auf das Recht, Kündigungsschutzklage zu erheben, verzichte, wenn er eine Erklärung unterzeichne, wonach er keine Ansprüche mehr aus dem Arbeitsverhältnis und dessen Beendigung habe (6.188). Ein Verzicht auf das Recht, gegen die Kündigung zu klagen, muß nach Ansicht des BAG unmißverständlich erklärt werden (6.188); hat der Arbeitnehmer zum Zeitpunkt der Unterzeichnung der Ausgleichsquittung bereits eine Kündigungsschutzklage erhoben, muß die Erklärung den Hinweis enthalten, daß die Klage zurückgenommen wird. In gleicher Weise bedeutet die Erklärung in der Ausgleichsquittung, es bestünden keine Ansprüche mehr aus dem Arbeitsverhältnis und seiner Beendigung, nicht, daß der Arbeitnehmer auf Ruhegeldansprüche und Ruhegeldanwartschaften (6.189), Zeugnisansprüche (6.190), Ansprüche aus dem ArbNErfG (6.191) oder Rechte aus einem vertraglichen Wettbewerbsverbot (6.192) verzichtet.

338 **Wirkung.** Enthält die Ausgleichsquittung einen wirksamen Vergleich, so sind nach Unterzeichnung der Erklärung Ansprüche aus dem zugrundegelegten streitigen Sachverhalt ausgeschlossen. Ein Erlaßvertrag führt zum Erlöschen der Forderung, ebenso ein konstitutives negatives Schuldanerkenntnis. Demgegenüber hat das deklaratorische negative Schuldanerkenntnis nicht das Erlöschen der Forderung zur Folge. Es bewirkt aber eine Umkehrung der Beweislast; nunmehr muß der Arbeitnehmer beweisen, daß die Forderung noch besteht (6.193).

339 **Widerruf und Anfechtung.** Die Ausgleichsquittung kann vom Arbeitnehmer durch Widerruf oder Anfechtung beseitigt werden. Ein Widerrufsrecht wird häufig in Tarifverträgen vereinbart. Für die Anfechtung gelten die Regeln des BGB. In Betracht kommt eine Anfechtung wegen Inhaltsirrtums (§ 119 Abs. 1 BGB) oder wegen Täuschung und Drohung (§ 123 BGB).

Ein Inhaltsirrtum liegt nicht vor, wenn der Arbeitnehmer die Ausgleichsquittung nicht gelesen hat, wohl aber wenn er beweist, daß er geglaubt habe, nur eine einfache Quittung für die Arbeitspapiere und den Restlohn zu unterzeichnen (6.194). Eine arglistige Täuschung ist gegeben, wenn dem Arbeitnehmer vorgespiegelt wird, es handele sich nur um eine einfache Quittung. Von einer rechtswidrigen Drohung ist zu sprechen, wenn die Aushändigung der Arbeitspapiere von der Unterzeichnung der Ausgleichsquittung abhängig gemacht wird oder wenn für den Fall der Nichtunterzeichnung die Einleitung eines Strafverfahrens angekündigt wird.

5.2 Zeugnis

340 **Anspruchsgrundlagen.** Nach § 630 BGB kann der Arbeitnehmer bei der Beendigung des Arbeitsverhältnisses vom Arbeitgeber ein Zeugnis verlangen. Sondervorschriften finden sich in § 113 GewO für gewerbliche Arbeitnehmer und in § 73 HGB für kaufmännische Angestellte. Die Sondervorschriften stimmen inhaltlich mit § 630 BGB überein, so daß von einem einheitlichen Zeugnisrecht gesprochen werden kann. Für Berufsausbildungsverhältnisse gilt § 8 BBiG; danach muß bei der Beendigung eines Berufsausbildungsverhältnisses ein Zeugnis ausgestellt werden, auch wenn der Auszubildende ein Zeugnis nicht verlangt.

341 **Unabdingbarkeit.** Der Anspruch aus § 630 BGB, § 113 GewO, § 73 HGB ist insofern zwingend, als vor Beendigung des Arbeitsverhältnisses nicht auf die Erteilung eines Zeugnisses verzichtet werden kann. Ob ein Verzicht nach Beendigung des Arbeitsverhältnisses möglich ist, hat das BAG offengelassen (6.195).

Eine allgemein ausformulierte Ausgleichsquittung (Rz 334ff.) erfaßt im Regelfall nicht den Zeugnisanspruch; soll auf die Ausstellung eines Zeugnisses verzichtet werden, muß dies in der Ausgleichsquittung unmißverständlich zum Ausdruck kommen (6.196). Ob der Zeugnisanspruch von einer tariflichen Verfallsfrist (Rz 122) erfaßt wird, muß nach deren Wortlaut beurteilt werden; vielfach wird die Auslegung ergeben, daß die bei Beendigung des Arbeitsverhältnisses entstehenden Ansprüche nicht betroffen sind (6.197).

342 **Anspruchsberechtigte.** Anspruchsberechtigt sind alle Arbeitnehmer, ferner die arbeitnehmerähnlichen Personen (6.198). Gleichgültig ist, ob der Beschäftigte in Vollzeit oder in Teilzeit, im Hauptberuf oder im Nebenberuf tätig war.

§ 630 gilt – anders als die oben genannten Spezialvorschriften – nur für dauernde Dienstverhältnisse. Das Arbeitsverhältnis muß also vertraglich auf eine längere Dauer angelegt sein oder tatsächlich länger gedauert haben (6.199).

Anspruchsgegner ist der Arbeitgeber. Dieser kann sich durch einen Mitarbeiter vertreten lassen, der das Zeugnis in seinem Namens ausstellt. Allerdings muß der Vertreter bzw. Erfüllungsgehilfe erkennbar ranghöher sein als der Empfänger des Zeugnisses.

343 **Entstehung des Anspruches.** Der Zeugnisanspruch entsteht nach dem Wortlaut des Gesetzes bei der Beendigung des Arbeitsverhältnisses (§ 630 BGB, § 73 HGB) bzw. beim Abgang (§ 113 Abs. 1 GewO). Nach herrschender Meinung heißt dies, daß der Zeugnisanspruch nicht erst im Zeitpunkt der rechtlichen Beendigung des Arbeitsverhältnisses, sondern bereits vorher geltend gemacht werden kann. Endet das Arbeitsverhältnis durch ordentliche (= fristgemäße) Kündigung, kann der Arbeitnehmer das Zeugnis bereits mit Beginn der gesetzlichen oder vereinbarten Kündigungsfrist verlangen (6.200). Endet das Arbeitsverhältnis durch Fristablauf, so erwächst der Zeugnisanspruch in dem Zeitpunkt, in dem im Falle eines unbefristeten Arbeitsverhältnisses hätte gekündigt werden müssen (6.201). Bei einer unbefristeten außerordentlichen Kündigung kann das Zeugnis sofort verlangt werden; dem Arbeitgeber ist allerdings eine angemessene Bearbeitungszeit zuzubilligen.

Zu beachten ist, daß das vor der rechtlichen Beendigung des Arbeitsverhältnisses erteilte Zeugnis nur ein vorläufiges Zeugnis ist, das auch als solches bezeichnet werden sollte. Es ist nicht vollständig, weil es nicht den gesamten Beschäftigungszeitraum umfaßt. Dieses vorläufige Zeugnis ist bei der rechtlichen Beendigung des Arbeitsverhältnisses gegen ein endgültiges Zeugnis umzutauschen.

Der Zeugnisanspruch kann auch noch nach der Beendigung des Arbeitsverhältnisses geltend gemacht werden. Er verjährt erst 30 Jahre nach Beendigung des Arbeitsverhältnisses (§ 195 BGB). Jedoch kann der Anspruch bereits vorher verwirkt sein. Das ist der Fall, wenn der Arbeitnehmer seinen Zeugnisanspruch schon längere Zeit (= fünf bis zehn Monate) nicht geltend gemacht hat und dadurch beim Arbeitgeber der Eindruck hervorgerufen wurde, daß auch künftig kein Zeugnis verlangt werden würde, und wenn der Arbeitgeber sich hierauf eingestellt hat und die Ausstellung eines Zeugnisses ihm nicht mehr zugemutet werden kann. Dabei ist zwischen einfachem (Rz 345) und qualifiziertem Zeugnis (Rz 346) zu unterscheiden. Der Anspruch auf ein qualifiziertes Zeugnis erlischt, wenn dem Arbeitgeber wegen der Länge der verflossenen Zeit eine Beurteilung von Führung und Leistung nicht mehr möglich ist; hingegen kann ein einfaches Zeugnis solange verlangt werden, wie die Unterlagen über Art und Dauer der Beschäftigung im normalen Geschäftsbetrieb aufbewahrt werden.

Ausnahmsweise ist ein Zeugnisanspruch auch bei fortbestehendem Arbeitsverhältnis gegeben. Weil das Arbeitsverhältnis noch nicht beendet ist, kann es sich dabei nur um ein Zwischenzeugnis handeln. So kann in einem Tarifvertrag vereinbart werden, daß der Arbeitnehmer ein Zwischenzeugnis verlangen kann (siehe § 61 Abs. 2 BAT: aus triftigen Gründen). Ein Anspruch auf ein Zwischenzeugnis wird ferner anerkannt, wenn der Arbeitgeber dem Arbeitnehmer die alsbaldige Beendigung des Arbeitsverhältnisses ankündigt (z.B. bei einer geplanten Betriebsstillegung); der Arbeitgeber ist in diesem Falle aufgrund seiner Fürsorgepflicht verpflichtet, dem Arbeitnehmer die Stellungssuche zu erleichtern. Schließlich kann ein Zwischenzeugnis verlangt werden: bei Besuch von Fortbildungskursen und von Fach- und Hochschulen, wenn ein Zeugnis Zulassungsvoraussetzung ist; bei Versetzung innerhalb eines Konzerns von einem Unternehmen in ein anderes Unternehmen; bei Änderung der Firmenstruktur, z.B. bei der Umwandlung einer Personalgesellschaft in eine Kapitalgesellschaft, bei einer Fusion (betrifft nur Führungskräfte).

344 **Form.** Das Zeugnis ist schriftlich zu erteilen (§ 630 BGB, § 73 HGB). Werden im Geschäftszweig des Arbeitgebers für schriftliche Äußerungen üblicherweise Firmenbögen verwendet und benutzt auch der Arbeitgeber solches Geschäftspapier, so entspricht das Zeugnis nur dann den Anforderungen an die äußere Form, wenn es auf Firmenbogen mit ordnungsgemäßem Briefkopf geschrieben ist; ein weißer Bogen Schreibmaschinenpapier ist in diesem Fall unzureichend.

Das Zeugnis ist zu unterschreiben, entweder vom Arbeitgeber oder von seinem Vertreter. Die Unterschrift darf nicht gestempelt sein, auch der Firmenstempel genügt nicht. Ferner muß das Zeugnis den Namen und die Anschrift des Arbeitgebers bzw. der Firma und die Firmenadresse sowie Ort und Zeitpunkt der Ausstellung enthalten. Ausstellungsdatum ist der Tag der Ausfertigung des Zeugnisses. Auch wenn das Zeugnis nach Beendigung des Arbeitsverhältnisses ausgestellt wird, darf es nicht zurückdatiert werden. Wird das Zeugnis nachträglich berichtigt (Rz 348), ist das berichtigte Zeugnis auf den Tag der Ausstellung des ursprünglichen Zeugnisses zu datieren; andernfalls könnte sich das späte Ausstellungsdatum nachteilig für den Arbeitnehmer auswirken, weil der Eindruck entstehen kann, das Zeugnis sei u.U. das Ergebnis einer gerichtlichen Auseinandersetzung (6202).

Der Zeugnisanspruch kann auch durch Übersendung einer Kopie des Originalzeugnisses erfüllt werden. Die Zeugniskopie muß dann aber die Originalunterschrift des Arbeitgebers oder seines Vertreters enthalten; eine Zeugniskopie mit kopierter Unterschrift entspricht nicht den formalen Anforderungen.

Werden Korrekturen oder Ergänzungen des Zeugnistextes vorgenommen, insbesondere an Stellen, wo der Anschein einer unbefugten Änderung durch den Arbeitnehmer entstehen kann, muß das Zeugnis neu geschrieben werden. Für den Außenstehenden darf nicht erkennbar sein, daß Änderungen vorgenommen wurden. Dabei spielt es keine Rolle, ob der Arbeitgeber die Änderung von sich aus vorgenommen hat oder ob er dazu gerichtlich verurteilt worden ist oder aufgrund eines Prozeßvergleiches verpflichtet ist.

345 **Einfaches Zeugnis.** Inhaltlich ist zu unterscheiden zwischen einem einfachen und einem qualifizierten Zeugnis. Das einfache Zeugnis enthält nur Angaben über die Art und die Dauer des Arbeitsverhältnisses (§ 630 Satz 1 BGB, § 73 Satz 1 HGB, § 113 Abs. 1 GewO), ferner den Namen, den Vornamen und den Beruf des Arbeitnehmers. Anschrift und Geburtsdatum des Arbeitnehmers dürfen nur mit seinem Einverständnis genannt werden (6.203).

Die Art der Beschäftigung ist so genau und vollständig zu beschreiben, daß sich ein Dritter ein klares Bild machen kann (6.204). Hierzu gehört die detaillierte Beschreibung des Arbeitsplatzes, der ausgeübten Tätigkeiten und des Verantwortungsbereiches. Hat der Arbeitnehmer neben seiner Haupttätigkeit weitere Aufgaben bzw. Zuständigkeiten im Betrieb wahrgenommen, ist dies ebenfalls im Zeugnis zu vermerken. Anzugeben ist auch die Teilnahme an Fortbildungsmaßnahmen u.ä. Der Arbeitgeber hat bei der Beschreibung der Art der Tätigkeiten einen geringeren Spielraum als bei der Leistungsbeurteilung (Rz 346). Ob die vom Arbeitnehmer ausgeübten Tätigkeiten nach Umfang und Art bedeutungsvoll waren, ist nicht ausschlaggebend; es kommt nur darauf an, ob die Tätigkeiten ausreichen, um sie im Falle einer Bewerbung für den künftigen Arbeitgeber interessant erscheinen zu lassen (6.204). Dagegen gehört die Mitgliedschaft im Betriebsrat nicht in das Arbeitszeugnis, weil sie mit der beruflichen Tätigkeit des Arbeitnehmers nichts zu tun hat (6.205). Etwas anderes soll bei qualifizierten Zeugnissen gelten, wenn der Arbeitnehmer so lange dem Betriebsrat angehört hat, daß seine Leistung nicht mehr beurteilt werden kann (6.206).

Als Dauer ist die rechtliche, bei außerordentlicher Kündigung die tatsächliche Dauer des Arbeitsverhältnisses anzugeben. Kürzere Unterbrechungen der Tätigkeit im Betrieb durch Krankheit, Kur, Urlaub u.a.m. sind nicht in das Zeugnis aufzunehmen. Anders ist es bei Ausfallzeiten von längerer Dauer, z.B. bei Unterbrechungen durch Wehr- und Zivildienst oder durch Erziehungsurlaub, wenn sie etwa die Hälfte der Beschäftigungszeit umfassen; hier erfordert es die Wahrheitspflicht (Rz 346), sie im Zeugnis zu erwähnen.

Der Grund der Beendigung des Arbeitsverhältnisses braucht im Zeugnis nicht angegeben zu werden, es sei denn, der Arbeitnehmer wünscht es (z.B. wenn er das Arbeitsverhältnis auf eigenen Wunsch beendet hat oder bei einverständlicher Aufhebung des Arbeitsverhältnisses).

346 **Qualifiziertes Zeugnis.** Das qualifizierte Zeugnis erstreckt sich auf die Art und Dauer der Beschäftigung sowie auf die Führung und die Leistungen des Arbeitnehmers (§ 630 Satz 2 BGB, § 73 Satz 2 HGB, § 113 Abs. 2 GewO). Es muß daher neben den Angaben des einfachen Zeugnisses auch eine Beurteilung des Verhaltens des Arbeitnehmers im Betrieb und der von ihm geleisteten Arbeit enthalten. Unzulässig ist, nur die Führung oder nur die Leistung zu beurteilen, da das Zeugnis ein Gesamtbild ergeben soll (6.207). Dienstliche Führung und Leistung des Arbeitnehmers sind so eng miteinander verknüpft, daß eine Beschreibung des einen Merkmals unter Weglassen des anderen leicht ein falsches Bild vermitteln kann.

Unter Führung ist das Verhalten des Arbeitnehmers gegenüber Vorgesetzten, Kollegen und Dritten zu verstehen. Die Beurteilung hat sich nur auf das dienstliche Verhalten zu erstrecken, nicht auf das Privatleben; auf das außerdienstliche Verhalten ist nur einzugehen, wenn es die Führung beeinträchtigt hat (z.B. Alkoholmißbrauch). Auch Straftaten dürfen nicht in das Zeugnis aufgenommen werden, wenn sie mit dem Arbeitsverhältnis nicht in Zusammenhang stehen (anders bei dienstlichen Verfehlungen, z.B. Unterschlagungen).

Bei der Beurteilung der Leistung des Arbeitnehmers ist insbesondere auf Arbeitsumfang, Arbeitsqualität und Arbeitstempo einzugehen, außerdem auf Leistungsbereitschaft, Fleiß, Ausdauer, Belastbarkeit. Anzugeben sind ferner besondere Fachkenntnisse, Verhandlungsgeschick u.a.m.

Die Anforderungen an den Inhalt eines qualifizierten Zeugnisses sind von Rechtsprechung und Schrifttum entwickelt worden (6.208). Es gelten zwei einander widersprechende Grundsätze, so daß jedes qualifizierte Zeugnis einen Balanceakt erfordert (6.209). Auf der einen Seite muß das Zeugnis der Wahrheit entsprechen (6.210). Ein Arbeitgeber, der die Einstellung eines Bewerbers in Erwägung zieht, muß darauf vertrauen können, daß ein qualifiziertes Zeugnis wahrheitsgemäß Auskunft über Führung und Leistung des Bewerbers gibt. Dieser Grundsatz hat zur Folge, daß der Arbeitgeber nicht nur die für den Arbeitnehmer günstigen, sondern auch die ungünstigen Umstände nennen muß, sofern es sich um schwerwiegende Mängel handelt (z.B. Nichtbestehen einer Prüfung). Ein Arbeitnehmer, der ein qualifiziertes Zeugnis verlangt, muß also auch mit negativen Aussagen rechnen, die für sein weiteres Fortkommen nachteilig sein können (6.211). Auf der anderen Seite gilt der Grundsatz der wohlwollenden Beurteilung (6.212). Der Arbeitgeber muß bei der Abfassung des Zeugnisses den wohlwollenden Maßstab eines verständigen Arbeitgebers anlegen (6.212). Das Zeugnis soll das berufliche Fortkommen des Arbeitnehmers nicht erschweren. Will der Arbeitgeber beiden Grundsätzen Rechnung tragen, ergibt sich, daß er zwar wahrheitsgemäße Angaben im Zeugnis machen muß, daß er aber bei ungünstigen, für den Arbeitnehmer nachteiligen Aussagen eine schonende Formulierung zu wählen hat. Die Wahrheitspflicht geht also der wohlwollenden Beurteilung vor (6.212). Keinesfalls darf der Arbeitgeber in dem Wunsch, dem Arbeitnehmer behilflich zu sein, wahrheitswidrige Angaben in das Zeugnis aufnehmen und ein Urteil abgeben, das nicht seiner Überzeugung entspricht, oder für die Beurteilung des Arbeitnehmers bedeutsame Vorkommnisse verschweigen (6.213). Kleinere Verfehlungen oder kleinere Mängel der Arbeitsleistung können bzw. sollen hingegen verschwiegen werden (6.214).

Der Wortlaut des Zeugnisses steht im Ermessen des Arbeitgebers; es ist seine Sache, das Zeugnis im einzelnen zu formulieren. Der Arbeitnehmer hat keinen Anspruch auf bestimmte Formulierungen (6.215). Jedoch muß der Arbeitgeber die Verkehrssitte beachten. Werden bestimmte Angaben im Zeugnis erwartet, so hat er sie in das Zeugnis aufzunehmen (6.215), z.B. bei einem Kassierer die Ehrlichkeit, bei einem Kraftfahrer die sichere Fahrweise. Es sind die im Arbeitsleben üblichen Formulierungen zu verwenden; doppelsinnige Ausdrucksweisen, mißverständliche Wortwahl oder mißverständliche Satzstellung sind zu vermeiden. Das Zeugnis darf keine verborgenen Merkmale enthalten, die den Zweck haben, den Arbeitnehmer in einer aus dem Wortlaut des Zeugnisses nicht ersichtlichen Weise zu kennzeichnen (§ 113 Abs. 3 GewO).

Der Arbeitgeber hat zu beachten, daß bestimmte Formulierungen in der Zeugnispraxis eine besondere Bedeutung haben. Eine sehr gute Leistung wird üblicherweise bewertet mit „stets und zu unserer vollsten Zufriedenheit" oder „in jeder Hinsicht und außerordentlich zufriedenstellend", eine gute Leistung mit „stets und zu unserer vollen Zufriedenheit" oder „voll und ganz zufriedenstellend", eine befriedigende Leistung mit „zu unserer vollen Zufriedenheit" oder „stets zufriedenstellend", eine ausreichende Leistung mit „zu unserer Zufriedenheit", eine mangelhafte Leistung mit „im großen und ganzen zufriedenstellend" (6.216). Zu beachten ist ferner, daß das Weglassen bestimmter Einzelmerkmale in der Beurteilung als eine deutliche negative Bewertung anzusehen ist (6.216). Eine eigene Bedeutung hat auch die Schlußformulierung. Bedauert der Arbeitgeber das Ausscheiden des Arbeitnehmers, dankt er für die geleistete Arbeit und wünscht er alles Gute für die Zukunft, so hat dies eine positive Bedeutung; fehlen solche Wendungen, ist darin i.d.R. eine negative Aussage zu sehen (6.216).

347 **Wahlrecht.** Grundsätzlich hat der Arbeitnehmer ein Wahlrecht hinsichtlich der Art des Zeugnisses (§ 630 BGB, § 73 HGB, § 113 GewO). Verlangt der Arbeitnehmer ein einfaches Zeugnis, kann er ein vom Arbeitgeber entgegen seinem Wunsch ausgestelltes qualifiziertes Zeugnis ablehnen. Hat der Arbeitnehmer zunächst ein einfaches Zeugnis verlangt und ist dieses auch bereits ausgestellt worden, kann er nachträglich die Ausstellung eines qualifizierten Zeugnisses verlangen, und zwar Zug um Zug gegen Rückgabe des einfachen Zeugnisses. Ist jedoch auf Verlangen des Arbeitnehmers zunächst ein qualifiziertes Zeugnis erteilt worden, kann der Arbeitnehmer nicht nachträglich auf das (u.U. für ihn ungünstige) Zeugnis zugunsten eines einfachen Zeugnisses verzichten; denn mit der Erfüllung des weitergehenden Anspruches ist der engere erfüllt (6.217).

348 **Berichtigung des Zeugnisses.** Entspricht das Zeugnis nach Form und Inhalt nicht den gesetzlichen Anforderungen, so hat der Arbeitgeber ein neues Zeugnis auszustellen. Das gleiche gilt, wenn das Zeugnis unrichtige Tatsachenangaben oder fehlerhafte Beurteilungen enthält (6.218). Eine bloße Korrektur ist unzureichend, das Zeugnis muß sich in einer Form präsentieren, die den Eindruck vermeidet, daß nachträglich etwas geändert oder eingefügt worden sein könnte. Im Streitfall ist der Arbeitgeber für die Richtigkeit seiner Darlegungen beweispflichtig (6.218). Allerdings kann der Arbeitnehmer die Geltendmachung seines Anspruches auf ein ordnungsgemäßes Zeugnis nicht monatelang hinauszögern; der Anspruch auf Berichtigung kann verwirken (6.219). Der Arbeitnehmer kann auch auf Berichtigung des Zeugnisses vor dem Arbeitsgericht klagen. Die Arbeitsgerichte sind befugt, das gesamte Zeugnis zu überprüfen und u.U. selbst neu zu formulieren (6.220); der Arbeitgeber hat alsdann das Zeugnis zu erteilen, ohne daß er auf das Urteil verweisen darf.

349 **Rechtsfolgen bei Verletzung der Zeugnispflicht.** Wird das Zeugnis überhaupt nicht oder verspätet erteilt oder enthält es unrichtige bzw. unvollständige Angaben, so kann der Arbeitnehmer vor dem Arbeitsgericht auf Erteilung bzw. Berichtigung des Zeugnisses klagen. Gibt das Arbeitsgericht der Klage statt, kann

der Arbeitnehmer die Vollstreckung nach § 888 Abs. 1 ZPO betreiben (= Androhung von Zwangsgeld). Der Arbeitnehmer kann aber auch stattdessen beim Arbeitsgericht beantragen, den Arbeitgeber für den Fall, daß das Zeugnis nicht binnen einer bestimmten Frist erteilt bzw. berichtigt ist, zur Zahlung einer vom Arbeitsgericht festzusetzenden Entschädigung zu verurteilen (§ 61 Abs. 2 ArbGG), und auf diese Weise Druck auf den Arbeitgeber ausüben.

Ist dem Arbeitnehmer ein Schaden entstanden dadurch, daß er infolge des fehlenden oder fehlerhaften Zeugnisses oder der verspäteten Zeugniserteilung keine oder nur eine schlechter bezahlte Arbeitsstelle gefunden hat, und hat der Arbeitgeber die Nichterfüllung, Schlechterfüllung oder verspätete Erfüllung des Zeugnisanspruches zu vertreten, so kann der Arbeitnehmer Schadensersatz vom Arbeitgeber verlangen. Als Anspruchsgrundlage kommen positive Vertragsverletzung und Verzug in Betracht (§§ 276, 280, 286 BGB). Den Arbeitnehmer trifft die Darlegungs- und Beweislast für die positive Vertragsverletzung bzw. für den Verzug, für den ursächlichen Zusammenhang und für den entstandenen Schaden (6.221). Er muß darlegen und beweisen, daß ein bestimmter Arbeitgeber bereit gewesen ist, ihn einzustellen, sich dann aber wegen des fehlenden oder fehlerhaften Zeugnisses davon hat abhalten lassen. Zum Nachweis des Schadens ist nicht erforderlich, daß ein tatsächlicher Verdienstausfall belegt wird; es genügt der Nachweis von Tatsachen, die den Schadenseintritt wahrscheinlich machen (§ 252 Satz 2 BGB). Der Arbeitgeber ist darlegungs- und beweispflichtig dafür, daß er den Zeugnisanspruch ordnungsgemäß erfüllt hat, d.h. daß ihn kein Verschulden trifft (6.221).

350 Haftung gegenüber Dritten bei unrichtiger Zeugniserteilung. Da das Zeugnis der Wahrheit entsprechen muß, kann der Arbeitgeber bei unrichtiger Zeugniserteilung nach § 826 BGB schadensersatzpflichtig werden. Voraussetzung ist, daß der Arbeitgeber wissentlich unwahre Angaben gemacht hat, sich der möglichen schädlichen Folgen bewußt war und die Folgen zumindest billigend in Kauf genommen hat (6.222). Bedingter Vorsatz ist ausreichend, nicht dagegen Fahrlässigkeit. Voraussetzung ist ferner, daß der neue Arbeitgeber den Arbeitnehmer im Vertrauen auf das unrichtige Zeugnis eingestellt hat und daß tatsächlich ein Schaden entstanden ist. Anspruchsgegner ist der neue Arbeitgeber, der den Arbeitnehmer aufgrund des zu positiven Zeugnisses eingestellt hat.

Der Anspruch aus § 826 BGB wird allerdings nur selten greifen, da eine Schädigungsabsicht gegenüber dem neuen Arbeitgeber kaum nachweisbar sein wird. Auch kann sich der Zeugnisaussteller damit verteidigen, er habe berechtigte Hoffnung gehabt, der Arbeitnehmer werde sich nicht noch einmal als unzuverlässig erweisen oder straffällig werden.

Stellt sich nachträglich heraus, daß ein zunächst in gutem Glauben ausgestelltes Zeugnis objektiv unrichtig ist, so ist der Arbeitgeber zum Rückruf und zur Berichtigung des Zeugnisses verpflichtet (6.223). Ist dem Arbeitgeber bekannt, daß ein bestimmter Dritter auf das Zeugnis vertraut hat und dadurch schweren Schaden zu nehmen droht, muß er den Dritten unverzüglich informieren; andernfalls haftet er für die Schäden, die dem Dritten dadurch entstehen, daß dieser die Einstellung im Vertrauen auf die Richtigkeit des Zeugnisses vorgenommen hat (6.223).

5.3 Wettbewerbsverbot

Solange das Arbeitsverhältnis rechtlich besteht, darf der Arbeitnehmer ohne Einwilligung des Arbeitgebers keine Tätigkeit ausüben, die dem Arbeitgeber Konkurrenz macht (= Wettbewerbsverbot während des Bestehens des Arbeitsverhältnisses, siehe Rz 108). Nach Beendigung des Arbeitsverhältnisses ist der Arbeitnehmer hingegen grundsätzlich frei, wie er seine Kenntnisse und Erfahrungen verwerten will. Er kann z.B. zu einem Konkurrenzunternehmen gehen oder als Selbständiger zu seinem früheren Arbeitgeber in Wettbewerb treten. Zu beachten sind nur die gesetzlichen Grenzen, insbesondere § 1 UWG (= Schadensersatzpflicht bei Verstoß gegen die guten Sitten im geschäftlichen Verkehr), § 17 Abs. 2 UWG (= Freiheits- oder Geldstrafe bei Verwertung oder Weitergabe von Betriebs- und Geschäftsgeheimnissen), § 823 Abs. 1 BGB (= Schadensersatzpflicht bei schuldhafter widerrechtlicher Verletzung des Eigentums oder eines sonstigen Rechts des Arbeitgebers), § 826 BGB (= Schadensersatzpflicht bei sittenwidriger vorsätzlicher Schädigung des Arbeitgebers). Besteht allerdings eine Wettbewerbsvereinbarung zwischen Arbeitgeber und Arbeitnehmer (sog. nachvertragliches Wettbewerbsverbot, Konkurrenzklausel), so unterliegt der Arbeitnehmer bei der Wahl der neuen Tätigkeiten gewissen Beschränkungen.

351 **Begriff.** Unter einem Wettbewerbsverbot versteht man eine Vereinbarung zwischen Arbeitgeber und Arbeitnehmer, in der sich der Arbeitnehmer dazu verpflichtet, für eine bestimmte Zeit nach Beendigung des Arbeitsverhältnisses keine Tätigkeit in Konkurrenz zum Arbeitgeber auszuüben, während der Arbeitgeber zusagt, für die Dauer des Verbotes eine bestimmte Entschädigung zu zahlen. Die Vereinbarung kann vorsehen, daß dem Arbeitnehmer jede Tätigkeit in Konkurrenz zum Arbeitgeber untersagt ist, sei es als Arbeitnehmer in einem Konkurrenzunternehmen, sei es als Selbständiger oder als Gesellschafter eines Konkurrenzunternehmens (= allgemeine Konkurrenzklausel). Es kann aber auch vereinbart werden, daß nur die Konkurrenztätigkeit auf dem bisherigen Arbeitsgebiet des Arbeitnehmers verboten ist (= partielle oder tätigkeitsbezogene Konkurrenzklausel). Räumlich kann sich das Wettbewerbsverbot auf bestimmte Landesteile, auf das gesamte Staatsgebiet, u.U. sogar auf mehrere Staaten erstrecken. Die Dauer des Verbotes kann mehrere Monate, maximal zwei Jahre umfassen. Die zugesagte Entschädigung muß mindestens die Hälfte der vom Arbeitnehmer zuletzt bezogenen vertragsmäßigen Leistungen betragen. Für den Fall des Verstoßes gegen das Wettbewerbsverbot kann eine Vertragsstrafe vereinbart werden.

Von einem bedingten Wettbewerbsverbot spricht man, wenn der Arbeitgeber sich vorbehält, erst bei Beendigung des Arbeitsverhältnisses zu entscheiden, ob er dem Arbeitnehmer die Konkurrenztätigkeit untersagt oder ob er ihn freigibt. Beabsichtigt wird mit einer derartigen Vereinbarung, daß die Pflicht zur Zahlung einer Karenzentschädigung erst erwachsen soll, wenn der Arbeitnehmer tatsächlich eine Konkurrenztätigkeit aufnimmt. Der Arbeitgeber kann also abwarten, bis er weiß, ob der Arbeitnehmer zu ihm in Wettbewerb tritt oder nicht.

Kein Wettbewerbsverbot liegt vor, wenn zwischen Arbeitnehmer und Arbeitgeber vereinbart wird, daß der Arbeitnehmer bestimmte Geschäfts- und Betriebsgeheimnisse (z.B. Rezepturen, Kundenanschriften), die er aufgrund seiner Tätigkeit kennenlernt, nach Beendigung des Arbeitsverhältnisses nicht nutzen oder weitergeben darf. Eine solche Vereinbarung schränkt den Arbeitnehmer in seiner gewerblichen Tätigkeit nicht ein; sie verhindert lediglich, daß er seinen künftigen beruflichen Erfolg auf der Verwertung oder Weitergabe eines Betriebsgeheimnisses gründet. Die Verbindlichkeit einer solchen Geheimhaltungsklausel hängt deshalb auch nicht von der Zusage einer Entschädigung ab.

352 **Rechtsgrundlagen.** Die gesetzlichen Vorschriften in bezug auf das Wettbewerbsverbot sind unterschiedlich. Detaillierte Vorschriften bestehen für kaufmännische Angestellte (§§ 74-75f. HGB); für technische Angestellte liegt nur eine einzelne Vorschrift vor (§ 133f. GewO), desgleichen für Auszubildende (§ 5 Abs. 1 BBiG). Für andere Angestellte sowie für Arbeiter fehlt eine gesetzliche Regelung. Das BAG wendet jedoch seit 1969 die §§ 74ff. HGB auf alle Arbeitnehmer entsprechend an, auch auf Arbeiter (6.224). Die §§ 74ff. HGB gelten somit heute – unmittelbar oder entsprechend – für alle Arbeitsverhältnisse. Nicht anwendbar sind sie auf freie Mitarbeiter sowie auf Organmitglieder juristischer Personen, z.B. auf Vorstandsmitglieder einer Aktiengesellschaft (6.225); soweit hier Wettbewerbsvereinbarungen abgeschlossen werden, unterliegen sie nur den allgemeinen Grenzen des § 138 BGB.

Die §§ 74ff. HGB enthalten zwingendes Recht zugunsten des Arbeitnehmers. Auf eine Vereinbarung, durch die von den Vorschriften der §§ 74-75c HGB zum Nachteil des Arbeitnehmers abgewichen wird, kann sich der Arbeitgeber nicht berufen (§ 75d Satz 1 HGB). Das gilt auch für Vereinbarungen, durch die die gesetzlichen Vorschriften über das Mindestmaß der Entschädigung durch Verrechnung oder auf sonstige Weise umgangen werden sollen (§ 75d Satz 2 HGB).

Zu beachten ist, daß die §§ 74ff. HGB nur gelten, wenn das Wettbewerbsverbot bereits bei der Begründung des Arbeitsverhältnisses oder während des Bestehens des Arbeitsverhältnisses (auch schon während des Probearbeitsverhältnisses) vereinbart wurde. Sie finden keine Anwendung auf eine Vereinbarung, die erst nach Beendigung des Arbeitsverhältnisses abgeschlossen ist, weil dann der Arbeitnehmer nicht mehr in einem Abhängigkeitsverhältnis zum Arbeitgeber steht. Offen ist die Rechtslage, wenn das Wettbewerbsverbot erst im Zusammenhang mit der Beendigung des Arbeitsverhältnisses vereinbart wird (6.226).

353 **Form.** Das Wettbewerbsverbot bedarf nach § 74 Abs. 1 HGB der Schriftform. Zweck dieser Formvorschrift ist es, den Arbeitnehmer vor unüberlegten Vereinbarungen zu schützen. Das Wettbewerbsverbot muß also von beiden Parteien auf derselben Urkunde oder, wenn mehrere Urkunden aufgenommen werden, von jeder Partei auf der für die Gegenpartei bestimmten Urkunde durch eigenhändige Namensunterschrift oder durch beglaubigtes Handzeichen unterzeichnet werden (§ 126 BGB). Die Verletzung der Formvorschrift hat die Nichtigkeit der Vereinbarung zur Folge (§ 125 Satz 1 BGB). Die Übersendung eines Bestätigungsschreibens oder einer Anlage zum Arbeitsvertrag reicht nicht aus; dagegen genügt es, wenn zwar die Wettbewerbsvereinbarung selbst nicht unterschrieben ist, sie aber fest mit dem unterschriebenen Arbeitsvertrag verbunden wird.

Die Urkunde muß alle das Wettbewerbsverbot betreffenden Einzelheiten enthalten, und zwar sowohl das Wettbewerbsverbot nach Zeit, Ort und Inhalt als auch die Verpflichtung des Arbeitgebers zur Zahlung einer Entschädigung und deren Höhe.

Nach § 74 Abs. 1 HGB ist außerdem die Aushändigung der vom Arbeitgeber unterzeichneten Urkunde an den Arbeitnehmer erforderlich, damit dieser sich jederzeit über seine Pflichten informieren kann. Erst mit der Aushändigung der Urkunde wird das Wettbewerbsverbot verbindlich (6.227). Die Ausfertigung soll unverzüglich (d.h. ohne schuldhaftes Zögern) nach Unterzeichnung der Urkunde erfolgen. Wird die Aushändigung unangemessen verzögert, kann der Arbeitnehmer die Annahme der Urkunde verweigern; verweigert er die rechtzeitig angebotene Urkunde, ist er so zu behandeln, als ob die Urkunde rechtzeitig ausgehändigt worden wäre (6.227). Die Beweislast für die Aushändigung der Urkunde trägt der Arbeitgeber.

354 **Nichtigkeit des Wettbewerbsverbotes.** Das Gesetz unterscheidet zwischen nichtigen und unwirksamen Wettbewerbsverboten. Nichtig ist ein Wettbewerbsverbot

- wenn die Vereinbarung nicht schriftlich abgefaßt wurde und der Arbeitgeber dem Arbeitnehmer nicht eine von ihm unterzeichnete Urkunde ausgehändigt hat, die die vereinbarten Bestimmungen enthält (§ 74 Abs. 1 HGB)
- wenn die Zusage des Arbeitgebers fehlt, dem Arbeitnehmer für die Dauer des Wettbewerbsverbotes eine Entschädigung zu zahlen

  Nach § 74 Abs. 2 HGB ist in diesem Falle das Wettbewerbsverbot unverbindlich. Die Unverbindlichkeit steht hier jedoch nach Auffassung des BAG der Nichtigkeit gleich, weil der Arbeitnehmer sich nicht an das Verbot zu halten braucht, im Falle der Einhaltung des Verbotes aber auch keine Entschädigung verlangen kann (6.228). Zur Wirksamkeit eines Wettbewerbsverbotes gehört also die Zusage (irgend-) einer Entschädigung. Zur Rechtslage im Falle einer zu geringen Entschädigung siehe Rz 355.

- wenn der Arbeitnehmer zur Zeit des Abschlusses der Vereinbarung minderjährig ist (§ 74a Abs. 2 Satz 2 erster Halbsatz HGB, § 133f. Abs. 2 GewO); dies gilt selbst dann, wenn der gesetzliche Vertreter zustimmt. Die Vereinbarung bleibt auch unwirksam, wenn der Minderjährige später volljährig wird; um den Wettbewerb auszuschließen, muß in diesem Fall nach Eintritt der Volljährigkeit ein neues Wettbewerbsverbot vereinbart werden.
- wenn der Arbeitgeber sich die Erfüllung des Wettbewerbsverbotes auf Ehrenwort oder unter ähnlichen Versicherungen (z.B. an Eides Statt) versprechen läßt (§ 74a Abs. 2 Satz 2 zweiter Halbsatz HGB)
- wenn ein Dritter (= gesetzlicher Vertreter, Ehepartner) die Verpflichtung übernimmt, auf den Arbeitnehmer einzuwirken, daß dieser nach Beendigung des Arbeitsverhältnisses keinen Wettbewerb betreibt (§ 74a Abs. 2 Satz 3 HGB)
- wenn das Wettbewerbsverbot gegen die guten Sitten verstößt (§ 74 Abs. 3 HGB, § 138 BGB)

  Da die Vorschriften der §§ 74 Abs. 2, 74a Abs. 2 HGB als lex specialis dem § 138 BGB vorgehen, kommt eine Überprüfung von Wettbewerbsverboten an dem Maßstab der guten Sitten nur noch in Betracht, wenn das Wettbewerbsverbot aus anderen als den in den §§ 74 Abs. 2, 74a Abs. 2 HGB genannten Gründen nichtig ist, z.B. wenn es wucherisch oder sonst knebelnd abgefaßt ist (6.229) oder wenn die nach § 74 Abs. 2 HGB bemessene Entschädigung wegen einer niedrigen Vergütung des Arbeitnehmers während des Arbeitsverhältnisses nicht einmal das Existenzminimum abdeckt.

- wenn es sich um eine Vereinbarung mit einem Auszubildenden handelt (§ 5 Abs. 1 Satz 1 BBiG), es sei denn, die Vereinbarung ist in den letzten drei Monaten des Ausbildungsverhältnisses abgeschlossen worden und der Arbeitgeber hat sich darin verpflichtet, nach Beendigung der Ausbildung ein Arbeitsverhältnis auf unbestimmte Zeit mit dem Auszubildenden einzugehen oder ein befristetes Arbeitsverhältnis abzuschließen und die Kosten für eine weitere Berufsbildung des Auszubildenden zu übernehmen (§ 5 Abs. 1 Satz 2 BBiG).

Ist das Wettbewerbsverbot nichtig, so kann weder der Arbeitgeber vom Arbeitnehmer die Unterlassung von Wettbewerb noch der Arbeitnehmer vom Arbeitgeber – bei Einhaltung des Verbotes – die Zahlung einer Entschädigung verlangen. Aus einem nichtigen Wettbewerbsverbot kann keine Partei irgendwelche Rechte ableiten (6.230).

355 **Unverbindliches Wettbewerbsverbot.** Das Wettbewerbsverbot ist unverbindlich

- wenn zwar vom Arbeitgeber eine Entschädigung zugesagt wird, diese aber nicht für jedes Jahr des Verbotes mindestens die Hälfte der vom Arbeitnehmer zuletzt bezogenen vertragsmäßigen Leistungen erreicht (§ 74 Abs. 2 HGB)

  Auch bei sog. hochbesoldeten Angestellten sowie bei Angestellten deutscher Staatsangehörigkeit, die für eine Tätigkeit außerhalb Europas eingestellt werden, hängt die Verbindlichkeit eines Wettbewerbsverbotes von der Zusage der gesetzlichen Entschädigung von mindestens 50% der letzten vertraglichen Bezüge ab. § 75 Satz 1 und Satz 2 HGB, die für beide Personengruppen die Verbindlichkeit des Wettbewerbsverbotes auch ohne Zusage einer Entschädigung vorsehen, sind vom BAG für verfassungswidrig und damit nichtig erklärt worden (6.231).

- wenn das Wettbewerbsverbot nicht dem Schutz eines berechtigten geschäftlichen Interesses des Arbeitgebers dient (§ 74a Abs. 1 Satz 1 HGB)

  Ein berechtigtes Interesse des Arbeitgebers ist nur anzuerkennen, wenn der Arbeitnehmer die Möglichkeit hat, beim Arbeitgeber Kenntnisse und Erfahrungen zu erwerben oder geschäftliche Beziehungen herzustellen, die für die Konkurrenz von Bedeutung sind (z.B. Kenntnisse bezüglich Produktionsverfahren, Bezugsquellen, Kundenlisten), und wenn das Wettbewerbsverbot erforderlich ist, um die Weitergabe von Geschäftsinterna und/oder den Einbruch in den Kunden- und Lieferantenstamm des Arbeitgebers zu verhindern (6.232). Es muß also ein konkreter Bezug zwischen der früheren und der vorgesehenen neuen Tätigkeit bestehen. Hingegen reicht es nicht aus, wenn lediglich die Möglichkeit besteht, daß der Arbeitnehmer irgendwann einmal (etwa wegen seiner Tüchtigkeit oder Begabung) zur Stärkung der Konkurrenz beitragen könnte, wenn das Wettbewerbsverbot also nur dazu dient, den Arbeitnehmer von Kunden fernzuhalten oder seinen Arbeitsplatzwechsel zu erschweren (6.233).

  Ein berechtigtes geschäftliches Interesse des Arbeitgebers an einem Wettbewerbsverbot kann auch schon bei Beendigung des Arbeitsverhältnisses während der Probezeit zu bejahen sein. Das berechtigte geschäftliche Interesse kann nachträglich entfallen, z.B. wenn der Arbeitgeber sein Unternehmen veräußert; dann ist das Wettbewerbsverbot von diesem Zeitpunkt an unverbindlich.

- wenn das Wettbewerbsverbot unter Berücksichtigung der gewährten Entschädigung nach Ort, Zeit und Gegenstand eine unbillige Erschwerung des Fortkommens des Arbeitnehmers enthält (§ 74a Abs. 1 Satz 2, § 133f. Abs. 1 GewO)

  Es ist eine Abwägung der dem Arbeitnehmer auferlegten Beschränkungen und der vom Arbeitgeber zugesagten Entschädigung vorzunehmen (6.234). Eine unbillige Erschwerung des Fortkommens ist im allgemeinen anzunehmen, wenn das Wettbewerbsverbot praktisch zu einer völligen Beschneidung der beruflichen Möglichkeiten des Arbeitnehmers führt, ohne daß dies durch eine entsprechend hohe Entschädigung ausgeglichen wird. Je erheblicher die berufliche Beschränkung im Einzelfall ist, umso höher muß die Entschädigung – über die Mindestgrenze des § 74 Abs. 2 HGB hinaus – festgesetzt werden, wenn eine unbillige Erschwerung des Fortkommens des Arbeitnehmers verhindert werden soll.

  Das Wettbewerbsverbot darf sich nicht auf einen Zeitraum von mehr als zwei Jahren erstrecken, gerechnet von der rechtlichen Beendigung des Arbeitsverhältnisses an (§ 74a Abs. 1 Satz 3 HGB). Die Zweijahresfrist kann nur dann ausgenutzt werden, wenn hierfür stichhaltige Gründe vorliegen; bei dem raschen Tempo der technischen und wirtschaftlichen Entwicklung wird vielfach ein kürzerer Zeitraum ausreichen.

- wenn der Arbeitgeber sich vorbehalten hat, ob er bei Beendigung des Arbeitsverhältnisses das Wettbewerbsverbot in Anspruch nimmt oder nicht (= bedingtes Wettbewerbsverbot).

Der Begriff der Unverbindlichkeit beim bedingten Wettbewerbsverbot und in § 74 Abs. 2 HGB (= zu niedrige Entschädigung) hat einen anderen Inhalt als der Unverbindlichkeitsbegriff in den §§ 74a Abs. 1 HGB und 133f. Abs. 1 GewO. Unverbindlichkeit i.S. von § 74 Abs. 2 HGB bedeutet, daß der Arbeitgeber sich nicht auf die Vereinbarung berufen kann; er kann somit die Unterlassung von Wettbewerb nicht erzwingen (6.235). Der Arbeitnehmer hingegen hat ein Wahlrecht. Er kann auf die Unverbindlichkeit des Wettbewerbsverbotes verweisen, kann dann zwar eine Konkurrenztätigkeit ausüben, hat aber keinen Anspruch auf Entschädigung. Oder er kann sich dafür entscheiden, das Wettbewerbsverbot einzuhalten; dann ist der Arbeitgeber zur Zahlung der vereinbarten (nicht der gesetzlichen) Entschädigung verpflichtet (6.235). Die gleiche Rechtslage besteht bei einem bedingten Wettbewerbsverbot (6.236). Auch hier kann der Arbeitgeber sich nicht auf das Wettbewerbsverbot berufen, während der Arbeitnehmer eine Wahlmöglichkeit hat. Unterläßt der Arbeitnehmer den Wettbewerb, muß der Arbeitgeber die bedingt versprochene Entschädigung zahlen. Der Arbeitgeber erreicht also das Gegenteil von dem, was er mit dem bedingten Wettbewerbsverbot erreichen wollte. Es genügt, wenn der Arbeitnehmer sich zu Beginn der Karenzzeit endgültig für das Wettbewerbsverbot entscheidet und seiner Unterlassungspflicht nachkommt; einer darüber hinausgehenden Erklärung gegenüber dem Arbeitgeber bedarf es nicht (6.237). Der Arbeitgeber hat das Recht, den Arbeitnehmer unter Bestimmung einer angemessenen Frist zu einer Entscheidung aufzufordern; äußert sich der Arbeitnehmer nicht innerhalb der Frist, geht das Wahlrecht auf den Arbeitgeber über (6.237).

Unverbindlichkeit i.S. der §§ 74a Abs. 1 HGB, 133f. Abs. 1 GewO bedeutet, daß das Wettbewerbsverbot nur unverbindlich ist, soweit bestimmte Grenzen überschritten werden, während es innerhalb des zulässigen Bereiches für beide Vertragsparteien verbindlich ist (6.238). Beispielsweise ist ein Wettbewerbsverbot, das sich auf einen Zeitraum von drei Jahren nach Beendigung des Arbeitsverhältnisses erstreckt, nur in dem zulässigen Zeitraum von zwei Jahren nach Beendigung des Arbeitsverhältnisses für den Arbeitnehmer verbindlich. Ein Wettbewerbsverbot, das eine unbillige Erschwerung des Fortkommens des Arbeitnehmers darstellt, weil es sich auch auf das Ausland erstreckt, kann verbindlich sein, soweit es sich auf die Bundesrepublik Deutschland bezieht. Kann ein berechtigtes geschäftliches Interesse des Arbeitgebers zwar nicht für das gesamte Wettbewerbsverbot, wohl aber für einen begrenzten Umfang des Wettbewerbsverbotes (z.B. hinsichtlich eines bestimmten Produktionszweiges des Unternehmens) bejaht werden, so ist das Wettbewerbsverbot in diesem begrenzten Umfang verbindlich, im übrigen unverbindlich.

356 **Karenzentschädigung.** Die Verpflichtung des Arbeitgebers zur Zahlung einer Entschädigung ist die Gegenleistung für die vom Arbeitnehmer übernommene Pflicht zur Unterlassung von Wettbewerb. Die Entschädigung bemißt sich nach den vom Arbeitnehmer zuletzt bezogenen vertragsmäßigen Leistungen (§ 74 Abs. 2 HGB). Dazu gehören nicht nur die regelmäßigen vertraglichen Bezüge, wie Lohn oder Gehalt einschließlich fester Zulagen, sondern auch sonstige wechselnde Einkünfte wie Urlaubsgeld, Weihnachtsgeld, Provisionen, Gewinnbeteiligungen, Tantiemen, Sachleistungen u.a.m. Soweit es sich um regelmäßige Bezüge handelt, sind die zuletzt gezahlten Monats-, Wochen- oder Tageseinkünfte durch Multiplikation mit 12, 52 oder 365 auf Jahresbeträge umzurechnen. Bei wechselnden Einkünften ist der Durchschnitt der letzten drei Jahre zugrunde zu legen; hat das Arbeitsverhältnis noch nicht drei Jahre bestanden, ist der Durchschnitt des Zeitraumes, für den das Wettbewerbsverbot in Kraft war, in Ansatz zu bringen (§ 74b Abs. 2 HGB). Zahlungen des Arbeitgebers, die dem Ersatz von Auslagen dienen (z.B. Fahrtkostenersatz), bleiben außer Betracht (§ 74b Abs. 3 HGB). Bei Provisionen, Tantiemen, Gewinnbeteiligungen u.ä. kommt es nicht auf die Fälligkeit oder den Auszahlungszeitraum an, sondern allein auf den Zeitraum, für den die Leistungen gezahlt werden (6.239).

Der auf diese Weise errechnete Jahresbetrag, geteilt durch 12 und multipliziert mit mindestens 50/100, ergibt die zu zahlende Mindestentschädigung. Sie ist am Ende eines jeden Monats an den Arbeitnehmer auszuzahlen (§ 74b Abs. 1 HGB); als Monat zählt dabei nicht der Kalendermonat, sondern der Monat seit Beendigung des Arbeitsverhältnisses. Die Vereinbarung längerer Zahlungsfristen ist unwirksam, wohl aber können kürzere Fristen vereinbart werden. Die Entschädigung unterliegt der zweijährigen Verjährungsfrist (siehe Rz 122).

Die Entschädigung ist lohnsteuerpflichtig. Sie ist aber kein Arbeitsentgelt i.S. von § 14 SGB IV, unterliegt mithin nicht der Sozialversicherung. Soweit die Pfändungsgrenzen überschritten werden, ist eine Pfändung (Rz 164) und Abtretung (Rz 166) möglich. Zur Behandlung der Entschädigung bei Konkurs des Arbeitgebers siehe Rz 167.

Auf die Entschädigung wird angerechnet (auch ohne besondere Vereinbarung), was der Arbeitnehmer während des Zeitraumes, für den die Entschädigung gezahlt wird, durch anderweitige Verwertung seiner Arbeitskraft erwirbt oder zu erwerben böswillig unterläßt (§ 74c Abs. 1 HGB). Der Arbeitnehmer ist verpflichtet, dem Arbeitgeber auf Verlangen Auskunft über die Höhe seines Erwerbes zu geben (§ 74c Abs. 2 HGB).

Böswilligkeit liegt vor, wenn der Arbeitnehmer in Kenntnis der objektiven Umstände (= Arbeitsmöglichkeit, Zumutbarkeit der Arbeit, Nachteilsfolgen für Arbeitgeber) vorsätzlich untätig bleibt, also überhaupt nicht arbeitet, obwohl er eine angemessene Arbeit finden könnte, oder wenn er gegen ein unangemessenes niedriges Entgelt tätig wird (6.240). Der Arbeitgeber kann aber nicht verlangen, daß der Arbeitnehmer sich in gleicher Weise beruflich betätigt wie bisher; vielmehr ist der Arbeitnehmer in der Wahl seines Berufes grundsätzlich frei. Der Arbeitnehmer kann beispielsweise während des Verbotszeitraumes ein Studium beginnen, vorausgesetzt, es handelt sich um ein sinnvolles und planvolles Studium (Beispiel: Chemielaborant nimmt ein Studium der Chemie an einer Fachhochschule auf); hingegen kann böswilliges Unterlassen anderweitigen Erwerbs zu bejahen sein, wenn ein schulisch Minderbegabter studiert oder der Arbeitnehmer ein sinn- und planloses Studium betreibt (6.241). Auch bleibt der Arbeitgeber zur Zahlung der vollen Entschädigung verpflichtet, wenn der Arbeitnehmer wegen seines Gesundheitszustandes oder aus sonstigen Gründen (z.B. wegen Eintritts in den Ruhestand, wegen Eintritts in die Bundeswehr als Berufssoldat) gar nicht in der Lage ist, Wettbewerb zu treiben (6.242). Als einzige Ausnahme besteht der in § 74c Abs. 1 Satz 3 HGB geregelte Fall, daß der Anspruch auf Entschädigung ruht für die Dauer der Verbüßung einer Freiheitsstrafe. Macht sich der Arbeitnehmer selbständig und erzielt er hierbei in der Zeit des Aufbaues der Existenz ein geringeres Einkommen als bei einer abhängigen Beschäftigung im konkurrenzfreien Bereich, so liegt kein böswilliges Unterlassen anderweitigen Erwerbs vor (6.243). Für das böswillige Unterlassen anderweitigen Erwerbs ist der Arbeitgeber darlegungs- und beweispflichtig.

Eine Anrechnung erfolgt allerdings nur, wenn die Entschädigung unter Hinzurechnung des anderweitigen Erwerbs den Betrag der zuletzt bezogenen vertragsmäßigen Leistungen um mehr als 10% übersteigt (§ 74c Abs. 1 Satz 1 HGB). Ist der Arbeitnehmer durch das Wettbewerbsverbot gezwungen, seinen Wohnsitz zu verlegen, d.h. kann er nur außerhalb seines bisherigen Wohnortes eine Tätigkeit ausüben, die nach Art, Vergütung und beruflichen Chancen seiner bisherigen Tätigkeit nahekommt, findet eine Anrechnung nur statt, wenn die Entschädigung zusammen mit dem anderweitigen Erwerb um mehr als 25% über dem Betrag der zuletzt bezogenen Leistungen liegt (§ 74c Abs. 1 Satz 2 HGB).

Beispiel: Die zuletzt vom Arbeitnehmer bezogenen vertraglichen Leistungen betragen 4500 DM/Monat; damit errechnet sich eine Karenzentschädigung von mindestens 2250 DM/Monat. Der anderweitige Erwerb des Arbeitnehmers bei einer Beschäftigung, die nicht dem Wettbewerbsverbot unterliegt (oder der Betrag, den der Arbeitnehmer hätte erwerben können, wenn er nicht vorsätzlich untätig geblieben wäre), beläuft sich auf 3750 DM/Monat. Anderweitiger Erwerb zuzüglich Karenzentschädigung ergeben einen Betrag von 6000 DM/Monat. Diese Summe übersteigt die zuletzt bezogenen vertraglichen Leistungen zuzüglich 10% (insgesamt 4950 DM/Monat) um 1050 DM/Monat. Den Betrag von 1050 DM/Monat muß sich der Arbeitnehmer auf die Karenzentschädigung anrechnen lassen, d.h. er erhält als Karenzentschädigung nur 1200 DM/Monat.

Hat der Arbeitnehmer Anspruch auf Altersrente aus der gesetzlichen Rentenversicherung, so darf die Rente nicht auf die Karenzentschädigung angerechnet werden; denn die Altersrente ist kein Einkommen, das durch die Verwertung der Arbeitskraft erzielt wird, sondern eine Versicherungsleistung, die bereits während des Arbeitslebens erworben wird (6.244). Ebenfalls nicht anrechenbar ist das Übergangsgeld, das einem Arbeitnehmer gem. § 20 SGB IV gezahlt wird, wenn er von einem Träger der gesetzlichen Rentenversicherung berufsfördernde Leistungen oder stationäre medizinische Leistungen erhält (6.245). Andererseits muß sich ein Arbeitnehmer, der während der Dauer des Wettbewerbsverbotes arbeitslos ist, das Arbeitslosengeld auf die Karenzentschädigung anrechnen lassen; der bisherige Arbeitgeber hat der Bundesanstalt für Arbeit vierteljährlich das gezahlte Arbeitslosengeld zu erstatten (§ 128a AFG).

357 Wirkungen des Wettbewerbsverbotes. In bezug auf die Wirkungen des Wettbewerbsverbotes sind folgende Fälle zu unterscheiden:

- Ordentliche Kündigung durch den Arbeitnehmer aus persönlichen Gründen. Kündigt der Arbeitnehmer das Arbeitsverhältnis fristgemäß aus persönlichen Gründen, z.B. weil er seine bisherige Tätigkeit aufgeben will, so wird das Wettbewerbsverbot wirksam. Der Arbeitnehmer muß also die vereinbarten Beschränkungen der beruflichen Betätigung respektieren, der Arbeitgeber ist zur Zahlung der festgelegten Vergütung verpflichtet. Zu den Rechtsfolgen bei Verletzung des Wettbewerbsverbotes durch Arbeitnehmer oder Arbeitgeber siehe Rz 358.
- Kündigung durch den Arbeitnehmer wegen vertragswidrigen Verhaltens des Arbeitgebers. Kündigt der Arbeitnehmer das Arbeitsverhältnis wegen vertragswidrigen Verhaltens des Arbeitgebers, so wird das Wettbewerbsverbot unwirksam, wenn der Arbeitnehmer vor Ablauf eines Monats nach der Kündigung schriftlich erklärt, daß er sich an das Wettbewerbsverbot nicht gebunden erachte (§ 75 Abs. 1 HGB). Für die Kündigung durch den Arbeitnehmer muß

ein wichtiger Grund i.S. von § 626 BGB (siehe Rz 302) vorliegen. Macht der Arbeitnehmer von seinem Lossagungsrecht Gebrauch, kann der Arbeitgeber nicht die Unterlassung von Wettbewerb und der Arbeitnehmer nicht die Zahlung der vereinbarten Karenzentschädigung verlangen. Der Arbeitnehmer kann aber auch an dem Wettbewerbsverbot festhalten, d.h. das Verbot befolgen und vom Arbeitgeber die Karenzentschädigung fordern.

Die Erklärungsfrist von einem Monat ab Zugang der Kündigung gilt auch dann, wenn Klage gegen die Kündigung erhoben wird und in dem anschließenden Kündigungsrechtstreit eine einverständliche Beendigung des Arbeitsverhältnisses erreicht wird; käme es auf den Zeitpunkt des Vergleiches an, würde die Frage, ob eine Konkurrenztätigkeit verboten ist oder ob ein Anspruch auf Entschädigung besteht, auf unbestimmte Zeit vertagt.

Die Lossagungserklärung des § 75 Abs. 1 HGB setzt nicht voraus, daß der Arbeitnehmer wegen des vertragswidrigen Verhaltens des Arbeitgebers außerordentlich bzw. fristlos kündigt. Eine Lossagung ist auch nach ordentlicher Kündigung durch den Arbeitnehmer möglich, z.B. wenn der Arbeitnehmer trotz des Verhaltens des Arbeitgebers nicht außerordentlich kündigen will, weil er noch keine neue Stelle gefunden hat. Der Arbeitnehmer muß dann aber seine ordentliche Kündigung erkennbar auf das vertragswidrige Verhalten des Arbeitgebers stützen. Zu beachten ist, daß nicht nur die außerordentliche, sondern auch die ordentliche Kündigung innerhalb von zwei Wochen nach Kenntnis des vertragswidrigen Verhaltens des Arbeitgebers erfolgen muß; bei Versäumung der Frist entfällt das Lossagungsrecht.

Der Arbeitnehmer muß im Streitfall darlegen und beweisen, daß ein vertragswidriges Verhalten des Arbeitgebers vorliegt. Hier liegt für den Arbeitnehmer ein Risiko: Wenn er das Arbeitsverhältnis kündigt und sich vor Ablauf eines Monats nach der Kündigung von dem Wettbewerbsverbot lossagt, um ein neues Arbeitsverhältnis zu begründen, das eigentlich unter das Wettbewerbsverbot fallen würde, und wenn er in der gerichtlichen Auseinandersetzung den von ihm angenommenen wichtigen Grund nicht beweisen kann, stellt sich sein Verhalten als Bruch eines gültigen Wettbewerbsverbotes dar.

- Ordentliche Kündigung durch den Arbeitgeber. Das Wettbewerbsverbot wird ebenfalls unwirksam, wenn das Arbeitsverhältnis vom Arbeitgeber ordentlich gekündigt wird (§ 75 Abs. 2 Satz 1 erster Halbsatz HGB). Auch in diesem Fall hat der Arbeitnehmer ein Wahlrecht: Er kann am Wettbewerbsverbot mit Entschädigung festhalten oder sich innerhalb eines Monats nach der Kündigung vom Verbot lossagen, verliert dann aber den Anspruch auf die Karenzentschädigung.

Die Regelung des § 75 Abs. 2 Satz 1 erster Halbsatz HGB gilt nur, wenn es sich um eine betriebsbedingte ordentliche Kündigung des Arbeitgebers handelt. Hingegen bleibt das Wettbewerbsverbot trotz der Kündigung wirksam, wenn für die Kündigung durch den Arbeitgeber ein erheblicher Anlaß in der Person oder im Verhalten des Arbeitnehmers vorliegt; ferner bleibt das Wettbewerbsverbot wirksam, wenn sich der Arbeitgeber vor oder bei Ausspruch der Kündigung bereit erklärt, dem Arbeitnehmer während der Dauer des Wettbewerbsverbotes nicht nur die Mindestentschädigung, sondern die vollen zuletzt von ihm bezogenen vertragsgemäßen Leistungen zu zahlen (§ 75 Abs. 2 Satz 1 zweiter Halbsatz HGB). Will der Arbeitgeber also bei einer betriebsbedingten Kündigung das Wettbewerbsverbot aufrechterhalten, muß er spätestens bei der Kündigung eine erhöhte Karenzentschädigung anbieten.

Ein erheblicher Anlaß i.S. von § 75 Abs. 2 Satz 1 HGB ist nicht gleichbedeutend mit dem wichtigen Grund i.S. von § 626 BGB. Ein erheblicher Anlaß liegt vor, wenn für die Kündigung sachlich vernünftige Gründe bestehen, wie unbefriedigende Leistungen, langdauernde Erkrankungen des Arbeitnehmers. Wird im Kündigungsschutzprozeß festgestellt, daß die Kündigung durch Gründe in der Person oder im Verhalten bedingt und sozial gerechtfertigt ist, so ist i.d.R. auch ein erheblicher Anlaß gegeben, obwohl es in § 75 Abs. 2 HGB nicht auf die soziale Rechtfertigung ankommt.

Offen ist, ob auf die erhöhte Entschädigung gem. § 75 Abs. 2 HGB der anderweitige Erwerb des Arbeitnehmers (§ 74c HGB, siehe Rz 356) anzurechnen ist. Hierfür spricht, daß es sich der Sache nach um eine Karenzentschädigung, wenn auch um eine erhöhte, handelt. Auch besteht kein Anlaß, den Arbeitnehmer, der schon eine erhöhte Entschädigung erhält, durch Nichtanwendung des § 74c HGB zusätzlich zu begünstigen (6.246).

- Außerordentliche Kündigung durch den Arbeitgeber wegen vertragswidrigen Verhaltens des Arbeitnehmers. Nach § 75 Abs. 3 HGB bleibt das Wettbewerbsverbot wirksam, wenn der Arbeitgeber das Arbeitsverhältnis wegen vertragswidrigen Verhaltens des Arbeitnehmers außerordentlich kündigt; der Arbeitnehmer hat aber keinen Anspruch auf Entschädigung. Das BAG hat diese Bestimmung für verfassungswidrig erklärt (6.247), weil sie gegen Art. 3 GG verstoße. In der Tat ist nicht einzusehen, daß die Folgen einer außerordentlichen Kündigung unterschiedlich sein sollen, je nachdem ob der Arbeitnehmer kündigt oder der Arbeitgeber. Die durch die Verfassungswidrigkeit entstandene Lücke soll in analoger Anwendung des § 75 Abs. 1 HGB geschlossen werden (6.247). Das BAG räumt dem Arbeitgeber somit bei einer außerordentlichen Kündigung wegen vertragswidrigen Verhaltens des Arbeitnehmers ebenfalls ein Wahlrecht ein. Er kann – gegen Entschädigung – auf der Einhaltung des Wettbewerbsverbotes bestehen oder sich binnen eines Monats nach der Kündigung ohne Entschädigung vom Wettbewerbsverbot lossagen, muß dann aber die Konkurrenztätigkeit des Arbeitnehmers in Kauf nehmen.

  Besteht der Arbeitgeber auf Einhaltung des Wettbewerbsverbotes, bestreitet der Arbeitnehmer aber die Wirksamkeit der außerordentlichen Kündigung vor dem Arbeitsgericht, so bleibt der Arbeitnehmer gleichwohl verpflichtet, keinen Wettbewerb zu betreiben. Stellt das Arbeitsgericht im Rechtsstreit die Unwirksamkeit der Kündigung fest, können Wettbewerbshandlungen, die der Arbeitnehmer im Anschluß an die unwirksame außerordentliche Kündigung vornimmt, einen wichtigen Grund für eine weitere außerordentliche Kündigung durch den Arbeitgeber bilden (6.248).

- Kündigung des Arbeitsverhältnisses vor Arbeitsaufnahme. Vereinbaren die Arbeitsvertragsparteien ein (tätigkeitsbezogenes) Wettbewerbsverbot, so ist im Zweifel davon auszugehen, daß es nur dann Gültigkeit erlangen soll, wenn der Arbeitnehmer seine Tätigkeit aufgenommen hat. Wird das Arbeitsverhältnis bereits vor der Arbeitsaufnahme gekündigt und der Arbeitnehmer für die Dauer der Kündigungsfrist von der Arbeit freigestellt, so daß er gar keine wettbewerbsrelevanten Kenntnisse und Erfahrungen sammeln kann, besteht regelmäßig kein Anspruch auf Karenzentschädigung (6.249).

- Verzicht des Arbeitgebers. Der Arbeitgeber kann vor der Beendigung des Arbeitsverhältnisses durch einseitige Willenserklärung, die der Schriftform bedarf, auf das Wettbewerbsverbot verzichten (§ 75a HGB). Der Verzicht hat die Wirkung, daß der Arbeitnehmer mit sofortiger Wirkung von dem Wettbewerbsverbot frei wird. Der Arbeitgeber bleibt hingegen bis zum Ablauf eines Jahres nach Zugang der Verzichtserklärung verpflichtet, eine Karententschädigung zu zahlen (§ 75a HGB). Diese Verpflichtung ist allerdings nur von Bedeutung, wenn das Arbeitsverhältnis innerhalb eines Jahres nach dem Verzicht beendet wird; tritt die Beendigung später ein, braucht der Arbeitgeber nicht zu zahlen. Die Verzichtserklärung kann auch zusammen mit der Kündigungserklärung abgegeben werden. Sie muß spätestens bis zur rechtlichen Beendigung des Arbeitsverhältnisses zugegangen sein.

§ 75a HGB gibt dem Arbeitgeber die Möglichkeit, jederzeit während des Bestehens des Arbeitsverhältnisses die Notwendigkeit des Wettbewerbsverbotes kritisch zu überprüfen. Ein früher Verzicht kann unnötige Ausgaben ersparen. Andererseits könnte § 75a HGB den Arbeitnehmer veranlassen, bei Vorliegen eines wichtigen Grundes fristlos zu kündigen, um dem Arbeitgeber die Möglichkeit des Verzichtes zu nehmen.

- Aufhebungsvertrag bzw. gütliche Beendigung des Arbeitsverhältnisses. Arbeitgeber und Arbeitnehmer können jederzeit (vor oder nach Beendigung des Arbeitsverhältnisses) das Wettbewerbsverbot einvernehmlich aufheben. Das Einverständnis muß ausdrücklich erklärt werden. Verzichtet der Arbeitgeber auf das Wettbewerbsverbot und schweigt der Arbeitnehmer zu diesem Verzicht, liegt noch kein Aufhebungsvertrag vor.

Für die Wirkungen des Aufhebungsvertrages ist entscheidend, welche Umstände zur Aufhebung des Wettbewerbsverbotes geführt haben (6.250). Kommt der Aufhebungsvertrag auf Wunsch des Arbeitnehmers wegen vertragswidrigen Verhaltens des Arbeitgebers zustande, gilt § 75 Abs. 1 HGB entsprechend, d.h. der Arbeitnehmer kann sich vom Wettbewerbsverbot lossagen oder daran festhalten. Betreibt der Arbeitgeber die Aufhebung des Wettbewerbsverbotes aus betrieblichen Gründen, hat der Arbeitnehmer ebenfalls – entsprechend § 75 Abs. 2 Satz 1 HGB – ein Wahlrecht. Hingegen bleibt der Arbeitnehmer an das Wettbewerbsverbot gebunden, wenn für die Aufhebung erhebliche Gründe in seiner Person vorliegen oder wenn der Arbeitgeber sich zur Zahlung der vollen Vergütung bereit erklärt. Der Arbeitgeber hat ein Wahlrecht – entsprechend der Rechtsprechung des BAG zu § 75 Abs. 3 HGB –, wenn der Arbeitnehmer sich vertragswidrig verhält und daraufhin auf Betreiben des Arbeitgebers die Aufhebung des Wettbewerbsverbotes erfolgt. Wünscht der Arbeitnehmer die Aufhebung des Wettbewerbsverbotes, ohne daß der Arbeitgeber hierfür einen Grund geliefert hat (Beispiel: Arbeitnehmer wünscht Aufgabe der Beschäftigung), so bleibt das Wettbewerbsverbot bestehen. Um Streitigkeiten zu vermeiden, sollten die Parteien im Aufhebungsvertrag die Gründe für die Aufhebung des Wettbewerbsverbotes und die beabsichtigten Rechtsfolgen genau bezeichnen.

Zu beachten ist, daß das Wettbewerbsverbot nicht endet, wenn der Arbeitnehmer nach Beendigung des Arbeitsverhältnisses in den Ruhestand tritt (6.251). Haben die Parteien ein wirksames Wettbewerbsverbot vereinbart, darf der Arbeitnehmer also auch als Ruheständler sein Erfahrungswissen nicht für eine Beschäftigung im Dienste eines Wettbewerbers oder als Selbständiger nutzen. Allerdings können die Parteien vereinbaren, daß das Wettbewerbsverbot enden soll, wenn der Arbeitnehmer in den Ruhestand tritt (6.251).

358 Rechtsfolgen bei Verletzung des Wettbewerbsverbotes. Verstößt der Arbeitnehmer gegen ein wirksames Wettbewerbsverbot, hat der Arbeitgeber folgende Möglichkeiten:

- Er kann den Arbeitnehmer auf Unterlassung der gegen das Verbot verstoßenden Tätigkeit verklagen; in dringenden Fällen kann gem. §§ 935, 940 ZPO gegen den Arbeitnehmer eine einstweilige Verfügung erwirkt werden. Handelt der Arbeitnehmer der Verurteilung auf Unterlassung des Wettbewerbs zuwider, kann gegen ihn auf Antrag des Arbeitgebers ein Ordnungsgeld verhängt werden (§ 890 ZPO).

- Er kann für die Zeit, in der der Arbeitnehmer das Wettbewerbsverbot nicht einhält, die Zahlung der Karenzentschädigung verweigern bzw. eine bereits gezahlte Entschädigung zurückfordern (§ 325 Abs. 1 Satz 3 BGB i.V. mit § 323 BGB). Hält sich der Arbeitnehmer wieder an die Abrede, ist der Arbeitgeber auch wieder zur Zahlung der Karenzentschädigung verpflichtet. Statt die Karenzentschädigung zu verweigern bzw. zurückzufordern, kann der Arbeitgeber auch Schadensersatz wegen Nichterfüllung verlangen oder vom Wettbewerbsverbot zurücktreten (§ 325 Abs. 1 Satz 1 BGB). Im Falle des Rücktritts wird der Arbeitgeber von der Entschädigungspflicht frei, muß dann aber auch die Konkurrenztätigkeit des Arbeitnehmers hinnehmen.

  Der Arbeitgeber ist nicht gezwungen, für die gesamte Dauer des Wettbewerbsverstoßes entweder die Zahlung der Karenzentschädigung zu verweigern oder Schadensersatz zu fordern; vielmehr kann er nach seiner Wahl für bestimmte Zeiten, in denen der Arbeitnehmer Wettbewerbsverstöße begangen hat, die Zahlung der Entschädigung verweigern, für andere Zeiten Schadenersatz fordern (6.252).

- Ist für den Fall eines Wettbewerbsverstoßes eine Vertragsstrafe vereinbart (z.B. für jeden Fall der Zuwiderhandlung oder – bei Dauerverstoß – für jeden Monat der Zuwiderhandlung), so kann der Arbeitgeber wählen zwischen der Erfüllung der Wettbewerbsvereinbarung oder der Vertragsstrafe (§ 75c Abs. 1 Satz 1 HGB i.V. mit § 340 Abs. 1 Satz 1 BGB). Verlangt der Arbeitgeber die Vertragsstrafe, so ist für den konkreten Fall der Anspruch auf Erfüllung ausgeschlossen (§ 340 Abs. 1 Satz 2 BGB), d.h. der Arbeitgeber muß die beanstandete Konkurrenztätigkeit hinnehmen. Bei einem späteren Wettbewerbsverstoß kann er erneut zwischen Erfüllungsanspruch und Vertragsstrafe wählen (6.253).

Verstößt der Arbeitgeber gegen das Wettbewerbsverbot, indem er mit der Zahlung der Karenzentschädigung in Verzug gerät, kann der Arbeitnehmer – nach Setzung einer angemessenen Nachfrist – Schadensersatz wegen Nichterfüllung verlangen oder vom Wettbewerbsverbot zurücktreten (§ 326 Abs. 1 BGB). Im letzten Fall wird er von allen Beschränkungen frei.

5.4 Sonstige Pflichten

359 **Freistellen des Arbeitnehmers zur Stellungssuche.** Nach § 629 BGB hat der Arbeitnehmer gegen den Arbeitgeber einen Anspruch auf Gewährung von Freizeit zur Stellungssuche, wenn das Arbeitsverhältnis gekündigt worden ist oder durch Aufhebungsvertrag mit Auslauffrist beendet werden soll. Von wem die Kündigung ausgesprochen worden ist, ist ohne Bedeutung. Bei befristeten Arbeitsverträgen besteht ein Freistellungsanspruch von dem Zeitpunkt an, an dem bei einer Kündigung zum Vertragsende die Kündigungsfrist beginnen würde. Kein Freistellungsanspruch besteht, wenn der Arbeitsvertrag nur für kurze Dauer abgeschlossen wurde, wie z.B. bei Probe- und Aushilfsarbeitsverträgen.

Die Freizeit ist auf Verlangen des Arbeitnehmers zu gewähren. Der Antrag muß rechtzeitig gestellt werden. Der Arbeitnehmer darf sich die Freizeit nicht selber nehmen. Zu gewähren ist eine angemessene Freizeit in bezug auf Dauer, Ort, Zeitpunkt, Häufigkeit usw. Verweigert der Arbeitgeber unberechtigterweise die Gewährung von Freizeit, kann der Arbeitnehmer auf Erfüllung des Freistellungsanspruches klagen; er kann auch fristlos kündigen und Schadensersatz nach § 628 BGB verlangen.

Wird dem Arbeitnehmer Freizeit zur Stellungssuche gewährt, richtet sich sein Vergütungsanspruch nach § 616 BGB, d.h. der Arbeitgeber hat die Vergütung für eine verhältnismäßig nicht erhebliche Zeit fortzuzahlen. Denkbar ist also, daß nicht die gesamte Freizeit bezahlt wird. Auch ist zu beachten, daß der Vergütungsanspruch gem. § 616 BGB durch Einzelvertrag oder Tarifvertrag eingeschränkt oder gar ausgeschlossen werden kann (siehe Rz 151).

360 Aushändigung der Arbeitspapiere. Der Arbeitgeber ist verpflichtet, bei der tatsächlichen Beendigung des Arbeitsverhältnisses dem Arbeitnehmer die Arbeitspapiere auszuhändigen. Er darf die Papiere nicht zurückhalten, auch darf die Aushändigung nicht von der Unterzeichnung einer Ausgleichsquittung abhängig gemacht werden. Ist das Arbeitsverhältnis fristlos beendet worden, muß dem Arbeitgeber eine angemessene, nach den Umständen des Einzelfalles zu bemessende Zeit zur Ausfertigung der Arbeitspapiere eingeräumt werden. Erfolgt die Ausfertigung der Papiere im Wege der Datenverarbeitung, wird eine sofortige Aushändigung zumeist nicht möglich sein; in diesen Fällen ist eine Zwischenbescheinigung auszustellen, aus der sich die wesentlichen Angaben entnehmen lassen. Die Lohnsteuerbescheinigung ist innerhalb von acht Wochen nachzuholen (§ 41b EStG).

Zu den Arbeitspapieren gehören vor allem das Zeugnis (siehe Rz 340ff.), die Urlaubsbescheinigung (siehe Rz 83), die Lohnsteuerkarte (§ 39 EStG), die Arbeitsbescheinigung (§ 133 AFG) und der Sozialversicherungsausweis (§§ 95-101 SGB IV).

Die Aushändigungspflicht ist keine Bringschuld; der Arbeitnehmer hat die Papiere vielmehr am Erfüllungsort, d.h. im Betrieb abzuholen (§ 269 BGB). Nur ausnahmsweise ist der Arbeitgeber zur Übersendung der Arbeitspapiere verpflichtet, z.B. dann, wenn die Aushändigung zum Zeitpunkt der Beendigung des Arbeitsverhältnisses nicht möglich war oder wenn es dem Arbeitnehmer unverhältnismäßig große Schwierigkeiten bereiten würde, die Papiere abzuholen, beispielsweise bei einem Ortswechsel. Die Kosten der Übersendung hat dann der Arbeitnehmer zu tragen. Der Arbeitgeber ist darlegungs- und beweispflichtig dafür, daß die Arbeitspapiere ausgehändigt worden sind.

Verletzt der Arbeitgeber schuldhaft die Aushändigungspflicht, indem er die Papiere nicht oder verspätet herausgibt, so ist er dem Arbeitnehmer zum Ersatz des daraus erwachsenden Schadens verpflichtet (§ 286 Abs. 1 BGB). Dasselbe gilt, wenn er die Arbeitspapiere unrichtig ausfüllt. Die Darlegungs- und Beweislast dafür, daß die Nichtaushändigung, die verspätete Aushändigung oder die fehlerhafte Ausfüllung der Papiere ursächlich für den Schaden gewesen ist (Beispiel: aussichtsreiche Bewerbung hat sich zerschlagen), trifft den Arbeitnehmer.

361 Herausgabe der Arbeitsmittel. Nach Beendigung des Arbeitsverhältnisses hat der Arbeitnehmer die ihm zur Verfügung gestellten Arbeitsmittel (insbesondere Werkzeuge und Geschäftsunterlagen) an den Arbeitgeber herauszugeben. Die Herausgabepflicht ergibt sich aus den §§ 667, 675 BGB analog und aus § 985 BGB.

In der Regel hat der Arbeitnehmer an den Arbeitsmitteln keinen Eigenbesitz; vielmehr ist er Besitzdiener (§ 855 BGB). Gibt der Arbeitnehmer die Sachen nicht heraus, handelt er widerrechtlich (= verbotene Eigenmacht, § 858 Abs. 1 BGB); der Arbeitgeber kann in diesem Fall die Wiedereinräumung des Besitzes gem. § 861 Abs. 1 BGB verlangen.

362 **Erteilung von Auskünften.** Vielfach werden bei der Einstellung neuer Mitarbeiter Auskünfte bei dem früheren Arbeitgeber des Bewerbers eingeholt, um die Angaben des Zeugnisses zu ergänzen oder zu vertiefen. Dies geschieht insbesondere dann, wenn es sich um leitende Angestellte oder um Mitarbeiter in besonderer Vertrauensstellung handelt. Die Auskünfte werden zumeist mündlich erteilt.

Eine Pflicht des privaten Arbeitgebers gegenüber Dritten zur Erteilung von Auskünften besteht nicht, es sei denn, daß der Arbeitgeber und der Dritte vertraglich besondere Abmachungen über die wechselseitige Auskunftserteilung geschlossen haben (Beispiel: konzerngebundene Unternehmen). Anders ist es im öffentlichen Dienst. Da die Behörden des Bundes und der Länder einander zur Amtshilfe verpflichtet sind (Art. 35 Abs. 1 GG), müssen die öffentlichen Arbeitgeber sich gegenseitig Auskünfte erteilen (6.254).

Die Erteilung von Auskünften gegenüber Dritten setzt regelmäßig voraus, daß der Arbeitnehmer sein Einverständnis hiermit erklärt hat. Ob der Arbeitgeber auch ohne Einverständnis des früheren Mitarbeiters Auskünfte erteilen darf, ist umstritten (6.255). Der Arbeitgeber kann sich aber auch gegenüber dem Arbeitnehmer verpflichten, keine Auskünfte an Dritte zu geben; jedoch ist eine entsprechende Verpflichtung im Bereich des öffentlichen Dienstes wegen Art. 35 Abs. 1 GG unwirksam (6.254).

Dem Inhalt nach muß die Auskunft sorgfältig und wahrheitsgemäß erteilt werden (6.254). Insoweit gelten die Ausführungen über das Zeugnis entsprechend (siehe Rz 340ff.). Da die Auskunft den neuen Arbeitgeber genauer informieren soll, dürfen auch ungünstige Umstände in Einzelheiten geschildert werden (6.256). Jedoch müssen nur solche Fragen beantwortet werden, die im Zeugnis nicht behandelt wurden (6.256).

Hat der Arbeitgeber eine Auskunft erteilt, so ist er verpflichtet, den Arbeitnehmer auf Verlangen über den Inhalt der Auskunft zu unterrichten und gegebenenfalls den Durchschlag einer schriftlichen Auskunft zur Einsicht vorzulegen, damit der Arbeitnehmer in die Lage versetzt wird, eine unrichtige Auskunft richtigstellen zu können (6.257).

Verweigert der Arbeitgeber einem Dritten eine detaillierte Auskunft, so muß er klarstellen, warum die Auskunftserteilung nicht erfolgt (z.B. fehlendes Erinnerungsvermögen, grundsätzlich keine Auskunft ohne Einverständnis des Arbeitnehmers), damit keine für den Arbeitnehmer nachteiligen Schlüsse gezogen werden (6.256).

Hat der Arbeitgeber schuldhaft eine unrichtige, unvollständige oder sonst fehlerhafte Auskunft erteilt und ist hierdurch dem Arbeitnehmer ein Schaden erwachsen, so haftet der Arbeitgeber auf Schadensersatz (§ 824 BGB). Der Schaden kann in der Nichteinstellung bei einem anderen Arbeitgeber bestehen. Die Beweislast trägt der Arbeitnehmer.

Abkürzungsverzeichnis

a.A.	anderer Ansicht
a.a.O.	am angegebenen Ort
Abs.	Absatz
a.F.	alte Fassung
a.M.	anderer Meinung
AFG	Arbeitsförderungsgesetz
AG	Aktiengesellschaft
AktG	Aktiengesetz
Anm.	Anmerkung
AP	Arbeitsrechtliche Praxis. Nachschlagewerk des Bundesarbeitsgerichtes (Sammlung der Entscheidungen des Bundesarbeitsgerichtes und der arbeitsrechtlich bedeutsamen Entscheidungen anderer Gerichte, seit 1954)
ArbG	Arbeitsgericht (mit Ortsnamen)
ArbGG	Arbeitsgerichtsgesetz
ArbKrankhG	Gesetz zur Verbesserung der wirtschaftlichen Sicherung der Arbeiter im Krankheitsfall
AR-Blattei	Arbeitsrechts-Blattei, Handbuch für die Praxis
ArbNErfG	Gesetz über Arbeitnehmererfindungen
ArbPlSchG	Gesetz über den Schutz des Arbeitsplatzes bei Einberufungen zum Wehrdienst (Arbeitsplatzschutzgesetz)
ArbStättV	Verordnung über Arbeitsstätten
ArbZG	Arbeitszeitgesetz
Art.	Artikel
Aufl.	Auflage
A u R	Arbeit und Recht (Zeitschrift)
AVG	Angestelltenversicherungsgesetz
BAG	Bundesarbeitsgericht
BAGE	Entscheidungen des Bundesarbeitsgerichtes
BAT	Bundes-Angestelltentarifvertrag
BB	Betriebs-Berater (Zeitschrift)
BBergG	Bundesberggesetz
BBiG	Berufsbildungsgesetz
Bd.	Band
BDA	Bundesverband Deutscher Arbeitgeberverbände
BErzGG	Gesetz über die Gewährung von Erziehungsgeld und Erziehungsurlaub (Bundeserziehungsgeldgesetz)
BeschFG	Gesetz über arbeitsrechtliche Vorschriften zur Beschäftigungsförderung (Beschäftigungsförderungsgesetz)
BeschäftigtenschutzG	Gesetz zum Schutz der Beschäftigten vor sexueller Belästigung am Arbeitsplatz (Beschäftigtenschutzgesetz)
betr.	betreffend; betreffs
BetrAVG	Gesetz zur Verbesserung der betrieblichen Altersversorgung
BetrVG	Betriebsverfassungsgesetz (von 1972)
BetrVG 1952	Betriebsverfassungsgesetz 1952
BFH	Bundesfinanzhof
BGB	Bürgerliches Gesetzbuch
BGH	Bundesgerichtshof
BGHZ	Entscheidungen des Bundesgerichtshofes in Zivilsachen
BImSchG	Gesetz zum Schutz vor schädlichen Umwelteinwirkungen durch Luftverunreinigungen, Geräusche, Erschütterungen und ähnliche Vorgänge (Bundes-Immissionsschutzgesetz)

Binnen-schiffahrtsG	Gesetz betreffend die privatrechtlichen Verhältnisse der Binnenschiffahrt
BKVO	Berufskrankheiten-Verordnung
BMTG	Bundesmanteltarifvertrag für Arbeiter gemeindlicher Verwaltungen und Betriebe (BMTG II)
BPersVG	Bundespersonalvertretungsgesetz
BRD	Bundesrepublik Deutschland
BRRG	Beamtenrechtsrahmengesetz
BSG	Bundessozialgericht
BSGE	Entscheidungen des Bundessozialgerichtes
BT-Drucksache	Drucksache des Deutschen Bundestages
BUrlG	Mindesturlaubsgesetz für Arbeitnehmer (Bundesurlaubsgesetz)
BVerfG	Bundesverfassungsgericht
BVerfGE	Entscheidungen des Bundesverfassungsgerichtes
BVerwG	Bundesverwaltungsgericht
BZRG	Bundeszentralregistergesetz
bzw.	beziehungsweise
D B	Der Betrieb (Zeitschrift)
DEVO	Verordnung über die Erfassung von Daten für die Träger der Sozialversicherung und für die Bundesanstalt für Arbeit (Datenerfassungs-Verordnung)
d.h.	das heißt
DüVO	Verordnung über die Datenübermittlung auf maschinell verwertbaren Datenträgern im Bereich der Sozialversicherung und der Bundesanstalt für Arbeit (Datenübermittlungs-Verordnung)
DVBl	Deutsches Verwaltungsblatt
EFZG	Gesetz über die Zahlung des Arbeitsentgelts an Feiertagen und im Krankheitsfall (Entgeltfortzahlungsgesetz)
EStG	Einkommensteuergesetz
EStR	Einkommensteuer-Richtlinien
etc.	et cetera
e.V.	eingetragener Verein
evtl.	eventuell
EzA	Entscheidungen zum Arbeitsrecht (Sammlung der Entscheidungen des Bundesarbeitsgerichtes und der arbeitsrechtlich bedeutsamen Entscheidungen anderer Gerichte, seit 1973)
f.; ff.	folgend; folgende
GbR	Gesellschaft bürgerlichen Rechts
GebrMG	Gebrauchsmustergesetz
GefStoffV	Verordnung zum Schutz vor gefährlichen Stoffen (Gefahrstoffverordnung)
gem.	gemäß
GenG	Gesetz betreffend die Erwerbs- und Wirtschaftsgenossenschaften (Genossenschaftsgesetz)
GeschMG	Gesetz betreffend das Urheberrecht an Mustern und Modellen (Geschmacksmustergesetz)
GewO	Gewerbeordnung
GG	Grundgesetz für die Bundesrepublik Deutschland
ggf.	gegebenenfalls
GmbH	Gesellschaft mit beschränkter Haftung
GmbHG	Gesetz betreffend die Gesellschaft mit beschränkter Haftung
GRUR	Gewerblicher Rechtsschutz und Urheberrecht (Zeitschrift)

GS	Großer Senat
GVBl	Gesetz- und Verordnungsblatt
h.A.	herrschende Ansicht
HAG	Heimarbeitsgesetz
HGB	Handelsgesetzbuch
h.L.	herrschende Lehre
h.M.	herrschende Meinung
HRG	Hochschulrahmengesetz
Hrsg; hrsg.	Herausgeber; herausgegeben
HWO	Handwerksordnung
i.a.	im allgemeinen
i.d.F.	in der Fassung (vom)
i.d.R.	in der Regel
i.e.S.	im engeren Sinne
i.S.	im Sinne (der, des)
i.V.m.	in Verbindung mit
i.w.S.	im weiteren Sinne
JArbSchG	Gesetz zum Schutze der arbeitenden Jugend (Jugendarbeitsschutzgesetz)
Jg.	Jahrgang
JR	Juristische Rundschau (Zeitschrift)
JuS	Juristische Schulung (Zeitschrift)
JZ	Juristen Zeitung (Zeitschrift)
Kap.	Kapitel
KG	Kommanditgesellschaft
KO	Konkursordnung
KSchG	Kündigungsschutzgesetz
LAG	Landesarbeitsgericht (mit Ortsnamen)
LBl.	Loseblattsammlung /-werk
LG	Landgericht (mit Ortsnamen)
LitUrhG	Literatur- und Urhebergesetz
LohnFG	Gesetz über die Fortzahlung des Arbeitsentgelts im Krankheitsfalle (Lohnfortzahlungsgesetz)
LSG	Landessozialgericht (mit Ortsnamen)
MitbestErgG	Gesetz zur Ergänzung des Gesetzes über die Mitbestimmung der Arbeitnehmer in den Aufsichtsräten und Vorständen der Unternehmen des Bergbaus und der Eisen und Stahl erzeugenden Industrie (Mitbestimmungsergänzungsgesetz)
MitbestG	Gesetz über die Mitbestimmung der Arbeitnehmer (Mitbestimmungsgesetz)
Montan-MitbestG	Gesetz über die Mitbestimmung der Arbeitnehmer in den Aufsichtsräten und Vorständen der Unternehmen des Bergbaues und der Eisen und Stahl erzeugenden Industrie (Montan-Mitbestimmungsgesetz)
MTB	Manteltarifvertrag für Arbeiter des Bundes (MTB II)
MTL	Manteltarifvertrag für Arbeiter der Länder (MTL II)
MTV	Manteltarifvertrag
MuSchG	Gesetz zum Schutz der erwerbstätigen Mutter (Mutterschutzgesetz)
m.w.N.	mit weiteren Nachweisen

NachwG	Gesetz über den Nachweis der für ein Arbeitsverhältnis geltenden wesentlichen Bedingungen (Nachweisgesetz)
n.F.	neue Fassung
NJW	Neue Juristische Wochenschrift
Nr.	Nummer(n)
NZA	Neue Zeitschrift für Arbeits- und Sozialrecht
OHG	Offene Handelsgesellschaft
OLG	Oberlandesgericht (mit Ortsnamen)
OVG	Oberverwaltungsgericht (mit Ortsnamen)
PatG	Patentgesetz
PflegeVG	Gesetz zur sozialen Absicherung des Risikos der Pflegebedürftigkeit (Pflege-Versicherungsgesetz)
RdA	Recht der Arbeit (Zeitschrift)
RdNr.	Randnummer(n)
Rspr.	Rechtsprechung
RVO	Reichsversicherungsordnung
Rz	Randzahl(en), Randziffer(n)
S.	Seite
SchriftzeichenG	Gesetz zum Wiener Abkommen vom 12.06.1973 über den Schutz typographischer Schriftzeichen und ihre internationale Hinterlegung (Schriftzeichengesetz)
SchwbG	Gesetz zur Sicherung der Eingliederung Schwerbehinderter in Arbeit, Beruf und Gesellschaft (Schwerbehindertengesetz)
SeemG	Seemannsgesetz
SG	Sozialgericht (mit Ortsnamen)
SGB	Sozialgesetzbuch SGB I (1. Buch) Allgemeiner Teil SGB IV (4. Buch) Gemeinsame Vorschriften für die Sozialversicherung SGB V (5. Buch) Gesetzliche Krankenversicherung SGB VI (6. Buch) Gesetzliche Rentenversicherung SGB X (10. Buch) Verwaltungsverfahren, Schutz der Sozialdaten, Zusammenarbeit der Leistungsträger und ihre Beziehungen zu Dritten
s.o.	siehe oben
sog.	sogenannt(e)
SoldatenG	Gesetz über die Rechtsstellung der Soldaten (Soldatengesetz)
SprAuG	Gesetz über Sprecherausschüsse der leitenden Angestellten (Sprecherausschußgesetz)
StGB	Strafgesetzbuch
STVG	Straßenverkehrsgesetz
STVO	Straßenverkehrsordnung
s.u.	siehe unten
TOA	Tarifordnung für Angestellte
TVG	Tarivertragsgesetz
u.a.	unter anderem, und andere
u.a.m.	und andere(s) mehr
unstr.	unstreitig
UrhG	Gesetz über Urheberrecht und verwandte Schutzrechte (Urheberrechtsgesetz)

usw.	und so weiter
u.U.	unter Umständen
UWG	Gesetz gegen den unlauteren Wettbewerb
VerlG	Gesetz über das Verlagsrecht
VG	Verwaltungsgericht (mit Ortsnamen)
vgl.	vergleiche
VO	Verordnung
VOBl	Verordnungsblatt
z.B.	zum Beispiel
ZDG	Gesetz über den Zivildienst der Kriegsdienstverweigerer (Zivildienstgesetz)
ZfA	Zeitschrift für Arbeitsrecht
Ziff.	Ziffer(n)
ZPO	Zivilprozeßordnung
z.T.	zum Teil
z.Zt.	zur Zeit

Quellennachweis

Kapitel 1:

1.01 Hueck-Nipperdey, Lehrbuch des Arbeitsrechts, Band I 7. Aufl. 1963, § 9 II; Lieb, Arbeitsrecht, 3. Aufl. 1984, § 1 I; Richardi, Münchener Handbuch zum Arbeitsrecht, Band 1 1992, § 23; Schaub, Arbeitsrechts-Handbuch, 7. Aufl. 1992, § 8; Söllner, Grundriß des Arbeitsrechts, 11. Aufl. 1994, § 3; Zöllner-Loritz, Arbeitsrecht, 4. Aufl. 1992, § 4 III.
BAG AP 1, 3, 4, 15-36, 42, 43, 45 zu § 611 BGB Abhängigkeit; BGH AP 2, 6 zu § 611 BGB Abhängigkeit

1.02 Schaub, § 8 II 2; Söllner, § 3 I; Zöllner-Loritz, § 4 III 1

1.03 Schaub, § 8 II 1; Söllner, § 3 I; Zöllner-Loritz, § 4 III 3

1.04 Schaub, § 8 II 1

1.05 Zöllner-Loritz, § 4 III 5d

1.06 Schaub, § 8 II 3 mit Hinweisen auf die Rechtsprechung des BAG; Zöllner-Loritz, § 4 III 5b

1.07 BAG AP 24, 26 zu § 611 BGB Ärzte, Gehaltsansprüche; BAG AP 10 zu § 611 BGB Lehrer, Dozenten; BAG AP 26 zu § 611 BGB Abhängigkeit

1.08 Dieser Gesichtspunkt wird vor allem von Lieb, § 1 I 1 betont; siehe auch Schaub, § 8 II 3; Zöllner-Loritz, § 4 III 5e

1.09 Hueck-Nipperdey, § 12 IV 4 und § 15; Richardi, § 23 Rz 102; so auch BGH in BGHZ Bd. 12 S. 1f., Bd. 36 S. 142f., Bd. 49 S. 30f. Anderer Ansicht: Schaub, § 14 I 2a, der wegen der Abhängigkeit des Vorstandes einer AG vom Aufrichtsrat (§§ 84 Abs. 1, 111 Abs. 4 AktG) im Innenverhältnis die Auffassung vertritt, Vorstandsmitglieder könnten Arbeitgeber und Arbeitnehmer in einer Person sein.

1.10 Hueck-Nipperdey, § 9 IV; Söllner, § 3 I

1.11 Hueck-Nipperdey, § 9 IV

1.12 Söllner, § 3 I 1

1.13 Zöllner-Loritz, § 4 III 4; kritisch Lieb, § 1 I Fußnote 20

1.14 Hueck-Nipperdey, § 9 IV

1.15 Söllner, § 3 I 1

1.16 Schaub, § 9 II mit weiteren Nachweisen

1.17 Hueck-Nipperdey, § 12 II; Richardi, § 24 Rz 2 und 17; Schaub, § 13 I 2; BAG AP 59 zu § 1 LohnFG

1.18 Brill, DB 1981, S. 316; Lipke, DB 1983, S. 111; Richardi, § 24 Rz 12-16

1.19 Richardi, § 25 Rz 26-49; Wlotzke, DB 1989, S. 111, 118

1.20 Schaub, § 14 III 3 mit Hinweisen auf die Rechtsprechung des BAG

1.21 Schaub, § 12 IX; Söllner, § 4 IV 6

1.22 Hueck-Nipperdey, § 15 I; Schaub, § 17 I; Söllner, § 3 III 1

1.23 Hueck-Nipperdey, § 15 II; Richardi, § 29 Rz 1

1.24 Schmidt, in: Schlegelberger, HGB, Kommentar, 5. Aufl. 1992, § 124 Rz 16

1.25 Schaub, § 17 1.; BAG AP 1 zu § 705 BGB; BFH Urteil vom 19.01.1988 in BFH/NV 1988 S. 615; a.A. Richardi, § 41 Rz 4

1.26 Schaub, § 17 3

1.27 So für den Bereich des Betriebsverfassungsgesetzes: Hess/Schlochauer/Glaubitz, Kommentar zum Betriebsverfassungsgesetz, 4. Aufl. 1993, § 108 Rz 5; Dietz/Richardi, Betriebsverfassungsgesetz, Kommentar, Band 2 6. Aufl. 1982, § 108 Rz 12

Kapitel 2:

2.01 Bobrowski/Gaul, Das Arbeitsrecht im Betrieb, Band I 8. Aufl. 1986, B II Rz 14; Schaub, Arbeitsrechts-Handbuch, 7. Aufl. 1992, § 26 III 2a

2.02 BAG AP 19, 30 zu § 123 BGB; zuletzt BAG Urteil vom 11.11.1993 – 2 AZR 467/93 – in DB 1994 S. 939

2.03 LAG Hamm Urteil vom 22.05.1973 – 3 Sa 181/73 – in DB 1973 S. 1306

2.04 Dietz/Richardi, Betriebsverfassungsgesetz, Kommentar, Band 2 6. Aufl. 1982, § 94 Rz 14 mit weiteren Nachweisen; Schaub, § 26 III 3
2.05 BAG AP 32 zu § 63 HGB
2.06 BAG AP 25 zu § 123 BGB
2.07 Senne/Senne, Arbeitsrecht-Fälle, Lösungen, Methodik, 1991, S. 5; Schaub, § 26 III 3
2.08 Löwisch, DB 1987, S. 936f.; Richardi, NZA 1988, S. 73f.
2.09 BAG AP 2 zu § 123 BGB; BAG AP 1, 7 zu § 1 KSchG Verhaltensbedingte Kündigung
2.10 Schaub, § 26 III 3
2.11 Buchner, Münchener Handbuch zum Arbeitsrecht, Band 1 1992, § 38 Rz 128f., 233f.
2.12 BAG Urteil vom 15.10.1992 - 2 AZR 227/92 - in DB 1993 S. 435
2.13 BAG Urteil vom 20.02.1986 - 2 AZR 244/85 - in DB 1986 S. 2287
2.14 BAG Urteil vom 01.07.1993 - 2 AZR 25/93 - in DB 1993 S. 1978
2.15 BAG AP 6 zu Art. 33 Abs. 2 GG
2.16 BAG AP 9, 15, 17 zu Art. 33 Abs. 2 GG
2.17 BAG AP 2, 8, 23 zu Art. 33 Abs. 2 GG
2.18 BAG AP 2 zu § 123 BGB
2.19 BAG AP 2 zu § 276 BGB Verschulden bei Vertragsabschluß
2.20 Bobrowski/Gaul, B II Rz 15
2.21 BAG AP 1, 2 zu § 276 BGB Verschulden bei Vertragsabschluß
2.22 BAG Urteil vom 24.09.1974 - 3 AZR 589/73 - in BB 1975 S. 184
2.23 Richardi, Münchener Handbuch zum Arbeitsrecht, Band 1 1992, § 43 Rz 35; Dietz/Richardi, § 81 Rz 9
2.24 Hess/Schlochauer/Glaubitz, Kommentar zum Betriebsverfassungsgesetz, 4. Aufl. 1993, § 81 Rz 1; Fitting/Auffahrt/Kaiser/Heither, Betriebsverfassungsgesetz, Handkommentar, 16. Aufl. 1990, § 81 Rz 3
2.25 So Hess/Schlochauer/Glaubitz, Vorbemerkung zu §§ 81-86 Rz 3
2.26 So Dietz/Richardi, § 81 Rz 11; Fitting/Auffahrt/Kaiser/Heither, § 81 Rz 2
2.27 Dietz/Richardi, § 100 Rz 13; Fabricius/Kraft/Thiele/Wiese/Kreutz, zum Betriebsverfassungsgesetz, Gemeinschaftskommentar, Band II 4. Aufl. 1990, § 100 Rz 19
2.28 BAG AP 8 zu § 196 BGB; Blomeyer, Münchener Handbuch zum Arbeitsrecht, Band 1 1992, § 94 Rz 68; Schaub, § 26 II 1
2.29 Bobrowski/Gaul, B II Rz 2; Schaub, § 26 II 1
2.30 Schaub, § 32 III 2
2.31 BAG AP 1 zu § 127 BGB; Richardi, § 41 Rz 37; Schaub, § 32 III 5
2.32 BAG AP 1 zu § 620 BGB Befristeter Arbeitsvertrag; BAG AP 1 zu Art. 6 Abs. 1 GG Ehe und Familie; BAG AP 8 zu § 242 BGB Ruhegehalt - Unverfallbarkeit
2.33 BAG AP 26 zu § 620 BGB Befristeter Arbeitsvertrag; BAG AP 35 zu § 611 BGB Abhängigkeit
2.34 BAG AP 1 zu § 53 BAT
2.35 BAG AP 3 zu § 620 BGB Probearbeitsverhältnis; Richardi, § 42 Rz 57; Schaub, § 40 IV
2.36 BAG Beschluß vom 14.03.1989 - 1 ABR 80/87 - in DB 1989 S. 1523
2.37 BAG Beschluß vom 02.12.1985 - 1 ABR 72/83 - in DB 1986 S. 876
2.38 BAG Beschluß vom 20.12.1988 - 1 ABR 68/87 - in DB 1989 S. 1240
2.39 BAG Beschluß vom 03.10.1989 - 1 ABR 73/88 - in DB 1990 S. 995
2.40 BAG Beschluß vom 18.10.1988 - 1 ABR 33/87 - in DB 1989 S. 530
2.41 BAG Beschluß vom 18.07.1978 - 1 ABR 8/75 - in DB 1978 S. 2320
2.42 BAG Urteil vom 02.07.1980 - 5 AZR 1241/79 - in DB 1981 S. 272
2.43 BAG Beschluß vom 24.07.1979 - 1 ABR 78/77 - in DB 1979 S. 2327
2.44 BAG Urteil vom 26.01.1988 - 1 AZR 531/86 - in DB 1988 S. 1167
2.45 Dietz/Richardi, § 99 Rz 227; Fabricius/Kraft/Thiele/Wiese/Kreutz, § 100 Rz 144
2.46 BAG Beschluß vom 09.02.1993 - 1 ABR 51/92 - in DB 1993 S. 1294 (Bestätigung der ständigen Senatsrechtsprechung); BAG Beschluß vom 23.11.1993 - 1 ABR 34/93 - in DB 1994 S. 1575
2.47 BAG AP 5 zu § 101 BetrVG 1972

2.48 BAG Beschluß vom 18.06.1991 – 1 ABR 53/90 – in DB 1991 S. 2086
2.49 BAG Beschluß vom 03.05.1994 – 1 ABR 58/93 – in DB 1995 S. 228
2.50 Richardi, § 44 Rz 70
2.51 BAG AP 2 zu § 125 BGB
2.52 BAG AP 1 zu § 620 BGB Befristeter Arbeitsvertrag; BAG AP 8 zu § 242 BGB Ruhegehalt – Unverfallbarkeit
2.53 BAG AP 34 zu § 138 BGB
2.54 Richardi, § 44 Rz 31
2.55 BAG AP 3 zu § 119 BGB
2.56 BAG Urteil vom 15.10.1992 – 2 AZR 227/92 – in DB 1993 S. 435. Siehe auch EuGH Urteil RS C 421/92 vom 05.05.1994 in DB 1994 S. 1089
2.57 BAG AP 4 zu § 119 BGB; BAG Urteil vom 21.02.1991 – 2 AZR 449/90 – in DB 1991 S. 1934
2.58 BAG AP 2 zu § 611 BGB Faktisches Arbeitsverhältnis; BAG AP 2 zu § 123 BGB; BAG AP 32 zu § 63 HGB
2.59 BAG AP 32 zu § 63 HGB
2.60 BAG Urteil vom 25.05.1970 – 3 AZR 384/69 – in BAGE Bd. 22 S. 344

Kapitel 3:

3.01 Zöllner-Loritz, Arbeitsrecht, 4. Aufl. 1992, § 7 I 1 und 2; Hanau-Adomeit, Arbeitsrecht, 9. Aufl. 1988, B II 1
3.02 Fabricius/Kraft/Thiele/Wiese/Kreutz, Betriebsverfassungsgesetz, Gemeinschaftskommentar, Band II 4. Aufl. 1990, § 77 Rz 199f.
3.03 BAG AP 2, 6, 10, 11, 12, 15, 22, 27 zu § 242 BGB Betriebliche Übung; BAG AP 30 zu § 242 BGB Gleichbehandlung
3.04 BAG AP 4, 7, 16, 20, 21, 34, 86 zu § 611 BGB Gratifikationen; BAG AP 10 zu § 242 BGB Betriebliche Übung
3.05 BAG AP 12 zu § 242 BGB Betriebliche Übung; Richardi, Münchener Handbuch zum Arbeitsrecht, Band 1 1992, § 13 Rz 26
3.06 Hanau-Adomeit, B I 2
3.07 Schaub, Arbeitsrechts-Handbuch, 7. Aufl. 1992, § 45 IV 2
3.08 BAG AP 26 zu § 611 BGB Direktionsrecht; Zöllner-Loritz, § 6 I 8; Hanau-Adomeit, G I 1; Schaub, § 45 IV 1
3.09 BAG AP 3 zu § 611 BGB Arzt-Krankenhausvertrag; BAG AP 4 zu § 1 TVG Tarifverträge Rundfunk; BAG AP 27 zu § 611 BGB Direktionsrecht
3.10 BAG AP 27 zu § 611 BGB Direktionsrecht (= Kriegsdienstverweigerer); BAG AP 1 zu § 611 BGB Gewissensfreiheit (= Arzt)
3.11 BAG AP 12 zu § 123 GewO; BAG AP 17, 18, 19 zu § 611 BGB Direktionsrecht; Bobrowski-Gaul, Das Arbeitsrecht im Betrieb, Band I 8. Aufl. 1986, D II Rz 18; Schaub, § 45 IV 2
3.12 BAG AP 18 zu § 611 BGB Direktionsrecht; BAG AP 2 zu § 24 BAT. Das BAG hält nicht nur im Falle einer Vertretung, sondern auch im Falle einer Stellenvakanz grundsätzlich jeden Arbeitnehmer nach seinem Arbeitsvertrag und im Rahmen seines Arbeitsvertrages nach den Grundsätzen von Treu und Glauben im Bereich der Zumutbarkeit für verpflichtet, ohne Gewährung einer zusätzlichen Vergütung zeitweilig (= mind. 2 Monate) eine höherwertige Tätigkeit zu verrichten. Nur wenn die Tätigkeit länger dauert, besteht nach Ansicht des BAG ein Anspruch auf die übliche Vergütung gem. § 612 Abs. 2 BGB (BAG AP 2 zu § 24 BAT)
3.13 Bobrowski-Gaul, D III Rz 1; Schaub, § 45 VI 3
3.14 BAG AP 1, 2 zu § 611 BGB Wegezeit
3.15 BAG AP 5, 8 zu § 7 AZO; BAG AP 6 zu § 12 AZO; BAG AP 2, 3 zu § 13 AZO
3.16 BAG AP 3, 5 zu § 7 AZO; BAG AP 6 zu § 12 AZO
3.17 Denecke/Neumann/Biebl, Arbeitszeitordnung, Kommentar, 11. Aufl. 1991, § 12 Rz 17
3.18 Denecke/Neumann/Biebl, § 12 Rz 4

3.19 Denecke/Neumann/Biebl, § 12 Rz 2; a.A. bezüglich Rufbereitschaft Schaub, § 158 II 1; OLG Hamburg AP 3 zu § 25 AZO
3.20 Zmarzlik, DB 1994, S. 1082f.
3.21 BAG Urteil vom 27.02.1992 – 6 AZR 478/90 – in DB 1992 S. 2247
3.22 BAG AP 1, 23, 26 zu § 59 BetrVG 1952
3.23 Bobrowski/Gaul, D III Rz 33
3.24 Schaub, § 160 I 3
3.25 Schaub, § 160 I 4
3.26 BAG Urteil vom 21.11.1991 – 6 AZR 551/89 – in DB 1992 S. 1091; Europäischer Gerichtshof (Sechste Kammer) Urteile vom 12.12.1994 in DB 1995 S. 49
3.27 Schüren, Münchener Handbuch zum Arbeitsrecht, Band 2 1993, § 158 Rz 135ff.
3.28 BAG AP 1, 2 zu § 2 TOA; BAG AP 2 zu § 17 BAT
3.29 Fabricius/Kraft/Thiele/Wiese/Kreutz, § 87 Rz 254ff. m.w.N.; Hess/Schlochauer/Glaubitz, Kommentar zum Betriebsverfassungsgesetz, 4. Aufl. 1993, § 87 Rz 64ff.
3.30 Schaub, § 47 I 8
3.31 Blomeyer, Münchener Handbuch zum Arbeitsrecht, Band 1 1992, § 46 Rz 72
3.32 LAG Hamm Urteil vom 22.03.1974 – 2 Sa 128/74 – in DB 1974, S. 877; Schaub, § 45 III 1
3.33 BAG AP 2 zu § 611 BGB Beschäftigungspflicht; Schaub, § 45 III 2
3.34 Blomeyer, § 46 Rz 87; Schaub, § 45 III 3; Zöllner-Loritz, § 12 IV 1
3.35 BAG Beschluß vom 10.04.1984 – 1 ABR 67/82 – in DB 1984 S. 2198; bestätigt in BAG Beschluß vom 28.09.1988 – 1 ABR 37/87 – in DB 1989 S. 386
3.36 Fabricius/Kraft/Thiele/Wiese/Kreutz, § 99 Rz 56, 59
3.37 BAG Urteil vom 18.07.1989 – 8 AZR 44/88 – in DB 1989 S. 2490
3.38 BAG Urteil vom 23.06.1992 – 9 AZR 111/91 – in DB 1992 S. 2404
3.39 BAG AP 15 zu § 11 BUrlG
3.40 BAG Urteil vom 28.01.1982 – 6 AZR 571/79 – in BB 1982 S. 862; BAG Urteil vom 26.05.1983 – 6 AZR 273/82 – in BB 1983 S. 2259; BAG Urteil vom 07.11.1985 – 6 AZR 169/84 – in DB 1986 S. 973
3.41 BAG Urteil vom 26.05.1988 – 8 AZR 774/85 – in DB 1989 S. 182
3.42 BAG Urteil vom 27.01.1987 – 8 AZR 579/84 – in NzA 1987 S. 462
3.43 BAG Urteil vom 14.01.1992 – 9 AZR 148/91 – in DB 1992 S. 1889
3.44 BAG Urteil vom 31.05.1990 – 8 AZR 269/89 – in DB 1990 S. 2428; BAG Urteil vom 22.10.1992 – 9 AZR 373/90 – in DB 1992 S. 1632
3.45 BAG AP 1 zu § 1 BUrlG Nachurlaub
3.46 Schaub, § 102 VIII 3
3.47 BAG Urteil vom 26.01.1989 – 8 AZR 730/87 – in DB 1989 S. 2129 (Aufgabe der bisherigen Rechtsprechung in BAG Urteil vom 22.02.1966 – 5 AZR 431/65 – in DB 1966 S. 708 = fehlende Tage und in BAG Urteil vom 17.03.1970 – 5 AZR 540/69 – in DB 1970 S. 1183 = Abrundung)
3.48 Herrschende Meinung, siehe hierzu Dersch/Neumann, BUrlG, Kommentar, 7. Aufl. 1990, § 6 Rz 22 m.w.N.
3.49 BAG AP 82 zu § 611 BGB Urlaubsrecht; BAG AP 3 zu § 6 BUrlG
3.50 BAG Urteil vom 20.01.1994 – 2 AZR 521/93 – in DB 1994 S. 1042
3.51 BAG Urteil vom 18.12.1986 – 8 AZR 502/84 – in NZA 1987 S. 379; BAG Urteil vom 25.02.1993 – 2 AZR 298/91 – in EZA 83 zu § 626 BGB n.F.
3.52 BAG AP 84 zu § 611 BGB Urlaubsrecht
3.53 BAG Urteil vom 24.11.1987 – 8 AZR 140/87 – in EzA 61 zu § 7 BUrlG
3.54 BAG Urteil vom 13.05.1982 – 6 AZR 360/80 – in DB 1982 S. 2193; BAG AP 1 zu § 7 BUrlG Urlaubsjahr
3.55 Dersch/Neumann, § 7 Rz 90
3.56 BAG Urteil vom 05.09.1985 – 6 AZR 86/82 – in DB 1986 S. 811; BAG Urteil vom 07.11.1985 – 6 AZR 169/84 – in DB 1986 S. 973
3.57 BAG Urteil vom 26.06.1986 – 8 AZR 75/83 – in DB 1986 S. 2684
3.58 BAG Urteil vom 21.01.1988 – 2 AZR 581/86 – in DB 1988 S. 1758; siehe auch Dersch/Neumann, § 1 Rz 79, 80 m.w.N.

3.59 BAG Urteil vom 20.04.1989 – 8 AZR 621/87 – in DB 1989 S. 2175; BAG Urteil vom 28.07.1992 – 9 AZR 340/91 – in DB 1993 S. 642; BAG Urteil vom 19.01.1993 – 9 AZR 8/92 – in DB 1993 S. 2124
3.60 Schaub, § 102 A III 3
3.61 BAG Urteil vom 19.07.1973 – 5 AZR 73/73 – in DB 1973 S. 1903 = AP 1 zu § 8 BUrlG
3.62 BAG Urteil vom 25.02.1988 – 8 AZR 596/86 – in DB 1988 S. 1554
3.63 BAG Urteil vom 24.11.1992 – 9 AZR 331/91 – in DB 1993 S. 641; BAG Urteil vom 26.05.1992 – 9 AZR 172/91 – in DB 1992 S. 2349
3.64 BAG Urteil vom 20.04.1989 – 8 AZR 475/87 – in DB 1989 S. 1976
3.65 BAG Urteil vom 22.10.1991 – 9 AZR 621/90 – in NzA 1993 S. 79
3.66 BAG Urteil vom 25.02.1988 – 8 AZR 596/85 – in DB 1988 S. 1554
3.67 BAG Urteil vom 25.10.1984 – 6 AZR 417/82 – in DB 1985 S. 820
3.68 BAG Urteil vom 24.11.1992 – 9 AZR 564/91 – in DB 1993 S. 1423
3.69 BAG Urteil vom 22.09.1992 – 9 AZR 483/91 – in DB 1993 S. 891
3.70 Schaub, § 102 B II 2b); BAG Urteil vom 17.10.1990 – 5 AZR 10/90 – in DB 1991 S. 448
3.71 Schaub, § 102 B IV 5a)
3.72 BAG Urteil vom 24.10.1989 – 8 AZR 253/88 – in DB 1990 S. 991
3.73 BAG AP 1 zu § 15 BErzGG
3.74 BAG AP 2, 5 zu § 15 BErzGG
3.75 Hanau/Adomeit, G V 1
3.76 Schaub, § 51 III 5d)
3.77 BAG Urteil vom 11.04.1984 – 7 AZR 199/84 – in DB 1984 S. 2199
3.78 Lieb, Arbeitsrecht, 3. Aufl. 1984, § 2 II 2c; Schaub, § 52 II 1b); Zöllner-Loritz, § 18 III
3.79 BAG AP 71 zu § 611 BGB Haftung des Arbeitnehmers
3.80 BAG AP 1 zu Art. 5 Abs. 1 GG Meinungsfreiheit; BAG AP 2 zu § 134 BGB
3.81 BAG AP 2, 4 zu § 13 KSchG; BAG AP 1 zu § 1 KSchG Verhaltensbedingte Kündigung
3.82 Schaub, § 53 II 4; Zöllner-Loritz, § 13 I 2
3.83 Zöllner-Loritz, § 13 I 3
3.84 Schaub, § 53 II 7 m.w.N.
3.85 BAG AP 7 zu § 611 BGB Treuepflicht; BAG Urteil vom 16.01.1975 – 3 AZR 72/74 – in DB 1975 S. 1705
3.86 Schaub, § 168, 2
3.87 Zöllner-Loritz, § 13 II 2
3.88 Bobrowski/Gaul, F I Rz 5
3.89 Blomeyer, § 93 Rz 2 m.w.N.
3.90 BAG AP 2 zu § 611 BGB Beschäftigungspflicht
3.91 BAG AP 4, 5 14 zu § 611 BGB Beschäftigungspflicht; BAG AP 13 zu § 626 BGB Verdacht strafbarer Handlungen; BAG AP 7 zu § 628 BGB; BAG AP 13 zu § 102 BetrVG 1972
3.92 Blomeyer, § 93 Rz 4 m.w.N.
3.93 BAG AP 14 zu § 611 BGB Beschäftigungspflicht; Bobrowski/Gaul, F III Rz 2; Blomeyer, § 93 Rz 18
3.94 BAG AP 5, 9 zu § 611 BGB Beschäftigungspflicht
3.95 Zöllner/Loritz, § 17
3.96 BAG Urteil vom 20.08.1986 – 4 AZR 272/85 – in DB 1987 S. 693
3.97 Schaub, § 70 II 3
3.98 BAG Urteil vom 18.09.1986 – 6 AZR 517/83 – in DB 1987 S. 589; BAG Urteil vom 18.01.1995 – 5 AZR 817/93 – in DB 1995 S. 1567
3.99 BAG Urteil vom 12.01.1994 – 5 AZR 597/92 – in DB 1994 S. 1039
3.100 BAG AP 2 zu § 611 BGB Lohnrückzahlung
3.101 BAG AP 25, 29 zu Art. 12 GG
3.102 BAG AP 83 zu § 611 BGB Gratifikationen; BAG Urteil vom 14.06.1995 – 10 AZR 25/94 – in DB 1995 S. 1567

3.103 BAG AP 72, 73, 84, 86, 98 zu § 611 BGB Gratifikationen
3.104 BAG Urteil vom 18.08.1976 – 5 AZR 399/75 – in BAGE Band 28 S. 159; BAG Urteil vom 24.07.1991 – 5 AZR 443/90 – in NzA 1992 S. 211; BAG Urteil vom 16.03.1994 – 5 AZR 339/92 – in DB 1994 S. 1726
3.105 BAG AP 22, 23 zu § 611 BGB Gratifikationen
3.106 BAG Urteil vom 15.12.1993 – 5 AZR 279/93 – in DB 1994 S. 1040
3.107 BAG Urteil vom 23.02.1983 – 5 AZR 531/80 – in DB 1983 S. 1210 (sechsmonatiger Lehrgang zum gehobenen Sparkassendienst = Höchstbindungsdauer drei Jahre); BAG Urteil vom 11.04.1984 – 5 AZR 430/82 – in DB 1984 S. 2411 (Lehrgangsdauer bis zwölf Monate = Regelbindungsdauer drei Jahre); BAG Urteil vom 15.05.1985 – 5 AZR 161/84 – in DB 1986 S. 65 (sechzehnmonatige Ausbildungsdauer = Bindungsdauer nur drei Jahre)
3.108 BAG AP 22, 23, 25, 31, 32, 69, 82, 99, 108, 110 zu § 611 BGB Gratifikationen
3.109 BAG AP 66, 78 zu § 611 BGB Gratifikationen
3.110 BAG AP 3, 4, 9, 10, 17 zu § 242 BGB Verwirkung
3.111 BAG AP 34, 35, 45 zu § 615 BGB
3.112 BAG Urteil vom 27.01.1994 – 2 AZR 584/93 – in DB 1994 S. 2401
3.113 BAG AP 10, 28, 30 zu § 615 BGB; BAG AP 2 zu § 297 BGB
3.114 BAG Urteil vom 19.04.1990 – 2 AZR 591/89 – in DB 1990 S. 2073; BAG Urteil vom 24.10.1991 – 2 AZR 112/91 – in DB 1992 S. 586; BAG Urteil vom 21.01.1993 – 2 AZR 309/92 – in DB 1993 S. 1627; BAG Urteil vom 24.11.1994 – 2 AZR 179/94 – in DB 1995 S. 1181
3.115 BAG AP 27 zu § 615 BGB; Zöllner/Loritz, § 18 IV 1a
3.116 BAG AP 15, 16 zu § 242 BGB Auskunftspflicht; BAG Urteil vom 29.07.1993 – 2 AZR 110/93 – in DB 1993 S. 2437
3.117 BAG AP 1, 2 zu § 615 BGB Böswilligkeit; BAG AP 13 zu § 74c HGB
3.118 Herrschende Meinung, z.B. BGH Bd. 8 S. 231, Bd. 11 S. 22, Bd. 47 S. 269; BAG AP 2 zu § 306 BGB. Einige Autoren treten jedoch dafür ein, die Leistungspflicht des Schuldners zu beschränken. Zum Teil wird eine entsprechende Anwendung der für die nachträgliche Unmöglichkeit geltenden Vorschriften (§§ 275, 280, 323, 325 BGB) befürwortet, d.h. der Schuldner soll nur haften, wenn er das anfängliche Unvermögen zu vertreten hat. Nach einer anderen Ansicht wird ein Haftungsausschluß bejaht, wenn das Leistungshindernis nicht aus dem Gefahrenbereich des Schuldners stammt. Siehe hierzu Palandt, BGB, Kommentar, 54. Aufl. 1995, § 306 Rz 10 m.w.N.
3.119 Schaub, § 49 2
3.120 BAG AP 12, 29 zu § 1 LFZG; BAG Urteil vom 09.05.1984 – 5 AZR 412/81 – in DB 1984 S. 2099; BAG Urteil vom 20.03.1985 – 5 AZR 229/83 – in DB 1985 S. 2694
3.121 BAG AP 29 zu § 1 LFZG
3.122 BAG AP 13, 32 zu § 1 LFZG
3.123 BAG AP 6 zu § 2 LFZG
3.124 BAG AP 21 zu § 63 HGB; BAG AP 52 zu § 626 BGB; BAG AP 12 zu § 1 LFZG
3.125 BAG AP 42, 52 zu § 616 BGB
3.126 BAG AP 14 zu § LFZG; BAG AP 15, 16 zu § 1 ArbKrankhG
3.127 BAG AP 42 zu § 616 BGB, Schaub, § 98 II 4
3.128 BAG AP 1 zu § 13 MuSchG; BAG AP 20 zu § 63 HGB
3.129 Zöllner/Loritz, § 18 II 2e
3.130 BAG AP 8, 18, 26 zu § 1 LFZG
3.131 BAG AP 8, 9, 25 zu § 1 LFZG
3.132 Schaub, § 98 II 6 n.w.N.
3.133 BAG AP 3 zu § 63 HGB
3.134 BAG AP 43 zu § 1 LFZG; BAG AP 27 zu § 133c GewO
3.135 BAG Urteil vom 19.03.1986 – 5 AZR 86/85 – in DB 1986 S. 1877
3.136 BAG AP 46 zu § 1 ArbKrankhG
3.137 Schaub, § 98 VII 2
3.138 BAG Urteil vom 06.04.1994 – 5 AZR 501/93 – in DB 1994 S. 1783

3.139 BAG Urteil vom 22.03.1995 – 5 AZR 874/93 – in DB 1995 S. 2274
3.140 BAG AP 45 zu § 616 BGB
3.141 BAG Urteil vom 13.11.1974 – 5 AZR 54/74 – in BB 1975 S. 471
3.142 BAG Beschluß des Großen Senats vom 08.12.1959 in AP 22 zu § 616 BGB
3.143 Schaub, § 97 II 3 m.w.N.
3.144 BAG AP 5, 8, 9, 23 zu § 616 BGB; BAG AP 1 zu § 6 ArbKrankhG
3.145 BAG AP 2-5, 10, 13-16, 28-31 zu § 615 Betriebsrisiko
3.146 Entscheidungen des Reichsgerichtes vom 06.02.1923 in RGZ 106 S. 272; Entscheidungen des BAG in AP 2-5, 10, 13-16, 28-31 zu § 615 BGB Betriebsrisiko; BAG Beschlüsse vom 22.12.1980 – 1 ABR 2/79 und 1 ABR 76/79 – in DB 1981 S. 321 und S. 327, zuletzt Urteil vom 30.01.1991 – 4 AZR 338/90 – in DB 1991 S. 1525. Aus dem Schrifttum: Hueck/Nipperdey, Lehrbuch des Arbeitsrechts, Band 1 7. Aufl. 1963, S. 349; Biedenkopf, Die Betriebsrisikolehre als Beispiel richterlicher Rechtsfortbildung, 1970; Kalb, Rechtsgrundlage und Reichweite der Betriebsrisikolehre, 1977.
3.147 BAG BAP 15, 16 zu § 626 BGB Betriebsrisikolehre
3.148 BAG AP 28 zu § 615 BGB Betriebsrisikolehre
3.149 BAG Beschlüsse vom 22.12.1980 – 1 ABR 2/79 und 1 ABR 76/79 – in DB 1981 S. 321 und 327
3.150 Seiter, DB 1981, S. 580
3.151 Boewer, Münchener Handbuch zum Arbeitsrecht, Band 1 1992, § 77 Rz 49 und 50
3.152 Boewer, § 77 Rz 54 m.w.N.
3.153 BAG AP 44, 57, 58, 63 zu Art. 9 GG Arbeitskampf
3.154 Otto, RdA 1987, S. 1
3.155 BAG AP 13 zu § 615 BGB Betriebsrisiko
3.156 BAG Urteil vom 30.01.1991 – 4 AZR 338/90 – in DB 1991 S. 1525
3.157 Boewer, § 77 Rz 76
3.158 Boewer, § 77 Rz 78
3.159 BAG AP 45 zu Art. 9 GG Arbeitskampf
3.160 BAG Urteil vom 25.10.1984 – 2 AZR 417/83 – in DB 1985 S. 763
3.161 BAG AP 1 zu § 448 ZPO
3.162 LAG Baden-Württemberg Urteil vom 05.11.1959 – IV Sa 82/59 – in BB 1960 S. 289
3.163 BAG AP 5, 9 zu § 394 BGB
3.164 Schaub, § 108 I 2 m.w.N.; Blomeyer, § 92 Rz 8f. m.w.N.
3.165 BAG AP 17 zu § 618 BGB; Blomeyer, § 94 Rz 6 m.w.N.
3.166 Blomeyer, § 94 Rz 21
3.167 Blomeyer, § 94 Rz 29
3.168 Blomeyer, § 95 Rz 1
3.169 Blomeyer, § 95 Rz 4 m.w.M.
3.170 BAG AP 5 und 15 zu § 611 BGB Persönlichkeitsrecht
3.171 Blomeyer, § 95 Rz 9f. m.w.N.
3.172 Blomeyer, § 51 Rz 22 und 23 m.w.N.
3.173 BAG AP 26, 75 zu § 611 BGB Fürsorgepflicht
3.174 Blomeyer, § 94 Rz 34f.; Schaub, § 108 IV 2
3.175 Schaub, § 108 IV 6
3.176 BAG AP 7 zu § 618 BGB; BAG AP 5 zu § 611 BGB Parkplatz
3.177 BAG AP 4 zu § 611 BGB Parkplatz
3.178 BAG AP 26 zu § 611 BGB Fürsorgepflicht
3.179 BAG AP 2, 5, 6, 7 und 9 zu § 611 BGB Gefährdungshaftung des Arbeitgebers. Siehe auch Blomeyer, § 94 Rz 51f. m.w.N.
3.180 BAG AP 6 zu § 611 BGB Gefährdungshaftung des Arbeitgebers
3.181 BAG AP 1 zu § 611 BGB Doppelarbeitsverhältnis; BAG AP 13, 45 zu § 1 ArbKrankhG; siehe auch Blomeyer, § 53 Rz 3; Schaub, § 43 II 1
3.182 Blomeyer, § 53 Rz 4; Schaub, § 43 II 4
3.183 BAG AP 40 zu § 1 ArbKrankhG; BAG AP 5 zu § 1 KSchG Krankheit
3.184 BAG AP 7 zu § 611 BGB Treuepflicht; BAG Urteil vom 16.01.1975– 3 AZR 72/74 – in DB 1975 S. 1705

3.185 BAG AP 1 zu § 611 BGB Doppelarbeitsverhältnis (= Nichtigkeit des Arbeitsvertrages über die Nebentätigkeit bei erheblicher Überschreitung der insgesamt zulässigen Arbeitszeit); BAG AP 2 zu § 1 AZO (= Beschäftigungsverbot bei gelegentlicher oder geringfügiger Überschreitung der höchstzulässigen Arbeitszeit durch die Nebentätigkeit)
3.186 BAG AP 6 zu Art. 12 GG (= Beschränkung durch Arbeitsvertrag). Ob eine Beschränkung durch Tarifvertrag zulässig ist, ist umstritten (bejahend: Bönert, DB 1969, S. 483; Knevels, DB 1961, S. 168; Schaub, § 45 II 2; ablehnend: Söllner, Grundriß des Arbeitsrechts, 11. Aufl. 1994, § 17 II 3)
3.187 BAG AP 60, 68 zu § 60 HGB
3.188 Keymer/Kolbe/Braun, Das Nebentätigkeitsrecht in Bund und Ländern, Kommentar, 1988, Grundlagen D Rz 19
3.189 BAG AP 60 zu § 626 BGB
3.190 BAG AP 60, 68 zu § 626 BGB

Kapitel 4:

4.01 Schaub, Arbeitsrechts-Handbuch, 7. Aufl. 1992, § 109 I 2
4.02 Bley, Sozialrecht, 5. Aufl. 1986, C III 4a) cc
4.03 Bley, C III 4a) ee
4.04 BSG Urteil vom 28.04.1976 – 2 RU 147/75 – in Beilage 10 zu DB 1977 Nr. 23; BSG Urteil vom 30.08.1979 – 8 a RU 96/78 – in Beilage 18 zu DB 1980 Nr. 28a
4.05 Bley, C III 4 c) bb
4.06 BAG AP 1, 3, 8 zu § 636 RVO
4.07 BVerfG AP 6 zu § 636 RVO; bestätigt durch Beschluß vom 08.02.1995 – 1 BvR 735/94 – (nicht veröffentlicht)
4.08 Palandt, Bürgerliches Gesetzbuch, Kommentar, 54. Aufl. 1995, § 254 4a) und 4b)
4.09 Palandt, § 831 6)
4.10 BAG AP 4 zu §§ 898, 899 RVO; BAG AP 8, 33, 55, 58, 61, 92, 97 zu § 611 BGB Haftung des Arbeitnehmers
4.11 BAG Beschluß vom 12.06.1992 – GS 1/89 – in DB 1993 S. 939; bestätigt durch Beschluß vom 27.09.1994 – GS 1/89 – in DB 1994 S. 2137
4.12 BGH Beschluß vom 23.09.1993 – 3255 GemS OGB 1/93 – in DB 1994 S. 428
4.13 BAG Urteil vom 12.10.1989 – 8 AZR 276/88 – in DB 1990 S. 48
4.14 Blomeyer, Münchener Handbuch zum Arbeitsrecht, Band 1 1992, § 57 Rz 55
4.15 BAG AP 92 zu § 611 BGB Haftung des Arbeitnehmers
4.16 BAG AP 1, 6, 8 zu § 637 RVO; zuletzt BAG Beschluß vom 12.06.1992 – GS 1/89 – in DB 1993 S. 939
4.17 BGH Urteil vom 19.09.1989 – VI ZR 349/88 – in DB 1989 S. 2215; BGH Urteil vom 21.12.1993 – VI ZR 103/93 – in DB 1994 S. 634
4.18 BAG AP 18 zu §§ 898, 899 RVO; BAG AP 19, 30, 36, 38, 68 zu § 611 BGB Haftung des Arbeitnehmers
4.19 BAG AP 4 zu §§ 898, 899 RVO; BAG AP 37, 94 zu § 611 BGB Haftung des Arbeitnehmers
4.20 BAG AP 37, 45 zu § 611 BGB Haftung des Arbeitnehmers
4.21 BAG AP 5 zu § 249 BGB Vorteilsausgleichung
4.22 BAG AP 4, 54, 87 zu § 611 BGB Haftung des Arbeitnehmers
4.23 BAG AP 67 zu § 626 BGB; BAG AP 77 zu § 611 BGB Haftung des Arbeitnehmers
4.24 BAG AP 77 zu § 611 BGB Haftung des Arbeitnehmers
4.25 BAG AP 4 zu §§ 898, 899 RVO; BGH AP 12 zu § 637 RVO; BVerfG AP 6 zu § 636 RVO
4.26 Blomeyer, § 59 Rz 2

Kapitel 5:

5.01 Palandt, Bürgerliches Gesetzbuch, Kommentar, 54. Aufl. 1995, § 950 Rz 5
5.02 BGH Urteil vom 08.10.1955 – IV ZR 116/55 – in BGHZ Band 18 S. 228
5.03 Herrschende Meinung, z.B. Hueck/Nipperdey, Lehrbuch des Arbeitsrechts, Band I 7. Aufl. 1963, § 53 I; Nikisch, Arbeitsrecht, I. Band 3. Aufl. 1961, § 28 I; Palandt, § 950 Rz 9; Schaub, Arbeitsrechts-Handbuch, 7. Aufl. 1992, § 114 II 2
5.04 Protokolle zum BGB der Kommission für die 2. Lesung, Band III 1899, S. 239, 242f.
5.05 Schaub, § 114 II 2
5.06 Sack, Münchener Handbuch zum Arbeitsrecht, Band 1 1992, § 98 Rz 2 m.w.N.
5.07 Sack, § 98 Rz 5
5.08 BGH Urteil vom 26.10.1951 – I ZR 93/51 – in NJW 1952 S. 661 (= Krankenhauskartei)
5.09 Bartenbach/Volz, Gesetz über Arbeitnehmererfindungen, Kommentar, 2. Aufl. 1990; Bernhardt/Kraßer, Lehrbuch des Patentrechts, 4. Aufl. 1986; Fischer, Grundzüge des gewerblichen Rechtsschutzes, 2. Aufl. 1986; Gaul, Die Arbeitnehmererfindung, 1988; Portmann, DieArbeitnehmererfindung, 1986; Reimer/Schade/Schiepel, Das Recht der Arbeitnehmererfindung, 5. Aufl. 1975; Schwab, Erfindung und Verbesserungsvorschlag im Arbeitsverhältnis, 1985; Volmer/Gaul, Arbeitnehmererfindergesetz, 2. Aufl. 1983
5.10 BGH AP 1 zu § 4 ArbNErfG
5.11 Sack, § 99 Rz 9; Schaub, § 115 II 3
5.12 BGH AP 2 zu § 4 ArbNErfG
5.13 Bernhardt/Kraßer, § 21 II b 5; anderer Ansicht: Bartenbach/Volz, § 4 Rz 36; Volmer/Gaul, § 4 Rz 115
5.14 BGH AP 1 zu § 16 ArbNErfG Anlagengeschäft
5.15 Sack, § 99 Rz 24
5.16 BGH AP 1 zu § 10 ArbNErfG
5.17 BGH AP 1 zu § 16 ArbNErfG
5.18 Sack, § 99 Rz 48; Schaub, § 115 III 8
5.19 Bartenbach/Volz, § 10 Rz 31, 32; Sack, § 99 Rz 53; Volmer/Gaul, § 10 Rz 19, 20
5.20 Sack, § 99 Rz 51
5.21 BGH AP 1 zu § 12 ArbNErfG Chlormethylierung; BGH AP 2 zu § 12 ArbNErfG Cromegal
5.22 Volmer/Gaul, § 8 Rz 131f., § 25 Rz 121
5.23 Ablehnend: Schricker (Hrsg.), Urheberrecht, Kommentar, 1987, § 43 Rz 10-12; Ulmer, Urheber- und Verlagsrecht, 3. Aufl. 1980, § 95 I 1. Zustimmend: Hubmann/Rehbinder, Urheber- und Verlagsrecht, 7. Aufl. 1992 S. 109/110; Fromm/Nordemann, Urheberrecht, 8. Aufl. 1994, § 43 Rz 2
5.24 Sack, § 100 Rz 28 m.w.N.
5.25 BGH AP 30 zu § 612 BGB Ratgeber für Tierheilkunde
5.26 BAG AP 2 zu § 43 UrhG Statikprogramme
5.27 Sack, § 100 Rz 29; Schricker, § 43 Rz 23
5.28 BGH AP 3 zu § 43 UrhG
5.29 Amtliche Begründung zum Regierungs-Entwurf 1962 des Urheberrechtsgesetzes, BT-Drucksache IV/270 S. 61. Aus der Rechtsprechung: BAG AP 2 zu § 43 UrhG Statikprogramme; BGH AP 30 zu § 612 BGB Ratgeber für Tierheilkunde. Aus dem Schrifttum: Fromm/Nordemann, § 43 Rz 1; Hubmann/Rehbinder, § 19 III 1; Möhring/Nicolini, Urheberrechtsgesetz, 1970, § 43 Rz 1b; Sack, § 100 Rz 32 m.w.N.
5.30 Sack, § 100 Rz 32 und 33
5.31 BGH Urteil vom 26.11.1954 – I ZR 266/52 – in BGHZ Band 15 S. 249 (= Cosima Wagner)
5.32 Sack, § 100 Rz 50 m.w.N.
5.33 BT-Drucksache IV/270 S. 62
5.34 OLG Koblenz Urteil vom 13.08.1961 – 6 U 294/80 – in BB 1983 S. 992; Schricker, § 43 Rz 142
5.35 Sack, § 100 Rz 53 m.w.N.

5.36 Schricker, § 43 Rz 92-94; anderer Ansicht: Fromm/Nordemann, § 43 Rz 5
5.37 Schricker, § 43 Rz 144
5.38 BAG AP 2 zu § 43 UrhG Statikprogramme; BGH Urteil vom 26.10.1951 – I ZR 93/51 – in NJW 1952 S. 661 (= Krankenhauskartei); BGH AP 1 zu § 43 UrhG Hummelrechte. Auch einhellige Meinung im Schrifttum, siehe Sack, § 100 35 m.w.N.
5.39 BT-Drucksache IV/270 S. 61/62
5.40 BGH AP 1 zu § 43 UrhG Hummelrechte; BGH Urteil vom 11.10.1990 in GRUR 1991 S. 133f. (= Videozweitauswertung); OLG Koblenz Urteil vom 13.08.1961 – 6 U 294/80 – in BB 1983 S. 992. So auch die überwiegende Meinung im Schrifttum, siehe Sack, § 100 Rz 42 m.w.N.
5.41 OLG Koblenz Urteil vom 13.08.1961 – 6 U 294/80 – in BB 1983 S. 992; offengelassen vom BAG AP 2 zu § 43 UrhG Statikprogramme. So auch die überwiegende Meinung im Schrifttum, siehe Sack, § 100 Rz 44 m.w.N.
5.42 BAG AP 2 zu § 43 UrhG Statikprogramme
5.43 BAG AP 2 zu § 43 UrhG Statikprogramme. So auch die nahezu einhellige Meinung im Schrifttum, siehe Sack, § 100 Rz 57 m.w.N.
5.44 BAG AP 1 zu § 11 LitUrhG Nahverkehrschronik; Sack, § 100 Rz 62
5.45 BGH AP 30 zu § 612 BGB Ratgeber für Tierheilkunde; Sack, § 100 Rz 63
5.46 Für eine Anbietungspflicht: Schricker, § 43 Rz 100-102; Ullmann, GRUR 1987, S. 6. Ablehnend: Fromm/Nordemann, § 43 Rz 3b; Sack, § 100 Rz 66
5.47 Sack, § 100 Rz 67
5.48 BAG AP 1 zu § LitUrhG Nahverkehrschronik; BGH AP 3 zu § 43 UrhG Elektrodenfabrik; BGH AP 30 zu § 612 BGB Ratgeber für Tierheilkunde
5.49 Sack, § 100 Rz 69
5.50 BT-Drucksache IV/270 S. 93
5.51 Sack, § 100 Rz 74
5.52 Sack, § 100 Rz 83
5.53 Birk/Koch, Arbeitsrecht-Blattei (D) Urheberrecht I, 1985, C IV; Sack, § 100 Rz 76
5.54 Ulmer, § 4 II 3
5.55 Eichmann/v. Falkenstein, Geschmacksmustergesetz, 1988, § 2 Rz 7
5.56 Herrschende Meinung, z.B. Hubmann, Gewerblicher Rechtsschutz, 5. Aufl. 1988, § 31 II; Hubmann/Rehbinder, § 9 III 2; Nirk, Gewerblicher Rechtsschutz, 1981, S. 170; Nirk/Kurtze, Geschmacksmustergesetz, 1989, § 2 Rz 2, 17f. Nach anderer Meinung erwirbt der Werkschöpfer, also der Arbeitnehmer, das mit der Anmeldung entstehende Geschmacksmusterrecht, so Eichmann/v. Falkenstein, § 2 Rz 2; v. Gamm, Geschmacksmustergesetz, 2. Aufl. 1989, § 2 Rz 5
5.57 v. Gamm, § 2 Rz 13; Nirk, S. 170
5.58 Sack, § 100 Rz 98 ff. m.w.N.
5.59 Eichmann/v. Falkenstein, § 2 Rz 9; v. Gamm, § 2 Rz 16; Nirk/Kurtze, § 2 Rz 14, 20, 24
5.60 Sack, § 100 Rz 105
5.61 Volmer/Gaul, § 3 Rz 18, 19
5.62 Volmer/Gaul, § 3 Rz 163, 167, 169
5.63 Volmer/Gaul, § 3 Rz 50-55
5.64 Schaub, § 115 V 2; Volmer/Gaul, § 3 Rz 56
5.65 BGH Urteil vom 21.10.1980 – X ZR 56/78 – in NJW 1981 S. 345 (= Flaschengreifer)
5.66 BGH AP 2 zu § 20 ArbNErfG Räumzange; Sack, § 99 Rz 128f.; Volmer/Gaul, § 20 Rz 26ff.
5.67 Volmer/Gaul, § 20 Rz 28
5.68 BAG AP 1 zu § 20 ArbNErfG Abdampfverwertung
5.69 BAG AP 5 zu § 611 BGB Lohnanspruch

Kapitel 6:

6.01 LAG Bremen Urteil vom 05.09.1986 – 4 TA 47/86 – in DB 1987 S. 996
6.02 BAG AP 1, 7, 10, 16 zu § 130 BGB
6.03 LAG Hamburg Urteil vom 20.11.1984 – 1 TA 12/84 – in DB 1985 S. 876

6.04 Schaub, Arbeitsrechts-Handbuch, 7. Aufl. 1992, § 123 V 1; Zöllner-Loritz, Arbeitsrecht, 4. Aufl. 1992, § 22 I 5; Wank, Münchener Handbuch zum Arbeitsrecht, Band 2 1993, § 115 Rz 21
6.05 Zöllner-Loritz, § 22 I 6
6.06 BAG Urteil vom 11.04.1985 – 2 AZR 239/84 – in DB 1986 S. 1726
6.07 BAG AP 22, 23 zu § 102 BetrVG 1972
6.08 Dietz/Richardi, Betriebsverfassungsgesetz, Kommentar, Band 2 6. Aufl. 1982, § 102 Rz 111f.; Fabricius/Kraft/Thiele/Wiese/Kreutz, Betriebsverfassungsgesetz, Gemeinschaftskommentar, Band II 4. Aufl. 1990, § 102 Rz 104f.
6.09 Schaub, § 130 I 5a)
6.10 Ständige Rechtssprechung des BAG, z.B. Urteil vom 10.11.1988 – 2 AZR 215/88 – in DB 1989 S. 1427; zuletzt Urteil vom 17.02.1994 – 2 AZR 616/93 – in DB 1994 S. 1477
6.11 BAG Urteil vom 12.07.1984 – 2 AZR 320/83 – in DB 1985 S. 340; BAG Urteil vom 07.10.1993 – 2 AZR 260/93 – in DB 1994 S. 428
6.12 BAG Urteil vom 18.05.1994 – 2 AZR 626/93 – in DB 1995 S. 532
6.13 BAG Urteil vom 11.11.1988 – 2 AZR 215/88 – in DB 1989 S. 1427
6.14 BAG Urteil vom 18.01.1980 – 7 AZR 75/78 – in DB 1980 S. 1351; LAG Hamm Urteil vom 13.04.1983 – 12 Sa 95/83 – in DB 1983 S. 1930
6.15 BAG AP 1, 2, 12 zu § 87 BetrVG 1972 Betriebsbuße
6.16 BAG AP 12 zu § 1 KSchG 1969 Verhaltensbedingte Kündigung
6.17 BAG Urteil vom 09.08.1984 – 2 AZR 400/83 – in DB 1984 S. 2703
6.18 Berkowsky, Münchener Handbuch zum Arbeitsrecht, Band 2 1993, § 133 Rz 42
6.19 BAG AP 18 zu § 1 KSchG 1969 Verhaltensbedingte Kündigung
6.20 BAG AP 6, 93, 96 zu § 611 BGB Fürsorgepflicht
6.21 BAG Urteil vom 14.09.1994 – 5 AZR 632/93 – in DB 1995 S. 732
6.22 BAG AP 17 zu § 1 KSchG 1969 Verhaltensbedingte Kündigung
6.23 Schaub, § 123 III 2; Wank, § 115 Rz 44, 45
6.24 BAG AP 25 zu § 123 GewO; BAG AP 2 zu § 242 BGB Betriebliche Übung; BAG AP 1, 5 zu § 620 BGB Teilkündigung
6.25 BAG AP 5 zu § 620 BGB Teilkündigung; BAG AP 5 zu § 611 BGB Lohnzuschläge
6.26 Schaub, § 123 II 4
6.27 BAG Urteil vom 11.04.1985 – 2 AZR 239/84 – in DB 1986 S. 1726 (= Anhörung vor dem Nachschieben von Kündigungsgründen); LAG Frankfurt Urteil vom 31.05.1985 – 13 Sa 833/84 – in DB 1985 S. 2689 (= Anhörung vor der Kündigung vor Dienstantritt)
6.28 BAG AP 2, 3, 4, 9, 12 zu § 102 BetrVG 1972
6.29 BAG AP 5 zu § 102 BetrVG 1972
6.30 Dietz/Richardi, § 102 Rz 83 (umstritten)
6.31 BAG AP 1, 2, 3 zu § 620 BGB
6.32 BAG AP 3 zu § 620 BGB
6.33 BVerfG Beschluß vom 30.05.1990 – 1 BvL 2/83 – u.a. in DB 1990 S. 1565
6.34 Preis/Kramer, DB 1993, S. 2125f.
6.35 BAG AP 1, 4, 5, 6, 7, 9 zu § 3 BetrVG; BAG AP 2 zu § 4 BetrVG 1972
6.36 BAG AP 18 zu § 1 KSchG
6.37 Berkowsky, § 128 Rz 38; Schaub, § 128 I 4
6.38 BAG AP 1, 2, 3 zu § 1 KSchG Wartezeit
6.39 BAG AP 8 zu § 1 KSchG 1969
6.40 Schaub, § 129 I 1
6.41 Berkowsky, § 132 Rz 1-3
6.42 BAG AP 6, 7, 10, 16 zu § 1 KSchG 1969 Krankheit
6.43 BAG AP 16 zu § 1 KSchG 1969 Krankheit
6.44 BAG AP 4, 23 zu § 1 KSchG 1969 Krankheit
6.45 Berkowsky, § 132 Rz 14
6.46 BAG AP 16 zu § 1 KSchG 1969 Krankheit
6.47 BAG AP 10 zu § 1 KSchG 1969 Krankheit

6.48 BAG Urteil vom 23.06.1983 - 2 AZR 15/82 - in DB 1983 S. 2524; BAG Urteil vom 12.04.1984 - 2 AZR 77/83 - in DB 1985 S. 873; BAG Urteil vom 16.02.1989 - 2 AZR 299/88 - in DB 1989 S. 2075; BAG Urteil vom 05.07.1990 - 2 AZR 154/90 - in DB 1990 S. 2275; BAG Urteil vom 29.07.1993 - 2 AZR 155/93 - in DB 1993 S. 2439
6.49 BAG Urteil vom 16.02.1989 - 2 AZR 299/88 - in DB 1989 S. 2075
6.50 BAG AP 17 zu § 1 KSchG 1969 Krankheit
6.51 BAG AP 14 zu § 1 KSchG 1969 Krankheit
6.52 BAG AP 18 zu § 1 KSchG 1969 Krankheit
6.53 Berkowsky, § 132 Rz 78-83
6.54 Berkowsky, § 132 Rz 87-101
6.55 BAG Urteil vom 24.05.1989 - 2 AZR 285/88 - in DB 1989 S. 2538 (= Bestätigung der Entscheidung vom 20.12.1984 - 2 AZR 436/83 - in DB 1985 S. 2689)
6.56 Berkowsky, § 133 Rz 5-7
6.57 Schaub, § 130 I 1d)
6.58 Schaub, § 130 I 4
6.59 Einzelheiten siehe Berkowsky, § 133 Rz 73-182
6.60 Hueck/v. Hoyningen-Huene, Kündigungsschutzgesetz, Kommentar, 11. Aufl. 1992 § 1 Rz 365
6.61 BAG AP 18 zu § 1 KSchG; BAG AP 3, 4, 47 zu § 1 KSchG 1969 Betriebsbedingte Kündigung
6.62 BAG AP 7, 10 zu § 1 KSchG 1969 Soziale Auswahl
6.63 BAG AP 1 zu § 1 KSchG Betriebsbedingte Kündigung; BAG AP 24 zu § 1 KSchG 1969 Betriebsbedingte Kündigung
6.64 BAG AP 41 zu § 1 KSchG 1969 Betriebsbedingte Kündigung
6.65 BAG AP 6, 24, 45, 50 zu § 1 KSchG 1969 Betriebsbedingte Kündigung
6.66 BAG AP 45 zu § 1 KSchG 1969 Betriebsbedingte Kündigung
6.67 BAG AP 14, 20 zu § 1 KSchG Betriebsbedingte Kündigung; BAG AP 6, 24, 45 zu § 1 KSchG 1969 Betriebsbedingte Kündigung
6.68 BAG AP 14 zu § 1 KSchG 1969 Betriebsbedingte Kündigung; BAG AP 9 zu § 1 KSchG 1969 Soziale Auswahl
6.69 BAG AP 6, 8, 42, 50 zu § 1 KSchG 1969 Betriebsbedingte Kündigung; BAG AP 27 zu § 2 KSchG 1969; BAG AP 19 zu § 1 KSchG 1969 Soziale Auswahl
6.70 BAG AP 42 zu § 1 KSchG 1969 Betriebsbedingte Kündigung
6.71 BAG AP 24 zu § 1 KSchG 1969 Betriebsbedingte Kündigung
6.72 BAG AP 24, 37, 45 zu § 1 KSchG 1969 Betriebsbedingte Kündigung
6.73 BAG AP 2 zu § 1 KSchG 1969; BAG AP 19, 50 zu § 1 KSchG 1969 Betriebsbedingte Kündigung
6.74 BAG AP 1, 4 zu § 1 KSchG 1969 Konzern
6.75 BAG AP 50 zu § 1 KSchG 1969 Betriebsbedingte Kündigung
6.76 BAG AP 18 zu § 1 KSchG 1969 Betriebsbedingte Kündigung
6.77 BAG Urteil vom 07.02.1991 - 2 AZR 205/90 - in DB 1991 S. 1730; BAG Urteil vom 15.12.1994 - 2 AZR 327/94 - in DB 1995 S. 979
6.78 Hueck/v. Hoyningen-Huene, § 1 Rz 405
6.79 Berkowsky, § 135 Rz 6
6.80 BAG AP 2 zu § 1 KSchG Betriebsbedingte Kündigung; BAG AP 9 zu § 1 KSchG 1969 Soziale Auswahl; BAG Urteil vom 15.12.1994 - 2 AZR 320/94 - in DB 1995 S. 878
6.81 BAG AP 50 zu § 1 KSchG 1969 Betriebsbedingte Kündigung
6.82 Becker/Etzel u.a., Gemeinschaftskommentar zum Kündigungsschutzgesetz und zu sonstigen kündigungsschutzrechtlichen Vorschriften, 3. Aufl. 1989, § 1 Rz 365-367
6.83 BAG Urteil vom 18.01.1990 - 2 AZR 357/88 - in DB 1990 S. 1335
6.84 Ständige Rechtsprechung des BAG, z.B. BAG Urteil vom 15.06.1989 - 2 AZR 580/88 - in DB 1990 S. 380; BAG Urteil vom 18.01.1990 - 2 AZR 357/88 - in DB 1990 S. 1335
6.85 BAG AP 12 zu § 1 KSchG Betriebsbedingte Kündigung; BAG AP 4 zu § 1 KSchG 1969 Soziale Auswahl

6.86 BAG AP 8 zu § 2 KSchG 1969; BAG AP 53 zu § 102 BetrVG 1972; BAG AP 50 zu § 1 KSchG 1969 Betriebsbedingte Kündigung
6.87 BAG AP 8 zu § 2 KSchG 1969
6.88 BAG AP 50 zu § 1 KSchG 1969 Betriebsbedingte Kündigung
6.89 Dietz/Richardi, § 102 Rz 157f. mit weiteren Nachweisen
6.90 Dietz/Richardi, § 102 Rz 164
6.91 BAG AP 2 zu § 1 KSchG 1969; BAG AP 16 zu § 1 KSchG 1969 Betriebsbedingte Kündigung
6.92 BAG AP 16 zu § 1 KSchG 1969 Betriebsbedingte Kündigung
6.93 Hueck/v. Hoyningen-Huene, § 1 Rz 510
6.94 BAG AP 5, 17, 18, 40 zu § 3 KSchG
6.95 BAG AP 19 zu § 4 KSchG 1969; BAG AP 50 zu § 256 ZPO
6.96 BAG AP 35, 45 zu § 615 BGB
6.97 Becker/Etzel u.a., § 9 Rz 38f.; Herrschel/Löwisch, Kommentar zum Kündigungsschutzgesetz, 6. Aufl. 1984, § 9 Rz 21; Hueck/v. Hoyningen-Huene, § 9 Rz 32f.; so auch die Rechtsprechung des BAG, z.B. AP 8 zu § 9 KSchG 1969
6.98 BAG AP 6 zu § 10 KSchG 1969; Schaub, § 141 VII 4
6.99 BAG Beschluß des Großen Senates – GS 1/84 – vom 27.02.1985 in DB 1985 S. 2197 = AP 14 zu § 611 BGB Beschäftigungspflicht
6.100 BAG AP 5 zu § 611 BGB Beschäftigungspflicht
6.101 BAG AP 17 zu § 611 BGB Beschäftigungspflicht
6.102 Schaub, § 110 II 6
6.103 BAG Urteil vom 10.03.1987 – 8 AZR 146/84 – in DB 1987 S. 1045; BAG Urteil vom 01.03.1990 – 6 AZR 649/88 – in DB 1990 S. 1287. Nach BAG Urteil vom 12.02.1992 – 5 AZR 297/90 – in DB 1992 S. 2298 kann der Wert der Arbeit auch über dem Tariflohn liegen.
6.104 BAG Urteil vom 31.03.1993 – 2 AZR 595/92 – in DB 1993 S. 1783
6.105 BAG AP 86 zu § 626 BGB; BAG AP 3 zu § 620 BGB Bedingung
6.106 BAG AP 5 zu § 17 KSchG 1969
6.107 BAG AP 6, 9, 10 zu § 15 KSchG 1969
6.108 BAG AP 9, 10 zu § 15 KSchG 1969; BAG AP 1 zu § 17 KSchG 1969
6.109 BAG AP 1, 2, 5, 9, 10, 17 zu § 15 KSchG 1969
6.110 BAG AP 16, 31 zu § 626 BGB
6.111 Zöllner/Loritz, § 22 I 1
6.112 BAG AP 14, 27 zu § 626 BGB; BAG AP 1, 2 zu § 626 BGB Kündigungserschwerung
6.113 BAG AP 5, 6, 13 zu § 626 BGB Ausschlußfrist
6.114 Schaub, § 125 V 2b); Wank, § 117 Rz 28
6.115 Zöllner/Loritz, § 22 III 2c
6.116 BAG AP 1, 5, 9, 13, 24 zu § 626 BGB Verdacht strafbarer Handlungen; BAG Urteil vom 13.09.1995 – 2 AZR 587/94 – in DB 1996 S. 96
6.117 BAG AP 1 zu § 626 BGB Nachschieben von Kündigungsgründen
6.118 BAG AP 70 zu § 626 BGB; BAG AP 8 zu § 2 KSchG 1969
6.119 BAG 57, 62, 63 zu § 626 BGB
6.120 BAG Urteil vom 18.05.1994 – 2 AZR 626/93 – in DB 1995 S. 532
6.121 BAG AP 1 zu § 626 BGB Arbeitnehmervertreter im Aufsichtsrat
6.122 Schaub, § 125 VII mit weiteren Beispielen und Hinweisen auf die Rechtsprechung
6.123 Schaub, § 125 VIII
6.124 BAG AP 65 zu § 626 BGB
6.125 BAG AP 12 zu § 626 BGB Ausschlußfrist
6.126 BAG AP 4, 7 zu § 626 BGB Ausschlußfrist
6.127 BAG AP 3, 20 zu § 626 BGB Ausschlußfrist
6.128 BAG 1, 3, 13 zu § 626 BGB Ausschlußfrist
6.129 BAG AP 11, 13 zu § 626 BGB Ausschlußfrist
6.130 Berkowsky, § 150 Rz 8
6.131 BAG AP 19 zu § 4 KSchG 1969
6.132 BAG AP 11 zu § 13 KSchG; BAG AP 22 zu § 7 KSchG; BAG AP 10 zu § 9 KSchG

6.133 Berkowsky, § 150 Rz 39; Schaub, § 141 V 2
6.134 BAG AP 1 zu § 626 BGB Änderungskündigung
6.135 BAG AP 17 zu § 620 BGB Änderungskündigung; BAG AP 6,13 zu § 1 KSchG 1969 Soziale Auswahl; BAG AP 1 zu § 75 BPersVG; BAG AP 19 zu § 15 KSchG 1969
6.136 BAG AP 6,13 zu § 1 KSchG 1969 Soziale Auswahl
6.137 BAG AP 13 zu § 1 KSchG 1969 Soziale Auswahl
6.138 BAG AP 1 zu § 626 BGB Änderungskündigung
6.139 Hueck/v. Hoyningen-Huene, § 2 Rz 81
6.140 Berkowsky, § 142 Rz 15f. mit weiteren Nachweisen; Schaub, § 137 III 3
6.141 BAG AP 16 zu § 2 KSchG 1969
6.142 Schaub, § 137 III 2
6.143 BAG AP 16 zu § 2 KSchG 1969; BAG AP 3 zu § 55 BAT
6.144 Zustimmend: Wank, § 112 Rz 16 mit weiteren Nachweisen. Ablehnend: Schaub, § 142 II 3; auch BAG AP 1 zu § 17 KSchG
6.145 BAG AP 5,6 zu § 1 BetrAVG Zusatzversorgungskassen
6.146 BAG AP 99 zu § 611 BGB Fürsorgepflicht; BAG AP 24 zu § 1 BetrAVG
6.147 BAG AP 4,6 zu § 1 BetrAVG Zusatzversorgungskassen
6.148 BAG AP 99 zu § 611 BGB Fürsorgepflicht
6.149 Bauer, Arbeitsrechtliche Aufhebungsverträge, 2. Aufl. 1991, Rz 74
6.150 BSG Urteil vom 21.02.1990 – 12 RK 20/88 – in DB 1992 Beilage 1 Nr. 52; BAG Urteil vom 09.11.1988 – 4 AZR 433/88 – in DB 1989 S. 327
6.151 Bauer, Rz 823
6.152 Bauer, Rz 78
6.153 BAG AP 16,20,21 zu § 123 BGB
6.154 BAG AP 16 zu § 620 BGB Befristeter Arbeitsvertrag
6.155 BAG AP 34,38,46,50,61,64,65, zuletzt AP 136 zu § 620 BGB Befristeter Arbeitsvertrag
6.156 BAG AP 37,39,52 zu § 620 BGB Befristeter Arbeitsvertrag
6.157 BAG AP 47 zu § 620 BGB Befristeter Arbeitsvertrag
6.158 Wank, § 113 Rz 32
6.159 Wank, § 113 Rz 33,34
6.160 BAG AP 16,38 zu § 620 BGB Befristeter Arbeitsvertrag
6.161 BAG AP 34 zu § 620 BGB Befristeter Arbeitsvertrag
6.162 BAG AP 64 zu § 620 BGB Befristeter Arbeitsvertrag
6.163 So Schaub, § 39 II
6.164 So Wank, § 113 Rz 62-117
6.165 Wank, § 113 Rz 53 und 64
6.166 BAG AP 38,91 zu § 620 BGB Befristeter Arbeitsvertrag
6.167 BAG AP 51,53 zu § 620 BGB Befristeter Arbeitsvertrag
6.168 BAG AP 40,50,52,54,56,61,62,63,72 zu § 620 BGB Befristeter Arbeitsvertrag
6.169 BAG AP 40,46,56,68,77,88,96,110 zu § 620 BGB Befristeter Arbeitsvertrag
6.170 BAG AP 124 zu § 620 BGB Befristeter Arbeitsvertrag
6.171 BAG AP 5 zu § 1 BeschFG 1985
6.172 BAG Urteil vom 06.12.1989 – 7 AZR 441/89 – in DB 1990 S. 1669
6.173 BAG AP 54,60,62 zu § 620 BGB Befristeter Arbeitsvertrag
6.174 BAG AP 97,100,110,136 zu § 620 BGB Befristeter Arbeitsvertrag
6.175 BAG AP 26 zu § 620 BGB Befristeter Arbeitsvertrag; BAG AP 8 zu § 1 BeschFG 1985
6.176 BAG AP 55 zu § 620 BGB Befristeter Arbeitsvertrag
6.177 BAG AP 1 zu § 620 BGB Befristeter Arbeitsvertrag
6.178 Wank, § 113 Rz 133 und 143 mit weiteren Nachweisen
6.179 BAG AP 50,54 zu § 620 BGB Befristeter Arbeitsvertrag
6.180 BAG AP 16, 35, 47 zu § 620 BGB Befristeter Arbeitsvertrag; BAG Urteil vom 12.10.1994 – 7 AZR 745/93 – in DB 1995 S. 980
6.181 BAG AP 39,43 zu Art. 9 GG Arbeitskampf
6.182 BAG Urteil vom 20.11.1987 – 2 AZR 284/86 – in DB 1988 S. 1501

6.183 BAG Urteil vom 01.12.1993 – 7 AZR 428/93 – in DB 1994 S. 841
6.184 Zöllner/Loritz, § 26 I 1
6.185 Wank, § 123 Rz 2
6.186 Wank, § 123 Rz 8; Schulte, DB 1981, S. 939
6.187 BAG AP 163 zu § 242 BGB Ruhegehalt (= schriftlicher Hinweis); BAG AP 3 zu § 9 LohnFG, BAG AP 4 zu § 4 KSchG 1969 (= mündlicher Hinweis)
6.188 BAG AP 4, 5, 6 zu § 4 KSchG 1969; BAG AP 36 zu § 3 KSchG
6.189 BAG AP 163 zu § 242 BGB Ruhegehalt
6.190 BAG AP 9 zu § 630 BGB
6.191 BAG AP 4 zu § 9 ArbNErfG
6.192 BAG AP 39 zu § 74 HGB
6.193 Wank, § 123 Rz 23 und 24
6.194 BAG AP 33 zu § 133 BGB
6.195 BAG Urteil vom 16.09.1974 – 5 AZR 255/74 – in NJW 1975 S. 407
6.196 BAG AP 9 zu § 630 BGB
6.197 Schaub, § 146 I 7; anders BAG AP 10 zu § 70 BAT
6.198 Münchener Kommentar zum Bürgerlichen Gesetzbuch, 2. Aufl. 1984, § 630 Rz 3; Schaub, § 146 I 1
6.199 Münchener Kommentar zum Bürgerlichen Gesetzbuch, § 630 Rz 4; Schaub, § 146 I 3
6.200 So Schaub, § 146 I 4. Anderer Ansicht: Münchener Kommentar zum Bürgerlichen Gesetzbuch, § 630 Rz 23; Wank, § 124 Rz 8 (= nach Ausspruch der Kündigung); BAG AP 16 zu § 630 BGB (= Zeugnis muß bis Ablauf der Kündigungsfrist vorliegen)
6.201 So Schaub, § 146 I 4. Anderer Ansicht: Münchener Kommentar zum Bürgerlichen Gesetzbuch, § 630 Rz 22 und 24 (= angemessene Zeit vor Beendigung)
6.202 BAG Urteil vom 30.09.1992 – 5 AZR 509/91 – in DB 1993 S. 644
6.203 Münchener Kommentar zum Bürgerlichen Gesetzbuch, § 630 Rz 6
6.204 BAG AP 10, 11 zu § 630 BGB
6.205 LAG Hamm Urteil vom 12.04.1976 – 2 Sa 29/76 – in DB 1976 S. 1112
6.206 LAG Frankfurt Urteil vom 10.03.1977 – 6 Sa 779/76 – in DB 1978 S. 167
6.207 Schaub, § 146 III 2
6.208 Wank, § 124 Rz 25f. m.w.N.
6.209 Schleßmann, Das Arbeitszeugnis, 12. Aufl. 1992, S. 18
6.210 BAG AP 1 zu § 73 HGB
6.211 BAG Urteil vom 08.02.1972 – 1 AZR 189/71 – in DB 1972 S. 931
6.212 BAG AP 1 zu § 73 HGB; BAG AP 6 zu § 630 BGB
6.213 BGH Urteil vom 26.11.1963 – VI ZR 261/62 – in DB 1964 S. 75
6.214 BAG AP 1 zu § 73 HGB
6.215 BAG AP 6, 12 zu § 630 BGB
6.216 Wank, § 124 Rz 26 m.w.N.
6.217 Schaub, § 146 III 2; anderer Ansicht: Münchener Kommentar zum Bürgerlichen Gesetzbuch, § 630 Rz 32; Schleßmann, S. 47
6.218 Schaub, § 146 IV 1
6.219 BAG AP 8 zu § 630 BGB (= Verwirkung nach 5 bis 10 Monaten)
6.220 BAG AP 1 zu § 73 HGB; LAG Baden-Württemberg Urteil vom 27.10.1966 – 4 Sa 53/66 – in BB 1967 S. 161
6.221 BAG AP 6 zu § 73 HGB; einschränkend BAG AP 12 zu § 630 BGB
6.222 BGH AP 10, 16 zu § 826 BGB
6.223 Wank, § 124 Rz 54 m.w.N.
6.224 BAG AP 23 zu § 133f. GewO; BAG AP 24, 26 zu § 611 BGB Konkurrenzklausel; BAG AP 26, 28 zu § 74 HGB
6.225 BGH Urteil vom 26.03.1984 – II ZR 229/83 – in DB 1984 S. 1717; OLG Frankfurt Urteil vom 06.12.1972 – 6 U 152/71 – in DB 1973 S. 139
6.226 Schaub, § 58 II 7 m.w.N.
6.227 Schaub, § 58 II 2

6.228 BAG AP 1 zu § 74 HGB; BAG AP 24 zu § 611 BGB Konkurrenzklausel
6.229 BAG AP 22 zu § 74 HGB
6.230 BAG AP 24 zu § 611 BGB Konkurrenzklausel
6.231 BAG AP 10, 11, 14 zu § 75b HGB (= Hochbesoldete); BAG AP 15 zu § 75b HGB (= Auslandstätigkeit)
6.232 BAG AP 4 zu § 74a HGB; BAG Urteil vom 01.08.1995 – 9 AZR 884/93 – in DB 1996 S. 481
6.233 BAG AP 15, 21 zu § 133f. GewO
6.234 BAG AP 19 zu § 133f. GewO
6.235 BAG AP 10, 19 zu § 74 HGB; BAG AP 24 zu § 611 BGB Konkurrenzklausel
6.236 BAG AP 36, 37, 42, 51 zu § 74 HGB
6.237 BAG Urteil vom 22.05.1990 – 3 AZR 647/88 – in DB 1991 S. 709
6.238 BAG AP 24 zu § 611 BGB Konkurrenzklausel; BAG AP 22 zu § 74 HGB; BAG AP 8, 21 zu § 133f. GewO
6.239 BAG Urteil vom 09.01.1990 – 3 AZR 110/88 – in DB 1990 S. 991 (= Aufgabe von BAG AP 20, 34 zu § 74 HGB)
6.240 BAG AP 1 zu § 74c HGB; BAG AP 1, 2 zu § 615 BGB Böswilligkeit
6.241 BAG AP 3 zu § 74a HGB; BAG AP 1, 4, 5, 7 zu § 74c HGB
6.242 BAG AP 46 zu § 74c HGB (= Eintritt in den Ruhestand); BAG AP 4, 5 zu § 74c HGB (= Eintritt in die Bundeswehr)
6.243 BAG AP 1 zu § 74c HGB
6.244 BAG Urteil vom 30.10.1984 – 3 AZR 213/82 – in DB 1985 S. 709; so auch BAG AP 14 zu § 74 HGB
6.245 BAG Urteil vom 07.11.1989 – 3 AZR 796/87 – in DB 1990 S. 889 (zu § 17 Satz 1 AVG)
6.246 Bauer, DB 1979, S. 500f.
6.247 BAG AP 6 zu § 75 HGB
6.248 BAG Urteil vom 25.04.1991 – 2 AZR 624/90 – in DB 1992 S. 479
6.249 BAG Urteil vom 26.05.1992 – 9 AZR 27/91– in DB 1992 S. 2300
6.250 BAG AP 1, 3 zu § 75 HGB
6.251 BAG AP 46 zu § 74 HGB; BAG AP 30 zu § 611 BGB Konkurrenzklausel
6.252 BAG AP 24 zu § 74 HGB
6.253 BAG AP 2 zu § 340 BGB
6.254 BAG AP 1 zu Art. 35 GG
6.255 Bejahend: BAG AP 1 zu § 630 BGB; ablehnend: Münchener Kommentar zum Bürgerlichen Gesetzbuch, § 630 Rz 48
6.256 Schaub, § 147 Ziff. 4, 5 und 6
6.257 BGH AP 2 zu § 630 BGB

Sachverzeichnis

(Die Zahlen bezeichnen die Randziffern im Buch)

www.ingramcontent.com/pod-product-compliance
Lightning Source LLC
LaVergne TN
LVHW091727021026
849161LV00003BB/344
* 9 7 8 3 4 8 6 2 3 2 4 6 2 *